ISBN 978-0-243-98858-7
PIBN 10721470

OTTO BÖHTLINGK

UND

RUDOLPH ROTH

IN DANKBARKEIT UND VEREHRUNG

ZUGEEIGNET.

# Vorrede.

Der Plan ein kürzeres Sanskrit-Wörterbuch zusammenzustellen, welches zunächst nur als Glossar zur zweiten Auflage von BÖHTLINGK's Chrestomathie dienen sollte, war von mir bereits vor einer Reihe von Jahren gefasst worden, und zwar im Einverständnis mit dem hochverehrten Herausgeber dieses Werkes selbst, unter dessen eigenen Händen die ursprünglich von ihm geplante Anlage eines solchen Hilfsbuches (vgl. Vorrede zur Chrestom.) sich bald zu jener umfangreichen Arbeit erweiterte, welche jetzt als Sanskrit-Wörterbuch in kürzerer Fassung ihrem baldigen Abschluss entgegen geht. Damals traten meinem Unternehmen mancherlei Hindernisse in den Weg, bis mir vor einigen Jahren durch das freundliche Entgegenkommen des Herrn Verlegers die Möglichkeit geboten wurde, dasselbe sogar in grösserem Mafsstabe, als es zuerst in meiner Absicht gelegen hatte, zur Ausführung zu bringen. Das vorliegende Werk, welches nach Inhalt und Form durchaus auf den Petersburger Wörterbüchern beruht, kann daher jetzt ein doppeltes Ziel verfolgen: es will sowohl dem Bedürfnisse des angehenden Sanskritphilologen entgegen kommen, als auch dem vergleichenden Sprachforscher das für seine Zwecke dienliche Material in möglichst bequemer Weise an die Hand geben. Das erstere suchte ich dadurch zu erreichen, dass ich aufser der Chrestomathie auch einige andere besonders wichtige Texte, und zwar von vedischen die 70 Lieder, übersetzt von GELDNER und KAEGI, die zwölf Hymnen des Rigveda, herausgegeben von WINDISCH, und die von WEBER in den Ind. Streifen übersetzten Stücke aus dem Çatapatha-Brâhmaṇa, von nachvedischen besonders Nala und die Dramen des Kâlidâsa (mit Berücksichtigung der wichtigsten Ausgaben, namentlich der Çakuntalâ von PISCHEL) zu Grunde legte, für welche alle dies Glossar als Spezialwörterbuch dienen soll; das letztere dadurch, dass ich alle belegbaren Wurzeln und primitiven Wörter von gesicherter Bedeutung, namentlich die der älteren Sprache angehörigen, in dasselbe aufnahm, dass es also nicht nur einen mehr oder minder zufällig entstandenen Ausschnitt aus dem Sprachschatze des Sanskrit bietet, sondern diesen selbst wenigstens in seinen Grundelementen mit einer gewissen methodischen Vollständigkeit vorzuführen sucht. Übrigens sind auch sonst noch eine Menge von einfachen und zusammengesetzten Wörtern, deren Auswahl freilich mehr nach dem Gefühl als nach besonderen Grundsätzen erfolgen konnte, soweit es der Raum irgend gestattete, hinzugenommen worden, so dass auch dem Vorgeschritteneren für die Lecture anderer als der oben genannten Texte wesentliche,

gewesen wäre, welche letztere Methode wiederum ganz und gar im Wi dem sonst durchaus elementaren Charakter des Buchs gestanden hätte es für das Beste, von solchen Erklärungen ganz abzusehen und den wonnenen Raum lieber zur Verweisung von schwierigen Flexionsfor Stichwort zu benutzen, ein Verfahren, wodurch meiner Ansicht nach mehr Mühe abgenommen wird, als durch die Reduction der einfache die Wurzeln oder der Composita auf ihre Bestandteile. Vielleicht wird hier und da eine bestimmtere Erklärung der technischen Ausdrücke Eigennamen die sonst üblichen Bemerkungen mythologischen oder liter Charakters vermissen. Auch hierin habe ich mich auf das Allernotv schränken zu dürfen geglaubt, in der Meinung, dass wo nicht die Texte die Erklärung schwieriger Ausdrücke an die Hand geben — wie z. B. aus dem Kâvyâdarça oder im Vedântasâra — die in den Händen des L zusetzenden Hilfsmittel — ich meine etwa die Übersetzungen und Commenta oder Geldner und Kaegi zu den vedischen Texten, die von Fritze zu de das Sachliche meist schon in einer Weise bringen, dass man es im L nachzusuchen braucht und faktisch auch nicht nachsucht. Weitläufige sind also wo möglich vermieden und lieber ein Ausdruck gesucht word wenn er auch noch eine nähere Erklärung von aufsen verlangt, doc setzungsbedürfnis entgegenkommt, wobei der Ausweg, den Sanskrit-A zubehalten, ja noch immer offen bleibt. Dass ich von den lateinischen P abgesehen habe, die sich in den meisten Wörterbüchern finden, wi niemand zu einem besonderen Vorwurf machen. Dergleichen gehört einen grofsen Thesaurus, kann aber nach meiner Ansicht in einem H das vorliegende wohl entbehrt werden.

Über die äufsere Einrichtung des Buches werden folgende Beme nügen. Die Accente sind nur da gegeben, wo sie wirklich belegt sind auf den Angaben der Grammatiker beruhen, also nur wenn das bet in einem accentuierten Text vorkommt, ganz wie in der 2. Auflage des Wörterbuches, nur mit dem durch praktische Rücksichten bedingten Unte hier der Udâtta durch einen senkrechten Strich über, der Svarita durc unter der betreffenden Silbe dargestellt wird, eine Bezeichnungsweise, welche bekanntlich LEOPOLD VON SCHRÖDER zuerst in seiner Ausgabe der Maitrâyaṇî-Saṃhitâ eingeführt hat. An dem Accent, der jedoch nur bei den Stichwörtern, nicht bei Citaten und Verweisen konsequent durchgeführt ist, wird es also auch möglich sein, von vornherein ein gewisses Alter des accentuierten Wortes zu konstatieren, während aus der Accentlosigkeit der umgekehrte Schluss aus leicht begreiflichen Gründen keineswegs immer gerechtfertigt ist. Ein Stern vorne bedeutet, dass ein Wort resp. eine Wortbedeutung oder Construction nur von den Lexikographen oder Grammatikern überliefert ist, im praktischen Gebrauch aber nicht vorkommt; ein Stern hinten bezieht sich auf die aus dem Prâkrit übersetzten sonst nicht belegbaren Ausdrücke aus den Châyâs der hier in Betracht kommenden Dramen; ein Stern vorne und hinten hat also den Sinn, dass ein Wort zwar von den Lexikographen überliefert ist, in der Praxis aber nur als Rückübersetzung aus dem Prâkrit vorkommt. Auf die eigentlichen Prâkritismen, d. h. diejenigen Bildungen des Sanskrit, welche auf prâkritischen Lautgesetzen beruhen, ist dabei keine Rücksicht genommen worden. Selbstverständliche Wortkategorieen sind in der Regel nicht angegeben; desgleichen ist der reguläre Nominativ und die reguläre Femininbildung unbezeichnet geblieben. Hierbei wird â stets als das normale Femininum zu a angenommen, also nur î ausdrücklich angeführt. Von Verbalformen habe ich nur die Präsensstämme, welche gewissermafsen zur Signatur oder Identification der Wurzel gehören, vollständig aufgezählt, die übrigen Formen nur insoweit, als sie eine specifische Bedeutung entwickelt haben, wie dies häufig bei dem sogenannten Participium Perfectum Passivi — hier durch *p.p.* bezeichnet — der Fall ist, oder insofern sie in den hier in Betracht kommenden Texten eine besondere Rolle spielen. Es schien mir überflüssig, auf diesem Gebiete mehr zu geben, da WHITNEY's Wurzeln und Verbalformen für jedermann leicht zu beschaffen sind. Nur das belegte Genus und die belegte Verbalform ist angegeben worden; wo ein Genus oder eine Verbalform neben anderen als Ausnahme erscheint, habe ich sie in Parenthese gesetzt. Mit den Abkürzungen *d. g. j. r. rh.* sind oft der gröfseren Deutlichkeit wegen die dramatischen, grammatischen juristischen, rituell-religiösen und rhetorischen Kunstausdrücke hervorgehoben worden. Das Zeichen ° geht immer auf das Stichwort oder einen sich von selbst verstehenden Teil desselben; °— und —° bedeuten also resp. das Stichwort am Anfang oder am Ende eines Compositums (wobei auch die Verbindung eines Verbums mit einer Präposition als solches gilt). Cursiv ist gesetzt worden, was nur Erklärung, nicht Übersetzung ist; natürlich ist hier die Grenze nicht überall streng zu ziehen. Von der Parenthese ist ein ziemlich häufiger Gebrauch gemacht worden. Sie soll nicht nur dazu dienen, durch Isolierung von Einzelnheiten die Continuität in der Darstellung zu erhalten, sondern auch das Seltenere von dem Häufigeren zu unterscheiden (s. o.); endlich in vielen Fällen die doppelte Möglichkeit einer Übersetzung oder Erklärung an die Hand zu geben. Ohne weiteres klar sind Fälle wie folgende: **अनन्यमानस** an keine(n) andere(n) denkend oder **चतुर्धा** in vier Teile(n), wo beide Übersetzungen gleich nahe liegen. Aber auch sonst wird man leicht erkennen, was das Eigentliche und was das Uneigentliche ist, wie in **इष्टि** (einfaches) Opfer, **स्वयुज्** (eigener) Genosse u. dgl. Selbst scheinbar schwierigere Fälle, wie **कथावशेष**, wo der Ausdruck „die Rede (*anderer*) als Rest (habend)“ in seiner Voll-

# अ

1. अ *Pron.-Stamm der 3. Person.*

2. अ, अन् (°—) *negat. Präfix* = un, *vor Subst., Adj., Adv., Partic. u. Ger.; selten vor Inf. und Verb. fin.*

अंश *m.* Teil, Erbteil, Partei; *N. eines Gottes* अंशेन teilweise.

अंशकल्पना *f.*, अंसप्रदान *n.* Erbteilung.

अंशभाज् teilhabend.

अंशभूत einen Teil bildend.

अंशु *m.* Somapflanze *u.* -saft; Strahl.

अंशुक *n.* Gewand. अंशुकान्त *m.* -zipfel.

अंशुमन्त् soma- *o.* strahlenreich; *m.* Sonne *Mannsname.*

अंस *m.* Schulter.

अंसकूट *m.*, अंसपृष्ठ *n.* Achsel.

अंसत्र *n.* Panzer.

अंसल kräftig, stark.

अंसवर्तिन् auf der Schulter befindlich.

अंसविवर्तिन् sich zur Schulter neigend.

अंसव्यापिन् bis zur Schulter reichend.

अंहति *f.*, अंहस्, अंहु *n.* Enge, Not.

अंह्रि *m.* Fuss.

अक *m. das Suffix* aka (*g*).

अकण्टक dornen-, feindlos.

अकथित ungenannt, unbesprochen.

अकनिष्ठ *m. Pl.* ohne Jüngsten, gleich jung.

अकम्पित nicht zitternd, unerschrocken.

अकरण *n.* Nichtthun, Unterlassung.

अकरुण mitleidlos, grausam.

अकर्ण ohrenlos.

अकर्तृ *m.* nicht handelnd.

अकर्तव्य nicht zu thun; *n.* Unthat.

अकर्मक ohne Object, intransitiv.

अकर्मण्य unwirksam, unnütz.

अकल्य ungesund, krank.

अकव nicht karg (*Pers. u. S.*).

अकवि nicht weise.

अकस्मात् ohne Grund, plötzlich.



अकृपण ohne Kl

अकृषीवल nicht

अकृष्ट ungepflüg

अकैतव ungeheu

अक्षत्र ohne die Kriegerkaste.
अक्ष॑न् *n.* Auge.
अक्षनैपुण *n.* Würfelkunst.
अक्षम nicht ertragen könnend, unfähig zu (*Loc.*, *Inf.* *o.* —°); *f.* Ungeduld, Neid.
अक्षमाला *u.* °लिका *f.* Rosenkranz (*zum Beten*); *Frauenname; Bein. der Arundhatî.*
अक्षय unvergänglich. *Abstr.* °ता *f.*, °त्व *n.*
अक्षय्य॑ *dass.*
अक्ष॑र unversieglich. *n.* Wort, Silbe· Schriftstück, Brief.
अक्षरच्छन्दस् *n.* Silbenstrophe.
अक्षरविन्यास *m.* Schrift.
अक्षवती *f.* Würfelspiel.
अक्षहृदय *n.* Würfelgeheimnis.
अक्षारलवणाशिन् nichts Ätzendes und Gesalzenes essend.
अ॑क्षि *n.* Auge.
अ॑क्षित, अ॑क्षीण *u.* अ॑क्षीयमाण unversehrt, unvergänglich.
अक्षिप॑त् *Adv.* ein klein wenig.
अक्षी *f.* Auge.
अक्षुण्ण unverletzt, neu, absonderlich.
अ॑क्षेत्रतर *n.* unwohnliche Gegend.
अक्षेत्रिन् kein Feld besitzend.
अक्षौहिणी *f.* (vollständiges) Heer.
अक्ष्णया॑ *Adv.* in die Quere.
अखण्ड ungeteilt, unteilbar, ganz.

**अग्निप्रवेश** *m.* der freiwillige Feuertod.
अग्निमन्त् das heilige Feuer unterhaltend
अग्निमित्र *m. N. eines Königs.*
अग्निशरण *n.* Feuerstätte.
अग्निशिख mit feuriger *d. h.* brennender Spitze (*Pfeil*); *n.* Safran.
अग्निशुद्धि *f.* Reinigung durch Feuer.
अग्निसंस्कार *m.* Feuerceremonie.
अग्निसात् zu Feuer; °कर् verbrennen.
अग्निस्वामिन् *m. Mannsname.*
1. अग्निहोत्र *n.* Feueropfer.
2. अग्निहोत्र dem Agni opfernd.
अग्निहोत्रहवणी *f.* Feueropferlöffel.
अग्नीषोम *m. Du.* Agni und Soma.
अग्न्याधान *u.* °धेय *n.* das Anlegen des heiligen Feuers.
अग्न्याहित der das heilige Feuer angelegt hat
अग्र *n.* Spitze, Gipfel, Oberfläche, Anfang, Höchstes, Bestes. — अग्रम् vor, coram (*Gen. o.* — °). अग्रे vorn, voran; vor, coram (*Gen. o.* —°); zuerst, am Anfang. *Mit* भू vortreten.
अग्रकर Finger *und* erster Strahl.
अग्रज erstgeboren; *m.* älterer Bruder.
अग्रणी *Adj.* princeps.
अग्रतस् = अग्रे; *mit* कर् vorangehen lassen.
अग्रपद Zehe.*
अग्रभाग *m.*, अग्रभूमि *f.* Spitze, Zinne.
अग्रमुख *n.* Schnabel.*
अग्रयायिन् vorangehend.
अग्रसंध्या *f.* Morgendämmerung.
अग्रहस्त *m.* Finger.
अग्रहार *m.* ein an Brahmanen verliehenes Grundstück.
अग्राहिन् nicht fassend (*Blutegel*).
अग्राह्य unfassbar, unwahrnehmbar.
अग्रिम der vorderste, erste.
अग्रिय *n.* erst, vorzüglich, erstgeboren; *n* das Beste.
अग्रु, *f.* अग्रू ledig, unverheiratet.
अग्रेग, °गा *u.* °गू sich vorwärts bewegend.
अग्रेपा *u.* °प zuerst trinkend.
अग्रेसर, *f.* ई vorangehend.
अग्र्य der erste, vorzüglichste, beste.
अघ böse, schlimm; *n.* Übel, Schuld.

लमुद्रा f. Siegelring.
ोमुद्रा f. Fingerspur.
ोय u. °क n. Fingerring.
ोयमुद्रका f. Siegelring.*
m. Daumen; grosse Zehe.
मात्रक daumenlang.
m. Fuss.
अंचति, °ते u. अञ्चति, °ते biegen; gehen. . अञ्चित gebogen, gewölbt, kraus, erehrt), herrlich, schön. आ biegen, ümmen. उद् aufheben. परि hin- d herbewegen.
र्विषय der aufserhalb des Gesichts- eises liegende Raum.
स् augenlos.
unbeweglich.
, dass.; m. Berg; f. आ Erde.
न n. das Nichtwanken.
र् f. das Nichtverstehen.
त unbemerkt, unbegriffen.
त्त f. Unverstand, Thorheit.
तनीय undenkbar.
ता Gedanken-, Sorglosigkeit.
न्तित ungedacht, unerwartet.
त्य undenkbar, unfassbar.
र nicht lang, kurz (zeitl.). °—, अचि- र, °रेण u. °रात् in Kurzem, eben, ld, gleich.
रद्युति, अचिरप्रभा u. °भास् f. Blitz.
न unverständig, bewusstlos.
स् dass.
bewegungslos. Abstr. °ता f.
दित u. अचोद्यमान unangetrieben.

treiben. ...

1.

एकपाद् N. eines Geni
अजा Z

2.

अ

[illegible] अजीर्ण [illegible] Dyspepsie.

अजीव [illegible]

अजुर् s. अजर nicht alternd, unvergänglich.

अजुष्ट unangenehm.

अजेय unbesieglich.

अज्ञ unwissend, dumm.

अज्ञता *f.* Unwissenheit, Dummheit.

अज्ञात unbekannt, ungekannt; *n. adv* ohne Wissen des — (*Gen.*)

अज्ञात्वा ohne zu kennen.

अज्ञान unklug; *n.* Unkenntnis, Unwissenheit (*ph.*); °तस् ohne Wissen, unwissentlich.

अज्ञास् verwandtenlos.

अज्ञेय nicht zu wissen.

अज्म *m.*, अज्मन् *n.* Bahn, Zug.

अज्येष्ठ nicht der älteste *o.* beste; *Pl.* keinen Ältesten habend, gleich alt.

अज्येष्ठवृत्ति sich nicht wie ein ältester Bruder betragend.

अज्र *m.* Trift, Flur.

अञ्चल *m.* Saum, Zipfel, Ecke.

अञ्चित *s.* अञ्च्.

अञ्चु *das Suffix* añc *in* प्राञ्च् *u. s. w.* (*g.*)

अञ्ज्, अनक्ति *u.* अङ्क्ते salben, bestreichen (*auch Caus.* अञ्जयति, *p.p.* अञ्जित); schmücken, ausrüsten (*Med. refl.*), verherrlichen, ehren; offenbaren. अनु bestreichen. अभि *dass.* नि *Med.* hineinschlüpfen, sich verstecken. वि *p.p.* व्यक्त geschmückt; offenbar, deutlich (*bes. n. adv.*). *Caus.* व्यञ्जित entfaltet. अभिवि *p.p.* अभिव्यक्त deutlich, sichtbar. सम् salben, schmücken.

अञ्जन *n.* das Salben, die Salbe, *bes.* schwarze Augensalbe, Antimonium. °चूर्ण *n.* pulverisiertes Antimonium.

अञ्जलि *m.* die beiden (*als Zeichen der Ehrerbietung*) hohl zusammengelegten Hände · (*auch als Maſs:*) zwei Handvoll.

अञ्जस् *n.* Salbe. *Acc. u. Instr. adv.* stracks sofort, alsbald.

अञ्जःसव *m.* beschleunigte Somakelterung.

अञ्जि salbend; *m. n.* Salbe, Farbe Schmuck.

**अट्, अटति, (°ते) herumstreifen, durchwandern. परि *dass.***

eraus, sehr, zu sehr.
ारिन् hinübersetzend *o.* -führend.
ेजस् *u.* °जस्विन् überaus glänzend
er kräftig.
वरित voreilig.*
थि *m.* Gast. *Abstr.* अतिथिता *f.*, °त्व *n.*
ाह *m.* heftiger Brand.
ीर्घ zu lange.
ीर्घकोपनता zu langer Zorn.*
ुःखान्वित *u.* °खित überaus betrübt.
ुर्वृत्त von sehr schlechtem Be-
gen.
ुष्कर überaus schwierig.
ूर sehr weit, zu weit; *n. adv.*
ूरवर्तिन् zu fern liegend, für (*Gen.*)
ेश Übertragung (*g*).
ृति *f. N. eines Metrums.*
नाष्ट्र dem Untergang entrückt.
निर्घृण ohne alles Mitleid.*
निर्बन्ध *m.* übergroſser Eifer. °न्धेन *u*
तस् angelegentlichst.
निष्करुण allzu grausam.
निष्ठुर allzu rauh *o.* hart.*
नृशंस allzu boshaft *o.* grausam.*
पात *m.* das Verstreichen, Versäumen.
पातिन् verstreichend, versäumend,
erholend.
पिनद्ध zu eng geschnürt.*
प्रकाश allbekannt. *Abstr.* °कत्व *n.*
प्रबन्ध *m.* Ununterbrochenheit.
प्रबल *o.* °लिन् überaus stark, mächtig.
प्रमाण übermäſsig groſs.
प्रयुक्त sehr gebräuchlich.

— *u. n*

अतिशिथिल zu lose o. flatterhaft.*

अतिशुद्ध durchaus rein (*auch übertr.*).

अतिश्रम *m.* Übermüdung.

अतिष्कद् *f.* Überspringung, -schreitung.

अतिष्ठन्त् nicht stehen bleibend, — rastend· sich einer Sache (*Loc.*) entziehend.

अतिसंक्रुद्ध sehr erzürnt.

अतिसंचय *m.* zu groſser Vorrat.

अतिसंनिधान *n.* zu groſse Nähe.

अतिसंभ्रम *m.* heftige Aufregung.

अतिसरस sehr schmackhaft, wonnevoll.

अतिसर्ग *m.* Gewährung, Abschied.

अतिसहसा (*Instr. adv.*) allzuplötzlich.

अतिसाध्वस *n.* zu groſse Scheu.

अतिसार *m.* Durchfall.

अतिसाहस *n.* Überstürzung.

अतिसुख höchst angenehm.

अतिसूक्ष्म überfein *o.* -klein.

अतिसृष्टि *f.* höhere Schöpfung.

अतिस्नेह *m.* heftige Liebe.

अतीत vorübergegangen; *s.* इ.

अतीन्द्रिय übersinnlich; *n.* Geist, Seele.

अतीर्थ *n.* nicht der rechte Weg, nicht die rechte Art oder Gelegenheit; Unzeit.

अतीव *Adv.* über die Maſsen, höchst, sehr, stark; mehr als (*Abl.*).

अतुल unvergleichlich; °विक्रम von u. Kraft.

अतूतुजि unbehende.

अतृप्णुवन्त् unersättlich.

अतृप्त ungesättigt, unbefriedigt. *Abstr.* °ता *f.*

अत्क *m.* Mantel

अत्तर् *m.* Esser; *f.* अत्त्री.

अत्य eilend; *m.* Pferd; *f.* आ Stute.

अत्यद्भुत höchst wunderbar.

अत्यन्त bis ans Ende reichend, ununterbrochen, vollständig, absolut; °— *u.* n *dass. adv.*, höchst, überaus.

अत्यय *m.* Hinübergang, das Vergehen, Ende, Gefahr.

अत्यर्थ (°—) *u.* अत्यर्थम् *adv.* überaus, sehr

अत्यादर *m.* übergroſse Rücksicht.

अत्यायत sehr lang.

अत्यारूढि *f.* zu hohes Steigen.

अत्याश्चर्य höchst wunderbar.

अत्याहित unerwünscht; *n.* Unglück.

अत्युग्र gar gewaltig, ungeheuer, grausig.

अत्युदात्त sehr hervorragend.

अत्युन्नति *f.* Erhabenheit, hohe Stellung.

अत्युपचार *m.* zu groſse Dienstfertigkeit.*

अत्यृजु zu gerade, treuherzig.*

अत्येतवै *s.* इ.

अदस् *n.* jenes (*vgl.* असौ); *adv.* dort.
अदाक्षिण्य *n.* Unhöflichkeit.
अदातर् nicht gebend, karg; nicht verheiratend.
अदान *n.* das Nichtgeben, Vorenthalten.
अदाभ्य unverletzlich.
अदायाद, *f.* ई (*sp.* आ) nicht erbend.
अदारुण nicht hart; mild.
1. अदिति *f.* Mangel.
2. अदिति schrankenlos, unendlich; *f.* Unendlichkeit; *N. der Göttermutter.*
अदित्सन्त् *u.* अदित्सु nicht geben wollend.
अदीन unbekümmert, heiter.
अदीनमनस्, °नसत्त्व *u.* °नात्मन् wohlgemut.
अदीयमान nicht gegeben (verheiratet) werdend.
अदीर्घ nicht lang.
अदुष्ट nicht schlecht.
अदुष्टत्व *n.* Güte, Tugend.
अदुष्प्राप nicht schwer zu erlangen.
अदून ungequält, unversehrt.
अदूर nicht fern; *n.* Nähe. °रेण, °रात् *u.* °रतस् *adv.*
अदूषित untadelhaft, ungeschändet, gut.
अदृढ nicht fest; schwankend, unzuverlässig.
अदृपित *u.* अदृप्त unverblendet, besonnen.
अदृश्य *u.* अदृश्यमान unsichtbar. *Abstr.* अदृश्यता *f.*, °त्व *n.*
अदृष्ट *u.* अदृष्ट ungesehen, unsichtbar, unverhofft; *n.* die unsichtbare Macht (*ph.*), das Schicksal.
अदृष्टपूर्व zuvor nicht gesehen.
अदृष्ट्वा ohne zu sehen.
अदेय nicht zu geben

अद्य

अद्रुह्,
अद्रोघ

**अधमचेष्ट** gemein handelnd.

**अधमधी** von geringem Verstande, einfältig.

**अधमयोनिज** von niedriger Herkunft.

**अधमर्ण** *u.* **अधमर्णिक** *m.* Schuldner.

**अधर** niedriger, geringer. **अधरं कर्** unterwerfen. *m.* Unterlippe; *coll.* Lippen.

**अधरात्** *u.* **अधरात्तात्** von unten.

**अधरारणि** *f.* das untere Reibholz (*bei der Feuererzeugung*).

**अधरोत्तर** verlierend oder gewinnend, hoch und niedrig. *n.* Rede und Gegenrede.

**अधरोष्ठ** *u.* **अधरौष्ठ** *n.* (*adj.* —° *f.* **ई**) Unterlippe; *coll.* die Lippen.

**अधर्म** *m.* Unrecht, Schuld. *Instr.* auf ungerechte Weise.

**अधर्मभीरु** das Unrecht scheuend.*

**अधर्मिष्ठ** *u.* **अधर्म्य** ungesetzlich (*Pers. u. S.*).

**अधश्चरणावपात** *m.* Fufsfall.

**अधःशय** *u.* **अधःशय्य** auf der Erde liegend.

**अधःशय्या** *f.* das Schlafen auf der Erde.

**अधःशायिता** *f.* das Schlafen auf der Erde.

**अधःशायिन्** auf der Erde schlafend.

**अधस्** *Adv.* unten, auf der Erde; hinab, in die Hölle (*opp.* **ऊर्ध्वम्**). **अधोऽधस्** tiefer und tiefer. **अधः कर्** tief stellen (*doppels.*). **अधः पत्** niedersinken. *Praep.* unter, unterhalb, *mit Acc., auch doppelt* (*Fr. wohin?*); *mit Gen., Abl. u.* —° (*Fr. wo?*).

**अधस्तात्** unten, hinunter, von unten herauf (*doppels.*) *Praep.* unten, unterhalb (*Gen., Abl. u.* —°).

**अधःस्थ** unten befindlich.

**अधार्मिक** ungerecht.

**अधार्य** nicht zu tragen, nicht aufzuhalten.

**अधि** oben, hinauf, darin, dazu; oberhalb, auf—hin, *auch doppelt* (*Acc.*); über, von —herab, von—her, hervor aus (*Abl.*); über (**u.* unter, *je nach der Stellung*), auf, auf—hin, in, an, in Bezug auf (*Loc.*).

**अधिक** überschüssig; gröfser, stärker, besser, lieber, mehr als (*Abl., Instr., Gen. oder* —°; *so auch* **अधिकतर**); gröfser, mehr um, überlegen an (*Instr. oder* —°); aufserordentlich. °—, **अधिकम्** *u.* **अधिकतरम्** *dass. adv.* *Abstr.* **°कता** *f.*, **°कत्व** *n.*

**अधिकगुण** von vorzüglicher Tugend. *Abstr.* **°त्व** *n.*

**अधिकरण** *n.* Substrat, Stoff; Beziehung, *bes.* Localität (*g*); Gerichtshof; Abschnitt, Paragraph.

**अधिकाङ्ग**, *f.* **ई** ein überzähliges Glied habend.

**अधिकाधिक** stets zunehmend.

**अधिकार** *m.* Oberaufsicht, Herrscherwürde; Verwaltung, Ausübung, Amt, Dienst; Abschnitt, Kapitel von *o.* über (—°); Leitparagraph (*g*).

**अधिकारिता** *f.*, **°त्व** *n.* Oberaufsicht.

**अधिकारिन्** *m.* Aufseher, Beamter, geeignete Person.

**अधिगन्तव्य** *m.* zu erlangen.

**अधिगम** *m.*, **°गमन** *n.* Erlangung, Auffindung.

**अधिगम्य** zu erreichen; erkennbar.

**अधिज्य** besehnt (*Bogen*).

**अधिज्यकार्मुक** mit besehntem Bogen.

**अधिज्यधन्वन्** *dass.*

**अधिदेव** *m.* höchster Gott.

**अधिदेवता** *f.*, **अधिदैवत** *n.* Schutzgottheit.

**अधिप**, **अधिपति** *u.* **अधिपा** *m.* Gebieter, Herrscher.

**अधिपुरुष** *u.* **°पूरुष** *m.* höchster Geist.

**अधिपेषण** worauf etwas zermalmt wird.

**अधिमन्थन** zum Reiben dienlich; *n.* das harte Holzstück (*bei der Feuererzeugung*).

**अधियज्ञ** *m.* das höchste Opfer.

**अधिरथ** auf dem Wagen stehend, *m.* Wagenkämpfer.

**अधिराज्** *u.* **अधिराज** *m.* Oberherrscher.

**अधिराज्य** *n.* Oberherrschaft.

**अधिरोपण** *n.* das Aufsetzen auf (—°).

**अधिरोहण** *n.* das Besteigen (*Loc. oder* —°).

**अधिलोक** *m.* die höchste Welt.

**अधिवक्तर्** *m.* Fürsprecher, Beschützer.

**अधिवाक** *m.* Fürsprache, Schutz.

**अधिवाद** *m.* Beleidigung.

**अधिवास** *m.* Bewohner, Nachbar; Wohnung, Sitz.

**अधिवासन** *n.* das Parfümieren.
**अधिविन्ना**, °**वेत्तव्या** *u.* °**वेद्या** *s.* 2. **विद्**.
**अधिषवण** zum Pressen des Soma dienlich, *n.* Somapresse.
**अधिष्ठातर्** *m.* Vorsteher; *f.* °**त्री**.
**अधिष्ठान** *n.* Standort, Platz; Residenz.
**अधीक्** = **अधि** + **इ** (*g.*).
**अधीति** *f.* Studium.
**अधीतिन्** belesen in (*Loc.*).
**अधीन** (*meist* —°) untergeben, abhängig von.
**अधीर** nicht fest; unbeständig, kleinmütig. *Abstr.* °**ता** *f.* Beweglichkeit.
**अधीराक्ष** mit beweglichen Augen.
**अधीश** Oberherr; °**ता** *f.* Oberrschaft.
**अधुना** jetzt.
**अधृति** *f.* Unbeständigkeit, Wankelmut.
**अधृष्ट** unbezwungen, unbezwinglich.
**अधेनु** unfruchtbar (*eig.* Nicht-Milchkuh).
**अधैर्य** *n.* = **अधृति**.
**अधोअक्ष** nicht bis zur Achse reichend.
***अधोंऽशुक** *n.* Untergewand.
**अधोगत** untergegangen. **अधोगति** *f.* das Sinken.
**अधोभाग** *m.* unterer Teil, Unterleib.
**अधोमुख**, *f.* **ई** (**आ**) (mit dem Gesicht) nach unten gerichtet, niedergeschlagen.
**अधौत** ungewaschen.
**अध्यक्ष** *m.* Augenzeuge, Aufseher.
**अध्यग्नि** *Adv.* über dem Feuer.
**अध्यन्तेन** (*Instr. adv.*) nahe heran.
**अध्ययन** *n.* das Lesen; Lernen, von (*Abl.*).
**अध्यर्ध** anderthalb.
**अध्यवसान** *n.*, °**साय** *m.* Entschluss.
**अध्यवसायिन्** entschlossen zu (—°).
**अध्यवसित** *s.* **सा**.
**अध्यवहनन** worauf gedroschen wird.
**अध्यात्म** dem Selbst, der eigenen Person angehörig; *n.* die höchste Seele, die Allseele. °**विद्या** *f.* die Wissenschaft von der Allseele.
**अध्यापक** *m.* Lehrer.
**अध्यापन** *n.* das Unterrichten.
**अध्यापय्** *s.* **इ**.

**अध्याय** *m.* Studium, Lection, Kapitel.
**अध्यारोप** *m.*, °**पणा** *f.* falsche Übertra-

**अध्युषित** *s.* 4.
**अध्रि** unaufha

**अ**

**अनधिगत** nicht erreicht.

**अनध्ययन** *n.*, °**ध्याय** *m.* das Nichtstudieren.

**अननुज्ञात** unerlaubt.

**अननुभूत** nicht erfahren *o.* kennen gelernt.*

**अननुरूप** nicht angemessen.

**अननुव्रत** nicht ergeben, ungehorsam.

**अननूक्त** unstudiert (*act.*).

**अनन्त** unendlich; *m. Vishṇu*; *Mannsname.*

**अनन्तता** *f.* Unendlichkeit.

**अनन्तर** ohne Inneres, ohne Zwischenraum, nächst (*vorangehend oder folgend*). **अनन्तरम्** *Adv.* gleich daneben *o.* darauf, sofort, alsbald, gleich nach (*Abl. Gen. oder* —°).

**अनन्तरज** *u.* °**जात** nächstgeboren, nächstältest.

**अनन्तराय** ohne Unterbrechung, unbehindert.* *Adv.* **अनन्तरायम्** ununterbrochen.

**अनन्त्य** *n.* Unendlichkeit.

**अनन्ध** nicht blind.

**अनन्यचित्त** *u.* °**चेतस्** ohne anderen Gedanken, ganz versunken in (*Loc.*).

**अनन्यदृष्टि** auf nichts anderes blickend.

**अनन्यपरायण** keinem *o.* keiner anderen ergeben.

**अनन्यरुचि** keinen anderen Wunsch habend.

**अनन्यमनस्** *u.* °**मानस** an keine(n) andere(n) denkend.

**अनन्यविषय** auf nichts anderes Bezug habend.

**अनन्यसम** *u.* °**सामान्य** ohnegleichen, unübertroffen.

**अनन्यसाधारण**, *f.* **ई** keinem *o.* keiner anderen gemeinsam.

**अनन्विष्यन्त्** nicht forschend nach (*Acc.*).

**अनपकर्मन्** *n.* Nichtzurückerstattung.

**अनपकारिन्** nicht schädigend, schuldlos.

**अनपत्य** kinderlos; *n.* Kinderlosigkeit.

**अनपत्यता** *f.* = *vor.*, *n.*

**अनपराद्ध** unfehlbar, unverschuldet, schuldlos.

**अनपराध** *u.* °**धिन्** fehlerlos, unschuldig.

**अनपस्फुरन्त्** nicht wegstofsend.

**अनपेक्ष** rücksichtslos; *f.* **आ** keine Rücksicht. °**क्षम्** ohne Rücksicht auf (*adv.*—°).

**अनप्नस्** ohne Habe.

**अनप्सरस्** *f.* keine Apsaras.*

**अनभिज्ञ** unkundig (*Gen., Loc. o.* —°).

**अनभिधान** *n.* die Nichtaussage.

**अनभिभवगन्ध** nicht nach Nichtachtung schmeckend (*eig.* riechend), keine N. verratend.

**अनभिभाषिन्** nicht anredend.

**अनभिरूप** nicht entsprechend; ungebildet.

**अनभिलुलित** ungestreift, unberührt.

**अनभिव्यक्त** nicht sehr hell.

**अनभिसंधि** (°—) ohne Eigennutz.

**अनभिसंहितम्** ohne feste Absicht.

**अनभिहित** unbefestigt, unbezeichnet, ungesagt.

**अनभीशु** ohne Zügel.

**अनभ्यन्तर** nicht eingeweiht, in (*Gen.*).*

**अनभ्यर्थनीय** nicht zu begehren.*

**अनभ्र** wolkenlos.

**अनमित्रलाभ** *m.* Nichtverfeindung.

**अनमीव** leidlos, gesund, heiter, heilbringend; *n.* Wohlsein.

1. **अनय** *m.* Unklugheit, Ungeschick.

2. **अनय** *m.* Missgeschick, Elend.

**अनर्गल** unbehindert.

**अनर्घराघव** *n. Titel eines Dramas.*

**अनर्घ्य** unschätzbar.

**अनर्चित** ungeehrt.

**अनर्थ** unnütz, unglücklich, bedeutungslos (*auch* °**क**); *m.* Nachteil, Schaden, Unglück, Unsinn.

**अनर्थपण्डित** unheilvoll gelehrt.

**अनर्थान्तर** *n.* keine andere, dieselbe Bedeutung,

**अनर्थ्य** unnütz.

**अनर्व** *u.* °**र्वन्** ungehemmt, schrankenlos.

**अनर्ह** unwürdig, unschuldig, zu schlecht oder zu gut für, ungeeignet zu (—°). *Abstr.* °**ता** *f.*

**अनल** *m.* Feuer, Gott des Feuers.

**अनलंकृत** ungeschmückt.

**अनवक्लृप्त** nicht passend.

**अनवगत** unerlangt, unverstanden.

**अनवच्छिन्न** unentschieden, unbestimmt. *Abstr.* °**त्व** *n.*

**अनवच्छद** *m.* Unbestimmtheit.

अनवद्य tadellos.
अनवद्यता f., °त्व n. Tadellosigkeit.
अनवद्याङ्ग, f. ई von tadellosem Körper.
अनवपृग्ण ungeteilt, zusammenhängend.
अनवभास m. das Nichterscheinen.
अनवरत ununterbrochen; n. adv.
अनवलम्बन n. das Nichtanhangen, Fahrenlassen.
अनवलेप ungesalbt, ohne Hochmut (m Bescheidenheit*).
अनवसिता f. N. eines Metrums.
अनवस्था f. das Nichtaufhören, regressus in infinitum (j).
अनवस्थान n. Unbeständigkeit.
अनवस्थायिन् u. °स्थित unbeständig.
अनवस्थिति f. Unbeständigkeit.
अनवाप्त nicht erlangt.
अनवाप्ति f. Nichterlangung.
अनवाप्य nicht zu erlangen.
अनवेक्षण n., °क्षा f. Rücksichtslosigkeit.
अनशन n., अनशनता f. das Nichtessen, Fasten.
अनशित nicht gegessen.
अनश्नन्त् nicht essend.
अनश्रु thränenlos.
अनश्व rosselos.
अनस् n. der Wagen, bes. Lastwagen.
अनसूय nicht murrend, nicht missvergnügt (auch °क); f. आ Frauenname.
अनहंकृत nicht egoistisch.
अना (Instr. adv.), etwa = quidem.
अनाकम्प unerschütterlich, °धैर्य von unerschütterlicher Festigkeit.
अनाकर्णित n. das Nichthören.
अनाकुल unverwirrt, unbekümmert.
अनाख्यात unangesagt.
अनाख्याय ohne anzusagen.
अनाख्येय unsagbar.
अनागच्छन्त् nicht kommend.
अनागत nicht angekommen, bevorstehend zukünftig.
अनागतविधातर् m. (für die Zukunft sorgend), Mannsname.
अनागस् u. अनागस् schuldlos, sündenlos · unschädlich.*
अनागास्त्व n. Sündenlosigkeit.
अनाघ्रात nicht berochen.
अनाचक्षत् nicht sagend.*
अनाज्ञा f. Nicht-Erlaubnis. °ज्ञया ohne E.
अनाज्ञात unbekannt, unbemerkt.
अनातप ohne Hitze, schattig.
अनातुर gesund, heil.
अनात्मज्ञ sich selbst nicht kennend, einfältig.
अनात्मत्व n. das Nicht-Seelesein.

**अनाशु nicht schnell, träge.**
अनाश्रय *m.* Unabhängigkeit.
अनाश्रित unabhängig.
अनाश्वंस् ungegessen (*act.*).
अनाष्ट्र gefahrlos, sicher.
अनासादयन्त् nicht erlangend.
अनासाद्य unerreichbar.
अनास्था *f.* Gleichgültigkeit, gegen (*Loc*).
अनास्वादित nicht gekostet. °पूर्व früher n. g.
अनाहत nicht angeschlagen; *ungewaschen neu.
अनाह्वान *n.* das Nichtherbeirufen; Nicht citieren (*j*).
अनिक्षिप्त nicht abgelegt.
अनिगड *Adj.* ohne Ketten.
अनिच्छन्त् nicht wollend.
अनिच्छा *f.* das Nichtwollen, die Abneigung.
अनिच्छापूरक nicht den Wunsch erfüllend.*
अनित्य unbeständig, vergänglich. *Abstr.* °ता *f*., °त्व *n.*
अनिद्र schlaflos; *f.* °ता Schlaflosigkeit.
अनिन्दित *u.* अनिन्द्य tadellos.
अनिबद्ध unangebunden, ungebunden, unzusammenhängend.
अनिभृत nicht fest; beweglich, unruhig.
अनिमित्त grundlos, ohne Ursache, unbestimmbar; *n.* ohne Grund, kein Grund.
अनिमिष *u.* अनिमिषन्त् die Augen nicht schliefsend, nicht blinzelnd, wachsam.
अनिमिषम् *u.* अनिमिषा *dass. adv.*
अनिमिषीय *s.* नैमिषीय.
अनिमेष nicht blinzelnd; *m.* das Nichtblinzeln.
अनियत ungebunden, unbeschränkt.
अनियतवेलम् zu unbestimmter Zeit.*
अनियन्त्रण zwanglos; °णानुयोग zwanglos zu befragen.
अनियम *m.* Nichtbeschränkung. °मोपमा *f.* Art Gleichnis (*rh.*).
अनियुक्त nicht beauftragt, nicht besonders wozu angestellt.
अनिरुक्त unausgesprochen, unvorgeschrieben, unbestimmt, geheimnisvoll.
अनिर्जित unbesiegt.
अनिर्जित्य ohne zu besiegen.

2. **अनीश्वर** herrenlos.

**अनीहित** unerwünscht.

**अनु** *Adv.* darauf. *Praep.* nach (*zeitl.*, mit *Acc., Abl., Gen.*); **nach** (*Reihenf.*), nach —hin, entlang, **hinter — her**, gemäfs, für (*opp.* wider), **in Betreff, zu, gegen** (*Acc.*)

**अनुकम्पन** *n.*, **°कम्पा** *f.* Mitleid, mit (*Gen. Loc. o.* —°).

**अनुकम्पनीय** zu beklagen, mitleidswert.

**अनुकम्पिन्** mitleidig mit (*Gen. o.* —°).

**अनुकर** nachthuend; *m.* Gehülfe.

**अनुकरण** *n.* Nachahmung.

**अनुकर्ष** *m.*, **°ण** *n.* das Nachziehen; die Heranziehung (*g.*).

**अनुकल्प** *m.* secundäre (eventuelle) Vorschrift.

**अनुकाङ्क्षिन्** nachstrebend.

1. **अनुकाम** *m.* Verlangen, Begehr.

2. **अनुकाम** wunschentsprechend; *n. adv.*

**अनुकार** *u.* **°क** nachahmend, gleichend.

**अनुकारिन्** *dass.*

**अनुकीर्तन** *n.* das Anführen, Nennen.

**अनुकूल** (nach dem Ufer hin), günstig (*Wind etc.*), geeignet, angenehm; *Abstr.* **°ता** *f.*

**कनुकूलकारिन्** Gunst erweisend.

**अनुकूलपरिणाम** günstig endend.

**अनुकृत*** *n.*, **अनुकृति** *f.* Nachahmung. **तदनुकृति** *adv.* demgemäfs.

**अनुक्त** ungesagt. *Abstr.* **°त्व** *n.*

**अनुक्रम** *m.* Reihenfolge. *Instr. u. Abl.* der Reihe nach.

**अनुक्रमण** *n.* das Aufreihen; **°णी** *u.* **°णिका** *f.* Inhaltsverzeichnis.

**अनुक्रोश** *m.* Mitleid; **°शात्मता** *f.* Mitleidigkeit.

**अनुक्षणम्** *Adv.* jeden Augenblick, fortwährend.

**अनुग** nachgehend, folgend, entsprechend (—°); *m.* Begleiter, *Pl.* Gefolge.

**अनुगन्तव्य** nachzugehen; zu begleiten.

**अनुगम** *m.*, **°न** *n.* das Nachgehen, Folgen.

**अनुगर** *m.* Aufforderung an den Recitierer (*r.*).

**अनुगामिन्** nachgehend, folgend; **m.** Diener.

**अनुगीत** *n.* das Nachsingen.

**अनुगीति** *f. N. eines Metrums.*

**अनुनासिक** nasal.
**अनुन्मत्त** nicht toll.
**अनुपकारिन्** undienstfertig, nicht zu dienen vermögend.
**अनुपक्रम्य** *u.* **°क्राम्य** nicht zu curieren.
**अनुपघ्नन्त्** nicht beeinträchtigend.
**अनुपदम्** auf dem Fuſse, gleich hinterher.
**अनुपपत्ति** *f.* das Nichtzutreffen, die Unmöglichkeit.
**अनुपपन्न** unpassend, unwürdig (*Loc.*).
**अनुपभोग्य** ungenieſsbar.
**अनुपम** unvergleichlich.
**अनुपयन्त्** non iniens (*feminam*).
**अनुपयुक्त** unanwendbar, untauglich, unwürdig.
**अनुपलब्धि** *f.*, **°लम्भ** *m.* Nichtwahrnehmung, Nichtwahrnehmbarkeit.
**अनुपसर्ग** nicht mit einer Praeposition verbunden (*g.*).
**अनुपहित** unbedingt.
**अनुपालिन्** hütend, schützend (—°).
1. **अनुपूर्व** je folgend; °— *u. n.* nach einander.
2. **अनुपूर्व** mit anu zusammengesetzt (*g.*).
**अनुपेत** vorher nicht (zum Lehrer) hingegangen.
**अनुपेतपूर्व** *dass.*
**अनुप्रवचनीय** zum Vedalernen erforderlich
**अनुप्रवेश** *m.* der Eintritt; das Eindringen in (—°).
**अनुप्रास** *m.* Alliteration (*rh.*).
**अनुबन्ध** *m.* das Anbinden, Hängen an; Verbindung, Band, Zusammenhang, Folge, Wiederholung, (*auch* **°न** *n.*); Hartnäckigkeit; stummer Buchstabe (*eig.* Anhängsel, *g.*); Erfordernis (*ph.*).
**अनुबन्धिन्** zusammenhängend, versehen mit (—°).
**अनुबोध** *m.* das Bemerken, Gewahren; Auffrischung eines verflüchtigten Geruchs.
**अनुभव** *m.* Empfindung, Gefühl.
**अनुभाव** *m.* Macht, Würde.
**अनुभाविन्** wahrnehmend, bemerkend.
**अनुमत** *n.* Erlaubnis, Zustimmung.
**अनुमति** *f. dass.*

**अनुशासिन्** züchtigend, strafend.

**अनुशास्ति** *f.* Unterweisung.

**अनुषङ्ग** *m.* das Anhaften, Gedenken; die unmittelbare Folge.

**अनुषङ्गिन्** anhaftend, notwendig folgend.

**अनुष्टुति** *f.* Lob, Preis.

**अनुष्टुभ्** nachjauchzend; *f.* Lobgesang, *N. eines Metrums.*

**अनुष्ठान** *n.* das Obliegen, die Verrichtung.

**अनुष्ठेय** zu verrichten, auszuführen.

**अनुष्ण** nicht heiß, lauwarm; *Abstr.* (°ता *f.**) °त्व *n.*

**अनुष्वधम्** nach Wunsch, ungehindert.

**अनुसंधान** *n.* das Achten auf etwas.

**अनुसंधेय** zu beachten.

**अनुसर**, *f.* ई nachfolgend, sich nach etwas richtend.

**अनुसरण** *n.* das Nachgehen, Verfolgen.

**अनुसार** *m. dass.*; °रेण gemäß (—°).

**अनुसारिन्** = अनुसर.

**अनुसेवा** *f.* Dienst, Aufwartung.

**अनुस्यूतत्व** *n.* (—°) das sich durch — Hindurchziehen.

**अनुस्वार** *m.* Nasalklang eines Vocals (*g.*).

**अनूक** *m. n.* Rückgrat.

**अनूचान** gelehrt.

**अनूचीन** auf einander folgend.

**अनूढा** *f.* unverheiratet.

**अनूत्थित** *s.* स्था.

**अनून** vollständig; nicht geringer als (*Abl.*).

**अनूनवस्तुक** von vollkommenem Inhalt oder Wesen.

**अनूप** *m.* Ufer, Sumpfland, Wasserbecken.

**अनूषिवंस्** *s.* 4. वस्.

**अनृक्षर** dornenlos.

**अनृजु** nicht gerade, unredlich.

**अनृण** schulden- *u.* schuldlos. *Abstr.* °ता *f.*, °त्व *n.*

**अनृत** *u.* **अनृत** unrecht, unwahr (*Pers. u. S.*); *n.* Unrecht, Betrug, Lüge.

**अनृतपूर्वम्** *Adv.* unwahr.

**अनेक** mehrfach; *Pl.* mehrere. *Abstr.* °त्व *n.*

**अनेकबुद्धि** *f.* vielheitliche Auffassung (*ph.*).

**अनेकविध** mannigfach. *Abstr.* °त्व *n.*

**अनेकशस्** *Adv.* mehrfach, wiederholentlich, oft.

**अनेकसंस्थान** mannigfach verkleidet.

**अनेद्य** untadelig.

**अनेनस्** fehlerlos, sündlos.

**अनेवंविद्** solches nicht wissend.

**अनेहस्** unerreichbar, sicher.

**अनोकह** *m.* Baum.

**अनोवाह्य** auf Wagen zu fahren; *n.* Fuder.

**अन्त** *m.* (*n.*) Ende (*in Raum u. Zeit*), Saum, Grenze, Schluss, Ausgang, Auslaut (*g*), Abschluss, Tod; Inneres. —° endend mit; **अन्तम्** (—°) bis zu, in (*Fr. wohin?*) **अन्ते** schließlich, bei, neben, in Gegenwart; in (—°, *Fr. wo?*).

**अन्तःकरण** *n.* das Innenorgan (*ph.*), Herz.

**अन्तःपुर** *n.* königliche Burg (*eig.* Instadt), Harem; *Pl. u.* °जन *m. Sgl.* die Haremsfrauen.

**अन्तःपुरिका** *f.* Haremsfrau.

**अन्तक** endigend, vernichtend; *m.* Tod, Todesgott.

**अन्तकर** endigend, tötend (*gew.* —°).

**अन्तकरण** *dass.*; *n.* Vernichtung.

**अन्ततस्** *Adv.* vom Ende her, am Ende. schließlich.

**अन्तपाल** *m.* Grenzwächter.

1\. **अन्तम** *Adj.* nächst, innigst, sehr lieb; *m.* Nachbar.

2\. **अन्तम** *Adj.* letzt.

**अन्तर्** *Adv.* innen, innerlich, hinein; *Praep.* in, innerhalb (*Loc., Gen. o.* —°); zwischen, unter (inter), inmitten (*Loc., Acc., Gen.*); aus — heraus (*Abl. o. Gen.*).

1\. **अन्तर** näher (vgl. **अन्तम**), nahestehend (*Comp.* **अन्तरतर**, *Superl.* **अन्तरतम**), sehr lieb, innig befreundet; innerlich; innerst; *n.* das Innere, der Eingang, der Zwischenraum, Abstand, Entfernung; Zwischenzeit, Zeitraum, Weile, rechte Zeit, Gelegenheit. *Abstr.* °त्व *n.* **एतस्मिन्नन्तरे**, **तस्मिन्न°**, **अत्रा°** *u.* **तत्रा°** mittlerweile. **अन्तरम्** ins Innere, hinein, weiter; zwischen (*Gen. o.* —°). **अन्तरेण** dazwischen; innerhalb, zwischen, während, im Verlauf, nach (*Acc. o.* —°); ohne, außer, in Bezug auf, wegen (*Acc. o. Gen.*). **अन्तरात्** aus, heraus, nach (—°). **अन्तरे** inzwischen, unterwegs; in, innerhalb (*auch* °रेषु), während, im Verlauf, nach (—°); zwischen, unter (*Gen. o.* —°).

2. **अन्तर** ein anderer, verschieden von (*Abl.*); *n.* Unterschied, Besonderheit Spezies, Art von (—°).

**अन्तरगत** im Inneren von (*Gen. o.* —°) befindlich.

**अन्तरङ्ग** innerlich, nahe stehend, verwandt; *n.* innerer Körperteil, Herz.

**अन्तरतस्** *Adv.* im Inneren; *Praep.* innerhalb (*Gen.*), aus hervor (—°).

**अन्तरस्थ** = **अन्तरगत**.

**अन्तरा** *Adv.* mitten innen, dazwischen, unterwegs, in der Nähe, beinahe; *wiederholt* das eine Mal — das andere Mal; *Praep.* zwischen (*Acc. u. Loc.*); während, ohne (*Acc.*).

**अन्तरात्मन्** *m.* Seele, Herz; das Selbst.

**अन्तरान्वेषिन्** Gelegenheit suchend.

**अन्तराय** *m.* Hindernis (*eig.* das Dazwischentreten).

**अन्तराल** *n.* Zwischenraum, -zeit. °**ले** unterwegs, inzwischen.

**अन्तरिक्ष** *n.* Luftraum.

**अन्तरिक्षग** *m.* Luftwandler, Vogel.

**अन्तरित** *s.* **इ**.

**अन्तरिन्द्रिय** *n.* inneres Organ.

**अन्तरीक्ष** *n.* Luftraum.

***अन्तरीय** *n.* Untergewand.

**अन्तरुष्य** *m.* Station.

**अन्तर्गत** hineingekommen, befindlich in (—°), verborgen.

**अन्तर्जलचर** *u.* **अन्तर्जलनिवासिन्** im Wasser lebend.

**अन्तर्धान** *n.* das Bedecken, Verschwinden. °**नं गम्**, **इ**, **व्रज्** verschwinden.

**अन्तर्धि** *m. dass.*

**अन्तर्बाष्प** *Adj.* Thränen verhaltend; *n.* verhaltene Thränen.

**अन्तर्भाव** *m.* das Enthaltensein in (*Loc.*).

**अन्तर्भूतत्व** *n. dass.*

**अन्तर्मन्मथ** *m.* innere, verhaltene Liebe.

**अन्तर्यामिन्** *m.* der innere Lenker.

**अन्तर्वन्त्**, *f.* **अन्तर्वती** *u.* **अन्तर्वत्नी** schwanger.

[illegible] *f.* der Gedanke an eine(n) andere(n)*; (*im Prâkrit* = **अन्न॰** d. G. an Speise).

**अन्यचित्त** *u.* **॰चेतस्** an eine(n) andere(n) denkend, zerstreut.

**अन्यतम** einer von mehreren, der eine oder der andere von (*Gen. o.* —॰).

**अन्यतर॑** einer von zweien; *wiederholt* der eine — der andere. **अन्यतरस्याम्** auf eine oder die andere Weise (*g.*).

**अन्य॑तस्** anderswoher, -wo, -wohin, *auch* = *Abl. u. Loc.* von **अन्य**; *wiederholt* auf der einen Seite — auf der anderen Seite.

**अन्यता** *f.* Verschiedenheit.

**अन्य॑त्र** anderswo, -wohin, anderenfalls, sonst, *auch* = *Loc. von* **अन्य**; anderswo als, in einem anderen Falle als, mit Ausnahme von (*Abl.*); zu anderer Zeit als (—॰).

**अन्यत्व** *n.* andere Beschaffenheit, Verschiedenheit.

**अन्य॑था** anders, sonst, fälschlich, unrecht; *mit* **कर्** anders handeln, unrecht handeln; anders behandeln, verändern, falsch machen *o.* auffassen, nichtig machen, vereiteln.

**अन्यथादर्शन** *n.* falsche Prüfung, — Untersuchung (*j.*).

**अन्यथाप्रथा** *f.* das Anderswerden.

**अन्यथाभाव** *m.* Veränderung, Verschiedenheit.

**अन्यथाभिधान** *n.* falsche Aussage (*j.*).

**अन्यथावादिन्** falsch aussagend *oder* klagend (*j.*). *Abstr.* **॰दित्व** *n.*

**अन्यथावृत्ति** verändert.

**अन्यथासंभावना** *f.* falsche Vermutung, Misstrauen.

**अन्यून** *Adj.*

**अन्यूनार्थवादिन्**

**अन्वाहार्य**

**अन्वाहार्यपचन**

**अन्वित** *s.* **इ**.

अन्वेष m., °षण n., °षणा f. das Suchen Forschen.

अन्वेषणीय u. अन्वेष्य zu suchen, bedenklich fraglich.

अन्वेषिन् u. अन्वेष्टर् suchend.

1. अप् thätig sein, arbeiten.

2. अ॑प् Werk.

3. अ॑प् *f. Pl.* (*Veda auch Sgl.*) Wasser.

अ॑प *Adv.* fort, weg, (*bes.* °—); **Praep.* von weg, aufser (*Abl.*).

अप॑कर्ष *m.* Entfernung, Verminderung, Aufhebung; Anticipation (*g.*).

अपकर्षक vermindernd.

अपकर्षण *dass.*, *n.* = अपकर्ष.

अपकार *m.*, °ता *f.* Schädigung, Beleidigung.

अपकारिन् schädigend, beleidigend.

अपकृत *n.*, °ति *f.*, °त्य *n.* = अपकार.

अपकृष्ट niedrig, gemein; *s.* कर्ष्.

अपक्रम॑ *m.*, अपक्रमण *n.*, अ॑पक्रान्ति *f.* Weggang.

अपक्ष॑ ungeflügelt.

अपक्षय *m.* Abnahme.

अपक्षलोप *u.* अपक्षसाद *m.* der Nichtverlust der Flügel.

अपगम *m.*, °गमन *n.* Abgang, Verschwinden.

अपघन wolkenlos.

अपघा॑त *m.* das Abschlagen, die Abwehr.

अपघातक abwehrend, verscheuchend.

अपचय *m.* die Abnahme, Verminderung.

अपचरित *n.* das Vergehen, der Fehltritt.

अपचार *m.* das Fehlen, der Mangel, das Vergehen.

अपचारिन् abgehend, sich vergehend.

अपचित *s.* 1. चि.

अ॑पचिति *f.* Vergeltung.

अपच्छेद *m.*, °न *n.* das Abschneiden, die Trennung.

अपज्वर fieberlos.

अपञ्चीकृत *u.* °भूत *n. Pl.* noch nicht zu fünf geworden (*ph.*).

अपटीक्षेप *m.* das Nichtwegschieben des Vorhangs.

अपटु stumpf, unfähig. °त्व *n.* Unfähigkeit.

अपण्डित ungebildet.

अपण्य unverkäuflich.

अपरवक्त्र *n.*

अ॑परशुवृक्ण

hauen.

अपराग *m.* Abneigung.

*m.* das westliche Gebiet; *Pl.* Bewohner.

nicht zurückgekehrt. °भागधेय s Glück nicht zurückkehrt, ein ksvogel.

*ı.* Nachmittag.

der nicht umhergehen kann.

unverletzt, wohlbehalten. (°ग्रु- *dj.* gesunden Leibes.*)

besitzlos; *m.* Nichtergreifung, ›sigkeit.

*m.* Unbekanntschaft.

unbekannt.

ohne Reisegerät *o.* Gefolge.

न्न nicht abgeschnitten, unbegrenzt.

*m.* Nichtentscheidnng, Unentenheit.

unbefriedigt.

unverlassen.

ohne zu verlassen.

*m.* das Nichtfahrenlassen.

ाण nicht ganz erloschen *o.* be-

ष्ठत nicht ganz feststehend, noch wachen Füſsen stehend.

unbehindert, grenzenlos.*

nicht zu tadeln.

ungehemmt, schrankenlos.

*m.* die Nichtvermeidung.

nicht zu vermeiden.

ामान ununterlassen, nicht man-

unvermieden, ausgeübt.

अपविद्ध *s.* व्यध्.

अपहारक u. °हारिन् wegnehmend, entwendend.
अपह्नव m. Leugnung, Verneinung.
अपाक von ferne kommend.
अपाका Adv. ferne; °कात् aus der Ferne.
अपाङ्ग m. (adj. —° f. आ u. ई) der äufsere Augenwinkel. °नेत्र seitwärts blickend, äugelnd.
अपाञ्च्, f. अपाची rückwärts gelegen, westlich.
अपाणि ohne Hände; °पाद् o. H. und Füfse.
अपातक n. kein Verbrechen.
अपात्र (m.) n. unwürdige Person (eig. kein Gefäfs).
अपात्रवर्षिन् Unwürdigen spendend (eig. auf U. regnend).
अपादान n. das bei der Trennung Verharrende, Ausgangspunkt (g).
अपान m. der Aushauch (einer von den Winden im Körper); After.
अपाप nicht böse, gut. °चेतस् nicht böse gesinnt, unschuldig.
अपांपति m. das Meer, Varuṇa (Gott d. Meeres).
अपाय m. Weggang, Ausgang, Ende.
अपार unbegrenzt, unendlich.
अपारयन्त् nicht (überwinden) könnend, nicht imstande zu (Loc. oder Inf.).
अपार्थ zwecklos, unnütz.
अपाश्रय m. Rücklehne, Stütze, Halt.
अपि Praep. bei, in, vor (Loc. oder °—, vgl. अस्, धा, भू), Adv. dazu, auch, ferner, desgleichen; sogar, selbst; aber, dennoch; im neg. Satze = quidem; giebt mit einem Interrogativum ein Indefinitum; nach Zahlwörtern = alle; am Anf. eines Satzes Fragepartikel; mit Pot. ach wenn doch. अपि च oder चापि ferner, desgleichen. येऽपि-तेऽपि auch diejenigen, welche. वापि u. अपि वा oder auch. न-नापि weder—noch. अपि नाम am Anf. eines Satzes ob wohl, vielleicht. यद्यपि wenn auch, obgleich. तथापि dennoch.
अपित् versiegt, vertrocknet.
अपितृदेवत्य nicht die Manen verehrend (eig. als Gottheit habend).
अपित्र्य nicht väterlich.
अपित्व n. Anteil.
अपिधान n. Bedeckung, Deckel, Verschlufs.
अपिहित s. धा.
अपीत nicht getrunken (habend).
1. अपुत्र m. Nichtsohn.
2. अपुत्र sohnlos.
अपुत्रिन्, °त्रिय u. °त्र्य dass.
अपुष्प blütenlos.
अपूत ungereinigt, unrein.
अपूप m. Kuchen.
अपूपशाला f. Bäckerei.
अपूर्ण nicht voll; weniger, um (Instr.).
अपूर्व (eig. nichts vor sich habend), noch nicht dagewesen, neu, unvergleichlich. Instr. adv. nie zuvor.
अपूर्वता f., °त्व n. Neuheit.
अपूर्व्य = अपूर्व.
अपृणन्त् nicht spendend; karg.
अपृष्ट ungefragt.
अपेक्षा f. Beachtung, Rücksicht, Erwartung. Instr. (—°) in Betracht von, im Vergleich mit.
अपेक्षितत्व n. Erfordernis.
अपेक्षिता f. Erwartung, (Rücksicht*).
अपेक्षिन् berücksichtigend, erwartend.
अपेत s. इ.
अपेतप्राण verstorben
अपेय untrinkbar.
अपोढ s. वह्.
अपोह m. Vertreibung, Verdrängung.
अपोहन vertreibend; n. = vor.
अप्य wässerig.
अप्नस् n. Besitz, Habe; Werk.
अप्य, f. आ u. ई Wasser-, aquosus.
अप्यय m. das Eingehen, Verschwinden, Ende.
अप्रकाश nicht hell, dunkel, geheim; m. das Dunkel.
अप्रकाशन्त् unsichtbar.
अप्रकेत nicht unterscheidbar, formlos.
अप्रगल्भ feig, ängstlich.
अप्रचेतस् unverständig.
अप्रच्युत unerschüttert.
अप्रज kinderlos, f. आ nicht gebärend.

**अप्रतिबन्ध** *m.* kein Hindernis; *Adj.* unbehindert.

**अप्रतिबुद्ध** unerwacht, unerleuchtet, dumm.

**अप्रतिम**, **°मान** *u.* **मय** unvergleichlich.

**अप्रतिमौजस्** von unvergleichlicher Kraft.

**अ॑प्रतिरथ** unbekämpfbar, unbezwinglich.

**अप्रतिरूप** ohne Gegenbild, unvergleichlich; ungeeignet für (*Gen.*).

**अप्रतिषेध** *m.* kein *o.* ungültiger Einwand.

**अप्रतिष्ठ** *u.* **°ष्ठित** nicht feststehend.

**अप्रतिहत** ungehemmt, nicht in Schranken gehalten.

**अप्रतिहार्य** unwiderstehlich.

**अप्रतीकार** nicht widerstehend; unwiderstehlich, unheilbar.

**अ॑प्रतीत** unbezwungen, unverständlich.

**अप्रतीति** *f.* Unverständlichkeit; Unfolgerichtigkeit (*ph.*).

**अप्रत्यय** misstrauisch; *m.* Misstrauen.

**अप्रत्याख्यायिन्** nicht abweisend.

**अप्रधान** untergeordnet; *n.* Nebenperson (*g.*). *Abstr.* **°ता** *f.*, **°त्व** *n.*

**अप्रधृष्य** unbezwinglich.

**अप्रबुद्ध** unerwacht, unerblüht.

**अ॑प्रमत्त** nicht fahrlässig; achtsam.

**अप्रमाण** *n.* keine Autorität.

**अप्रमेय** unermesslich.

**अप्रयत्न** mühelos; *m.* keine Mühe.

**अ॑प्रयुक्त** unangewandt, ungebräuchlich.

**अ॑प्रयुच्छन्त्** nicht lässig; achtsam.

अब्द् *m.* Jahr.
अब्धि *m.* Meer.
अब्भक्ष (nur) Wasser geniefsend.
अब्रह्मण्य unbrahmanisch; *n.* Gewalt! Wehe!
अब्रह्मन् *m.* kein Brahmane, *Adj.* ohne Brahmanen.
1. अब्राह्मण *m.* kein Brahmane.
2. अब्राह्मण *Adj.* ohne Brahmanen.
अब्रुवन्त् nicht aussagend.
अभक्त nicht zugeteilt; nicht zugethan.
अभग unglücklich, unschön.
अभणित ungesagt, unausgesprochen.*
अभद्र unheilvoll; *n.* Unheil.
अभय gefahrlos, sicher; *n.* Sicherheit.
अभयंकर *u.* °कृत् Sicherheit schaffend.
अभयद, अभयप्रद (*u.* °प्रदायिन्*) Sicherheit gewährend.
अभाग ohne Anteil *o.* Erbteil.
अभाग्य unglücklich; *n.* Unglück.
अभान *n.* das Nichterscheinen.
अभार्य ohne Gattin.
अभाव *m.* das Nichtdasein, Fehlen, Abwesenheit, Mangel.
अभि *Adv.* herbei; *Praep. mit Acc.* zu—her, nach—hin, über—hin, gegen, um, für, um—willen, in Bezug auf; *mit Abl.* ohne.
अभिकाङ्क्षा *f.* Verlangen, Begehren nach (*Acc. o.* —°).
अभिकाङ्क्षिन् verlangend, begehrend nach (*Acc. o.* —°).
अभिकाम zugeneigt; *m.* Zuneigung, Liebe
अभिक्रम *m.*, °ण *n.* das Herantreten.
अभिचद्दा ohne Bitte gebend.
अभिख्या *f.* Anblick, Schein, Glanz, Name.
अभिगम *m.*, °न *n.* das Herankommen, Besuchen.
अभिगम्य zu besuchen.
अभिघात *m.* Schlag, Anschlag. °तिन् treffend; *m.* Feind.
अभिचक्षे *Dat. Inf.* um zu sehen.
अभिचार *m.* Behexung, Bezauberung.
अभिजन *m.* Abstammung, Geschlecht, Adel. °वन्त् adelig, edel.
अभिजात adelig, edel; *n.* edle Abstammung, Adel.
अभिजाति *f.* = *vor. n.*

—°);

अभिप्रेत *s.* इ.
अभिप्रेप्सु verlangend.
अभिभव übermächtig; *m.* Macht, Kraft, Gewalt, Vergewaltigung, Bewältigung.
अभिभाषिन् anredend.
अभिभु *u.* °भू übermächtig, überlegen.

नमुख, f. ई (आ) zugekehrt, günstig (mit Acc., Dat., Gen. oder —°); °— u. n adv. von vorn, nach vorn, entgegen, . nach- -hin, gegen—zu, auf—los (Acc., Gen. oder —°); °खे gegenüber (Gen. oder —°). °खी भू sich zuwenden, günstig erweisen.

नयान n. das Herankommen, der Angriff.

नयायिन् herankommend, angreifend.

नयोग m. Anwendung, Anstrengung, Fleiſs; Angriff; Anklage (j.).

नराम anmutend, lieblich. Abstr. °ता ., (त्व n.*).

नरूप angemessen, schön, gebildet.

नलक्ष्य kenntlich an (—°).

नलक्ष्यम् adv. nach dem Ziele hin.

नलङ्घन n. das Hinüberspringen, Übertreten.

नलङ्घिन् übertretend.

नलाष m. Verlangen, nach (Loc. o. —°)

नलाषपूरयितृक wunscherfüllend.*

नलाषिन् verlangend nach (Loc. o. —°)

नवन्दन n. Ehrengruſs.

नवाद m. Begrüſsung; °क begrüſsend.

नव्यक्त s. अञ्ज्.

नव्यक्ति f. das Offenbarwerden, die Sichtbarkeit.

नशङ्का f. Misstrauen, Besorgnis.

नशस्ति f. Verwünschung, Fluch.

नशाप m. Fluch.

नश्री (sich) ordnend; m. Ordner.

नषव m. das Keltern.

Volksname

अभीप्सु

अभीशु

अभ्यनुज्ञा f., °न n. Zustimmung, Gutheifsung.

अभ्यनुज्ञापन n. Bestärkung.

अभ्यन्तर der innere, nächste; eingeweiht, erfahren in (*Loc.*), wesentlich für (—°). *n.* das Innere, *adv.* hinein.

अभ्यन्तरी कर् dazwischen setzen; einweihen.

अभ्यर्कबिम्बम् gegen die Sonnenscheibe.

अभ्यर्चन *n.* Verehrung.

अभ्यर्ण nahe; *n.* Nähe.

अभ्यर्थन *n.*, °र्थना *f.* Bitte.

अभ्यर्धयज्वन् Spenden entgegenbringend.

अभ्यर्हण *n.* Verehrung.

अभ्यर्हणीय ehrwürdig. *Abstr.* °ता *f.*

अभ्यवहरण *n.*, °हार *m.* das Zusichnehmen, Essen und Trinken.

अभ्यवहार्य geniefsbar; *n.* Speise.

अभ्यागम *m.*, °न *n.* das Herankommen.

अभ्याघात *m.* Überfall.

अभ्याश nahe; *m.* Nähe °शम् *u.* °शे in der Nähe (*mit Gen. o. Abl.*).

अभ्यास *m.* Hinzufügung, Wiederholung; Reduplication (*g.*).

अभ्युत्थित *s.* °स्था.

अभ्युदय *m.* Aufgang, Anbruch, Erfolg, Glück, Fest.

अभ्युपगम *m.* Eingeständnis, Zusage.

अभ्युपपत्ति *f.* das Beispringen, der Beistand.

अभ्र *n.* (*m.*) Wolke, Luftraum.

अभ्रातर् *f.* (*auch* अभ्रातर्) bruderlos.

अभ्रित bewölkt.

अ॑भ्व, अभ्व॑ *u.* अभ्व॑ ungeheuer; *n.* Übermacht; das Grauen, Ungetüm.

अम्, अमीति vordringen. *Caus.* आम॑यति Schaden leiden, krank sein.

1. अ॑म *Pron.-St.* dieser.

2. अ॑म *m.* Andrang, Ungestüm; Schreck.

अमङ्गल *u* °ल्य unheilbringend; *n.* Unheil.

अमण्डित ungeschmückt.

अमत unvermutet.

1. अम॑ति *f.* Schein.

2. अम॑ति arm; *f.* Armut.

3. अमति *f.* das Nichtwissen.

अमत्सर uneigennützig.

1. अ॑मनस् *n.* kein Geist.

2. अमन॑स् ohne Geist, ohne Gemüt, unverständig.

अमन्तु॑ unberaten, unbewusst.

अमन्त्र ohne Mantra- *d. i.* Vedakenntnis.

अ॑मन्द nicht träge oder dumm. *Abstr.* °ता *f.* Klugheit.

अ॑मन्यमान nicht vermutend.

अम॑र, *f.* आ *u.* ई unsterblich; *m.* ein Gott.

अमरपक्षपातिन् *n.* Götterfreund.

अमरसदस् *n.* Göttersitz, Himmel.

अमरावती *f.* die Götterstadt (*Indra's Residenz*).

अमरेश्वर *m.* Herr der Unsterblichen, *Bein. Vishnu's o. Indra's*

अमरोपम göttergleich.

अमर्त *u.* अ॑मर्त्य unsterblich.

अ॑मर्धन्त् nicht ermüdend.

अमर्ष *m.* Unmut, Ärger.

अमर्षण unmutig, *n.* = *vor.*

अमर्षित *u.* °र्षिन् unmutig, unwillig.

अमल *u.* °लिन fleckenlos, rein.

अ॑मवन्त् ungestüm, kräftig.

अमहात्मन् nicht hochsinnig.

अ॑महीयमान (nicht grofs seiend) gedrückt, schmachtend.

अमा॑ *Adv.* daheim, heimwärts.

अमाजु॑र् *f.* daheim alternd, alte Jungfer.

अमा॑त् (*Abl. adv.*) von heim, von Hause.

अमा॑त्य *n.* Hausgenosse; Minister.

अमानित्व *n.* Bescheidenheit.

अ॑मानुष, *f.* ई nicht menschlich, un-, übermenschlich. *m.* kein Mensch.

अमाद्य ungeschickt.

अमाया *f.* keine List; *Instr.* ohne Hintergedanken, redlich

अमार्जित ungewaschen.

अमावासी *u.* °स्या *f.* Neumondsnacht.

अ॑मित ungemessen, unermesslich.

अमिततेजस् von unermesslichem Glanze.

अमितबुद्धिमन्त् von unermesslicher Geisteskraft.

अमितौजस् von unermesslicher Kraft.

अमि॑त्र *m.* Feind; *f.* आ Feindin.

अमित्रकर्षण Feinde quälend.

अमित्रता *f.* Feindschaft.

अ॑मिनन्त् nicht verletzend.

**अमूल्य** unschätzbar.

**अमृक्त** unversehrt.

**अमृत** unsterblich; *m.* Gott; *n.* Unsterblichkeit, Götterwelt, Unsterblichkeitstrank, Nektar.

**अमृतत्व** *n.* Unsterblichkeit.

**अमृतधायिन्** Nektar schlürfend.

**अमृतमय**, *f.* **ई** unsterblich; ambrosiaartig *oder* aus N. bestehend.

**अमृतरश्मि** *m.* der Nektarstrahlige, Mond

**अमृतांशु** *m. dass.*

**अमृष्यमाण** nicht ertragend, — leidend.

**अमेध्य** nicht opferrein, unrein; *n.* Unreines Kot.

**अमेय** unermesslich.

**अमोघ** nicht irrend, nicht vergeblich, unfehlbar.

**अमोघदर्शन** von nicht vergeblichem (*d. h* von glückbringendem) Anblick.

**अमोघवचन** von unfehlbarer Rede.

**अमोच्य** nicht loszulassen.

**अम्बर** *n.* Gewand; Luftraum, Himmel (*m.*).

**अम्बरीष** *m. n.* Bratpfanne; *m. Mannsname.*

**अम्बष्ठ** *m.* der Angehörige einer gew. Kaste; *Pl. Volksname.*

**अम्बा** *f.* Mutter; *Voc. oft blosser Ausruf* (*auch an mehrere*): ach!

**अम्बु** *n.* Wasser.

**अम्बुज** im Wasser lebend; *n.* Taglotusblüte.

**अम्बुद** *m.* Wolke. **°नाश** *m.* Entwölkung.

**अम्बुधि** *m.* Meer.

**अम्बुरय** *m.* Strömung.

अयोध्य unbezwinglich; *f.* आ *N. einer Stadt.*

अयोमय, *f.* ई eisern.

अयोहत aus Erz geschlagen.

अर्, इयर्ति, ऋणोति, ऋण्वति, अर्ति bewegen, erregen, erheben (*die Stimme*), darbringen, verschaffen; sich regen, eilen, gelangen zu, erreichen. *Caus.* अर्पयति schleudern, werfen, richten auf, anbringen, hineinlegen, auflegen; übergeben, zurückgeben. उद् erregen, emporschicken. *Caus.* emporbringen, fördern. प्र *Caus.* anregen, beleben. प्रति *Caus.* entgegenwerfen, zurückgeben. वि (sich) erschliefsen. सम् zusammenfügen; zusammeneilen zu (*Acc. o. Loc*). *Caus* auflegen, übertragen auf, übergeben.

अर *m.* Radspeiche.

अरक्षित unbeschützt.

अरक्षितर् *m.* Nichtbeschützer.

अरजस् staub-, leidenschaftslos.

अरण, *f.* ई fern, fremd.

अरणि *u.* °णी *f.* Reibholz (*zum Feuermachen*).

अरण्य *n.* Ferne, Fremde; Wald. °वत् *adv.*

अरण्यरुदित *n.* vergebliche Klage (*eig.* das Weinen in den Wald hinein).

अरण्यवास *m.* Waldwohnung.

अरण्यवासिन् im Walde lebend; *m.* Waldtier.

अरण्यानि *u.* °नी *f.* Wald *u.* Göttin des Waldes.

अरण्योकस् *m.* Waldbewohner, Einsiedler.

1\. अरति *m.* (Opfer-)Diener.

2\. अरति *f.* Unlust.

अरत्नि *m,* Ellbogen.

अरप *u.* °पस् unversehrt, wohlbehalten.

अरम् *Adv.* passend, angemessen, genug. ° कामाय dem Wunsch entsprechend. *Vgl.* 1. कर् *u.* भू.

अरमति *f.* Ergebenheit, Frömmigkeit *u.* Göttin der F.

अरम्य unangenehm, unliebenswürdig.

अरविन्द *n.* Taglotusblüte. *Abstr.* °ता *f.*, °त्व *n.*

अरस *u.* अरसिक geschmacklos.

अराणी *s.* अर.

अराति *f.* (*eig.* Nichtspende), Missgunst,

..

..

..

अरुज्

अरुणी,

..

..

पादोदक).

=

**अर्च्**, **अर्चति** strahlen, singen, preisen, verehren, schmücken. *Caus.* **अर्चयति** strahlen machen, verehren. **अभि** singen, preisen, verehren. **प्र** anstimmen, preisen.

**अर्चन** *n.*, °**आ** *f.*, **अर्चा** *f.* Verehrung.

**अर्चि** *m.* Strahl, Flamme.

**अर्चिष्मन्त्** strahlenreich, brennend; *m.* Feuer.

**अर्चिस्** *n.* (*sp. auch f.*) Strahl, Flamme.

**अर्छ्**, **ऋच्छति** (*nur Praes.*) treffen, erreichen, verletzen.

**अर्ज्**, **अर्जति** sich verschaffen, erwerben, erlangen. *Caus. Act. u. Med. dass.* **उप** *Caus. dass.*

**अर्जक** erwerbend.

**अर्जन** *n.* das Erwerben.

**अर्जुन**, *f.* **ई** weifs, licht; *m. N. eines Panduiden.*

**अर्ण** *m. n.* Woge, Flut; *m. Mannsname.*

**अर्णव** *m.* (*n.*), **अर्णस्** *n.* Woge, Flut, Strom, Meer.

**अर्णसाति** *f.* Gewinnung der Ströme *o.* Kampfgewühl.

**अर्थ** *n.* (*m.*) Streben, Arbeit, Ziel, Zweck, Grund, Sinn, Bedeutung; Vorteil, Glück, Nutzen von (*Instr.*), Lohn, Erwerb, Reichtum, Besitz, Vermögen, Geld, Ding; Sache, Klage (*j.*). *Adj.* —° bezweckend, zu — dienend; *Abstr.* °**त्व** *n.* **अर्थम्** (—°), **अर्थेन**, **अर्थाय**, **अर्थे** (mit *Gen. o.* —°) wegen, um — willen, zu. **अयमर्थः**, **कमर्थम्** *etc.* dieses, was (= haec res, quam rem).

1. **अर्थकाम** *n. Sgl., m. Du. Pl.* das Nützliche und Angenehme (utile cum dulci).

2. **अर्थकाम** Reichtum begehrend.

**अर्थकृच्छ्र** *n.* Schwierigkeit.

**अर्थघ्न**, *f.* **ई** das Vermögen schädigend, verschwenderisch.

**अर्थतस्** um einen Zweck, in der That, dem Sinne nach.

**अर्थतृष्णा** *f.* Geldgier, Habsucht.

**अर्थदत्त** *m. Mannsname.*

**अर्थदान** *n.* Geldgeschenk.

**अर्थना** *f.* Bitte.

**अर्थबन्ध** *m.* Stilisierung (*eig.* Sinnverbindung), Text.

**अर्थय्**, **अर्थयते** (**अर्थति**, **अर्थते**) streben, verlangen, jemand (*Acc. o. Abl.*) um etwas (*Acc.*) bitten. **अभि** jemand (*Acc.*) um etwas (*Acc. Dat. Loc. o.* **अर्थम्** —°) bitten. **प्र** begehren, fordern, bitten, erbitten von (*Abl.*), werben um (*Acc.*). **सम्** bereit machen, abschliefsen; urteilen, denken, auf etwas (*Instr. o.* **प्रति** mit *Acc.*) beziehen.

**अर्थरुचि** geldgierig, habsüchtig.

**अर्थवत्ता** *f.*, °**त्व** *n.* Bedeutsamkeit.

**अर्थवन्त्** einen Sinn habend, bedeutsam, verständig, zweckmäfsig, reich.

**अर्थवाद** *m.* Erklärung des Zweckes.

**अर्थविद्** die Bedeutung kennend.

**अर्थव्यवहार** *m.* Geldprozess.

**अर्थशास्त्र** *n.* Lehrbuch der Praxis.

**अर्थसिद्ध** selbstverständlich.

**अर्थान्तर** *n.* ein anderes Ding *o.* eine andere Bedeutung.

**अर्थार्जन** *n.* Erwerb eines Guts.

**अर्थितव्य** begehrenswert.

**अर्थिता** *f.*, °**त्व** *n.* das Begehren, die Bitte.

**अर्थिन्** eifrig, geschäftig, begehrend, begierig nach (*Instr. o.* —°), liebesbedürftig; *m.* Bewerber, Bittender, Kläger (*j.*).

**अर्थ्य** zweckmäfsig, passend, reich.

**अर्द्**, **अर्दति** (*ved. auch* **ऋदति**) zerstieben, aufregen, quälen, beunruhigen. *Caus.* beunruhigen, quälen, vernichten.

**अर्दन** (—°) quälend, peinigend.

**अर्ध्**, **ऋध्नोति**, **ऋणद्धि**, **ऋध्यति**, °**ते** gedeihen, fördern. *Pass.* zu Stande kommen. **ऋद्ध** reich, wohlhabend, voll. **अनु** fördern, ausführen. **सम्** gedeihen; *p.p.* **संमृद्ध** erfüllt, vollkommen, reich, wohlhabend; reichlich, viel. *Caus.* erfüllen, ausführen.

1. **अर्ध** halb, *oft* °— *im Adj. u. Adv.*; *m. n.* Hälfte, Mitte.

2. **अर्ध** *m.* Seite, Teil, Gegend, Ort.

**अर्धकृष्ट** halb herausgezogen.

**अर्धकोटी** *f.* fünf Millionen.

**अर्धचन्द्र** *m.* Halbmond.

ialect).
eiches
4).
nüren.
Über-
eines
abe.
treu,
r der
. eines
Ross
its o.
ehrt;
her-
r (von
enem)

**अर्ह्, अर्हति (अर्हते)** verdienen (*Gutes u. Böses*), wert sein, verpflichtet sein, fähig sein zu (*Acc.*); dürfen, müssen, können (*Inf.*) *Caus.* **अर्हयति** verehren.

**अर्ह** verdienend (*Gutes u. Böses*), würdig (*Acc. Inf. o.* —°); passend, angemessen für (*Gen. o.* —°).

**अर्हण** verdienend (—°); *f.* **आ** Verehrung.

**अर्हणीय** verehrungswürdig.

**अर्हन्त्** verdienend, würdig; *m.* ein Würdiger, ein Arhant (*t.t. bei den Buddhisten u. Jainas*).

**अलक** *m. n.* Locke; *f.* **आ** *N. der Stadt Kubera's.*

**अलकम्** *Adv.* vergebens, umsonst.

**अलक्त** *m.*, **°क्तक** *m. n.* roter Lack.

**अलक्तकाङ्क** rot gefärbt.

**अलक्षित** ungezeichnet, unbemerkt.

**अलक्ष्य** unsichtbar.

**अलगर्द** *m.* Schlangenart; *f.* **आ** Blutegelart.

**अलघु** schwerfällig, langsam. **°शरीर** ermüdet (*eig.* schweren Körpers).

**अलंकरण** *n.* das Schmücken, der Schmuck.

**अलंकरिष्णु** putzsüchtig; *schmückend, putzend (*Acc.*).

*__अलंकर्तृ__ *m.* der Schmücker.

**अलंकार** *m.* das Schmücken, der Schmuck (*auch der Rede*).

**अलंकृति** *u.* **°क्रिया** *f. dass.*

**अलङ्घनीय** unerreichbar, unantastbar. *Abstr.* **°ता** *f.*, **°त्व** *n.*

**अलङ्घित** unerreicht, unangetastet.

**अलङ्घितपूर्व** zuvor nicht übertreten.*

**अलज्ज** schamlos; *f.* **आ** Schamlosigkeit.

**अलब्ध** nicht erlangt; **°वन्त्** — habend.

**अलम्** *Adv.* genug, gehörig, tüchtig; genügend, hinreichend für (*Dat.*); genug mit, fort mit (*Instr. o. Ger.*) *Vgl. unter* **कर्** *u.* **भू**.

**अलर्क** *m.* toller Hund, fabelhaftes Tier; *N. einer Pflanze.*

**अलीक** widerwärtig, falsch; *n.* Widerwärtigkeit, Unwahrheit, Falschheit.

**अलीकपण्डित** afterweise, pedantisch.

**अलीकसुप्त** *n.* verstellter Schlaf.

**अलून** unverletzt, ungepflückt.

**अलेपक** unbefleckt, rein.

**अलोभ** ohne Begierde; *m.* Begierdenlosigkeit.

**अलोमक** *u.* **अलोमक**, *f.* °मका *u.* °मिका unbehaart.

**अलौकिक**, *f.* ई im gewöhnlichen Leben nicht vorkommend, aufserordentlich.

**अल्गं** *m. Du.* die Leisten, Weichen.

**अल्प** klein, gering; *m.* ein Weniges, *n. adv.* ein wenig. **अल्पेन** *u.* *अल्पात् leicht schnell.

**अल्पक** *dass.*, °कम् *adv.* ein wenig.

**अल्पकार्य** unbedeutend.

**अल्पकालत्व** *n.* kurze Frist.

**अल्पज्ञ** wenig wissend. *Abstr.* °त्व *n.*

**अल्पता** *f.*, °त्व *n.* Kleinheit, Geringheit.

**अल्पतेजस्** von wenig Feuer *o.* Energie.

**अल्पधी** von geringer Einsicht.

**अल्पपायिन्** schlecht saugend (*Blutegel*).

**अल्पपुण्य** dessen gute Werke gering sind unselig.

**अल्पबुद्ध** wenig —, eben erst erwacht.*

**अल्पभाग्य** unglücklich. *Abstr.* °त्व *n.*

**अल्पभुजान्तर** schmalbrüstig.

**अल्पशेष** wovon wenig übrig ist.

**अल्पाङ्ग** klein von Körper. *Abstr.* °त्व *n.*

**अल्पावशिष्ट** wenig übrig geblieben. *Abstr.* °त्व *n.*

**अव्**, **अवति** fördern, erregen, laben,

अवधि m. Grenze, Bestimmungspunkt, Termin. °धी कर् eine Grenze machen, einen Termin bestimmen.
अवधीरण n., आ f. Verschmähung.
अवधीरय्, °यति zurückweisen, verachten
अवध्य nicht zu tödten, unverletzbar.
अवध्यता f. Unverletzbarkeit.
अवध्यत्व n., °ध्यभाव m. dass.
अवध्र unzerstörbar.
अवन n. Begünstigung, Gunst.
अवनति f. Niedergang, Untergang.
अवनि f. Wasserlauf, Fluss; Erde (*auch* °नी *f.*).
अवनिप, °पति, °पाल m. Fürst.
अवनेग्य zum Waschen dienend.
अवनेजन, f. ई *dass;* n. das Abwaschen.
अवन्त् freundlich, gern; m. *Mannsname.*
अवन्ति m. *Pl. Volksname.*
अवन्ती f. *N. der Stadt Ujjayinî.*
अवन्ध्य nicht unfruchtbar, — vergeblich; erfolgreich, glücklich. °पात sicher treffend (*Pfeil*).
अवपात m. Herabfall.
अवपातन n. das Fällen.
अवबोध m. das Wachen; die Wahrnehmung, Erkenntnis, das Wissen.
अवभङ्ग m., °भञ्जन n. das Brechen, Beugen.
अवभास m. Glanz, Schein, das Erscheinen.
अवभासक erhellend, hervortreten lassend *Abstr.* °त्व n.
अवभासन n. das Scheinen, Erscheinen, Erhellen.
अवभासिन् glänzend, scheinend, erhellend.
अवभृथ u. °भृथ m. Reinigungsbad (*r.*).
अवम der unterste, nächste, letzte, jüngste.
अवमन्तर् m. Verächter.
अवमन्यक (—°) verachtend, verschmähend.
अवमर्श m. Berührung; Erwägung.
अवमान m., °मानन n., °मानना f. Verachtung, Schimpf, Schande.
अवमानिन् verachtend, verschmähend.
अवयव m. Glied, Teil.
अवयवधर्म m. die Figur pars pro toto (*rh.*).
अवयवरूपक n. eine Art Gleichnis (*rh.*).
अवयवविरूपक n. eine Art Gleichnis (*rh.*).
अवर der untere, geringer, nachstehend,

**अवसान** *n.* das Aufhören, Ruhe, Ende, Tod; Pause, Satz-, Versauslaut.

**अवसित** *s.* **सा**.

**अवसितकार्य** zufrieden (*eig.* verrichteter Sache).*

**अवसितमण्डन** fertig geschmückt.*

**अवसेक** *m.*, **°सेचन** *n.* Begiefsung, Blutentziehung.

**अवस्कन्द** *m.* Überfall, Angriff,

**अवस्कन्दिन्** bespringend, angreifend.

**अवस्तात्** *Adv.* unten, diesseits; *Praep.* unter (*Gen.*).

**अवस्तु** *n.* schlechtes Ding; Unding, Unreales (*ph.*). *Abstr.* **°त्व** *n.*

**अवस्त्र** unbekleidet. *Abstr.* **°ता** *f.*

**अवस्थ** *m.* penis; *f.* **आ** das Erscheinen vor Gericht, die Lage, der Zustand (*oft adj.* —°).

**अवस्थान** *n.* das Auftreten, die Lage, das Verweilen.

**अवस्थान्तर** *n.* veränderter Zustand, Alteration.

**अवस्थिति** *f.* der Aufenthalt, das Verweilen.

**अवस्यु** Schutz suchend.

**अवहनन** *n.* das Dreschen, Aushülsen.

**अवहित** *s.* **धा**.

**अवागगमनवन्त्** sich nach unten bewegend.

**अवाङ्मनसगोचर** nicht im Bereich der Rede und des Geistes liegend.

**अवाङ्मुख**, *f.* **ई** (mit dem Gesicht) nach unten gekehrt.

अविनोद m. Trübseligkeit, Langeweile.
अविभक्त ungeteilt, in Gütergemeinschaft lebend.
अविभावित nicht deutlich wahrgenommen, unerkennbar.
अविभ्रम ohne Koketterie, unaffektiert.
अवियुक्त ungetrennt, von (*Instr.*).
अविरत nicht ablassend, ununterbrochen; *n. adv.*
अविरल dicht, häufig; *n. adv.*
अविरह m. Nicht-Trennung; Zusammen bleiben.*
अविरहित nicht verlassen, ungetrennt.
अविरुद्ध ungehemmt, unverpönt; nicht in Widerspruch stehend mit (*Instr. o.* —°).
अविरोध *m.* kein Widerspruch mit, — Nachteil für (—°).
अविरोधिन् ohne Widerspruch mit, — Nach teil für (*Gen. o.* —°).
1. अविलम्ब *u.* °न nicht zögernd.
2. अविलम्ब *m.*, °न *n.* das Nichtzögern.
अविलम्बित nicht säumig, unverzüglich, schnell; *n. adv.*
अविलम्बिन् schnell eintreffend.*
अविलम्ब्य ohne zu zögern.
अविवाह nicht in der Ehe lebend (*Vieh*).
अविवाहिन् nicht zur Ehe passend.
अविविक्त unentschieden.
अविविनक्त् sich nicht abwendend; wohlgeneigt.
अविशङ्क *u.* °शङ्कित ohne Bedenken ohne Scheu, arglos.
अविशङ्का *f.* kein Bedenken, keine Scheu.
अविशद undeutlich.
अविशिष्ट nicht verschieden. *Abstr.* °ता *f.* °त्व *n.*
अविशेष unterschiedslos; *m.* kein Unterschied. °षेण *u.* °षतस् ohne Unterschied, im Allgemeinen.
अविशेषित nicht spezificiert.
अविश्रम, °श्रान्त *u.* °श्राम rastlos, unaufhörlich.
अविश्वसनीय unzuverlässig. *Abstr.* °ता *f.*, °त्व *n.*
अविश्वास misstrauisch; *m.* das Misstrauen
अविश्वासजनक Misstrauen erregend.*

अविष्टम् *s.* अव्.

un-

शक्ति *f.* Unvermögen, Ohnmacht.
शक्नुवन्त् nicht könnend (*Inf.*).
शक्य unmöglich, unthunlich.
शङ्क *u.* °ङ्कित furchtlos; *n. adv.*
शङ्कनीय nicht zu befürchten.
शन् *m.* Stein, Himmelsgewölbe.
शन *n.* das Essen, die Speise.
शनानशने *n.* das Essen und Fasten.
शनाया *u.* अशनाया *f.* Hunger.
शनायावन्त् hungrig.
शनि *f.* (*m.*) Donnerkeil, Blitzstrahl.
शम् *indecl.* Unheil.
शरण schutzlos; *n.* Schutzlosigkeit.
शस् verwünschend, hassend.
शासन्त् nicht strafend.
शिक्षित ungelernt; ungelehrt, in (*Acc* *o. Loc.*).
शित *s.* 2. अश्.
शितव्य zu essen.
शिरस् kopflos.
शिव unheilvoll, schlimm. *n.* Unheil.
शिवशंसिन् unheilkündend.
शीत der achtzigste.
शीति *f.* achtzig.
शीतितम der achtzigste.
शुचि unrein. °भक्षण *n.* das Essen von Unreinem. °भाव *m.* Unreinheit.
शुद्ध unrein.
शुद्धि *f.* Unreinheit.
शुभ unschön, unangenehm, hässlich, schlecht. *n.* Weh, Unglück.

**अश्वानीक** *n.* Reiterheer.
**अश्वारूढ** zu Pferde (gestiegen).
**अश्वावन्त्** = **अश्ववन्त्**.
**अश्विन्** rossereich; *m.* Rosselenker; *Du.* die Açvins (*zwei Lichtgötter*).
**अषाढ** *o.* **अषाळ्ह** unüberwindlich; *m. N. eines Mannes.*
**अष्टक** achtteilig; *m. N. eines Mannes.*
**अष्टगुण** *Adj.* achtfach.
**अष्टधा** *Adv.* achtfach.
**अष्टन्** acht.
**अष्टपाद** achtfüſsig.
**अष्टभाग** *m.* der achte Teil.
**अष्टम**, *f.* **ई** der achte; *m.* Achtel.
**अष्टरसाश्रय** die acht Affekte enthaltend, dramatisch.
**अष्टवर्ष** achtjährig.
**अष्टविध** achtfältig.
**अष्टाङ्ग** acht Glieder (°—); *Adj.* achtgliederig.
**अष्टादश** *u.* **अष्टादशम** der achtzehnte.
**अष्टादशधा** *Adv.* achtzehnfach.
**अष्टादशन्** achtzehn.
**अष्टापद्** (*Nom.* **°पात्**, **°पदी**) achtfüſsig
**अष्टोत्तर** mehr acht.
**अष्ट्रा** *f.* Stachel (*zum Viehantreiben*).
**अष्ठीला** *f.* Kugel.
1. **अस्**, **अस्ति** (*Med. 2. Sgl.* **से** *alt nur im Fut. periphr.*) sein, dasein, geschehen. *Mit Gen.* zuteil werden, zufallen; *mit Gen., Dat., Loc.* gehören, eigen sein; *mit Dat.* gewachsen, imstande sein zu. *Mit Adv., bes.* **एवम्** *u.* **तथा**, sich verhalten. **अति** übertreffen (*Acc.*). **अपि** sich bei oder *in (*Loc.*) befinden. **अभि** übertreffen, überragen (*Acc.*) mehr sein als (*Abl.*); *zuteil werden (*Gen.*). — **उप** sich in (*Acc.*) befinden, erlangen. **परि** herumbringen (*die Zeit*). **प्र** voransein, hervorragen.
2. **अस्**, **अस्यति** schleudern, schieſsen, werfen; (abwerfen *nur p.p.* **अस्त** °—). **अप** wegwerfen, abwerfen, niederlegen; verlassen. **अभि** (*auch* **असति**, **°ते**) hinwerfen, betreiben, studieren, wiederholen; *p.p.* **अभ्यस्त** verdoppelt, redupliziert (*g.*). **उद्** hinaufwerfen; sich erheben von (*Acc.*). **नि** (*auch* **असति**) niederwerfen, hinlegen, anlegen, anstecken, auflegen, hineinlegen, hineingieſsen; übertragen, anvertrauen. **उपनि** hinwerfen, erwähnen, bemerken. **विनि** (*auch* **असति**) auseinanderlegen, hinlegen, -setzen, -stecken; auftragen, übergeben. **संनि** (*auch* **असति**) zusammenlegen, niederlegen, hinlegen, -setzen; ablegen, aufgeben, fahren lassen. **निस्** ausreiſsen, hinauswerfen, vertreiben, vertilgen. **परा** wegwerfen, verstoſsen. **परि** herumwerfen; umlegen, anlegen (*Med.*). **विपरि** umkehren, vertauschen; *p.p.* **विपर्यस्त** herumstehend; umgestellt, verkehrt (*g.*). **प्र** fortschleudern, hin-, hineinwerfen. **वि** auseinander werfen, zerstücken, zersprengen, zerstreuen; *p.p.* **व्यस्त** zerteilt, gesondert (*opp.* **समस्त**). **सम्** verbinden, *Pass.* zusammengesetzt, componiert werden (*g.*); *p.p.* verbunden, componiert (*g.*); ganz, alle.
**असंयाज्य** nicht zum Opfergenossen tauglich.
**असंवीत** unbedeckt.
**असंशय** *m.* kein Zweifel; *Adj.* keinen Zweifel hegend.
**असंसारिन्** nicht dem Kreislaufe des Lebens unterworfen.
**असंसृष्ट** unberührt, frei von (*Instr.*).
**असंस्कार** schmucklos; *m.* Schmucklosigkeit.
**असंस्कृत** ungeschmückt, ungebildet.
**असंस्तुत** nicht übereinstimmend; widerspenstig.
**असंस्थित** nicht stille stehend, unruhig.
**असकृत्** nicht einmal, öfters.
**असक्त** nicht hängend an (*Loc.*).
**असंक्षिप्त** nicht zusammengedrängt (nicht abgelegt*).
**असंख्य** *u.* **असंख्येय** unzählbar.
**असङ्ग** *u.* **असङ्ग** nicht hängen bleibend, keinen Widerstand findend an (*Loc.*).
**असजाति** unebenbürtig.
**असजात्य** ohne Blutsverwandte.

lasein, Fehlen.
सृज्.
ern; *f.* असना Ge-

unwahr, schlecht;
es Weib; *n.* असत्
nwahrheit, Lüge.
ssvergnügt.
heit.
it zu machen.
*n.* Abwesenheit.

uhler.
uhler.
vergleichlich.
chtvoll, ganz. *n. adv.*
*eines Mannes.*

chte Zeit.
imstande zu (*Inf.*
*Abstr.* त्व *n.*
gesetzt (*g.*).

chten.
Indolenz.

adiengenossen zu

nicht erreicht.
nd, unzusammen-

indert.

stockend, nicht versiegend.

**असस्वन्त्** nicht schlummernd.

**असह** unfähig zu ertragen.

**असहन** nicht imstande zu ertragen, neidisch, eifersüchtig.

**असहन्त्**, *f.* °न्ती nicht ertragend.

**असहमान** = *vor.*

**असहाय** ohne Gefährten, ohne Beistand.

**असहायिन्** *dass.**

**असहिष्णु** nicht ertragen könnend. *Abstr.* °त्व *n.*

**असह्य** unerträglich.

**असादृश्य** *n.* Unähnlichkeit.

**असाधक** nicht ausführend, unbefriedigend.

**असाधन** *n.* kein Mittel; *Adj.* ohne Mittel, unausführbar.

**असाधारण**, *f.* ई nicht gemeinsam, speziell.

**असाधारणोपमा** Art Gleichnis (*rh.*).

**असाधु** nicht gut; schlecht, böse gegen (*Loc.*); *m.* ein schlechter Mensch.

**असाधुदर्शिन्** schlecht sehend, kurzsichtig (*übertr.*).

**असाधुवृत्त** schlecht gesittet.

**असाध्य** unausführbar, unerreichbar, unmöglich, unheilbar, unbeweisbar.

**असांनिध्य** *n.* Abwesenheit (*eig.* Nicht-Nähe).

**असामान्य** nicht gemein, ungewöhnlich.

**असांप्रत** unpassend, unrecht; *n. adv.*

**असार** untauglich, wertlos, eitel.

**असि** *m.* Schwert.

**असित** (*f.* असिता *u.* असिक्नी) von dunkler Farbe, schwarz.

**असितपीतक**, *f.* °तिका dunkelgelb.

**असिधारा** *f.* Schwertklinge.

असु *m.* (*sp. nur Pl.*) Leben.
असुख unangenehm, schmerzlich; *n.* Kummer, Elend.
असुतृप् lebenraubend *o.* unersättlich,
असुर lebendig, geistig, göttlich; *m.* Geist, höchster Geist; böser Geist, Dämon Asura. *Abstr.* असुरत्व *n.*
असुरब्रह्म *m.* Priester der Asuras.
असुररक्षस *n. Pl.* die Asuras und Rakshasas.
असुरहन्, *f.* असुरघ्नी Asuras tötend.
असुर्य geistig, göttlich, dämonisch; *n.* Göttlichkeit, Geisterwelt, Götterwelt.
असुलभ nicht leicht zu erlangen. *Abstr.* °त्व *n.*
असुष्वि nicht den Soma pressend; karg.
असुस्थ unwohl (°शरीर krank.*).
असूय्, °यति *u.* °यते murren, grollen (*Dat. o. Acc.*). अभि *dass.*
असूय murrend, ungehalten. *f.* आ Murren Groll, Unlust.
असूर्यग nicht nach der Sonne hin sich bewegend.
असृज् *n.* Blut.
असेन्य nicht treffend *o.* verletzend.
असोढ unbewältigt.
असौ *m. f.* (अदस् *n. s. bes.*) jener, jene, jenes; der und der; mit एव derselbe.
असौनामन् den und den Namen führend.
अस्कन्न unverspritzt.
अस्खलित nicht strauchelnd, ungehemmt.
अस्खलितचक्र mit ungehemmtem Wagen.
अस्खलितपद sicher (*eig.* wo der Fuſs nicht strauchelt)*.
1. अस्त *n.* das Heim, die Wohnung. *Acc adv.* heim; *mit Verben des Gehens:* untergehen (*von Gestirnen*), heimgehen, sterben.
2. अस्त *m.* Untergang, der mythische Untergangsberg (*für Gestirne; vgl.* उदय).
अस्तंयन्त् untergehend.
अस्तमय der Untergang.
अस्तमित untergegangen. °मिते (*scil.* सूर्ये) nach Sonnenuntergang.
अस्तर् *m.* Schleuderer, Schütze.
अस्ता *f.* Wurfgeschoss, Pfeil.

unüberwunden, unüber-

अस्निधान *dass.*

bildend.

**अहंकृति** *f.* = **अहंकार**.

**अहत** nicht geschlagen; nicht gewaschen, neu (*Kleid*).

**अहन्** *u.* **अहर्** *n.* Tag. **अहन्यहनि** *u.* **अहरहः** jeden Tag. **उभे अहनी** Tag und Nacht.

**अहंनामन्** Ich heifsend.

# आ

1. **आ** *Adv.* heran, herbei; dazu, ferner; eben, recht, gerade; °— etwas, ein wenig, kaum (*bei Adj. u. Subst.*); bis zu (*bei Adj. u. Adv.*). *Praep.* zu — hin, bis zu (*nach Acc. u. vor Abl.*); bis auf, ausgenommen (*vor Acc.*); von — her von — an (*vor o. nach Abl.*); auf, in, bei, zu (*nach Loc.*).

2. **आ** *Interj.*, (*bes. bei plötzlicher Erinnerung*).

**आकर** *m.* Ausschütter, Spender; Fülle, Menge, Gruppe; Mine, Bergwerk.

**आकर्ण** (°—) *u.* **आकर्णम्** *adv.* bis ans Ohr.

**आकर्णन** *n.* das Hinhorchen, Hören, Erfahren.

**आकर्णय्**, **°यति** hinhorchen, vernehmen.

**आकर्ष** *m.* das Heranziehen.

**आकर्षण**, *f.* **ई** heranziehend; *n.* = *vor.*

**आकल्प** *m.* Schmuck, Putz.

**आकल्पम्** *u.* **°ल्पान्तम्** bis ans Ende der Welt.

**आकाङ्क्षा** *f.* Verlangen, Wunsch Erfordernis; Ergänzung (*g.*). *vgl.* **साकाङ्क्ष**.

1. **आकार** *m.* Form, Gestalt, Miene. *Abstr.* **°ता** *f.*

2. **आकार** *m.* der Laut â (*g.*).

**आकारवन्त्** wohlgestaltet, schön.

**आकारित** (—°) in die Form von — gekleidet.

**आकाश** *m. n.* Raum, Luftraum, die Luft als das feinste Element (*ph.*); **°शे** in die Scene *o.* hinter der Scene (*d.*).

**आकाशग** *u.* **°शचारिन्** in der Luft wandelnd; *m.* Vogel.

**आकाशयान** *n.* Gang durch die Luft.

**आकाशवर्त्मन्** *n.* Luftweg.

**आकाशशयन** *n.* das Schlafen im Freien.

**आकाशसंचारिन्** *n.* Luftwandler.*

**आकिंचन्य** *n.* Besitzlosigkeit, Armut.

**आकीम्** *Praep.* von — her (*Abl.*).

**आकीर्ण**

**आकुटिल** etwas gekrümmt.

**आकुल** verwirrt, bestürzt, unruhig; voll von, bekümmert um (*Instr. o.* —°).

**आकुलय्**, °यति verwirren, erfüllen; **आकुलित** verwirrt, erfüllt von.

**आकुली कर्** verwirren, trüben, erfüllen mit; °कृत erfüllt von.

**आकुली भू** verwirrt werden *o.* sein.

**आकुलीयमान** verwirrt, belästigt.*

**आकूत** *n.* Absicht, Wunsch.

**आकृति** *f.* Bestandteil, Form, Gestalt.

**आके** (*Loc. adv.*) in der Nähe.

**आकौशल** *n.* Ungeschick.

**आक्रन्द** *m.*, °न्दन *u.* °न्दित *n.* Geschrei.

**आक्रम** *m.* Anschritt, Angriff.

**आक्रमण** heranschreitend; *n.* = *vor.*

**आक्रान्ति** *f.* die Betretung; das Aufsteigen.

**आक्रीड** *m. n.* Spielplatz, Garten.

**आक्रोश** *m.* das Anschreien, Schmähung, Beschimpfung.

**आक्षिप्तिका** *f.* Antrittsgesang (*d.*).

**आक्षेप** *m.* das Hinwerfen, Hinreifsen; die Hinweisung, Andeutung, Schmähung.

**आक्षेपरूपक** *n.* Art Gleichnis (*rh.*).

**आक्षेपोपमा** *f.* *dass.*

**आक्षेपवलन** das Hin- und Herwerfen.

**आखण्डल** *m.* Zerbrecher (*Bein. Indra's*).

**आखु** *m.* Maulwurf, Maus.

**आखेट** *m.* Jagd. °क *m. dass.*, Jäger.

**आख्या** *f.* Benennung, Name; —° *u. Instr.* mit Namen.

**आख्यात** *n.* Verbum finitum (*g.*).

**आख्यातर्** *m.* Mitteiler, Lehrer.

**आख्यान** *n.* Mitteilung, Erzählung, Legende.

**आख्यानक** *n.* kleine Erzählung; *f.* ई *N. eines Metrums.*

**आख्यायिका** *f.* = आख्यान.

**आख्यायिन्** mitteilend, erzählend (—°).

**आख्येय** mitteilenswert, erzählenswert.

**आगति** *f.* Ankunft.

**आगन्तर्** venturus.

**आगन्तव्य** *n.* veniendum.

**आगन्तु** *u.* °क ankommend; *m.* Kömmling, Fremdling, Gast.

**आगन्तुकता** *f.* das (eben erst) Angekommensein.*

**आगम** hinzukommend; *m* Ankunft; Erwerb, Besitz, Lehre, Ueberlieferung, Wissenschaft; Augment (*g.*).

**आगमन** *n.* Ankunft.

**आगमिन्** (gebildet, kunstverständig*).

**आगस्** *n.* Unrecht, Sünde.

**आगस्त्य** auf Agasti bezüglich; *m.* Nachkomme des Agasti.

**आगामिन्** kommend, zukünftig.

**आगामुक** zu kommen pflegend nach (*Acc.*).

**आगार** *n.* Wohnung, Haus.

**आग्निक**, *f.* ई zum Feueropfer gehörig.

**आग्नीध्र** *m.* der Feueranzünder, *n.* der Feueraltar; **आग्नीध्रीय** *m.* das auf dem Feueraltar befindliche Feuer.

**आग्नेय**, *f.* ई auf das Feuer *o.* Agni bezüglich, Feuer-; *n. N. eines Mondhauses.*

**आग्रयण** *m.* Erstling beim Opfer.

**आग्रयणक** (*adj.* —°) *dass.*

**आग्रहायणी** *f.* ein best. Vollmondstag.

**आघाट** *m.*, **आघाटि** Cymbel, Klapper.

**आघात** *m.* Anstofs, Schlag.

**आघृणि** glühend, heifs.

**आङ्** = 1. आ (*g.*).

**आङ्गारिक** *m.* Köhler.

**आङ्गिरस**, ई *f.* auf Angiras bezüglich; *m. Patron.*

**आङ्गूष** *m. n.* Loblied.

**आच्** *das Suffix* â *in* दक्षिणा *etc.* (*g.*).

**आचमन** *n.* das Wasserschlürfen *o.* Mundausspülen; das dazu gehörige Wasser (*auch* °मनी *f.*, °नीय *n.*).

**आचरण** *n.* die Herbeikunft.

**आचरित** *n.* Herbeikommen; Herkunft, Brauch.

**आचरितव्य** *n.* (es ist) nach Brauch zu handeln.

**आचाम** *m.* das Wasserschlürfen *o.* Mundausspülen.

**आचार** *m.* Wandel, Herkommen, Brauch, Sitte.

**आचार्य** *m.* Lehrer, *bes.* Brahmane

**आचार्यता** *f.*, °त्व *n.* das Lehramt.

**आचार्यवन्त्** einen Lehrer habend.

**आचिख्यासु** ausdrücken wollend. °सोपमा *f.* Art Gleichnis (*rh.*).

**आच्छाद** *m.* Gewand

**आच्छादक** verhüllend; °त्व *n. Abstr.*

**आच्छादन** *n* Hülle, Bekleidung.

**आच्छादिन्** (—°) verdeckend.

**आज** *Adj.* Ziegen-, caprinus; *n.* N. *eines Mondhauses.*

**आजि** *m. f.* Wettlauf, Kampf.

**आजिमुख** *n.* Vordertreffen.

**आजीगर्ति** *m. patron. Name.*

**आजीव** *m.*, °न *n.* Lebensunterhalt.

**आज्ञप्ति** *f.* Befehl.

**आज्ञा** *f. dass.* °कर, *f.* ई Diener, Dienerin. °करत्व *n.* Dienst.

**आज्ञान** *n.* das Erkennen, Verstehen.

**आज्ञाभङ्ग** *m.* Bruch eines Befehls; °कारिन् einen Befehl brechend, nicht befolgend.

**आज्य** *n.* Opferschmalz.

**आञ्छ्, आञ्छति** ziehen, zerren.

**आञ्जन** *n.* Salbe, Augensalbe.

**आञ्जनगन्धि** nach Salbe duftend.

**आटविक** *Adj.* Wald-, silvester; *m.* Waldbewohner, Förster.

**आटोप** *m.* Aufgeblasenheit, Stolz.

**आडम्बर** *m.* Art Trommel, Lärm, Wortschwall.

**आढक** *m. n.* (*adj.* —° *f.* ई) best. Hohlmafs.

**आढ्य** wohlhabend, reich.

**आणि** *m.* der Zapfen der Wagenachse.

**आत्** (*Abl. adv.*) darauf, dann, ferner, und; so (*im Nachs.*) *Oft durch* ईत् *verstärkt.*

**आतङ्क** *m.* Schmerz, Unruhe, Angst.

**आततायिन्** einen gespannten Bogen tragend, drohend.

**आतप** brennend; *m.* Glut, Hitze.

**आतपत्र** *n.* Sonnenschirm.

**आतपवारण** *n. dass.*

**आता** *f.* (*Instr. Pl. auch* आतिस्) Umfassung, Rand.

**आताम्र** rötlich. °ता *f.* Röte.

**आति** *u.* **आती** *f. eine Art Wasservogel.*

**आतिथेय**, *f.* ई gastlich.

**आतिथ्य** *dass.*; *n.* gastliche Aufnahme, Gastfreundschaft.

**आतुर** krank; bekümmert durch (—°).

**आत्त** *s.* दा.

**आत्थ** *s.* अह्.

**आत्म** (—°) = आत्मन्.

**आत्मक**, *f.* **आत्मिका** (—°) das Wesen von — habend; aus — bestehend; -artig. *Abstr.* °त्व *n.*

**आत्मगत** mit dem eigenen Selbst verbunden, darauf bezüglich; *n. adv.* zum Selbst *d. h.* für sich (*d.*).

**आत्मगति** *f.* eigener Weg, eigenes Mittel; *Instr.* von selbst.

**आत्मज** selbsterzeugt; *m.* Sohn, *f.* आ Tochter.

**आत्मज्ञ** sich selbst kennend; die Allseele kennend.

**आत्मज्ञान** *n.* Selbstkenntnis, Kenntnis der Allseele.

**आत्मता** *f.*, °त्व *n.* Wesenheit.

**आत्मन्** *m.* Hauch, Leben, Seele, Allseele; Geist, Wesen, Natur, Körper; das eigene Selbst (ipse); *häufig* °— eigen; —° *wie* आत्मक.

**आत्मनातृतीय** selbdritt; °द्वितीय selbzweit.

**आत्मनेपद** *n.* die medialen Endungen (*g.*).

**आत्मन्वन्त्** *u.* **आत्मन्विन्** beseelt, belebt.

**आत्मप्रभ** eigenen Glanz habend.

**आत्मप्रशंसा** *f.* Selbstlob.

**आत्मबोद** die Allseele kennend; *m.* Kenntnis der Allseele; *Titel eines philosophischen Werks.*

**आत्मभू** selbstwerdend (*Bein. Brahman's, Vishṇu's u. Çiva's.*

**आत्मलाभ** *m.* eigener Gewinn.

**आत्मवत्** *Adv.* wie sich selbst.

**आत्मवध** *m.*, °वध्या *f.* Selbstmord.

**आत्मवन्त्** beseelt, belebt; seiner selbst mächtig, verständig.

**आत्मविद्** die Allseele kennend.

**आत्मसंस्थ** in sich abgeschlossen.

**आत्मसंदेह** *m.* Lebensgefahr.

**आत्मसम** dem eigenen Selbst gleich. *Abstr.* °ता *f.*

**आत्मसंभव** *m.* Sohn; f. आ Tochter.

**आत्मसात् कर्** auf sich legen, sich aneignen.

**आत्मस्तव** *m.* Selbstlob.

**आत्महन्** die Seele oder sich selbst tötend.

आत्मानपेक्ष ohne Rücksicht auf das Selbst, selbstlos.

आत्मापहार m. Selbstverheimlichung.

आत्मार्थम् u. °र्थे um seiner selbst willen, für sich.

आत्मीय eigen.

आत्मौपम्य n. die Vergleichung mit dem eigenen Selbst.

आत्यन्तिक, f. ई bis ans Ende dauernd, endgültig.

आत्रेय m. Patron. von अत्रि.

आथर्वण, f. ई Patron. von अथर्वन्.

आदघ्न bis zum Munde reichend.

आदम् °दस् °दत् s. 1. दा.

आदर m. Rücksicht auf (*Loc.*, —°, *oder* — *mit* अर्थम्), Achtung, Beachtung. आदरार्थम् honoris causa.

आदर्श m. Spiegel; Abbild.

आदान n. das Begreifen, Packen, Wegnehmen.

आदि m. Anfang. आदौ am Anfang, zuerst. *Häufig* —° (*auch* आदिक) mit — beginnend, — u. s. w. *Abstr.* °त्व n.

आदिकर्तर् m. der Urschöpfer.

आदितस् *Adv.* von Anfang an.

आदितेय m. Sohn der Aditi.

1. आदित्य m. *dass.*, Sonnengott, Sonne; *Pl.* die Götter. *n. N. eines Mondhauses.*

2. आदित्य den Âditya gehörig; göttlich.

आदित्यमण्डल n. die Sonnenscheibe.

आदित्यवत् *Adv.* wie die Sonne.

आदिदेव m. Urgott (*Brahman*, *Vishṇu o. Çiva*).

आदिन् essend.

आदिभूत der erste von (*Gen.*) seiend.

आदिम der erste

आदिमूल n. Urgrund.

आदिश् f. Anschlag, Absicht.

आदिशे (*Dat. Inf.*) zu zielen auf (*Acc.*).

आदेय zu nehmen.

आदेश m. Bericht, Aussage, Wahrsagung, Lehre, Befehl; Substitut (*g.*).

आदेशिन् (—°) anweisend, gebietend.

आद्य der erste; (—°) = आदि.

आद्यन्त n. *Sg.*, m. *Du.* Anfang und Ende.

आधमर्ण्य n. das Schuldnersein.

आधातर् m. der Anleger (des heiligen Feuers); Geber, Verleiher, Lehrer.

आधान n. das Anlegen, Zulegen, Bewirken, Hervorbringen.

आधार m. Stütze, Unterlage, Grundlage, Behälter, Ort; Sphäre, Gebiet (*g.*).

1. आधि m. Behälter, Grundlage, Pfand.

2. आधि m. (*gew. Pl.*), आधी f. Sorge, Sehnsucht.

आधिक्य n. Ueberschuss, das Vorwalten.

आधुनिक jetzig.

आधेय anzulegen; worin enthalten *o.* gelegen.

आध्र dürftig, ärmlich.

आध्वर्यव zum Adhvaryu gehörig; n. der Dienst des A.

आन m. Gesicht.

आनंश u. आनट् s. 1. अश्.

आनतपर्वन् mit gesenkten, *d. h.* nicht hervorstehenden (Rohr-) Knoten, glatt (*Pfeil*). *Vgl.* नम्.

आनति f. Verneigung, Unterwerfung.

आनन n. Mund, Maul, Gesicht.

आनन्तर्य n. unmittelbare Folge.

आनन्त्य unendlich; n. Unendlichkeit.

आनन्द m. (n.) Lust, Wonne, Wollust

आनन्दमय, f. ई aus Wonne bestehend wonnig. *Abstr.* °त्व n.

आनयन n. das Herbei- *o.* Zurückbringen.

आनशे, °शुस्, °शे; आनाश s. 1. अश्.

आनीति f. Herbeiführung.

आनील schwärzlich, bläulich.

आनुपूर्व n., °पूर्वी f., °पूर्व्य n. Reihenfolge. *Instr. u. Abl.* der Reihe nach.

आनुषक् *Adv.* der Reihe nach.

आनृण्य n. Schuldlosigkeit. °ता f. *dass.*

आनृशंस्य wohlwollend; n. das Wohlwollen.

आनेतर्, f. °त्री Bringer, -in.

आन्तर interior.

आन्त्र n. Eingeweide.

आन्ध्य n. Blindheit.

आप्, आप्नोति (आप्नुते) erreichen, antreffen, erfahren, erleiden, finden, erlangen, erzeugen; erfüllen, durchdringen, zu teil werden. *Pass.* vollwerden. *p.p.* आप्त *s. bes.* — *Caus.* आपयति erreichen, erlangen; wozu bringen. *Des.* ईप्सति *u.* °ते *s. bes.* — अनु erreichen; *p.p.* eingetroffen, gekommen. अभि *Caus.* vollenden, erlangen. अव erreichen, erzielen, erlangen, erleiden. परि erreichen, gewinnen; *p.p. s. bes.* — प्र gelangen zu, erreichen, finden, teilhaft werden, erleiden; sich ergeben, folgen, richtig sein, *auch Pass. (g.). p.p. s. bes.* — *Caus.* gelangen lassen, befördern, abgeben, zuführen, bringen; einbringen (*j.*). संप्र erreichen, treffen, bekommen, erleiden, gelangen zu, kommen. *p.p.* erlangt (habend); gekommen zu, geraten in (*Acc.*); hergekommen, stammend von (*Abl.*). वि durchdringen, erfüllen, reichen bis (आ); *p.p.* durchdrungen, erfüllt von, überströmt mit. सम् erlangen, teilhaft werden, vollenden. *p.p.* vollendet. *Caus.* erreichen lassen, vollbringen. परिसम् worin enthalten sein, wozu gehören (*Loc.*). *p.p.* vollendet, vollkommen.

आपगा *f.* Fluss.

आपण *m.* Markt, Waare.

आपत्ति *f.* Ereignis, Unfall, Not.

आपद् *f.* Unfall, Not.

आपद्गत in Not geraten, unglücklich.

आपन्न (*s.* पद्) erlangt (habend), hineingeraten, elend, unglücklich.

आपन्नसत्त्वा *f.* schwanger.

आपस् *s.* अप्.

आपस्तम्ब *m. N. eines Lehrers. Adj., f.* ई von Â. stammend.

आपाटल rötlich.

आपाण्डु gelblich, weiſs. *Abstr.* °ता *f.*

आपाण्डुर *dass.*

आपात *m.* Hereinbruch. °तस् *adv.* sofort, ex tempore.

आपान *n.* das Zechen, Gelage.

आपार्ष्णि *Adv.* bis an die Fersen.

आपि *m.* Verbündeter, Freund.

आपित्व *n.* Bundesgenossenschaft.

आपीड *m.* Druck; Kranz.

आपीत gelblich.

आपीन *n.* Euter.

आपूरण füllend; *n.* das Füllen.

आपूर्ण voll, *s.* 1. पर्.

आपूर्णमण्डल mit vollem Rund (*Mond u. Gesicht.*).

आप्त (*s.* आप्) erlangt, erzeugt, erfüllt, vollständig, reichlich, geeignet, zuverlässig, vertraut; *m.* Freund.

आप्तकारिन् zuverlässig.

आप्तदक्षिण von reichen Opfergaben begleitet.

आप्तवर्ग *m.* Bekanntschaft (*concr.*).

आप्तवाच् von zuverlässiger Rede, glaubhaft.

आप्ति *f.* Erreichung, Gewinnung.

1. आप्य wässerig, Wasser-; *n. N. eines Mondhauses.*

2. आप्य zu erreichen, zu erlangen.

3. आप्य *n.* Freundschaft, Bundesgenossenschaft.

*आप्रपदम् *Adv.* bis zur Fuſsspitze reichend.

आप्रपदीन *Adj. dass.*

आप्री *f. Pl. N. gewisser Hymnen im Rigveda.*

आप्लव *m.*, आप्लवन *n.*, *आप्लाव *m.* Bad, Waschung.

आबन्ध *m.* Band.

आबाध *m.* Andrang, Beschäftigung, Schmerz (*auch f.* आ).

आबुत्त *m.* hoher Herr.

आब्दिक jährlich, —° jährig.

आभग *m.* Teilnehmer.

आभरण *n.* Schmuck.

आभा *f.* Glanz, Aussehen; *oft* —° ähnlich.

आभास *m.* Glanz, Aussehen; Schein, Trugbild.

आभिजाती *f.*, °जात्य *n.* Adel, Edelmut.

आभिमुख्य *n.* das Zugewandtsein, in's Auge Schauen. °करण *n.* das dazu Veranlassen.

आभिषेक *u.* °षेचनिक (*f.* ई) auf die Königsweihe bezüglich.

आभीक्ष्ण्य *n.* häufige Wiederholung.

आभीर *m. N. eines Volks u. einer verachteten Kaste* (*f.* ई).

enuss.

rinnerung oder Ein-

.nruf.

Vocativ (*g.*).

ाक bis zum Tode

lich.

n, Zausen. °र्द्दिन्

Myrobolanenbaum;

1.

essend.

ndsfeier gehörig; *n.*

*n Milch*).

rmengt.

शिन् Fleisch essend.

sch.

; jenseitig.

म् *adv.* von Anfang

Grund.

Freude, Wohlgeruch.

anführt *o.* erwähnt.

rung, heiliger Text.

*n.* Mangofrucht.

ng.

rholung *o.* das wie-

inkommen.

*lsuffix* âya (*g.*).

ckt, lang.

Stätte, Sitz (*Abstr.*

rt, Tempel.

g.

strecken, die Länge,

आयाति *f.*, °याम *n.* Ausdehnung.

**आयाम** *m.* Spannung, Hemmung, Einhaltung, Dehnung, Länge. **°वन्त्** lang.

**आयास** *m.* Anstrengung, Mühe, Bekümmernis.

**आयासयितर्** (**°तृक**, *f.* **°यिका**) bekümmernd.*

**आयासिन्** (sich) quälend

1. **आयु** beweglich, lebendig; *m.* lebendes Wesen, Mensch.

2. **आयु** *n.* Leben.

**आयुध** *n.* Waffe.

**आयुधभृत्** bewaffnet, *m.* Krieger.

**आयुधिन्** *u.* **आयुधीय** *dass.*

**आयुर्वेद** *m.* Heilkunde.

**आयुःशेष** *m.* Lebensrest; *Adj.* der noch Leben in sich hat. *Abstr.* **°ता** *f.*

**आयुष्काम** Leben wünschend.

**आयुष्मन्त्** der ein langes Leben hat oder haben möge (*oft ehrenvolle Anrede*).

**आयुष्य** langes Leben verleihend; heilkräftig; *n.* Lebenskraft, langes Leben.

**आयुस्** *n.* Leben (*oft im Pl.*), Lebenskraft, Lebenselement, Welt.

**आयोग** *m.* Gespann.

**आयोगव** *m.* *N. einer Mischlingskaste.*

**आयोजन** *n.* das Herbeischaffen.

**आयोद** *m.* *Mannsname* (*patron.*).

**आयोधन** *n.* Kampf, Schlacht.

**आर्**, **आर्यति** preisen; *p.p.* **आरित**.

**आर** *m.* *n.* Erz.

**आरक्त** rötlich.

**आरक्ष** *m.*, **°क्षा** *f.* Schutz, Wache.

**आरण्य** *Adj.* Wald-, silvester.

**आरण्यक** *dass.*; *m.* Waldbewohner, Einsiedler. *n.* ein Âraṇyaka (*der im Walde zu studierende Teil eines Brâhmaṇa*).

**आरब्ध** angefangen (habend), *s.* **रभ्**.

**आरभ्य** von — an (*Abl. o.* —°), *s.* **रभ्**.

**आरम्भ** *m.* das Anfassen; Anfang, Unternehmung.

[ा]म m. Lust, Lustgarten.
[ा]विन् tönend, klingend mit (—∘).
[ा]ज u. आरुज zerbrechend.*
[ा]ण (f. ई) u. आरुणि von Aruṇa [st]ammend.
[ा]ढ s. 1. रुह्.
(Loc. adv.) fern, fern von (Abl.).
[ा]प m., ∘ण n. das Aufsetzen, Hin[st]ellen; die Uebertragung, Unterstellung, [Id]entification mit (Loc.).
[ा]पित s. रुह्.
[ा]ह m. der Reiter; die Besteigung, [Au]fsteigung (auch übertr.), Erhebung; [Hü]fte (des Weibes).
[ा]हण, f. ई aufsteigend; n. das Auf[ste]igen.
[ा]हिन् aufsteigend; hinaufführend (—∘).
[ा] redlich; n. Geradheit, Redlichkeit.
[ा]क m. Somagefäſs.
betroffen durch, geraten, in, bebt, gedrückt, leidend, bekümmert (meist —∘).
[ा] den Jahreszeiten entsprechend; n. [Me]nstruation.
f. Unfall, Leid, Kummer.
[ा]हर m. Leidtilger.*
f. Bogenende.
[ा]ज्य n. Priesteramt.
feucht, nass, frisch, zart, sanft; [ा]ग (auch Pl.) N. eines Mondhauses.
[ा]ग्नि m. Feuer von frischem Holz.
[ा]तुक an die schwache Wurzel tre[ten]d (g.).

n. das Werk des A.
आर्यमिश्र m. ehrwürdig u. s. w.
आर्यम्ण n. N. eines Mondhauses.
आर्यविदग्धमिश्र m. ehrwürdig, u. s. w.
आर्यलिङ्गिन् die Kennzeichen ein[es ...] oder Ehrenmannes besitzend.
1. आर्यवृत्त von ehrenhaftem Betr[agen].
2. आर्यवृत्त n. ehrenhaftes Betrag[en].
आर्यागीति f. N. eines Metrums.
आर्यावर्त m. das Land der Arier (zwischen Himâlaya und Vindh[ya]); die Bewohner dieses Landes.
आर्ष, f. ई von den Rishis herrühre[nd], tümlich.
आर्षभ Adj. Stier-, taurinus.
आर्षेय = आर्ष.
आर्षेयब्राह्मण n. N. eines Brâhman[a].
आर्ष्टिषेण von Rshtisheṇa stammend; Name.
आलक्ष्य anzuschauen; (kaum) be[merkbar], o. sichtbar.
आलपन n. Unterhaltung, Gespräc[h].
आलपित n. dass.
आलम्ब herabhängend, geneigt; m. Halt.
आलम्बन n. das Sichfesthalten [an], Stütze, der Halt.
आलम्बिन् (—∘) herabhängend von, auf.
आलम्भ m. das Anfassen, die Berü[hrung].
आलम्भन n. dass.
आलम्भिन् (—∘) berührend.

आलय m. (n.) Wohnung, Haus, Sitz.
आलवाल n. Wassergraben (*um einen Baum*).
आलस्य n. Trägheit.
आलान n. Pfahl zum Anbinden eines Elefanten.
आलाप m. Rede, Gespräch; Gesang (*der Vögel*).
आलापिन् redend.
1. आलि u. °ली f. Freundin.
2. आलि u. °ली f. Streifen, Linie, Reihe, Schwarm.
आलिङ्ग्, °ङ्गति u. °ते, *auch* °ङ्गयति umarmen. प्रति zurück, wieder umarmen.
आलिङ्गन n. Umarmung.
आलीढ n. eine besondere Stellung beim Schiefsen.
आलु u. आलू f. Wasserkrug; n. आलु Floss, Nachen.
आलेखन n. das Kratzen, Ritzen.
आलेख्य n. die Malerei, das Bild. °समर्पित gemalt.
आलेप m., °न n. Einreibung, Salbe.
आलोक m. das Schauen, der Anblick.
आलोकन anschauend; n. = *vor.*
आलोकनीय anzusehen.
आलोकिन् anschauend, betrachtend.
आलोचन n. das Sehen; die Betrachtung, Erwägung (*auch f.* °आ).
आलोचनीय u. आलोच्य zu betrachten, zu erwägen.
आलोहित rötlich.
आव Pron.-St. der 1. Pers.
आवत् f. Nähe.
आवपन n. das Hinstreuen; Gefäfs (*auch f.* ई).
आवय n. Empfängnis.
आवर् s. 1. वर्.
आवरण verhüllend; n. Verhüllung, Hülle, Decke, Gewand.
आवरीवर् s. वृत्.
आवर्जन n. das Geneigtmachen, Gewinnen.
आवर्त m. Drehung, Wirbel, Strudel, Haarwirbel.
आवर्तन sich umwendend; n. die Umkehr.
आवलि u. °ली f. Streifen, Reihe.
आवश्यक, f. ई notwendig, unumgänglich; n. u. °ता f. Unumgänglichkeit, Notdurft.
आवसति f., °सथ m. Nachtlager, Herberge.
आवह herbeiführend, bewirkend (—°).
आवाप m. das Ausstreuen, Säen, die Beimischung, der Zusatz; Art Handschild, *vgl.* हस्तावाप.
*आवापक m. ein bes. Handschmuck
आवास m. Wohnung, Aufenthalt. °सिन् bewohnend (—°).
आवि u. आवी f. Schmerz, *Pl.* Geburtswehen (*adj.* —° f. ई).
आविक Adj. Schaf-, wollen; n. Schaffell.
आविद् f. das Vor-, Mitwissen.
आविद्वस् kundig.
आविर्भाव m., °र्भूति f. das Offenbarwerden.
आविल trübe, befleckt mit (—°).
आविलय्, °यति trüben, beflecken.
आविष्करण n., °ष्कार m. das Offenbaren, die Bethätigung.
आविस् Adv. offenbar, bemerkbar (oft —°). *Mit* कर् sehen lassen, offenbaren, zeigen; *mit* भू offenbar werden, erscheinen.
आवी s. आव्य.
आवृत् f. das Sichherwenden, die Einkehr.
आवृत्ति f. *dass.*; Wiederkehr, Wiederholung.
आवेग m. Aufregung, Bestürzung.
आवेदन n. das Zeigen, Vorführen, die Anzeige; Denunciation (*j*).
आवेश m. Eintritt, Anfall.
आव्य, f. °वी avinus; wollen.
आव्यथा f. leise Rührung.
आश m. Speise.
आशसन n., आशंसा f. Wunsch, Hoffnung.
आशङ्कनीय zu besorgen.
आशङ्का f. Besorgnis.
आशङ्किन् befürchtend, vermutend (—°).
आशय m. Aufenthalt, Sitz, Ort; Gemüt, Absicht.
आशस् f. Wunsch, Erwartung, Hoffnung.
1. आशा f. *dass.* (mit *Gen.*, *Loc.* o. —°). आशया o. आशां कृत्वा in Erwartung von, in Hoffnung auf.
2. आशा f. Raum, Himmelsgegend.
आशाजनन Hoffnung erweckend.

den, d. i. die Luft. ° वस् (die Luft anziehen) nackt gehen.

आशास्य n. zu wünschen, wünschenswert; n. Wunsch.

आशित s. 2. अश्.

आशिन् essend; geniefsend (—°).

आशिर् die dem Somasaft zugesetzte Milch

आशिष्ठ *Superl. zu* आशु.

आशिस् *f.* Bitte, Gebet, Wunsch, Segensspruch.

आशीःक्रिय die Thätigkeit des Bittens ausdrückend (*g.*).

आशीर्वचन *n.*, °र्वाद *m.* Segenswunsch.

आशीयंस् *Compar. zu* आशु; *n.* °यस् *adv.*

आशीविष *m.* Giftschlange. °षोपम schlangenähnlich *d. h.* giftig (*Pfeil*).

आशु schnell; *n. adv. m.* Ross.

आशुक्लान्त schnell *o.* bald verwelkt.

आशुग schnell gehend, eilend; *m.* Pfeil.

आशुगमन *n.* schneller Gang, Lauf.

आशुया (*Instr. adv.*) schnell.

आशौच *n.* Unreinheit (*r.*).

आश्चर्य seltsam, wunderbar; *n.* Wunder.

आश्रम *m.* Einsiedelei; Lebensstufe des Brahmanen; (*auch* °पद *n.*)

आश्रमवासिन् *m.* Einsiedler.

आश्रय *m.* das Sichanlehnen, Greifen nach; Stütze, Rückhalt, Sitz, Aufenthalt; Träger, Grundlage, Substrat. *Adj.* (—°) sich auf — beziehend, dem — unterliegend.

आश्रयण, *f.* ई sich zu — flüchtend, begebend, 4.
etwas betreffend (—°); *n.* das Sichbegeben, Anschliefsen.

आश्रयभूत den Halt, die Grundlage bildend.

आश्रयिन् sich lehnend an, wohnend in, bezüglich auf (—°).

आश्रित (*s.* श्रि) untergeben, pflegebefohlen · in — lebend (—°).

आश्लेष *m.* Umschlingung, Umarmung; *f.* आ (*auch Pl.*) *N. eines Mondhauses.*

आश्व *Adj.* Pferde-, equinus.

आश्वासिन् aufatmend.

आश्वासन *n.*, आ *f.* Erfrischung, Trö-

आसन u. आसनँ n. das Sitzen, Sichsetzen, die Art zu sitzen, der Sitz.
आसनस्थ sitzend.
आसन्न (s. सद्) nahe; n. Nähe. °काल m. eben vergangene Zeit (g.). °वर्तिन् nahe, in der Nähe befindlich.
आसया (Instr. adv.) coram.
1. आसव m. destilliertes Getränk, Rum.
2. आसवँ m. Belebung, Anregung.
आसादन n. das Niedersetzen, Erreichen Habhaftwerden.
आसार m. Platzregen, Guss.
*आसिका f. die Reibe zu sitzen.
आसिच् f. Schaale, Schüssel.
आसीन s. 2. आस्.
1. आसुति f. Gebräu.
2. आसुति f. =2. आसवँ.
आसुर, f. ई geistig, göttlich, dämonisch; ein männl. o. weibl. Asura.
आसेक m., आसेचन n. das Begiefsen, Bewässern.
आसेद्धर् m. der jemand in Haft setzt.
आसेध m. die Gefangensetzung, Haft.
आसेवन n., आसेवा f. die anhaltende Beschäftigung.
आसेविन् (—°) besuchend, bewohnend, be treibend, geniefsend.
आस्कन्द m. das Hinaufspringen, der Angriff.
आस्क्र m. zusammenhaltend, vereinigt.
आस्तर m., °रण n. Streu, Lager, Decke.
आस्तीक m. *N. eines alten Weisen.*
आस्था f. Verlangen nach, Sorge um.
आस्थातर् m. Wagenkämpfer (*eig.* Daraufsteher).
आस्थान n. Standort, Versammlung, Audienz. आस्थानी f. Versammlungsort, Audienzsaal.
आस्पद n. Stelle, Aufenthalt, Ort für, Grund zu. आस्पदी भू zum Gegenstande des (*Gen.*) werden.
आस्फालन n. das Anprallen, Anschlagen.
आस्फोट m., °न n. das Schütteln, Schwenken.

sich begeben, gelangen zu, geraten in (*Acc.*), zu teil werden (*Acc.*), jemand (*Acc.*) angehen, um etwas (*Acc.*) bitten, herkommen von (*Abl.*), fliehen, verstreichen, vergehen; verharren (*mit einem Partic. Praes. Act. o. Pass. zum Ausdruck einer dauernden Handlung oder eines Zustandes*). *Int.* (*auch in pass. Bed.*) ईयते, *Partic.* ईयान, *bes.* ईमहे wandeln, eilen; angehen, anflehen, jemand um (*2 Acc.*). **अच्छ** hingehen zu (*Acc.*). **अति** vorübergehen, überschreiten, übertreffen, weitergehen, verstreichen (*Zeit*). *p.p.* **अतीत** vorübergegangen; verschwunden aus (—°), tot. **अभ्यति** *u.* **व्यति** *dass.* **अधि** erkennen; studieren, lernen (*bes. Med.*); *p.p.* **अधीत** gelernt *o.* gelehrt. *Caus.* **अध्यापयति** (*selten* °ते) studieren lassen, unterrichten. **अनु** nachgehen, folgen, gehorchen (*Acc.*), gleichen, nachahmen. *p.p.* **अन्वित** nachgehend; begleitet, begabt, versehen mit (*Instr. o.* —°), vermehrt um (—°). **समनु** *p.p.* **समन्वित** begleitet von, versehen mit, erfüllt von (—°). **अन्तर्** dazwischen treten, ausschlieſsen von (*Abl.*). *p.p.* **अन्तरित** ausgeschlossen, entfernt, getrennt; in — befindlich (—°), verdeckt, verborgen, durch (*Instr. o.* —°). **अप** weggehen, sich entfernen, verschwinden. *p.p.* **अपेत** entflohen, ergangen, abweichend von (*Abl. o.* —°). **व्यप** aus einander gehen, weichen, schwinden, aufhören. *p.p.* **व्यपेत** getrennt, abweichend von (—°). **अपि** eintreten, eingehen in (*Acc.*). **अभि** herangehen, sich nähern, über — hingehen (*Acc.*). gelangen zu, erlangen, jemand (*Acc.*) zu teil werden. *Mit* **पश्चाद्** nachgehen.

abflieſsen; erachten, halten für (**इव**). **आ** kommen, von (*Abl.*), *Part.* **आयन्त्**

von jetzt an, künftig (*auch* °अपरम्, परम् *u.* प्रभृति) danach, daher, dadurch; hier, hienieden; hierher (*auch befehlend* = komm her!) इतस्ततस् hier und dort, hierhin und dorthin, hin und her.

1. इति so, *zur Hervorhebung eines oder mehrerer zu einer Aufzählung (mit oder ohne* च) *verbundener Worte, auch nach einem ganzen eine gesprochene oder blos gedachte Rede enthaltenden Satze; oft nicht zu übersetzen. Mit* इव, उत, एवम्, स्म *dass.* इति कृत्वा so sagend, damit, darum.

2. इति *u.* इति *f.* der Gang.

इतिकर्तव्य *n.*, °कर्तव्यता *f.*, °कार्य *n.*, °कार्यता *f.*, °कृत्य *n.*, °कृत्यता *f.* das zu Thuende, die Notwendigkeit.

इतिथ, *f.* ई der und der.

इतिवत् gerade so.

इतिवृत्त *n.* Begebenheit, Ereignis.

इतिहास *m.* Sage, Erzählung, Legende, episches Gedicht.

इतागत hierher gewandt, hierauf bezüglich.*

इतामुख hierhergerichtet; *n. adv.* hierher.*

इत्थंविध so beschaffen.

इत्थंगत so gehend, so bewandt; *Loc.* unter solchen Umständen.*

इत्थम् so, auf diese Weise.

इत्थंभू so seiend, so beschaffen.

इत्था so, recht, gar, eben, gerade.

इत्यर्थम् zu diesem Zwecke.

इत्यादि *u.* इत्येवमादि *Adj.* so beginnend; *n.* — u. s. w.

इत्वन् (*nur* —°) *u.* इत्वर gehend.

इद् (*indecl.*) eben, gerade, nur: *oft expl.*

इदंरूप diese Gestalt habend.

इदम् *n.* (*Nom. Acc. Sgl.*) dies, folgendes; dies alles d. h. die ganze Welt (*oft mit* सर्वम्, विश्वम्, सकलम्); *adv.* hier, hierher, da, jetzt, eben, so.

**इदा** *u.* **इदानीम्** jetzt, eben, gerade, *mit* **अद्यस्** *o.* **अह्नाम्** heute.

**इध्**, **इन्ध्**, **इन्द्धे** entzünden, flammen. *Pass.* **इध्यते** entzündet werden, flammen. *p.p.* **इद्ध** entflammt (*auch übertr.*). **सम्** *dass.*

**इध्म** *m. n.* Brennholz.

**इन्** *das Suffix* in (*g.*).

**इन** stark, mächtig.

**इनक्ष्**, **इनक्षति** zu erreichen suchen, erstreben.

**इन्दीवर** *m. n.* blaue Lotusblüte.

**इन्दु** Tropfen, *bes.* des Soma; Mond.

**इन्दुबिम्ब** *m.* Mondscheibe.

**इन्दुमुख**, *f.* **ई**, *u.* **°वदन** mondantlitzig.

**इन्द्र** *m.* der Gott Indra; höchster, erster, Fürst der (—°).

1. **इन्द्रगोप** *o.* **°पा** Indra zum Hüter habend.

2. **इन्द्रगोप** *m.* Coccinelle (ein roter Käfer).

**इन्द्रजाल** *n.* Indra's Netz, eine bes. mystische Waffe, Blendwerk, Zauber.

**इन्द्रजालिक** *u.* **°जालिन्** *m.* Zauberer.

**इन्द्रजूत** von Indra betrieben *o.* gefördert.

**इन्द्रत्व** *n.* Indra's Macht; Oberherrschaft.

**इन्द्रमद** *m.* bes. Krankheit der Blutegel.

**इन्द्रय्**, **°यते** nach Indra verlangen.

**इन्द्रयु** nach Indra verlangend.

**इन्द्रवंशा** *f. N. eines Metrums.*

**इन्द्रवज्र** *n.* Indra's Donnerkeil; *f.* **आ** *N. eines Metrums.*

**इन्द्रवन्त्** von Indra begleitet; Indra's Genosse.

**इन्द्रसेन** *m. Mannsname.*

**इन्द्रसेना** *f.* Indra's Waffe (*personif.*).

**इन्द्राग्नि** *m. Du.* Indra und Agni.

**इन्द्राणी** *f.* Indra's Gattin.

**इन्द्रायुध** *n.* Regenbogen; *f.* **आ** Blutegelart.

**इन्द्रावरुण** *m. Du.* Indra und Varuṇa.

**इन्द्रिय** dem Indra gehörig, ähnlich, lieb; ein Genosse Indra's. *n.* Indra's Macht, Obergewalt, Kraftthat; Kraft, Vermögen (*im Allgem.*); Sinneskraft, Sinnlichkeit, Sinn, Organ.

**इन्द्रेषित** von Indra geschickt *o.* angetrieben.

**इन्ध** entflammend.

**इन्धन** *n.* das Anzünden, die Feuerung, das Brennholz.

**इन्व्**, **इन्**, **इन्वति**, **इनोति** in Bewegung setzen, treiben, fördern, bewältigen.

**इभ** *m. n.* Gesinde, Hausgenossenschaft, Familie; *m.* Elefant.

***इभदन्ता** *f. N. einer Pflanze.*

**इभ्य** zum Gesinde gehörig; reich.

**इम** (*Pron.-St.*) dieser, e, es.

**इमथा** auf diese Art.

**इयक्ष्**, **इयक्षति** erflehen, ersehnen, erlangen.

**इयक्षु** verlangend.

**इयच्चिरम्** so lange.

**इयत्तक**, *f.* **°त्तिका** tantulus.

**इयत्ता** *f.* Quantität, Mafs.

**इयन्त्** so grofs, so viel, tantus. *Instr.* **इयता** insoweit, darum.

**इयम्** *f.* (*Nom. Sgl.*) diese. Oft **येयम्**; **सेयम्**, **इयं सा** welche hier; diese hier.

**इयर्ति** *s.* **अर्**.

**इयेष** *s.* 2. **इष्**.

**इरज्य्**, **°ज्यति**, **°ज्यते** anordnen lenken.

**इरज्यु** zurüstend, *m.* Opferbereiter.

**इरध्**, **°धते** zu gewinnen suchen.

**इरस्य्**, **°स्यति** missgönnen.

**इरस्या** *f.* Missgunst.

**इरा** *f.* Labetrunk, Erquickung

**इरावन्त्** labend, erquickend. *f.* **इरावती** *N. eines Flusses; Frauenname.*

**इरिण** *n.* Rinnsal, Bach, Quelle; Spielbrett.

**इरिन्** gewaltthätig.

**इर्य** rührig, rüstig.

**इल्**, **इलति**, *Caus.* **इलयति** stillstehen.

**इव** (*encl.*) wie, gleichsam, beinahe, etwa, wohl, eben; *oft nur hervorhebend.*

1. **इष्**, **इषति**, **एषति**, **इष्यति** *u.* **इष्णाति**

अभि suchen, erstreben, wünschen. *p.p.* अभीष्ट erwünscht, angenehm lieb. प्रति suchen, entgegennehmen, empfangen.

3. इष् *f.* Saft, Trank, Labung, Kraft.

1. इष (*nur* —°) suchend.

2. इष saftig, fett.

इषणय्, °यते *u.* इषण्य्, °ण्यति anregen.

इषय्, इषयति, °ते frisch sein, erfrischen *Dat. Inf.* इषयध्यै.

इषयु frisch, kräftig.

इषि *f.* Erfrischung, Labung.

इषिध् *f.* Darbringung, Gabe.

इषिर erfrischend, kräftig, munter.

इषीका *f.* Rohr, Binse.

इषु *m. f.* Pfeil.

इषुधि *m.* Köcher.

इषुध्य्, °ध्यति zielen, streben, flehen.

इषुध्या *f.* das Flehen.

इष्टनि rauschend.

इष्टसाधन

इष्टापूर्त *n*

## ई

ईक्ष्, ईक्षते (*selten* °ति) sehen, blicken, erblicken, betrachten, wahrnehmen, beachten, berücksichtigen, erwarten; *jemand (*Dat.*) wahrsagen. *Caus.* ईक्षयति schauen lassen. अप wegsehen; beachten, berücksichtigen, auf (*Acc.*) lauern, warten; erfordern, voraussetzen. अभि anblicken. अव *dass.*; betrachten, berücksichtigen, erwarten, hoffen. अन्वव betrachten, erwägen. प्रत्यव besichtigen, betrachten, prüfen. उद् aufschauen zu, ansehen; warten, er-

ıütteln. प्र Caus. Med. sich schaukeln.
n. das Schaukeln.
ईजते bewegen, treiben.
ईट्टे preisen, loben, jemand (Acc.) flehen um (Acc., Gen., Dat.). ईड्य
ईळेन्य preisenswert. प्र, प्रति, सम् eisen, loben.
f. Not, Plage.
f. आ, ईदृंश् u. ईदृंश, f. ई so beschaffen, solch.
ईप्सति u. °ते (s. आप्) zu erlangen chen, wünschen, begehren.
f. Verlangen, Begehren, Wunsch.
त (s. ईप्स्) begehrt, erwünscht, lieb. der Geliebte. n. Wunsch. °तम wünschtest, zunächst liegend (g.).
erstrebend, begehrend (Acc., Inf. o. °).
encl.) *zur Vertretung eines Acc. o. bei* *em Acc., auch sonst verstärkend, ver-* *gemeinernd und expl.*
ईर्, ईर्ते (selten Act.) anregen, bewegen, eiben; sich bewegen, sich erheben, rvorkommen, ertönen. Caus. ईरयति, °ते erregen, treiben; verkünden, gen, nennen (bes. Pass. genannt wern); (sich) erheben. आ (auch Caus.) rbeischaffen, hinstellen. न्या, jemand cc.) als (Acc.) einsetzen. उद् sich heben, aufstehen, erstehen, p.p. उदीर्ण regt, gesteigert, gehoben (übertr.) Caus. heben, erregen, steigern, herausbrinn, offenbaren, anstimmen, verkünden,

Tiere.
ईर्मा u. ईर्म (Instr. adv.)
ईर्य anzuregen, anzutreib
ईर्ष्य्, ईर्ष्यति neidisch, eif
ईर्ष्या f. Neid, Eifersucht.
ईर्ष्यालु, ईर्ष्यावन्त् u. ईर्ष्यु süchtig.
ईवन्त् so grofs
ईश्, ईष्टे (ईशे) zu eigen gebieten, herrschen können, vermögen (( Inf.), zu eigen sein, g
ईश, f. आ vermögend zu (In m. Herr, Gebieter, Çi mögen, Macht.
ईशन n. das Gebieten, H
ईशान u. ईशानं besitz über (Gen.); m. Çiva.
ईश्वर vermögend zu (I Inf. auf तोस् N. Sgl. u. Numeri). m. Besitzer Loc. o. —°), Fürst, G vornehmer, treffliche höchster Gott, Brahm
ईश्वरता f. °त्व n. Herrsch
ईश्वरप्रणिधान n. Ergebu
ईष्, ईषति u. °ते enteile hen. उद् emporsteige
ईषत् ein wenig, etwas, l
ईषत्कर leicht zu thun.
*ईषत्पान leicht zu trinke
ईषा f. Deichsel, Du. D mige) Deichsel.

# उ

1. उ *Interj.*

2. उ, ऊ (*encl.*) und, auch, doch, nun, eben, bald, gleich, *bes. zur Hervorhebung nach einem Pron. oder einer anderen Partikel, in der späteren Spr. nur nach* अथ (*w. s.*), *nach* न (*s.* नो); *u. nach* किम् (*w. s.*).

3. उ *das Suffix* u (*g*).

4. उ, उनोति rufen.

उक *das Suffix* uka (*g.*).

उकार *m.* der Laut u (*g*).

उक्त (*s.* वच्) geredet, ausgesprochen, *n* Wort, Ausdruck.

उक्तपूर्व zuvor *o.* sonst gesprochen.

उक्तप्रत्युक्त *n.* Rede und Gegenrede.

उक्तवन्त् *s.* वच्.

उक्तवाक्य gesprochen habend.

उक्ति *f.* Rede, Wort, Ausdruck, Ausspruch; Gesang.

उक्त्वा *s.* वच्.

उक्थ *n.* Spruch, Preis, Lob.

उक्थिन् preisend, lobend.

उक्थ्य preisens-. rühmenswert.

1. उच्, उचति, °ते träufeln lassen, besprengen. *Med.* träufeln (*intr.*) 1. अभि *u.* प्र = *Simpl.*

2. उच्, उचति wachsen.•

उचण *n.* das Besprengen, Weihen.

उचण्य् °य्यति nach Stieren (Rindern) verlangen.

उचण्यु nach Stieren (Rindern) begierig.

उचन् *m.* Stier.

उख *m.* Kochtopf; *f.* °आ *dass.*

उखच्छिद् zerbrechlich wie ein Topf, morsch.

उख्य im Topfe befindlich.

उग्र gewaltig, gewaltsam, grofs, streng, ungeheuer, graus; *m.* ein Gewaltiger,

*Compar.*

उच्चैःकुल *n.* hohes Geschlecht.

उच्चैर्धामन् hochstrahlend.

उच्चैःश्रवस् *N. eines mythischen Rosses.*

उच्छ् *s.* 2. वस्.

उच्छित्ति *f.* Zerstörung, Ausrottung.

**उच्छ्वसन** *n.* das Ausatmen; der Atem, Lebenshauch.

**उच्छ्वास** *m. dass.*, die Anschwellung, Erhebung, das Verhauchen, Sterben; der Seufzer.

**उच्छ्वासिन्** aushauchend, aufatmend, sich hebend.

**उज्जयिनी** *f. N. einer Stadt.*

**उज्जिति** *f.* Sieg.

**उज्जृम्भ** gähnend. **°ण** *n.* das Gähnen, Hervorbrechen.

**उज्जेष** siegend.

**उज्ज्वल** glänzend, (von *o.* wie —°); prächtig.

**उज्झ्, उज्झति** verlassen, aufgeben, fahren lassen, entsenden. *p.p.* **उज्झित** verlassen, frei von (*Instr. o.* —°).

**उञ्छ्, उञ्छति** nachlesen, (*bes. Ähren*). **प्र** wegwischen, tilgen.

**उटज** *m. n.* Hütte aus Laub.

**उडु** *f. n.* Stern; **°नाथ** *m.* Mond.

**उडुप** *m. n.* Nachen; *m. auch = folg.*

**उडुपति** *m.* Mond.

**उड्डमर** *u.* **उड्डामर** aufserordentlich.

**उड्डीन** *u.* **उड्डीयन** *n.* das Auffliegen.

**उणादि** *m. Pl.* die Uṇâdi-Suffixe (*g*).

**उत** und, auch, oder (*bes. in Doppelfr. wie lat. an, wobei oft verstärkt durch* **वा, आहो, स्विद्** *o.* **आहो स्विद्**); *oft nur hervorhebend oder expl.*; *doppelt* (*auch* **उतो**) sowohl-als auch; **उत वा** oder auch; **वा-उत वा** entweder — oder. **किमुत** um wieviel mehr, geschweige.

**उताहो** *s. vor.*

**उतो** (**उत** + **उ**) und auch (*s. auch* **उत**).

**उत्कम्पिन्** zitterne

**उत्कर** *m.* Auswu

**उत्कर्ण** mit aufger

**उत्कर्ष** hochfahrer rang, Ueberma

**उत्कर्षिन्** vorzügli

**उत्कलिका** *f.* Sehns

**उत्किर** (—°) aufl

**उत्कुल** entartet.

**उत्कृष्ट** (*s.* 1. **कर्ष्**)

**उत्कृष्टोपाधि** des steht; *Abstr.* °

**उत्कोच** *m.* Beste krummer Weg)

**उत्क्रम** *m.* das Emp

**उत्क्रमण** *n.*, **उत्क्रा**

**उत्क्षिप्ति** *f.*, **उत्क्षेप** Hochheben.

**उत्खात** *n.* das A Boden.

**उत्खातिन्** uneben.

**उत्तंस** *m.* Kranz, l

**उत्तंसय्, °यति** l verwenden. *p.*

**उत्तङ्क** *m. N. eines*

**उत्तम** der oberste, summus (unter- besser als (*Abl.* °— *u. n. adv.*

**उत्तमजन** *m. Pl.* t

**उत्तमतेजस्** von h höchster Kraft.

**उत्तमपुरुष** *m.* h Person (*g.*).

**उत्तमर्ण** *m.* Gläubiger.
**उत्तमवर्ण** *n.* von herrlicher Farbe.
**उत्तमसाहस** *n.* höchste Geldstrafe.
**उत्तमाङ्ग** *n.* Kopf.
**उत्तर** höher, besser, später (als *Abl.*), folgend auf *o.* nach (*Abl.*); nördlich von (*Abl*); künftig; überlegen, siegreich, gewinnend (*im Prozess*); *n.* Oberfläche, Decke; Norden; Antwort, Klagebeantwortung (*j.*), Widerrede, Oberhand, Überschuss, Folge (*adj.* —° gefolgt von). **उत्तरम्** *adv.* weiter, darauf. **°रतस्** nach Norden *o.* nach oben; nördlich von —, links von (*Gen.*). **°रा** nach Norden (*nördlich von — *Gen. Abl.*); **°राम्** weiter hinaus; **°रात्** von Norden her, von links her. **°राहि** nördlich (*von *Abl.*). **उत्तरेण** nördlich von, links von (*Gen., Abl., Acc. o.* —°).
**उत्तरकाल** zukünftig; *m.* Zukunft.
**उत्तरकोसल** *m. Pl.* die nördlichen Kosala
**उत्तरण** überschreitend; *n.* das Hinüberkommen.
**उत्तरदायक** antwortend, widersprechend.
**उत्तरपक्ष** *m.* nördlicher *o.* linker Flügel; Gegeneinwand (*ph.*).
**उत्तरपद** *n.* hinteres Glied eines Compositums (*g.*).
**उत्तराधर** darüber und darunter seiend. *n.* Ober- und Unterlippe, die Lippen.
**उत्तरापथ** *m.* Nordland.
**उत्तरारणि** *f.* das obere Reibholz (zum Feuermachen).
**उत्तरार्थ** des Folgenden wegen geschehend.
**उत्तरासङ्ग** *m.*, **उत्तरीय** *n.* Obergewand Decke.
**उत्तरोत्तर** je folgend, steigend. *n.* Antwort auf Antwort, das Hinundherreden.
**उत्तरोत्तरोक्त** je später ausgesprochen.
**उत्तरोष्ठ** *u.* **°रौष्ठ** *m.* Oberlippe.
**उत्तान** ausgestreckt, ausgebreitet, offen.
**उत्तानहृदय** offenherzig, arglos.*
**उत्तानी कर्** aufsperren, öffnen.
**उत्तार** *m.* das Übersetzen; Rettung.
**उत्ताल** ungestüm, grausig.
**उत्तुङ्ग** ragend, hoch.

**उत्सेक** *m.* Überschwall, Hochmut.
**उत्सेध** *m.* Erhebung, Höhe.
**उत्स्फार** *m.* Sprung.*
1. **उद्** (*nur* °— *bei Verb.*, *Subst. u. Adj.*) hinauf, auf; hinaus, aus.
2. **उद्**, **उन्द्**, **उनत्ति** *u.* **उन्दति** (*auch Med.*) quellen, benetzen. *p.p.* **उन्न** benetzt, nass. **वि** hervorquellen, benetzen.
**उद** (*nur* °— *u. adj.* —°) Wasser.
**उदक** *n.* Wasser, Reinigung durch Wasser (*r.*). **°कं कर** Wasser spenden (*auch* **°कं दा**, **प्रदा**), sich reinigen, (**उदकं**) **स्पर्श्** Wasser berühren (*r.*).
**उदककर्मन्** *n.* Wasserspende (*r.*).
**उदककार्य** *n. dass.*, Abwaschung.
**उदकवन्त्** mit Wasser versehen; *f.* **उदकवती** *Mädchenname.*
**उदकाञ्जलि** *m.* eine Handvoll Wasser.
**उदकान्त** *m.* Wassergrenze. **ओदकान्तात्** bis zu einem Wasser.
**उदकार्णव** *m.* Behälter der Gewässer.
**उदकुम्भ** *m.* Krug mit Wasser; *N. eines Arztes.*
**उदक्तस्** *u.* **उदक्तात्** von oben, von Norden.
**उदक्य** im Wasser befindlich.
**उदग्र** hoch, erhaben, heftig; °— sehr, überaus.
**उदग्रप्लुत** hohe Sprünge machend. *Abstr.* **°त्व** *n.*
**उदज** *n.* Lotusblüte.
**उदञ्च्**, *f.* **उदीची** emporgerichtet, nördlich. *n.* **उदक्** *adv.* nach Norden.
**उदञ्चन** *m.* Schöpfgefäſs.

**उदय** *m.* der Aufgang, Aufgang **अस्त**) das Erscheinen; der Erfolg, Ertrag.
**उदयगिरि**, **°याचल**, **°योर्वीभृत** gangsberg (*vgl.* **अस्त**).
**उदयन** *n.* Aufgang, Ausgang; *name.*
**उदयाधिप** *m.* Herr des Aufg *Sonnengott*).*
**उदर** *n.* (*adj.* —° *f.* **आ** *u.* ई Mutterleib, Wasserbauch (*I* Höhlung.
***उदरंभरि** der nur seinen Bau Schlemmer.*
**उदर्क** *m.* das Hervorbrechen, Er Folge, Zukunft.
**उदश्रु** weinend.
**उदहार**, *f.* **ई** Wasser holend.
**उदात्त** erhoben, hoch, berühmt, hc *m.* der Acut (*g.*).
**उदान** *m.* der Einhauch (*einer Winden im Körper*).
**उदार** erregend; erhaben, ed gezeichnet.
**उदारता** *f.*, **°त्व** *n.* Erhabenheit.
**उदारचरित** von edlem Benehme
**उदारधी** von edlem Verstande.
**उदासीन** (*s.* **आस्**) unbeteiligt gültig, *m.* ein Unparteiischer.
**उदाहरण** *n.* Rede, Beispiel.
**उदाहार** Wasser holend; *m.* das V
**उदित** *s.* 2. **इ** *u.* **वद्**.
**उदिति** *f.* Aufgang, Weggang.
**उदीक्षा** *f.* das Auf-, Hinblicken,

उदीची s. उदञ्च्.
उदीचीन nördlich gewandt.
उदीच्य u. उदीच्यं nördlich.
उदीरण n. das Schleudern, Aussprechen.
उदुम्बर m. Art Feigenbaum und dessen Frucht.
उदुम्बल kupferfarben, braunrot.
उदेतोस् (*Abl. Inf.*) Aufgang.
उदोजस् übermächtig.
उद्गता f. *N. eines Metrums.*
उद्गम m. der Aufgang (*der Gestirne*), das Aufsteigen, Hervorkommen, Erscheinen *Abstr.* °त्व n.
उद्गमन n. *dass.*
उद्गमनीय n. ein reines Gewand.
उद्गातर् m. der Vorsänger (ein bes. Priester).
उद्गार m. das Auswerfen, Ausströmen, die Flut.
उद्गारिन् (—°) auswerfend, ausströmend.
उद्गिरण n. das Ausspeien, Erbrechen.
उद्गीति f. *N. eines Metrums.*
उद्गीथ m. (n.) das Vorsingen (r.).
उद्ग्रहण n. das Herausnehmen.
उद्ग्राह m. Aufnahme.
उद्ग्रीव mit aufgerichtetem Halse.
उद्घट्टन n. Schlag, Ausbruch.
उद्घाट m. das Öffnen. °क m. Schlüssel.
उद्घाटन öffnend; n. das Öffnen.
उद्घाटिन् öffnend.
उद्घात m. Stofs, Schlag.
उद्घातिन् holperig, uneben.
उद्घोष m. das Ausrufen. °क der Ausrufer
उद्घोषण n. das Ausrufen.
उद्दण्ड mit erhobenem Stabe.
उद्दाम entfesselt, mafslos, reichlich; voll von (—°). n. u. °— *adv.*
उद्दालक m. (*eig.* Aufreifser) *Mannsname.*
उद्दिश्य (s. 1. दिश्, *eig.* hinzeigend auf) gegen, auf, nach, zu, in Bezug auf, in Betreff von, über.
उद्देश m. Hinweis, Angabe; Ort, Gegend
उद्द्योत aufleuchtend; m. das Aufleuchten.
उद्धत (s. हन्) angeschlagen, erregt, heftig, stark, laut, hoch, stolz, übermütig.
उद्धरण n. das Aufheben, Herausziehen, Befreien.

**उन्माद** *m.* Raserei, Tollheit.

**उन्मादयितर्** (°तृका) berauschend.*

**उन्मुख**, *f.* **ई** emporgerichteten Gesichts, aufgerichtet, emporschauend nach, verlangend nach, erwartend, bereit, geneigt zu (—°). *n. adv.* aufwärts.

**उन्मूल्**, °लति entwurzelt werden. *Caus.* °लयति entwurzeln, entthronen.

**उन्मूलन** *n.* das Entwurzeln, Vernichten Ausrotten.

**उप** *Adv.* (°—) her, herzu (*mit Verben, bes. der Bewegung*); dazu, ferner, in der Nähe von; Neben-, Unter- (*mit einem Nomen*) *Praep.* zu, nach, bei, neben (*Acc. u. Loc.*) *unter, weniger als (*Acc.*); — auf, in, *über, mehr als (*Loc.*); mit, gemäfs (*Instr.*).

**उपकक्ष** bis zur Achsel reichend.

**उपकण्ठ** *n.* Nähe.

**उपकरण** *n.* Dienstfertigkeit, Zuthat, Werkzeug, Gerät, Mittel.

**उपकरणवन्त्** mit Mitteln versehen, vermögend.

**उपकर्तर्** *m.* = **उपकारक**.

**उपकार** *m.* Dienstfertigkeit, Förderung, Wohlthat, Hülfe.

**उपकारक** (*f.* °रिका) *u.* °रिन् dienstfertig, nützlich, förderlich.

*__उपकारिका__ *f.* königliches Zelt; Palast.

**उपकृति** *f.* Beistand, Gefälligkeit, Freundlichkeit.

**उपक्रम** *m.* Herbeikunft, Ankunft, Beginnen

**उपक्रान्त** *n.* (*s.* **क्रम्**) Anfang, Beginn.

**उपक्रिया** *f.* Beistand, Förderung.

**उपक्षय** *m.* das Hinschwinden, die Abnahme.

**उपक्षेप** *m.*, °ण *n.* Andeutung.

**उपगम** *m.* das Hinzukommen, Eintreten.

**उपगान** *n.* musikalische Begleitung.

**उपगीति** *f. N. eines Metrums.*

**उपगूढ** *n.* (*s.* **गुह्**) Umarmung.

**उपघात** *m.* Schlag, Zerschlagenheit.

**उपचय** *m.* die Anhäufung, Zunahme, das Gedeihen, Vorteil. °यावह V. bringend

**उपचर** hinzutretend. °ण *n.* das Hinzutr.

**उपचर्य** zu behandeln; *f.* **आ** Aufwartung.

**उपचार** *m.* Betragen, Gebrauch, Ausübung, das Verfahren mit (*Gen.*), der Genuss; Aufwartung, Dienstleistung, Höflichkeitsbezeugung.

**उपचारक**, *f.* °रिका (—°) *dass.*

**उपपन्न** s. **पद्**.
**उपपात** m. das Hinzukommen, der Zufall
**उपपातिन्** sich stürzend auf (—°).
**उपपादक** bewirkend, bedingend.
**उपपादन** vorbringend; n. das Herbeischaffen, Erscheinen.
**उपपुराण** n. Neben-Purâṇa (*Gattung von epischen Schriften*).
**उपप्लव** m. Anfall, Unfall, Hindernis; *von Gestirnen*: Verfinsterung.
**उपब्द** u. **उपब्दि** m. Geräusch, Gepolter Gerassel.
**उपभङ्ग** m. Glied (*einer Strophe*).
**उपभोग** m. Genuss, Gebrauch.
**उपभोग्य** zu geniefsen.
**उपम** der oberste, höchste, trefflichste äufserste, nächste, erste, letzte.
**उपमन्त्रिन्** ermunternd; m. Treiber.
**उपमन्यु** eifrig; m. *Mannsname*.
**उपमा** f. Ähnlichkeit, Vergleich, Gleichnis (*rh.*), *oft adj.* (—°) ähnlich, gleich.
**उपमान** n. Vergleich, Vergleichungswort o. -Gegenstand; *adj.* (—°) ähnlich vergleichbar.
**उपमाव्यतिरेक** m. eine Art Gleichnis (*rh.*).
**उपमेय** zu vergleichen mit (*Instr.* —°); n. der verglichene Gegenstand, *opp.* **उपमान** (*rh.*).
**उपमेयोपमा** f. eine Art Gleichnis (*rh.*).
**उपयमन** unterfassend; n. das Heiraten.
**उपयान** n. das Herbeikommen.
**उपयोक्तव्य** zu geniefsen.
**उपयोग** m. Anwendung, Gebrauch, Nutzen Genuss, Aneignung, das Lernen.
**उपयोगिन्** dienlich, förderlich.
**उपयोज्य** anzuwenden, zu gebrauchen.
**उपर**, der untere, hintere, spätere, nähere; m. der untere Pressstein.
**उपरति** f. das Aufhören, zur Ruhe kommen.
**उपरम** m., **°मा** u. **°त्व** n. *dass.*
**उपराग** m. Färbung, Verfinsterung.
**उपरि** *Adv.* oben, herauf, überdies, nachher; *Praep.* über, oberhalb, über hinaus, *mit Acc., Gen.* (*auch verdoppelt*), *Abl., Loc. u. adv.* (—° o. °—); über (*an Zahl und Rang*), nach (*Zeit*)

उपस्तुत् u. उपस्तुति f. Anrufung, Preis.
उपस्थ m. Schofs (*auch übertr.*); m. n. die Geschlechtsorgane.
उपस्थातर् m. sich stellend (*j.*).
उपस्थातव्य u. °स्थेय aufzuwarten.
उपस्थान n. das Herantreten, Dabeisein, die Aufwartung, Verehrung, der Dienst.
उपस्पर्शन n. das Berühren, die Abwaschung, Ausspülung des Mundes.
उपस्पर्शिन् berührend, badend in (—°).
उपहर्तु anfallend, angreifend.
उपहरण n. Darbringung.
उपहर्तर् m. Darbringer.
उपहार m. Opfer. °पाणि mit einem Geschenk in der Hand. °रोचिकीर्षु darbringen, opfern wollend.
उपहारक m., f. °रिका = उपहार.
उपहित (*s.* धा) bedingt durch (—°). °त्व n. das Bedingtsein.
उपह्वर m. Abhang; Nähe (*nur Loc.*).
उपांशु *adv.* leise, still.
उपांशुव्रत n. stilles Gelübde.
उपाक u. उपाके nahe verbunden. *Loc.* उपाके in nächster Nähe.
उपाख्यान n. kleinere Erzählung, Episode.
उपाङ्ग n. Nebenglied; Anhang (*m.*).
उपात्त *s.* 1. दा.
उपादान n. die Aneignung, Erfassung, Hinzufügung, Erwähnung, Anführung; materielle Ursache (*ph.*).
उपादेय (*s.* 1. दा) anzunehmen, zu wählen, vorzüglich; enthalten in (—°).
उपाधि m. die Stellvertretung, Bedingung; das Bedingende (*ph.*).
उपाध्याय m. Lehrer. °ध्यायानी f. -frau.
उपानह् f. (*Nom.* °नत्) u. उपानह m. (*bes.* —°) Sandale, Schuh.
उपान्त n. Nähe des Endes, Rand, unmittelbare Nähe. *Loc. u.* °— nahe.
उपान्तिक n. Nähe. °कम् heran zu (*Gen.*).
उपाय m. Herbeikunft; Mittel, List. °येन u. °यतस् auf kluge Weise, mit List.
उपायन n. Herbeikunft; Darbringung, Geschenk; °नी कर् zum Geschenk machen.
उपायोपेय Mittel und Zweck.
उपार m., उपारण n. Fehl, Unrecht.

उपार्जन n., °ना f. Erwerb, Erlangung.
उपालम्भ m., °न n. Vorwurf, Tadel, Spott.
उपासक dienend; m. Diener, Anhänger (*bes. Buddha's*).
उपासन n. Dienst, Verehrung, Hingebung.
उपास्य zu verehren.
उपेक्षा f., °क्षण n. Nichtbeachtung, Vernachlässigung.
उपेत *s.* 2. इ.
उपेतपूर्व der schon vorher hingegangen.
उपेन्द्र m. *Bein. Vishṇu's* (*eig.* Unter-Indra).
उपेन्द्रवज्रा f. *N. eines Metrums.*
उपेयिवस् *s.* 2. इ.
उपोढ *s.* 1. ऊह् *u.* वह्.
उपोद्घात m. Einleitung, Beginn, Anschlag.
उपोषण u. °षित n. das Fasten.
उप्त *s.* वप्.
उब्ज्, उब्जति niederhalten, bändigen.
उभ्, उभ्नाति, उम्भति, उनप्ति zusammenhalten, °नि niederdrücken.
उभ Du. beide.
उभय, f. ई (*Sgl. u. Pl.*) beides, beide.
उभयचक्रवर्तिन् beide Welten beherrschend.
उभयतस् von, nach *o.* auf beiden Seiten (*Gen. o. Acc.*).
उभयथा auf beiderlei Art, beidenfalls.
उभयप्राप्ति beiderlei Geltung *o.* von beiderlei Geltung (*g.*).
उभया *adv.* auf beiderlei Weise.
उमा f. Flachs; *N. der Gattin Çiva's.*
उमानाथ, °पति u. उमेश m. *Çiva.*
उरग, उरंग u. °म m. Schlange.
उरण u. उरभ्र m. Widder, Lamm.
उररी कर् ausbreiten, einräumen, vorangehen lassen, an die Spitze stellen.
उरस् n. Brust, *adj.* —° उरस्क.
*उरःसूत्रिका f. Art Perlenschnur.
उरा f. Schaf.
उरी कर् empfangen, versprechen; veranstalten.
उरु (*f.* = *m. o.* उर्वी) weit, geräumig, grofs (*auch übertr.*). n. das Weite, der freie Raum, *adv.* weit, weithin. *f.* उर्वी die Erde, *Du.* Erde und Himmel; *mit* षष् die sechs Weiten *o.* Welträume.
उरु कर् Raum, Platz, Freiheit gewähren.

**उरुक्रम** weit schreitend.

उरुगाय *dass.*, weit (*Weg*); *m. Bein. Vishnu's;* *n.* freier Raum.

उरुव्यचस् weit umfassend, umfangreich.

उरुव्यञ्च् *dass.*; *f.* उरूची Erde.

उरुशंस weithin preisend *o.* gebietend.

उरुष्य्, उरुष्यति ins Weite gehen, entgehen (*Acc.*), retten vor (*Abl.*).

उरूणस breitnasig.

उर्वरा *f.* Frucht-, Saatfeld; die Erde.

उर्वशी *f.* Begierde; *N. einer Apsaras.*

उर्विया *adv.* weit, weithin.

उर्वी *s.* उरु.

उर्वीतल *n.* Erdboden, Erde.

उर्वीपति *u.* °भुज् *m.* Fürst, König.

उर्वीभृत् *m.* Berg.

उर्व्या *f.* Unbeengtheit, Sicherheit.

उल *m.* ein best. wildes Tier.

उलप *m.* Gebüsch.

उलूक *m.* Eule; *Bein. Indra's. Pl. N. eines Volkes.*

उलूखल *n.* Mörser.

उलूखलमुसल *n. Du.* Mörser und Keule.

उलुप *m.* eine best. Pflanze.

उल्का *f.* Feuerschein, Feuerbrand, Meteor.

उल्ब *n.* (*m.*) Eihaut, Hülle.

उल्बण übermäſsig, auſserordentlich, reich an (—°).

उल्मुक *n.* Feuerbrand.

उल्लङ्घन *n.* das Übersetzen, Übertreten.

उल्लङ्घनीय *u.* उल्लङ्घ्य zu übertreten.

उल्लास *m.* das Erscheinen, die Freude, Lust.

उल्लेख *m.* Erwähnung, Schilderung

उल्लेखन *n.* malend, schildernd; das Einritzen, Erwähnen.

*उल्लोच *m.* Traghimmel.

उवाच *s.* वच्.

उवास *s.* 4. वस्.

उशनस् *m.* (*N.* °ना) *N. eines alten Heiligen.*

उशना *f.* (*Instr.*) begierig, eilig.

उशन्त् *s.* वश्.

उशिज् verlangend, eifrig.

उशीनर *m. Pl. Volksname.*

उशीर *m. n. N. einer wohlriechenden Wurzel.*

उष्, ओषति *u.* उष्णाति verbrennen, züchtigen. प्रति verbrennen.

उष begierig, verlangend.

उषर्बुध् früh wach.

उषस् *f.* Morgenröte (*gew. als Göttin personif.*), Morgen; *seltener* Abendröte. *Du.* Nacht und Morgen.

उषा *f.* Frühlicht, Morgenröte.

उषासानक्ता *f. Du.* Morgenröte und Nacht.

उषित *s.* उष् *u.* 4. वस्.

उष्टर *u.* उष्ट्र *m* Pflugstier.

उष्ट्र *m.* Büffel; Kamel (*f.* ई).

उष्ण, *f.* आ (ई) heiſs, warm, heftig. *n.* Hitze, heiſse Jahreszeit. *adv.* heiſs, heftig.

उष्णकर *u.* उष्णकिरण *m.* Sonne.

उष्णता *f.*, °त्व *n.* Hitze.

उष्णरश्मि *u.* उष्णरुचि *m.* Sonne.

उष्णसमय *m.* die heiſse Jahreszeit, der Sommer.

उष्णांशु *m.* Sonne.

उष्णालु von der Hitze leidend.

उष्णिह् *f.* (*Nom.* °क्) *N. eines Metrums.*

उष्णीष *m. n.* Kopfbinde, Turban. °पट्ट *dass.*

उष्मन् *s.* ऊष्मन्.

उष्य = उषित्वा *s.* 4. वस्.

उसर *f.* = उषस्.

उस्र morgendlich, hell; *m.* Strahl, Stier; *f.* Morgenröte, Kuh, Milch.

उस्रि *f.* Morgen, Helle.

उस्रिय rötlich, taurinus; *m.* Stier. *f.* Helle, Kuh, Milch.

उह् = 1. ऊह्.

Helfer, Förderer, Labung, Erquickung.
ाति *f.* Gewebe.
न्, ऊधर्, ऊधस् *n.* Euter, Busen
Volke.
*Adj.* unvollständig; nicht ganz; ge-
nger, weniger als (*Abl. o.* —°), w
m (*Instr. o.* —°). *Abstr.* °ता *f.* °त्व *n.*
*m.* guter Freund, Genosse.
*m.* (*adj.* —° *f.* ऊरू *u.* ऊरू) Schenkel
जन्मन् = और्व.
संभव aus dem Schenkel hervorge-
angen.
ग्रह *m.* Schenkellähmung.
स्तम्भ *m.* dass.
द्भव = ऊरुसंभव.
*f.* Nahrung, Labung, Saft und Kraft
kräftig; *m. u. f.* ऊर्जा = *vor.*
य्, ऊर्जयति nähren, kräftigen. ऊर्ज-
यन्त् nährend, kräftigend; ऊर्जित kräftig,
mächtig.
स् *n.* Macht, Kraft.
स्वन्त् nährend, strotzend, kräftig.
स्वल *u.* °स्विन् mächtig, stark.
नाभ, °नाभि *u.* °वाभि *m.* Spinne.
म्रद् *u.* ऊर्णम्रदस् wollenweich.
ा *f.* Wolle, Spinnefaden.
ामय, *f.* ई wollen.
ायु wollig, *f.* Schaf.
ावन्त् wollig; *m.* Spinne.
ऊर्णोति *u.* ऊर्णौति, ऊर्णुते umgeben,
nhüllen; *Med.* sich einhüllen. अभि

**ऊर्म्य** *dass.*; *f.* **ऊर्म्या** **Nacht.**

**ऊर्व** *m.* Behälter, Raum, Stall, Hürde; *N. eines Heiligen.*

**ऊष** *m.* salzige Erde, Steppensalz.

**ऊषण** *n.* Pfeffer.

**ऊषर** *n.* salzhaltig.

**ऊष्मन्** *m.* Hitze, Glut, brennende Begierde.

1. **ऊह्** (*oft* **उह्**) **ऊहति**, **ऊहते** schieben, weiterschaffen, verändern. **अप** fort stoſsen, verscheuchen, entfernen. **उप** heranschieben, anbringen; *p.p.* **उपोढ** nahe

zu verändern; zu er-

# ऋ

**ऋ** *s.* **अर्**.

**ऋकार** *m.* der Laut ṛ.

**ऋक्तस्** von Seiten der Ric.

**ऋक्व** singend, jubelnd.

**ऋक्वन्** *dass.*; *m. N.* die Jubler (*Bez. einer Schaar von Göttern*).

**ऋक्वन्त्** = **ऋक्व**.

1. **ऋक्ष** kahl.

2. **ऋक्ष** schlimm, böse; *m.* der Bär (*Pl.* das Siebengestirn); *Mannsname. f.* **ऋक्षी** die Bärin; *m. n.* Stern, Mondhaus.

**ऋक्षराज** *m.* König der Bären; König der Sterne, Mond.

**ऋक्षवन्त्** *m. N. eines Gebirges.*

**ऋक्संहिता** *f.* die Riksaṃhitâ (*Sammlung der Rigvedahymnen*).

**ऋग्मिन्** preisend.

**ऋग्मिय** *u.* **ऋग्मिय** preiswürdig.

**ऋग्विधान** *n.* die Verwendung der Ric; (*Titel eines Buches*).

**ऋग्वेद** *m.* der Rigveda (*die Ricas mit oder ohne die Commentar-Litteratur*).

**ऋघाय्**, **ऋघायति** *u.* **°ते** beben, toben.

**ऋघावन्** *u.* **°वन्त्** tobend, stürmend, zornig.

**ऋच्** *f.* Glanz, heiliges Lied, die Sammlung der Ricas (*gew. Pl.*).

**ऋचीक** *m. Mannsname.*

**ऋच्छ्** *s.* **अर्छ्**.

**ऋजीक** schimmernd; *m. Beiname Indra's.*

**ऋजीति** glühend, strahlend.

**ऋजीयंस्** *Compar. zu* **ऋजु**.

**ऋजीष** *u.* **°षिन्** vordringend, eilend.

**ऋजु**, *f.* **ऋज्वी** gerade, recht, redlich.

**ऋजुता** *f.* Geradheit (*auch übertr.*).

**ऋजुत्व** *n.* gerades Wesen, Aufrichtigkeit.

**ऋज्र** rötlich, braunrot.

**ऋञ्जते**, **ऋञ्जसानं** *s.* **रञ्ज्**.

**ऋण** schuldig; *n.* Verpflichtung, Schuld, Geldschuld. **ऋणं धारय्** jemand (*Gen.*) etwas schuldig sein; **ऋ° कर्** borgen von (*Abl.*), **ऋ° संनी** eine Schuld oder Verpflichtung abtragen.

**ऋणया**, **°यात्** *u.* **°यावन्** Schuld rächend.

**ऋणवन्** *u.* **ऋणवन्त्** verschuldet.

**ऋणादान** *n.* Schuldeintreibung (*j.*).

**ऋणावन्** = **ऋणवन्**.

**ऋणिन्** verpflichtet, verschuldet; *m.* Schuldner.

**ऋत** recht, gerade, richtig, wacker, tüchtig. *n.* Ordnung, frommer Brauch, frommes Werk, *bes.* Opfer, göttliches Gesetz; Wahrheit, Recht; *auch adv.* **ऋतम् इ** den rechten Weg gehen (*auch übertr.*), **°वद्** geloben. *Instr.* **ऋतेन** nach der Ordnung, mit Recht, fürwahr.

**ऋतजा** *u.* **ऋतजात** recht geartet, heilig.

**ऋतज्ञा** des heiligen Gesetzes kundig, fromm.

**ऋतसा॑प्** Recht oder Heiligkeit übend.

**ऋतस्पृ॑श्** *dass.*

**ऋताय्**, *Partic.* **०य॑न्त्** gerade richtend, lenkend, das heilige Gesetz einhaltend, fromm.

**ऋता॑वन्** (*f.* **०वरी**) gerecht, heilig.

**ऋतावृ॑ध्** sich des Rechtes oder heiligen Gesetzes freuend.

**ऋतु॑** *m.* bestimmte Zeit, Frist, Zeitabschnitt, Jahreszeit, die rechte Opferzeit, bestimmte Folge, Ordnung, Regel; die menses der Weiber. *Instr. Sgl. u. Pl.* zu seiner Zeit, zur rechten Zeit. **पुरा॑ ऋतोः** vor der Zeit.

**ऋतुकाल** *m.* Jahreszeit, Zeit der Menstruation.

**ऋतुथा॑** *Adv.* ordnungsmäſsig, regelrecht, genau.

**ऋतुपर्ण** *m. N. eines Königs.*

**ऋतुम॑न्त्** der rechten Zeit entsprechend; *f.* **०मती** die Regel habend; pubes.

**ऋतुश॑स्** *Adv.* regelrecht, gehörig.

**ऋतुसंहार** *m. T. eines Gedichtes.*

**ऋते॑** (*Loc.*) *Praep.* auſser, angenommen, ohne (*Abl. o. Acc.*).

**ऋतेजा॑** im Gesetze lebend, fromm heilig.

**ऋद्धिमन्त्** gedeihlich, ansehnlich, wohlhabend, reich an (—०).

**ऋ॑धक्** *u.* **ऋध॑क्** *Adv.* gesondert, fern, getrennt, für sich, je einzeln.

**ऋबी॑स** *n.* Erdspalte, Schlund.

**ऋभु॑** kunstfertig, geschickt; *m.* Künstler, Bildner; *Bez. dreier mythischer, als besonders kunstfertig gedachter Wesen.*

**ऋभुक्ष॑न्** *u.* **०क्षा॑** *m. N. des ersten Ribhu, Bein. Indra's und der Maruts.*

**ऋ॑श्य** *m.* Antilopenbock.

**ऋश्यद॑** Fanggrube für Antilopen.

**ऋश्यशृङ्ग** *m. Mannsname.*

**ऋषभ॑** *m.* Stier, männliches Tier; der Edelste, Beste unter (*Gen. o.* —०).

**ऋ॑षि** *m.* Sänger, Weiser, Heiliger, Einsiedler, ein Rishi; *Pl.* die sieben Sterne des groſsen Bären.

**ऋषिकुमार** *m.* Einsiedlerknabe.

**ऋषिपुत्र** *m.* der Sohn eines Rishi.

**ऋषु॑** (*nur Gen. Pl.*) Glut, Flamme.

**ऋष्ट** *s.* 2. **अर्ष्**.

**ऋष्टि॑** *f.* Speer.

**ऋष्यशृङ्ग** *m.* = **ऋश्यशृङ्ग**.

**ऋष्व॑** hoch, erhaben (*auch übertr.*).

**ऋह॑न्त्** klein, gering.

## ॠ ऌ ॡ

*kommen im Anlaut nicht vor.*

# ए

**ए** *Interj.*

**ए॑क** ein (*mit* **न** kein), einzig, ein und derselbe, gemeinsam; einer von (*Gen.*, *Abl.* *oder* —°); *Pl.* einige, manche.

**एक॑क**, *f.* **एकका** *u.* **एकिका** einzig, alleinig.

**एकक्रम** (°— *o. Instr.*) gegenseitig, untereinander.*

**ए॑कचक्र** einrädrig.

**एकच॑र** *u.* **°चारिन्** allein wandelnd.

1\. **एकचित्त** *n.* ein und derselbe Gedanke.

2\. **एक॑चित्त** *Adj.* einmütig; nur einen Gedanken habend. *Abstr.* **°ता** *f.*

**एकच्छत्र** *n.* = **एकातपत्र**.

**एकज॑** einzeln geboren, einzig in seiner Art.

**एकजात** von demselben Vater erzeugt ebenbürtig.

**ए॑कतम** *u.* **एकतम॑** einer unter vielen.

**एकतर** einer unter zweien.

**एकतस्** *Adv.* von einer Seite; *auch* = *Abl. von* **एक**.

**एक॑ता** *f.* Einheit, Vereinigung.

**एकत्र** *Adv.* an einer Stelle; *auch* = *Loc von* **एक**.

**एकत्रिंश॑** der einunddreiſsigste.

**ए॑कत्रिंशत्** *f.* einunddreiſsig.

**एकत्व** *n.* = **एकता**; Einheit, Singular (*g.*).

**एकदा** *Adv.* zu einer d. h. zu gleicher Zeit; einstmals.

**एकदुःख** dasselbe Leid habend.

**एकदेश** *m.* irgend ein Ort, Teil, Stück; Individuum.

**एकधन** (—°) etwas als einzigen, höchsten Schatz habend, ganz erfüllt von

**एकधर्म** *u.* **°धर्मिन्** gleichartig.

**एकधा॑** *Adv.* einfach; auf ein Mal; in eins zusammen.

**ए॑कपत्नी** *f.* nur einen Gatten habend, dem G. treu; *Pl.* einen u. denselben G. habend

**ए॑कपद्** *u.* **एकप॑द्** (*st.* **°पाद्**), *f.* **°पदी** einfüſsig.

1\. **एकपद** *n.* eine und dieselbe Stelle; *nur Loc.* **°दे** auf einmal, plötzlich, im Nu.

**एकपदी** *f.*

**एकपर॑** ein

1\. **एकपाद**

2\. **ए॑कपाद**

**एकपार्थिव**

**एकश्रुत** eintönig; *f.* Eintönigkeit.
**एकषष्ट** der einundsechzigste.
**एकषष्टि** *f.* einundsechzig. **°तम** = *vor.*
**एकसंश्रय** zusammenhaltend; *m.* das Zusammenhalten, die Vereinigung.
**एकसप्तत** der einundsiebzigste.
**एकसप्तति** *f.* einundsiebzig. **°तम** = *vor.*
**एकसहस्र** *n.* tausendein; *Adj.* der tausenderste.
**एकस्तम्भ** einpfeilerig.
**एकस्थ** zusammenstehend, vereint (*mit* **भू** sich vereinigen, zu jemand treten*) alleinstehend.
**एकस्थान** *n* ein (und derselbe) Ort.
**एकहायन**, *f.* **ई** einjährig; *f.* eine einjährige Kuh.
**एकांश** *m.* Teil. **°ता** *f.* Teilhaberschaft.
**एकाकिन्** einzeln, einzig, alleinig, einsam.
**एकाक्ष** einachsig; einäugig.
**एकाक्षर** einsilbig. *Abstr.* **°त्व** *n.*
**एकाग्र** (eins als Spitze oder Höchstes habend), auf eins gerichtet, aufmerksam, versunken, vertieft in (—°). *n.* *u.* **°तस्** *adv.* — *Abstr.* **°ता** *f.*, **°त्व** *n.*
**एकाङ्ग** *n.* einziges Glied; *m. Pl.* Leibwache, Garde.
**एकाङ्गरूपक** *n.* unvollständiges Gleichnis (*rh.*).
**एकातपत्र** unter einem Sonnenschirm; *mit* **प्रभुत्व** *n.* Alleinherrschaft.
**एकादश**, *f.* **ई** der elfte.
**एकादशन्** elf.
**एकादशम** der elfte.
**एकाधिक** um eins mehr.

**एकान्ताहत** vollkommen
**एकान्वय** aus derselben
mit (*Gen.*)
**एकायन** *n.* nur ein We
einigungspunkt, Einh
**एकार** der Laut e.
1. **एकार्थ** *m.* ein und der
2. **एकार्थ** gleichen Zwecl
tung habend. *Abstr.*
**एकावलि** *u.* **°ली** *f.* eine e
schnur (*adj.* —° *f.* **ई**
**एकाह** *m.* Zeitraum eine
**एकी कर्** vereinigen; **°भू**
**एकीभाव** *m.* das Einswe
**एकैक** jeder einzelne (*au*
**एकैकशस्** *Adv.* einzeln,
**एकैश्वर्य** *n.* Alleinherrsch
**एकोत्तर** um eins größer
**एकोन** *Adj.* um eins klei
**एङ्** *die Vocale* e *und* o
**एज्**, **एजति** sich regen, b
**एड** *u.* **°क** *m.* eine Schaf
**एण** *m.* eine Antilopenar
**एणनेत्रा, एणाक्षी, एणीदृश्**
äugige.
1. **एत** *Pron. St.*. dieser
*auf etwas Vorhergehen*
**एतस्मिन्** *adv.* dabei, i
2. **एत**, *f.* **एनी** bunt, sch
*m.* eine Hirschart (*f.*
3. **एत** *s.* 2. **इ**.
**एतग्व** bunt schimmernd.
**एतत्काल** *m.* diese Zeit,
(*opp.* **तत्काल**).

**एतद्** (*n. Sgl. von* 1. **एत**) *adv.* so, auf diese Weise.
**एतदर्थम्** zu diesem Zwecke, deshalb.
**एतदवस्थ** in dieser Lage sich befindend, derartig.
**एतदश्र** von diesem abhängig.
**एतन्नामक** diesen Namen tragend.
**एतन्निमित्तम्** *Adv.* zu diesem Zweck.*
**एतर्हि** jetzt, heute; dann (*neben* **यर्हि** wann).
**एतश** *u.* **एतश** bunt, glänzend; *m.* Ross, *bes.* Sonnenross.
**एतादृच**, **°दृश्** *u.* **दृश**, *f.* **°दृशी** ein solcher derartig, so beschaffen.
**एतावन्त्** so grofs, so viel, so weit; *n. adv.*
**एद्** (= **आ** + **इद्**) sieh da! (*mit Acc.*).
**एध्**, **एधते** (**°ति**) gedeihen, wachsen, grofs werden. *p.p.* **एधित** grofs geworden, erstarkt. *Caus.* **एधयति** fördern, verstärken. **सम्** = *Simpl.*
**एध** entzündend (—°); *m. Pl.* Brennholz
**एधस्** *n.* Brennholz; Gedeihen.
**एधि** *s.* 1. **अस्**.
**एधोदक** *n.* Brennholz und Wasser.
1. **एन** (*encl.*) *Pron.-St. der 3. Pers.* (*subst.*).
2. **एन** *u.* **एना** (*encl. Instr. von* 1. **अ**) dann, alsdann. **एना** *adv.* hier, da, dann, so.
**एनप्** *die Casusendung* ena (*q.*).
**एनस्** *n.* Sünde, Schuld, Unheil.
**एनस्वन्त्** *u.* **°स्विन्** sündenvoll, frevelhaft.
**एना** *s.* 2. **एन**.
**एम** *m.*, **एमन्** *n.* Gang, Weg.
**एरण्ड** *m.* die Ricinuspflanze.
**एरिरे** *s.* **ईर्**.
**एला** *f.* Kardamomen; *N. eines Metrums.*

## ऐ

**ऐ** *Interj.*
**ऐकमत्य** *n.* Einmütigkeit.
**ऐकाग्र्य** *n.* Aufmerksamkeit, Vertiefung, Versenkung in einen Gegenstand.
**ऐकान्त्य** *n.* Ausschliefslichkeit.
**ऐकार** *m.* der Laut ai.
**ऐकार्थ्य** *n.* Zwecks-, Bedeutungseinheit.
**ऐकाहिक**, *f.* **ई** eintägig.
**ऐक्य** *n.* die Einheit, Identität.

# ओ

**ओ** = **आ** + **उ**.

**ओकस्** *n.* Behagen, Gefallen Heimat, Wohnung, Zufluchtsort.

**ओकार** *m.* der Laut o.

**ओक्य** heimatlich; *n.* = **ओकस्**.

**ओघ** *m.* Flut, Strom, Menge.

**ओंकार** *m.* die Silbe om.

**ओज** ungerade (*der erste, dritte u. s. w.*).

**ओजस्** *n.* Kraft, Stärke. **ओजसा** mit Macht, kräftig.

**ओजस्विता** *f.* (Kraft, Macht,*) kraftvoller Ausdruck.

**ओजस्विन्** kraftvoll, mutig.

**ओजाय्**, **॰यते** Kraft entfalten.

**ओजिष्ठ** *Superl.* der kräftigste, überaus kräftig.

**ओजीयंस्** *Compar.* kräftiger, überaus kräftig.

**ओज्मन्** *m.* Kraft.

**ओढ** *s.* **वह्**.

**ओत** *s.* 4. **उ** *u.* 2. **वा**.

**ओतुम्**, **ओतवे** *u.* **ओतवै** *s.* 2. **वा**.

**ओतु**

**ओद**

**ओदन**

**ओपश**

**ओम्या** *f.* = **ओमन्**.

# औ

**औकार** *m.* der Laut au.
**औक्ष** *f.* ई taurinus, Stier-.
**औक्षण** *u.* **औक्ष्णं** *dass.*
**औग्र्य** *n.* Grausigkeit.
**औघ** *m.* Flut.
**औचित्य** *n.* Gewöhnung (an —°); Schicklichkeit, Angemessenheit.
**औच्चैःश्रवस** *m. N. eines mythischen Rosses.*
**औज्ज्वल्य** *n.* Glanz, Pracht.
**औडव,** *f.* ई stellaris.
**औत्कण्ठ्य** *u.* **औत्क्य** *n.* Sehnsucht.
**औत्तराधर्य** *n.* das Drunter und Drüber.
**औत्पत्तिक,** *f.* ई angeboren, natürlich.
**औत्पातिक,** *f.* ई wunderbar, übernatürlich
**औत्सुक्य** *n.* Sehnsucht, Verlangen.
**औदक,** *f.* ई im Wasser lebend, aquaticus.
**औदरिक,** *f.* ई dem Bauche fröhnend: *m.* ein Schlemmer.
**औदात्त्य** *n.* Hochbetontheit (*g.*).
**औदार्य** *n.* Erhabenheit, Edelmut, Freigebigkeit (*auch* °ता *f.*).
**औदासीन्य** *n.* Gleichgültigkeit, Indifferenz.
**औदुम्बर,** *f.* ई von Udumbaraholz gemacht
**औद्धत्य** *n.* Hochmut.
**औद्धारिक** zum ausgeschiedenen Teile gehörig (*j.*).
**औद्वाहिक** zur Hochzeit gehörig; Hochzelts-.
**औपच्छन्दसक** *u.* °**सिक** *n. N. eines Metrums.*
**औपधिक** betrügerisch; *m.* Betrüger, Erpresser.

**औष्ट्र** *Adj.* Bü
**औष्ठ** li

# क

1. **क** *St. des Pron. interr.* (*n* **कद्** *älter als* **किम्**; *s. beide bes.*) wer, was? welcher, e, es?, *häuf. mit* **इव**, **उ**, **नु**, **स्विद्**; *indef.* jemand, etwas, irgend ein; wer, was auch immer, *bes. nach* **य** *und* **मा**; *vor* **च**, **चन**, **चिद्** *und* (*später*) **अपि**. — **कश्चिद्—कश्चिद्** der eine—der andere; *Pl.* einige—andere.
2. **क** *m. Bein. des Prajâpati oder des Brahman*; *n.* Freude; Wasser; Kopf.

**कंस m. Becher; Messing (*auch n.*); *N. eines von Kṛshṇa erschlagenen mythischen Königs.***

कंसनिषूदन, कंसशत्रु, कंसारि *m. Bein. Kṛshṇa's (s. vor.).*

ककार *m.* der Laut k.

ककुद् *f.* Gipfel, Höcker (am Ochsen); Spitze, Oberhaupt.

ककुद *n.* (*m.*) *dass.*

ककुद्मन्त् mit einem Höcker versehen (*auch* ककुद्मिन्); Berg.

ककुभ् *f.* Gipfel; *N. eines Metrums.*

ककुभ hervorragend; *m.* eine best. Melodie.

कङ्कोल *m.* Art Baum; *n.* (*auch* °क) ein best. wohlriechender Stoff.

कक्ष *m.* Versteck, Gebüsch; *m. f.* (आ) Achselgrube, Gurt, Schurz; Wagschale (*gew. f.*); *f.* Ringmauer, Einfriedigung; Planetenbahn; Gleichheit, Wetteifer.

कक्षीवन्त् *m. N. eines Rishi..*

1. कक्ष्य *Adj.* Busch-.

2. कक्ष्य geheim, *f.* कक्ष्या Leibgurt, Ringmauer, Einfriedigung, Planetenbahn; Wagschale (*auch n.*).

कङ्क *m.* Reiher; *Mannsname*; *Pl. Volksname.*

कङ्कट *m.* Panzer.

कङ्कण *n.* Reif, Armband.

कङ्कत *m.* Kamm; कङ्कतिका *f. dass.*

कङ्कपत्त्र *u.* °पत्त्रिन् (*eig.* Reiherfedern habend) Pfeil.

कङ्काल *m. n.* Gerippe.

कङ्केलि *m.*, °ल्ली *f.* der Açokabaum.

कङ्कोल *m. N. einer Pflanze.*

कच *m.* das Haupthaar.

कचटतपगजडदब *n. Beispiel für eine sinnlose Rede..*

कच्चिद् *s.* कद्.

कच्छ *m.* Ufer, (*Rand, Saum*), sumpfiges Land.

कच्छप *m.* Schildkröte; *N. eines Schlangendämons.*

कज *n.* Lotusblüte.

कज्जल *n.* Lampenruss *u.* eine daraus bereitete Salbe.

कञ्चुक *m. f.* (ई) *n.* (*adj.* —° *f.* आ) Panzer, Wams.

**कञ्चुकिन् m. (Panzerträger) Kämmerer.**

**कट m. Matte; Elefantenschläfe.**

**कटक m. Matte; Armband (*auch n.*).**

कटकरण *n.*, °क्रिया *f.* das Mattenflechten.

कटाक्ष *m.* Seitenblick.

कटि *u.* कटी *f.* Hüfte.

कटु scharf, beifsend (*auch übertr.*) *Abstr.* °ता *f.*, °त्व *n.*

कटुक scharf, beifsend, heftig, schlimm.

कटुकता *f.*, त्व *n.* Schärfe.

कटुकित gereizt (*eig.* gebeizt).*

कट्, कट्टयति häufeln (*Getreide*).

कट्फल *u.* कट्वङ्ग *m. Baumnamen.*

कठ *m. N. eines alten Weisen u. seiner Schüler.*

कठिन hart (*Abstr.* °ता *f.*, °त्व *n.*); *f.* ई Kreide.

कठिनय्, °यति *u.* कठिनी कर् hart machen.

कठोपनिषद् *f. T. einer Upanishad.*

कठोर hart (*auch übertr.*). *Abstr.* °ता *f.*

कठोरचित्त hartherzig. *Abstr.* °ता *f.*

कड stumm.

कडार lohfarben.

कण *m.* Korn, Samenkorn, Tropfen (*auch* कणिक *m.*); Funke, Stückchen, ein Weniges, Bischen, eine Kleinigkeit (*auch* कणिका *f.*).

कणवाहिन् Tropfen entführend, feucht.

कणूकय् Not leiden.

कण्टक *m.* Dorn, Stachel, Feind.

कण्टकित dornig (*auch* कण्टकिन्); mit emporgerichteten Härchen.

कण्टकिद्रुम *u.* °वृक्ष *m.* Dornstrauch *oder* -baum.

कण्ठ *m.* (*adj.* —° *f.* आ *u.* ई) Hals.

कण्ठगत am Halse *oder* im Halse befindlich; (*vom Leben*) zu entfliehen drohend (*auch* °वर्तिन्).

कण्ठग्रह *m.*, °ण *n.* Umarmung.

कण्ठभूषण *n.*, *°भूषा *f.* Halsschmuck.

कण्ठाश्लेष *m.* Umarmung.

कण्ठ्य am *oder* im Halse befindlich.

कण्डु, *gew.* कण्डू *f.* das Jucken, Kratzen, Beifsen.

कण्डुर *u.* कण्डुल juckend.

**कतिविध** wievielfach?

**कत्थ्**, **कत्थते** (°ति) prahlen, grofssprechen loben, tadeln. **वि** *dass.*

**कत्थन** prahlend; *n.* das Prahlen.

**कथंरूप** von welchem Aussehen?

**कथंवीर्य** von welcher Macht?

**कथक** erzählend; *m.* der Erzähler.

**कथंजातीयक** von welcher Art?

**कथन** *n.* das Erzählen, Erwähnen, die Aussage, der Bericht.

**कथनीय** zu erzählen, mitteilungswürdig.

**कथम्** *Adv.* wie? woher? warum? (*auch im Ausruf*); *oft verb. mit* **नु** (wie viel mehr, *mit Neg.* — weniger); **इव**, **नाम**, **स्विद्** wie wohl, woher wohl? Mit **चन**, **चिद्** *u.* (*später*) **अपि** *indef.* irgendwie, mit Mühe, mit knapper Not, eben nur, kaum (*wobei* **कथम्** *oft verdoppelt*); *mit* (*bei* **चन** *auch ohne*) *Negation* auf keine Weise, unter keinen Um ständen, durchaus nicht. **यथा कथं चिद्** auf welche Weise auch immer.

**कथंभूत** wie beschaffen?

**कथय्** °यति (°यते) sich unterhalten mit (*Instr. mit u. ohne* **सह**) erzählen, mit teilen, berichten, melden, verraten, sagen, befehlen. *Pass.* heifsen, wofür

jüngste; *f.* आ die jüngste Gattin.

कनी *f.* Mädchen (*alt nur Gen. Pl.*).

कनीन jung, jugendlich.

1. कनीनक *m.* Knabe, Jüngling; *f.* आ Mädchen, Jungfrau.

2. कनीनक *m.*, °नका *u.* °निका *f.* Augenstern.

कनीयंस् kleiner, geringer, weniger, jünger; *m.* jüngerer Sohn *o.* Bruder.

कन्त्वं *n.* Glück, Wohlfahrt.

कन्था *f.* geflicktes (Büſser-) Kleid.

कन्द *m.* Wurzelknolle, Zwiebel.

कन्दर *n.* Höhle, Schlucht.

कन्दर्प *m.* der Liebesgott, die Liebe.

कन्दल *n.* die Blüte der Kandalî-Pflanze.

कन्दलय् in Menge hervorbrechen *o.* hervorbringen. *p.p.* कन्दलित.

कन्दली *f. N. einer Pflanze.*

कन्दु Röstpfanne.

कन्दुक *m. dass.*; Spielball, Kopfkissen.

कंधर *m.* Hals.

कन्य der kleinste; *f.* कन्या Mädchen, Jungfrau (*auch* die J. im Tierkreise); Tochter.

कन्यक, *f.* आ = *vor.*

कन्यकुब्ज *n. N. einer Stadt.*

कन्यात्व *n.* Jungfrauschaft.

कन्यादातर् *m.* der eine Tochter verheiratet.

कन्यादान *n.* das Verheiraten einer Tochter.

कन्याभैक्ष *n.* das Betteln um ein Mädchen.

कप *m. Pl.* eine Art von Göttern.

कपट *m. n.* Betrug, Hinterlist; (°—) scheinbar, fingiert.

कपना *f.* Raupe.

कपालिन् eine Schale ode
*m. Bein. Çiva's*; *A*
*çivaitischen Sekte.*

कपि *m.* Affe.

कपिपति = कपीन्द्र.

कपिञ्जल *m.* Haselhuhn.

कपित्थ *m. N. eines Bau*
*dess.*

कपिल bräunlich, rötlich
*Rishi u. a. Männer.*
liche Kuh, eine Art I

कपिलर्षि *m.* der Rishi K

कपिलवस्तु *N. der Geburt*

कपिश bräunlich, rötlich

कपिष्ठल *m. N. eines Ris*
*Geschlechts.* °संहिता d
*heil. Schriften*) der K.

कपीतन *m. N. mehrerer*

कपीन्द्र *u.* कपीश्वर Herr
*einiger Götter u. Hero*

कपुच्छल *n.* das Haar am
Kelle des Opferlöffels

कपूय stinkend.

कपृथ् *u.* कपृथ *m.* das m

कपोत *m.* Taube, Täub
weibliche Taube.

कपोल *m.* Wange.

कफ *m.* Phlegma, Schleim.
vertreibend.

कबन्ध *s.* कवन्ध.

कबर gesprenkelt, bunt·
flechte.

1. कम् wohl, gut (*bes. z*
*Infinit.*); *auch Fragew*

2. कम् wohl, ja (*nach einigen Partikeln*).

3. कम् (*ohne Praes.*) wünschen, wollen, begehren, lieben; *p.p.* कान्त *s. bes.* — *Caus.* कामयते (°ति) *dass.*; कामं कामयमान einen Wunsch hegend.

कमठ *m.* Schildkröte.

कमण्डलु *m.* Wassertopf. °पाणि einen W. in der Hand tragend.

कमल *m. n.* die Blüte des Lotus.

कमलनयन, °नेत्र *u.* °लोचन lotusäugig.

कमलवन *n.*, °लाकर *m.* Lotusgruppe.

कमलाक्ष, *f.* ई lotusäugig.

कमलिनी *f.* Lotuspflanze (°दल Lotusblatt*), Lotusgruppe, -teich.

कमलेक्षण lotusäugig.

कमि = *Wurzel* कम् (*g.*).

कम्प्, कम्पते (कम्पति) zittern, beben. *Caus.* कम्पयति, °ते zum Zittern bringen, erschüttern. *p.p.* कम्पित *s. bes.* अनु bemitleiden. *Caus. dass.* आ erzittern; *Caus.* erzittern machen.

कम्प *m.* das Zittern, Beben, Erdbeben.

कम्पन zittern, erschütternd.

कम्पवन्त् zitternd.

कम्पित zitternd, erschüttert; *n.* das Zittern.

कम्पिन् zitternd; (°—) schüttelnd.

कम्बल *m.* (*n.*) wollenes Tuch, Decke, Gewand.

कम्बु *m.* Muschel, Armband von Muscheln.

कम्बुग्रीव *m. N. einer Schildkröte.*

कम्बोज *m. Pl. N. eines Volkes.*

कम्र reizend, schön.

कय *mit* चिद् jeder (*nur Gen.*).

कया (*Instr. adv.*) auf welche Weise?

1. कर् (*auch* स्कर्) *Praes.* कृणोति, करोति, कर्ति, करति *Act. u. Med.* machen, thun (*in weitester Verwendung: an sich oder andern ins Werk setzen oder zur Erscheinung bringen*), ausführen, vollenden, zubereiten, bearbeiten; *auch absol.* thätig sein, handeln. *Oft mit dem Acc. eines Abstr. nur den Begriff des Verbums umschreibend; z. B.* पूजां° verehren, प्रवेशं° eintreten, राज्यं° herrschen; *so auch in der periphr. Conjugation, bes. Perf.* चकार *u.* चक्रे. *Oft durch ein specielleres Verbum zu übersetzen, z. B.* शोकं°

schaffen, vertreiben, beseitigen, vertilgen. उपा herbeiholen, herbeitreiben;
einleiten, einweihen. निरा absondern,
zurückweisen, beseitigen, verschwinden
machen, leugnen. व्या verteilen, sondern,
unterscheiden. समा vereinigen, zu- 2.
sammenhalten. उप *mit* कर् jemand 3.
(*Gen. o. Loc.*) gefällig sein, wohlthun,
helfen, (einen Dienst) erweisen; *mit*
स्कर् bearbeiten, ausrüsten, bereiten,
versehen mit (*Instr.*); sich um etwas
kümmern, für etwas sorgen (*Acc. u.*
**Gen.*). प्रत्युप einen Gegendienst er-
weisen. नि herabbringen, demütigen,
verachten; *p.p.* निकृत gekränkt, gebeugt. विनि beeinträchtigen, kränken.
निस् herausschaffen, vertreiben (*auch*
स्कर्); gutmachen (*vgl.* herausreifsen),
heilen. परि (*mit* स्कर्) zubereiten, ausrüsten, schmücken, *bes. p.p.* परिष्कृत. —
पुरस् vor sich hinstellen, zur Schau
tragen, zeigen, vorangehen lassen, anstellen bei (*Loc.*), erwählen, vorziehen,
ehren. °कृत्य *oft* in Betreff, wegen (*Acc.*);
°कृत begleitet von, versehen mit (—°); 1.
°कृतम् *adv.* in Begleitung von (—°). प्र
machen, vollbringen, ausführen (*meist* =
*Simpl.*); *Med.* voranschicken, erwähnen; 2.
*p.p.* प्रकृत angefangen, in Rede stehend.
विप्र beeinträchtigen, schädigen, verletzen, beleidigen, reizen. प्रति dagegen thun, vergelten (*Gutes u. Böses*),
etwas (*Acc.*) *o.* sich an jemand (*Acc.,*
*Gen., Dat., Loc.*) rächen, wieder gut
machen, in Stand setzen. *Desid.* प्रति-
चिकीर्षति *u.* °ते sich rächen wollen.
वि anders machen, verändern, womit
vergleichen, verunstalten, verstümmeln,
verderben; *Med.* unrecht handeln, untreu sein (*Loc.*); *p.p.* विकृत verändert,
specificirt, qualificirt, verstümmelt, verkrüppelt, unnatürlich, absonderlich,
ungewöhnlich. *Caus.* verändern, beeinträchtigen (schädigen, verwirren, be-
hindern.*) सम् (*mit* कर् *u.* स्कर्) zusammenfügen, fertig machen, voll-

enden, bereiten, weihen (*r.*); *p.p.* संस्कृत
zusammengesetzt, geschmückt, geweiht,

nskritisch.

in Stand

**करतल** *n.* Handfläche.

**करपत्त्र** *n.* Säge.

**करपल्लव** *m.* = **करकिसलय.**

**करभ** *m.* Elefantenrüssel, Kamel, Kamel junges, Elefantenjunges; Mittelhand.

**करभक** *m. Mannsname.*

**करभूषण** *n.* Handschmuck.

**करभोरू** *f.* Schenkel wie Elefantenrüssel habend, rundhüftig.

**करम्भ** *m.* Mus, Brei.

**करम्भाद्** Brei essend.

**करवीर** *m.* wohlrieehender Oleander.

**करस्** *n.* That.

**करस्थ** in der Hand befindlich.

**करस्न** *m.* Vorderarm.

**कराङ्गुलि** *f.* Finger an der Hand.

**कराल** hervorstehend, klaffend, grausig, furchtbar; *m.* ein best. Tier; *f.* **आ** *Bein der Durgâ; Frauenname.*

**करालवदन** einen aufgesperrten Mund *o.* Rachen habend.

**करिन्** (*thuend, machend, *mit Gen.*); *m* Elefant, *f.* **°णी** Elefantenweibchen.

**करीर** *m.* Rohrschöfsling (*auch n.*); *N. eines Strauches.*

**करुण** kläglich, traurig; *f.* **करुणा** Mitleid

**करुणाध्वनि** *m.* Wehruf.

**करेणु** *m. f.* männlicher *u.* weiblicher Ele fant.

**करोटि** *f.* Becken, Schale, Schädel.

**करोति** *das Verbum* 1. **कर्** (*g.*).

**कर्क**, *f.* **ई** weifs; *m.* Schimmel, *f.* **आ** -stute.

**कर्कट** *u.* **°क** *m.* Krebs; *f.* **°टी** *u.* **°टिका** -weibchen.

**कर्कन्धु** *m. f.* Jujube, Judendorn; *n.* dessen Frucht.

**कर्कर** hart.

**कर्करि** *u.* **°री** *f.* Art Laute. **कर्करी** *f.* Wasserkrug.

**कर्कश** rauh, hart (*auch übertr.*). *Abstr.* **°त्व** *n.*

**कर्कि** *u.* **कर्किन्** *m.* Krebs (*im Tierkreise*).

**कर्कोट** *m. N. eines Schlangendämons; Pl. Volksname.*

**कर्कोटक** *m. N. einer Pflanze; Pl. Volksname.*

**कर्चूर** *n.*

**कर्ण** *m.*

Ö

**कर्णपूर** *m.*

**कर्णभङ्ग** *m.*

**कर्णशिरीष**

aus-

कर्तव्य u. कर्तव्य faciendus.
कर्तव्यता f. das Gethanwerdenmüssen, die Notwendigkeit.
कर्तृक (—°) = कर्तृ Agens.
कर्तृता f., °त्व n. *Abstr. zu* कर्तृ.
कर्तृभूत Agens seiend (*g.*).
कर्तृरूप als Thäter auftretend (*ph.*).
कर्तोस् (*Gen. Inf.*) zu thun.
1. कर्तृ m. Vernichter.
2. कर्तृ m. Spinner.
कर्त्र n. Zaubermittel, Zauber.
कर्त्व zu thun, auszuführen.
कर्दम m. Schlamm, Schmutz; *auch Adj.* schlammig.
कर्पट n. Lappen.
कर्पण Lanze.
कर्पर m. Schale.
कर्पूर m. n. Kampfer.
कर्पूरकेलि m. *N. eines Flamingos.*
कर्पूरतिलक m. *N. eines Elefanten.*
कर्पूरपट m. *Mannsname.*
कर्पूरमञ्जरी f. *Frauenname; N. eines Flamingos; T. eines Schauspiels.*
कर्पूरविलास m. *Mannsname.*
कर्बु bunt, gefleckt.
कर्बुर *dass.*; f. आ Art Blutegel.
कर्मक (—°) = कर्मन्.
कर्मकर्तृ m. Objekt-Subjekt (*g.*).
कर्मकृत् werkthätig; m. Arbeiter. °कृत्य n. Werkthätigkeit.
कर्मज aus Werken hervorgehend.
कर्मजन्यता f. das Hervorgehen aus Werken.
कर्मठ fähig, geeignet zu, fleifsig in (—°).
कर्मण्य gewandt, geschickt, fleifsig.
कर्मता f., °त्व n. *Abstr. zu* कर्मन्.
कर्मधारय m. eine Art Compositum (*g.*).
कर्मन् n. Handlung, That, Geschäft, Werk, Opfer; nächstes Objekt (*g*); Schicksal (*ph.*).
कर्मनामन् n. Benennung nach der Thätigkeit.
कर्मप्रवचनीय m. *Bez. gewisser Praepositionen und Adverbien* (*g.*).
कर्मविधि m. Regel für die Handlungen.
कर्मसिद्धि f. das Gelingen eines Werkes.
कर्मार m. Werkmeister, Schmied.
कर्मिन् handelnd, thätig.
कर्मेन्द्रिय n. Organ für (sinnliche) Handlungen (*ph.*).
कर्वट n. Flecken, Marktplatz.
कर्वर n. That, Werk.
कर्श्, कृश्यति abmagern. *Caus.* कर्शयति mager halten, quälen; *p.p.* कर्शित. *Oft verw. mit* 1. कर्ष्.
कर्शन mager machend, quälend (—°).
1. कर्ष्, कर्षति (°ते) ziehen, zerren, schleppen, an sich ziehen, spannen (*Bogen*), bewältigen, plagen. *Caus.* कर्षयति ziehen, zerren, peinigen. अनु hinter sich herziehen, aus dem Vorangehenden verstehen, ergänzen. अप abziehen, wegnehmen, entfernen. *p.p.* अपकृष्ट *s. bes.* आ heranziehen, an sich ziehen, anlocken; ziehen (*Schwert*), spannen (*Bogen*); abnehmen, entreifsen. व्या an sich ziehen. उद् herausziehen, nach oben bringen; *p.p.* उत्कृष्ट *s. bes.* नि niederziehen; *p.p.* निकृष्ट *s. bes.* — संनि *s.* °कृष्ट. प्र fortziehen, vorstrecken; *p.p.* प्रकृष्ट *s. bes.* विप्र wegführen; *p.p.* विप्रकृष्ट *s. bes.* संप्र mit sich fortziehen, entraffen. वि auseinanderziehen, spannen (*Bogen*), aufwühlen (*Schaum*). *p.p.* विकृष्ट *s. bes.*
2. कर्ष्, कृषति, °ते pflügen, beackern.
कर्ष m. das Ziehen, Pflügen; ein best. Gewicht.
कर्षक (—°) zerrend, peinigend; pflügend, bebauend; m. der Ackerbauer.
कर्षण (—°) = *vor.*; n. das Herbeiziehen, Zerren, Zausen; das Pflügen, der Landbau.
कर्षिन् ziehend, pflügend; m. Landmann.
कर्षू f. Furche, Grube.
कर्हि wann? *Mit* स्विद् *oder* चिद् irgendwann; न कर्हि चिद् niemals.
कल्, कलयति (°ते) treiben; halten, tragen; thun, machen; gewahren, annehmen,

meinen, halten für (*2 Acc.*); *p.p.* कलित versehen mit (*Instr. o.* —°). आ schütteln, festhalten; annehmen, denken, prüfen, untersuchen, erkennen, anerkennen, halten für (*2 Acc.*).

**कल** stumm, undeutlich, unverständlich, leise, zart, lieblich (*vom Ton*); *f.* कला ein Sechzehntel (*bes. der Mondscheibe*); ein best. kleiner Zeitteil; die Kunst.

**कलकल** *m.* undeutliches Geräusch; Summen Ton, Gesang.

**कलङ्क** *m.* Fleck, Makel.

**कलङ्किन्** befleckt, verunehrt.

**कलज** *m.* Hahn.

**कलञ्ज** *m. N. einer Pflanze.*

**कलत्र** *n.* Ehefrau, Tierweibchen.

**कलधौत** *n.* Gold, Silber.

**कलन** (—°) bewirkend; *f.* आ das Treiben, Gebahren, Antreiben; *n.* das Schütteln, Hinundherbewegen.

**कलभ** *m.* Elefantenkalb, Kameljunges.

**कलभाषिन्** lieblich redend.

**कलविङ्क** *m.* Sperling; der indische Kuckuck.

**कलश** *m.* (*auch* ई *f.*) Topf, Krug.

**कलशोदक** *n.* das Wasser im Kruge.

**कलस** *m. s.* कलश.

**कलह** *m.* Streit, Zank.

**कलहंस** *m.*, ई *f. eine* Art Gans *o.* Schwan.

**कलहकार**, *f.* ई streitsüchtig, zänkisch.

**कलहप्रिय** *dass.*

**कलहवन्त्** *u.* °हिन् sich streitend, zankend.

**कलाज्ञ** kunstverständig; *m.* Künstler.

**कलानाथ** *u.* कलानिधि *m.* Mond.

**कलाप** *m.* Bund, Bündel, Menge, Gesamtheit; Pfauenschweif, Schmuck.

**कलापिन्** *m.* Pfau.

**कलाविद्** = कलाज्ञ.

**कलि** *m.* die Eins-Seite des Würfels; das letzte, schlechteste Weltalter; Hader, Zwietracht. (*in allen Bedeutungen auch personifiziert.*)

**कलिका** *f.* ein Sechzehntel (*der Mondscheibe*); Knospe.

**कलिकाता** *f.* die Stadt Kalkutta.

**कलिङ्ग** *m. Pl. Volksname.* °देश *m.* das Land der K.

**कलियुग** *n.* das Weltalter Kali.

**कलिल** erfüllt, voll von (*Instr. o.* —°).

**कलुष** beschmutzt, trübe, unrein (*auch übertr.*); *n.* Schmutz, Unreinheit (*auch übertr.*).

**कलुषमति** v

**कलुषी कर्**

°ता *f.*

कल्मा॑ष, *f.* ई schwarzgefleckt (*Abstr.* °ता *f.*); *m. N. eines Schlangendämons*; *n.* Fleck.

कल्य gesund, rüstig, kräftig (*Abstr.* °ता *f.*); geschickt, bereit zu (*Loc.*). *n.* Gesundheit; Frühe, Tagesanbruch; berauschendes Getränk.

कल्या॑ण, *f.* कल्या॑णी schön, gut, trefflich, glücklich; *n.* das Gute, Tugend, Glück Segen.

कल्याणकटक *N. eines Ortes.*

कल्याणसूचक glückverkündend.*

कल्लोल *m.* Welle.

कल्हण *m. N. eines Schriftstellers*,

कवक *n.* Pilz.

क॑वच *m. n.* Panzer, Jacke; Rinde.

कवचधर *m.* Panzerträger (= Jüngling).

कवचि॑न् gepanzert.

क॑वन्ध *m. n.* Tonne (*bildl. von Wolke u Bauch*), Rumpf.

कवल *m.* Mundvoll, Bissen.

कवलन verschluckend.

कवलय्, °यति verschlucken; *p.p.* कवलित.

कव॑ष् *u.* कव॑ष (*f.* कपषी) klaffend, aufgesperrt.

कवि॑ klug, weise; *m.* ein Weiser, Dichter.

कवि॑क्रतु voll weiser Einsicht.

कवित्व॑ *n.* Weisheit (*auch* °त्वन॑ *n.*); Dichtkunst, Dichtergabe (*auch* कविता *f.*).

कविपुत्र *m. N. eines Dichters.*

कविराज *m.* Dichterkönig; *Name eines Dichters.*

कविशस्त॑ *u.* कवि॑शस्त von Weisen gesprochen *o.* gepriesen.

göttliches Wesen; *N. verschiedener*

*u.* कस्तूरी *f.* Moschus.

[illegible] kläglicher Ton.
[illegible]

[illegible] Kläglichkeit, Jammer, Geschrei.

**काकुत्स्थ** *m.* Nachkomme des Kakutstha (*Bein. Daçaratha's*, *Râma's u. Lakshmaṇa's*).

**काकुद** *f.* Mundhöhle, Gaumen.

**काकोल** *m.* Rabe.

**काङ्क्**, **काङ्क्षति**, **°ते** begehren, verlangen, wünschen, ersehnen, erwarten. **अभि** *dass.* **आ** *dass.*; als Ergänzung fordern (*g!*).

**काङ्क्षा** *f.* Verlangen, Wunsch.

**काङ्क्षिन्** verlangend, erwartend (*Acc. o.* —°)

**काच** *m.* Glas.

**काचर** gläsern.

**काचित्कर** allerlei thuend.

**काञ्चन** *n.* Gold; *Adj. f.* **ई** golden.

**काञ्चनगिरि** *m.* Goldberg (*der Meru*).

**काञ्चनप्रभ** goldglänzend.

**काञ्चनमय**, *f.* **ई** golden.

**काञ्चनमाला** *f. Frauenname.*

**काञ्चनाचल** *u.* **°नाद्रि** *m.* = **काञ्चनगिरि**.

**काञ्चनीय** golden.

**काञ्ची** *f.* Gürtel (*bes. bei Frauen*). **°कलाप** *m. dass.*

**काञ्चीगुण** *m.* Gürtelband. **°स्थान** *n.* die Hüften (*eig.* Gürtelstelle).

**काञ्जिक** *n.* saurer Reisschleim.

**काट** *m.* Tiefe, Grund.

**काटयवेम** *m. N. eines Scholiasten.*

**काटव** *n.* Schärfe.

**काटवेम** = **काटयवेम**.

**काट्य** in der Tiefe befindlich.

**काठ** von Kaṭha herrührend.

**काठक**, *f.* **ई** *dass.*; *n. T. eines Veda.*

**काठकोपनिषद्** *f.* = **कठोपनिषद्**.

**काठिन्य** *n.* Härte, Starrheit, Rauhheit (*auch übertr.*).

**काण** einäugig, durchstochen, durchlöchert

**काणत्व** *n.* Einäugigkeit.

**काण्ड** *u.* **काण्डं** *m. n.* Abschnitt, Stück; Abschnitt eines Buches, einer Pflanze (von Glied zu Glied); Halm, Stengel, Pfeil, Rohr eines Knochens.

**काण्डार** *m.* eine best. Mischlingskaste.

**काण्डीन** halmartig.

**काण्व** *m. Patron. zu* **कण्व**; *Pl. die Schule* [illegible] *va's.*

**कामज** aus Lust erzeugt; *m.* Kind der Liebe.

**कामतन्त्र** *n.* das Buch der Liebe (*T. eines Werkes*).

**कामद** wunschgewährend. *Abstr.* **°त्व** *n.*

**कामदुघ** wunschgewährend (*eig.* -melkend); *f.* **आ** die (*mythische*) Wunschkuh.

**कामदुह्** (*Nom.* **°धुक्**) *dass.* (*auch f.*).

**कामदेव** *m.* der Liebesgott.

**कामधेनु** *f.* die (*mythische*) Wunschkuh.

**कामन्दकि** *m. N. eines Autors.*

**कामन्दकी** *f. N. einer Stadt.*

**कामपूर** *u.* **कामप्र** wunscherfüllend.

**कामम्** *adv.* nach Wunsch, gern, jedenfalls, gewiss; freilich, wohl, zwar, wenn auch, obgleich, gesetzt dafs, mag auch, (*oft mit Imperat.*). *Im Nachs.* **तु**, **किं तु**, **च**, **पुनर्**, **तथापि** dennoch; **न तु** *o.* **न च** nicht aber, nur nicht.

**काममूत** von Liebe getrieben.

**कामरसिक** liebeslustig.

**कामरूप** *n.* jede beliebige Gestalt; *Adj.* (*auch* **°रूपिन्**) jede b. G. annehmend.

**कामवन्त्** verliebt.

**कामवासिन्** seinen Aufenthalt nach Belieben wählend.

**काम्बोज** *m.* aus Kamboja stammend; *Pl. Volksn.* = **कम्बोज**.

**काम्य** begehrenswert, lieblich, angenehm. *Abstr.* **काम्यता** *f.*, **°त्व** *n.*

**काम्यक** *m. N. eines Waldes.*

**काम्या** *f.* Begehren, Verlangen, Wunsch nach (*Gen. o.* —°).

**काय** *m.* Leib, Körper, Masse, Umfang, Menge.

**कायक्लेश** *m.* körperliche Plage *o.* Beschwerde.

**कायवन्त्** verkörpert.

**कायस्थ** *m.* Schreiber (*eine Mischlingskaste*).

**कायिक**, *f.* **ई** körperlich.

**कार**, *f.* **ई** (—°) machend, vollbringend, bereitend; *m.* Macher, Verfertiger, Verfasser; (—°) That, Handlung; Laut, Wort (*g.*).

**कारक** (*f.* **कारिका**) machend, thuend, bewirkend (*Gen. o.* —°); *facturus (*Acc.*; *Abstr.* **°त्व** *n.*), *abs.* etwas erreichend. *m.* Macher Verfertiger, Agens, Faktor; *f.* metrische Erklärung eines Satzes (*g.*); *n.* Casusbegriff (*g.*)

**कारण** (—°) machend, thuend, bewirkend; *f.* **आ** Handlung; *n.* (*adj.* —° *f.* **ई**)

Veranlassung, Ursache, Hauptsache, Grund; °—, *Abl.*, *Instr.*, *Loc.* aus irgend einem Grunde, infolge von, um — willen; *Abstr.* °ता *f.*, °त्व *n.*

कारणकोप *u.* °क्रुध् mit Grund zürnend.

कारणशरीर *n.* der ursächliche Körper (*ph.*).

कारणात्मन् dessen Wesen der Grund von (*Gen.*) ist.

कारण्डव *m.* Art Ente.

कारा *f.* Gefängnis.

कारित (—°) veranlasst, bewirkt durch.

1. कारिन् machend, thuend, hervorbringend (*mit Gen.*, *Adv. o.* —°).

2. कारिन् lobsingend, jubelnd.

1. कारु, *f.* °रू Handarbeiter, -in

2. कारु *m.* Lobsinger, Dichter.

कारुक *m.* = 1. कारु.

कारुण्य preisenswert, trefflich; *n.* Mitleid.

कार्कश्य *n.* Rauhheit, Härte.

कार्त्तिक *m.* *N. eines Herbstmonats*; *f.* ई *der Vollmondstag in dems.*

कार्त्तिकेय *m.* *Metron. Skanda's.*

कार्त्स्न्य *n.* Ganzheit; *Instr.* vollständig, ganz und gar.

कार्पण्य *n.* das Klagen, Jammern; Geiz Mitleid.

कार्पास Baumwolle *o.* baumwollen.

कार्पासक, *f.* °सिका *u.* °सिकी baumwollen

कार्मण aus Handlungen hervorgegangen; bezaubernd (*Abstr.* °त्व *n.*); *n.* Zauberei.

कार्मणिक durch Zauber bewirkt.

कार्मार *m.* Schmied, Werkmeister.

1. कार्मुक wirksam.

2. कार्मुक *n.* (*m.*) Bogen.

कार्मुकिन् mit einem Bogen bewaffnet.

कार्य zu thun, zu machen, zu bewirken etc. (*vgl.* 1. कर्). *n.* Vorhaben, Absicht, Zweck, Geschäft, Angelegenheit; Sache (*j.*); Wirkung, Produkt. *Abstr.* कार्यता *f.* °त्व *n.* कार्यम् es ist jemand (*Gen.*) zu thun um (*Instr.*); कार्येण (°—) in Angelegenheiten des, um — willen wegen.

कार्यिन् *dass.*

2. काल॑ *m.* die Zeit, *bes.* die rechte Zeit, Gelegenheit zu (*Gen.*, *Dat.*, *Loc.*, *Inf.* *o.* —°); Jahreszeit; Essenszeit, (*zwei am Tage*; *also auch:*) Tageshälfte Stunde; Zeitrechnung, Ära; Zeitmafs, Prosodie; Weltordnung, Schicksal; Tod, Todesgott. परः कालः die höchste Zeit zu (*Infin.*). कालं कर् die Zeit festsetzen für (*Loc.*). कालेन mit der Z. (*auch mit* गच्छता), zu Zeiten; कालेन दीर्घेण, बहुना *o.* महता; कालस्य दीर्घस्य *o.* महतस् nach langer Zeit. कालात् *o.* कालतस् im Verlauf der Z., mit der Z. काले zur rechten *o.* bestimmten Z., mit d. Z. = allmählich; *dopp.* immer zu seiner Z. काल (°—) zur rechten Z., mit der Z. उभौ कालौ Morgen u. Abend. षष्ठे काले in der sechsten Tageshälfte, *also* nach drei Tagen; पञ्चशते काले nach 250 Tagen.

कालक blauschwarz, schwarz; *f.* कालका ein best. Vogel, कालिका die Göttin Kâlî.

कालकञ्ज॑ *m. Pl. N. eines Asurageschlechtes.*

कालकण्ठक *m.* Sperling.

कालकर्मन् *n.* Tod.

कालकूट *m.* Gift (*bes. das bei der Quirlung des Oceans entstandene*).

कालकृत durch die Zeit hervorgebracht, mit der Z. vorübergehend, temporär.

कालक्षेप *m.* das Hinbringen der Zeit; das Hinzögern.

कालचक्र *n.* das Rad der Zeit.

कालज्ञ die (*zu etwas bestimmten*) Zeiten kennend.

nach den Zeitverhältnissen.

कालवाल mit schwarzem Schw

कालविद् *u.* °विद्या *f.* = °ज्ञ *u.*

कालसूत्र *n.* die Angelschnur gottes; *N. einer best. Hölle*

कालहरण *n.*, °हार *m.* Zeitve zögern.

कालागुरु *m.* eine schwarze chum.

कालानुसार्य *n.* Art Harz.

कालान्तर *n.* Zwischenzeit; *In* nach einer Zwischenzeit. Aufschub vertragend.

कालायस eisern; *n.* das Eisen.

कालायसदृढ eisenhart *o.* -fest.

कालिक zeitlich, zeitgemäfs; — wie — dauernd.

कालिङ्ग *u.* °क aus dem Lanc liṅga stammend; *m.* ein E ein Fürst von K.

कालिदास *m. N. versch. Dichte*

कालिन्द *n.* Wassermelone; *f.* *der Yamunâ.*

कालिमन् *m.* Schwärze.

कालीन zeitlich; (—°) = कालिक

कालीयक *m. N. eines Schlangen* wohlriechende Holzart.

काल्य *n.* Tagesanbruch; *Acc* mit T.

1. काव्य॑ die Eigenschaften ein habend.

2. का॑व्य *dass.*; *n.* Weisheit, Seh

3. काव्य *n.* Gedicht, *bes.* Ku Poesie. *Abstr.* °ता *f.*, °त्व

काव्यकर्तर् *m.* Dichter.

**काव्यप्रकाश** *m.* Licht der Poesie (*T. eines Werkes*).

**काव्यबन्ध** in gebundener Rede abgefasst; *m.* Gedicht*.

**काव्यरस** *m.* der Wohlgeschmack *o.* Reiz der Poesie.

**काव्यशास्त्र** *n.* Lehrbuch der Poesie; Poetik (*T. eines Werks*).

**काव्यादर्श** *m.* Spiegel der Poesie (*T. eines Werks*).

**काव्यालंकार** *m.* Schmuck der Poesie (*T. eines Werks*).

**काव्यालंकारसूत्र** *n. dass.*, **°वृत्ति** der Commentar dazu.

**काश्**, **काशते** (**°ति**) sichtbar sein, erscheinen, glänzen. **प्र** *dass.* — *Caus.* sichtbar machen, offenbaren, zeigen, verkünden.

**कांश** *m.* eine Art Gras.

**काशि** *m.* die geschlossene Hand, eine Handvoll; *m. Pl. Volksname*; *f.* **काशि** *u.* **काशी** die Stadt Kâçi *o.* Benares.

**काशिक** aus Kâçi *o.* Benares stammend; *f.* **आ** die Stadt Benares; *T. eines Commentars zu Pânini* (*auch* **°वृत्ति**).

**काशिन्** (— °) scheinend als.

**काश्मीर**, *f.* **ई** aus Kaçmîra stammend; *m. Pl. N. eines Volkes u. Landes* = **कश्मीर**.

**काश्मीरज** *u.* ***°जन्मन्** *n.* Safran.

**कांश्यप**, *f.* **ई** von Kaçyapa stammend; *m. patron. N. verschiedener Personen.*

**काष** *m.* das Reiben.

**काषाय** braunrot; *f.* **ई** Art Insekt; *n.* ein braunrotes Gewand.

**काष्ठ** *n.* Stück Holz, Holzscheit; ein best. Längen- *o.* Hohlmafs. •

**काष्ठभृत्** zum Ziele führend.

**काष्ठमय**, *f.* **ई** hölzern.

**कांष्ठा** *f.* Rennbahn, himmlische Bahn (für Wind uud Wolken), Weltgegend, Ziel, Grenzpunkt, Gipfel; ein best. Zeitmafs.

1. **कास्**, **कासते** (**°ति**) husten.

2. **कांस्** *f.* der Husten.

**कास** *m.*, **कासा** *f. dass.*

**कासवन्त्** hustend.

**कासार** *m.* Teich, See.

**कासिका** *f.* Husten.

**कासिन्** hustend.

**काहल** unanständig.

**काल्हार** von der weifsen Wasserlilie kommend.

1. **कि** *Interrog.-Stamm in* **किम्** *etc.*

2. **कि** *das Suffix* i (*g.*)

**किंयु** was begehrend?

**किंरूप** wie gestaltet *o.* aussehend?

**किंवदन्त** *m. N. eines Dämons*; *f.* **ई** Gerücht, Sage.

**किंवर्ण** von welcher Farbe?

**किंव्यापार** von welcher Beschäftigung?

**किंशुक** *m. N. eines Baumes u.* (*n.*) *der Blüte dess.*

**किंसखि** *u.* **किंसुहृद्** *m.* ein schlechter Freund.

**किंहेतु** welchen Grund habend?

**किकिदीवि** *m.* der blaue Holzhäher.

**किंकर** *m.* Diener, Sklave; *Abstr.* **°त्व** *n.* *f.* **ई** Dienerin, Sklavin.

**किङ्किणी** *f.* Glöckchen.

**किंचन्य** *n.* Besitz.

**किञ्जल्क** Staubfäden (*bes. der Lotusblüte*).

**किंज्योतिस्** welches Licht habend?

**किटि** *m.* Wildschwein.

**किट्ट** *n.* Sekretion, Ausscheidung.

**किण** *m.* Schwiele, Narbe.

**किण्व** *n.* Hefe, *überh.* Gährungsstoff.

**कितव** *m* Spieler, Betrüger, Schelm; *f.* **कितवी** Spielerin.

**किन्** *das Suffix* i (*g.*).

**किनाट** *n.* Baumbast.

**किंदेवत** welche Gottheit habend?

**किंदेवत्य** welcher Gottheit geweiht?

**किंनर** *m.* Art mythischer Wesen, ein Kinnara (*halb Mensch halb Tier*).

**किंनामक**, *f.* **°मिका** welchen Namen habend?

**किंनामधेय** *u.* **°नामन्** *dass.*

**किंनिमित्त** welchen Grund habend; (**°त्तम्** warum?*)

**किम्** was? (*n. N. Acc. Sg.*, *s.* **कि**), *adv.* warum? weshalb? wozu? *reine Fragepartikel* = num, an, *häufig verb.* mit **अङ्ग इति, इव, उ, नु, वा, स्विद्.** *In der Doppelfr. an zweiter Stelle meistens* **किम्** *mit* **उत, उ वा, नु वा, वा,** *auch*

zu welchem Zweck? warum?

किमाख्य wie heifsend?

किंपर was für Folgen habend?*

किंपुरुष u. °पूरुष Art Kobold; Zwerg.

किंप्रभु m. ein schlechter Herr.

किंफल was für Frucht bringend?

किंबल wie stark?

किंभृत्य ein schlechter Diener.

किम्मय woraus bestehend?

किंमात्र von welchem Umfange?

कियच्चिरम् *adv.* wie lange? °च्चिरेण wie bald?

कियद्दूर (°—) ein Endchen, ein Stückchen (*eig.* etwas weit); *Acc. dass.*; *Loc. dass.*; (wie weit?*)

कियन्त् wie grofs? wie weit? wie lang? quantus? कियात्या (*Loc. mit* 1. आ) wie lange ist es her? *n.* कियत् wie weit? wie viel? etwas, ein wenig (*bes.* °—).

कियाम्बु *n. N. einer Pflanze.*

1. किर्, किरति *s.* 3. कर्.

2. किर् (—°) ausstreuend, ausgiefsend.

किरण *m.* Staub, Stäubchen, Lichtstrahl.

किराट *m.* Kaufmann.

किरात *m. N. eines verachteten Jägervolkes (das aber auch in der Bedienung eines Fürsten erscheint)*; *f.* किराती *eine Frau der K.*

किरातार्जुनीय *n. T. eines Kunstepos.*

किरि (—°) *m.* aufgeschütteter Haufe.

किरिक sprühend.

किरीट *n.* Diadem; *m.* Handelsmann.

किरीटिन् diademgeschmückt; *m. Bein Indra's u. Arjuna's.*

verkünden, aussprechen, rühmen; erklären, nennen (2 *Acc.*); *Pass.* heifsen, gelten für. परि rings verkünden, rühmen, preisen. प्र verkünden, nennen (2 *Acc.*), *Pass. wie beim Simpl.* सम् = *Simpl.*

कीर्ति *f.* Erwähnung, Nennung; Kunde, Ruhm.

कीर्तिमन्त् *u.* कीर्तियुत berühmt, rühmlich.

कीर्तेन्य rühmenswert.

कील *u.* °क *m.* zugespitztes Holz, Pflock, Keil (*auch* कीलिका *f.*).

कीलाल *m.* ein süfser (himmlischer) Trank

कीलित eingekeilt, befestigt.

कीवन्त् = कियन्त्.

कीश *m.* Affe.

कीस्त *m.* Lobsänger, Dichter.

1. कु *Pron.-St.*; °— schlecht, gering.

2. कु *s.* 1. कू.

3. कु *f.* Erde, Land.

कुकाव्य *n.* schlechtes Gedicht.

कुकुर *m. Pl. Volksname.*

कुक्कुट *m.* Hahn; *f.* कुक्कुटी Henne.

कुक्कुर *m.* Hund; *f.* ई Hündin.

कुक्षि *m.* Bauch, Mutterleib; Höhle, Thal.

कुक्षी *f. dass.*

कुङ्कुम *m.* Safran.

कुच् *u.* कुञ्च्, कुचति, कुञ्चते sich zusammenziehen, sich krümmen. *Caus.* कुञ्चयति kräuseln; *p.p.* कुञ्चित zusammengezogen, gekrümmt, kraus. सम् sich zusammenziehen, sich schliefsen; *p.p.* संकुचित. *Caus.* संकोचयति zusammenziehen, einziehen, verringern.

कुच *m.* (*gew. Du.*) die weibliche Brust.

कुचन्दन *n.* roter Sandel; Safran.

कुचर umherschweifend, schlecht wandelnd.

कुचरित्र *n.*, कुचर्या *f.* schlechter Wandel.

कुचेल *n.* schlechtes Kleid, Lumpen; *Adj.* schlecht gekleidet. *Abstr.* °ता *f.*

कुजीविका *f.* elendes Leben.

कुञ्चन *n.* das Sichzusammenziehen.

कुञ्चि *m.* ein best. Mafs.

कुञ्चिका *f.* Schlüssel.

कुञ्ची *f.* Kümmel.

कुञ्ज्, कुञ्जति rauschen.

zu-

**कुण्डलिन्** Ohrringe tragend, geringelt; *m.* Schlange.

**कुतप** *m. n.* Decke von Ziegenhaar.

**कुतस्** woher? (*selten* wo? wohin?) warum? wie? wieviel weniger, geschweige denn *Mit* **अपि** (*sp.*) *u.* **चिद्** irgendwoher **न कुतश्चन** *u.* **°श्चिद्** nirgendher.

**कुतक** *n.* Neugier, Interesse, Verlangen nach (—°).

**कुतूहल** *n. dass.*, Vergnügen, Lust, Eifer (**प्रति** *mit Acc.; Loc. o.*—°); ein überraschender, interessanter Gegenstand **°लेन** *adv.* eifrig, gierig.

**कुतूहलवन्त्** *u.* **°लिन्** neugierig, voll Interesse.

**कुत्र** (**कुत्रा**) wo? wohin? wozu? Mit **अपि** (*sp.*) *u.* **चिद्** irgendwo, irgendwohin. **कुत्र चिद् — कुत्र चिद्** hier — dort, manchmal — manchmal. **न कुत्र चिद्** nirgends.

**कुत्स** *m. Mannsname.*

**कुत्सन** *n.* Schmähung, Tadel.

**कुत्सय्**, **°यति** schmähen, tadeln; *p.p.* **कुत्सित** geschmäht, tadelhaft.

**कुत्सा** *f.* = **कुत्सन**.

**कुत्स्य** tadelnswert.

**कुथ्** *nur p.p.* **कुथित** stinkend.

**कुथ** *m., f.* **आ** eine wollene Decke.

**कुद्दाल** Haue, Spaten.

**कुधी** thöricht, einfältig; *m.* Thor.

**कुनख** *u.* **कुनखिन्** schlechte Nägel habend.

**कुन्त** *m.* Speer, Lanze.

**कुन्तल** *m.* Haupthaar; *Pl. Volksname.*

**कुन्ताप** *n. N. gewisser Organe im Bauch· N. eines Abschnitts im Atharvaveda.*

**कुन्ति** *m. Pl. Volksname.*

**कुन्ती** *f. Bein. der Pṛthâ, einer Gattin Pâṇḍu's.*

**कुन्तीसुत** *m.* Sohn der Kuntî (*Bein. d. Panduiden*).

**कुन्द** *m.* Art Jasmin; *n.* dessen Blüte.

**कुन्दलता** *f.* Jasminwinde *o.* -staude.

**कुप्**, **कुप्यति**, **°ते** in Bewegung geraten, aufwallen, zürnen (*Dat. o. Gen.*); *p.p.* **कुपित** erzürnt, zornig. *Caus.* **कोपयति** *u.* **°ते** in Wallung bringen, aufregen, erzürnen. **प्र** *dass.*; **प्रकुपित** schwankend; *Caus.* = *Simpl.*

**कुप** *m.* Wagebalken.

**कुभा** *f.*

**कुभिचु**

**कुभ्र** *m.*

**कुमनस्**

**कुमार** *m.*

**कुमारक**

**रिका**

**रं**

beiden Erhöhungen auf der Stirn des Elefanten.

**कुम्भक** *dass.* (—°); *m. n.* eine Ceremonie zur Anhaltung des Atmens (*r.*).

**कुम्भकर्ण** *m. N. eines Râkshasa.*

**कुम्भकार** *m.* Töpfer (*e. best. Kaste*).

**कुम्भधान्य** nur einen Topf voll Korn besitzend.

**कुम्भाण्ड** *m.* Art dämonischer Wesen.

**कुम्भिन्** mit einem Topf versehen; *m.* Elefant.

*__कुम्भिल__ (*u.* °क*) *m.* Dieb.

**कुम्भीनस** *m.* Art Schlange.

**कुम्भीर** *m.* Krokodil.

*__कुम्भील__ *m. dass.*, (Dieb; *auch* °क*).

**कुयव** Missernte bringend; *n.* Missernte.

**कुयवाच्** übel redend.

**कुरङ्ग** *m.* Antilope; *f.* ई Antilopenweibchen.

**कुरङ्गक** (*u.* *कुरङ्गम*) *m.* Antilope.

**कुरङ्गनयना, °नेत्रा, °लोचना** *u.* **°ङ्गाक्षी** *f.* eine Gazellenäugige.

**कुरबक** *m.* roter Amaranth u. (*n.*) dessen Blüte.

**कुरर** *m.* Meeradler; *f.* ई Weibchen des Meeradlers.

**कुरीर** *n.* Art Kopfbinde.

**कुरु** *m. N. eines alten Königs; Pl. dessen Geschlecht.*

**कुरुकुराय्**, °ते schwatzen, plappern.*

**कुरुक्षेत्र** *n. N. eines Landes u. Schlachtfeldes.*

**कुरुपञ्चाल** *m. Pl.* die (*zu einem Volke verschmolzenen*) Kuru u. Pañcâla.

**कुरुपाण्डव** *m. Du. Pl.* die Kuru und Pâṇḍu.

**कुरूप** von hässlicher Gestalt. *Abstr.* °ता *f.*

**कुरूरु** *m.* Art Gewürm.

**कुर्कुर** *m.* Hund.

**कुल** *n.* Herde, Schwarm, Menge; Geschlecht, Familie, Genossenschaft; Wohnung, Haus. *Oft* °— ein — von Rang, ein Haupt-; *auch* Geschlechts-, Familien-.

**कुलक्षय** *m.* Untergang des Geschlechts.

**कुलनारी** *f.*

**कुलपति** *u.*

**कुलपांसनी**

**कुलान्वित**

**कुलाय** *m.*

**कुलिज**

**कुलिश**

*m.* Donnerkeilträger (*Bein.*

**कुलिशभृत्** *m*

**कुलीकय** *m*

**कुलीय**

**कुलीर**

Früchten.

कुल्मि Schar, Herde.

1. कुल्य = कुलीन.

2. कुल्य zu Flüssen gehörig.

3. कुल्य n. Aufbewahrungsort für die Knochen eines verbrannten Leichnams.

कुल्या f. Bach, Kanal.

कुल्लूक m. *N. eines Commentators des Manu.*

कुवधू f. ein böses Weib.

कुवय m. ein best. Vogel.

कुवल *N. eines Baumes*; *n. der Frucht dess.*

कुवलय n. die blaue Wasserlilie.

कुवलयदृश् u. ॰नयना f. eine lotus- (*d. h.* blau-)äugige Frau.

कुवलयानन्द m. *Titel eines Werks.*

कुवित्स m. jemand (*eig.* ob er?).

कुविद् ob etwa?

कुविन्द u. ॰क m. Weber.

कुश m. Gras, *bes.* heiliges, zu religiösen Ceremonien verwendetes Gras.

कुशर n. Art Schilf.

कुशल in Ordnung, normal, zurecht, (कुशलं मन् billigen); tüchtig, gesund, geschickt, erfahren in (*Loc.*, *Gen.*, *Inf. o.* —॰); n. der rechte Zustand, Wohlfahrt, Gesundheit, Geschick; mit *Gen. o. Dat.* Heil, Glück dem —! ॰— *u. n.* ordnungsmäfsig, in rechter Weise.

कुशलप्रश्न n. die Frage nach jemandes Gesundheit.

कुशलवन्त् gesund, wohl.

कुशलवाच् beredt.

कुशलिन् = कुशलवन्त्; günstig gut.

कुशली कर् in Ordnung bringen, zurecht machen.

कुशस्तम्ब m. ein Büschel Kuçagras.

कुशिक m. *N. eines alten Weisen*; *Pl. dessen Geschlecht*, *Volksname.*

कुशीलव n. Barde, Schauspieler; *Du. N. der beiden Söhne Râma's.*

zerren, kneten.

कुषवा f. *N. eines Flusses o. einer Unholdin.*

कुषीतक m. ein best. Vogel; *N. eines Mannes.*

कुष्ठ m. *N. einer Pflanze* (*auch* n.); Lendenhöhle; f. कुष्ठा Spitze, Schnabel; Afterklaue; Aussatz.

कुष्ठिका f. Afterklaue.

कुष्माण्ड m. *N. einer Pflanze*; Pl. Art von Dämonen.

कुसिता, कुसितायी u. कुसिदायी f. ein best. dämonisches Wesen.

कुसिन्ध n. Rumpf.

कुसीद träge, faul; n. Anleihe, Wucher.

कुसीदिन् m. Wucherer.

कुसुम n. Blume, Blüte.

कुसुमकोमल blumenzart.

कुसुमचाप u. ॰धन्वन् m. der Liebesgott.

कुसुमशयन n. Blumenlager.

कुसुमशर Blumenpfeile habend (*Abstr.* ॰त्व *n.*); m. der Liebesgott.

कुसुमाञ्जलि m. zwei Handvoll Blumen; das Blumenopfer.

कुसुमायुध m. der Liebesgott.

कुसुमास्तरण n. Blumenlager.

कुसुमित in Blüte stehend, blühend, geblümt; n. das Blühen, die Blütezeit.

कुसुमोद्गम m. das Erscheinen von Blüten, das Aufblühen.*

कुसुम्भ m. Safflor; Krug, Wassertopf.

कुसुम्भक्षेत्र n. Safflorfeld.

कुसूल m. = कुशूल.

कुस्त्री f. ein schlechtes Weib.

कुह wo? (*oft mit* स्विद्). *Mit* चिद् irgendwo(hin).

कुहक m. Schelm, Betrüger, Heuchler.

कुहया wo?

कुहर m. *N. eines Schlangendämons*; n. Höhle.

कुहा f. *N. einer Pflanze.*

कुहू *f.* Neumond (*personif.*).

1. कू, कुवते, *mit* आ beabsichtigen.

2. कू wo? *Mit* चिद् irgendwo.

कूची *f.* Pinsel.

कूज्, कूजति, °ते brummen, summen, girren, zwitschern *etc.* वि *u.* सम् *dass.*

कूज *m.*, कूजन *u.* °जित *n.* das Brummen Summen *etc.*

1. कूट *n.* Stirnbein, Horn; (*auch m.*) Kuppe, Spitze, Haufe, Menge; *n.* Täuschung, Betrug, Unwahrheit.

2. कूट ungehörnt (*vom Rinde*); trügerisch falsch.

कूटतापस *m.* ein falscher, Pseudoasket.

कूटवागुरा *f.* Fallstrick, Schlinge.*

कूटशासन *n.* ein gefälschtes Edict, °कर्तृ *m.* Edict-, Urkundenfälscher.

कूटसाक्षिन् *m.* falscher Zeuge.

कूटस्थ an der Spitze, mitten unter (—°) stehend.

कूटाक्ष *m.* falscher Würfel.

कूटागार *m. n.* Dachzimmer, Lusthaus.

कूड्, कूडयति versengen.

कूण्, कूणति sich zusammenziehen, einschrumpfen; *p.p.* कूणित geschlossen.

कूदी Reisbündel, Büschel.

कूप *m.* Grube, Höhle, Brunnen.

कूपखनन *n.* das Brunnengraben.

कूपचक्र *u.* °यन्त्र *n.* Brunnenrad, Schöpfrad.

कूप्य in einer Grube *o.* in einem Brunnen befindlich.

कूबर *m. n.*, कूबरी *f.* Deichsel (*adj.* —° *f.* आ).

कूर्च *n.* Büschel, Bündel (*auch n.*); Bart.

कूर्चक *m.* Büschel, Bürste, Pinsel; Bart.

कूर्चता *f.* Bärtigkeit.

कूर्चल bärtig.

कूर्चानत langbärtig (vom Barte gebeugt).*

कूर्द्, कूर्दति, °ते hüpfen, springen.

कूर्द *m.*, °न *n.* das Springen, der Sprung.

कूर्प Sand.

कूर्पर *m.* Ellbogen (Knie).

कूर्पासक *m.* Jacke, Wams.

कूर्म *m.* Schildkröte; ein best. Wind im

° *Erde trägt*).

°

कृकलास

कृकवाकु

**कृतक्रिय** der eine heilige Handlung vollbracht hat; fromm, religiös.

**कृतक्षण** auf etwas wartend (*eig.* den Augenblick für etwas festgesetzt habend), gespannt auf (*Loc.*, **प्रति** *mit Acc.*, *Inf. o.* —°).

**कृतघ्न** (Gethanes tilgend,) undankbar.

**कृतज्ञ** (Gethanes erkennend,) dankbar. *Abstr.* **°ता** *f.*

**कृतत्वर** eilend.

**कृतध्वज्** mit (erhobenen) Bannern.

**कृतनिश्चय** von etwas überzeugt, zu e. (*Dat.*, *Loc.*, *Inf. o.* —°) entschlossen.

**कृतपुण्य** glückselig.

**कृतप्रणय** verliebt.

**कृतपूर्व** zuvor gethan. (***विन्** *mit Acc.* etwas z. g. habend).

**कृतबुद्धि** einsichtsvoll; entschlossen zu (*Dat. o. Inf.*).

**कृतमति** entschlossen.

**कृतमार्ग** wegsam, zugänglich gemacht.

**कृतलक्षण** gekennzeichnet, gebrandmarkt.

**कृतवसति** wohnhaft.

**कृतविद्य** gelehrt.

**कृतसंस्कार** zugerichtet, geweiht.

**कृतसंधान** herangebracht, genähert; aufgelegt (*Pfeil*).

**कृतस्मित** lächelnd.

**कृतहस्त** geschickt.

**कृता** *f.* Spalt.

**कृताकृत** Gethanes und nicht Gethanes (*n. Sgl. o. Du.*); halb gethan; beliebig, willkürlich.

**कृताञ्जलि** demütig, flehend (*eig.* die Hände hohl zusammenlegend, *vgl.* **अञ्जलि**).

[illegible] zufriet

**कृतास्त्र** in den Waffe

**कृताहारक** mit Essen

1. **कृति** *f.* das Thun,

2. **कृति** eine best. W

**कृतिन्** thätig; geschi —u°); der seinen z frieden, glückli

**कृतापकार** gefällig, v

**कृत्तिका** *f. Pl.*, (*sp.* S Mondhaus; *auch* p *des Kriegsgottes* S

**कृत्तिवासस्** *m. f.* i (*Bein Çiva's und*

**कृत्नु** thätig, kunstreic

**कृत्य** zu thun, angeme ist jemd. (*Gen.*) u thun. *m. Suf* *Pass.* (*g.*). *f.* **कृत्या** Zauberei, Behexun haben, Pflicht.

**कृत्यवन्त्** thätig, besch

**कृत्याकृत्** Zauber treib

**कृत्यारूप** wie ein Ges

**कृत्रिम** erkünstelt, unnatürlich, unech sohn.

***कृत्रिमधूपक** *m.* küns

**कृत्वन्**, *f.* **कृत्वरी** n (—°); thätig.

**कृत्वस्** *Adv.* mal (*spä*

**कृत्वाय** *u.* **कृत्वी** *s.* 1.

**कृत्व्य** wirksam, tüchti

**कृत्स्न** ganz, vollständi

कृत्स्नता f., कृत्स्नत्व n. Ganzheit, Vollständigkeit.

कृदन्त auf ein Kṛtsuffix ausgehend; m. ein mit einem K. gebildetes Wort (g.).

कृदर n. Vorratskammer.

कृधु verkürzt, verstümmelt, mangelhaft.

कृन्तत्र n. Spaltung, Kluft.

कृन्तन n. das Schneiden.

1. कृप् f. Gestalt, Erscheinung (*nur Instr.* कृपा).

2. कृप् s. क्रप्.

कृप m. *N. eines Mannes.*

1. कृपण kläglich, elend, erbärmlich (*Pers. u. S.*); geizig. m. ein Armer; ein Geizhals.

2. कृपण n. Jammer, Elend.

कृपय्, °यति trauern, jammern.

कृपा f. Mitleid.

कृपाण m. Schwert; f. ई Schere, Messer

कृपाय्, °यते trauern jammern.

कृपालु mitleidig, mit (*Gen.*). *Abstr.* °ता f.

कृपावन्त् mitleidig.

कृपीट m. Gesträuch.

कृमि m. Wurm, Made, Insekt; *bes.* Seidenraupe.

कृमिक m. Würmchen.

*कृमिकोशज u. कोशोत्थ seiden.

कृमिज von einem Wurm erzeugt; *n Aloeholz.

कृमुक m. ein best. Baum.

कृम्प् s. कर्म्प्.

कृश mager, kränklich, schlank, dünn, schwächlich, unbedeutend; m. *Mannsname.*

कृशता f., °त्व n. Magerkeit.

कृशन n. Perle.

कृशनावन्त् u. °निन् mit Perlen geschmückt

कृशाङ्ग, f. ई mager, schlank.

कृशानु gut schiefsend; m. Bogenschütze (*bes.* ein best. mythischer B.); *Bein Agni's*; Feuer.

कृशोदर, f. ई dünnbäuchig, schlank.

कृष् s. कर्ष्.

कृषक m. Ackerbauer; f. कृषिका Ackerbau.

कृषि f. Ackerbau; Acker (*auch* कृषी); Ernte.

कृषीवल m. der Ackersmann.

कृष्ट gepflügter

कृष्टि f. Zug;

कृष्णमुख, f.

कृष्णयजुर्वेद

कृष्णाल (m.)

Form, Erkennungszeichen, Banner; Bannerträger, Anführer.

**केतुमन्त्** licht, hell (*auch vom Ton*).

**केदार** *m.* Rieselfeld. **°खाण्ड** *n.* Loch in einem R.; Rieselloch.

**केदारभट्ट** *m. N. eines Metrikers.*

**केन** (*s.* 1. **क**) durch wen? wodurch? womit?

**केनिप** *m.* ein Weiser.

**केनेषितोपनिषद्** *u.* **केनोपनिषद्** *Titel einer Upanishad.*

**केन्द्र** *m.* Centrum eines Kreises.

**केपि** zitternd, zappelnd.

**केयूर** *m. n.* Armring (*am Oberarm von Männern und Frauen getragen*).

**केरक** eigen.*

**केरल** *m. Pl. Volksname.*

**केलि** *m. f.*, **°ली** *f.* Spiel, Liebesspiel, Tändelei, Scherz.

**केलिगृह** *n.* Lusthaus.

**केलित** *n.* Spiel, Scherz.

**केलिवन** *n.* Lustwald.

**केलिशयन** *n.* Lustlager.

**केवट** *m.* Grube.

**केवर्त** *m.* Fischer.

**केवल**, *f.* **ई** (*sp.* **आ**) ausschlieſslich, einzig, ganz, vollständig; **°—** *u. n. adv.* einzig, allein, nur. **न केवलम्—अपि** nicht nur —sondern auch.

**केवलाघ** allein schuldig.

**केवलादिन्** allein essend.

1. **केश** *m.* (*adj.* —° *f.* **आ** *u.* **ई**) Haupthaar, Mähne; Schweif.

2. **केश** *n. N. eines Mondhauses.*

**केशपाश** *m.* Haarschopf.

**केशबन्ध** *m.* Haarband.

**केशरचना** *f.* das Ordnen der Haare.

*versch. Männer; f.* **ई**

**केसर** *n.* Haar (*der Br*
*f.* **आ**); Staubfaden (
*N. einer Pflanze.*

**केसरगुण्ड** *m.* Blütens
pflanze.*

**केसराग्र** *n.* Mähnenspit

**केसरिन्** gemähnt; *m.* L

**कैकेय** *m.* ein Fürst der
*N. einer Gemahlin L*

**कैकिरात** vom Açoka k

**कैटभ** *m. N. eines Asu*
**°भिद्** *Bein. Vishṇu's.*

**कैतव**, *f.* **ई** falsch, hint
Betrug, Lüge.

**कैरात** zu den Kirâta
der K.

**कैरिशि** *m. patron. Nam*

**कैलास** *m. N. eines Ber*

**कैवर्त** *n.* Fischer (*be*
Fischerin.

**कैवल्य** *n.* Ausschlieſslic
absolute Einheit (*ph*

**कोक** Wolf; Kuckuck (

**कोकिल** *m.* der indische K
= *Nachtigall*), *f.* Kuc

**कोङ्कण** *m. Pl. Volksnan*

**कोच** *m.* das Einschrum

**कोट** *m.* Feste.

**कोटक** *m.* Zimmermann

**कोटर** *n.* Höhle, (*bes. ei*

**कोटि** *u.* **°टी** *f.* Spitze (
*Gegenst.*), höchster G
(zehn Millionen).

**कोटिमन्त्** spitz.

**कोण** *m.* Ecke, Winkel,

**कोथ** *m.* Fäulnis, Verwesung.

**कोदण्ड** Bogen.

**कोप** *m.* Aufregung, Aufwallung; Zorn, über (*Loc., Gen.*, **प्रति, उपरि** *o.* —°).

**कोपन** zornig, böse; erzürnend; *n.* Aufregung, das Erzürnen.

**कोपिन्** zornig; aufregend (—°).

**कोमल** zart, weich (*auch übertr.*).

**कोर** *m.* bewegliches Gelenk.

**कोरक** Knospe.

**कोल** *m.* Eber

**कोलक** *ein best. wohlriechender Stoff.

**कोलाहल** *m. n.* verworrenes Geschrei, Lärm.

**कोविद** kundig, erfahren in (*Loc., Gen* *o.* —°). *Abstr.* **°त्व** *n.*

**कोश** *m.* Behälter (*jeder Art, bes.*) Fass, Kufe, Wassereimer (*bes. der Wolken*), Kasten; Degenscheide; Gehäuse (*ph.*); Vorratskammer,Schatzkammer, Schatz; Wortschatz, Wörterbuch, Gedichtssammlung; Blumenkelch, Knospe.

**कोशपेटक** Schatzkästchen.

**कोशफल** *n.* *ein best. wohlriechender Stoff.

**कोशरक्षिन्** *m.* Schatzhüter.

**कोशल** *s.* **कोसल.**

**कोशवन्त्** einen Behälter bildend; schätzereich.

**कोशागार** *m. n.* Schatzkammer.

**कोशाध्यक्ष** *m.* Schatzmeister.

**कोष** *s.* **कोश.**

**कोष्ठ** *m.* (*n.*) Eingeweide, Unterleib; *n* Vorratskammer; Ringmauer.

**कोष्ठागार** *m. n.* Kornkammer.

**कोष्ण** lauwarm.

**कोसल** *m. N. eines Landes u.* (*Pl.*) *eines Volkes. f.* **आ** *N. der Hauptstadt der Kosala.*

**कोसलविदेह** *m. Pl.* (*das Volk der*) Kosala und Videha.

**कौक्षेय** *u.* **°क** *m.* Schwert.

**कौङ्कुम**, *f.* **ई** *Adj.* Safran-; safrangelb.

**कौटिल्य** *n.* Krummheit, Falschheit, Hinterlist.

**कौणकुत्स्य**

**कौणप** Lei

lenzeug.
e.
Seide, Seidengewand.
n. Name.
n. patron. Namen.
n. Titel eines Brâhmaṇa.
कौषीतक्युपनिषद् T. einer

ıtskammer befindlich.
ɔsala gehörig; m. König
कौसल्या N. einer Gemahlin

ıen-.
or-.
best. mythischer Edel-

les p.p. (g.).
क्नथ् (g.).
क्नोपयति durchnässen.
uchten.

r Part. क्नुचमाण.
ht (bes. geistige), Tüchtig-
Verstand, Begeisterung,
n, Wunsch, Wille; Werk,
fer (auch personif.), Fest
ıweide); N. eines Stern-
n Bären.
ısen, verständig.
ark sein, verlangen nach

ाथयति ausgelassen sein.
ाथ् (g.).

feindlichen Schlachtreihen.
क्रन्द्य n. das Wiehern.
क्रप्, कृपते jammern.
क्रम्, क्रामति (क्रमति), क्रमते, (क्राम
schreiten, gehen nach (Acc. o. Loc.
überschreiten, durchschreiten; ersteige
in Besitz nehmen; — von Statten gehe
Erfolg haben (Med.). p.p. क्रान्त. Ca
क्रमयति u. क्रामयति schreiten lasse
Intens. चङ्क्रमते, चङ्क्रम्यते u. चङ्क्रमी
hinundherschreiten, wandern. — अति
vorbeigehen, vernachlässigen, übe
schreiten, übersteigen, übertreffen (Acc.
sich wegbegeben von, um etwas komme
einer Sache verlustig gehen (Abl.
Caus. verstreichen lassen, unbeacht
lassen. व्यति verstreichen, vorübe
schreiten, vernachlässigen, übertrete
समति dass. अनु nachfolgen; durcl
gehen, anfzählen, anführen. अप we
gehen, davonlaufen, fliehen vor (Abl.
आ herantreten, kommen, besteige
betreten; angreifen, überwältigen, übe
treffen. अध्या betreten, einnehme
समा auf etwas treten (Acc.), au
= vor. उद् hinaufschreiten, hinau
gehen, dahinfahren (Leben); si
einer Sache (Acc.) entziehen. उप (ge
Med.) an etwas herantreten, anfange
beginnen (Acc., Dat. o. Inf.). सम्
(gew. Med.) dass. (mit Inf.) नि
hinausgehen aus (Abl.), entweiche
निष्क्रान्त = exit (d.). विनिस् hinau

schreiten, hervorgehen aus (*Abl.*). परि herumgehen (*bes. vom Schauspieler auf der Bühne*). प्र ausgehen, aufbrechen, weitergehen; anfangen (*gew. Med.*). वि (*gew. Med.*) ausschreiten, aus dem Wege gehen; durchschreiten, erschreiten (*Acc.*); angreifen, tapfer sein; *p.p.* विक्रान्त mutig, tapfer. सम् zusammentreten, sich bewegen zu (*Acc.*), übergehen von (*Abl.*), auf (*Loc.*); *p.p.* संक्रान्त übergegangen von (*Abl.*), auf (—°). *Caus.* संक्रामयति hinführen, überführen in (*Acc.*).

क्रम *m.* Schritt, Gang, Lauf, Verlauf, Art und Weise, Ordnung, Reihenfolge; Art Recitation (*des Veda*). क्रमेण, °मात् *u.* °मतस् der Reihe nach. क्रम (°—), क्रमेण *u.* °मात् nach und nach, allmählich, endlich. क्रमेण (—°) im Laufe des *o.* der.

क्रमण *m.* Schritt; *n.* das Schreiten, Treten

क्रमदीश्वर *m. N. eines Grammatikers.*

क्रमपाठ *m.* eine bestimmte Recitationsweise (*des Veda*).

क्रमप्राप्त ererbt.

क्रमयोग *m.* Reihenfolge.

क्रमशस् *Adv.* der Reihe nach, nach und nach, allmählich.

क्रमागत *u.* क्रमायात durch Erbschaft über kommen, ererbt.

क्रमिक ererbt, successiv.

क्रमुक *m.* Betelnussbaum.

क्रमेल *u.* °क *m.* Kamel.

क्रय *m.* Kauf, Kaufpreis.

क्रयण *n.* das Kaufen.

क्रयविक्रय *m. Sg. u. Du.* Kauf und Verkauf. °क्रयिन् kaufend und verkaufend, handelnd.

क्रयिक *u.* क्रयिन् *m.* Käufer.

क्रय्य käuflich.

क्रविष्णु nach rohem Fleisch gierig.

क्रविस् *u.* क्रव्य *n.* rohes Fleisch, Aas.

क्रव्यगन्धिन् nach Aas riechend.

क्रव्यभोजन Fleisch fressend; *m.* Raubvogel.

क्रव्याद् Fleisch verzehrend; *m.* Raubtier.

क्रव्याद *dass.*

क्रष्टव्य zu schleppen, zu ziehen.

**क्रुञ्च्** *u.* **क्रुञ्च** *m.* Brachvogel.

**क्रुध्, क्रुध्यति (क्रुध्यते)** zürnen, zornig sein (*Dat. o. Gen.*); *p.p.* **क्रुद्ध.** *Caus.* **क्रोधयति** erzürnen. **अभि** zürnen auf (*Acc.*). **सम्** = *Simpl.*

2. **क्रुध्** *f.* Zorn.

**क्रुध** = 1. **क्रुध्** (*g.*).

**क्रुध्मि** reizbar.

**क्रुमु** *f. N. eines Flusses.*

**क्रुमुक** *m.* Spahn zum Auffangen des Feuers (*r.*).

**क्रुश्, क्रोशति (क्रोशते)** schreien, wehklagen, anrufen. **अनु** anschreien, *Caus.* Mitleid zeigen. **आ** anschreien, herausfordern, wetteifern. **उप** unmutig sein, sich verantworten, trotzen. **प्र** aufschreien, anschreien. **सम्** zusammen schreien.

**क्रूड्, क्रूडयति** dick machen.

**क्रूर** wund, blutig, roh, hart, grausam, furchtbar; *n.* Wunde, Rohheit, Grausamkeit.

**क्रूरता** *f.* Grausamkeit.

**क्रेतर्** *m.* Käufer.

**क्रेतव्य** *u.* **क्रेय** käuflich.

**क्रोड** *m.* Brust, Höhlung; Eber.

**क्रोडवाल** *m.* Schweinsborste.

**क्रोध** *m.* Zorn, Grimm.

**क्रोधचक्षुस्** *n.* zorniges (*eig.* Zornes-)Auge.

**क्रोधन** *u.* **क्रोधिन्** zornig, heftig.

**क्रोश** *m.* Schrei, Ruf; Rufweite (*als Wegemaſs*).

**क्रोशन** schreiend; *n.* das Schreien.

**क्रोष्टर्** schreiend, wehklagend; *m.* Schakal.

**क्रोष्टु** *u.* **क्रोष्टुक** = *vor. m.*

**क्रौञ्च** *m.*, **ई** *f.* Brachvogel.

**क्लिश्, क्लिश्नाति** *u.*
lästigen, bekümme
verletzt; gezwung
**क्लेशयति** = *Simpl.*
leidend, abgezehrt,

**क्लीब** entmannt, im
feig; *m.* Eunuch,
ling; *n.* das Neutr

**क्लीबता** *f.*, **°त्व** *n.* Im

**क्लेद** *m.* Feuchtigkeit.

**क्लेदन** nässend.

**क्लेश** *m.* Plage, Qual,

**क्लेशिन्** plagend, beei

**क्लैब्य** *n.* Impotenz, Sc

**क्लोमन्** *m. n.* die rech

**क्लोश** *m.* Zuruf.

**क्व** wo? wohin? wozu
**अह, इद्, नु** *u.* **स्वि**
*indef.* irgendwo. **ह्**
zu jenem? (*eig.* wo
*Mit* **अपि** *u.* **चिद्** irg
irgend wann. **क्व**
—dort, bald—bald
**अपि, चिद्, च**
nirgendwohin.

**क्वण्, क्वणति** aufschr
summen.

**क्वणित** *n.* das Klingen

**क्वथ्, क्वथति, °ते** koch
*intrans.*).

**क्वाथ** *m.* Decoct, Extr

**क्वथन** *n.* das Kochen.

**क्वयि** *m.* ein best. Vog

**क्वल** *m. Pl.* Art Beere

**क्वसु** *das Suffix* **वंस्** (*g*

duld, Nachsicht; die Erde.

क्षमता *f.*, °त्व *n.* das Können, Imstandesein.

क्षमालिङ्गात्मपीडावन्त् wobei der Nachweis der Nachsicht und der eigene Schaden angegeben ist (*j.*).

क्षमावन्त्, क्षमाशील *u.* क्षमिन् geduldig, nachsichtig, mitleidig.

क्ष॑म्य irdisch.

1. क्ष॑य wohnend; *m.* Wohnung, Sitz, Ort, Stamm, Volk.

2. क्षय *m.* Schwund, Verlust, Verfall, Untergang, Ende. *Acc. mit einem Verb. des Gehens:* schwinden, abnehmen, zu Grunde gehen.

क्षयकर vernichtend, tilgend (—°).

क्षयकर्तृ *u.* °कृत् *dass.*

1. क्षयण॑ (क्ष॑यण) wohnlich.

2. क्षयण vernichtend, tilgend (—°).

क्षयिता *f.*, °त्व *n.* das Schwinden, Vergänglichkeit.

क्षयिन् schwindend, abnehmend, vergänglich.

क्षयिष्णु vergänglich; vernichtend.

क्षर्, क्ष॑रति (क्षरते) flieſsen, strömen, zerrinnen, schwinden. *Caus.* क्षारयति flieſsen lassen. अव begieſsen; *Caus.* herabflieſsen lassen, auf (*Acc.*).

sichtig.

**क्षान्तिशील** *m. Mannsname.*

**क्षाम** angebrannt, ausgedörrt; mager, schmächtig; gering, unbedeutend.

**क्षामक्षाम** ganz dürr *o.* mager.

**क्षामन्** *n.*, **क्षामि** *f.* die Erde.

**क्षामी कर्** verkürzen.

**क्षार** ätzend, salzig schmeckend; scharf. *m.* (*n.*) ein ätzender, scharfer Stoff.

**क्षारलवण** *n. Du.* Ätzendes und Salz.

**क्षाल** *m.* das Waschen.

**क्षालन** *n. dass.*; *Adj.* abwaschend (*auch übertr.*).

1. **क्षि, क्षेति, क्षियति, क्षयति** wohnen verweilen, bewohnen; besitzen, beherrschen (*Gen.*). *Caus.* **क्षययति** *u.* **क्षपयति** ruhig wohnen machen. **अधि** wohnen bei *o.* in, sich ausbreiten über *o.* unter (*Acc. o. Loc.*). **उप** wohnen, weilen an, hangen an, abhängen von (*Acc.*).

2. **क्षि, क्षिणाति, क्षिणोति** *u.* **क्षयति** vernichten, zerstören, verderben, schwächen; **क्षीयते** schwinden, abnehmen, zu Grunde gehen. *p.p.* **क्षित** *u.* **क्षीण**. *Caus.* **क्षययति** *u.* **क्षपयति, °ते** vernichten, zerstören, herunterbringen, zubringen (*Zeit*). *p.p.* **क्षयित** *u.* **क्षपित**. **प्र** = *Simpl.*; *p.p.* **प्रक्षीण** zerstört, erschöpft, vermindert.

**क्षित्** (—°) bewohnend; Bewohner.

1. **क्षिति** *f.* Wohnsitz, Erde; *Pl.* die Wohnsitze *d. h.* Stämme, Völker, Menschen Geschlechter.

2. **क्षिति** *f.* Untergang, Verderben.

**क्षिप्त** (*s.* क्षि

(**क्षिप्रेषु** =)

क्षीण (s. 3. क्षि) erschöpft, abgezehrt.
क्षीणता f., °त्व n. Erschöpfung, Schwund
क्षीणायुस् dessen Leben erschöpft ist, dem Tode verfallen.
क्षीब (क्षीव) betrunken, aufgeregt. *Abstr.* °ता f., °त्व n.
क्षीर n. Milch; Milchsaft (*der Pflanzen*).
क्षीरक्षय Milchschwund (*im Euter*).
क्षीरनिधि m. das Milchmeer.
क्षीरनीर (°—) Milch und Wasser.
क्षीरप Milch trinkend; m. Säugling, Kind.
क्षीरवन्त् voll Milch.
क्षीरवृक्ष m. ein Baum mit Milchsaft (*Bez versch. Bäume*).
क्षीरसमुद्र u. °सागर m. das Milchmeer.
क्षीरस्निग्ध feucht von Milchsaft.
क्षीरस्वामिन् m. *N. eines Grammatikers.*
क्षीरान्न n. Milchreis.
क्षीरिन् milchreich.
क्षीरोद u. °धि m. das Milchmeer
1. क्षु, क्षौति niesen. 2. क्षु n. Speise.
क्षुण्ण s. क्षुद्.
क्षुत् f., क्षुत n. das Niesen.
क्षुद्, क्षोदति stampfen, zermalmen, terere *p p.* क्षुण्ण.
क्षुद्र klein, winzig, niedrig, gemein, böse.
*क्षुद्रघण्टिका f. Glöckchen (*zum Schmuck*).
क्षुद्रजन्तु m. ein kleines Tier; ein geringer Mensch.
क्षुद्रबुद्धि m. *N. eines Schakals (eig.* von gemeiner Gesinnung).
क्षुद्रशत्रु m. ein kleiner Feind.
1. क्षुध्, क्षुध्यति hungrig sein; *p.p.* क्षुधित hungrig.
2. क्षुध् f. Hunger.
क्षुधा f. *dass.* °कर Hunger bewirkend.
क्षुधार्त von Hunger gequält.
क्षुधालु u. क्षुध्मन्त् hungrig.
क्षुप u. °क m. f. (आ) Staude, Busch.
क्षुब्ध *s. folg.*
1. क्षुभ्, क्षुभ्यति, °ते zittern, schwanken, erregt werden (*auch übertr.*). *p.p.* क्षुब्ध u. क्षुभित erregt. *Caus.* क्षोभयति (°ते) zum Schwanken bringen, erregen, aufwühlen, erschüttern. प्र, वि u. सम् *dass.*
2. क्षुभ् f. Ruck, Stoß.

f. क्षुरिका

क्षेत्रविद्
क्षेत्रिक u

## ख

**खं** *n.* Öffnung, Loch (*bes. am menschlichen Leibe*); Achsenloch (*am Wagen*); Luft. *f.* **खा** Quelle.

**खग** in der Luft sich bewegend, fliegend; *m.* Vogel.

**खगपति** *m.* König der Vögel, *Bein. Garuḍa's.*

**खगम** = **खग** *Mannsname.*

**खगाधिप** *u.* **खगेन्द्र** = **खगपति.**

**खच्**, **खचति** scheinen, durçhschimmern; *p.p.* **खचित** funkelnd, schimmernd von, besetzt mit (—°).

**खचर** = **खग.**

**खज** *m.* Umrührung, Quirlung, Schlachtgewühl. *f.* **खजा** Rührstock.

**खजल** *n.* Nebel, Thau (*eig.* Luftwasser).

**खञ्ज्**, **खञ्जति** hinken.

**खञ्ज** hinkend, lahm. *Abstr.* **°ता** *f.*, **°त्व** *n.*

**खञ्जन** *u.* **°क** *m.* Bachstelze.

**खञ्जरीट** *u.* **°क** *m. dass.*

**खटिका** *u.* **खटिनी** *f.* Kreide.

**खट्वा** *f.* Bettstelle; (Kranken-) Bett.

**खट्वाङ्ग** *m.* eine bettfufsähnliche Keule (*bes. als Waffe Civa's.*)

**खट्वातल** *n.* Platz unter dem Bett.

**खट्वाङ्गधर**, **°धार**, **°भृत्** *u.* **खट्वाङ्गिन्** Keulenträger (*Bein. Çiva's*).

**खड** *m.* ein best. saures Getränk.

**खड्ग** *m.* Schwert, Degen; Rhinoceros.

**खड्गधर** ein Schwert tragend; *Mannsname.*

**खड्गपाणि** ein Schwert in der Hand haltend.

**खड्गप्रहार** *m.* Schwertstreich.

**खड्गविद्या** *f.* Fechtkunst.

**खड्गहस्त** = **खड्गपाणि.**

**खड्गिन्** mit einem Schwerte bewaffnet.

**खण्ड** lückenhaft, mangelhaft, nicht voll (*Mond*); *m. n.* Stück, Teil, Abschnitt (*auch* **°क** *m.*), Anzahl, Menge.

**खण्डधारा** *f.* Art Musikstück *o.* Tanz.

**खण्डन** zerstückelnd, vernichtend; *n.* das

Zerstückeln, Verletzung, Beseitigung, Unterbrechung, Widerlegung, Hintergehung.

खण्डय्, °यति zerstückeln, verletzen, beseitigen, unterbrechen, widerlegen, hintergehen.

खण्डशस् *Adv.* in Stücke(n).

खद्, खदति hart sein.

खदा *f.* Höhle; Hütte, Stall.

खदिर *m. N. eines Baumes*

खद्योत *m.* ein leuchtendes, fliegendes Insekt.

खन्, खनति, °ते graben, aufgraben, durchwühlen. *p.p.* खात. — उद् ausgraben, ausreifsen, ausrotten. नि eingraben, einbohren.

खन wühlend; *m.* Grube.

खनक *m.* Gräber.

खनन *n.* das Graben, Durchwühlen.

खनि wühlend; *f.* Mine, Fundort,

खनितर् *m.* Gräber.

खनित्र *n.*, खनित्रा *f.* Schaufel.

खनित्रिम ergraben.

खन्य aus Gruben kommend.

खर hart, rauh, scharf (*auch übertr.*); *m.* Esel, Maultier (*f.* खरी).

खरमयूख *u.* खरांशु *m.* Sonne.

खर्ज्, खर्जति knarren.

खर्जूर *m.*, ई *f. N. eines Baumes, n. seiner Frucht.*

खर्पर *n.*, ई *f.* ein best. Mineral.

खर्म *n.* Grobheit, Rauhheit.

खर्व verstümmelt, krüppelhaft, schadhaft.

1. खल *m.* Scheune, Tenne.

2. खल *m.* Bösewicht; *f.* आ.

खलति kahlköpfig; *m.* Kahlköpfigkeit.

खलर्थ die Bedeutung des Suffixes khal habend (*g.*).

खलु *etwa* = quidem; freilich, allerdings, ja, doch, nun. खलु वै freilich, gewiss. नुखलु nun aber; न खलु doch nicht; ja nicht; खल्वपि nun aber auch.

खल्य in der Scheune befindlich.

खल्ल्, खल्लते wackeln; *p.p.* खल्लित schlaff.

खल्ल *m.* Düte.

खल्व *m.* eine best. Frucht.

खल्वाट kahlköpfig.

खस *m.* der Sohn eines ausgestofsenen Kshatriya; *Pl. Volksname.*

खाञ्ज्य *n.* das Hinken.

खाण्डव *m. n.* Leckerbissen; *N. eines Waldes.*

खात (*s.* खन्) *m. n.* Grube, Brunnen, Teich; *n.* Höhlung.

खातर् *m.* Gräber.

खात्र *n.* Bresche.

खाद्, खादति (खादते) kauen, essen, fressen, verzehren, verderben. *Caus.* खादयति essen lassen, von (*Instr.*); *auch* = *Simpl.*

खाद verzehrend (—°); *m.* Futter.

खादक *m.* Esser, Verzehrer.

खादिका *f.* (—°) das Essen, Verzehren.*

खादन *n.* das Kauen, Essen.

खादयितव्य verzehren zu lassen.*

खादि Spange, Ring.

खादितर् Esser, Verzehrer.

खादितव्य zu essen, zu verzehren.

1. खादिन् kauend (—°).

2. खादिन् mit Spangen *o.* Ringen geschmückt.

खादिर, *f.* ई aus dem Holz des Khadirabaumes gemacht.

खाद्य kaubar, essbar.

खान *n.* das Essen.

खानक grabend (—°); *m.* ein das Haus untergrabender Dieb.

खानि *f.* Grube, Mine.

खार *m.*, खारी *f.* ein best. Hohlmafs.

खार्वा *f.* das dritte Weltalter.

खालत्य *u.* खालित्य *n.* Kahlköpfigkeit.

खिद्, खिदति drücken; खिद्यते, °ति (खिदति) gedrückt, niedergeschlagen, schlaff sein. *p.p.* खिन्न niedergedrückt, ermüdet, erschlafft. *Caus.* खेदयति, °ते niederdrücken, ängstigen, bekümmern. परि *p.p.* = *Simpl.*

खिद्र *n.* Bohrer *o.* Hammer.

खिल *m.* ein wüstes Stück Land, Brachfeld; *n.* Ergänzung, Anhang.

खिल्य *m.* Klumpen, Stück (*auch* = *vor. m.*).

खील *m.* Pfosten.

खुद्, खुदति futuere.

खुर *m.* Huf, Klaue.

**खेलि** Spiel, Scherz.

**खोट** *u.* **खोर** hinkend.

**ख्या** (**ख्याति**) sehen *o.* sichtbar werden; *Pass.* **ख्यायते** bekannt sein, genannt werden, heifsen; *p.p.* **ख्यात** genannt, bekannt, berühmt. *Caus.* **ख्यापयति** bekannt machen, verkünden, offenbaren, aussagen, rühmen, preisen **अन्तर्** erkunden. **अभि** erblicken, ge-

# ग

**ग** gehend in *o.* zu befindlich in, bezüglich auf (—°).

**गगण** *o.* **गगन** *n.* Luft, Himmel.

**गगनप्रतिष्ठ** in der Luft befindlich.

**गगनविहारिन्** am Himmel wandelnd.

**गगनस्पृश्** zum Himmel reichend.

**गगनोज्ज्वल** himmelstrahlend.*

**गङ्गा** *f.* die Gangâ (*oft personif.*).

**गच्छति** *etc. s.* **गम्**.

**गज** *m.* Elefant; *f.* **ई** weiblicher Elefant.

**गजदन्त** *m.* Elfenbein.

**गजपुंगव** *m.* Elefantenheld (*eig.* -stier).

**गजपुर** *n. N. der Stadt Hâstinapura.*

**गजमद** *m.* Brunstsaft des Elefanten.

**गजयूथ** *m.* Elefantenherde.

**गजसाह्वय** *u.* **गजाह्वय** *n.* = **गजपुर**.

**गजेन्द्र** *m.* ein stattlicher Elefant.

**गञ्ज** Schatzkammer; *f.* **आ** Schenke; Hanf.

**गञ्जन** verachtend, übertreffend (—°).

**गडि** *m.* junger Stier.

**गडु** Auswuchs am Körper.

**गण** *m.* Schar, Anhang, Gefolge (*bes. göttliches*); Halbgott, Dämon, Kobold; Versammlung, Vereinigung; Wortgruppe (*g.*); Versfufs *o.* Takt.

**गणक** *m.* Rechner, Astrolog.

**गणच्छन्दस्** *n.* Taktstrophe.

**गणदास** *m. Mannsname.*

**गणन** *n.* das Aufzählen, Herzählen (*auch f.* **आ**); das Hochrechnen, Anschlagen.

**गणनाथ** *u.* **गणनायक** *m.* = **गणेश**.

**गणप** *m. dass.*; Vereinsvorsteher.

**गणपति** *m.* Scharenführer; der Gott Gaṇeça.

गणपाठ *m.* Wortgruppenverzeichnis (*g.*).

गणय्, °यति (°यते) zählen, berechnen, schätzen, halten für (2 *Acc.*), erwägen, berücksichtigen; *p.p.* गणित. *Mit* न nicht achten, für nichts halten. परि zählen, berechnen. वि *dass.*, bedenken, erwägen.

गणवृत्त *n.* = गणच्छन्दस्.

गणशस् *Adv.* scharenweise.

गणिका *f.* Hetäre.

गणित (*s.* गणय्) gezählt, gerechnet; *n* das Rechnen.

गणिन् eine Schar bildend mit, umgeben von (*Instr.*).

गणेश *m.* der Gott Gaṇeça (*eig.* Scharenherr); *auch Bein.* *Çiva's.*

गण्ड *m.* (*adj.* —° *f.* आ *u.* ई) Wange, Seite des Gesichts, Seite.

गण्डलेखा *f.* Backengegend.

गण्डस्थल *n.*, °ली *f.* (*adj.* —° *f.* आ *u.* ई) Wange.

गण्डु Kopfkissen.

गण्डूष *m. n.* ein Mundvoll Wasser, Schluck.

गण्य in Reihen bestehend; zu zählen, zu rechnen, zu beachten.

गत (*s.* गम्) gekommen, gegangen, geraten in; befindlich in, an, auf; haftend an (*Acc.*, *Loc. o.* —°); gerichtet, bezüglich auf (—°); vergangen, verflossen, verschwunden, dahin (*oft* °— = -los, ohne —); betreten, erreicht. *n.* Gang, Art und Weise.

गतजीव *u.* °जीवित leblos, tot.

गतपार der sein Ziel erreicht hat.

गतपूर्व früher betreten.

गतप्राण entseelt, tot.

गतप्राय beinahe vergangen.

गतमात्र kaum, eben gegangen.

गतयौवन *u.* गतवयस् dessen (deren) Jugend dahin ist.

गतसार wertlos, nichtig.

गतागत gehend und kommend; *n. Sgl. u. Pl.* das Gehen und Kommen.

गतागति *f.* = *vor. n.*

गताध्वन् der einen Weg gemacht hat.

गतानुगतिक dem gegangenen nachgehend sich in demselben Geleise bewegend.

**गन्धार** *u.* **गन्धारि** *m. Pl. N. eines Volkes.*

**गन्धि, गन्धिक** *u.* **गन्धिन्** (—°) riechend nach; nur den Geruch, *d. h.* ein Weniges von — habend, an — erinnernd.

**गभ** *m.* vulva.

**गभस्तल** *n. N. einer Hölle.*

**गभस्ति** *m.* Arm, Hand; Strahl.

**गभस्तिमन्त्** strahlend; *m.* Sonne.

**गभीर** tief (*auch übertr.*), unergründlich, grenzenlos, verborgen, geheim. °— *u. n. adv.*

**गम्, गच्छति** *u.* **°ते, गमति, गन्ति** gehen, kommen, gelangen zu (*Acc., Loc., Dat.*); inire (*feminam*); fortgehen, vergehen, sterben; wahrnehmen, erkennen (*mit o. ohne* **मनसा**); *bes. Pass.* verstanden, gedacht werden, gemeint sein. *Drückt mit einem Partic. Praes. Dauer aus:* **जीवन्गच्छति** er bleibt leben. *Ist in Verb. mit dem Acc. eines Abstr. oft durch* werden *mit dem betr. Adj. oder durch das Pass. des betr. Verbs zu übersetzen:* **हर्षं गच्छति** er wird froh; **उपालम्भनं गच्छति** er wird getadelt. *Mit* **अश्वैस्** fahren. *Mit* **प्रतीपम्** sich widersetzen. *Mit* **दोषेण** *o.* **दोषतस्** jemd. (*Acc.*) beschuldigen. *Anderes s. unter dem betr. Nomen o. Adv. — p.p.* **गत** *s. bes. — Caus.* **गमयति** *u.* **गमयते** gehen *o.* kommen machen, in Bewegung setzen, fortschicken, hinbringen (*Zeit*); jemd. (*Acc.*) zu etwas bringen, verhelfen, verwandeln (*Acc., Dat., Loc.*); jemd. (*Acc.*) durch jemd. (*Instr.*) zum Gehen bringen. *Desid.* **जिगमिषति** *u.* **जिगांसति** gehen wollen. *Intens.* **गनीग-**

**अन्तर्** *p.p. s. bes.* —

sich niederlassen auf *o.* bei (*Acc. o. Loc.*), gelangen zu, eintreten. निस् hinausgehen, hervorkommen aus (*Abl.*), nach (*Acc.*); hervorbrechen, erscheinen; fortgehen; schwinden, weichen; geraten, fallen in (*Acc.*). विनिस् hinausgehen, hervortreten; sich entfernen, weichen. परा weggehen. परि umhergehen, umwandeln, durchwandern, sich ausbreiten, teilhaft werden, erlangen; *p.p.* परिगत durchwandert, umschlossen, umgeben, erfüllt von (*Instr. o.* —°); erfahren, kennen gelernt. प्र aufbrechen, hingehen zu (*Acc.*). प्रति entgegengehen, zurückkehren. वि auseinandergehen, weggehen, verschwinden; *p.p.* विगत hingegangen, gestorben, verschwunden, gewichen, entfernt (*oft* °— = -los, ohne —; *vgl.* गत). *Caus.* hinbringen (*Zeit*). सम् (*meist Med.*) zusammenkommen, -treffen (*freundl. u. feindl.*), sich vereinigen mit, coire (*Instr. mit u. ohne* सह *o.* सार्धम्), sich einfinden bei (*Loc.*), zutreffen (*absol.*); *p.p.* संगत versammelt, vereinigt, zutreffend, angemessen, übereinstimmend mit (—°). *Caus.* zusammenbringen, -führen, verbinden.

गम gehend, wandelnd (—°); *m.* Weggang, Aufbruch; Begattung.

गमक zeugend von (*Gen*). *Abstr.* °ता *f.*, °त्व *n.*

गंमध्यै (*Dat. Inf.*) zu gehen, zu kommen.

गमन *n.* das Kommen, Gehen, Hingehen, Gang, Bewegung; *auch* = गम *m.*

गमनीय zugänglich, erreichbar, für (*Gen.*).

गमागम *m.* das Gehen und Kommen, Hin- undhergehen.

*गमिन् iturus.

गंमिष्ठ (*Superl.*) gern kommend, sich zu (*Acc.*) begebend.

गमिष्णु gehend, *auch* iturus.

गंभन् Tiefe.

गंभिष्ठ *Superl. zu* गभीर.

गम्भीर = गभीर.

गम्भीरशंस in der Tiefe herrschend.

गम्य eundus, zu dem man gehen soll *o.* kann, zugänglich (*auch im geschlechtl. S.*), thunlich, heilbar, erkennbar, verständlich, passend, geeignet. *Abstr.* °ता *f.*, °त्व *n.*

गंय *m.* Haus, Hof, Hausstand, Familie; *f.* गया *N. eines Wallfahrtsortes.*

गयस्फान den Hausstand mehrend.

1 गर्, गृणाति, गृणीते (*auch pass.*), गिरति, °ते anrufen, preisen, rühmen; verkünden. अनु ins Lob einstimmen; *beistimmen (*Dat.*). अभि begrüſsen, preisen. उप anrufen, loben. प्र besingen, preisen. प्रति anrufen, begrüſsen, *beistimmen (*Dat.*).

2. गर्, गिरति *u.* गिरति, गिरते, गिलति (गृणाति) verschlingen, verschlucken; *p.p.* गीर्ण. — उद् ausspeien; ausstoſsen (*Rede*). नि hinunterschlingen. सम् — *Simpl.*

3. गर्, *Intens.* जागर्ति (जागरति, जाग्रति, °ते *u.* जागृमि) wachen, erwachen, aufmerken, bedacht sein; *Partic.* जागृवंस् munter, eifrig. *Caus.* जागरयति (*Aor.* अजीगर्) erwecken, ermuntern, erregen.

गर verschlingend (—°); *m.* Trank; Gift (*auch n.*).

गरल *n.* Gift.

गरिमन् *m.* Schwere, Würde, Macht.

गरिष्ठ *u.* गरीयंस् *Superl. u. Comparat. zu* गुरु, *w. s.*

गरीयस्त्व *n.* Schwere, Wichtigkeit.

गरुड *m. N. eines mythischen Vogels.*

गरुत् Flügel.

गरुत्मन्त् geflügelt; *m.* der Vogel Garuḍa; Vogel.

गर्ग *m. Mannsname; f.* आ *u.* ई *Frauenn.*

गर्गर *m.* Strudel; *f.* गर्गरा *u.* ई Butterfass.

गर्ज्, गर्जति (°ते) brüllen, tosen, donnern; schwatzen, plappern, prahlen. अभि anbrüllen. प्रति entgegenbrüllen, sich widersetzen, wetteifern mit (*Gen. o. Instr.*).

गर्ज *m.*, °न *n.* Gebrüll, Getöse.

गर्जित *n. dass.*, polterndes Wesen, Groſsthuerei.

गध्, गृध्यति rasch schreiten, gierig sein; *p.p.* गृद्ध gierig, nach (*Loc.*).
गर्ध *m.* Gier, Verlangen nach (—°).
गर्धिन् gierig, verlangend nach (—°).
गर्भ *m.* Mutterleib, Schoofs, das Innere (*adj.* —° etwas im Inneren enthaltend); Leibesfrucht, Embryo, Brut, Spross, Frucht, Keim, Kind.
*गर्भक *m.* eine Art Blumenkranz.
गर्भकाल *m.* die Zeit der Schwangerschaft.
गर्भगत im Mutterleibe ruhend.
गर्भगृह *u.* गर्भगेह *n.* Schlafstube.
गर्भग्रह *m.*, °ग्रहण *n.* Empfängnis.
गर्भता *f.*, °त्व *n.* Schwangerschaft.
गर्भदास ein geborener Sklave (*f.* ई*).
गर्भध Leibesfrucht gebend, schwängernd.
गर्भधरा *f.* schwanger.
गर्भधारण *n.* Schwangerschaft.
गर्भधि *m.* Brütort, Nest.
गर्भवती *f.* schwanger.
गर्भवसति *f.*, °वास *m.* Mutterleib.
गर्भवेश्मन् *n.* inneres Gemach, Wochenstube.
गर्भस्थ im Mutterleibe ruhend.
गर्भाधान *n.* Befruchtung.
गर्भाष्टम *m.* das achte Jahr nach der Empfängnis.
गर्भिन् schwanger (*auch übertr.*), mit (*Acc. o. Instr.*); *f.* °णी eine schwangere Frau.
गर्भेश्वर *m.* ein geborner Herrscher.
गर्मुत् *f.* eine Bohnenart.
गर्व *m.* Stolz, Hochmut.
गर्वगिर् *f. Pl.* Prahlereien.
गर्वित hochmütig, stolz auf (*Instr. o.* —°).
गर्ह्, गर्हते (°ति), गर्हयते (°ति) schelten, schwinden. *p.p.* गलित [illegible] fehlend. *Caus.* गालयति auflösen, schmelzen. [illegible] -sinken, zerfliefsen, zerrin[illegible] flossen, zerronnen.
गल *m.* Hals; °हस्त *m.* das[illegible] Halse.
गलितक *m.* Art Tanz *o.* Ge[illegible]
गल्दा *u.* गल्दा *f.* Gerinne,
गल्ल *m.* Backe.
गल्वर्क *m.* Krystall.
गव (°— *u.* —°), *f.* ई Kuh,
गवय *m.* Art Rind, *f.* ई.
गवल *m.* Büffel.
गवाक्ष *m.* rundes Fenster (*eig.*
गवांपति Stier (Rinderherr[illegible] Agni (Strahlenherr).
गविष् *u.* गविष nach Kü[illegible] brünstig; begierig, leiden[illegible]
गविष्टि *dass.*; *f.* Brunst, Begi[illegible] begierde, Kampf.
गविष्ठ *m.* Sonne.
गवीधुमत् *n. N. einer Stadt.*
गवीनिका *u.* गवीनी *f. Du.* (*am Unterleibe*).
गवेष्, °षते, °षयति *u.* °ते su[illegible]
गवेषण brünstig, kampflustig
गवेषिन् (—°) suchend.
गव्य्, *nur Partic.* गव्यन्त् [illegible] begehrend, brünstig, kam[illegible]
गव्य *o.* गव्य *Adj.* Rind-; *f.* ग[illegible] Rindern, Kampflust.
गव्यय, *f.* ई rindern.
गव्ययु nach Rindern begierig.
गव्यु = गव्यन्त्, *s.* गव्य्.

gehen; umgehen, vermeiden. प्र vorwärts-, fortgehen. अपप्र fortgehen, weichen.

2. गा, गायति (°ते) *u.* गाति singen, besingen (*Acc.*) jemd. vorsingen (*Dat.*), zu jemd. sprechen (*Acc.*); *Pass. auch* genannt werden, heifsen; *p.p.* गीत gesungen, besungen, genannt. अच्छ herbeisingen, -rufen. अनु nachsingen; *p.p. s. bes.* — अभि jemd. (*Acc*) zusingen. आ *dass.* उद् anstimmen, singen. उप jemd. (*Dat.*, *Loc. o. Acc.*) zusingen. नि mit Gesang begleiten, singen. प्र zusingen (*Dat.*). सम् zusammen singen. *p.p.* संगीत *s. bes.*

गाङ्ग, *f.* ई *Adj.* Ganges-; *m. Bein. Bhîshma's*

गाङ्गेय *u.* गाङ्ग्य *dass.*

गाढ tief, stark, fest, heftig; °— *u. n. adv.*

गाढता *f.*, °त्व *n.* Tiefe, Heftigkeit, Stärke

गाढानुरागिन् von tiefer Leidenschaft.

गाणपत्य *u.* गाणेश zu Gaṇeça gehörig; *m.* ein Verehrer des G.

गाण्डिव *u.* गाण्डीव *m. n.* Arjuna's Bogen.

गातर् *m.* Sänger.

गातवे (*Dat. Inf.*) zu gehen.

1. गातु *m.* (*f.*) Gang, Weg, Bahn, Raum Wohnung.

गार्ध्य *n.* G·

गाह्, गाहते (°ति) sich tauchen, eingehen in (*Acc.*) *p.p.* गाढ *s. bes.* अति auftauchen, sich erheben über (*Acc.*). अव *o.* व untertauchen, eindringen in, sich begeben nach (*Acc.*). उद् auftauchen; *p.p.* उद्गाढ übermäſsig, heftig. परि *u.* प्र *p.p.* परि° *u.* प्रगाढ *s. bes.* वि sich tauchen, hineinbegeben, einlassen, vertiefen in (*Acc.*).

गाहं *m.* Tiefe, das Innere.

गाहन *n.* das Eintauchen, Baden, Bad.

1. गिर् *s.* 1. गर्.

2. गिंर् *f.* Ruf, Wort, Lied, Loblied; Lobsänger; Spruch, Ausspruch, Rede, Sprache; गिरा auf den Rat, im Namen des (*Gen. o.* —°).

3. गिर्, गिल्, *s.* 2. गर्.

4. गिर् (—°) verschlingend.

5. गिंर् *m.* = गिरिं.

1. गिर (—°) = 2. गिर्.

2. गिर (—°) = *folg.*

गिरिं *m.* Berg.

गिरिकानन *n.* Bergwald.*

गिरिक्षित् bergbewohnend.

गिरिचरं bergdurchstreifend.

गिरिज berggeboren; *f.* आ Bergtochter (*Bein. der Gattin Çiva's*).

गिरिणदी *f.* Bergstrom.

गिरित्रं bergbeherrschend; *Bein. Rudra-Çiva's.*

गिरिधातु *m. Pl.* Bergerze.

गिरिनदी *f.* = गिरिणदी.

गिरिपति *m.* Bergkönig, hoher Berg.

गिरिपृष्ठ *n.* Bergrücken.

गीतक *n.* = *vor. n.*

गीतक्षम zum Ges

गीतगोविन्द *n. Ti*

गीतनृत्य *n.* Gesang

गीतवादन *n.* Gesa

गीताचार्य *m.* Gesa

गीति *f.* Gesang;

गीत्यार्या *f. N. eine*

गीथा *f.* Gesang.

गीर्ण *s.* 2. गर्.

गीर्वाण *m.* ein Got

1. गु, *nur Intens.* tönen lassen.

2. गु (—°) kommen

3. गु (*adj.* —°) = गो

गुंगुलु *n.* (*m.*) Bdel

गुङ्गुं *m. N. eines M* *schlecht. f.* गुङ्गू d

गुच्छ (*u.* *क) *m.* Bu

गुञ्ज्, गुञ्जति summ

गुञ्ज *m.*, गुञ्जित *n.* G

गुञ्जा *f.* die Guñjab

गुड *m.* Kugel (*auch* (*auch* °डिका *f.*);

*गुडधाना *f. Pl.* Getr

गुडमय, *f.* ई aus Z

गुडशर्करा *f.* Zucker

गुडोदक *n.* Zuckerw

गुडौदन *n.* Reisbrei

गुणं *m.* Faden, Sch sehne, Saite, Bes (°— fach, fältig) (*bes. der Politik* fernteres Objekt (g.); Eigentümlichkeit, Eigenschaft; die (fünf) Haupteigenschaften o. die (drei) Grundeigenschaften (ph.); Tugend, Vorzug, hoher Grad; äufsere Articulation, erste Steigerung der Vocale (g.). *Abstr.* °ता *f.*. °त्व *n.*

**गुणक** (*adj.* —°) = गुण Eigenschaft.

**गुणकर्मन्** *n.* unwesentliche, secundäre Handlung; entfernteres Objekt (*g.*).

**गुणकलुष** *n.* die Trübung *d. i.* das Zusammenfliefsen der Grundeigenschaften (*ph.*).

**गुणगृह्य** *u.* °ग्रह für Vorzüge empfänglich.

**गुणग्रहण** *n.* Empfänglichkeit für Vorzüge

**गुणग्राम** *m.* eine Menge von Tugenden *o.* Vorzügen.

**गुणग्राहिन्** = गुणगृह्य.

**गुणच्छेद** *m.* das Reifsen des Stricks (Schwinden der Vorzüge).

**गुणज्ञ** sich auf Vorzüge verstehend.

**गुणत्यागिन्** das Gute aufgebend.

**गुणभद्र** *m. N. eines Autors.*

**गुणभूत** untergeordnet, secundär.

**गुणमय** aus Fäden *o.* Vorzügen bestehend, die Grundeigenschaften enthaltend (*ph.*).

**गुणय्**, °यति vervielfachen, multiplicieren; *p.p.* **गुणित** vervielfacht, verstärkt; erfüllt von (—°).

**गुणवचन** *m. n.* Eigenschaftswort (*g.*).

**गुणवत्ता** *f.* Reichtum an Vorzügen *o* Tugenden.

**गुणवन्त्** mit einem Faden versehen; mit den fünf Haupteigenschaften begabt (*ph.*); tugendhaft, trefflich, löblich.

**गुणसंयुक्त** *o.* °संपन्न mit Vorzügen *o.* Tugenden begabt.

**गुणहीन** keine Vorzüge *o.* Tugenden besitzend.

**गुणागुण** *m. Pl.* Vorzüge und Mängel.

**गुणाढ्य** *m. N. eines Dichters* (Tugendreich).

**गुणान्तर** *n.* eine andere Eigenschaft. °राधान *n.* (*eig.* die Hinzufügung einer a. E.), die Zubereitung, Bearbeitung, Besorgung.

**गुणान्वित** mit Vorzügen *o.* Tugenden versehen.

**गुणाभिलाषिन्** nach Tugenden begehrend.

**गुणिन्** mit einem Faden versehen; Tone,

*mit* **अस्** *o.* **भू** sich unter-

*Gen.*); **गुणीभूत** jemd. (*Gen.*)

*p.p.* **गुम्फित**.

गुरुत्व n. dass.; prosodische Länge.

गुरुदक्षिणा f. Lehrerlohn, Lehrgeld.*

गुरुदार m. die Frau des Lehrers.

गुरुधुर् f. Pl. schwerer Dienst.

गुरुपत्नी f. = गुरुदार.

गुरुपूजा u. गुरुभक्ति f. Ehrenerweisung o. Ehrfurcht gegen den Lehrer.

गुरुभार्या f. die Frau des Lehrers.

गुरुलाघव n. die gröſsere oder geringere Wichtigkeit; prosodische Länge oder Kürze.

गुरुवास m. = गुरुकुलवास.

गुरुवृत्ति f. das (richtige) Betragen gegen den Lehrer; °पर sich desselben befleiſsigend.

गुरुशुश्रूषा f. Gehorsam gegen den Lehrer.

गुरुशुश्रूषु dem Lehrer gehorsam.

गुर्जर m., °री f. Guzerat.

गुर्वर्थ m. eine wichtige Sache; *auch* Sache des Lehrers, Lehrerlohn, Honorar; °र्थम् *adv.* für die Eltern *o.* für den Lehrer.

गुर्विणी f. eine Schwangere; *Name eines Metrums.*

गुल m. = गुड Melasse.

गुलिका f. Kugel, Spielball, Pille.

गुल्गुलु n. Bdellion.

गुल्फ m. Fuſsknöchel.

गुल्म m. (n.) Strauch, Busch, Trupp.

गुवाक m. Betelnussbaum.

1. गुह्, गूहति, °त verbergen, verhüllen, geheim halten; *p.p.* गूढ (गळ्ह) verhüllt, geheim; *n.* गूढम् *adv.* अभि *dass.* अव *u.* उप *dass.*; umarmen. नि verdecken,

गृध्रपा m. Art Habicht

गूढ (s. गुह्) n. Dunke

गूढोत्पन्न = गूढज.

गूर्त s. गुर्.

गूर्ति f. Beifall, Lob.

गूर्द m. Sprung

गूर्धय्, गूर्धयति preise

गूहन n. das Verberge

गृ s. 1. 2. 3. गर्.

गृञ्ज m. *einer Pflanze.*

गृञ्जन u. °क m. Art Zw

गृत्स rasch, gewandt, k

गृत्समद m. N. *eines Nachkommen.*

गृद Aftergegend (*beim*

गृध्नु rasch, hastig, nach (*Loc. o.* —°).

गृध्नुता f. Gier, Verlang

गृध्य gierig begehrt; langen nach (—°).

गृध्यिन् gierig, verlang

गृध्र *dass.*; m. Geier; *f.*

गृध्रकूट m. N. *eines Be*

गृध्रपति, गृध्रराज् u. °

(*Bein. Jaṭâyu's*).

गृभ् f. Griff. गृभे (*Da*

गृभ m. Griff.

गृभय्, गृभयति ergreif

गृभाय्, °यति dass. अ

annehmen. उद् einhalten. सम् zusammenfassen, ergreifen.

गृभि in sich fassend, enthaltend (*Gen.*).

गृभीत s. ग्रभ्.

गृष्टि *f.* Färse; junges Tierweibchen (—°).

गृह (—°) ergreifend, fortreiſsend.

गृह *m.* Diener (Anfasser); *m.* (*n.*) Haus (Umfassung), Wohnung (*oft Pl.*); —° Tempel des —, Laube aus —; *m. Pl.* die Hausgenossen, Familie; *n.* Zodiacalbild, astrologisches Haus.

गृहकपोत *u.* *°क *m.** Haustaube.

गृहकार्य *u.* गृहकृत्य *n.* häusliches Geschäft

गृहज im Hause geboren.

गृहजन *m.* Familie.

गृहजात = गृहज.

गृहदाह *m.* Feuersbrunst.

गृहदीप्ति *f.* Glanz, Zierde des Hauses, Hausehre (*Gattin*).

गृहदेवता *f. Pl.* die Hausgötter.

गृहद्वार *n.* Hausthür.

गृहप *m.* Hauswächter.

गृहपति *m.* Hausherr, Hausvater; *Bein Agni's.*

गृहपत्नी *f.* Hausfrau.

गृहपाल *m.* = गृहप.

गृहबलि *m.* Hausopfer.

गृहभर्तर् *m.* Hausherr.

1. गृहमेध Hausopfer.

2. गृहमेध Hausopfer vollziehend *o.* genieſsend; *m.* brahmanischer Haushalter, Hausvater.

गृहमेधिन् = *vor.*; *f.* °नी brahmanische Hausfrau.

गृहरक्षा *f.* Hauswache.

गृहवास *m.* = गृहाश्रम.

गृहशुक *m.* Hauspapagei.

गृहस्थ im Hause des (—°) befindlich; *m* brahmanischer Hausvater.

गृहार्थ *m.* Hausangelegenheit.

गृहाश्रम *m.* der Stand des Hausvaters.

गृहि *m.* Hausherr.

गृहिन् ein Haus besitzend; *m.* = *vor.* *f.* गृहिणी Hausfrau, Gattin.

गृहीत s. ग्रभ्.

गृहीतचाप bogenführend.*

गृहीतधन्वन् *dass.**

गृहीतपाथेय mit Wegekost

गृहीताक्षर den Wortlaut vo

गॄ s. 2. गर्.

*गेण्डुक

गेय zu

गे

**गेातम** *m. N. eines Sängers; Pl. seines Geschlechts.*

**गेात्र** *n.* (*m.*) Kuhstall; Geschlecht, Geschlechtsname, Personenname; Enkel und best. spätere Nachkommen (*g.*) patronymisches Suffix (*g*).

**गेात्रज** in demselben Geschlecht geboren *o.* aus einem vornehmen Geschlecht stammend.

**गेात्रनामन्** (*u.* °नामधेय*) *n.* Geschlechts-Familienname.

**गेात्रभिद्** den Kuhstall spaltend (*Bein. Indra's*).

**गेात्ररिक्थ** *n. Du.* der Geschlechtsname und das Erbe.

**गेात्राख्या** *f.* Patronymicum (*g.*).

**गेात्रिन्** *m.* Geschlechtsgenosse, Blutsverwandter.

**गेात्व** *n.* Rindsnatur.

**गेाद** Rinder verleihend (*auch* गेादा); *f.* गेादा *Flussname.*

**गेादान** *n.* Rinderschenkung; Backenbart, die B.-Ceremonie (*r.*).

**गेादावरी** *f. N. eines Flusses.*

**गेादुह** (*Nom.* °धुक्) Kuhmelker, Kuhhirt.

**गेादेाह** *m.*, °न *n.* das Kuhmelken.

**गेाध** *m. Pl. Volksname*; *f.* गेाधा Bogensehne, Saite, Schutzleder (*vom Schützen am linken Arm getragen*); Art Eidechse.

**गेाधन** *n.* Rinderbesitz, -herde, -station; *Mannsname.*

**गेाधूम** *m.* Weizen.

**गेानन्द** *o.* गेानर्द *m. Fürsten-, Pl. Volksname.*

**गेानसा** *o.* °नासा *f.* Kuhschnauze.

**गेाप** *m.* Kuhhirt (*bes. Kaste*), Hüter, Wächter; *Bein. Kṛshṇa's*; *f.* गेापी Hirtenmädchen.

**गेापति** *m.* Herr der Rinderherden, Oberhirt; Aufseher, Gebieter, Herr *überh.* Stier; *Bein. Kṛshna's.*

**गेापथ** *m.* Viehweg *o.* -weide; *Titel eines Brâhmaṇa.*

**गेापन** *n.* Schutz, Erhaltung (*auch* गेापना); das Verbergen, Geheimhalten.

**गेापय** °यति *u.* °यते hüten, aufbewahren verstecken, geheim halten. (*p.p.* गेापित —° versteckt in.*)

**गेापा** *m. f.* Hirt, -in; Wächter, -in.

**गेापाय्**, °यति *u.* °यते hüten, beschützen,

**गेापुर**

**गेापेन्द्र**

**गेाशृंग** *m.*

**गेामेध** *u.*

**गोविन्द** *m. Bein. Kṛshṇa's o. Vishṇu's.*
*गोवृन्दारक m. Prachtstier.*
गोवृष m. Stier.
गोवृषण m. Bullenbeutel.
गोव्रज m. Kuhhürde.
गोशाला f. Kuhstall.
गोशीर्ष m. *N. eines Schlangendämons;* n. Art Sandelholz.
गोशृङ्ग n. Kuhhorn; *m. N. eines Berges.*
गोऽश्व n. *Sgl.* Rinder u. Pferde.
गोषणि, गोषन् u. गोषा Rinder gewinnend o. verleihend.
गोषाति f. Rindergewinnung, Beutekampf.
गोष्ठ m. Kuhstall, Kuhhürde; Standort, Sammelplatz.
गोष्ठी f. Versammlung, Unterhaltung.
गोष्ठ्य im Kuhstall befindlich.
गोष्पद m. Rinderfuſsspur, Pfütze.
गोस्तन m. Kuheuter; *Art Perlenschnur.
गोस्वामिन् m. Kuhbesitzer.
गोह m. Versteck, Lager.
गोहत्या f. Tötung einer Kuh.
गोहन् u. गोहन्तृ Kuhtöter.
गौड m. *Pl. N. eines Volks.* गौडीय von den G. herstammend.
गौण, f. ई untergeordnet, uneigentlich.
गौतम, f. ई von Gotama stammend. m. *Mannsname; f. Frauen- u. Flussname.*
गौतमारण्य n. *N. eines Waldes.*
गौर, f. ई weiſslich, fahl, rötlich; glänzend; m. f. eine Büffelart. *f. N. der Gattin Çiva's; Frauenname überh.*
गौरमुख m. *Mannsname.*
गौरमृग m. eine Büffelart.
गौरव zum Lehrer gehörig; n. Schwere, Schwierigkeit, prosodische Länge; Wichtigkeit, Würde, Ehrfurcht.
गौरीगुरु m. Gaurî's Vater, der Himâlaya.
गौरीनाथ u. गौरीपति m. *Bein. Çiva's.*
गौरीपूजा f. Verehrung, Fest der Gaurî.
गौरीभर्तृ u. गौरीश m. *Bein. Çiva's.*
गौरीव्रत n. das Gaurîgelübde (*r.*).
ग्ना f. Götterweib.
ग्नावन्त् mit Götterweibern verbunden.
ग्नास्पति m. Mann eines Götterweibes.
ग्नास्पत्नी f. Götterweib.

halten, bezwingen, unterdrücken, bän-digen. परि umfassen, umgeben, ergreifen, packen, annehmen (*auch zur Frau*), sich zueignen. *p.p.* परिगृहीत verbunden mit (*Instr. o.* —°). प्र vor sich hinhalten, anhalten, ergreifen, empfangen (*Ger.* in Begleitung von, mit), sondern, isolieren (*g.*). प्रति anfassen, ergreifen, annehmen, entgegennehmen, empfangen (*freundl. u. feindl.*), aufnehmen, heiraten (*von Mann oder Frau*). *Caus.* jemd. etwas empfangen lassen, überreichen (*2 Acc.*). वि auseinanderhalten, trennen; zergliedern (*g.*); kämpfen, wetteifern mit (*Instr. mit u. ohne* सह *o.* सार्धम्). सम् zusammenfassen, -halten, lenken, regieren; umfassen, ergreifen, aufnehmen, erfassen, begreifen. उपसम् umfassen (*bes. jemds. Füſse, mit o. ohne* पादौ).

ग्रभ॑ *m.* Besitzergreifung.

ग्रभी॑तर् *m.* Ergreifer.

ग्रस्, ग्र॑सति, °ते verschlingen, fressen, verzehren, verfinstern (*einen Himmelskörper*); अर्धम् niederschlagen (*j.*). *p.p.* ग्रसि॑त *u.* ग्रस्त; *letzteres* —° geplagt, besessen von.

ग्रसन *n.* Verschlingung, Verfinsterung.

ग्रस्तर् *m.* Verschlinger, Verfinsterer.

ग्रह् *s.* ग्रभ्.

ग्र॑ह greifend, fassend, gewinnend, wahrnehmend (—°). *m. als nomen agentis* (Greifer), *Bez. des Dämons Râhu*, Planet, Krokodil, Krankheitsdämon, Organ; *als nomen actionis* das Greifen, Fangen, Packen, Schöpfen, Festhalten

...fangung,
greifen, Erken...
ständnis.

ग्रहणान्त *u.* °णा...
fertig.

ग्रहणीय annehmba...

ग्रहयुति *f.* Konjun...

ग्रहयुद्ध *n.* Oppos...
Planeten.

ग्रहयोग *m.* = ग्रह...

ग्रहवर्ष *m.* Planete...

ग्रहसमागम *m.* = ...

ग्रहि *m.* (—°) Hal...

ग्रहिल (—°) empf...

ग्रहीतर् *m.* Greif...
Wahrnehmer, ...

ग्रहीतव्य zu nehm...
schöpfen.

ग्राभ॑ *m.* Ergreifer

ग्रा॑म *m.* Wohnp...
Stamm; Scha...
von (—°). *Pl.*

ग्रामघात *m.* Plün...

ग्रामणी॑ *m.* Geme...
führer; *Barbi...

ग्रामाधिप *m.* Do...

ग्रामि॑न् einen S...
Dörfler, Baue...

ग्रामीण bäuerisch

ग्राम्य॑ *Adj.* Dorf-,
(*Thiere u. Pf...*
*m.* = *vor. m.*, ...

ग्राम्यता *f.*, °त्व ...
Rusticität.

ग्रा॑वन् *m.* Stein
schlagen des ...

**ग्रास** verschlingend (—°); *m.* Mundvoll, Bissen, Nahrung; das Verschlingen, die Verfinsterung (*eines Gestirns*).

**ग्रासाच्छादन** *n. Sgl.* Nahrung und Kleidung.

**ग्राह**, *f.* **ई** greifend, fassend, nehmend, empfangend (—°); *m.* Raubtier, Krokodil, Schlange (*eig.* Greifer); das Greifen, Packen, Nennen, Erwähnen.

**ग्राहक**, *f.* **°हिका** empfangend, auffassend, wahrnehmend; *m.* Fänger, Abnehmer, Käufer.

**ग्राहि** *f.* (Greiferin) *N. einer Unholdin.*

**ग्राहिन्** ergreifend, packend (*auch übertr.*), fangend, gewinnend, kaufend, behaltend; wahrnehmend, durchforschend, beherzigend.

**ग्राह्य** zu ergreifen, zu fassen, zu nehmen, zu empfangen; wahrzunehmen, zu erlernen, anzuerkennen.

**ग्रीव** *m.*, **ग्रीवा** *f.* Hals, Nacken.

**ग्रीष्म** *m.* Sommer, Hitze.

**ग्रीष्मसमय** *m.* Sommerzeit.

**ग्रैव** *n.*, **ग्रैवेय** *m. n.* Halskette (*eines Elefanten*).

**ग्रैवेयक** *n. dass.*, Halsschmuck.

**ग्रैव्य** *Adj.* zum Nacken gehörig, Hals-.

**ग्रैष्म** *u.* **ग्रैष्मिक** sommerlich.

**ग्लप्**, **ग्लपति** sich betrüben über (*Instr.*).

**ग्लपन** erschlaffend; *n.* das Erschlaffen, Verwelken.

**ग्लपय्** *s.* **ग्ला**.

**ग्लप्स** = **ग्रप्स**.

**ग्लह्**, **ग्लहते** würfeln.

**ग्लह** *m.* Würfel, Würfelspiel, Wettstreit, Kampfpreis.

**ग्लहन** *n.* das Würfelwerfen.

**ग्ला**, **ग्लायति** (**ग्लायते** *u.* **ग्लाति**) unlustig, verdrossen, erschöpft, matt sein. *p.p.* **ग्लान**. *Caus.* **ग्लापयति** *u.* **ग्लपयति**,

# घ

1. **घ**, **घा** (*encl.*) eben, gerade, ja, quidem (*hervorhebend, meist nach Pron., Praep. o. Partikeln; oft verstärkt durch* **ईम्** *o.* **इद्**).

2. **घ** (—°) schlagend, tötend.

**घट्**, **घटते** (**°ति**) eifrig sein, sich bemühen, sich befleifsigen (*Loc.*, *Dat.*, *Abl.*); gelingen, möglich sein, passen, sich verbinden mit (*Instr.*). *Caus.* **घटयति** (**°ते**) zusammenfügen, verbinden, anschmiegen, anpassen, zustande bringen, verschaffen. **उद्** *Caus.* **उद्घाटयति** öffnen, aufreifsen, aufschlagen (*Buch*). **वि** *Caus.* **विघटयति** zerreifsen (*auch übertr.**), trennen, vereiteln. **सम्** zusammenkommen; *Caus.* **संघटयति** *u.* **संघाटयति** zusammenbringen.

**घट** *m.* Krug, Topf; *f.* **आ** Menge, Schwarm, **ई** = *m.*

**घटक** vollbringend, verschaffend; *m. u. f.* **°टिका** = *vor. m.*

**घटकर्पर** *m. N. eines Dichters*, *n. seines Gedichts.*

**घटकार** *u.* **घटकृत्** *m.* Töpfer.

**घटन** *n.* Verbindung, Vereinigung mit (*Instr. o.* —°); *f.* **आ** das Treiben, Beflissensein, Gelingen, *auch* = *n.*; das Auflegen, Abschiefsen (*eines Pfeils*).

**घटादि** *Pl.* ghaṭ und Genossen (*g.*).

**घटीयन्त्र** *n.* Brunnenrad, Schöpfrad.

**घटोत्कच** *m. N. eines mythischen Riesen.*

**घट्ट्**, **घट्टते** (*nur* —°) *u. Caus.* **घट्टयति** streichen, berühren,* schütteln. **अव**

*Caus.* umrühren, berühren, sammeln; *p.p.* **संघट्टित** zusammengelegt.

**घट्ट** *m.* Anstoſs; Landungsplatz. **°जीविन्** *m.* Fährmann.

**घट्टन** *n.* das Anstoſsen, das Umrühren, die Berührung.

**घण्टा** *u.* **घण्टिका** *f.* Glocke, Glöckchen.

**घण्टाकर्ण** *m. N. eines Râkshasa.*

**घण्टापथ** *m.* Hauptstraſse; *T. eines Commentars.*

**घण्टारव** *u.* **°राव** *m.* Glockenlaut.

**घण्टावन्त्** mit einer Glocke versehen.

**घण्टिक** *m.* Alligator.

**घण्टिन्** = **घण्टावन्त्**.

**घन** schlagend, fest, hart, dicht, ununterbrochen, dunkel, tief (*Ton*), voll von (—°). *m.* das Erschlagen, Vernichten; der Töter, Vernichter; Masse, Klumpen, Haufe (—° nichts als —); Wolke.

**घनकाल** *m.* Wolken-, *d. i.* Regenzeit.

**घनता** *f.* Dicke, Dichtigkeit (*auch* **°त्व** *n.*); Zustand einer Wolke.

**घनतामस** tiefdunkel.

**घनपदवी** *u.* **घनवीथि** *f.* Luftraum (*eig.* Wolkenweg).

**घनसमय** *m.* = **घनकाल**.

**घनसार** fest, stark; *m.* Kampfer.

**घनाघन** gern schlagend, streitlustig.

**घनात्यय** *u.* **घनान्त** *m.* Herbst (*eig.* Wolkenende).

**घनी कर्** dick machen; **°भू** -werden.

**घर्**, **जिघर्ति** beträufeln; *p.p.* **घृत** *s. auch bes.* **अभि**, **आ** *u.* **वि** *dass.*

**घरट्ट** *u.* **°क** *m.* Handmühle.

**घर्घर** rasselnd.

**घर्घरिका** *f.* Glöckchen.

**घर्म** *m.* Glut, Hitze; Kessel, heiſser Trank.

**घर्मकाल** *m.* die heiſse Jahreszeit.

**घर्मच्छेद** *m.* das Aufhören der Hitze; die Regenzeit.

**घर्मजल** *u.* **घर्मतोय** *n.* Schweiſs.

**घर्मदीधिति**, **घर्मद्युति**, **°भानु** *u.* **°रश्मि** *m.* Sonne (*eig.* Heiſsstrahler).

**घर्मान्त** *m.* = **घर्मच्छेद**.

**घर्माम्बु** *u.* **घर्माम्भस्** *n.* Schweiſs.

**घर्मित** erhitzt.

**घर्मिन्** heiſs kochend (*act.*).

**घर्मोदक** *n.* = **घर्माम्बु**.

**घर्म्य** zum Erhitzen *o.* Kochen dienend.

**घर्ष्**, **घर्षति** reiben; *Med.* sich reiben. *p.p.* **घृष्ट** gerieben, wund. **सम्** zerreiben; *Pass.* sich an einander reiben, wetteifern. (**अन्योन्यसंघर्षित** mit einander in Streit geraten*).

**घर्ष** *m.* Reibung, Zusammenstoſs.

**घर्षण** *n.* das Reiben, Zerreiben, Einreiben.

**घस्** (*Praes. fehlt*) fressen, verzehren, essen.

**घस** *m.* Fresser (*Name von Dämonen*).

**घसन** *n.* das Fressen.

**घसि** *m.* Nahrung.

**घस्मर** *u.* **घस्वर** gefräſsig.

**घात** tötend (—°); *m.* Schlag, Tötung, Vernichtung.

**घातक**, *f.* **ई** tötend, vernichtend; *m.* Mörder.

**घातन** *n.* Totschlag, Mord; *f.* **ई** Art Keule.

**घातय्**, **°यति** (**°यते**) strafen, schlagen, töten (lassen), vernichten. **वि** schlagen, quälen, plagen, hemmen.

**घातिन्** = **घातक**.

**घातुक** erschlagend; schädigend.

**घात्य** zu töten, zu vernichten.

**घास** *u.* **घासि** *m.* Futter, Nahrung.

**घुण** *u.* **°कीटक** *m.* Holzwurm.

**घुणाक्षर** *m.* ein seltener Zufall (*eig.* Holzwurm-Buchstabe).

**घुष्**, **घोषति** (**°ते**) tönen, erschallen, durchtönen, ausrufen. *p.p.* **घुष्ट** tönend, *Caus.* **घोषयति** ausrufen, verkünden (lassen). **आ** laut ausrufen, verkünden, preisen.

**घूक** *m.* Eule.

**घूर्ण्**, **घूर्णति**, **°ते** schwanken, zucken; *p.p.* **घूर्णित**. — **वि** rollen, sich wälzen.

**घूर्ण** wankend, schwankend.

**घूर्णन** *n.*, **आ** *f.* das Wanken, Schwanken.

घृणं *m.* Hitze, Glut; *f.* घृणा Wärme (*des Gefühls*), Mitleid; Geringschätzung, Missachtung, Ekel.

घृणालु mitleidig.

घृणि *m.* Hitze, Glut, Lichtstrahl, Tag.

घृणित्व *n.* = घृणा.

घृणिन् feurig, wild; warmherzig, mitleidig; mürrisch, verdriefslich.

घृणीवन्त् glühend.

घृतं (*s.* घर्) *n.* Schmelzbutter, Fett, Ghee.

घृतनिर्णिज् in Fett gehüllt.

घृतपृष्ठ einen fettbeträufelten Rücken habend, oben mit Fett beträufelt.

घृतप्रतीक mit fettglänzendem Antlitz.

घृतप्रुष् Fett träufelnd.

घृतवन्त् fettreich.

घृतवर्तनि dessen Weg von Fett trieft.

घृतश्चुत् Fett träufelnd.

1. घृतस्नुं = *vor.*

2. घृतस्नु = घृतपृष्ठ

घृताक्त mit Fett gesalbt.

घृताची (*nur f.*) fettreich; der Opferlöffel

घृतान्न dessen Speise Fett ist.

घृतासुति dessen Trank aus Fett besteht.

घृताहवन *u.* घृताहुत dem Fett geopfert wird.

घृताहुति *f.* Schmelzbutterspende.

घृत्य aus Fett bestehend.

घृषु *u.* घृष्वि munter, lustig.

घेंद्र् *u.* घेम् *s.* 1. घ.

घोट *u.* °क *m.* Pferd.

घोराकार *u.* घोराकृति *dass.*

# च

च (*encl.*) und, que (*meist wiederholt gebraucht*), und zwar; auch, sogar; eben, ja, gerade; aber, dagegen, dennoch; wenn. *Oft durch* अपि *oder* एव *verstärkt.* च—च sowohl—als auch (*auch* च—तु), kaum—so, obgleich—dennoch; *mit Neg.* weder—noch. च—न च (तु) obgleich—dennoch nicht; न च—च obgleich nicht—so doch.

चक् (चकति) zittern; *p.p.* चकित erschrocken.

चकार *m.* das Wort ca (*g.*).

चकास्, चकास्ति glänzen, strahlen, prangen.

चकित (*s.* चक्) *n.* das Zittern, der Schreck.

चकोर *m.* der Cakora (*ein Vogel, der sich von Mondstrahlen nähren soll*). °व्रत *n.* die Art des C. (*d. i. das Geniefsen eines Mondgesichtes*), die Huldigung.

चकोराक्षी *f.* eine Schönäugige.

चक्रं *n.* (*m.*) Rad (*übertr.* das Rad der Herrschaft), Scheibe, Wurfscheibe (*bes. des Vishṇu*), Kreis, Bezirk; Schar, Trupp, Heer; Gebiet, Herrschaft. *f.* चक्री Rad,

**चक्रगोप्तृ** *m.* Radhüter (*der neben dem Wagen herläuft*), Trabant.
**चक्रधर** *m.* Radträger (*Vishṇu o. ein Herrscher*).
**चक्रनाभि** *f.* Radnabe.
**चक्ररक्ष** (*u.* °रक्षिन्*) *m.* = चक्रगोप्तृ.
**चक्रवद्गति** wie ein Rad gehend, sich drehend.
**चक्रवर्तिता** *f.*, °त्व *Abstr. zum folg. m.*
**चक्रवर्तिन्** auf Rädern rollend *o.* fahrend; *m.* Weltherrscher, König; Oberhaupt von (*Gen. o.* —°).
**चक्रवाक** der Cakravâka (*Art Ente*); *f.* ई.
**चक्रवात** *m.* Wirbelwind.
**चक्रवाल** *n.* Kreis; Gruppe, Masse (*auch m.*)
**चक्रव्यूह** *m.* kreisförmige Schlachtordnung.
**चक्रि** machend, wirksam.
**चक्रिन्** Räder habend; eine Wurfscheibe führend (*Bein. Vishnu's o. Kṛshṇa's*). *m.* Fürst, König.
**चक्रुस्, चक्रे** *s.* 1. कर्.
**चक्ष्, चेष्ट, चक्षते** (°ति) sehen, erblicken, erscheinen, zeigen, verkünden, sagen. **अनु** jemd. (*Acc.*) nachblicken, sehen **अभि** erblicken, anschauen, überschauen **अव** herabschauen auf (*Acc.*), ansehen **आ** anschauen; mitteilen, verkünden, erzählen, melden, sagen, reden zu (*Acc.*); bezeichnen, bedeuten (*g.*). **प्रत्या** zurückweisen, verwerfen, widerlegen. **व्या** hersagen, erklären, erörtern. **परि** übersehen, verschmähen, verbieten, unter sagen. **प्र** erzählen, wofür halten, nennen; zu jemd. (*Acc.*) reden. **प्रति** sehen, gewahren, anschauen. **वि** erscheinen, erblicken, verkünden. **सम्** ansehen, betrachten.
**चक्षण** *n.* Anblick, Erscheinung.
**चक्षणि** *m.* Erleuchter
**चक्षन्** *n.* Auge.
**चक्षस्** *n.* Anblick, Schein, Helle; Auge. *Dat. als Inf.*
**चक्षु** *m.* Auge.
**चक्षुर्विषय** *u.* **चक्षुष्पथ** *m.* Gesichtskreis.
**चक्षुष्प्रीति** *f.* Augenweide (*eig.* -freude).
**चक्षुष्मन्त्** mit Augen begabt, sehend.
**चक्षुष्य** den Augen zuträglich *o.* angenehm; lieblich, schön.

**चण्डीस्तोत्र** *n.* Lobgesang auf die Durgâ (*T. eines Gedichts*).

**चण्डेश्वर** *m. Bein. Çiva's.*

**चत्** (*nur Partic.* **चतन्त्** *u.* **चत्त**) sich verbergen, verstecken. *Caus.* **चातयति**, **०ते** verscheuchen, vertreiben. **वि** *Caus Med. dass.*

**चतसर्** *u.* **चतसर्** *s.* **चत्वार्**.

**चतिन्** sich verbergend.

**चतुर्** (°—) = **चत्वार्**.

1. **चतुर** schnell, rasch; geschickt, gewandt. *Abstr.* **०ता** *f.*, **०त्व** *n.*

2. **चतुर** (—°) = **चत्वर्**.

**चतुरक**, *f.* **०रिका** = 1. **चतुर**; *f. auch Frauenname.*

**चतुरक्ष**, *f.* **ई** vieräugig.

**चतुरक्षर** viersilbig.

**चतुरङ्ग** viergliedrig, vierteilig (*von einem aus Fuſsvolk, Reiterei, Elefanten und Wagen bestehenden Heere*). *f.* **आ** ein viergliedriges Heer; *n. dass.*, Schachspiel.

**चतुरङ्गिन्** = *vor. Adj.*

**चतुरनीक** viergesichtig.

**चतुरन्त** von allen vier Seiten (*vom Meere*) begrenzt; *f.* **आ** Erde.

**चतुरर्णव** (°—) die vier (*die Erde begrenzenden*) Meere.

**चतुरस्र** viereckig, regelmäſsig, harmonisch; *Abstr.* **०ता** *f.*

**चतुरश्रि** viereckig.

**चतुरह** *m.* ein Zeitraum von vier Tagen.

**चतुरानन** viergesichtig (*Brahman*).

**चतुरुत्तर** um vier zunehmend.

**चतुर्गुण** vierfach.

**चतुर्थ**, *f.* **ई** der vierte; **०र्थम्** *adv.* das vierte Mal; **०र्थी** der vierte Tag eines Halbmonats.

**चतुर्थांश** *m.* ein Viertel; *Adj.* e. V. enthaltend.

**चतुर्दश**, *f.* **ई** der vierzehnte; *f.* der vierzehnte Tag eines Halbmonats.

**चतुर्दशधा** *Adv.* vierzehnfach.

**चतुर्दशन्** *u.* **चतुर्दशन्** vierzehn.

**चतुर्दशम** der vierzehnte.

nur Aor. चनिष्टम् u. चंनिष्टत्) Ge-
en finden.
auch च नं) und nicht, auch nicht,
ht einmal; sp. nur zur Verallge-
nerung eines (meist mit einer Negation
enden) Interrogativs = irgend.
n. Gefallen, Gunst; nur mit धा zu-
den sein mit (Acc. o. Loc.), billigen.
, °स्यति huldvoll annehmen.
(Superl.) sehr angenehm o. freundlich.
ा Adj. gnädig.
m. n. Sandelbaum o. -holz.
पङ्क m. Sandelsalbe.
पुर n. N. einer Stadt.
मय aus Sandel(-holz) gemacht.
रस m. (u. चन्दनवारि*) Sandel-
sser.
ादक n. dass.
glänzend, licht, lieblich, freundlich;
Mond, Gott des Mondes; Mond
h. vorzüglichster) unter (—°).
m. (adj. —° f. चन्द्रिका) Mond;
Mondschein; Frauenname.
ान्त m. der Candrakânta (ein fabel-
ter Stein, der im Mondschein glänzt
l feucht ist).
य m. Neumond (eig. Mondschwund).
प्त m. N. mehrerer Könige.
ड m. Monddiademträger, Bein. Çiva's.
डामणि m. T. eines Werkes.
n. Mondähnlichkeit.
ाद m. Mondstrahl.
भ m. Mannsname; f. आ Frauenn.

चन्द्रांशु m
चन्द्रापीड = चन्द्रचूड.
चन्द्र
चर्
चन्द्राद
चप
चपलगण
च

candrikā ...

m n.

**चम्प** *m. N. eines alten Helden*; *f.* **आ** *N. einer Stadt.*

**चम्पक** *m. N. eines Baumes*, *n. der Blüte dess.*; *f.* **आ** *N. einer Stadt.*

**चम्पकवती** *f. N. eines Waldes u. einer Stadt.*

**चम्पावती** *f.* = **चम्पा**.

**चम्पू** *f.* eine best. (*aus Prosa u. Versen gemischte*) Stilgattung.

**चय** *m.* Schicht, Masse, Haufen, Menge.

**चयन** *n.* das Schichten; die Schicht, der Aufwurf.

**चर्**, **चरति** (**°ते**) sich bewegen, gehen, fahren mit (*Instr.*), herumstreichen; wandern durch, entlang *o.* nach (*Acc.*); durchforschen, auskundschaften (*nur p.p.* **चरित**); sich verhalten, verfahren mit (*Instr. o. Loc.*), etwas (*Adj., Ger. o. Adv.*) dauernd thun *o.* sein; betreiben, vollziehen, halten, beobachten, ausüben, bewirken, hervorbringen (*Acc.*); zu sich nehmen, verzehren, fressen (*Acc.*), weiden, pasci (*absol. o. mit Acc.*). *p.p.* **चरित** (*s. bes.*) *u.* **चीर्ण**. *Caus.* **चारयति** in Bewegung setzen; herumgehen-, weiden *o.* fressen lassen; jemd. etwas thun lassen (*2 Acc.*) **अधि** wandeln auf *o.* über hinweg (*Instr.*). **अनु** nachwandeln, durchstreifen; *Caus.* durchstreichen *o.* durchforschen lassen von (*Instr.*). **अन्तर्** wandeln zwischen *o.* durch, sich befinden in (*Acc., Loc. o. Gen.*). **अप** abgehen, fehlen; sich vergehen. **अभि** sich vergehen gegen (*Acc.*), jemd. bezaubern, umstricken (*Acc. o. Dat.*). **अव** herabkommen von (*Abl.*). **आ** herankommen, sich nähern (*Acc.*), betreten, besuchen, gebrauchen, anwenden, behandeln, verfahren, thun, ausüben, vollbringen; aufstellen, vorschreiben (*g.*). **आचरित** *u.* **°तव्य** *s. bes.* – **समा** verfahren, handeln, thun, begehen, vollbringen. **उद्** aufgehen (*Sonne*), sich erheben, ertönen; den Leib entleeren; aussprechen (*bes. Caus.*). **उप** herzutreten, bedienen, aufwarten, behandeln (*Krankheit*); **अनृतेन** belügen. **निस्** *u.* **विनिस्** hervorgehen, -kommen. **परि** umher-

2. **चराचर** beweglich und unbeweglich, was steht und geht, Tiere und Pflanzen.

**चरित** *n.* (*s.* **चर्**) das Gehen, der Gang, Weg, Wandel, das Treiben, Benehmen, die Thaten, Abenteuer.

**चरितपूर्व** zuvor vollzogen.

**चरितवे** (*Dat. Inf.*) zu gehen.

**चरितव्रत** der sein Gelübde erfüllt hat.

**चरितार्थ** *Adj.* verrichteter Sache, befriedigt. *Abstr.* **°ता** *f.*, **°त्व** *n.*

**चरित्र** *n.* Fufs, Bein (*m.*); *auch* = **चरित**.

**चरिष्णु** beweglich, wandernd, unstet.

**चरु** *m.* Kessel, Topf; Opferspeise.

**चर्कृति** *f.* Ruhm, Preis.

**चर्कृत्य** ruhm-, preiswürdig.

**चर्च्**, *Caus.* **चर्चयति** wiederholen (*bei der Recitation*); *p.p.* **चर्चित** wiederholt; überzogen, bedeckt mit (—°); *n.* Überzug (*von Salbe*).

**चर्चा** *f.* Wiederholung (*bei der Recitation, auch* **चर्चन** *n.*); Einreibung, Überzug (*von Salbe u. dgl.*); das Durchdrungensein von, Denken an, Besorgung von (*Gen. o.* —°).

**चर्चरिका** *u.* **चर्चरी** *f.* ein best. Gesang- *o.* Musikstück (*wohl eine Art Marsch*).

**चर्त्**, **चृतति** binden; *p.p.* **चृत्त**. *Mit* **वि** auflösen, öffnen, stellen (*Schlingen*); *p.p.* **विचृत्त**.

**चर्पट** flach, abgeplattet.

**चर्म** (—°) = **चर्मन्**.

**चर्मकार** *m.* Schuhmacher (*best. Kaste*).

**चर्मकारिन्** *m. dass.*

**चर्मज** ledern.

**चर्मण्य** *n.* Lederzeug.

**चर्मन्** *n.* Haut, Fell, Leder, Schild.

**चर्ममय**, *f.* **ई** ledern.

**चर्मिन्** in ein Fell gehüllt; Schildträger.

**चर्य** zu thun, zu üben. *f.* **आ** das Wandern, Verfahren, Üben, Vollziehen; Betragen, Wandel, Frömmigkeit.

**चर्व्**, *Caus.* **चर्वयति** zerkauen, benagen; *p.p.* **चर्वित**.

**चर्वण** *n.* das Kauen; Schlürfen, Kosten (*auch f.* **आ**).

**चर्षणि** rührig, thätig; *f. Pl.* Menschen, Leute, Volk.

**चर्षणिप्रा** Menschen sättigend *o.* nährend.

**चर्षणीधृत्** Menschen erhaltend; **°धृति** *f.* -erhaltung.

**चर्षणीसह्** Menschen beherrschend.

**चल्**, **चलति** (**°ते**) in Bewegung kommen, sich rühren, zittern, schwanken; aufbrechen, fortgehen, weichen, verstreichen, sich entfernen; abfallen von (*Abl.*); *p.p.* **चलित** *s. bes.* – *Caus.* **चलयति** *u.* **चालयति** anstofsen, aufrütteln, anfachen, in Bewegung setzen, aufregen, erschüttern; abbringen von, vertreiben aus (*Abl.*). — **उद्** aufbrechen, sich entfernen, sich erheben von (*Abl.*). **प्र** sich fortbewegen, hinziehen nach (*Acc.*). *Caus.* **प्रचलयति** bewegen. **वि** sich hinundherbewegen, sich entfernen von (*Abl.*). *Caus.* **विचालयति** aufregen, aufrütteln. **सम्** in Bewegung geraten; *Caus.* **संचालयति** hin- und herbewegen.

**चल** sich bewegend, flatternd, wankend, flüchtig, unstet, wandelbar; *m.* das Schwanken, Beben (*auch* **°ता** *f.*, **त्व** *n.*); Wind.

**चलचित्त** wankelmütig; *n.* Wankelmut (*auch* **°ता** *f.*).

**चलन** beweglich, schwankend; *n.* das Schwanken, Zittern, Bewegung; Thätigkeit, Funktion (*ph.*); das Weichen, Ablassen von (*Abl.*).

**चलाचल** beweglich, unbeständig; vergänglich und unvergänglich.

**चलात्मन्** wankelmütig, flatterhaft.

**चलित** (*s.* **चल्**) zitternd, wankend, aufgebrochen; *n.* das Hinundhergehen.

**चव्य** *n.*, **आ** *f.* eine Art Pfeffer.

**चषक** Trinkgeschirr, Becher.

**चषाल** *n.* der Rüssel des Ebers, der Knauf des Opferpfeilers.

**चाक्रिक** *m.* Kärrner, Töpfer, Ölmüller.

**चाक्षुष**, *f.* **ई** Augen-, Gesichts-.

**चाक्ष्म** langmütig, gnädig, zufrieden.

**चाञ्चल्य** *n.* Flatterhaftigkeit.

**चाट** *m.* Betrüger, Wahrsager.

**चाटु** *m. n.* Freundlichkeit, Artigkeit.

**चाटुकार** Artigkeiten sagend, Schmeichler.

**चाणक्य** aus Kichererbsen gemacht; *m. N. eines Ministers.*

**चाणूर** *m. N. eines mythischen Ringers.*

**चाण्डाल** *m.* = **चण्डाल**.

**चातक** *m.* der Câtaka *(Art Kuckuck, der angebl. nur von Regentropfen lebt).*

**चातकाय्**, *p.p.* **°यित** den Vogel Câtaka vorstellen.*

**चातन** (—°) verscheuchend.

**चातुर्मास्य** *n.* Viermonatsopfer (*r.*).

**चातुर्य** *n.* Gewandheit, Anmut.

**चातुर्वर्ण्य** *n.* die vier Kasten.

**चातुर्विद्य** mit den vier Veden vertraut (*auch* **°वैद्य**); *n.* die vier Veden.

**चातुर्होत्र** von den vier Hauptpriestern dargebracht; *n.* ein solches Opfer.

**चातुष्प्राश्य** für vier zum Essen ausreichend.

**चात्त्र** *n.* Spindel (*bes. zum Feuermachen*).

**चानश्** *das Partic.-Suffix* âna (*g.*).

**चान्द्र** (*f.* **ई**), **°क**, **°म** *u.* **°मस** (*f.* **ई**) Mond-.

**चान्द्रव्रतिक** nach Art des Mondes verfahrend, mondähnlich.

**चान्द्रायण** *m.* Mondbeobachter; die Mondkasteiung (*r.*).

**चाप** *m.* Bogen.

**चापगुण** *m.* Bogensehne.

**चापयष्टि** *f. dass., auch blos* Bogen.

**चापल** *u.* **चापल्य** *n.* Beweglichkeit, Eile, Flatterhaftigkeit, Leichtsinn.

**चापवेद** *m.* Bogenkunde.

**चापाधिरोपण** *u.* **चापारोपण** *n.* das Besehnen *o.* Spannen des Bogens.

**चापिन्** mit einem Bogen bewaffnet.

**चामर** vom Yak herkommend; *n.* Wedel (*aus dem Schweife des Yak*).

**चामीकर** *n.* Gold; **°मय**, *f.* **ई** golden.

**चामुण्ड** *m. N. eines Schriftstellers; f.* **आ** *eine Form der Durgâ.*

**चाय्**, **चायति**, **°ते** bemerken, wahrnehmen; schauen, verehren.

**चायु** Ehrfurcht bezeugend.

**चार** *m.* Gang, Lauf; Späher, Kundschafter.

**चारक** erfahrend (—°); *m.* Späher, Kundschafter.

**चारचक्षुस्** *n.* ein Späher als Auge; *Adj.* einen Sp. a. A. benutzend (*auch* **चारदृश्** *u.* **चारेक्षण**).

**चारण** schulmäfsig, zu derselben Schule gehörig. *m.* reisender Schauspieler; himmlischer Sänger; Späher, Kundschafter. *n.* das Weidenlassen, Hüten.

**चारथ** wandernd.

**चारितार्थ्य** *n.* Erreichung des Zweckes.

**चारित्र** *u.* **चारित्र्य** *n.* (guter) Wandel.

**चारिन्** beweglich; (—°) sich bewegend in *o.* nach, lebend in *o.* von, handelnd wie, übend, thuend; *m.* Fufssoldat, Späher.

**चारु** angenehm, gefällig, lieb, schön· *n. adv. Abstr.* **चारुता** *f.*, **चारुत्व** *n.*

**चारुगीति** *f. N. eines Metrums.*

**चारुदत्त** *m. Mannsname.*

**चारुनेत्र** schönäugig.

**चारुप्रतीक** von schönem Aussehen.

**चारुरूप** von schöner Gestalt.

**चारुलोचन** schönäugig.

**चारुहासिन्** lieblich lächelnd.

***चार्चिक्य** *n.* das Einreiben des Körpers.

**चार्मिक** ledern.

**चार्य** *n.* Späherei, Kundschafterei.

**चार्वाक** *m. N. eines materialistischen Philosophen und seiner Anhänger.*

**चाल** *m.* das Wackeln.

**चालन** *n.* das Bewegen, Wedeln, Schütteln; *f.* **ई** Sieb, Seihe.

**चाल्य** zu bewegen; abzulenken.

**चाष** *m.* der blaue Holzhäher.

1. **चि**, **चिनोति**, **चिनुते** (**चेति**, **चयति**, **चिन्वति**) schichten, sammeln, einsammeln, beschütten, bedecken mit; *p.p.* **चित** bedeckt, besät mit (*Instr. o.* —°). *Pass.* **चीयते** zunehmen, gedeihen. **अधि** aufschichten, aufbauen. **अप** ablesen, einsammeln; *Pass.* herunterkommen, abnehmen; *p.p.* **अपचित** mager, dünn. **अव** ablesen, einsammeln (*etwas von — 2 *Acc.*). **आ** *u.* **समा** anhäufen, bedecken, überschütten. **उद्** ablesen, einsammeln. **समुद्** *dass.*; hinzufügen. **उप** *u.* **समुप** ansammeln, aufhäufen; *Pass.* zunehmen; *p.p.* **उपचित** *u.*

समुपचित reichlich. नि, *p.p.* निचित aufgeschichtet; reichlich versehen, bedeckt mit, voll von (*Instr. o.* —°). परि aufschichten; *Pass.* sich vermehren; *p.p.* angehäuft, vermehrt, verstärkt. प्र einsammeln, vermehren; *Pass.* zunehmen. *p.p.* angehäuft, bedeckt mit (*Instr. o.* —°). वि auslesen, sondern, verteilen. सम् aufschichten, sammeln; संचित geschichtet, gehäuft, voll (—°).

2. चि, चिकेति, चिनोति, चिनुते (चयते) bemerken, wahrnehmen, aufsuchen, durchforschen नि bemerken, wahrnehmen; *p.p.* निचित sichtbar. निस् erwägen, feststellen, entscheiden; *p.p.* निश्चित bestimmt, entschieden (*act. u. pass.*), entschlossen zu (—°); *n. adv.* sicher, gewiss. विनिस् *dass., auch p.p.* विनिश्चित. — परि untersuchen, finden, entdecken, erkennen; *p.p.* परिचित bekannt, gewohnt (*pass.*). वि untersuchen, suchen, unterscheiden, sondern, zählen (*vgl.* विचेय).

3. चि, चयते strafen, rächen, sich rächen an (*Acc.*).

चिकित् *u.* चिकिति wissend, kundig.

चिकितु augenfällig.

चिकित्वंस् *s.* 1. चित्.

चिकित्स् *s.* 1. चित्.

चिकित्सक *m.* Arzt.

चिकित्सन *n.*, चिकित्सा *f.* ärztliche Behandlung, Heilung.

चिकीर्ष् *s.* 1. कर्.

चिकीर्षा das Verlangen zu thun, das Trachten nach (*Gen. o.* —°).

चिकीर्षित *n.* das Verlangen, die Absicht.

चिकीर्षु zu machen *o.* zu thun beabsichtigend, trachtend nach (*Acc. o.* —°).

चिकुर *m.* Haar.

चिक्कण glatt, fettig.

चिक्यान *s.* 2. चि.

चिच्चिक *m.* Art Vogel.

चिञ् = 1. चि (*g.*).

चिञ्चा *f.* Tamarinde.

1. चित्, चेतति, °ते bemerken, erblicken, wahrnehmen, beachten; erscheinen, sich zeigen; verstehen, begreifen, wissen; wünschen, begehren; *p.p.* चित्त *s. bes.* — *Perf.* चिकेत *oft als Praes.* ich weiſs; *Partic.* चिकित्वंस् beachtend, begreifend; aufmerksam, kundig, weise. *Caus.* चेतयति, °ते *u.* चितयति aufmerken machen, erinnern, unterweisen, belehren; aufmerken, beachten (*Med.* denken, wissen, sich erinnern); erscheinen, sich auszeichnen, glänzen. *Des.* चिकित्सति (°ते) beabsichtigen, sorgen für, ärztlich behandeln, heilen. *Intens.* चेकिते sich zeigen, erscheinen, glänzen; *bes. Part.* चेकितत् *u.* चेकितान. — आ merken, wahrnehmen. वि wahrnehmen, unterscheiden, erkennen, wissen; *Med.* sich zeigen, sichtbar sein.

2. चित् *f.* Intellect, Geist.

चित (*s.* 1. चि) *f.* आ Schicht, Holzstoſs, Scheiterhaufen; *n.* Gebäude.

चिताग्नि *m.* Feuer des Scheiterhaufens

चिताधूम *m.* Rauch vom Scheiterhaufen.

1. चिति *f.* = चिता.

2. चिति *f.* Verständnis, Intellekt, Geist.

चित्त (*s.* 1. चित्) gedacht, begehrt; *n.* das Aufmerken, Denken, Bewusstsein, Vernunft, Geist, Gefühl, Absicht, Wille, Herz; *adj.* (—°) an— denkend.

चित्तखेद *m.* Herzeleid, Gram.

चित्तचार *m.* Herzensdieb.

चित्तनाथ *m.* Herzensgebieter.

चित्तभ्रम *m.*, चित्तभ्रान्ति *f.* Geistesverwirrung.

चित्तवन्त् verständig, klug, gefühlvoll.

चित्तविकार *m.* Gemütsstörung.

चित्तवृत्ति *f.* Gemüts-, Geistesstimmung.

चित्तानुवर्तिन् willfahrend (*Gen. o.* —°).

चित्तानुवृत्ति *f.* Willfahrung, Ergebenheit.

1. चित्ति *f.* Verstand, Gedanke, Absicht.

2. चित्ति *f.* Geknister.

चित्तिन् verständig.

चित्य was geschichtet *o.* aufgebaut wird; *m.* Feuer; *f.* आ das Schichten, Aufbauen.

चित्र in die Augen fallend, hell, glänzend,

bunt, mannigfaltig; qualifiziert (*j.*); herrlich, wunderbar. *n.* Glanz, Geschmeide, Schmuck, Bild, Malerei; Wunder.

**चित्रक** *n.* Zeichen (*adj.* —° kenntlich an); Bild, Gemälde.

**चित्रकर्** *m.* Maler (*best. Kaste*).

**चित्रकर्मन्** *n.* (das Schmücken, Ausputzen*); Malerei, Gemälde.

**चित्रग** *u.* **चित्रगत** auf einem Bilde befindlich, gemalt.

**चित्रगृह** *n.* gemaltes *o.* Bilderhaus.

**चित्रग्रीव** *m.* Bunthals (*N. eines Taubenkönigs in der Fabel*).

**चित्रन्यस्त** aufs Bild gebracht, gemalt.

**चित्रपट** *u.* **°पट्ट** *m.* Bild, Gemälde.

**चित्रपरिचय** Kenntnis in Schmuck *o* Malerei.*

**चित्रफलक** (*m. n.**) Tafel, Gemälde (**°गत** auf die Tafel aufgetragen, gemalt*).

**चित्रभानु** hellstrahlend; *m.* Feuer.

**चित्रय्**, **°यति** bunt machen, zeichnen· *p.p.* **चित्रित** bunt, gezeichnet.

**चित्ररथ** einen glänzenden Wagen habend; *m. männl. Name.*

**चित्रराति** *u.* **चित्रराधस्** herrliche Gaben gewährend.

**चित्रलिखन** *n.* Malerei.

**चित्रलिखित** gemalt.

**चित्रलेखा** *f.* Bild; *weibl. Name.*

**चित्रवन्त्** gemalt *o.* mit Bildern geschmückt.

**चित्रवर्ति** *u.* **°का** *f.* Malpinsel.

**चित्रशाला** (*u.* **°शालिका***) *f.* Bildersaal.

**चित्रशिखण्डिन्** (glänzende Haarbüschel tragend) *m. Pl. Bein. der mythischen sieben Weisen.*

**चित्रश्रवस्तम** hochrühmlich.

**चित्रसेन** mit glänzendem Speer versehen; *m. männl. Name.*

**चित्राङ्ग** (buntgliedrig) *m. N. einer Antilope.*

**चित्राङ्गद** mit glänzenden Armbändern geschmückt; *m. männl. Name.*

**चित्रार्पित** gemalt.

**चित्रित** *s.* **चित्रय्**.

**चित्री कर्** zum Bilde machen.

**चित्रीय्**, **°यते** erstaunen.

चिर्भट m., ई f. Art Gurke.

चिर्भिट n., आ f. dass.

चिल्लि m. Art Raubvogel; f. (auch चिल्ली) Art Gemüse.

चिह्न n. Zeichen, Merkmal; adj. (—°) = चिह्नित, s. folg.

चिह्नय्, °यति zeichnen, kennzeichnen; p.p. चिह्नित gezeichnet, kenntlich gemacht.

चीति f. das Sammeln.

चीत्कार m. Geschrei, Lärm.

चीत्कृत n., चीत्कृति f. dass.

चीन m. Pl. die Chinesen.

चीनांशुक n. Seidenzeug, seidenes Tuch.

चीर n. ein Streifen Bast o. Zeug; Fetzen Lumpen; f. ई Grille, Heimchen.

चीरवसन u. चीरवासस् in Bast o. Lumpen gekleidet

चीरिका f. eine geschriebene öffentliche Bekanntmachung.

चीरिन् = चीरवसन.

चीर्ण s. चर्.

चीर्णव्रत der sein Gelübde ausgeführt hat.

चीवर n. Bettlerkleid. °वन्त् ein B. tragend

चुक्र Fruchtessig; Sauerampfer.

चुचु u. चुचू m. f. Art Gemüse.

चुट्, चोटयति mit आ kratzen.

चुञ्चु gewohnt an; m. best. Mischlingskaste.

चुण्टी f. Brunnen.

चुद्, चोदति, °ते antreiben, schnell herbeischaffen; Med. sich beeilen. Caus चोदयति (°ते) treiben, anfeuern, anreizen, drängen, beschleunigen, erregen, fördern, schnell herbeischaffen. अभि, प्र u. सम् Caus. antreiben, anreizen.

चुप्, चोपति sich bewegen, rühren.

चुबुक n. Kinn; Altarspitze.

चूडाकरण

चूडामणि

चूतमञ्जरी

चूतलतिका

चूर्,

चूर्णी कर् = vor.

चूर्णीकरण n. = चूर्णन.

चैकितत् u. चैकितान

चेतस् n. Erscheinung, Einsicht, Bewusstsein, Geist, Herz, Wille, Phantasie.

चेतिष्ठ (*Superl.*) sehr ansehnlich o. glänzend · sehr aufmerkend o. wachsam.

चेतु m. Absicht, Sorge.

चेतोमुख dessen Mund Einsicht ist.

चेत्तृ u. चेत्तृ m. Beobachter, Wächter

चेत्य zu merken, wahrnehmbar.

चेद् (*aus* च *u.* इद्) und, auch; wenn, *oft nach* इति *elliptisch* wenn so, in diesem Falle; न चेद् (चेन्न) *oder* नो चेद् wenn nicht, *beides oft elliptisch* = sonst. *Pleon. auch* यदि चेद् = चेद्.

चेदि *m. Pl. Volksname.*

चेय zu schichten, zu sammeln.

चेरु thätig, fromm.

चेष्ट्, चेष्टति, °ते sich regen, zappeln, sich abmühen, geschäftig sein, etwas betreiben (*Acc.*); *p.p.* चेष्टित *s. bes.* — *Caus.* चेष्टयति in Bewegung setzen, antreiben. आ thun, vollbringen. वि sich regen, abmühen, sträuben; thätig sein, sich benehmen, ausführen. *p.p. s. bes.* सम् unruhig sein, sich bewegen, verfahren.

चेष्ट n. Bewegung, das Gebahren, Thun und Treiben.

चेष्टन n., चेष्टा *f. dass.;* das Vollbringen Thun.

चेष्टित n. (*s.* चेष्ट्) = चेष्ट.

चैतन्य n. Bewusstsein, Geist, Seele.

चैतन्यचन्द्रोदय m. (Mondaufgang der Erkenntnis) *Titel eines Dramas.*

चैत्त gedacht, intellectuell (*ph.*).

1. चैत्य *m.* die individuelle Seele.

2. चैत्य auf den Scheiterhaufen bezüglich; *m. n.* Grabmal, Tempel; *auch* = *folg.*

चैत्यतरु *m.* ein geheiligter Baum.

चैत्यद्रुम *u.* चैत्यवृक्ष *m. dass.*

चैत्र *m. N. eines Frühlingsmonats; Mannsn.*

चैत्रविभावरी *f.* Caitra- (*s. vor.*) *d. i.* Frühlingsnacht.

चैद्य *m. Patron. zu* चेदि.

चैल *m.* Kleidermotte; *n.* = चेल.

चैलधाव *m.* Wäscher.

चोक *n.* Art Wurzel.

चोरशङ्किन् D

चोरिका *f.* Di

चौरीसुरतपञ्चाशिका

चौर्य *u.*

चोल *n.*

## छ

छगल m. Bock; f. Ziege.

छटा f. Masse, Klumpen, Menge.

छत्त्र n. Sonnenschirm (*des Fürsten*)

छत्त्रधार m. Sonnenschirmträger. °त्व n. Amt des S.

छत्त्रवन्त् mit einem Sonnenschirm versehen.

छत्त्रवृक्ष m. *N. eines Baumes.*

छत्त्रिन् = छत्त्रधार, Fürst.

1. छद्, *nur p.p.* छन्न bedeckt, verborgen, geheim; °— *u. n. adv., s. auch bes. Caus.* छादयति (°ते) bedecken, verhüllen, verbergen, geheim halten. अव *p.p.* bedeckt, verhüllt. आ *p.p. dass. Caus.* verdecken, verstecken, verhüllen. परि *p.p. u. Caus. = vor.* प्र *p.p.* bedeckt, verhüllt, versteckt, geheim; °— *u. n. adv. Caus. = vor.*, einhüllen in (*Instr.*). सम् *p.p.* bedeckt, versteckt; *Caus.* bedecken, verstecken.

2. छद् *u.* छन्द्, छन्ति, छन्दति, छदयति (°ते) *u.* छन्दयति scheinen, erscheinen, gefallen. उप jemand (*Acc.*) mit etwas (*Instr.*) anlocken, anziehen.

छद verhüllend (—°); *m.* Decke, Hülle, Flügel, Blatt.

छदन *n. = vor. m.*

छदि *u.* छदिन् (—°) verhüllend.

छदिस् *n.* Decke, Dach.

छद्मन् *n. dass.*, Verhüllung, Verstellung, Schein, Betrug, Hinterlist. छद्म (°—) Schein-, verstellt.

छद्मरूपिन् die Scheingestalt von (—°) tragend.

छद्मिन् (—°) *dass.*, verkleidet als.

छन्द् *s.* 2. छद्.

छन्द *u.* छन्द gefällig; *m.* Erscheinung, Lust, Gefallen, Wille. छन्देन *u.* छन्दतस् aus eigenem Antrieb, nach Belieben; —° *oder mit Gen. (auch* छन्दात्*)* auf Antrieb, nach Willen des.

छन्दक *u.* छन्दन einnehmend, gewinnend.

छन्दःशास्त्र *n.* Metrik.

छन्दस् *n.* Lust, Verlangen, Ideal; Lied, heiliger Text, Veda (*g.*); Strophe Metrum, Metrik.

छन्दस्य *Adj.* liedartig, metrisch.

छन्दस्वन्त् verlangend.

छन्दःसूत्र *n.* Sûtra über Metrik.

छन्दु gefällig, angenehm.

छन्दोग *m.* Sänger der (Sâman-)Lieder (*r.*).

छन्दोमञ्जरि *u.* °री *f. T. einer Schrift über Metrik.*

छन्दोमय (*f.* ई*) = छन्दस्य.

छन्दोवन्त् *dass.**

छन्दोविचिति *f. T. einer Schrift über Metrik.*

छन्दोवृत्त *n.* Metrum.

छन्द्य wohlgefällig.

छन्न *n.* (*s.* 1. छद्) Decke, Versteck.

छर्द्, छृणत्ति ausspeien, ausbrechen. *Caus.* छर्दयति überlaufen lassen; ausbrechen vomieren.

छर्दन emetisch; *n.* das Erbrechen.

छर्दि *f.* Übelkeit, Erbrechen.

1. छर्दिस् *n.* Schirm, Schutz, Hort.

2. छर्दिस् *n.* Erbrechen.

छल *n.* (*m.*) Betrug, Hinterlist, Schein, Vorspiegelung, Täuschung. °— *u. Instr.* mit Hinterlist.

छलन *n.* das Betrügen, Täuschen.

छलय्, °यति täuschen, überlisten; *p.p.* छलित.

छलिक *n.* eine Art Tanzlied.

**छवि** *u.* (*älter*) **छवी** *f.* Fell, Haut, Teint, Farbe, Schönheit, Glanz.

**छा, छाति** zerschneiden; *p.p.* **छात** *u.* **छित.** **अव** abziehen, schinden. **प्र** schröpfen; *p.p.* **प्रच्छित.**

1. **छाग** *m.* Bock.

2. **छाग** *Adj.* Bocks-.

**छागल** = *vor.* 1. *u.* 2.

**छात्त्र** *m.* Schüler. *Abstr.* **°ता** *f.*

**छादक** verdeckend, verhüllend.

**छादन** *n.* Bedeckung, Hülle, Schleier.

**छादिन्** (—°) = **छादक.**

**छान्दस,** *f.* **ई** vedisch, archaistisch; metrisch.

**छान्दोग्य** *u.* **°ब्राह्मन** *n. T. eines Brâhmaṇa.*

**छान्दोग्योपनिषद्** *f. T. einer Upanishad.*

**छाय** beschattend; *f.* **आ** Schatten, Abbild (*auch personif.*), Glanz, Farbe, Schönheit; Schirm, Schutz; Übersetzung (*aus dem Prâkrit ins Sanskrit*).

**छायातरु** *u.* **छायाद्रुम** *m.* ein schattiger Baum.

**छायाद्वितीय** Schatten werfend (*eig.* den Sch. als zweiten *d. i.* als Begleiter habend).

**छायानाटक** *n.* Art Schauspiel (*rh.*).

**छायामय** schattenartig.

**छायावन्त्** schattig.

**छायासंज्ञा** *f.* die Châyâ- (*d. i. das Abbild der S. als*) Saṃjñâ.

**छालिक्य** *n.* Art Gesang.

**छिक्कर** *m.* Art Tier.

**छिक्का** *f.* das Niesen.

**छिक्कार** *m.* Art Antilope.

**छित** *s.* **छा.**

1. **छिद्, छिनत्ति, छिन्ते** (**छिन्दति**) abschneiden, abhauen, spalten, einschlagen (*ein Loch*), abreifsen, abnagen, trennen, ablösen, unterbrechen, vernichten, zerstören, tilgen (*eine Schuld*). *Pass.* zerbrechen, zerreifsen, verschwinden; *p.p.* **छिन्न.** *Caus.* **छेदयति** abschneiden, abhauen (lassen). **अन्तर्** abschneiden. **अव** *p.p.* unterbrochen; begrenzt, eingeschlossen von (—°), bestimmt. **उद्** ausschneiden, vertreiben, ausrotten, vernichten. *Pass.* ausgehen, mangeln. **परि** rings beschneiden, abgrenzen, genau bestimmen, beurteilen, erkennen. **वि** zerreifsen, spalten, trennen, unterbrechen; *p.p.* **विच्छिन्न** unterbrochen, getrennt, geteilt, vertilgt. **सम्** abschneiden, spalten.

2. **छिद्** abschneidend, spaltend, vernichtend (—°); *f.* das Abschneiden, Vernichten.

**छिदुर** leicht reifsend, vergehend; vernichtend (—°).

**छिद्र** zerrissen, durchlöchert; *n.* Loch, Öffnung, Zugang, Eintritt; Lücke, schwache Stelle, Gebrechen, Blöfse. *Abstr.* **छिद्रता** *f.*

**छिद्रय्, °यति** durchlöchern; *p.p.* **छिद्रित.**

**छिद्रिन्** löcherig, hohl.

**छिन्न** *s.* 1. **छिद्.**

**छिन्नमूल** an der Wurzel abgeschnitten.

**छुच्छु** *m.* Art Tier.

**छुच्छुन्दर** *u.* **°रि** *m.* Moschusratte.

**छुच्छुन्दर** *m.*, **°री** *f. dass.*

**छुट्** *u.* **छुड्,** *Caus.* **छोडयति,** *p.p.* **छोटित** abgeschnitten.

**छुबुक** *n.* Kinn.

**छुर्, छुरयति** (**छोरयति**) bestreuen, überziehen; *p.p.* **छुरित** überzogen, bedeckt mit (*Instr. o.* —°). **वि** *dass.*

**छुरिका** *u.* **छूरिका** *f.* Messer.

**छेक** gewandt, verschmitzt.

**छेकोक्ति** *f.* gewandte, doppelsinnige Rede.

**छेत्तर्** *m.* Abschneider, Spalter.

**छेत्तव्य** abzuschneiden, zu spalten.

**छेद** *m.* Abhauer (—°); Schnitt, Abschnitt (*concr. u. abstr.*), Stück, Teil; Absonderung, Entscheidung, Trennung, Vernichtung, Tilgung, Verlust, Schwund, Mangel.

**छेदक** (—°) abschneidend.

**छेदन** zerschneidend, spaltend, tilgend; *n.* das Schneiden, Abschneiden, Abhauen, Zerbrechen, Vernichten, Entfernen.

**छेदनीय** = **छेत्तव्य.**

**छेदि** *s.* 1. **छिद्.**

**छेदिन्** = **छेदक.**

# ज

ज (—°) geboren von, entstanden aus *o.* in, gemacht aus, gehörig zu, verbunden mit. *f.* जा॑ Stamm; —° Tochter.

जं॑हस् *n.* Flügel.

1. जक्ष्, जक्षिति (जक्षति) essen, verzehren, *p.p.* जग्ध॑ verzehrt, erschöpft.

2. जक्ष् lachen (*nur Partic.* ज॑क्षत्).

जक्षिवं॑स् *s.* 1. जक्ष्.

ज॑गत् gehend, beweglich, lebendig. *m. Pl.* die Menschen. *f.* ज॑गती weibliches Wesen; Erde, Welt; *N. eines Metrums.* *n.* das Bewegliche, Menschen und (*oder*) Tiere; Erde, Welt; *Du.* Himmel und Unterwelt.

जगतीतल *n.* der Erdboden.

जगतीपति, °पाल, °भर्तृ *m.* Fürst.

जगत्कारण *n.* die Weltursache.

जगत्त्रय *u.* जगत्त्रितय *n.* das Weltendrei (*Himmel, Erde u. Unterwelt*).

जगत्पति *m.* Herr der Welt (*Bein. versch. Götter*).

जगत्प्रभु *m. dass.*

जगत्स्रष्टृ *m.* Schöpfer der Welt (*Brahman*).

जगत्स्वामिन् *m.* Weltherrscher; *Abstr.* °मित्व *n.*

जगदण्ड *n.* das Weltei, Weltall.

जगदीश *m.* = जगत्पति.

जगदीश्वर *m. dass.*; Fürst, König.

जगद्गुरु *m.* Weltenvater (*Bein. versch. Götter*).

जगद्दीप *m.* Weltenleuchte, Sonne.

जगद्धातृ *m.* Weltenschöpfer (*Bein. versch. Götter*).

जगद्योनि *m.* Urquell der Welt (*desgl.*).

जगन्नाथ *m.* Weltenschützer (*desgl., auch Mannsname*).

जगन्मातृ *f.* Weltenmutter (*Bein. versch. Göttinnen*).

जं॑गुरि führend (*Weg*).

जग्ध॑ *s.* 1. जक्ष्.

ज॑ग्धि *f.* das Verzehren, Genießen.

जग्ध्वा॑य *s.* 1. जक्ष्.

ज॑ग्मि gehend, regsam; eilend zu (—°).

जघ॑न *m. n.* Hinterbacke, Hinterteil, Schamgegend; *n.* Hinterteil (*eines Altares*), Hintertreffen, Nachhut.

जघनचपला *f.* geiles Weib; *N. eines Metrums.*

जघ॑नेन (*Instr. adv.*) hinter (*vor Gen., vor u. nach Acc.*).

जघन्य hinterst, letzt, spätest, niedrigst.

जघन्यज letztgeboren, jüngst.

ज॑घ्नि schlagend (*Acc.*).

ज॑घ्रि spritzend.

जङ्ग *m. Mannsname.*

जङ्गम gehend, beweglich, lebendig (*Abstr.* °त्व *n.*); *n.* das Bewegliche, Lebendige.

जङ्गिड *m. N. einer Pflanze.*

ज॑ङ्घा *f.* Bein, *bes.* der untere Teil des Beins.

जङ्घाबल *n.* Kraft der Beine, *d. i.* was die Beine thun können; Laufen, Flucht.*

जङ्घाल schnellfüßig.

जज *m.* Kämpfer.

जज्ञान॑ *s.* जन्.

ज॑ज्ञि sprossend, keimfähig.

जटा *f.* Haarflechte (*der Büßenden und Trauernden*).

जटाकलाप *m.* Haarzopf.

जटाचीरधर eine Haarflechte und ein Gewand von Baumrinde tragend.

जटाजट *m.* Flechtenwulst.

जटाधर Flechten tragend; *m.* ein Büßer *o.* Çiva.

जटाधारिन् = *vor. Adj.*

जटाभार *m.* = जटाजूट.

**जटाभारधर** einen Wulst von Flechten tragend.

**जटामण्डल** *n.* Haarflechtenkranz.

**जटायु** *u.* **°युस्** *m. N. eines mythischen Geiers.*

**जटाल** Flechten tragend.

**जटिन्** *dass.*; *m.* ein Büſser *o.* Çiva.

**जटिल**=*vor.*; verworren, voll von (—°).

**जठर** *n.* Bauch, Mutterleib, Höhlung, Inneres.

**जड** kalt, starr, stumpf, einfältig, unbeseelt. *Abstr.* **°ता** *f.*, **°त्व** *n.*

**जडप्रकृति** von einfältigem Wesen.

**जडबुद्धि** *u.* **जडमति** von einfältigem Sinn, dumm.

**जडय्**, **°यति** dumm, stumpf machen; *3. Pers. gesteigert* **जडयतितराम्**.

**जडांशु** *m.* Mond (Kühlstrahler).

**जडात्मक** *u.* **°त्मन्** kühl; einfältig.

**जडाय्**, **°यते** starr *o.* stumm sein.

**जडिमन्** *m.* Kälte.

**जडी कर्** starr machen, betäuben, für gefühllos halten; **°भू** starr, dumm werden

**जडीभाव** *m.* Starrheit, Stumpfheit.

**जतु** *n.* Lack, Gummi.

**जतुगृह** *u.* **°गेह** *n.* das Lackhaus (*im Mahâbhârata*).

**जतुमुद्रा** *f.* Lacksiegel.*

**जतू** *f.* Fledermaus.

**जत्रु** *m. Pl.* gewisse Knochen; *n.* Schlüsselbein.

**जन्**, **जायते**, **°ति**, *älter* **जनति**, **°ते** zeugen, gebären, hervorbringen, bewirken; erzeugt, geboren, hervorgebracht werden, entstehen, erscheinen, werden (*mit doppeltem Nomin. oder *Nom. u. Dat.*), sein, geschehen. *Der ältere Praes.-St. u. das Caus.* **जनयति °ते** *haben nur die trans. Bedeutungen. — p.p.* **जात** (*s. auch bes.*) geboren (von *Loc.*, vor — *d. i.* — alt: —°), erzeugt (von *Instr. o. Abl.*, mit *Loc.*), entstanden, geworden aus (*Abl.*), eingetreten, geschehen, vorhanden, gegenwärtig. *Oft adj.* ° (*seltener* —°) mit geborenem, gewachsenem, vorhandenem — versehen,

**जनारव** *m.* = **जनप्रवाद**.
**जनार्दन** *m. Bein. Vishṇu-Kṛshṇa's.*
**जनि** *u.* **जनी** *f.* Weib, Gattin; Geburt, Entstehung. *Pl. bildl.* die Finger.
**जनिकर्तृ** erzeugend (*f.* °**त्री**); entstehend (*g.*).
**जनितृ** *u.* **जनितृ** *m.* Erzeuger, Vater; *f.* **जनित्री** Erzeugerin, Mutter.
**जनित्र** *n.* Geburtsstätte, Ursprung, Herkunft.
1. **जनित्व** nasciturus.
2. **जनित्व** *n.* Ehestand (*auch* °**त्वन**).
**जनिमन्** *n.* Geburt, Ursprung, Geschlecht, Wesen, Art.
**जनिमन्त्** *u.* **जनिवन्त्** beweibt.
**जनिष्ठ** (*Superl.*) zeugungskräftig.
**जनिष्य** = 1. **जनित्व**.
**जनी** *s.* **जनि**.
**जनुस्** *n.* Geburt, Ursprung, Geschöpf, Werk. *Instr.* **जनुषा** von Geburt *o.* Natur.
**जनेन्द्र**, **जनेश** *u.* **जनेश्वर** *m.* König.
**जन्तु** *m.* Nachkomme, Geschöpf, Mensch (*Sgl. auch collect.*); Angehöriger, Diener; Gewürm, Ungeziefer.
**जन्त्व** = 1. **जनित्व**.
**जन्मकाल** *m.* Geburtszeit.
**जन्मकृत्** *m.* Erzeuger, Vater.
**जन्मक्षेत्र** *n.* Geburtsstätte.
**जन्मतस्** *Adv.* der Geburt *o.* dem Alter nach.
**जन्मद** lebengebend (—°); *m.* Vater.
**जन्मदिन** *n.* Geburtstag.
**जन्मन्** *n.* Geburt, Entstehung, Wiedergeburt, Leben; Ursprung, Geburtsstätte, Heimat; Geschöpf, Wesen, Geschlecht, Art, Natur.
**जन्मप्रतिष्ठा** *f.* Mutter.
**जन्मभू** *u.* °**भूमि** *f.* Geburtsland, Heimat.

stammverwandt. *m.* Brautführ
Brautführerin; *n.* Gemeinde,
stamm (*auch* **जन्य**).
**जप्**, **जपति** (°**ते**) flüstern, vor s
murmeln, beten.
**जप** flüsternd; *m.* das Flüstern
Gebet.
**जपन** *n.* = *vor. m.*
**जपमाला** *f.* Rosenkranz zum Be
**जपिन्** flüsternd, betend.
**जप्य** zu flüstern; *n.* Gebet.
**जभ्**, **जम्भ्** (*ohne Praes.*) sc
packen. *Caus.* **जम्भयति** ze
vernichten.
**जभार** *s.* **भृ**.
**जमदग्नि** *m. N. eines Rishi.*
**जम्बाल** Sumpf, Schlamm.
**जम्बीर** *m.* Citronenbaum; *n.* Cit
**जम्बु** (*u.* **जम्बू**) *f.* der Rosenapfelba
Frucht des R.
**जम्बुक** *m.* Schakal (*auch als Sch*
**जम्बुद्वीप** *m.* Indien (*als Weltteil*
**जम्बुखण्ड** *m. n.*, **जम्बूद्वीप** *m. das*
1. **जम्भ** *m.* Zahn (*Pl.* Gebiss),
das Schlucken.
2. **जम्भ** *m.* der Zermalmer, Ver
*N. best. Dämonen.*
**जम्भक** zermalmend, verschlinge
*N. best. Dämonen.*
**जम्भन** zermalmend; *m.* Zermalm
**जम्भलिका** *f.* Art Gesang.
**जम्भ्य** *m.* Schneide- *o.* Backzahn
1. **जय** siegend, gewinnend (—°
Siegessprüche (*personif.*).
2. **जय** *m.* Sieg, Gewinn.
**जयकुञ्जर** *m.* Sieges-, Streitelefa
**जयकृत्** Sieg verschaffend.

जयघोष m., °ण n., °णा f. Siegesruf.
जयति m. das Verbum 1. जि (g.).
जयद् Sieg verleihend.
जयदेव m. N. mehrerer Dichter.
जयद्रथ m. Mannsname
जयध्वज m. Siegesbanner.
जयन, f. ई allvermögend.
जयन्त m. N. eines Sohnes des Indra.
जयपताका f. Siegesfahne.
जयपराजय m. Du., n. Sgl. Sieg oder Niederlage.
जयलक्ष्मी f. Siegesglück o. -göttin.
जयवर्मन् m. Mannsname.
जयशब्द m. Siegesruf, Lebehoch, Grufs.
जयश्री f. Siegesgöttin.
जयसेन m. Mannsname; f. आ Frauenname.
जयाजय m. Du., n. Sgl. Sieg oder Niederlage.
जयादित्य m. Mannsname.
जयाघोष m. Siegesruf.
जयाशिस् f. Siegeswunsch, Lebehoch, Grufs.
जयितर्, f. °त्री siegreich.
जयिन् siegend, gewinnend, Eroberer, Sieger (Gen., Loc. o. —°).
जयिष्णु u. जयुस् siegreich.
जयेन्द्र m. Mannsname.
जयेश्वर m. Bein. Çiva's.
जयैषिन् siegbegehrend; besiegen wollend (—°).
जय्य zu siegen, zu gewinnen.
1. जर्, जरति alt machen o. werden; जीर्यति (°ते) altern, gebrechlich werden. Partic. जीर्यन्त् u. जीर्यमाण alternd; जरन्त् (f. जरती) gebrechlich, alt, greis, verfallen, dürr, morsch; p.p. जीर्ण dass.; aufgelöst, verdaut. Caus. जरयति (°ते) altern machen, abnutzen.
2. जर्, जरते erwachen, sich regen, herbeikommen. Caus. जरयति erwecken, anregen, beleben, erquicken.
3. जर्, जरते knistern, rauschen; rufen, anrufen.
जर m. Abnutzung; f. जरा dass., Hinfälligkeit, Alter.
जरठ alt; stark, heftig.
जरण gebrechlich, morsch, alt; f. आ Alter.
जरण्या f. Gebrechlichkeit.
जरण्य laut rufend.
जरत्कारु m. f. N. eines Rishi u. seiner Frau.
जरत्कारुप्रिया f. = vor. f.
जरदष्टि langlebig; f. Langlebigkeit.
जरद्गव m. ein alter Stier; N. eines Geiers.
जरद्योषित् f. altes Weib.
जरस् f. Gebrechlichkeit, Alter.
1. जरा f. s. जर.
2. जरा f. das Rauschen, Rufen.
जराजर्जर altersschwach, gebrechlich.
जरायु n. abgestreifte Schlangenhaut; die Eihaut des Embryo.
जरायुज aus Mutterleibe, d. i. lebendig geboren.
जरावन्त् alt, bejahrt.
जरासंध m. N. mehrerer Fürsten.
जरितर् m. Anrufer, Sänger, Preiser.
जरिता f. N. eines mythischen Vogels.
जरितारि m. N. eines Sohnes der Jaritâ.
जरिमन् m. Alter, Tod.
जर्जर u. °रित gebrechlich, hinfällig, zerschlagen, durchbohrt.
जर्जरी कर् zerschlagen, hart mitnehmen; ° भू dass. pass.
जर्भरि tragend, nährend.
जर्भुर् s. भुर्.
1. जल n. (auch Pl.) Wasser. Abstr. जलता f.
2. जल = जड.
जलक्रिया f. Wasserspende (r.).
जलखग m. Wasservogel.
जलचर m. Wasserbewohner, Fisch.
जलचारिन् im Wasser lebend; m. Wassertier, Fisch.
जलज im Wasser erzeugt. m. = vor. m. n. Meeresprodukt, Perle; Taglotusblüte (auch °कुसुम n.).
जलजन्तु m. Wassertier.
जलजीविन् in o. am Wasser lebend; m. Fischer.
जलत्रास m. Wasserscheu; °सिन् wasserscheu.
जलद m. Wolke.

जलदक्षय m. Herbst (*eig.* Wolkenschwund).
जलदसमय u. जलदागम m. Regenzeit.
जलद्रव्य n. Meeresprodukt, Perlen *u. dgl.*
जलधर m. Wolke. °माला f. Wolkenreihe.
जलधारा f. Wasserguss.
जलधि m. Ocean, Meer.
जलनिधि m. *dass.*
जलनिधिनाथ m. der Ocean (*personif.*).
जलपान n. das Wassertrinken *
जलबिन्दु m. Wassertropfen.
जलबुद्बुद m. Wasserblase.
जलभाजन n. Wassergefäſs
जलमय, f. ई aus Wasser bestehend.
जलमुच् Regen ergieſsend; m. Wolke.
जलयन्त्र u. °क n. Spritze.
जलराशि m. Meer, Ocean.
जलरुह u. °रूह n. Taglotusblüte.
जलवन्त् wasserreich.
जलवास m. der Aufenthalt im Wasser; *Adj.* (*auch* °वासिन्) im Wasser wohnend.
जलवाह Wasser führend.
जलविहंगम m. Wasservogel; °राज König der Wasservögel.
जलशय्या f. das Liegen im Wasser.
जलस्थ im Wasser befindlich.
जलस्थान n. Wasserbehälter, Weiher.
जलस्नान n. Wasserbad.
जलहार m., ई f. Wasserträger, -in.
जलागम m. Regen.
जलाञ्जलि m. zwei Handvoll Wasser (*r.*).
जलाधार m. Wasserbehälter, Weiher.
जलायुका f. Blutegel.
जलार्द्र (von Wasser) nass; f. आ ein nasses Gewand.
जलाशय im Wasser ruhend; m. Wasserbehälter, Teich, See, Meer.
जलाष lindernd, heilend.
जलाषभेषज lindernde Heilmittel habend.
जलेचर, f. ई im Wasser lebend; m. (*adj.* —° f. आ) Wassertier.
जलेश u. जलेश्वर m. *Bein. Varuṇa's.*
जलेशय im Wasser ruhend; *Bein. Vishṇu's.*
जलोदर m. Wasserbauch, Wassersucht.
जलोद्धतगति f. *N. eines Metrums.*
जलोद्भव aus dem Wasser stammend; m. Wassertier.

जलौक (m.), आ f. Blutegel.
जलौकस् im Wasser wohnend; m. Wassertier, Blutegel.
जलौकावचारणीय über die Anwendung von Blutegeln handelnd.
जलौकोऽवसेक m. Blutentziehung durch Blutegel.
जलौकोव्रण Blutegelwunde.
जल्प्, जल्पति (°ते) murmeln, reden, klagen. अभि anreden, erwidern (*Acc.*), zu etwas raten (*Acc.*). परि schwatzen, plappern. प्र sprechen, mitteilen. वि aussprechen, sagen.
जल्प m., °न n. Rede, Gespräch, Unterhaltung.
जल्पक u. जल्पाक geschwätzig.
जल्पि f. das Murmeln.
जल्पिन् (—°) redend, sprechend.
जल्प्य n. Gerede, Geschwätz.
जव m. eilig, schnell; m. Eile, Hast, Drang, *Abl. adv.*
जवन, f. ई treibend; eilig, rasch; n. Raschheit, Hast.
जवनिका f. Vorhang (*d.*).
जवस् n. Geschwindigkeit.
जवा f. *N. einer Pflanze.*
जविन् schnell, geschwind.
जविष्ठ (*Superl.*) u. जवीयंस (*Compar.*) der schnellste; schneller als (*Abl.*).
जष m. Art Wassertier.
जस्, जसते erschöpft sein. *Caus.* जासयति erschöpfen. उद् *Caus.* ausrotten (*Gen.* o. *Acc.*).
1. जसु f. Erschöpfung.
2. जसु = जस् (*g.*).
जसुरि erschöpft, matt.
जस्वन् armselig, elend.
जहका f. Igel.
जहल्लक्षणा f. mittelbare Bezeichnung (*rh.*).
जहित verlassen, arm.
जहु m. Tierjunges.
जह्नु m. *N. eines alten Königs; Pl. dessen Geschlecht.*
जह्नुकन्या u. जह्नुसुता f. die Tochter des Jahnu (*die Gañgâ*).

जा (—°) = ज; *m. f.* Nachkomme, Kind.

जागृ *s.* 3. गृ.

जागर *u.* °क *m.* das Wachen.

जागरण wach; *n.* = *vor.*

जागरित gewacht habend; *n.* das Wachen.

जागरितस्थान sich im wachen Zustande befindend.

जागरिष्णु viel wachend.

जागरूक wach, wachsam, beschäftigt mit (—°).

जागृवि wachsam, munter; belebend.

जाग्रत् wachend; *m.* der Zustand des Wachens.

जाघनी *f.* Schwanz.

जाङ्गल trocken, eben, fruchtbar (*Gegend*); in einer fruchtbaren Gegend lebend *m.* Haselhuhn; *n.* Wildpret, Fleisch.

जाङ्घिक fufsschnell; *m.* Läufer.

जाठर, *f.* ई Bauch-; *m.* Leibesfrucht, Sohn

जाड्य *n.* Kälte, Starrheit, Dummheit, Einfalt.

जात (*s.* जन्) geboren *u. s. w.* — *m.* Sohn, (*f.* आ Tochter*), Lebewesen. *n.* Geschöpf, Wesen, Geburt, Ursprung; Geschlecht, Art; Gesamtheit, Inbegriff von (—°).

जातक Geburts-; erzeugt von (—°). *m.* neugeborenes Kind. *n.* Nativität; Erzählung aus einer früheren Geburt Buddha's.

जातकर्मन् *n.* Geburtsceremonie (*r.*).

जातपक्ष flügge geworden.

जातमात्र eben erst geboren *o.* entstanden.

जातरूप schön, golden (*auch* °मय, *f.* ई)· *n.* Gold.

जातविद्या *f.* Wesenkunde.

जातविश्वास zutraulich, beherzt geworden.

जातवेदस् *m.* Wesenkenner; der Gott Agni (*spät*) das Feuer.

जातवेश्मन् *n.* Wochenstube.

जातसंकल्प entschlossen.

जाति (जाती) *f.* Geburt, Wiedergeburt, Stellung, Rang, Kaste, Familie, Geschlecht, Gattung, Art, Anlage. ° *u.* जातितस् von Geburt.

जातिमन्त् von edler Geburt.

जातिमात्र *n.* die blofse —, nur die Geburt.

· *f.* ई *patr.*

= *vor.* (*bes adj.*

जामदग्न्य

जामातृ

**जाया** *f.* Ehefrau. *Abstr.* **जायात्व** *n.*

**जायात्मन्** *m.* die Seele der Gattin.

**जायिन्** (—°) siegend, bekämpfend.

**जायु** *u.* **जायुक** siegreich.

1. **जार** alternd.

2. **जार** *m.* Bräutigam, Buhle, Nebenmann.

**जारज, जारजात** *u.* **°जातक** von einem Buhlen gezeugt.

**जारता** *f.* Buhlschaft (mit —°).

**जारवृत्तान्त** *m.* Abenteuer mit einem Buhlen, Liebesabenteuer.

**जारिणी** *f.* einen Buhlen habend; die Verliebte.

1. **जाल** *n.* Netz, Geflecht, Schlinge (*auch übertr.*), dichte Menge, Masse, Gruppe, Büschel, Mähne; Gitter, Panzer; Schwimmhaut (*auch als Glückszeichen am menschlichen Leibe*).

2. **जाल** wässern.

**जालक** *n.* Netz, Geflecht, Menge, Knospenbündel, Gitter.

**जालपाद** *m.* Schwimmfüſsler, -vogel.

**जालबन्ध** *m.* Netz, Schlinge.

**जालमाला** *f. dass.*

**जालाक्ष** Gitterfenster.

**जालाष** *n.* Linderungsmittel.

**जालिक** *m.* Vogelsteller.

**जालोपजीविन्** Fischer.*

**जाल्म**, *f.* **ई** verächtlich, gemein; *m.* Schurke.

**जावन्त्** Nachkommen habend.

**जासि** *das Causativ von* **जस्** (*g.*).

**जास्पति** *m.* Hausvater, Familienvater.

**जास्पत्य** *n.* Hausvaterschaft.

**जाहक** *m.* Igel.

**जाहुष** *m. Mannsname.*

**जाह्नव** *m. patron. Mannsname;* **ई** *Patron. der Gañgâ.*

grüſst werden*)
siegen wollen, a
**अव** besiegen.
gewinnen. **निस**
gewinnen, übe
**परा** (*gew. Med.*)
kommen (*Acc.*),
sein für (*Abl.*).
legen, besiegt,
winnen, ersiegen
erobern, besiege
beherrschen; sie
= *Simpl.* **सम्**
bewältigen, gew

**जिगत्नु** eilend, sich

**जिगमिषु** gehend w

**जिगाय, जिगीवंस्**

**जिगीषा** *f.* der Wu erlangen.

**जिगीषु** zu besiege schend. *Abstr.*

**जिग्यु** siegreich.

**जिग्युस्** *u.* **जिग्ये** *s.*

**जिघत्सा** *f.* der Wu

**जिघत्सु** zu verzehr

**जिघांसति, °सन्** *s.*

**जिघांसा** *f.* der W

**जिघांसिन्** (—°) tö

**जिघांसु** zu töten *o.* (*Acc. o.* —°).

**जिघाय** *s.* 1. **हि.**

**जिघृक्षा** *f.* der W

**जिघृक्षु** zu fassen. zueignen wün *Abstr.* **°ता** *f.*

**जिघ्यति, जिघ्युस्**

**जिङ्गी** *f. N.* einer

जिजीविषा *f.* der Wunsch zu leben.

जिजीविषु o. जिजीषु zu leben wünschend.

जिज्ञासन *n.* der Wunsch zu kennen o. zu wissen.

जिज्ञासा *f. dass.*, Prüfung, Nachforschung. °सार्थम् auf Kundschaft.

जिज्ञासु kennen zu lernen wünschend.

जित् (—°) besiegend *o.* gewinnend.

जितात्मन् der sich selbst besiegt hat.

जिति *f.* Gewinn, Sieg.

जितेन्द्रिय der seine Sinne besiegt hat, sich selbst beherrscht. *Abstr.* °त्व *n.*

जित्या *f.* (—°) Gewinn, Sieg.

जित्वन् (*siegreich), *m. Mannsname.*

जित्वर siegreich; (—°) besiegend.

जिन *m.* ein Buddha *o.* ein Arhant (*r.*).

जिनाति *s.* ज्या.

जिनेन्द्र *m.* = जिन.

जिन्वाति *s. folg.*

जिन्व्, जिन्वति (°ते), जिनोति sich regen, lebendig sein; anregen, beleben, erquicken, kräftigen, befriedigen. प्र erquicken, beleben.

जिव्रि gebrechlich, alt.

जिषे (*Dat. Inf.*) zu siegen.

जिष्णु siegreich, überlegen; besiegend (*Acc. o.* —°), gewinnend (—°).

जिहासा *f.* der Wunsch aufzugeben.

जिहासु aufzugeben wünschend (*Acc.*).

जिहीर्षा *f.* der Wunsch zu rauben *o.* fortzutragen.

जिहीर्षु rauben, forttragen, holen wollend.

जिह्म schief, schräg; falsch, hinterlistig; *mit Verben des Gehens* fehlgehen, verfehlen (*Abl.*); *n.* Falschheit, Unehrlichkeit, Unrecht.

जिह्मग krumm, in Windungen gehend, *m.* Schlange.

जिह्मता *f.* Falschheit, Hinterlist.

जिह्मशी quer daliegend.

जिह्व *Bein. Agni's; selten* = *f.* जिह्वा Zunge.

जिह्वक (*adj.* —°, *f.* इका) -züngig.

जिह्वामूल *n.* Zungenwurzel.

जिह्वामूलीय *Adj.* Zungenwurzel- (*g.*).

जीत *s.* ज्या.

जीमूत *m.* Gewitterwolke.

जीमूतवाह *u.* °वाहन *m. Mannsname.*

जीर rasch, anregend, treibend; *m.* schnelles Bewegen, Schwingen.

जीरदानु träufelnd, sprühend, spendend.

जीराश्व schnelle Pferde habend.

1\. जीरि fliefsendes Wasser.

2\. जीरि *f.* Alter.

जीर्ण (*s.* 1. जर्) *n.* Gebrechlichkeit, Alter; Verdauung.

जीर्णता *f.*, जीर्णत्व *n.* Alter.

जीर्णवस्त्र *n.* ein altes, abgetragenes Kleidungsstück.

जीर्णि altersschwach; *f.* Verdauung.

जीर्णोद्यान *n.* ein alter, verfallener Garten.

जील *m.* Schlauch.

जीव्, जीवति (°ते) leben, —von (*Instr., selten Loc.*). *Imperat.* जीव (*auch mit* चिरम्) *als Grufs:* mögest du (lange) leben! *Caus.* जीवयति (°ते) lebendig machen *o.* erhalten, beleben, ernähren, aufziehen; leben lassen (*als Grufs*). *p.p.* जीवित belebt, lebendig gemacht, *mit* पुनर् wieder aufgelebt; *s. auch bes.* — अति überleben. अनु jemd. (*Acc.*) nachleben. उद् *u.* प्रत्युद् wieder aufleben. उप seinen Unterhalt finden; *mit Acc.* bestehen durch, erhalten werden, abhängig sein von, dienen, benutzen, gebrauchen. सम् (zusammen) leben, sich seines Lebens freuen. *Caus.* beleben, lebendig machen, ernähren.

जीव lebend, lebendig, lebend von (—°); *m.* Lebewesen, Lebensprinzip, die Einzelseele (*ph.*).

जीवक, *f.* इका lebend, lebend von (—°); *f.* Leben, Lebensunterhalt.

जीवगृभ् Lebende greifend; *m.* Nachsteller, Häscher.

जीवज lebendig geboren werdend.

जीवजीवक *u.* जीवंजीवक *m.* Art Huhn.

जीवदत्त *m. Mannsname.*

जीवदायक lebengebend.

जीवन, *f.* ई lebendig machend, belebend; *n.* das Lebendigmachen, Beleben, das Leben; Existenz, Lebensunterhalt durch (*Instr. o.* —°), Lebensweise.

**जीवनंश्** (*Nom.* °नंट्) Lebensverlust *o.* mit L. verbunden.

**जीवनस्था** *f.* Lebenslust.

**जीवनहेतु** *m.* Existenzbedingung.

**जीवनीय** belebend. *n.* vivendum (*unpers.*); Wasser.

**जीवन्मुक्त** lebend erlöst (*ph.*).

**जीवन्मुक्ति** *f.* Erlösung bei Lebzeiten (*ph.*).

**जीवन्मृत** (*u.* °क) lebend und tot, halbtot; *Abstr.* °त्व *n.*

**जीवपति**, *f.* °पत्नी dessen, deren Gatte noch lebt.

**जीवपितृ** *u.* °तृक dessen Vater noch lebt.

**जीवंपुत्र** dessen Sohn noch lebt.

**जीवपुरा** *f.* Wohnsitz der Lebenden.

**जीवप्रज** lebendige Nachkommen habend.

**जीवमय** belebt, beseelt.

**जीवल** lebendig (machend).

**जीवलोक** *m.* die Welt der Lebenden.

**जीववध** *m.* Tötung eines Lebewesens.

**जीवशंस** von den Lebenden gepriesen.

**जीवशेष** nur das Leben übrig habend.

**जीवसर्वस्व** *n.* der Inbegriff, das Höchste des Lebens.*

**जीवसुत** lebende Kinder habend.

**जीवसू** *f.* lebende Kinder gebärend *o.* habend.

**जीवसे** (*Dat. Inf.*) zu leben.

**जीवातु** *f.* das Leben.

**जीवात्मन्** *m.* die individuelle Seele (*ph.*).

**जीवाशङ्किन्** für lebendig haltend.

**जीविका** *s.* **जीवक**.

**जीवित** (*s.* **जीव्**) *n.* das Lebewesen; Leben Lebensweise, -dauer, -mittel.

**जीवितक्षय** *m.* Lebensuntergang, Tod.

**जीवितनाथ** *m.* Lebensherr, Gatte.

**जीवितप्रिय** so lieb wie das Leben.

**जीवितव्य** *n.* zu leben, vivendum; das Leben die Lebensdauer.

**जीवितसंशय** *m.* Lebensgefahr.*

**जीवितसम** gleich (lieb) wie das Leben.

**जीवितसर्वस्व*** *n.* = **जीवसर्वस्व**.

**जीवितान्त** *m.* Lebensende, Tod.

**जीवितान्तक** das Leben endend; *Bein. Çiva's.*

**जीविताशा** *f.* der Wunsch *o.* die Hoffnung zu leben.

**जीवितेश** *m.* Lebensherr (*Bein. Yama's*); *f.* **श्वा** Lebensherrin, Geliebte.

**जीवितेश्वर** *m.* Lebensherr (*Bein. Çiva's*); *f.* °री Geliebte.

**जीविन्** lebend (*meist* —°); *m* Lebewesen.

**जीव्य** *n.* zu leben, vivendum; *m.* das Leben.

**जु** *s.* 1. **जू**.

**जुगुप्सति** *s.* **गुप्**.

जूर्ण s. जुर्.
1. जूर्णि f. Glut.
2. जूर्णि singend, preisend.
जूर्णिन् glühend, lodernd.
जूर्णी f. eine best. Schlange.
जूर्य morsch, alt.
जूर्व्, जूर्वति verbrennen, verzehren. नि u. सम् dass.
जॄ s. 1. 2. 3. जर्.
जृम्भ् s. जभ्.
जृम्भ m., आ f. das Gähnen, Sicherschliessen, Aufblühen.
जृम्भण gähnen machend; n. = vor.
जृम्भणकर das Gähnen bewirkend.
जृम्भित n. (s. जभ्) = जृम्भ.
जॄ s. 1. जर्.
जेतर् m. Gewinner, Besieger; *Mannsn.*
जेतव्य u. जेत्व zu besiegen, zu gewinnen.
जेन्य edel, echt, wahr.
1. जेमन् überlegen.
2. जेमन् m. Überlegenheit.
जेमन n. das Essen, Verzehren.
जेय zu besiegen.
जेष m. Gewinnung, Erwerbung.
जेष्म s. जि.
जेह्, जेहते den Mund aufsperren, schnauben.
जैत्र, f. ई siegreich; n. Sieg.
जैत्ररथ m. Siegeswagen.
जैत्रिय n. Sieg.
जैन, f. ई Jina-; m. ein Jaina.
जैमिनि *m. N. eines alten Lehrers.* जैमिनीय *m. ein Anhänger dess.; n. sein Werk.*
जैव zur individuellen Seele gehörig (*ph.*).
जैवातृक einer der lange lebt o. l. l. möge.
जैह्म्य n. Betrug, Hinterlist.
जैह्व *Adj.* Zungen-
जोगू lobsingend.
*जोङ्ग u. °क n. Aloeholz.
जोष m. Gefallen, Genüge. जोषम्, अनु° u. °आ zur Genüge, nach Belieben, nach Lust.
जोषण n. das Wohlgefallen an (—°).
जोष्टर् u. जोष्टर् gern habend, hegend und pflegend.
जोहूत्र laut rufend.

ज्ञ kundig, verständnisvoll, intelligent·

1.

निस् u.

wissen, die rechte Einsicht haben, weise sein. विज्ञायते es ist bekannt. मा विज्ञायि es werde darunter nicht verstanden (*g.*). *Caus.* विज्ञापयति verkündigen, mitteilen, sagen, jemd. (*Acc.*) benachrichtigen, belehren, ansprechen, (bitten*, *opp.* आज्ञापयति) अभिवि erfahren, wahrnehmen. सम् *Med.* einmütig sein, sich vertragen mit (*Loc.*, **Acc. u.* **Instr.*), anerkennen. *Caus* einig machen, zurechtbringen, beruhigen.

2. ज्ञा (—°) kennend, kundig.

ज्ञातृ *m.* Erkenner, Kenner, Bekannter Zeuge.

ज्ञातव्य zu erkennen, anzusehen als (*Nom.*).

ज्ञाति *m.* (Bluts-)Verwandter.

ज्ञातित्व *n.* (Bluts-)Verwandtschaft.

ज्ञातिप्रमुख hervorragend unter den Verwandten (*j.*).

ज्ञातिभाव *m.* Verwandtschaft.

ज्ञातिभेद *m.* Verwandtenzerwürfnis.

ज्ञातिमन्त् Blutsverwandte habend.

ज्ञात्र *n.* Erkenntnisfähigkeit, Einsicht.

ज्ञान *n.* Erkenntnis (*bes. höhere*), Kunde, Wissen, Wissenschaft, Bewusstsein, Annahme; Erkenntnisorgan, Sinnesorgan. *Abstr.* °त्व *n.*

ज्ञानचक्षुस् *n.* das innere Auge (*eig.* A. der Erkenntnis); *Adj.* mit dem i. Auge schauend.

ज्ञानपण्य Kenntnis feilbietend (*eig.* als Ware habend).

ज्ञानपूर्व wohlüberlegt.

ज्ञानमय, ई in Erkenntnis bestehend.

ज्ञानयुत mit Kenntnissen ausgestattet.

ज्ञानवन्त् wissend, reich an Erkenntnis (*bes. höherer*), weise.

ज्याकृष्टि

ज्याघोष

ज्यायस्त्व *n.*

ज्येष्ठ u. ज्येष्ठ (*Superl.*) *dass.*; vorzüglicher als (*Abl.*), der älteste. *m.* d. ä. Bruder; *f.* ज्येष्ठा die älteste Ehegattin; *n.* das Oberste, Haupt, *auch adv.* ज्येष्ठम् am meisten, sehr.

ज्येष्ठतम (*Superl. zum vor.*) der allererste.

ज्येष्ठतर (*Compar. zu* ज्येष्ठ) der ältere *o.* älteste; *f.* आ (*auch* °तरिका) eine ältere Frau, eine Alte, Duenna.

ज्येष्ठता *f.*, °त्व *n.* höheres Alter, Vorrang, Erstgeburtsrecht.

ज्येष्ठबन्धु *m.* Familienhaupt.

ज्येष्ठराज् *m.* Oberherr.

ज्येष्ठवयस् älter als (—°)

ज्येष्ठवृत्ति sich wie ein ältester Bruder betragend.

ज्यैष्ठ *m. N. eines Sommermonats*; *f.* ई *des Vollmondstages in dems.*

ज्यैष्ठ्य *n.* das höchste Alter, Vorrang, Erstgeburtsrecht.

ज्योक् *Adv.* schon *o.* noch lange.

ज्योतिर्ज्ञ *m.* ein Sternkundiger, Astronom.

ज्योतिर्मय aus Licht bestehend.

ज्योतिर्विद् *m.* = ज्योतिर्ज्ञ.

ज्योतिर्विदाभरण *n. T. eines Werkes.*

ज्योतिःशास्त्र *n.* die Sternkunde, Astronomie.

ज्योतिष *n. dass.*

ज्योतिष्कृत् Licht schaffend.

ज्योतिष्मन्त् lichtvoll, leuchtend, himmlisch. *m.* die Sonne, *Mannsname.*

ज्योतिःष्टोम *m.* eine best. Somafeier.

ज्योतिस् *n.* Licht (*vielf. übertr.*), Helle, Glanz; Augenlicht; die Lichtwelt. *Pl.* die Gestirne; *Du.* Sonne u. Mond.

ज्योतीरथ auf dem Lichte fahrend (*Bein der Götter.*

ज्योत्स्ना *f.* mondhelle Nacht, Mondschein

ज्योत्स्निका *f. Frauenname.*

ज्यौत्स्न *m.* die lichte Monatshälfte.

## झ्

झंकार *m.* Geklirr, Gesumm, Getöse.

झंकारित *n.*. *dass.*; (*adj.* —° durchtönt, durchsummt von).

झंकारिन् klirrend, summend, tönend.

झंकृति *f.* = झंकार.

झञ्झा *f.* Gebrause (*bes. des Windes*).

झट्, *mit* उद् *p.p.* उज्झटित verwirrt.

झटिति sofort, sogleich, stracks.

*kommt im Anlaut nicht vor.*

## ट

**टङ्क** Haue, Meiſsel, Stempel.
**टङ्कच्छेद** *m.* Hieb mit dem Stempel, Stempelung.
**टङ्कण** *m.* Borax.
**टङ्कय्**, **°यति** zudecken. *p.p.* **उट्टङ्कित** *u* **विटङ्कित** gestempelt, gekennzeichnet.
**टंकार** *m.* Geschrei, Getön, Klang.
**टंकारित** *u.* **टंकृत** *n. dass.*
**टल्**, **टलति** verwirrt werden. *Caus.* **टालयति** vereiteln.
**टसत्**, **टसिति** *u.* **टात्** (*onomat.*) krach!
**टांकार** *m.*, **°रित** *n.* Klang, Schall.
**टाल** zart (*Frucht*).
**टिट्टिभ** *m.*, **ई** *f.* Spornflügler (*Art Vogel*).
**टिण्टा** *f.* Spielhaus, -bank (*vgl.* **ठिण्ठा**).
**टीक्**, **टीकते** trippeln. *Caus.* **टीकयति** erklären, verdeutlichen.
**टीका** *f.* Commentar.
**टीत्कार** *m.* Gekrach.
**टेपर** Säckchen, Beutel.

## ठ

**ठकार** *m.* der Buchstabe **ठ**.
**ठक्कुर** *m.* Gottheit, Gegenstand der Verehrung; —**°** *als Ehrentitel.*
**ठार** *m.* Reif, Tau.
**ठिण्ठा** *f.* Spielhaus, -bank (*vgl.* **टिण्टा**).

## ड

**डम्**, **डमति** tönen (*Trommel*).
**डम** *m. N. einer verachteten Kaste.*
**डमर** *m.* Aufruhr, Schlägerei.
**डमरिन्** *m.*, **डमरु** Art Trommel.
**डम्ब्**, **विडम्बयति** nachahmen, jemd. (*Acc.*) gleichkommen; verspotten, hintergehen. *p.p.* **विडम्बित**.
**डम्बर** *m.* Lärm, Gewirre, Masse, Pomp, Gepränge, Pracht.
**डवित्थ** *m. Mannsname.*
**डाकिनी** *f.* Hexe, Menschenfresserin.
**डांकृति** *u.* **डात्कृति** *f.* Getön, Geheul.
**डामर** auſserordentlich, seltsam (*Abstr.* **°त्व** *n.*); *m.* Staunen, ein Wunder.
**डाल** Ast.
**डिण्डिम** *m.* Art Trommel (*auch f.* **आ** *u. n.*); Lärm.
**डित्थ** *m. Mannsname. Abstr.* **°ता** *f.*, **°त्व** *n.*
**डिम** *m.* Art Schauspiel.
**डिम्ब** Schreck, Tumult, Gefahr, Not; *m.* Ei.
**डिम्भ** *m.* (neugeborenes) Kind, Knabe, Junges; Schöſsling, Ei. ] डिम्भक dim.

[illegible] [illegible] Gebäude, N. eines Landes. f. आ grofse Trommel.

ढामरा f. Gans.

ढाल n. Schild.

ढालिन् schildbewaffnet.

ढेङ्क m. Art Vogel.

ढोल m. Pauke.

## ण

णि u. णिच् i (= aya), der Charakter des Causativs (g.).

ण्यन्त mit dem Causativcharakter endigend (g.).

ण्वुल् das Suffix aka (g.).

## त

त (Pron.-St. der 3. Pers., vgl. स) der, dieser (adj. u. subst.); doppelt (meist Pl.) dieser und jener, verschiedene. त—य u. य—त derjenige—welcher, wer—der. य त welcher immer, jeder; य (य)—त त u. य क mit चिद्—त (त) wer auch immer — der. Hebt oft nur ein anderes Pron. jeder Person, auch das in der Verbalform enthaltene, stärker hervor. n. तद् s. bes.

तंस्, तस्, Caus. तंसयति schütteln. अभि berauben. अव Caus. s. bes.

तक्, तक्ति stürzen, dahinschiefsen; p.p. तक्त dahinschiefsend.

तक Pron.-St., Demin. zu त.

तकु hinschiefsend, eilend.

तक्मन् m. hitzige Krankheit mit Ausschlag.

तक्र n. (verdünnte) Buttermilch.

तक्व geschwind.

तक्वन् u. तक्ववी m. Stöfser, Raubvogel.

तक्ष्, तक्षति, °ते, तक्ष्णोति u. ताष्टि behauen, schneiden, schnitzen, bearbeiten, gestalten, verfertigen, schaffen, machen, bereiten, erfinden; p.p. तष्ट.

तक्ष zerhauend (—°); m. Zimmermann.

तक्षक m. Hauer, Abhauer (—°); N. eines Schlangendämons, Mannsn.

तक्षण n das Hauen, Schnitzen, Bearbeiten.

तक्षन् n. Holzarbeiter, Zimmermann.

तक्षशिल m. Pl. die Bewohner von Takshaçilâ (s. folg.).

तक्षशिला f. N. der Hauptstadt der Ganhâra. °तस् von T.

तक्ष्य zu verfertigen, zu formen.

तङ्गण o. तङ्गन m. Pl. Volksname.

तच्चरित von solchem Wandel o. Betragen.

तच्छील von solchem Charakter, so geartet.

तज्ज्ञ sich darauf verstehend, ein Kenner.

तञ्च्, तनक्ति zusammenziehen.

तट्, तटति dröhnen.

तट m., ई f. Abhang (auch übertr.), Ufer, Rand.

तटस्थ am Abhange o. am Ufer stehend; gleichgültig (auch °स्थित).

तटाक n. See, Teich. °किनी f. grofser See.

तटिनी f. Fluss. °पति m. der Ocean.

तड्, Caus. ताडयति schlagen, strafen, treffen, verwunden.

**तडाग** *n.* Teich, See. **°भेदक** *m.* Entwässerer, Trockenleger eines Teiches.
**तडित्** *u.* **तडित्तस्** *Adv.* dicht daran.
**तडित्** *f.* Blitz.
**तडित्वन्त्** Blitze enthaltend; *m.* Wolke.
**तडिन्मय** blitzartig.
**तडिन्माला** *f.* Blitzstrahl.
**तडिल्लता** *u.* **°ल्लेखा** *f. dass.*
**तण्डुल** *m.* Frucht-, *bes.* Reiskorn (*auch als Gewicht*).
**तण्डुलकण** *m.* Reiskorn.
**तण्डुलकण्डन** *n.* Kleie.
1\. **तत** *m.* Väterchen; *Voc. auch* Söhnchen.
2\. **तत** s. 1. **तन्**.
**ततस्** *Adv.* = *Abl. des Pron.-St.* **त**, von dort, dort, dorthin; dann, darauf; daher, darum. **ततस्ततस्** von hier und dort, hier(hin) und dort(hin), *vgl.* **इतस्ततस्**, *auch fragend* = **ततः किम्** was dann, was weiter? **ततः परम्** aufserdem, ferner; **°प्रभृति** (*u.* **तत आरभ्य***) von da an, seitdem; **ततो ऽ परम्** später, ein andermal. **यतस्ततस्** woher *o.* wohin es auch sei, vom ersten Besten, irgend woher, irgend wohin. **यतस्—ततस्** woher *o.* wo(hin)—daher *o.* da(hin); **यतो यतस्—ततस्ततस्** woher *o.* wo(hin) auch immer—daher *o.* da(hin) auch immer.
1\. **तति** (*nur Pl.*) so viele.
2\. **तति** *f.* Ausdehnung, Menge, hoher Grad.
**ततिथ**, *f.* **ई** der sovielste.
**ततिधा** *Adv.* sovielfach.
**ततुरि** überwindend, siegreich.
**ततोमुख** dorthin gerichtet*
**तत्कर्मकारिन्** dasselbe (Geschäft) betreibend.
**तत्कारण** dieses thuend *o.* verschuldend.
**तत्कारिन्** dasselbe thuend.
**तत्कार्यकारणात्** (*Abl.*) aus diesem bestimmten Grunde.
1\. **तत्काल** *m.* diese *o.* jene Zeit. *Acc.* zu dieser *o.* jener Zeit, zu seiner Zeit, während dessen; sofort, sogleich.
2\. **तत्काल** derzeitig, gleichzeitig.
**तत्कालीन** = *vor.* 2.
**तत्क्षण** *m.* derselbe Augenblick, **°—**, *Acc.*, *Abl. u. Loc.* in demselben A., alsbald, sofort.
**तत्तुल्य** diesem(r) gleich, seiner (ihrer) würdig.
**तत्त्व** *n.* das wahre Wesen (*eig.* die Dasheit); Wahrheit, Realität, Grundprinzip (*ph.*) **°—**, **तत्त्वेन** *u.* **तत्त्वतस्** der Wahrheit nach, wirklich, genau.
**तत्त्वकथन** *n.* wahre, der Thatsache entsprechende Aussage.
**तत्त्वज्ञ** (—°) etwas genau kennend.
**तत्त्वज्ञान** *n* Erkenntniss der Wahrheit; *Titel eines Werkes.*
**तत्त्वदर्शिन्** *u.* **°दृश्** die Wahrheit schauend *o.* kennend.
**तत्त्वबोध** *m.* = **तत्त्वज्ञान** (*auch als Buchtitel*).
**तत्त्वभाव** *m.* das wahre Sein *o.* Wesen.
**तत्त्वभूत** wahr (*eig.* Wahrheit seiend).
**तत्त्वविद्** = **तत्त्वज्ञ**.
**तत्त्वशुद्धि** *f.* die reine (*eig.* Reinheit der) Wahrheit.
**तत्त्वाख्यानोपमा** *f.*, **तत्त्वापह्नवरूपक** *n.* best. Gleichnisse *o.* Metaphern (*rh.*).
**तत्त्वाभियोग** *m.* eine auf Grund von Thatsachen erfolgte Anklage (*j.*)
**तत्त्वार्थ** *m.* Wahrheit, der wahre Sinn von (—°).
**तत्पद** *n.* das Wort **तद्**.
1\. **तत्पर** darauf folgend.
2\. **तत्पर** (*eig.* das als äufserstes *o.* höchstes habend), ganz damit beschäftigt, ganz darin aufgegangen (*Loc. o.* —°). *Abstr.* **°ता** *f.*
**तत्पुरुष** dessen Diener; Art Compositum (*g.*).
**तत्प्रतिपादक** dies an die Hand gebend *o.* lehrend.
**तत्र** (**तत्रा**) *Adv.* = *Loc. des Pron.-St.* **त**; da, dort; dahin, dorthin; dann. **तत्र तत्र** hier und dort, überall(hin). **यत्र तत्र** wo(hin) auch immer, am ersten besten Ort, bei jeder Gelegenheit.
**तत्रत्य** dortig.
**तत्रभवन्त्**, *f.* **°वती** der Herr—, die Dame dort (*meist von Abwesenden gebraucht*).

**तत्रस्थ** dort befindlich *o.* verweilend.
**तत्रान्तरे** (*Loc.adv.*) mittlerweile, inzwischen.
**तत्सख** dessen Freund.
**तत्संख्याक** in der Anzahl.
**तत्सम** dem gleich, gleichbedeutend mit (—°).
**तत्संबन्धिन्** damit in Verbindung stehend.
**तत्स्वरूप** das Wesen davon (habend).
**तथा** *Adv.* so, also, ebenso (*correl. mit* **यथा** wie, dass); so wahr (*bei Schwüren*; *correl.* **यथा**); ja, gut, gewiss (*absol.*). **तथा च** so denn auch, desgleichen. **तथापि** *dass.*; dennoch, gleichwohl (*meist nach* **यद्यपि** *oder* **कामम्**). **तथा हि** also, nämlich, zum Beispiel. **न तथा** = **अन्यथा** (*s. d.*). *Oft verstärkt durch* **एव**. — **यथा तथा** auf welche Weise auch immer; auf diese oder jene Weise, *mit Neg.* auf keine Weise. **यथा यथा —तथा तथा** wie (sehr) auch immer—so, je mehr—desto mehr. **तथा कृत्वा** *s.* 1. **कर्**.
**तथागत** sich so befindend *o.* verhaltend, derartig, (gegenwärtig*); *m.* ein Buddha *o.* Buddhist.
**तथागुण** solche Tugenden *o.* Vorzüge habend.
**तथाभाव** *m.* das Sosein.
**तथाभाविन्** der so sein wird.
**तथाभूत** so beschaffen, derartig.
**तथारूप** *u.* **°रूपिन्** so geformt *o.* aussehend.
**तथाविध** so beschaffen, derartig.
**तथावीर्य** von solcher Kraft.
**तथ्य** wahr. *n.* Wahrheit. *Instr. u.* **°तस्** in Wahrheit, der W. gemäfs.
**तद्** (= *Pron.-St.* **त** °—, *u. Nom. Acc. Sg. n. von dems.*) da(hin), dort(hin); damals, dann, darum, deshalb, also, nun, und, so (*im Nachs.*). *Oft correl. zu* **यद्**, **येन**, **यतस्**, **यदि** *o.* **चेद्**. **तदपि** sogar, **तद्यथा** so zum Beispiel.
**तदनन्तर** unmittelbar verbunden mit (*Gen.*); *n. adv.* (unmittelbar) darauf, alsdann.
**तदनु** *Adv.* darauf, alsdann.
**तदनुकृति** *Adv.* demgemäfs.
**तदनुगुण** (—°) dementsprechend.
**तदन्त** damit endend; darauf auslautend (*g.*).
**तदन्तर्भूत** darunter befindlich.
**तदपस्** dies Werk habend, an d. W. gewöhnt.
**तदपेक्ष** darauf rücksichtigend.
**तदर्थ** *m.* dessen (deren) Bedeutung; *Adj.* dieselbe Bedeutung habend, dazu bestimmt. **°र्थम्** *adv.* zu diesem Zweck, darum, daher.
**तदर्थिन्** diesen, e, es begehrend.
**तदवस्थ** in diesem Zustande befindlich; noch i. d. Z. b., unversehrt.
**तदा** *Adv.* damals, dann, so (*im Nachs.*), *quiesc. nach* **ततस्**, **पुरा** *u. vor* **अथ**. **तदा प्रभृति** von da an, seitdem. *Oft correl. zu* **यदा**, **यत्र**, **यद्**, **यदि** *u.* **चेद्**. **यदा यदा—तदा (तदा)** so oft als—so oft. **यदा तदा** jederzeit, stets.
**तदानीम्** *Adv.* damals, dann.
**तदाश्रय** auf diesen (e, es) bezüglich.
**तदीय** diesem (er, en) gehörig; sein, ihr; ein solcher.
**तदुपकारिन्** dazu verhelfend, förderlich.
**तदुपहित** dadurch bedingt.
**तदून** hierum vermindert.
**तदोकस्** daran Gefallen findend.
**तद्गत** auf diesen (e, es) gerichtet *o.* bezüglich; ger. *o.* bez. auf (—°).
**तद्गुण** dessen (deren) Eigenschaft *o.* Vorzug; *Adj.* diese Eigenschaften besitzend.
**तद्धित** *m.* Art Suffix *u.* ein damit gebildetes Wort (*g.*).
**तद्भव** daraus (*d. h. aus dem Sanskrit*) entstanden (*g.*).
**तद्भागिन्** dafür verantwortlich.
**तद्युत** mit diesem verbunden, zusammen.
**तद्रूप** so gestaltet *o.* beschaffen.
**तद्वचन** dies ausdrückend.
**तद्वत्** *Adv.* so, also, ebenso (*correl.* **यद्वत्** *u.* **यथा**); gleichfalls, auch.
**तद्वत्ता** *f.* Übereinstimmung.
**तद्वयस्** von demselben Alter.
**तद्वशं** danach verlangend.
**तद्विद्** = **तज्ज्ञ**.
**तद्विध** so beschaffen, derartig. *Abstr.* **°त्व** *n.*
**तद्विषय** dazu gehörig, dasselbe bedeutend.
**तद्वृत्ति** danach wandelnd *o.* lebend.
1. **तन्**, **तनोति**, **तनुते** (sich) dehnen,

spannen, strecken, in die Länge ziehen, verbreiten, vermehren; zusammenfügen, ausführen, vollziehen (*r.*), zurechtmachen, ausarbeiten, verfassen. *p.p.* तत ausgedehnt, ausgebreitet, weit; überzogen, bedeckt mit (*Instr. o.* —°). अधि bespannen (*den Bogen*). अभि sich ausbreiten, hinreichen über (*Acc.*). अव sich herabsenken, hinziehen über; abspannen (*den Bogen*). आ sich aus breiten, überziehen, bescheinen; ausbreiten, ausdehnen, spannen; hervorbringen, zeigen, verraten. *p.p.* आतत verbreitet, ausgedehnt, gespannt, gerichtet auf (*Loc.*). व्या verbreiten, hervorbringen. समा *dass.*, spannen (*den Bogen*). वि sich ausbreiten, überziehen, erfüllen; ausspannen, aufziehen (*Bogensehne, Gewebe etc.*), spannen (*den Bogen*); vollziehen, veranstalten (*r.*), bewirken, hervorbringen. *pp.* वितत ausgebreitet, weit; vollzogen (*Fest*); überzogen, erfüllt, bedeckt von (*Instr. o.* —°); s. *auch bes.* सम् (sich) verbinden; überziehen, bedecken, zusammenziehen, ins Werk setzen, an den Tag legen. *p.p.* संतत zusammengehalten, bezogen, s. *auch bes.*

2. तन् (*nur Instr. u. Dat.*) Verbreitung, Dauer, Nachkommenschaft. *Instr. adv.* nach einander, fort und fort.

3. तन्, तन्यति erschallen, rauschen.

तन *n.*, आ *f.* Nachkommenschaft, Kind.

तनय fortdauernd, (sich) fortflanzend. *m.* Sohn; *f.* आ Tochter; *n.* Nachkommenschaft, Kinder und Kindeskinder.

तनयित्नु donnernd, rauschend.

तनस् *n.* Nachkommenschaft.

तनिमन् *m.* Dünne, Schwäche.

तनिष्ठ *u.* तनीयंस् *Superl. u. Compar. z. folg.*

तनु (*f.* तनु, तनू *u.* तन्वी) dünn, schmächtig, schlank, schwach, klein, wenig. (*Abstr.* तनुता *f.*, °त्व *n.*) *f.* तनु *u.* तनू Körper, Leib; die Person, das Selbst (*mit einem Pron. oder selbst = Pron. refl., cf.* आत्मन्). *f.* तन्वी eine Schlanke, ein Mädchen.

तनुगात्र, *f.* ई schlankgliederig.

तनुच्छद (den Körper bedeckend:) Feder, (*Pl.* Gefieder), Harnisch.

**तन्त्रक** (*adj.* —°) Lehre; *vom Webstuhl kommend, ganz neu (*Zeug*).

**तन्त्रकार** *m.* Verfasser eines Lehrbuchs, Schriftsteller.

**तन्त्रय्**, °**यति** zur Norm machen, befolgen; sorgen für (*Acc.*), besorgen, ausführen. *p.p.* **तन्त्रित** (—°) abhängig von.

**तन्त्रवाय** *m.* Weber.

**तन्त्रायिन्** ein Gewebe aufziehend.

**तन्द्**, **तन्दते** nachlassen, ermatten.

**तन्द्र्**, **तन्द्रयते** matt, müde werden.

**तन्द्र** *n.* Reihe.

**तन्द्रयु** matt, träge.

**तन्द्रा** *f.* Mattigkeit, Trägheit.

**तन्द्राय्**, °**यते** matt werden, ermüden.

**तन्द्री** *f.* = **तन्द्रा**.

**तन्निमित्त** dadurch veranlasst. *Abstr.* °**त्व** *n.*

**तन्मनस्** *Adj.* darauf gerichteten Geistes.

**तन्मय** daraus bestehend, davon eingenommen *o.* erfüllt. *Abstr.* °**ता** *f.*, °**त्व** *n.*

**तन्मात्र** nur so viel *o.* so wenig. *n.* Kleinigkeit; Atom, Urstoff (*ph.*).

**तन्मूल** darin beruhend. *Abstr.* °**त्व** *n.*

**तन्यता** *f.* (*Instr.*) das Donnern, Tosen.

**तन्यतु** *m. dass.*

**तन्यु** rauschend, tosend.

**तन्वङ्ग**, *f.* **ई** zartgliederig; *f.* Mädchen.

**तप्**, **तपति** (°**ते**) heifs sein, glühen, Schmerz empfinden, leiden, sich härmen, sich kasteien; erhitzen, brennen, verbrennen, verzehren, quälen, peinigen. *Pass.* **तप्यते**, *auch* **तप्यते** *u.* **तप्यति** *haben die intransit. Bedeutungen. p.p.* **तप्त** erwärmt, erhitzt, glühend, heifs, geschmolzen, gequält, gepeinigt; **तपः तप्तः** der sich kasteit hat. *Caus.* **तापयति** *u.* °**ते** brennen, quälen, schmerzen. — **अनु** erhitzen, quälen; *Pass.* sich grämen, Reue fühlen. **अभि** *u.* **अभ्या** erhitzen, quälen, peinigen. **उद्** erwärmen, glühen; *p.p.* **उत्तप्त** erhitzt, glühend, geläutert (*Metall*). **उप** erhitzen, quälen, schmerzen; *Pass.* erhitzt, geplagt werden, hinschmelzen. **निस्** (**ष्**) erwärmen, versengen. **परि** rings anbrennen, umglühen, plagen, quälen; heftigen Schmerz empfinden, sich härmen, sich kasteien (*bes. Pass.*). **प्र** brennen, scheinen, strahlen, sich härmen, sich kasteien; wärmen, erhitzen, versengen. **सम्** erhitzen, quälen, plagen; Schmerz *o.* Reue fühlen, sich kasteien (*bes. Pass.*). *p.p.* **संतप्त** erhitzt, glühend, gedrückt, gequält. *Caus.* erhitzen, verbrennen, quälen, peinigen.

**तप** brennend quälend, peinigend (—°); *m.* Brand, Glut, Kasteiung, Askese.

**तपःक्लान्त** von Kasteiungen erschöpft.

**तपःक्षम** zu Kasteiungen geeignet.

**तपती** *f. myth. Frauenname; Flussname.*

**तपन** brennend, erwärmend, plagend. *m.* Sonne; *f.* **तपनी** Glut; *n.* **तपन** *dass.*, Schmerz, Bufse.

**तपनीय** *m.* Art Reis; (geläutertes) Gold.

**तपनीयाशोक** *m.* der Goldaçoka.*

**तपश्चरण** *u.* °**चर्या** *f.* Askese, Bufse.

**तपस्** *n.* Wärme, Glut; Schmerz, Plage; Selbstpeinigung, Askese, Bufse, Beschaulichkeit; *N. eines Monats u. einer best. Welt.*

**तपस्य्**, **तपस्यति** sich kasteien.

**तपस्य** aus Hitze entstanden; *m. N. eines Monats, Mannsn.; f.* **आ** *n.* Askese, Bufse.

**तपस्वन्त्** glühend; asketisch, fromm.

**तपस्विकन्या** *f.*, °**जन** *m.* Einsiedlermädchen.

**तपस्विजन** *m.* Einsiedler (*auch coll.*).

**तपस्विन्** geplagt, elend, arm, asketisch, fromm. *m.* Asket, Büfser; *f.* **तपस्विनी**.

**तपात्यय** *u.* **तपान्त** *m.* Regenzeit (Glutende).

**तपिष्ठ** (*Superl.*) sehr heifs *o.* glühend.

**तपिष्णु** brennend, glühend.

**तपीयंस्** (*Compar.*) frömmer als (*Gen.*), sehr fromm.

**तपु** glühend, heifs.

**तपुषि** glühend; glühende Waffe.

**तपुष्पा** heifs trinkend.

**तपुस्** = **तपु**.

**तपोधन** Reichtum an Bufse habend, fromm; *m.* Asket, Büfser, *Mannsn.*

**तपोभृत्** asketisch, fromm; *m.* Büfser.

**तपोयुक्त** *dass.*

**तपोरत** *u.* °**रति** sich an der Bufse freuend, fromm.

**तपोलुब्ध** bufseifrig, fromm.
**तपोवन** *n.* Bufs- *o.* Büfserwald.
**तपोवन्त्** asketisch, fromm.
**तपोवृद्ध** an Bufse erstarkt, sehr fromm.
**तप्त** (s. **तप्**) *n.* heifses Wasser.
**तप्तृ** *m.* Erwärmer, Bestrahler.
**तप्तायस्** *n.* glühendes Eisen, **°यःपिण्ड** ein Stück g. E.
**तप्ति** *u.* **तप्यति** *f.* Hitze, Glut.
**तप्यतु** glühend, heifs; *f.* = *vor.*
**तम्**, **ताम्यति** (**°ते**) aufser Atem kommen, stocken, starr werden, erschöpft sein, ermatten, vergehen, hinschwinden, schmachten; *p.p.* **तान्त**. *Caus.* **तमयति** ersticken (*trans.*). **आ** *u.* **उद्** vergehen, hinschmachten. **नि** *p.p.* **नितान्त** s. *bes.*
**तमक** *m.* Beklommenheit (Art Asthma).
**तमन** *n.* das aufser Atem Kommen.
**तमप्** *das Suffix* tama (*g.*).
**तमस्** *n.* Finsternis, Dunkel, geistige Finsternis, Verblendung; Irrtum, Unwissenheit (*ph.*).
**तमस** dunkelfarbig; *n.* Finsternis.
**तमस्वन्त्** (*f.* **°स्वती** *u.* **तमस्वरी**) finster.
**तमाम्** *Adv.* überaus, sehr (—° *im Adv. u. Verb. fin.*).
**तमाल** *m. Baumname.*
**तमिस्र** *n.* Dunkel, Finsternis.
**तमोघ्न** das Dunkel verscheuchend; *m.* Sonne *o.* Mond.
**तमोनुद्** *u.* **°नुद** *dass.*; *m.* Sonne *o.* Mond.
**तमोभूत** dunkel, einfältig.
**तमोमय**, *f.* **ई** aus Dunkel bestehend.
**तमोरूप** *u.* **°रूपिन्** *dass.*
**तमोवन्त्** finster, dunkel.
**तमोवृध्** sich der Finsternis freuend.
**तमोहन्** die Finsternis verjagend.
**तम्र** erstickend *o.* verdunkelnd.
1\. **तर्**, **तरति**, **°ते**, **तिरति**, **°ते**, **तुरति**, **°ते**, **तितर्ति**, **तरुते** über etwas setzen *o* schreiten, zurücklegen, durchmachen, durchleben, vollbringen, überwinden, glücklich entgehen, entkommen (*Acc.*); sich retten. *Med.* wettstreiten; jemd. (*Acc.*) retten, weiterhelfen. *p.p.* **तीर्ण** übergesetzt, überschritten (habend). *Caus.* **तारयति** jemd. übersetzen über (*Acc.*),

**तरंगय्**, °यति wogen machen, hin und her werfen (*Augen*). *p.p.* **तरंगित** wogend, hüpfend; *n.* das Wogen, Hüpfen.

**तरंगवात** Wellenwind *o.* -luft.

**तरंगिन्** wogend, wallend; *f.* °णी Fluss, *auch als Büchertitel* (—°).

**तरण** *n.* das Übersetzen, Überwinden.

**तरणि** durchlaufend, vordringend, rasch, rettend, hülfreich (*Abstr.* **तरणित्व** *n.*), *m.* Sonne.

**तरणीय** zu überschreiten.

**तरतमतस्** *Adv.* mehr oder weniger.

**तरद्द्वेषस्** Feindbezwinger.

**तरध्यै** *Dat. Inf. zu* 1. **तर्**.

**तरल** schwankend, zitternd, zuckend, unbeständig (*Abstr.* °ता *f.*, °त्व *n.*); *m.* Welle, Mittelstein in einer Perlenschnur, *Pl. Volksname*; *f.* **आ** *u. n.* Reisschleim.

**तरलय्**, °यति (sich) hin- und herbewegen; *p.p.* **तरलित** wogend, schwankend.

**तरलिका** *f. Frauenname.**

1. **तरस्** *n.* das Vorwärtsdringen; Thatkraft, Energie. *Instr. adv.* eilig, rasch.

2. **तरस्** durchdringend, rasch.

**तरस** *m. n.* Fleisch. °**मय** fleischern.

**तरस्वन्त्** *u.* **तरस्विन्** rasch, energisch, mutig.

**तराम्** *Adv.* sehr (—° *in Adv. u. Verb. fin.*).

**तरि** *f.* Boot, Schiff.

**तरिक** Fährmann; *f.* **आ** Boot.

**तरिणी** *f.* Boot, Schiff.

1. **तरी** *f.* = **तरि**.

2. **तरी** *f.* = **स्तरी**.

**तरीयंस्** (*Compar.*) durchdringend.

**तरीषणि** (*Inf.*) zu durchdringen.

1. **तरु** rasch.

2. **तरु** *m.* Baum.

**तरुकोटर** *n.* Baumhöhle.

**तरुगहन** *n.* Baumdickicht.

**तरुच्छाया** *f.* Baumschatten.

**तरुण**, *f.* **ई** jung, eben angefangen, neu, frisch, zart (*Abstr.* °ता *f.*). *m.* Jüngling; *f.* **ई** Mädchen; *n.* (*auch* °क) Schössling, Halm.

**तरुणिमन्** *m.* das Jugendalter.

1. **तरुतर्** gewinnend (*Acc.*).

2. **तरुतर्** *m.* Überwinder, Förderer (*Gen.*).

**तरुतल** *n.* der Platz unter einem Baum, Fuſs des Baumes.

**तरुत्र** hinüberschaffend, siegreich.

**तरुमण्डप** Baumlaube.

**तरुमूल** *n.* Baumwurzel, *auch* = **तरुतल**.

**तरुराजि** *f.* Baumreihe, Allee.

**तरुष्**, **तरुषति**, °ते überwinden.

**तरुष** *m.* Überwinder; *f.* **ई** Sieg.

**तरुषण्ड** *n.* Baumgruppe.

**तरुष्य्** bekämpfen; *nur Part.* °ष्यन्त्.

**तरुस्** *n.* Kampf, Überlegenheit.

**तरूट** *m.* Lotuswurzel.

**तरूषस्** siegreich.

**तर्क्**, **तर्कयति** (°ते) vermuten, erwägen, halten für (*2 Acc.*), im Sinne haben. **वि** *dass.*

**तर्क** *m.* Vermutung, Meinung, Erwägung; Spekulation, System (*ph.*).

**तर्कसंग्रह** *m. T. eines Werkes.*

**तर्किन्** vermutend (—°), philosophisch gebildet.

**तर्कु** Spindel.

**तर्ज्**, **तर्जति**, (°ते) drohen, bedrohen, schmähen. *Caus. dass.* **सम्** *Caus.* drohen (*Acc.*), anfahren, erschrecken.

**तर्जन** *n.* Drohung, Schmähung (*auch f.* **आ**); *f.* **ई** Zeigefinger.

**तर्जित** *n.* (*s.* **तर्ज्**) das Drohen.

**तर्णक** *m.* Kalb, Tierjunges *überh.*

**तर्द्**, **तृणत्ति**, **तृन्त्ते** bohren, durchbohren, erbohren, spalten, eröffnen, erschlieſsen, frei machen. **अनु** eröffnen, aufschlieſsen. **अभि** = *Simpl.*

**तर्द** *m.* Art Käfer (*eig.* Bohrer).

**तर्दन** *u.* **तर्द्मन्** *n.* Spalte, Öffnung, Loch.

**तर्प्**, **तृप्यति**, °ते, **तृप्णोति**, (**तृप्नोति**), **तृम्पति**, satt *o.* befriedigt werden, sich ergötzen, sich laben, genieſsen von (*Abl.*). *Partic.* **तातृपाण** *u.* **तृप्त** satt, befriedigt von (*Gen.*, *Instr. o.* —°); *n. adv.* — *Caus.* **तर्पयति**, °ते sättigen, ergötzen, laben, stärken, befriedigen; *Med.* sich sättigen, sich zufrieden geben. **आ** satt werden. *Caus.* sättigen. **सम्** (zusammen) satt

**तर्ष** *m.*, **°ण** *n.* Durst, Gier, Verlangen.

**तर्षित** durstig, gierig, verlangend nach (—°).

**तर्षावन्त्** durstig.

**तर्ह्, तृणेढि** zermalmen; *p.p.* **तृढ** (**तृळ्ह**).

**तर्हण**, *f.* **ई** zermalmend.

**तर्हि** *Adv.* damals, dann, in dem Falle (*oft correl. zu* **यर्हि, यद्, यदा, यच्च, यदि** *u* **चेद्**); darum, also, wohlan (*bes. beim Imperat.*).

**तल** *m. n.* Ebene, Grund, Boden, Tiefe, Fläche (*bes.* Handfläche); *oft* —° *nicht zu übers. Mit* **तरोस्** = **तरुतल**.

**तललोक** *m.* die Unterwelt.

**तलव** *m.* Musiker.

**तलवकार** *m. Pl. N. einer vedischen Schule*. **°कारोपनिषद्** *f. T. einer Upanishad.*

**तलातल** *n. N. einer Hölle.*

**तलाशा** *f.* ein best. Baum.

**तलिन** dünn, schlank; klein, wenig.

**तलिम** *n.* Fufsboden, Estrich.

**तलीद्य** *n.* ein best. Körperteil.

**तल्प** *m.* (**आ** *f.*) Lager, Ruhesitz, Bett, Ehebett.

**तल्पग** (—°) iniens (*feminam*), schwächend, schändend.

**तल्पज** im Ehebette, ehelich geboren.

**तल्प्य** zum Bette gehörig; *auch* = *vor.*

**तवस्** kräftig, mutig; *m.* Kraft, Mut.

**तवस्तम** *u.* **तवस्तर** *Compar. u. Superl. zum vor. Adj.*

**तवस्य** *n.* Kraft, Mut.

**तवस्वन्त्** = **तवस्** *Adj.*

**तवागा** kräftig.

**तविष** *dass.*; *f.* **तविषी** = **तवस्** *m.*

**तविषीमन्त्** kräftig, mutig.

**तसर** *n.* Weberschi[f]

**तस्कर** *m.* Dieb, [R]

**तस्करता** *f.*, **°त्व** *n.*

**तस्थिवंस्** *s.* **स्था**.

**तस्थु** fest

**तस्थुषस्**,

**तात्पर्यार्थ** *m.* der beabsichtigte Sinn, die eigentliche Bedeutung.
**तात्य** väterlich.
**तात्स्थ्य** *n.* das Sichdarinbefinden.
**तादर्थ्य** *n.* das Dazubestimmtsein, der Zweck
**तादात्म्य** *n.* die Wesenseinheit mit (*Instr., Loc. o.* —°).
**तादीत्ना** alsdann.
**तादृच** ein solcher.
**तादृग्गुण** so beschaffen, derartig.
**तादृग्रूप** *u.* °**वन्त्** so gestaltet, so schön.
**तादृग्विध** derartig.
**तादृश्** (*Nom.* **तादृङ्** *u.* **तादृक्**) ein solcher, derartig. *n.* **तादृक्** *auch adv.*
**तादृश**, *f.* **ई** ein solcher, derartig.
**ताद्रूप्य** *n.* Gleichgestaltigkeit, Richtigkeit.
**ताद्विध्य** *n.* Derartigkeit.
**तान** *m.* Faden, Faser; *n.* Ausdehnung.
**तानव** *n.* Dünnheit, Magerkeit.
**तानूनप्त्र** *n.* eine Art Gelöbnis (*r.*).
**तान्तव**, *f.* **ई** aus Fäden gemacht; *m.* Sohn, *n.* Gewebe, gewebter Stoff.
**तान्ति** *f.* Erstickung.
**तान्त्र** *n.* Saitenspiel.
**तान्त्रिक**, *f.* **आ** *u.* **ई** mit einer Lehre vertraut; *m.* Fachgelehrter.
**ताप** *m.* Hitze, Glut, Qual, Schmerz.
**तापक** brennend, glühend, quälend.
**तापन**, *f.* **ई** (—°) *dass.*; erhellend, erleuchtend, quälend, peinigend. *m.* die Sonne; *n.* das Brennen, die Kasteiung.
**तापनीय** aus (reinem) Golde.
**तापनीयोपनिषद्** *f. T. mehrerer Upanishad.*
**तापयिष्णु** brennend, quälend.
**तापश्चित** *n.* eine Art Feier (*r.*).
**तापस** sich kasteiend, zur Askese gehörig. *m.* Büſser, Asket; *f.* **ई** Büſserin.
**तापसवेषभृत्** ein Büſsergewand tragend.
**तापस्य** *n.* der Büſserstand.
**तापिन्** quälend (—°); *f.* **ई** *T. mehrerer Upanishad.*
**ताप्य** *m. n.* Schwefelkies.
**ताम** *m.* Sehnsucht.
**तामरस** *n.* Taglotusblüte; *f.* **ई** Lotusteich.
**तामस**, *f.* **ई** finster, Dunkelheits-; Unwissenheits- (*ph.*).

*f.* **ई** *N. der*

*Instr. adv.*

ण्य n. Jugend.
िक m. Philosoph. *Abstr.* °त्व n.
m. ein best. Vogel; *Bein. Garuḍa's*
. *Kaçyapa's.*
र्ि m. ein best. mythisches Wesen (*erst*
*ls Ross, sp. als Vogel aufgefasst*); *auch*
*vor.*
*Adj.* gräsern, Gras-.
ीय zum dritten gehörig (*auch* °क);
. Drittel.
ीयीक der Dritte.
*u.* तार्प्य n. Art Gewand.
zu überschreiten, zu überwinden;
Fährgeld.
ाघ m. ein gewisser Baum; *Adj.* von
iesem Baum kommend, *f.* ई.
m. Weinpalme (n. deren Nuss); das
Klatschen, Händegeklatsch; Takt,
Tanz; *Pl. Volksname.* *f.* ई ein best.
Baum.
ाक m. ein best. Insekt; *f.* तालिका
Händegeklatsch, Handfläche.
ाकेतु m. ein Weinpalmenbanner tragend
*Bein. mehrerer Heroen*).
ाज von der Weinpalme kommend.
ाजङ्घ lange (*eig.* Weinpalmen-)Beine
abend; *m. männl. Name*; *Pl. N. eines*
*Kriegerstammes.*
ाद्रुम m. Weinpalmenbaum.
ाध्वज m. = तालकेतु.
ान n. Händegeklatsch.
ापत्त्र n. Weinpalmenblatt.
ाफल n. die Nuss der Weinpalme.
ावृन्त (u. *°क) n. Palmblatt, Fächer.
ाव्य den Gaumen betreffend; palatal (*g.*).
ाशब्द u. तालस्वन m. Händegeklatsch.

तावच्छस् *Adv.* sovielfach.
तावज्ज्योक् *Adv.* so lange.
तावत्कालम् *dass.*
तावत्कृत्वस् *Adv.* sovielmal.
तावत्तात् *Adv.* gerade so viel.
तावत्फल (nur) so viel Lohn bringend.
तावन्त् so groſs, so lang (*Raum u. Ze*
soviel. n. तावत् *adv.* soweit, solan
in der Zeit, inzwischen (*auch Instr.*
*Loc.*), zuvor, zunächst, gleich (*bes. b*
*Imperat. u. der 1. Pers. Praes. o. Fu*
wohl, gut, allerdings, eben (*mit o.* = ए
न तावत् noch nicht. मा तावत् ja nic
तावत्—यावत् (न) so weit, so lang
bis. तावत्—च kaum—so. यावद्याव
तावत्तावत् in welchem Maſse—in d
Maſse.
तावन्मात्र, *f.* ई soviel.
तासून m. Art Hanf; *Adj.*, *f.* ई hänfen.
तास्कर्य n. Diebstahl, Raub.
तिक्त (*s.* तिज्) bitter (*auch* °क), würz
wohlriechend.
तिक्ताय्, °यते bitter sein *o.* schmecken
तिगित scharf, spitz.
तिग्म *dass.*, stechend, heiſs, heftig.
तिग्मकर m. Sonne (Heiſsstrahler).
तिग्मजम्भ scharfzahnig.
तिग्मता *f.* Schärfe.
तिग्मतेजन scharfschneidig *o.* -spitzig.
तिग्मतेजस् *dass.*, heftig, feurig; *m.* Son
तिग्मदीधिति *u.* तिग्मरश्मि *m.* Sonne
तिग्मवीर्य von starker Kraft *o.* Wirku
तिग्महेति ein starkes Geschoss führe
तिग्मांशु *m.* Sonne, Feuer.
तिग्मायुध scharfe Waffen führend.
तिग्मेषु scharfe Pfeile führend.

**तिङ्** Personalendung (*g*).

**तिज्**, **तेजते** scharf sein, schärfen; *p.p.* **तिक्त** *s. auch bes. Caus.* **तेजयति** schärfen, spitzen, anstacheln, anregen; *p.p.* **तेजित** geschärft, gespitzt, voll von (—°). *Desid.* **तितिक्षते** (°ति) etwas ertragen, sich gefallen lassen (*eig.* sich gegen etwas scharf *o.* hart zu machen suchen). **उद्** *u.* **सम्** *Caus.* anstacheln, erregen.

**तितउ** Sieb.

**तितिक्षमाण** *s.* **तिज्**.

**तितिक्षा** *f.* das Aushalten von (—°), Geduld.

**तितिक्षु** ertragend (*Acc.*), geduldig.

**तितीर्षा** *f.* das Herüberkommenwollen über (—°).

**तितीर्षु** trajecturus (*Acc. o.* —°).

**तित्तिर** *m.* Rebhuhn; *Pl. Volksname.*

**तित्तिरि** *u.* **तित्तिरि** *m.* Rebhuhn; *m. N. eines alten Lehrers u. eines Schlangendämons.*

**तिथि** *m. f.* ein (lunarer) Tag (°**विशेष** *m.* ein besonderer l. Tag*).

**तिथी** *f.* = **तिथि**.

**तिन्तिडिका** *u.* **तिन्तिडी** *f.* Tamarinde.

**तिन्दुक** *m.*, **ई** *f. N. einer Pflanze.*

**तिम्**, **तिम्यति** still werden; *p.p.* **तिमित** still, ruhig.

**तिमि** *m.* (groſser) Fisch.

**तिमिंगिल** *m.* Fischverschlinger, Raubfisch.

**तिमिंगिलगिल** *m.* Raubfischverschlinger, groſses Seeungeheuer.

**तिमितिमिंगिल** *dass.*

**तिमिर** dunkel, finster; *n.* Finsternis, Trübung (*der Augen*). *Abstr.* °**ता** *f.*

**तिमिरय्**, °**यति** verfinstern.

**तिरय्**, °**यति** verhüllen, verbergen, hemmen. *3. Pers. gesteigert* **तिरयतितराम्**.

**तिरश्चा** *u.* **तिरश्ची** *s.* **तिर्यञ्च्**.

**तिरश्चीन** quer gehend, wagerecht.

**तिरस्** *Praep.* durch, durch—hin, vorüber an, ohne, gegen (*Acc.*); abseits von, geheim vor (*Abl.*). — *Adv.* quer, abseits, unbemerkt. *Mit* **कर्** beseitigen, verbergen, übertreffen, ausstechen, missachten, schmähen. *Mit* **धा** wegschaffen, verdrängen, verstecken, überwinden. *Med.* sich verstecken, verschwinden; *p.p.* **तिरोहित** verborgen, verschwunden. *Mit* **भू** = *vor. Med.; p.p.* **तिरोभूत** = **तिरोहित**.

**तिरस्कर**, *f.* **ई** übertreffend.

**तिरस्करण** *n.* das Verschwinden.

**तिरस्करिणी** *f.* Vorhang (*d.*); verhüllender Schleier, Tarnkappe.

**तिरस्कार** *m.* Schmähung, Missachtung.

**तिरस्कारिन्** übertreffend (—°).

**तिरस्कृति** (—°) *u.* **तिरस्क्रिया** *f.* = **तिरस्कार**.

**तिरोअह्न्य** übertägig, vorgestrig.

**तिरोजनम्** *Adv.* abseits von den Menschen.

**तिरोधा** *f.* Verborgenheit.

**तिरोधान** *n.* das Verschwinden.

**तिरोभाव** *m. dass.*

**तिरोभूत** *u.* **तिरोहित** *s.* **तिरस्**.

**तिरोऽह्न्य** = **तिरोअह्न्य**.

**तिर्यक्** *s.* **तिर्यञ्च्**.

**तिर्यगायत** quer ausgestreckt.

**तिर्यग** in die Quere gehend, wagerecht.

**तिर्यग्गत** *dass.* (*vom Tier*).

**तिर्यग्गति** *f.* Tierzustand (*eig.* wagerechte Bewegung).

**तिर्यग्जन** *u.* **तिर्यग्योन** *m.* Tier, Vieh.

**तिर्यग्योनि** *m.* Tierzustand; Geschlecht, Ursprung, Schöpfung der Tierwelt (*auch incl. Pflanzen*).

**तिर्यञ्च्**, (*Nom. m.* **तिर्यङ्**, *f.* **तिरश्ची**, *n.* **तिर्यक्**) in die Quere gehend, wagerecht; *m. n.* das wagerechte (*d. h. nicht aufrechte*) Tier (*auch im weiteren Sinne die ganze Schöpfung ohne den Menschen*). *n.* Breite; *adv.* in die Quere, quer durch, schief, seitwärts; *Instr.* **तिरश्चा** *u. Loc.* **तिरश्चि** *dass.*

**तिल** *m.* Sesampflanze *u.* -korn; Körpermal; Körnchen, Stückchen.

**तिलक** *m.* ein best. Baum, Körpermal; Sektenzeichen *o.* Schönheitsfleck (*auch n.*), die Zierde von (—°).

**तिलकक्रिया** *f.* die Verzierung, Schminke.

**तिलकय्**, °**यति** kennzeichnen, verzieren, schmücken; *p.p.* **तिलकित**.

**तिलतैल** *n.* Sesamöl.

तिलिङ्ग u. °देश m. *N. eines Landes.*
तिलोत्तमा f. *N. einer Apsaras.*
तिलोदक n. Wasser mit Sesam.
तिलोदन u. तिलौदन n. Sesambrei.
तिल्पिञ्ज u. तिल्वक m. *Pflanzennamen.*
तिल्विल fruchtbar, reich.
तिष्य u. तिष्य m. *N. eines mythischen Schützen am Himmel, auch eines Mondhauses.*
तिसृ, तिसृभिस्, तिसृस् *s.* त्रि.
तीक्ष्ण scharf, spitz, stechend, brennend (*Geschmack*), heftig, streng. (*Compar.* तीक्ष्णतर *u.* तीक्ष्णीयंस्; *Superl.* तैक्ष्णिष्ठ *s. bes.*) *m. Mannsname. f. Pflanzenn. n. adv.*; *Eisen, Gift, Todschlag.
तीक्ष्णता *f.*, त्व *n.* Schärfe, Glut.
तीक्ष्णदण्ड streng strafend.*
तीक्ष्णदंष्ट्र scharfzahnig.
तीक्ष्णधार scharfschneidig; *m.* Schwert.
तीक्ष्णभङ्ग scharfbrüchig; °ङ्गं कर् um knicken.*
तीक्ष्णविपाक von brennender (*d. h.* brennend bei der) Verdauung.
तीक्ष्णशृङ्ग spitzhornig.
तीक्ष्णहृदय hartherzig; *Abstr.* °त्व *n.*
तीक्ष्णांशु heiſsstrahlig; *m.* Sonne, Feuer.
तीक्ष्णाग्र scharfspitzig.
तीक्ष्णार्चिस् heiſsstrahlig.
तीक्ष्णेषु scharfe Pfeile habend.
तीर *n.* Ufer, Rand; °ज am U. wachsend.
तीरय्, °ति vollenden; *p.p.* तीरित.
तीररुह = तीरज.
तीरिका *f.* Art Pfeil.
तीर्ण *s.* 1. तर्.
तीर्थ *n.* (*m.*) Zugang (*bes. zum Wasser o. zum Opferaltar*), Furt, Ladeplatz, Wallfahrtsort; rechter Weg *o.* Ort, gewisse

तुग्र्य v
तुग्वन्

1. तुज्, तुजंति, °ते *u.*
stoſsen, antreiber
schnelle Bewegur
तूतुजान *u.* तूतुजा
eifrig.
2. तुज् treibend, sch
trieb, Anstoſs, Ar
3. तुज् (*nur* तुजम् *u.*
तुजसे *Dat. Inf. zu* 1.

1. तुजि (*nur Dat.* तुजये) Zeugung.
2. तुजि *m. männl. Name.*
तुज्य zu stofsen, anzutreiben.
तुञ्ज *m.* Anstofs, Ruck.
तुण्ड *n.* Schnabel, Rüssel, Mund, Maul, Spitze, Oberhaupt; *f.* ई eine Gurkenart.
तुण्डिक gerüsselt.
तुण्डिकेर *m. Pl. Volksname.*
तुण्डेल *m.* eine Art Gespenst.
तुतुर्वणि zu gewinnen trachtend.
तुत्थ *n.* blauer Vitriol.
तुद्, तुदति (°ते) stofsen, stacheln stechen; *p.p.* तुन्न. *Caus.* तोदयति stacheln.
तुद (—°) stofsend.
तुन्द *n.* Bauch, Hängebauch.
तुन्दिल dickbäuchig.
तुन्न *s.* तुद्.
तुन्नवाय *m.* Schneider.
तुबर adstringierend.
तुमर्थ die Bedeutung von tum (*s. folg.*) habend (*g.*).
तुमुन् *das Infinitiv-Suffix* tum (*g.*).
तुमुल lärmend, geräuschvoll, stürmisch; *m.* Lärm, Aufruhr.
तुम्ब *m.*, ई *f.* Flaschengurke.
तुम्र strotzend, kraftvoll.
1. तुर्, तुरति, °ते *u.* तूर्यति vorwärts dringen, eilen, überwinden; *Caus.* तुरयति, °ते eilig sein, rennen.
2. तुर् vordringend, bewältigend, fördernd (*Gen.*).
1. तुर eifrig, rasch, bereit.
2. तुर stark, kraftvoll, reich.
3. तुर wund.
तुरक *m. Pl.* die Türken. तुरकिन् türkisch.
तुरग *m.* Pferd.
तुरगातु rasch gehend.
तुरंग *m.* = तुरग.
तुरंगम *m. dass.*, *f.* ई Stute.
तुरण geschwind, eilig.
तुरण्, °ण्यति geschwind sein, (sich) beeilen.
तुरण्यु rasch, eifrig.
तुरम् *Adv.* rasch.
तुरया rasch gehend.
तुरि *f.* Kraft, Sieg (*nur Dat.* तुर्ये); Weberbürste (*auch* तुरी *f.*).
तुरीप *n.* Samenflüssigkeit.
तुरीय (तुरीय *u.* तुरीय) der vierte, *n.* ein Viertel.
तुरुष्क *m. Pl.* die Türken; *Sgl.* Olibanum.
तुर्य = तुरीय.
तुर्यवह् (*Nom.* °वाट्) vierjährig; *m.* ein vierjähriges Rind; *f.* तुर्यौही eine v. Kuh.
तुर्या *f.* Kraft, Sieg.
तुर्व्, तूर्वति überwältigen; erretten.
तुर्वणि überwältigend (*Acc.*), siegreich.
तुर्वणे *Dat. Inf. zu* तुर्व्.
तुर्वश *m. N. eines alten Helden*; *Pl. seines Geschlechts*, *gew.* तुर्वशा यदू *Du.* Turvaça und Yadu.
तुर्वीति *m. Mannsname.*
तुल्, तोलयति *u.* तुलयति, °ते aufheben, wägen, prüfen, vergleichen; gleichkommen, erreichen (*Acc.*); *p.p.* तुलित verglichen, ähnlich, gleich. उद् aufheben, errichten, wägen. सम् wägen.
तुला *f.* Wage, Wagschale, Gewicht, Gleichgewicht, Gleichheit, Ähnlichkeit; Wage (*im Tierkreis*). *Acc. mit einem Verb des Gehens* gleichkommen, sich messen können mit (*Instr.*).
तुलन *n.* das Aufheben, Abwägen; *f.* आ Gleichheit mit (*Instr. o.* —°).
तुलाकोटि *m.* das Ende des Wagebalkens; Fufsreif (*als Schmuck*).
तुलाधारण *n.* das Wägen.
तुलायष्टि *f.* Wagebalken.
तुलायोग *m. Pl.* die verschiedenen Wägungen
तुलावन्त्
तुलिम w

**तुष्**, तुष्यति (°त u. तुषयति) zufrieden sein, sich erfreuen an (*Gen.*, *Dat.*, *Instr.*, *Loc. o. Acc. mit* प्रति); zufriedenstellen, befriedigen. *p.p.* तुष्ट befriedigt, zufrieden. *Caus.* तोषयति, °ते befriedigen, beschwichtigen, erfreuen, erheitern; *p.p.* तोषित. परि zufrieden sein, Wohlgefallen haben an (*Instr.*). सम् *dass.*; *p.p.* संतुष्ट versöhnt, befriedigt. *Caus.* zufrieden stellen, erfreuen durch o. mit (*Instr.*).

**तुष** *m.* Hülse, Spelze.

**तुषधान्य** *n.* Hülsenfrucht.

**तुषाग्नि** *u.* **तुषानल** *m.* Spreufeuer.

**तुषाम्बु** *n.* Reis- *o.* Gerstenschleim.

**तुषार** kalt; *m.* Frost, Reif, Tau, Schnee

**तुषारकण** *m.* Schneeflocke.

**तुषारकर** *m.* der Mond (Kaltstrahler).

**तुषारकिरण** *u.* **तुषारद्युति** *m. dass.*

**तुषारपतन** *n.* Schneefall.

**तुषाररश्मि** *u.* **तुषारांशु** *m.* der Mond.

**तुषारगिरि** *m.* der Himâlaya (Schneeberg).

**तुषित** *m. Pl.* eine best. Klasse von Göttern.

**तुष्टि** *f.* Zufriedenheit.

**तुष्टिमन्त्** zufrieden.

**तुहिन** *n.* = तुषार *m.*; °कण *m.* Schneeflocke.

**तुहिनकर** *u.* **तुहिनकिरण** *m.* der Mond.

**तुहिनगिरि** *m.* der Himâlaya.

**तुहिनद्युति** *u.* **तुहिनमयूख** *m.* der Mond.

**तुहिनाचल** *u.* **तुहिनाद्रि** *m.* = तुहिनगिरि.

**तूण** *m.*, ई *f.* Köcher.

**तूणक** (—°) *dass.*

**तूणव** *m.* Flöte.

**तूणवध्म** *m.* Flötenbläser.

**तूणि** *m.* Köcher. तूणिन् beköchert.

**तूणीर** *m.* = *vor. m.*

तुर्व् *s.* तुर्व्.

तूर्वय

तर्वि

तृणकुटि *f.*

तृणकुटीर

**तृणाद्** grasfressend.

**तृणाश**, °न u. **तृणाशिन्** *dass.*; *m.* Grasfresser, Wiederkäuer.

**तृणी कर्** = **तृणय्**.

**तृणेन्द्र** *m.* die Weinpalme.

**तृणोदक** *n.* Gras und Wasser.

**तृम्न** *s.* **तर्ह्**.

1. **तृतीय** der dritte; *n. adv.* drittens, zum dritten mal. *f.* **आ** der dritte Tag (*im Halbmonat*); die Endungen des dritten Casus (Instrumental) und dieser selbst (*g.*).

2. **तृतीय** ein Drittel bildend; *n.* Drittel.

**तृतीयदिवस** der dritte Tag; *Loc.* übermorgen.

**तृतीयसवन** *n.* die dritte (*abendliche*) Kelterung (*r.*).

**तृतीयासमास** *m.* Instrumental-Compositum (*g.*).

**तृत्सु** *m. N. eines Volksstammes.*

**तृद्** *s.* **तर्द्**.

**तृदिल** löcherig.

**तृन्** *die Endung* **तृ** *o.* **तर्** (*g.*).

**तृप्** *s.* **तर्प्**.

**तृपत्** *Adv.* satt, zur Genüge.

**तृपल** unruhig; *n. adv.*

**तृप्त** *s.* **तर्प्**; *Abstr.* **तृप्तता** = *folg.*

**तृप्ति** u. **तृप्ति** *f.* Sättigung, Genüge, Zufriedenheit.

**तृप्तिकर** u. °**कारक** sättigend, befriedigend, labend.

**तृप्तिमन्त्** befriedigt.

**तृप्र** unruhig, ängstlich; *n. adv.*

**तृभि** *m.* Strahl.

1. **तृष्** *s.* **तर्ष्**.

2. **तृष्** *f.* Durst.

**तृषा** *f. dass.*; Gier, Verlangen.

**तृषार्त** von Durst *o.* Gier gequält.

**तृषित** *s.* **तर्ष्**.

**तृषु** gierig, heftig.

**तृष्ट** rauh, kratzend; heiser (*Stimme*)

**तृष्टामा** *f. N. eines Flusses.*

**तृष्णज्** durstig.

**तृष्णा** *f.* Durst, Gier (*auch personif.*), Verlangen nach (—°).

**तृष्यावन्त्** durstig.

**तृह्** *s.* **तर्ह्**.

**तॄ** *s.* 1. **तर्**.

**तेक्ष्णिष्ठम्** (*Superl. adv.*) am stechendsten.

**तेजन** *n.* das Schärfen; Pfeilschaft, Rohr; *f.* **तेजनी** Geflecht, Bündel.

**तेजस्** *n.* Schärfe, Schneide, stechende Hitze, Feuer, Glanz (*auch übertr.* = Schönheit), Glut, Heftigkeit, Kraft, Manneskraft, der männliche Same, Energie, Einfluss, Ansehen, Hoheit, Würde.

**तेजस्य** ansehnlich, herrlich.

**तेजस्वन्त्** brennend, glänzend, schön.

**तेजस्विन्** scharf, brennend, glänzend, kräftig, energisch, würdevoll. *Abstr.* **तेजस्विता** *f.*, °**त्व** *n.*

**तेजिष्ठ** (*Superl.*) sehr scharf; brennend, kräftig, heftig.

**तेजीयंस्** (*Compar.*) schärfer, klüger, würdevoller.

**तेजोद्वय** *n.* das Lichterpaar, *d. i.* Sonne und Mond.

**तेजोमय**, *f.* **ई** aus Feuer *o.* Glanz bestehend, leuchtend, glänzend.

**तेजोरूप** aus Glanz bestehend.

**तेजोवन्त्** glänzend.

**तेजोवृत्त** *n.* ein glanz- *o.* würdevolles Wesen.

**तेदनि** u. °**नी** *f.* (geronnenes) Blut.

**तेन** (*Instr. adv.*) dahin, so, darum, deshalb, daher.

**तैक्ष्ण्य** *n.* Schärfe (*auch vom Geschmack*), Strenge.

**तैजस**, *f.* **ई** aus Licht bestehend, glanzvoll, metallen.

**तैत्तिर**, *f.* **ई** Rebhuhn-; von Tittiri stammend.

**तैत्तिरीय** *m. N. einer Schule des schwarzen Yajurveda*; °**क** zur Sch. der T. gehörig.

**तैत्तिरीयप्रातिशाख्य** *n.* das Prâtiçâkhya der Taittirîya.

**तैत्तिरीययजुर्वेद** der Yajurveda der Taittirîya.

**तैत्तिरीयशाखा** *f.* die Schule der Taittirîya.

**तैत्तिरीयसंहिता** *f.* die Saṃhitâ der Taittirîya.

**तैत्तिरीयारण्यक** *n.* ein Âraṇyaka der Taittirîya.

**तैत्तिरीयोपनिषद्** *f.* die Upanishad der T.

**तैमिर** *Adj.* Verfinsterungs-, **रोग** *m.* -krankheit, Trübung (*der Augen*).

**तैमिरिक** an getrübten Augen leidend.

**तैमिर्य** *n.* Trübung (*der Augen*).

**तैर्थिक** sektiererisch, ketzerisch. *m.* Autoritätsperson. *n.* Wasser von einem heil. Badeplatz.

**तैर्यग्योन**, **॰नि** *u.* **॰न्य** tierischen Ursprungs, *m.* Tier.

**तैल** *n.* (Sesam-) Öl.

**तैलकार** *m.* Ölmüller.

**तैलकुण्ड** *n.* Ölkrug.

**तैलपर्णिक** *m.* Art Sandelbaum; **n.* das Holz dess.

**तैलपात्र** *n.* Ölgefäſs.

**तैलप्रदीप** *m.* Öllampe

**तैलयन्त्र** *n.* Ölmühle.

**तैलिक** *m.* Ölmüller; *f.* **ई**.

**तैष**, *f.* **ई** zum Mondhause Tishya gehörig; *m. N. eines Monats.*

**तोक** *n.* Nachkommenschaft, Stamm. Geschlecht. *Oft zus. mit* **तनय**.

**तोकवन्त्** Nachkommen habend.

**तोकसाति** *f.* Kindergewinnung.

**तोकिनी** *f.* Kinder habend *o.* bekommend.

**तोक्म** *m.* junger Getreidehalm, Schössling.

**तोक्मन्** *n. dass.*

**तोटक** zänkisch; *n.* zänkische Rede, *N. eines Metrums, Art Drama.*

**तोत्त्र** *n.* Stachel zum Viehtreiben.

**तोद** *m.* Stachler, Lenker; Stich.

**तोदन** *n.* das Stechen.

**तोद्य** *n.* Art Cymbel.

**तोमर** *m. n.* Spieſs.

**तोय** *n.* Wasser; **तोयं कर्** Wasser spenden (*r.*).

**तोयकण** *m.* Wassertropfen.

**तोयकर्मन्** *n.* Wasserceremonie (*r*).

**तोयचर** sich im Wasser aufhaltend; *m* Wassertier.

**तोयज** wassererzeugt; *n.* Lotusblüte.

**तोयद** *m.* Regenwolke.

**तोयदात्यय** *m.* Herbst.

**तोयधर** Wasser tragend.

**तोयधार** *m.*, **आ** *f.* Wasserstrom.

**तोयधि** *m.* Meer (Wasserbehälter).

**तोयपात** *m.* Regen.

**तोयमय**, *f.* **ई** aus Wasser bestehend.

**तोयमुच्** *m.* Wolke Wassergieſser).

**तोयराज्** *m.* Meer (König der Wasser).

lassen, aufgeben, preisgeben, hingeben, verschmähen, fahren lassen, verschonen, vernachlässigen; *mit* तनुम्, जीवितम् *u.* प्राणान् den Leib *o.* das Leben fahren lassen, *d. i.* sterben. *Ger.* त्यक्त्वा mit Beiseitelassung, mit Ausnahme von. *p.p.* त्यक्त *u.* त्यजित. *Caus.* त्याजयति jemd. veranlassen etwas zu verlassen, aufzugeben *etc.*, jemd. um etwas bringen (2 *Acc.*). — परि verlassen, verstoſsen, aufgeben, meiden, fahren lassen (*wie Simpl.*), bei Seite lassen, nicht beachten; *Ger.* परित्यज्य = त्यक्त्वा; *p.p.* परित्यक्त beraubt, um (*Instr.*) gebracht. सम् *dass.*, *auch Ger. u. p.p.*

**त्यजन** *n.* das Verlassen, Verstoſsen.

1. **त्यजस्** *n.* Verlassenheit, Not.

2. **त्यजस्** *m.* Sprössling.

**त्यद्** (*Nom. Acc Sgl. n. von* त्य) *adv.* bekanntlich, ja.

**त्याग** *m.* das Verlassen, Verstoſsen, Meiden, Aufgeben, Hingabe, Freigebigkeit.

**त्यागिता** *f.* Freigebigkeit.

**त्यागिन्** verlassend, verstoſsend, abweisend, aufgebend, hingebend, freigebig.

**त्याजक** verlassend, abweisend.

**त्याजन** *n.* das Verlassen.

**त्याज्य** zu verlassen, aufzugeben, hinzugeben, zu schenken.

**त्रद्** *m.* Eröffner, Spender.

**त्रप्**, त्रपते (°ति) sich schämen, verlegen werden. *Caus.* त्रपयति beschämen, verlegen machen.

**त्रप** (*m.*) *u.* **त्रपा** *f.* Scham, Verlegenheit.

**त्रपु** *u.* **त्रपुस्** *n.* Zinn.

**त्रय**, *f.* ई dreifach, dreierlei.* *f.* त्रयी die Dreizahl, die drei Veden; त्रयी विद्या die dreifache Wissenschaft (*r.*). *n.* die Dreizahl, Triade.

**त्रयःपञ्चाशत्** *f.* dreiundfunfzig.

**त्रयधा** *s.* त्रेधा.

**त्रयाय्य** zu beschützen

**त्रयस्त्रिंश**, *f.* ई der dreiunddreiſsigste.

**त्रयस्त्रिंशत्** *f.* dreiunddreiſsig.

**त्रयीधामवन्त्** dessen Licht die drei Veden sind (*Sonne*).

**त्रयीमय**, *f.* ई aus den drei Veden bestehend.

**त्रयोदश**, *f.* ई der dreizehnte.

**त्रयोदशधा** *Adv.* in dreizehn Teile(n).

**त्रयोदशन्** *u.* **त्रयोदशन्** dreizehn

**त्रयोविंश**, *f.* ई der dreiundzwanzigste.

**त्रयोविंशति** *f.* dreiundzwanzig.

**त्रस्**, त्रसति (°ते) *u.* त्रस्यति (°ते) erzittern erschrecken vor (*Abl.*, *Gen. o. Instr.*); *p.p.* त्रस्त zitternd, erschrocken, ängstlich. *Caus.* त्रासयति (°ते) jemd. erschrecken, scheuchen. अप zurückschrecken (*intr.*), fliehen. उद् *Caus.* jemd. erschrecken, aufscheuchen. वि erschrecken, sich entsetzen; *p.p.* erschrocken. *Caus.* jemd. erschrecken, ängstigen. सम् erzittern, erbeben, erschrecken; *p.p.* erschrocken. *Caus.* ängstigen.

**त्रस** sich bewegend; *n.* das Bewegliche, Tiere und Menschen.

**त्रसदस्यु** *m. N. eines Fürsten.*

**त्रसर** *m.* Weberschiff.

**त्रसरेणु** *m.* Staubkörnchen.

**त्रस्तनयन** mit erschrecktem Auge, ängstlich blickend.

**त्रस्नु** furchtsam, ängstlich.

1. **त्रा**, त्रायते, त्राति (°ति) beschützen, retten vor (*Gen. o. Abl.*) *p.p.* त्रात. *Mit* परि *u.* सम् *dass.*

2. **त्रा** *m.* Beschützer.

**त्राण** *n.* das Schützen, Schutz, Schutzmittel, Harnisch.

**त्राणन** *n.* das Schützen, Hüten.

**त्रातृ** *m.* Schützer, Retter.

**त्रातव्य** zu schützen, zu hüten.

**त्रात्र** *n.* Schutz.

**त्रापुष** zinnern.

**त्रामन्** *n.* Schutz, Schirm.

**त्रायति** *das Verbum* त्रा (*g.*).

**त्रास** *m.* Schreck, Angst, Furcht vor (—°).

**त्रासन**, *f.* ई schreckend, ängstigend; *n.* das Schrecken, Aufscheuchen.

**त्रासनीय** Angst einflöſsend.

**त्रासिन्** ängstlich, furchtsam.

**त्रि** *Pl.* drei (*vgl.* तिसृ).*

मकृत् u. त्रिकर्मन् die drei Handlungen Opfer, Studium und Spenden) vollringend (r.).

ाल n. die drei Zeiten (Vergangenheit, Gegenwart und Zukunft o. Morgen, Mittag und Abend).

ालदर्शिन् s. त्रैकाल्यदर्शिन्.

ालरूप als die drei Zeiten erscheinend die Sonne).

त्वस् Adv. dreimal.

ाण dreieckig; n. Dreieck.

र्त m. Pl. Volksname.

वगुण m. Pl., n. Sgl. die drei Grundigenschaften (ph.).

वगुण aus drei Schnüren bestehend; reifach, dreimal (n. adv.); die drei Grundeigenschaften enthaltend (ph.).

गुणात्मक = vor. (ph.).

m. n. = तृच.

क्र dreirädrig; m. ein d. Wagen.

चुस् dreiäugig.

तुर Pl. drei oder vier.

गत् n. Sgl. u. Pl. die Dreiwelt (Himel, Erde und Luft resp. Unterwelt).

गती f. dass.

ट drei Flechten tragend; f. आ N. ner Râkshasî.

m. N. eines Gottes, Pl. einer Götterlasse.

य n. Dreiheit, Triade.

ा f., त्रित्व n. dass.

ण्ड n. der Dreistab (des brahmanischen Bettlers). °ण्डिन् einen D. tragend; ı. ein brahmanischer Bettler.

त्रिदिव n. der dritte (höchste) Himme

त्रिदिवेश्वर m. Himmelsherr (Indra).

त्रिदिवौकस् er, G

=

2. त्रिधामन् n. = त्रिदिव.

Erd

ie D

**त्रिपुरद्रुह्** u. **°द्विष्** m. der Dreiburgenfeind (*Çiva*).

**त्रिपुरहन्, °पुरहर, °पुरान्तक** m. = **त्रिपुरघातिन्**.

**त्रिपुराराति** u. **त्रिपुरारि** m. = **त्रिपुरद्रुह्**.

**त्रिपुरोपनिषद्** *f. T. einer Upanishad.*

**त्रिपुर्युपनिषद्** *f. desgl.*

**त्रिपृष्ठ** drei Rücken habend; *Bein. Vishnu's.*

**त्रिफल** drei Früchte tragend.

**त्रिबन्धु** dreifach verbunden.

**त्रिबाहु** dreiarmig.

**त्रिभाग** m. der dritte Teil.

**त्रिभुज्** dreifältig.

**त्रिभुज** dreiarmig.

**त्रिभुवन** n. die Dreiwelt (*cf.* **त्रिजगत्**).

**त्रिभुवनगुरु** o. **°पति** m. Herr der Dreiwelt (*Götterbeinamen*).

**त्रिभुवनेश्वर** m. *dass.*

**त्रिभौम** dreistöckig.

**त्रिमात्र** drei Moren enthaltend.

**त्रिमूर्ति** dreigestaltig; die Dreigestalt, Trinität (*d. i. Brahman, Vishṇu u. Çiva*).

**त्रिमूर्धन्** dreiköpfig.

**त्रियान** n. die drei (*zum Heil führenden*) Fahrzeuge (*der Buddhisten*).

**त्रियाम** drei Wachen (*d. i. neun Stunden*) enthaltend; *f.* **आ** Nacht.

**त्रियुग** n. drei Menschen- o. Zeitalter.

**त्रिरश्रि** dreieckig.

**त्रिरात्र** drei Tage (*eig.* Nächte) dauernd. *m.* eine dreitägige Feier. *n.* ein Zeitraum von drei Tagen; *Acc.* drei Tage hindurch; *Instr. u. Abl.* nach drei Tagen.

**त्रिरूप** dreigestaltig, dreifarbig.

**त्रिलिङ्ग** die drei Grundeigenschaften besitzend (*ph.*); dreigeschlechtig, adjectivisch (*g.*).

**त्रिलोक** n., **ई** f., m. *Pl.* die drei Welten (*vgl.* **त्रिजगत्**).

**त्रिलोकनाथ** m. der Herr der drei Welten (*Götterbeiname*).

**त्रिलोकीनाथ, °पति** u. **त्रिलोकेश** m. *dass.*

**त्रिलोचन** dreiäugig; m. Çiva.

**त्रिवत्स** dreijährig (*Rind*).

**त्रिवन्धुर** dreisitzig.

**त्रिवरूथ** u. **त्रिवरूथ्य** dreifachen Schutz gewährend.

**त्रिवर्ग** m. die Dreigruppe, *bes.* die drei Güter (*das Gute, Angenehme und Nützliche; vgl.* **चतुर्वर्ग**) u. die drei oberen Kasten.

**त्रिवर्ण** dreifarbig.

**त्रिवर्तु** dreifach.

**त्रिवर्ष** dreijährig; *n.* ein Zeitraum von drei Jahren.

**त्रिवलि** (°—) u. **°वली** f. die drei Falten (*oberhalb des Nabels, ein Schönheitsmerkmal beim Weibe*).

**त्रिविक्रम** n. der Dreischritt; *m.* der Dreischrittige (*Vishṇu*).

**त्रिविक्रमसेन** *m. N. eines Fürsten.*

**त्रिविद्य** die drei Veden enthaltend.

**त्रिविध** dreiartig, dreifach.

**त्रिविधा** *Adv.* in drei Teile(n).

**त्रिविष्टप** *n.* = **त्रिपिष्टप**.

**त्रिविष्टि** *Adv.* dreimal.

**त्रिवृत्** dreifach, dreiteilig

**त्रिवृत्करण** n. Dreifachmachung (*ph.*).

**त्रिवृत्ता** f. Dreifachheit.

**त्रिवेद** (°—) u. **त्रिवेदी** f. die drei Veda; *Adj.* die d. V. enthaltend o. kennend.

**त्रिवेदिन्** = *vor. Adj.*

**त्रिशङ्कु** *m. N. eines alten Weisen u. Königs, der als Sternbild an den südlichen Himmel versetzt wurde.*

**त्रिशत** hundertdrei; dreihundert (*f.* **ई**); der dreihundertste.

**त्रिशततम** der hundertdritte; der dreihundertste.

**त्रिशस्** *Adv.* zu drei.

**त्रिशाख** dreiästig.

**त्रिशिख** dreizackig, -spitzig, -flammig; *n.* Dreizack.

**त्रिशिखर** dreispitzig.

**त्रिशिरस्** dreiköpfig, -spitzig; *männl. N.*

**त्रिशीर्ष** u. **त्रिशीर्षन्** dreiköpfig.

**त्रिशुच्** dreifach glänzend.

**त्रिशूल** n. Dreizack; *Adj.* den Dreizack führend (*Çiva*).

**त्रिशृङ्ग** dreihörnig, -spitzig; *m. N. eines Berges.*

diese bezüglich.

**त्रिसप्त** *Pl.* = **त्रिषप्त**.

**त्रिंसवन** = **त्रिषवण**.

**त्रिसाधन** dreifach bedingt.

**त्रिस्तन**, *f.* **ई** dreibrüstig.

**त्रिस्रोतस्** *f.* der Dreistrom; *Bein. der Gañgâ* (*vgl. u.* **त्रिपथ**).

**त्रिहायन**, *f.* **ई** dreijährig.

**त्रीरात्रीण** dreitägig (*eig.* -nächtig).

**त्रुट्**, **त्रुटति** *u.* **त्रुट्यति** (**त्रुड्यति**) zerbrechen, auseinanderfallen; *p.p.* **त्रुटित**. *Caus.* **त्रोटयति** zerbrechen, zersprengen.

**त्रुटि** *f.* ein Bischen, Atom, ganz kleiner Zeitabschnitt.

**त्रेता** *f.* Dreizahl, die drei Feuer (*r.*), die Dreiseite des Würfels, das zweite Weltalter.

**त्रेधा** *Adv.* dreifach, in drei Teile(n).

**त्रैकालिक**, *f.* **ई** auf die drei Zeiten (*s. folg.*) bezüglich.

**त्रैकाल्य** *n.* die drei Zeiten (*Vergangenheit, Gegenwart und Zukunft*).

**त्रैकाल्यदर्शिन्** in die drei Zeiten (*s. vor.*) schauend; Wahrsager, Weiser.

**त्रैगुण्य** *n.* Dreifachheit; die drei Grundeigenschaften, *Adj.* mit den d. G. behaftet (*ph.*).

**त्रैत** *m.* Drilling.

**त्रैतन** *m. N. eines göttlichen Wesens.*

**त्रैदशिक** auf die dreiſsig (Götter) bezüglich.

**त्रैधम्** *Adv.* = **त्रेधा**.

**त्रैपद** *n.* dreiviertel.

**त्रैपुर** zu den drei Burgen gehörig (*s.* **त्रिपुर**); *m. Pl.* die Bewohner der drei Burgen.

1. त्र्यह॑ *m.* drei Tage; *Acc.* —hindurch; *Abl.* (**Loc.*) *u. Instr.* nach d. Tagen.
2. त्र्यह drei Tage dauernd.
*त्र्यहवृत्त vor drei Tagen geschehen.
त्र्यहीन drei Tage dauernd.
त्र्यायुष *n.* die drei Lebensalter.
त्र्याशिर् dreifach (*mit Milch*) gemischt.
त्र्याहिक dreitägig (*Fieber*).
त्र्युधन् dreieuterig.
त्र्यृच *n.* eine dreireihige Strophe.
त्र्येणी *u.* त्र्येनी *f.* an drei Stellen bunt.
1. त्व॑ (*Nom.* त्वम्) *Pron.-St. der 2. Pers.*
2. त्व॑ dein.
3. त्व mancher, der eine; त्व—त्व der eine der andere, dieser—jener; *n.* त्वद् *adv.* (*doppelt*) teils—teils.
त्वक्त्र *n.* Rüstung (*eig.* Hautschutz).
त्वच् (*nur Partic.* त्वचान॑) gestalten; *vgl.* तच्.
त्व॑चस् *n.* das Schaffen, Thatkraft, Rüstigkeit.
त्व॑चीयंस् (*Compar.*) sehr kräftig.
त्वग्दोष *m.* Hautkrankheit; °दोषिन् hautkrank.
त्वंकार *m.* das Dumachen, Dutzen.
त्वङ्ग्, त्वङ्गति springen, hüpfen, galloppieren; *p.p.* त्वङ्गित hüpfend, beweglich.
त्व॑च् *f.* Haut, Fell; Schlauch (*bildl.*=Wolke), Rinde.
त्वच *n.* = *vor.* (*bes.* —°).
त्वचन *n.* das Abhäuten.
त्वचस्थ in der Haut befindlich.
त्वच्य der Haut zuträglich.
त्वत् *s.* त्वद्.
त्वत्कृत von dir gemacht.
त्वत्तस् *Adv.* von dir.
त्वद् (—°) = 1 त्व॑; *auch Abl. von dems.*
त्वदीय dein, der deinige.
त्वद्रिक् *Adv.* auf dich zu.
त्वद्विध deinesgleichen.
त्वन्मय aus dir bestehend, dich enthaltend.
त्व॑म् (*Nom. Sing. zu* 1. त्व॑) du.
त्व॑पद *n.* das Wort du.
त्वर्, त्व॑रते (°ति) eilen; *p.p.* त्वरित, तूर्त *u.* तूर्ण eilend, schnell; त्वरितम् *u.* तूर्णम् *adv. Caus.* त्वरयति (°ते) eilen machen, antreiben.
(त्वर *m.*), आ *f.* Eile; त्वरेण *u.* त्वरया *adv.*
त्वरण eilend.
त्वरित *s.* त्वर्; *n.* Eile.
त्वरितदान *n.* schnelle Gabe.
त्व॑ष्टर् *m.* Werkmeister, Zimmermann, Schöpfer; *N. eines Gottes.*
त्वष्टि *f.* das Zimmerhandwerk.
त्वा॑दत्त *u.* त्वा॑दात von dir gegeben.
त्वा॑दूत dich zum Boten habend.
त्वादृश् *u.* °श, *f.* ई dir ähnlich.
त्वायन्त् dich verlangend *o.* suchend.
त्वा॑या (*Instr. adv.*) dir zu Liebe.
त्वायु॑ dich begehrend *o.* liebend.
त्वा॑वन्त् dir ähnlich.
त्वाष्ट्र *u.* त्वा॑ष्ट्र dem Gotte Tvashṭar gehörig; *m.* dessen Sohn.
1. त्विष् (*ohne Praes.*) erregt sein, funkeln glänzen.
2. त्वि॑ष् *f.* Erregung, Strahl, Glanz, Schönheit, Farbe.
त्विषि *f.* Ungestüm, Kraft, Glanz, Pracht.
त्विषिमन्त् *u.* त्वि॑षीमन्त् ungestüm, glänzend, prächtig.
त्वी *Adv.* gut! ja!
त्वेष (*f.* आ *u.* ई) ungestüm, erhaben, stark; funkelnd, schimmernd.
त्वेषथ *m.* Ungestüm.
त्वेषद्युम्न von ungestümer Kraft.
त्वेषनृम्ण von ungestümem Mut.
त्वे॑षस् *n.* Ungestüm.
त्वो॑त von dir unterstützt *o.* geliebt.
त्वो॑ति deine Unterstützung *o.* Liebe geniefsend.
त्सर्, त्स॑रति schleichen.
त्सरा *f.* das Heranschleichen, die Beschleichung.
त्स॑रु *m.* schleichendes Tier; Stiel, Griff.
त्सरुमन्त् mit einem Stiel versehen.
त्सारि॑न् schleichend, versteckt.

*kommt im Anlaut nicht vor.*

# द

1. द (—°) gebend, verleihend.

2. द (—°) abschneidend, vernichtend.

दंश्, दंशति (°ते u. दशति) beiſsen; *p.p.* दष्ट (*s. bes.*) u. दंशित. *Caus.* दशयति beiſsen lassen, panzern; *p.p.* दंशित. परि, वि *dass.* सम् *dass.*, zusammendrücken; *p.p.* संदष्ट angedrückt, fest anliegend.

दंश beiſsend (—°); *m.* Biss.

दंशच्छेद *m.* das Ausschneiden des Bisses, der Beiſswunde.

दंशन *n.* das Beiſsen; Panzer, Rüstung.

दंशित *s.* दंश्.

दंशुक beiſsend (*Acc.*).

दंश्मन् *n.* Biss, Beiſswunde.

दंष्टर् *m.* Beiſser.

दंष्ट्र *m.*, दंष्ट्रा *f.* Fangzahn.

दंष्ट्रिन् mit Fangzähnen versehen; *m.* Raubtier, Schlange.

दंस् (*nur* दंसयस्) wunderthätig sein.

दंसन *n.*, दंसना *f.* Wunderthat *o.* -kraft.

दंसनावन्त् wunderkräftig.

दंसस् *n.* Wunderkraft.

दंसिष्ठ *Superl. zum folg.*

दंसु (*nur* °—) wunderkräftig.

दंसुपत्नी *f.* einen wunderkräftigen Herrn habend.

दक्ष्, दक्षति, °ते tüchtig sein *o.* handeln. *Caus.* दक्षयति tüchtig machen.

दक्ष tüchtig, geschickt in (*Loc. o.* —°), kräftig, angemessen, geeignet zu (—°), recht (dexter). *m.* Tüchtigkeit, Kraft, Verstand, Wille, Gesinnung, (böser) Anschlag; *Mannsn., N. eines Âditya u. eines Prajâpati.*

दक्षकन्या *f.* Daksha's Tochter.

दक्षता *f.* Geschicklichkeit, Gewandtheit.

दक्षपितर् den Daksha zum Vater habend *o.* Einsicht besitzend

दक्षस् tüchtig, geschickt.

दक्षसुत *m.*, आ *f.* Sohn, Tochter Daksha's.

दक्षाय्य

दक्षिणेस् (*Instr. adv.*) rechts.

दक्षिणोत्तर recht und link, südlich und nördlich.

दक्षिण्य = दक्षिणीय.

दक्षु *u.* दक्षुस् brennend

दग्ध *s.* दह्.

दग्धर् *u.* दग्धर् brennend, *m.* der Brenner

दघ्, दघ्नोति reichen bis, erreichen.

दघ्न (*f.* आ *u.* ई) reichend bis (—°).

दङ्क्ष्णु bissig.

दच्छद *m.* Lippe (*eig.* Zahndecke).

दण्ड *m.* (*n.*) Stock (वैतस Rohrstock), Stengel, Stamm, Stiel, Fahnenstock (*am Wagen*), Stab (*als Längenmaſs*), Herrscherstab, Macht, Herrschaft über (*Gen. o.* —°), Gewalt, Gewaltthätigkeit, Richtergewalt, Strafe (*jeder Art*).

दण्डक *m.*, Stiel, Deichsel, Fahnenstock (*am Wagen*); *f.* दण्डिका Stock, Linie, Strich.

दण्डकाष्ठ *n.* Stock (von Holz).

दण्डचक्र *n.* Heeresabteilung, Truppenkörper.

दण्डधर den Stock tragend, die Richtergewalt ausübend; *m.* Fürst, Richter.

दण्डधार *dass.*

दण्डधारण *n.* das Stocktragen, die Ausübung der Macht *o.* Strafe; Bestrafung, Züchtigung.

दण्डधारिन् den Stock tragend, strafend.

दण्डन *n.* das Schlagen, Strafen.

दण्डनायक *m.* Richter (*eig.* Stockführer).

दण्डनीति *f.* Rechtspflege (*eig.* Stockführung).

दण्डनीय zu bestrafen.

दण्डनेतर् *m.* = दण्डनायक.

दण्डपाणि einen Stock in der Hand haltend. *m.* Polizeibeamter; *Bein. Yama's.*

दण्डपात *m.*, °न *n.* Bestrafung, Züchtigung (*eig.* das Fallenlassen des Stocks).

दण्डपाश *m. Du.* Stab und Strick (*als Attribute Yama's*).

दण्डपाल *m.* Richter (*eig.* Strafhüter).

दण्डभाज् straffällig.

दण्डभृत् einen Stock tragend; *m. Bein. Yama's.*

दण्डहस्त = दण्डपाणि *Adj.*

= दण्डचक्र.

ददाति *m.*

ददि geben

ददितर् *m.*

**दनुज** *m.* ein Dânava.
**दन्त्** (*adj.* —°, *f.* **दती**) = *folg.*
**दन्त** (*adj.* —°, *f.* **आ** *u.* **ई**) Zahn; Elfenbein
**दन्तक** (*adj.* —°) Zahn.
**दन्तघाट** *u.* **°क** *m.* Künstler in Elfenbein.
**दन्तघात** *m.* Biss (*eig.* Zahnhieb.
**दन्तच्छद** *m.* Lippe (*eig.* Zahndecke).
**दन्तधाव** *m.*, **°न** *n.* das Zahnputzen.
**दन्तप्रक्षालन** *n. dass.*
**दन्तमय** elfenbeinern.
**दन्तमांस** *n.* Zahnfleisch.
**दन्तमूल** *n.* Zahnwurzel.
**दन्तमूलीय** Zahnwurzel-, dental (*g.*).
**दन्तरचना** *f.* das Putzen der Zähne.
**दन्तवेष्ट** *m.* Zahnfleisch.
**दन्तशुद्धि** *f.*, **°शोधन** *n.* das Reinigen der Zähne.
**दन्ताग्र** *n.* Zahnspitze.
**दन्तादन्ति** *Adv.* Zahn an Zahn (*vom wüthenden Kampfe*).
**दन्तालि** *u.* **दन्तावली** *f.* Zahnreihe.
**दन्तिन्** mit Zähnen begabt; *m.* Elefant.
**दन्तुर** grofse Zähne habend; erfüllt, voll von (—°).
**दन्तुरय्**, **°यति** erfüllen; *p.p.* **दन्तुरित**.
**दन्तोलूखलिक** *u.* **°लिन्** die Zähne als Mörser gebrauchend.
**दन्त्य** *Adj.* Zahn-, dental (*g.*).
**दन्दशूक** bissig.
**दभ्**, **दम्भ्**, **दभति**, **दभ्नोति** schädigen, verletzen, hintergehen; *Pass.* zu Schaden kommen. *Caus.* **दम्भयति**, **°ते** zu Schanden machen. *Desid.* **दिप्सति** schädigen *o.* täuschen wollen.

**दम्भ्** *s.* **दभ्**.

**दम्भोलिपाणि** *m.* d

**दया** f. Teilnahme, Mitleid mit (*Loc.*, *Gen.* *o.* —°).

**दयालु** mitleidig (*Gen.*).

**दयालुता** f., °त्व n. Mitleid.

**दयावन्त्** mitleidig (*Loc. o. Gen.*).

**दयित** m., आ f. s. दय्.

1. **दर्**, दृणाति (दर्ति) auseinandergehen o. -fallen, aufbrechen; sprengen, zerreiſsen. *Pass.* दीर्यते (दीर्यति) *intr.*; *p.p.* दीर्ण gespalten, geborsten, zersprengt; zerfahren, verwirrt. *Caus.* दरयति, दारयति *u.* °ते sprengen, aufreiſsen, erschlieſsen; auseinanderjagen, verscheuchen. *Intens.* दर्दर्षि = *Simpl. trans.*, eröffnen, erschlieſsen. अव *Pass.* bersten, zerreiſsen. आ (sich) spalten, aufthun, erschlieſsen (*auch Intens.*). प्र zerbrechen, zerreiſsen. अभिप्र sprengen, aufthun, zum Vorschein bringen. वि spalten, sprengen, zerreiſsen (*auch übertr.*). *Pass.* विदीर्यते bersten, aufspringen, sich öffnen; *p.p* विदीर्ण geborsten, gespalten, aufgerissen, aufgesperrt. *Caus.* = *Simpl.*

2. **दर्**, द्रियते (*nur* —°), *mit* आ = आद्रियते (°ति) berücksichtigen, beachten, rücksichtsvoll behandeln; *oft mit Neg.*, *vgl.* अनादृत्य. *p.p.* आदृत rücksichtsvoll, bedacht auf (*Loc. o.* —°); beachtet, geachtet, geehrt.

**दर** spaltend, erschlieſsend (—°); *n. u.* °— ein wenig. *m. u.* ई *f.* Loch, Höhle.

**दरण** *n.* das Bersten, Aufbrechen, Aufspringen.

**दरद्** *m. Pl. N. eines Volkes.*

**दरि** = दर (—°).

**दरिद्र** *u.* दरिद्र bettelnd, arm.

**दरिद्रता** *f.*, °त्व *n.* Armut.

**दरिद्रतातुर** an Armut krankend.*

**दरिद्रा** *s.* 1. द्रा.

**दरिद्रातुर*** = दरिद्रतातुर.

**दरी** *s.* दर.

**दरीमन्** Zerstörung.

**दरीवन्त्** höhlenreich.

**दर्तर्** *u.* दर्तर् *m.* Zerspalter, Zerbrecher.

**दर्तु** *m. dass.*

दर्पज
दर्पण
दर्भ्,

*Caus.* sehen lassen, vorführen, mitteilen, erklären. परि anschauen, sich vorstellen; *Pass. Med.* sichtbar werden, erscheinen. प्र *Pass. Med. dass.*; *Caus* zeigen, darlegen, mitteilen, lehren. प्रति sehen, wahrnehmen; *Pass. Med.* sichtbar werden, entgegentreten, erscheinen. वि *Pass. Med. dass.*; *Caus* sehen lassen, zeigen, darlegen. सम् erblicken, wahrnehmen, bemerken; *Pass Med.*(zusammen) erscheinen, sich zeigen *Caus.* offenbaren, darlegen, zeigen, आत्मानम् sich stellen.

दर्श *u.* दर्श schauend (—°); *m.* Anblick der Neumond u. die N.sfeier.

दर्शक sehend, schauend, zeigend, offenbarend (*Gen. o.* —°).

दर्शत sichtbar, ansehnlich, schön.

दर्शन, *f.* ई (—°) = दर्शक; *n.* das Sehen, Schauen; Anblick, Gesicht, Traumbild; Prüfung, Untersuchung, Auffassung, Einsicht, Meinung; Lehre, System (*ph.*); das Sichtbarwerden, Hervortreten, Vorkommen; das Erscheinen (*j*); das Zeichen, die Offenbarung, Probe.

दर्शनगोचर *u.* दर्शनपथ *m.* Gesichtskreis.

दर्शनविषय im Gesichtskreise jemds. (*Gen.*) liegend.

दर्शनीय = दर्शत; zu zeigen, vorzuführen.

दर्शनीयाकृति von schöner Gestalt.*

दर्शपूर्णमास *m. Du.* Neumond und Vollmond.

दर्शयितर् *m.* Zeiger, Anzeiger.

दर्शयितव्य zu zeigen.

दर्शिन् (—°) sehend, schauend, erfahrend kennend; offenbarend, zeigend.

दर्श्य zu zeigen, zu sehen, ansehnlich.

दर्ह्, दृंहति befestigen, feststellen; *Med.* दृंहते (*auch* दृंह्यति, °ते) fest stehen *o.* sein. *p.p.* दृढ *o.* दृळ्ह (*s. auch bes.*) fest

geplatzt, geborsten, aufgeblüht, eröffnet, zersprengt, zerstreut, zerrieben. वि = *Simpl.*

दशगुणित = *vor. Adj.*

दशदिङ्मुख *n.** = *folg.*

**दशरूपक** *n. dass.*
**दशर्च** *m.* ein zehnversiges Lied.
**दशवर्ष** *u.* °र्षीय zehnjährig.
**दशवार्षिक**, *f.* **ई** *dass.*
**दशविध** zehnfach.
**दशशत** *n.* hundert und zehn, tausend; *f.* **ई** tausend.
**दशशतकरधारिन्** tausend Strahlen tragend (*Mond*).
**दशशिरस्** *u.* **दशशीर्ष** zehnköpfig; *m. Bein. Râvana's.*
**दशसाहस्र** aus zehntausend bestehend; *n.* zehntausend.
**दशस्य्**, °स्यति dienstfertig, hilfreich, gnädig sein; jemd. (*Dat.*) willfahren.
**दशा** *f.* Fransen, Lampendocht; Lebenslage, Lebensalter, Zustand.
**दशाक्षर** zehnsilbig.
**दशानन** *m.* = **दशमुख**.
**दशान्तरुष्य** *n.* eine Entfernung von zehn Stationen.
**दशार्ण** zehnsilbig; *m. Pl. Volksname.*
**दशार्ह** *m.Bein.Kṛshṇa's; Pl. Volksname.*
**दशास्य** = **दशमुख**.
**दशाह** *m.* ein Zeitraum von zehn Tagen.
**दशिन्** zehnteilig.
**दशेरक** *u.* °रुक *m. Pl. Volksname.*
**दशोनसि** *m.* eine Art Schlange.
**दष्ट** (*s.* **दंश्**) *n.* Biss.
**दस्**, **दस्यति** abnehmen, ausgehen, Mangel leiden. *Caus.* **दसयते** *u.* **दसयति** (—°) erschöpfen. **अप**, **उप** *u.* **वि** versiegen, ausgehen, mangeln.
**दस** *m.* böser Dämon.
**दस्र**, **दस्रांग्त्** *u.* **दस्य** wunderkräftig *o.* -thätig, erhaben, aufserordentlich.
**दस्यु** *m.* Feind, böser Dämon; Nicht-Arier, Barbar, Räuber.
**दस्युहत्य** *n.* Feindes-, Dämonenschlacht.
**दस्युहन्** Feinde *o.* Dämonen tötend.
**दस्र** = **दस्र**; *m. Du.* die beiden Açvin.
**दह्**, **दहति** (°ते) brennen, verbrennen; verzehren, vernichten, quälen. *Pass.* **दह्यते** (°ति) *dass. intrans. o. pass.* — *p.p.* **दग्ध** verbrannt, verdorrt, verzehrt, geplagt, elend, nichtsnutzig. *Caus.* **दाहयति** brennen, verbrennen (lassen). *Des.* **दिधक्षति**, °ते verbrennen *o.* vernichten wollen. *Intens.* **दन्दहीति**, **दन्दग्धि** vollständig verbrennen (*trans.*); **दन्दह्यते** *dass. trans. u. intrans.* — **अति** heftig brennen, ausdörren. **अनु** ganz *o.* hinterher verbrennen. **नि** niederbrennen. **निस्** ausbrennen, verbrennen, verzehren. **प्र** verbrennen, vernichten. **वि** ausbrennen, verderben. **सम्** (zusammen) verbrennen, vernichten.
**दहन**, *f.* **ई** brennend, aufzehrend, vernichtend (*meist* —°); *m.* (*adj.* —° *f.* **आ**) Feuer, Agni; *n.* das Brennen, Brand.
**दहर** klein, fein.
**दभ्र** *dass.*, *n.* **दभ्रम्** *adv.* wenig.
1. **दा**, **ददाति**, **दत्ते** (**ददति**, °ते) geben, schenken, weggeben = verheiraten (*die Tochter*), verkaufen, wiedergeben (*mit u. ohne* **पुनर्**), mitteilen, darbringen, gewähren, gestatten, übergeben; legen, stellen, setzen, richten auf (*Loc.*); vollziehen, thun, bewirken. *Med.* empfangen (= sich selbst geben), bei sich tragen *o.* führen, halten. *p.p.* **दत्त** *s. auch bes. Caus.* **दापयति** (*2 Acc.*) jemd. etwas geben, schenken etc., mitteilen, aussprechen lassen (stellen, setzen, bringen auf *mit Loc.**). *Desid.* **दिदासति**, **दित्सति** geben *etc.* wollen. **अनु** nachgeben (*Dat.*), jemd. etwas zugestehen, überlassen (*Dat. u. Acc.*). **आ** (*bes. Med.; p.p.* **आत्त** *o.* **आदत्त**) an sich nehmen, empfangen, erhalten; an sich ziehen, entreifsen, rauben, ab-, herausnehmen von (*Abl.*); mit sich nehmen (*bes.* **आदाय** = mit), ergreifen, fassen, nehmen, holen, erwählen, einschlagen (*einen Weg*), zu sich nehmen, geniefsen (essen und trinken), anfressen, benagen; wahrnehmen, erfassen, merken; auf sich nehmen, anfangen. *p.p.* **आत्त** (—°) des—beraubt *oder* mit erfasstem, angefangenem, erhobenem, aufgestiegenem—. **उदा** *p.p.* **उदात्त** *s. bes.* **उपा** (*Med.*) in Empfang nehmen, erhalten,

zu sich nehmen, auflesen, einsammeln, anlegen, erwählen, einschlagen (*Weg*), hinzunehmen, anwenden, anfangen. उपादाय = mit, nebst, nächst, mittels (*Acc.*); *p.p.* उपात्त (°—) = आत्त (*s. o.*). प्रत्या wiederempfangen; zurücknehmen (*einen Fluch*). व्या *Act. u. Med.* den Mund aufsperren, öffnen (*mit u. ohne* मुखम्). समा *Act.* geben, schenken; *Med.* (mit sich) nehmen. परा hingeben, preisgeben. परि übergeben, verleihen, anvertrauen; *p.p.* परीत्त. — प्र hingeben, übergeben (*bes. zur Ehe*), darreichen, anbieten; abtragen, wiedererstatten mitteilen, lehren. *p.p.* प्रत्त *u.* प्रदत्त. — संप्र übergeben (*bes. zur Ehe*), gewähren, mitteilen, lehren. वि verteilen, vergeben, verbreiten. सम् (zusammen) geben, gewähren, verleihen, schenken

2. दा *m.* Geber; *Adj.* (—°) gebend, verleihend.

3. दा, दाति, द्यति schneiden, mähen; *p.p.* दिन *u.* दित. — अव abschneiden, zerschneiden, zerstückeln; abfertigen beschwichtigen.

4. दा, द्यति (*nur* —°) binden. आ anbinden नि *dass.*; *p.p.* निदित angebunden, verwahrt, versteckt. सम् zusammenbinden fesseln; *p.p.* संदित.

5. दा (*ohne Praes.*) reinigen; *mit* अव *p.p.* अवदात *s. bes.*

दाक्ष südlich, zu Daksha gehörig.

दाक्षायण, *f.* ई zu Daksha gehörig; *m. n* ein best. Opfer (*auch* °यणयज्ञ *m.*).

दाक्षिण auf das Opfergeschenk bezüglich

दाक्षिणात्य vom Süden, vom Dekhan kommend; *m. n.* der Süden; *m. Pl.* die Bewohner des Dekhan.

दाक्षिण्य = दाक्षिण; *n.* Freundlichkeit, Höflichkeit, Galanterie; der Süden.

दाक्षिण्यवन्त् freundlich, liebenswürdig.

दाक्ष्य *n.* Fleiſs, Geschick, Gewandtheit, List.

दाडिम *m.*, ई *f.* Granatapfelbaum; *n.* Granatapfel.

दाडिमपुष्प *n.* Granatblüte.

दाण्डिक strafend.

1. दातृ *u.* दातृ gebend (*bes. zur Ehe*), schenkend, abtretend, zahlend, gewährend, mitteilend, lehrend, bewirkend, veranstaltend; *m.* Geber, Schenker.

2. दातृ *m.* Schnitter, Mäher.

दातवे *u.* दातवै *Dat. Inf. zu* 1. दा.

zu be-

दाधृवि

दाधृषि

1. दान

दानवीर *m.* = दानपति.

दानशूर *m.* = दानपति.

दानिन् = दानवन्त्.

1. दानु *m. f.* Art Dämonen.

2. दानु *f.* Tropfen, Thau.

दानुमन्त् träufelnd.

दानौकस् sich an der Opferspende erfreuend.

1. दान्त *s.* दम्; *auch Mannsn.*

2. दान्त elfenbeinern.
दापनीय zum Geben anzuhalten.
दापयितव्य u. दाप्य dass
दाभ, f. ई verletzend.
दाम n., °आ f. Band, Schnur, Guirlande.
1. दामन् m. Geber, Spender.
2. दामन् n. Gabe, Spende.
3. दामन् Teil, Anteil.
4. दामन् n. Band, Binde, Fessel, Guirlande.
दामन्वन्त् mit Gaben o. mit Stricken versehen.
दामोदर m. *Bein. Kṛshṇa's; N. eines Monats; Mannsn.*
दामोदरगुप्त u. °रमिश्र *N. von Dichtern.*
दांपत्य n. Ehestand.
दाम्भिक betrügerisch; m. Betrüger, Schelm.
1. दाय gebend, schenkend (—°); m. Gabe Geschenk.
2. दाय m. Anteil, Erbteil, Erbschaft.
1. दायक, f. °यिका (*meist* —°) gebend, schenkend, gewährend, verursachend.
2. दायक Erbe.
दायभाग m. Erbteilung.
दायहर m. Erbe, Verwandter.
दायाद m. Erbe (von *Gen., Loc. o.* —°). Nachkomme, Verwandter.
दायाद्य n. Erbschaft.
दायिन् (—°) gebend, abgehend, gewährend vollbringend.
1. दार m., ई f. Riss, Spalte.
2. दार m. *Sg. u. Pl.* (f. आ, n. *Pl.*) Weib, Gattin. दारान् (प्र-) कर् ein Weib nehmen.
1. दारक, f. °रिका (—°) zerreiſsend; f. *auch* Riss, Schrunde.
2. दारक m. Knabe, Sohn; f. °रिका u. °रकी Mädchen.
दारकर्मन् n. das Weibnehmen, Heiraten
दारक्रिया f., दारग्रहण n. *dass.*
दारण, f. ई sprengend, spaltend, zerreiſsend (*Gen. o.* —°); n. das Sprengen, Zerreiſsen, Bersten.
दारपरिग्रह m. = दारकर्मन्.
दारव, f. ई, u. दारवीय hölzern.
दारसंग्रह = दारकर्मन्.

दार्दुरक, f. °रिका *dass.*

m. = दाडिम.

Arier, Barbar, Sklave. *f.* दासी Sklavin, Magd. दास्याः पुत्र *m.* Sklavensohn, °पुत्री *o.* दुहितर् *f.* Sklaventochter (*als Schimpfwort*).

दास, *f.* ई feindselig, dämonisch; *m. u f. auch* = vor.

दासजन *m.* Sklave, Diener(schaft).

दासता *f.*, °त्व *n.* Sklaverei, Abhängigkeit

दासदासी *f.* die Sklavin eines Sklaven.

दासभाव *m.* Sklaverei.

दासवत् *Adv.* wie ein Sklave.

दासीत्व *n.* der Zustand einer Sklavin.

दासीभाव *m. dass.*

दाशेरक *m.* junges Kamel, *f.* ई; *Pl. Volksname.*

दास्य *n.* Sklaverei, Dienst.

दास्वन्त् gabenreich, spendend.

दाह *m.* das Brennen, Verbrennen (*trans u. intrans.*), Glühen, Glut, Hitze.

दाहक, *f.* °हिका verbrennend.

दाहज्वर *m.* hitziges Fieber.

दाहन *n.* das Verbrennenlassen.

दाहात्मक von brennbarer Natur, leicht Feuer fangend.

दाहिन् verbrennend, brennend, heifs.

दाहुक *dass.*; *m.* Feuersbrunst.

दाह्य zu verbrennen.

दिक्क (—°) = 2. दिश्.

दिक्करिन् *m.* Zonenelefant (*mythisch*).

दिक्कुञ्जर *m. dass.*

दिक्चक्र *n.* Horizont, Gesichtskreis.

दिक्चक्रवाल *m. dass.*

दिक्छब्द *m.* Richtungswort (*g.*).

दिक्पति *m.* Zonenherrscher.

दिक्पथ *m.* = दिक्चक्र.

दिक्पाल *u.* दिगधिप *m.* = दिक्पति.

दिग्विजय *m.* = दिग्जय.

दिङ्नाथ *m.* = दिक्पति.

दितिज

दित्यवंह्

दिदित्सु

दिदीहि *s.* दीदि.

दिदृक्षेण्य *u.*

दिद्यु *m.*

दिद्युत

°ष)

Frau.

1. दिन s. 3. दा.
2. दिन n. Tag.
दिनकर u. दिनकर्तर् m. Sonne (*eig.* Tagmacher).
दिनकर्तव्य u. दिनकार्य n. die im Laufe des Tages zu verrichtenden Ceremonien (*r.*).
दिनक्षय m. Abend (*eig.* Tagesschwund).
दिननक्तम् *Adv.* Tag und Nacht.
दिननाथ m. Sonne (*eig.* Tagesherr).
दिननिश् *Du.* Tag und Nacht.
दिनपति u. दिनभर्तर् m. = दिननाथ.
दिनमणि m. Sonne (*eig.* Tagesjuwel).
दिनमुख n. Tagesanbruch.
दिनाधिनाथ u. दिनाधीश m. = दिननाथ.
दिनान्त m. Abend (*eig.* Tagesende).
दिनार्ध m. Mittag (Tageshälfte).
दिनावसान n. = दिनान्त.
दिनेश u. दिनेश्वर m. = दिननाथ.
दिनोदय m. Tagesanbruch, Morgen.
दिप्स् s. दभ्.
दिप्सु schädigen wollend.
दिलीप m. *N. eines alten Königs.*
दिलीपसूनु m. der Sohn des Dilîpa (*Raghu*).
दिव्, दीव्यति, °ते strahlen; spielen (*die Würfel im Instr. o. *Acc.*) mit (*Instr.*) — um (*Instr., Dat. o. *Gen.*); scherzen, auselgassen sein, jemd. (*Acc.*) zum Besten haben; *p.p.* द्यूत *s. bes. Caus.* देवयति jemd. spielen o. scherzen lassen. प्रति gegen jemd. (*Acc.*) würfeln, *etwas (*Gen. o. Acc.*) dagegensetzen.
2. दिव्, देवति, °ते, *p.p.* द्यून geplagt, gequält. परि *p.p.* परिद्यून *dass.; Caus. p.p.* परिदेवित kläglich, traurig.
3. दिव् (*Nom. Sgl.* द्यौस्) m. f. Himmel. m. (n.) Tag. अनु द्यून् *u* दिवि दिवि täglich; द्युभिस् bei Tage, im Hellen, beim Feuerschein. *Du.* द्यावा Himmel und Erde o. Tag und Nacht.
दिव n. Himmel; Tag *in* दिवे दिवे = दिवि दिवि (*s. vor.*).
दिवंगम himmelansteigend.
दिवस m. Himmel, Tag.
दिवसकर u. दिवसकृत् m. Sonne (*vgl.* दिनकर).
दिवसक्षय m. = दिनक्षय.
दिवसचर bei Tage wandelnd, Tages- (*Tier*).
दिवसनाथ m. = दिननाथ.
दिवसमुख n. = दिनमुख.
दिवसेश्वर m. = दिनेश्वर.
दिवस्पति m. *Bein. Indra's u. Vishṇu's.*
दिवस्पृथिवी (*nur* °व्यौस्) *Du.* Himmel und Erde.
दिवा (*Instr. adv.*) am Tage.
दिवाकर m. Sonne (*vgl.* दिनकर).
दिवाकीर्त्य bei Tage herzusagen; *n.* best. Recitationen (*r.*).
दिवाचर u. °चारिन् bei Tage wandelnd.
दिवातन, f. ई, u. दिवातर diurnus.
दिवानक्तम् u. दिवानिशम् *Adv.* Tag und Nacht.
दिवान्ध tagesblind; m. Eule.
दिवारात्रम् *Adv.* Tag und Nacht.
दिवासंकेत m. Stelldichein am Tage.*
दिविक्षय u. दिविक्षित् in *o.* am Himmel wohnend.
दिविचर u. दिविचारिन् am Himmel wandelnd.
दिविज u. दिविजा am Himmel geboren.
दिवित् zum Himmel gehend.
दिवित्मन्त् *dass.*, himmlisch.
दिविषद् im Himmel sitzend; m. ein Gott.
दिविष्टि f. Andacht, Gebet.
दिविष्ठ im Himmel weilend; m. ein Gott.
दिविस्पृश् u. °स्पृशन्त् den Himmel berührend, zum Himmel dringend
दिवोजा himmelentsprossen.
दिवोदास m. *Mannsname.*
दिवौकस् m. Himmelsbewohner, ein Gott.
दिव्य himmlisch, göttlich, wunderbar, herrlich, prächtig; n. das Himmlische (*Pl.* der Himmel); Schwur, Gottesurteil.
दिव्यचक्षुस् n. ein göttliches (*allsehendes*) Auge; *Adj.* ein g. A. besitzend.
दिव्यज्ञान göttliche Kenntnis besitzend.
दिव्यता f., °त्व n. Göttlichkeit.
दिव्यदर्शिन् u. दिव्यदृश् = दिव्यचक्षुस् *Adj.*
दिव्यनारी f. Götterweib, Apsaras.
दिव्यरूप von himmlischer Gestalt.

**दिव्यविज्ञानवन्त्** = दिव्यज्ञान.
**दिव्यसंकाश** himmelähnlich, himmlisch.
**दिव्यस्त्री** *f.* = दिव्यनारी.
**दिव्याकृति** von himmlischer Gestalt.
**दिव्यौषध** *n.* göttliches, *d. i.* Zaubermittel.

1\. **दिश्**, **दिदेष्टि**, **दिशति** zeigen, aufweisen, zuweisen, anordnen, befehlen. *p.p.* **दिष्ट** (*s. auch bes.*) gezeigt, angewiesen, festgesetzt, bestimmt. *Caus.* **देशयति** zeigen, anweisen, mitteilen. **अति** hinüberweisen, übertragen (*g.*). **अनु** *u.* **समनु** jemd. (*Dat.*) etwas (*Acc.*) anweisen, zuweisen. **अप** *dass.*, anzeigen, (fälschlich) angeben, vorschützen. **व्यप** bezeichnen, nennen; vorgeben, vorschützen. **आ** anzeigen, jemd. (*Dat.*) etwas (*Acc.*) anweisen; bestimmen, befehlen; jemd. (*Acc.*) zu etwas (*Loc.*, *Dat. o. Inf.*) anstellen; verkünden, vorhersagen (*von jemd. Acc.*, *beim Pass. Nom.*); abzielen auf (*Acc.*), bedrohen. *Caus.* zeigen, angeben. **प्रत्या** anweisen, anbefehlen; abweisen, zurückweisen, verstoſsen, verschmähen, übertreffen. **व्या** anweisen, lehren, verkünden, befehlen, jemd. (*Acc.*) anstellen zu (*Loc.*, *Dat. o.* **प्रति**). **समा** anweisen, bezeichnen, aussagen, bestimmen, jemd. (*Acc.*) anstellen *o.* beauftragen zu (*Dat. o. Inf.*). **उद्** anzeigen, bestimmen, verkünden, lehren, bezeichnen, meinen. *Ger.* **उद्दिश्य** *s. bes.* **उप** zeigen, bezeichnen, angeben, andeuten, erwähnen; lehren, vorschreiben; belehren, unterrichten, jemd. etwas beibringen (*2 Acc.*); befehlen, beherrschen (*Acc.*). **प्रत्युप** jemd. (*Dat.*) etwas (*Acc.*) zurücklehren. **समुप** zeigen, hinweisen auf; lehren (*2 Acc.*). **निस्** zeigen, hinweisen auf (*Acc.*), zuweisen, bestimmen, bezeichnen, meinen, annehmen als (*2 Acc.*), verkünden, voraussagen; *p.p.* **निर्दिष्ट** jemd. (*Gen.*) zugewiesen, schutzbefohlen. **परि** anzeigen, angeben, verkünden. **प्र** *u.* **संप्र** *dass.*, anordnen, befehlen. **सम्** jemd. (*Dat. o. Gen.*) etwas (*Acc.*) anweisen *o.* auftragen (*auch 2 Acc.*); jemd. (*Acc.*) beauftragen, anweisen zu (**प्रति**); etwas erklären, bestimmen. **प्रतिसम्** jemd. anweisen, befehlen, jemd. (*Dat.*, *Gen. o. Acc.*) etwas (*Acc.*) auftragen.

2\. **दिश्** *f.* Hinweis, Andeutung, Art und Weise, Richtung, Gegend, Ort, Raum, Himmelsgegend (4—10), Zone (*in weitester Bed.*). *Pl.* (*auch Sgl.*) alle Zonen, *d. i.* die ganze Welt. **दिशां पति** *m.* der Länderherr (*Soma*); **दिशि दिशि** überall (hin).

**दिशा** *f.* Richtung, Himmelsgegend.
**दिश्य** auf die Himmelsgegenden bezüglich; aus der Ferne stammend, fremd, ausländisch.
**दिषीय** *s.* 3. **दा**.
**दिष्ट** (*s.* 1. **दिश्**) *n.* Anweisung, Bestimmung, Schicksal, Ziel, Ort
**दिष्टान्त** *m.* das bestimmte Ende, der Tod.
**दिष्टि** *f.* Anweisung, (glückliche) Fügung. *Nur Instr.* **दिष्ट्या** (**वर्धसे***) *etwa* Glück auf! dem Himmel Dank!
**दिह्**, **देग्धि** bestreichen, salben; *p.p.* **दिग्ध** (*s. auch bes.*) bestrichen, gesalbt, besudelt, berührt (*Instr. o.* —°). **प्र** = *Simpl.* **सम्** *dass.*, *Med. Pass.* zweifelhaft, unsicher sein; *p.p.* **संदिग्ध** = **दिग्ध**, *auch* verwechselt mit (*Instr. o.* —°), ungewiss, unsicher, zweifelhaft (*act. u. pass.*).

1\. **दी**, **दीयति**, °**ते** fliegen (*cf.* **डी**). **परि** umherfliegen.

2\. **दी** *s.* **दीदि**.

**दीक्ष्**, **दीक्षते** sich weihen (*r.*); *p.p.* **दीक्षित** *s. bes.*
**दीक्षण** *n.* das (sich) Weihen.
**दीक्षणीय** auf die Weihe bezüglich.
**दीक्षा** *f.* Weihe, Feier (*r.*), Hingabe an (—°); *N. der Gattin Soma's.*
**दीक्षापति** *m.* Herr der Weihe.
**दीक्षापाल** *m.* Schirmer der Weihe.
**दीक्षित** (*s.* **दीक्ष्**) geweiht, vorbereitet zu (*Dat.*, *Instr. o.* —°).
**दीदि** (**दीदेति**, **दीदीते**), *Partic.* **दीद्यत्** *u.* **दीद्यान** scheinen, glänzen, flammen. **नि** jemd. (*Dat.*) etw. (*Acc.*) herabstrahlen. **सम्** zusammen scheinen.

**दीदिवि** scheinend, glänzend.

**दीधि** (**दीधेति** *u.* **दीधीते**), *Partic.* **दीध्यत्** *u.* **दीध्यान** scheinen, wahrnehmen, betrachten, sinnen, wünschen. **अभि** betrachten, anschauen, bedenken. **आ** gedenken, sich vornehmen, beachten. **प्र** hervorschauen, vorausschauen.

1\. **दीधिति** *f.* Andacht.

2\. **दीधिति** *f.* Strahl, Glanz (*auch übertr.*).

**दीन** elend (*Pers. u. Sachen*), traurig, niedergeschlagen, kläglich, schwach, gering. *n.* Niedergeschlagenheit, Traurigkeit; *auch adv.*

**दीनचित्त** *u.* **°चेतन** kleinmütig, verzagt.

**दीनता** *f.* Kleinmut, Schwäche.

**दीनमनस्** *u.* **°मानस** = **दीनचित्त**.

**दीनरूप** traurig aussehend, verstört.

**दीनसत्त्व** kleinmütig, niedergeschlagen.

**दीप्**, **दीप्यते** *u.* **दीप्यते** (**दीप्यति**) flammen, strahlen, glänzen, brennen (*auch übertr.*); *p.p.* **दीप्त** flammend, strahlend, brennend, heiſs. *Caus.* **दीपयति** (**°ते**) anzünden, anfachen, erregen; hell machen, erleuchten. *Intens.* **देदीप्यते** stark flammen, glänzen (*auch übertr.*). **आ** *p.p.* **आदीप्त** flammend, strahlend. **प्र** aufleuchten, brennen; *p.p.* **प्रदीप्त** angefacht, strahlend, heiſs, glühend. *Caus.* anzünden, anfachen. **सम्** flammen, brennen, *p.p.* **संदीप्त** in Flammen stehend. *Caus* entzünden, anfachen, anfeuern.

**दीप** *m.* Lampe, Leuchte.

**दीपक** anzündend, anfachend, erleuchtend *m. u. f.* **दीपिका** = *vor. m.*

**दीपन**, *f.* **ई** anzündend (*auch übertr.*); das Anzünden, Erleuchten.

**दीपमाला** *u.* **°मालिका** *f.* Lampenreihe.

**दीपालोक** *m.* Lampenlicht *o.* -schein.

**दीपावलि** *f.* = **दीपमाला**.

**दीपिन्** (—°) entflammend.

**दीप्ताक्ष**, *f.* **ई** flammenäugig.

**दीप्ति** *f.* Flamme, Glanz, Anmut.

**दीप्तिमन्त्** leuchtend, strahlend.

**दीप्तौजस्** hitzig (*eig.* von brennender Kraft).

**दीप्र** flammend, glänzend.

**दीर्घ** lang, weit (*von Raum u. Zeit*); *n. adv.*

**दीर्घकालम्**

**दीर्घजीविन्**

**दीर्घतमस्** *m. N.*

**दीर्घता** *f.*, **°त्व**

**दीर्घतीक्ष्णमुख**,

**दीर्घदर्शिता** *f.*,

**दीर्घदर्शिन्** wei

**दीर्घप्रयज्यु** lange eifrig hinausstrebend.

**दीर्घबाहु** langarmig.

**दीर्घमुख**, *f.* **ई** langmäulig *o.* -schnabelig.

**दीर्घयशस्** weitberühmt.

**दीर्घराव** *m. N. eines Schakals i. d. Fabel.*

**दीर्घरोष** lange zürnend, nachtragend.

**दीर्घलोचन**

**दीर्घश्रवस्**

**दीर्घश्रुत्** w =

**दीर्घसत्त्र** ei

**दीर्घसूत्र**

**दीर्घाक्ष** *f.*

**दीर्घाधी** l

**दीर्घापाङ्ग**

2\. **दु** = 1. **दिव्** spielen, *nur* **दविषाणि**.

**दुःख** unangenehm (zu *Infin.*). *n.* Ungemach, Beschwerde, Plage, Leid, Gram; *auch adv.* mit Not, traurig, schwer, kaum; **दुःख** (°—), **दुःखेन**, **दुःखात्** *adv.* dass.

दुःखाभिज्ञ im Leid erfahren.

दुःखाय्, °यते Schmerz empfinden.

दुःखार्त schmerzgequält.

दुःखित betrübt, gequält, elend, arm.

दुःखिता *f.*, °त्व *n. Abstr. zum folg.*

दुःखिन् betrübt, unglücklich.

दुःखोत्तर von Schmerz begleitet.

दुःखोपचर्य schwer zu behandeln.

दुःप्रसह *s.* दुष्प्रसह.

दुग्धं (*s.* दुह्) *n.* Milch (*auch bildl. vom Wasser in der Wolke*).

दुघ (—°) milchend, spendend. दुंघा Milchkuh.

दुच्छुना *f.* Unheil, Unglück.

दुध्, *nur Partic.* दोधत् ungestüm, wild; *p.p.* दुंधित verworren, wüst.

दुंधि *u.* दुध्रं = दोधत् (*s. vor.*).

दुन्दुभ *m.* ein best. Wassertier.

दुन्दुभिं *m.* Pauke, Trommel (*auch* °भी *f.*).

दुन्दुभ्याघातं *m.* Trommelschläger.

दुंर् *f.* Thür.

दुरं *m.* Eröffner, Verleiher von (*Gen.*).

दुरक्षं schwachäugig.

दुरतिक्रम schwer zu überwinden.

दुरधिग *u.* °म schwer zu erreichen.

दुरन्त kein Ende nehmend, unendlich.

दुरवगाह schwer zu ergründen.*

दुरवबोध schwer verständlich.

दुरवाप schwer zu erlangen.

दुरस्य्, °स्यंति schädigen wollen.

दुरस्युं schädigen wollend.

दुराकृति missgestaltet, hässlich.

दुरागम *m.* schlechter Erwerb *o.* schlechte Überlieferung.

दुराचर, *f.* ई schwer zu üben *o.* zu behandeln.

दुरारुह *u.* दुरा…

दुरालक्ष्य schwer…

दुरालम्ब schwer… haupten.

दुरालभ schwer…

दुरावह schwer…

दुरावार schwer…

दुराशय böse G…

दुराशा *f.* eine… nung; Verzw…

दुंराशिर् schlech…

दुराशिस् schlec… habend.

दुरासद schwer… treffen, unnah…

दुरासह schwer…

दुरितं (*u.* दुंरित… Not, Gefah… Sünde; *Adj.*…

दुंरिति *f.* Not.

दुरिष्टि *f.* Fehle…

दुरीह böse gem…

दुरुक्त schlecht… schlechte *o.*…

दुरुक्ति *f.* = *vor.*…

दुरुत्तर schwer…

दुरुत्सह schwer…

दुरुपचार schw… kommen.

दुरूह schwer zu…

दुरेंव bösartig,…

**दुरोकम्** *Adv.* unbequem, mühsam.

**दुरोण** *n.* Wohnung, Heim.

**दुरोदर** *m.* Würfelspieler, Würfel; *n.* Würfelspiel.

**दुर्ग** schwer zu gehen *o.* zu betreten, un gern besucht, unzugänglich (*auch übertr.*). *m. n.* schwieriger Weg, ungern besuchter *o.* schwer zugänglicher Ort, Schwierig keit, Gefahr; *m. Mannsn. f.* **आ** *N. der Gattin Çiva's. n.* Feste, Burg.

**दुर्गत** sich schlecht befindend, elend, arm *n.* das Schlechtgehen, Elend, Not.

**दुर्गति** = *vor. Adj.*; *f.* = *vor. n.*

**दुर्गन्ध** *m.* übler Geruch; *Adj.* übel riechend

**दुर्गन्धता** *f.* = *vor. m.*

**दुर्गन्धि** = **दुर्गन्ध** *Adj.*

**दुर्गपति** *u.* **दुर्गपाल** *m.* Festungskommandant

**दुर्गम** schwer zu gehen *o.* zu betreten, unzugänglich, schwer erreichbar (*auch übertr.*); *m. n.* schwierige Lage.

**दुर्गमनीय** *u.* **दुर्गम्य** schwer zu gehen, un wegsam.

**दुर्गसिंह** *u.* **दुर्गसेन** *m. N. von Schriftstellern.*

**दुर्गह** *n.* böser Ort *o.* Weg, Schwierigkeit Gefahr.

**दुर्गाचार्य** *m. N. eines Scholiasten.*

**दुर्गाढ** schwer ergründlich.

**दुर्गादत्त** *u.* **दुर्गादास** *m. Mannsnamen.*

**दुर्गाध** = **दुर्गाढ**.

**दुर्गापूजा** *f.* das Durgâfest (*r.*).

**दुर्गाह्य** schwer zu ergründen. *Abstr.* **°त्व** *n*

**दुर्गृभि** schwer zu fassen *o.* zu halten.

**दुर्ग्रह** = *vor.*, schwer einzunehmen *o.* zu ge winnen, zu begreifen; *m.* das Ver sessensein auf (*Loc.*); Grille, fixe Idee; Krankheit (*personif.*).

**दुर्ग्राह्य** schwer zu ergreifen, einzunehmen, zu fassen, zu gewinnen, zu ergründen *Abstr.* **°त्व** *n.*

**दुर्जन** *m.* schlechter Mensch, Bösewicht.

**दुर्जनी कर्** (*eig.* zum schlechten Menschen machen) herabsetzen, bloſsstellen, nicht für voll ansehen.*

**दुर्जय** schwer zu gewinnen *o.* zu besiegen, schwer abzuwehren; *m. N. von Dämonen.*

= दुर्दर्ष.

**दुर्दैव**

**दुर्द्यूत**

**दुर्धर**

**दुर्निमित्त** *n.* ein böses Omen.

**दुर्निवार** *u.* **°वार्य** schwer zurückzuhalten *o.* abzuwehren.

दुर्णीत schlecht geführt; *n.* schlimme Lage.
दुर्बल kraftlos, schwach, krank. *Abstr.* °ता *f.*
दुर्बुद्धि *f.* Thorheit; *Adj.* thöricht, einfältig, schlechtgesinnt.
दुर्बोध *u.* °ध्य schwer zu verstehen.
दुर्ब्राह्मण *m.* ein schlechter Brahmane.
दुर्भग widerwärtig, unglücklich, elend.
दुर्भगत्व *n.* Elend, Unglück.
दुर्भर schwer zu ertragen, zu erhalten, zu befriedigen.
दुर्भाग्य unglücklich, elend.
दुर्भाष übel redend; *m.* Schmährede.
दुर्भाषित, *f.* आ *mit* वाच् = *vor. m.*
दुर्भाषिन् übel redend.
दुर्भिक्ष *n.* (*m.*) Hungersnot, Not. *Abstr.* °त्व *n.*
दुर्भिद् schwer zu spalten.
दुर्भृत *n.* Übel.
दुर्भृति schlechter *o.* schwerer Unterhalt.
दुर्भेद् *u.* दुर्भेद्य = दुर्भिद्.
1. दुर्मद् (übler) Stolz, Dünkel.
2. दुर्मद् ausgelassen, trunken, toll.
दुर्मनस् traurig, betrübt (*Abstr.* °ता *f.*); *n.* Verblendung, Verkehrtheit.
दुर्मनस्क = *vor. Adj.*; *Abstr.* °त्व *n.*
दुर्मनुष्य *m.* schlechter Mensch, Bösewicht.
दुर्मन्तु schwer zu begreifen.
दुर्मन्त्र *n.* schlechter Rat.
दुर्मन्त्रित schlecht geraten; *n.* = *vor.*
दुर्मन्त्रिन् ein schlechter Minister *o.* einen schl. M. habend.
दुर्मन्मन् übel gesinnt.
दुर्मर schwer sterbend; *n.* es stirbt sich schwer.
दुर्मरण *u.* °रत्व *n.* ein schwerer Tod.
दुर्मर्ष schwer vergesslich, unerträglich, *auch* = *folg.*
दुर्मर्षण schwer verzeihend, anspruchsvoll.
दुर्मित्र unfreundlich, feindlich (*auch* °त्रिय); *m. Mannsname.*
दुर्मुख, *f.* ई ein hässliches Gesicht *o.* ein böses Maul habend (*auch übertr.*); *m. N. versch. Dämonen, auch Mannsn.*

दुर्मेध, °धस् *u.* °धाविन् schwachsinnig, einfältig, dumm.
दुर्मैत्र unfreundlich, feindselig.
दुर्मोचहस्तग्राह fest (*eig.* mit schwer zu lösender Hand) zugreifend.*
दुर्य zur Thür *o.* zum Hause gehörig.
दुर्यशस् *n.* Unehre.
दुर्युग *n.* ein böses Weltalter.
दुर्युज् schwer anzuspannen.
दुर्योग *m.* böser Anschlag, Hinterlist.
दुर्योण *n.* Behausung.
दुर्योधन schwer zu bekämpfen (*Abstr.* °ता *f.*); *m. N. eines alten Königs.*
दुर्लक्ष्य schwer wahrzunehmen; schwer zu treffen (*als Ziel*).
दुर्लङ्घन schwer zu überwinden.
दुर्लङ्घ्य *dass.*, unumgänglich; *Abstr.* °ता *f.*
दुर्लभ schwer zu erlangen, selten, teuer; *mit Infin.* schwer zu. *Abstr.* °ता *f.*, °त्व *n.*
दुर्लभदर्शन aus den Augen verschwunden (*eig.* von schwer zu erlangendem Anblick).
दुर्ललित ungezogen; *n.* Unart.
दुर्वच schlimm zu sagen; *Abstr.* °त्व *n.*
दुर्वचन *n. Pl.* böse Worte.*
दुर्वचस् *n. dass.*, *Adj.* böse redend.
1. दुर्वर्ण *m.* eine schlechte, unreine Farbe.
2. दुर्वर्ण von schlechter Farbe *o.* niedriger Kaste.
दुर्वर्तु schwer abzuwehren.
दुर्वस *n.* (es ist) schwer zu wohnen.
दुर्वसति *f.* schlechte Wohnung.
दुर्वह schlecht tragend *o.* zu tragen.
दुर्वाच् *f.* böse Worte; *Adj.* दुर्वाच् b. W. führend.
दुर्वाच्य schwer zu sagen; *n.* = *vor. f.*
दुर्वाद *m.* böse Rede, Tadel.
दुर्वान्त der schlecht ausgespien hat (*Blutegel*).
दुर्वार *u.* °ण schwer abzuhalten, unwiderstehlich.
दुर्वार्त्ता *f.* schlechte Nachricht.
दुर्वार्य = दुर्वार; *Abstr.* °ता *f.*
दुर्वाल kahlköpfig.

दुर्वासना *f.* schlechte *d. i.* falsche Vorstellung.

दुर्वासस् schlecht- *o.* unbekleidet; *m. N. eines Brahmanen.*

दुर्विगाह *u.* °ह्य = दुर्गाढ.

1. दुर्विज्ञान *n.* ein schweres Erkennen.

2. दुर्विज्ञान schwer zu erkennen.

दुर्विज्ञेय = *vor.* 2.

दुर्विदग्ध verbildet, verschroben; gewitzigt, verschmitzt.

दुर्विद्य ungebildet.

दुर्विद्वंस् übel gesinnt.

दुर्विधि *m.* ein böses Schicksal.

दुर्विनय *m.* ein schlechtes Benehmen.

दुर्विनीत ungezogen, ungebildet.

दुर्विपाक *m.* schlimme Folgen, üble Wendung; *Adj.* schl. F. habeud.

दुर्विभाव, °भावन *u.* °भाव्य schwer wahrzunehmen *o.* zu begreifen.

दुर्विलसित *n.* Unart.

दुर्विवाह *m.* Missheirat.

दुर्विषह *u.* °ह्य schwer zu ertragen, unwiderstehlich.

दुर्वृत्त *n.* ein schlechtes Betragen; *Adj.* —habend, boshaft.

दुर्वृत्ति *f.* Not, Elend; Schlechtigkeit.

दुर्व्यसन *n.* schlechte Neigung, Laster.

दुर्हणा *f.* Unheil.

दुर्हार्द् bösherzig.

दुर्हित in schlimmer Lage befindlich.

दुर्हृद् bösherzig; *m.* Feind.

दुल्, दोलयति aufheben, schwingen; *p.p.* दोलित.

दुवस् *n.* Ehre, Huldigung.

दुवस्य्, °स्यति ehren, huldigen (*Acc.*)

दुवस्यु *u.* दुवस्वन्त् verehrungsvoll.

दुवोया *f.* (*Instr.*) Verehrung.

दुवोयु ehrerbietig; *n. adv.*

दुश्चर schwer zu gehen *o.* zu überwinden, unzugänglich.

1. दुश्चरित *n.* ein schlechtes Betragen, Übelthat.

2. दुश्चरित sich schlecht betragend.

दुश्चर्मन् hautkrank.

दुश्चारित्र *u.* °रिन् = 2. दुश्चरित.

दुश्चित् übel denkend.

दुश्चित्त betrübt.

दुश्चेतस् = दुश्चित्.

दुश्चेष्टा *f.*,

zwinglich, unwiderstehlich.

**दुष्प्रसाद** *u.* **°न** schwer zu versöhnen.

**दुष्प्राप** *u.* **°णा** schwer zu erreichen.

**दुष्प्रेक्ष** *u.* **°णीय** schwer *o.* hässlich zu schauen.

**दुष्मन्त** *m.* = *folg.*

**दुष्यन्त** *m. N. eines Königs, des Gatten der Çakuntalâ.*

**दुःषन्त** *m.* = *vor.*

**दुःष्टुति** *u.* **दुःष्टुति** *f.* ein falsches *o.* schlechtes Loblied.

**दुःष्वप्न्य** *n.* schlechter Schlaf *o.* Traum.

**दुस्तर** schwer zu überschreiten *o.* zu überwinden.

**दुस्तरण,** *f.* **ई** *dass.*

**दुस्थ** *u.* **दुस्थित** *s.* **दुःस्थ** *u.* **दुःस्थित**.

**दुःसह** schwer zu tragen, unerträglich, unwiderstehlich.

**दुःसाध्य** schwer zu vollbringen.

**दुःस्थ** *u.* **दुःस्थित** in übler Lage befindlich, schlimm daran, elend, unglücklich, arm.

**दुःस्थिति** *f.* üble Lage, Not.

**दुःस्पर्श** schwer *o.* unangenehm zu berühren

**दुःस्पृश** *dass.*

**दुःस्वप्न** *m.* ein böser Traum.

1. **दुह्, दोग्धि, दुग्धे, दुहति, °ते, दोहति, °ते, दुह्यति, °ते** melken (*auch übertr.*); milchen, spenden, gewähren. *p.p.* **दुग्ध** gemolken, ausgesogen, ausgebeutet. *Caus.* **दोहयति, °ते** melken (lassen). *Desid.* **दुदुक्षति** *u.* **दुधुक्षति** melken wollen. **विप्र** aussaugen. **सम्** (zusammen) melken *o.* milchen.

2. **दुह्** *u.* **दुह** (—°) melkend; milchend, spendend.

**दुहि** = 1. **दुह्** (*q.*).

**दूतक,** *f.* **दूतिका** *dass.*

**दूतकर्मन्** *u.* **दूतत्व**

**दूरदर्शन** (

**दूरदर्शिन्**

**दूरभाव** *m.*

**दूरवर्तिन्**

**दूरसंस्थ**

**दूरसूर्य**

**दूरारूढ**

**दूरारोहिन्**

**दूरालोक** *m.* Ferne.

**दूरी कर् entfernen,** hinter sich lassen.
**दूरेअन्त ferne endend.**
**दूरेचर ferne wandelnd,** entfernt.
**दूरेदृश्** weithin sichtbar.
**दूरेभा** weithin strahlend.
**दूरेवध** fern treffend.
**दूरोह** *u.* **°णा** schwer zu ersteigen.
**दूर्व** *m. N. eines Fürsten; f.* eine Art Gras.
**दूर्श** *n.* Art Gewebe *o.* Gewand.
**दूष** (—°) verunreinigend.
**दूषक,** *f.* **°षिका** (*mit Gen. o.* —°) *dass.*, verderbend, schändend.
**दूषण,** *f.* **ई** = *vor.* *n.* das Verderben, Besudeln, Beschimpfen, Herabsetzen; Beeinträchtigung, Widerlegung; Mangel, Fehler, Schuld.
**दूषय्, दूषयति** (°ते) verderben, schlecht machen, verunglimpfen, tadeln, schänden, beschimpfen, bloſsstellen; *p.p.* **दूषित.**
**दूषि** (—°) verderbend, zerstörend.
**दूषिन्** (—°) verunreinigend, schändend.
**दूषी** *u.* **दूषीका** *f.* Unreinigkeit im Auge.
1. **दूष्य** zu verderben, zu schänden, zu beschimpfen.
2. **दूष्य** *n.* Art Zeug *o.* Stoff, Zelt, Gewand.
**दृ** *s.* 2. **दर्.**
**दृंह्** *s.* **दर्ह्.**
**दृंहण** *n.* das Befestigen.
**दृंहित** (*s.* **दर्ह्**), *n.* = *vor.*
**दृंहितर्** *m.* Befestiger.
**दृक्पथ** *m.* Gesichtskreis (*eig.* -pfad).
**दृक्पात** *m.* Blick (*eig.* Augenfall).
**दृगन्त** *m.* der äuſsere Augenwinkel.
**दृग्गोचर** *m.* Gesichtsbereich *o.* -kreis.
**दृग्रुध्** den Blick hemmend.
**दृढ** *u.* **दृळ्ह** (*s.* **दर्ह्**) *n.* fester Gegenstand, die Feste; *auch adv.* stark, heftig, sehr, sicher, bestimmt.
**दृढता** *f.*, **°त्व** *n.* Festigkeit, das Festhalten an (*Loc.*), Ausdauer.
**दृढधन्वन्** *u.* **°धन्विन्** einen festen Bogen führend.
**दृढमुष्टि** *f.* eine feste Faust; *Adj.* eine f. F. habend.

**दृढय्, °यति** befestigen, kräftigen.
**दृढव्रत** fest am Gelübde *o.* am Vorsatz haltend, fest bestehend auf (*Loc.*).
**दृढायुध** ein festes Geschoss habend.
**दृढी कर्** fest machen, bekräftigen; **°भू** fest werden.
**दृढीकरण** *n.*, **°कार** *m.* Bekräftigung.
**दृति** *m.* (*f.*) Balg, Schlauch (*auch* **दृती** *f.*).
**दृध** festhaltend.
**दृप्, दृप्त** *s.* **दर्प्.**
**दृब्धि** *f.* Windung, Verkettung.
**दृभीक** *m. N. eines Dämons.*
**दृवन्** zerreiſsend, sprengend.
1. **दृश्** *s.* **दर्श्.**
2. **दृश्** *f.* (*Nom.* **दृक्**), sehend, schauend; *f.* das Sehen, Schauen, Erkennen (**दृशे** *Dat. Inf.*); Auge.
**दृशति** *f.* das Aussehen.
**दृशि** *f.* das Sehen, Schauen (**दृशये** *Dat. Inf.*) Schauvermögen (*ph.*); Auge.
**दृशिमन्त्** sehend.
**दृशीक** ansehnlich; *n.* Anblick.
**दृशीका** *f.* Aussehen.
**दृशीकु** blickend auf (—°); *m.* Zuschauer.
**दृशेन्य** ansehnlich.
**दृश्य** sichtbar (*mit Instr., Gen. o.* —°), ansehnlich, sehenswert, schön.
**दृश्यता** *f.*, **°त्व** *n.* Sichtbarkeit.
**दृषत्कण** *m.* Steinchen (*eig.* Steinstück).
**दृषद्** *f.* Felsen, Stein, Mühlstein (*bes. der untere*).
**दृषदुपल** *n. Sgl. Du.*, **°ला** *f. Du.* die beiden Mühlsteine.
**दृषदोलूखल** *n. Sgl.* Mühlstein und Mörser
**दृष्ट** (*s.* **दर्श्**) *n.* Wahrnehmung.
**दृष्टदोष** dessen Fehler erkannt sind *o.* was als sündhaft erkannt ist.
**दृष्टपूर्व** früher gesehen.
**दृष्टमात्र** nur gesehen.*
**दृष्टवीर्य** *u.* **दृष्टसार** von erprobter Kraft.
**दृष्टान्त** als Muster dienend; *m.* Muster, Beispiel.
**दृष्टार्थ** dessen Zweck erkannt ist; *auch* = *vor. Adj.*
**दृष्टि** *f.* das Sehen, Erblicken, Erkennen; Gesicht, Auge, Verstand.

दृष्ट्वा u. दृष्ट्वाय s. दृश्.

दे s. 1. दा.

देय zu geben, zu gewähren, zu verheiraten (*ein Mädchen*); abzugeben, zu zahlen. *n.* Gabe, Lohn.

देव, *f.* ई himmlisch, göttlich. *m.* Gott, höchster unter (—°), Priester, König, Prinz. *f.* देवी Göttin (*bes. die Gattin Çiva's*), Königin, Prinzessin.

देवक (*adj.* —°) = देव. *f.* देविका eine Göttin niederen Ranges; देवकी *N. der Mutter Krshna's.*

देवकन्यका *u.* °कन्या *f.* Götterjungfrau.

देवकर्मन् *u.* °कार्य *n.* eine heilige Handlung (*eig.* Götterangelegenheit).

देवकिल्बिष *n.* eine Sünde gegen die Götter.

देवकीनन्दन, देवकीपुत्र *u.* °सूनु *m. Bein. Kṛshṇa's.*

देवकुल *n.* Tempel (*eig.* Götterhaus).

देवकुसुम *n.* Gewürznelke (*eig.* Götterblume).

देवकृत von den Göttern angeordnet.

देवकृत्य *n.* = देवकर्मन्.

देवगण *m.* Götterschar.

देवगवी *f. Pl.* die Götterkühe.

देवगुप्त gottgehütet.

देवगुरु *m.* der Götterlehrer (*Bein. Kaçyapa's u. Bṛhaspati's*).

देवगृह *m. n.* Götterhaus, Tempel.

देवच्छन्द *m.* eine Art Perlenschnur.

देवज gottgezeugt.

देवजन *m.* göttliche Schar.

देवजननी *f.* Göttermutter.*

देवजा *u.* देवजात gottgezeugt.

देवजुष्ट gottgeliebt *o.* -gefällig.

देवतुमुल

देवत्त

देवनाथ

देवपत्नी

1. देवपुत्र

2. देवपुत्र

देवपुर *f.*,

देवपूजा *f.*

**देवप्रिय** den Göttern lieb, Götterfreund.
**देवभक्ति** *f.* Götterverehrung.
**देवभिषज्** *m.* Götterarzt.
**देवमणि** *m.* Götterjuwel (*bes. Vishṇu's Brustschmuck*).
**देवमनुष्य** *u.* **°ष्य** *m. Pl.* Götter und Menschen.
**देवमय** die Götter enthaltend.
**देवमातृ** *f.* die Göttermutter.
**देवमुनि** *m.* ein göttlicher Muni.
**देवय्**, *Part.* **°यन्त्** den Göttern dienend fromm.
**देवयज्** den Göttern opfernd.
**देवयजन**, *f.* **ई** *dass.*; *n.* Opferstätte.
**देवयज्ञ** *m.* Götteropfer.
**देवयज्य** *n.*, **°यज्या** *f. dass.*
**देवया** zu den Göttern gehend, götterfreundlich.
**देवयाजिन्** den Göttern opfernd.
**देवयात्रा** *f.* Wallfahrt. **°गत** auf einer W begriffen.
**देवयान**, *f.* **ई** zu den Göttern gehend *o* führend; *n.* Götterweg.
**देवयु** *u.* **°यू**, *f.* **यू** götterliebend, fromm
**देवयुक्त** von den Göttern geschirrt.
**देवयुग** *n.* das erste (*eig.* Götter-) Weltalter.
**देवयोषा** *f.* Götterweib.
**देवृ** *m.* Mannesbruder, Schwager.
**देवर** *m. dass.*; Gatte, Geliebter.
**देवरत** den Göttern zugethan, fromm.
**देवरथ** *m.* Götterwagen.
**देवराज्** *m.* der Götterkönig (*Bein. Indra's*).
**देवराज** *m.* ein göttlicher Herrscher; *auch = vor.*
**देवराज्य** *n.* die Herrschaft über die Götter.
**देवरात** (gottgegeben) *m. Mannsname.*
**देवरूपिन्** von göttlicher Gestalt.
**देवर्षि** *m.* ein göttlicher Rishi.
**देवलोक** *m.* Götterwelt.
**देववध** *m.* Götterwaffe.
**देववधू** *f.* Götterweib.
**देववन्त्** Götter bei sich habend.
**देववन्द** Götter preisend
**देववाहन** Götter führend.
**देवविद्** die Götter kennend.
**देवविश्** *u.* **°विशा** *f.* Göttervolk.

1. **देवव्रत**
2. **देवव्रत**
**देवश्रुत्**
**देवसद्**
= **देववन्त्.**
**देववी.**

**देशक** (—°) anzeigend, lehrend; *m.* Lehrer

**देशकाल** *m. Du.* Ort und Zeit. °**ज्ञ** O. u. Z. kennend.

**देशना** *f.* Anweisung, Lehre.

**देशभाषा** *f.* Landessprache.

**देशाटन** *n.* das Reisen (*eig.* Landdurchziehen).

**देशातिथि** *m.* Fremdling.

**देशान्तर** *n.* ein anderes Land, Fremde.

**देशिक** den Weg weisend; *m.* Wegweiser, Anweiser, Lehrer.

**देशिन्** anzeigend (—°); *f.* **ई** Zeigefinger.

**देशीकोश** *m.* Wörterbuch der Vulgärsprache.

**देशीनाममाला** *f. T. eines Wörterbuches der Vulgärsprache.*

**देशीय** Landes-, provinziell; (—°) gehörig zu, ähnlich.

**देश्य** zu zeigen, was sich sehen lassen kann mustergültig; *auch = vor.*

**देष्टृ** *m.* (**देष्ट्री**) *f.* Anweiser, -in.

**देष्ट्र** *n.* Zusage.

**देष्ठ** (*Superl.*) am meisten gebend.

**देष्ण** *n.* Gabe.

**देह** *m. n.* Körper, Masse; Person. *Abstr.* °**त्व** *n. f.* **देही** Aufwurf, Wall.

**देहकर**, °**कर्तृ** *u.* °**कृत्** *m.* Vater (*eig.* Körperbildner).

**देहचर्या** *f.* Körperpflege.

**देहज** *m.* Sohn (*eig.* leibgeboren).

**देहधारण** *n.* das Leben (*eig.* Körpertragen).

**देहभृत्** *m.* Lebewesen, Mensch (*eig.* Körperträger).

**देहयात्रा** *f.* Körpererhaltung, Lebensfristung.

**दैत्यारि** *m.*

**दैत्येन्द्र**

**दैर्घ्य** *n.*

**दैव** *u.* **दैवं**, *f.*

**दै**

**दैवचिन्तक**

**दैवतस्** *Adv.*

**दैवादिक**

**दैविक**

**दैव्य**, *f.*

**दैशिक**

kundig, den Weg weisend (*auch übertr.*); *m.* Unterweiser, Lehrer.

दैहिक, *f.* ई körperlich.

दैह्य im Körper befindlich; *m.* Seele.

दोग्धृ *m.* Melker, Ausbeuter. *f.* दोग्ध्री Milch gebend, Milchkuh; Melkfass.

दोग्ध्र *n.* Melkfass.

दोघ milchend; *m.* Melkung.

दोधक *n.* *N. eines Metrums.*

दोरक *n.* Strick, Riemen.

दोर्दण्ड *m.* langer Arm (*eig.* Armstiel)

दोल *m.* das Schaukeln, Schwanken; *f.* आ Schaukel, Sänfte.

दोलाघर *u.* °क Schaukelhaus.*

दोलाय्, °यते schaukeln, schwanken (*auch übertr.*).

दोलारूढ auf eine Schaukel gestiegen; schwankend, zweifelnd über (—°).

दोलोत्सव *m.* Schaukelfest.

दोःशालिन् starkarmig (*eig.* armstark).

1. (दोष *m.*, *gew.*) दोषा *f.* Abend, Dunkel. *Acc. u. Instr.* (=*Nom.*) am Abend, bei Nacht.

2. दोष *m.* (*n.*) Fehler, Sünde, Schuld, Schlechtigkeit, Mangel, Schaden, Nachteil, Übelstand. *Abstr.* °त्व *n.*

दोषगुण *n.* *Sgl.* Fehler und Vorzüge.

दोषग्राहिन् das Schlechte annehmend.

दोषज्ञ die Fehler von (—°) kennend.

दोषण्य im Arm befindlich.

दोषन् *n.* Vorderarm, Arm *überh*

दोषमय aus Fehlern bestehend.

दोषल fehlerhaft, verdorben.

दोषवन्त् *dass.*, schädlich, schuldig, sündhaft.

दोषस् *n.* Dunkel, Abend.

दोषाकर *m.* Mond (*eig.* Dunkelmacher).

दोषाक्षर *n.* Beschuldigung, Anklage.

दोषातन abendlich.

दोषाय्, °यते als Fehler erscheinen.

दोषावस्तृ *m.* Dunkelerheller.

दोषिन् sündhaft, schuldig.

दोष्मन्त् starken Arm habend, tapfer.

दोस् *n.* (*m.*) Vorderarm, Arm *überh.*

दोह milchend, spendend (—°); *m.* Melkung, Ausbeutung; Melkfass.

दोहद *m.* das Gelüste (*bes. der Schwangeren*), Schwangerschaft, Verlangen nach (*Loc.*), Blütelust (*der Pflanzen*).

दोहन milchgebend. *n.* das Melken *o.* das Gemolkene; Melkfass, *auch f.* ई

दोहल *m.* = दोहद.

दोहस् *n.* Melkung; दोहसे *Dat. Inf.*

दोह्य zu melken.

दौत्य *u.* °क *n.* Botenamt, Botschaft.

दौरात्म्य *n.* Schlechtherzigkeit, Bosheit.

दौरित *n.* Unheil, Böses.

दौर्ग auf Durgâ bezüglich.

दौर्गत्य *n.* Unglück, Not, Elend.

दौर्गह *m.* *patron. Name.*

दौर्जन्य *n.* Schlechtigkeit, Bosheit, Missgunst.

दौर्बल्य *n.* Schwäche.

दौर्भाग्य *n.* Missgeschick.

दौर्मनस्य *n.* Verstimmtheit.

दौर्व्रत्य *n.* Ungehorsam.

दौर्हृद *m.* Bösewicht.

दौवारिक *m.*, ई *f.* Thürsteher, -in.

दौश्चर्य *n.* schlechtes Betragen.

दौःशील्य *n.* Schlechtigkeit, Bosheit.

दौष्कृत्य *u.* दौष्ठ्य *n.* *dass.*

दौष्मन्त *u.* दौष्मन्ति = *folg.*

दौष्यन्त *u.* °न्ति *m.* zu Dushyanta gehörig,

दौ

दौः

दौः

दौ

दौ

दौहृद *n.*

द्यावा *s.* 3. दिव्.

द्यावाक्षाम *f. Du.* (*Nom.* °क्षामा) Himmel und Erde.

द्यावापृथिवी *f. Du.* (*Nom.* °वी *u.* °व्यौ) *dass.*

द्यावाभूमि *f. Du.* (*Nom.* °मी) *dass.*

द्यु *m. s.* 3. दिव्

द्युक्ष licht, glänzend, lieblich.

द्युगत् *Adv.* himmelan *o.* am Himmel hin.

द्युचर im *o.* am Himmel wandelnd.

1. द्युत्, द्योतते (°ति) leuchten, glänzen. *Caus.* द्योतयति erleuchten, klar machen, hervorheben, ausdrücken. उद् auf-

द्युमन्त् glänzend, herrlich, kraftvoll.
द्युम्न n. Glanz, Herrlichkeit, Kraft, Tüchtigkeit.
द्युम्नवन्त् u. द्युम्निन् herrlich, kraftvoll.
द्युवधू f. Himmelsweib, Apsaras.
द्युषद् m. Himmelsbewohner, Gott.
द्युसरित् u. द्युसिन्धु f. der Himmelsstrom, die Ganga.
द्युस्त्री f. = द्युवधू.
द्यु spielend (—°); f. Würfelspiel.
द्यूत (s. 1. दिव्) n. das (Würfel-) Spiel, Glücksspiel (*auch übertr. vom Kampf*).
द्यूतकर, °कार u. °कृत् m. Spieler.
द्यूतदास, f. ई Spielsklave, -in (*d. h. die im Spiel gewonnen sind*).
द्यूतधर्म m. Spielregel o. -vorschrift.
द्यूतवृत्ति m. der vom Spielen lebt.
द्यूतशाला f., °सदन n. Spielhaus.
द्यूतसमाज m. Spielgesellschaft.
द्यून s. 2. दिव्.
द्योत m. Glanz, Schleim.
द्योतक leuchtend, erleuchtend, darlegend, ausdrückend, bedeutsam. *Abstr.* °त्व n.
द्योतन u. द्योतन leuchtend, erleuchtend; n. das Leuchten, Erleuchten, Darlegen.
द्योतनि f. Glanz, Schein.
द्योतिन् = द्योतक.
द्योत्य darzulegen, auszudrücken.
द्यौर्लोक m. die Himmelswelt.
द्रङ्ग m., आ f. Stadt.
द्रढय्, °यति fest machen, bekräftigen.
द्रढिमन् m. Festigkeit, Bekräftigung.
द्रढिष्ठ u. द्रढीयंस *Superl. u. Compar. zu* दृढ.
द्रधस् n. Gewand.

द्रवमय flüssig.
द्रवय्, °यते lau
द्रवर laufend, e
द्रवि m. Schmel
द्रविड m. *N. ein*
*Pl. N. eines*
द्रविण n. bew
Geld; Verm
द्रविणवन्त् Rei
kraftvoll, st
द्रविणस् n. bev
द्रविणस्यु nach
द्रविणाधिपति
*Kubera's*).
द्रविणेश्वर m. I
*auch = vor.*
द्रविणोद, °दस
द्रविणोविद् *da*
द्रवितर m. Re
द्रवित्नु laufend,
1. द्रव्य n. Gege
Besitz; Sto
ding, Individ
o. die recht
2. द्रव्य *Adj.* B
द्रव्यजात n. Ar
द्रव्यवन्त् begüt
inhärierend
द्रव्यवृद्धि f. Me
द्रव्याश्रित an d
द्रष्टर der da si
untersucht,
द्रष्टव्य zu sehen
betrachten;

द्रह्यंत् Adv. fest, tüchtig, ordentlich.

1. द्रा, द्रांति laufen, eilen. *Caus.* द्रापयति laufen machen. *Intens.* दंरिद्राति arm sein (*eig.* herum laufen). वि auseinander, davon laufen.

2. द्रा, द्रांति, द्रायंते schlafen. नि *Act. Med.* einschlafen, schlafen; *Partic.* निद्राण *u.* निद्रित eingeschlafen, schlafend.

द्राक् *Adv.* eiligst, stracks.

द्राच aus Weintrauben bereitet.

द्राचा *f.* Weinstock, Weintraube.

द्राघ्म *s.* दर्भ्.

द्राघय्, °यति verlängern, hinziehen.

द्राघिमंन् *m.* Länge.

द्राघिष्ठ *u.* द्राघीयंस् *Superl. u. Compar. zu* दीर्घ.

द्राघ्मंन् *m.* Länge.

द्राघ्मा (*Instr. adv.*) in die Länge.

1. द्रापि *m.* Mantel, Kleid.

2. द्रापि laufen machend.

द्रावण *dass.*, in die Flucht schlagend; *n.* das Laufen machen, in die Flucht jagen.

द्रावयंत्सख den Reiter beschwingend (*eig.* den Freund laufen machend).

द्रावयित्नु schmelzend.

द्राविड, *f.* ई dravidisch; Dravide, -in; *m. Sgl. auch N. des Landes, Pl. des Volkes der D.*

1. द्रु, द्रंवति (°ते) laufen, eilen, losgehen auf (*Acc.*); zerfliefsen, schmelzen (*auch übertr.*). *p.p.* द्रुत *s. bes.* — *Caus.* द्रावंयति (°ते) laufen machen, verscheuchen, zum Fliefsen bringen, schmelzen (*auch übertr.*). अति vorbeieilen an (*Acc.*). अधि laufen auf *o.* nach (*Acc.*), besteigen. अनु jemd. (*Acc.*) nachlaufen, verfolgen, begleiten; etw. durchlaufen, rasch hersagen. अभि laufen, eilen zu, losgehen auf (*Acc.*). आ herbeilaufen, eilen zu (*Acc.*). समा (zusammen) laufen, losfahren auf (*Acc.*). उप *u.* समुप herbeieilen, losstürzen auf (*Acc.*). प्र vorwärts eilen, hinlaufen zu, losstürzen auf (*Acc.*). वि auseinander laufen, fliehen, bersten, schmelzen. *p.p.* विद्रुत auseinander gelaufen, geflohen; zerfahren, zerstreut (*übertr.*). *Caus.* verscheuchen, verjagen. सम् zusammenlaufen.

2. द्रु *m. n.* Baum *o.* Ast, Holz, Holzgerät.

द्रुग्ध (*s.* 1. द्रुह्) *n.* Schädigung, Beleidigung, Übelthat, Sünde.

द्रुघण *m.* Holzkeule (*eig.* -schläger).

द्रुघ्नी *f.* Holzaxt (*eig.* -schlägerin).

द्रुत (*s.* 1. द्रु) gelaufen, geflohen; schnell, rasch; geschmolzen, flüssig. *n.* द्रुतम् *adv.* eilig, rasch; *Compar.* द्रुततरम्.

द्रुतत्व *n.* das Schmelzen, Erweichen, Gerührtsein.

द्रुतपद *n. N. eines Metrums*; *adv.* schnellen Fufses, sofort.

द्रुतविलम्बित *n. N. eines Metrums.*

द्रुति *f.* das Schmelzen, Weichwerden (*auch übertr.*).

द्रुपद *n.* Pfosten (*eig.* Holzfufs); *N. eines alten Königs.*

द्रुम *m.* Baum.

द्रुममय hölzern.

द्रुमाग्र *m. n.* Baumgipfel.

*द्रुमामय *m.* Gummi, Harz.

द्रुमाय्, °यते als Baum gelten.

द्रुवय *m.* Holzbehälter.

1. द्रुह्, द्रुह्यति (°ते) schädigen, nachstellen (*Dat., Gen., Acc. o. Loc.*), *auszustechen suchen; *p.p.* द्रुग्ध *act., n. pass. impers., s. auch bes.* अभि schädigen (*Acc. o. Dat.*); *p.p.* अभिद्रुग्ध *act. u. pass.*

2. द्रुह् (*Nom.* ध्रुक्) schädigend, befeindend (*Gen. o.* —°); *m. f.* Schädiger, Feind; Unhold, -in; *f.* Schädigung, Nachstellung, Kränkung.

द्रुहिण *m. Bein. Brahma's, Vishnu's o. Çiva's.*

द्रुह्व *m. f.* schädigend; Feind, -in.

द्रुह्यु *m. Pl. Volksname.*

द्रूहन् arglistig, kränkend.

द्रू, द्रूणाति schleudern.

द्रेका *f. N. einer Pflanze.*

द्रोघद्रु *m.* Schädiger, Feind.

द्रोग्धव्य zu schädigen (*impers.*).

द्रोघ arglistig, kränkend.

द्रोण *m. n.* Trog, Kufe; *ein best. Hohl-

end (*g.*).
e zwei zusammen.
ır, Dualismus, Gegensatz, Zwei- Streit, Wettstreit; *Acc. u. Instr.* aarweise. *m. n.* ein copulatives ›situm (*g.*).
. Zwietracht, Streit.
*dv.* paarweise.
Paar *o.* einen Gegensatz bildend.
· zweifach, doppelt. *f.* ई *u. n.*

zweideutig, redlich, falsch.

). °रिन् verschliefsend, hemmend
= द्व, द्वि.
. ई der zweiunddreifsigste.
*f.* zweiunddreifsig.
णक *u.* °लक्षणोपेत mit 32 Merk- versehen.
. ई der zwölfte, aus zwölf be- l, zwölffach (*vom Jahre*); *n* ahl.
*Adv.* zwölffach.
*t.* द्वादशन् zwölf.
zwölf Tage (*eig.* Nächte) dauernd; solcher Zeitraum.
िक, *f.* ई zwölfjährig.
zwölffach.
*n.* hundertzwölf.
zwölf Jahre dauernd.
zwölfspeichig.
zwölftägig; *m.* ein solcher Zeit

..

en.

द्वास्थ = *folg.*

—°). *Compar.* द्विगुणतर *da*

geborner (*d. i. in die Gemeinde Aufgenommener*), ein Mitglied der drei oberen Kasten, *bes.* ein Brahmane; Vogel, Zahn.

**द्विजन्मन्** doppelt geboren *o.* geschaffen; *m.* = *vor.*

**द्विजर्षि** ein priesterlicher Weiser.

**द्विजलिङ्गिन्** die Kennzeichen eines Brahmanen tragend.

**द्विजा** zweimal geboren.

**द्विजाति** *dass.*; *m.* Mitglied der drei oberen Kasten, *bes.* ein Brahmane.

**द्विजादि** Brahmane u. s. w., *d. i.* Kaste.

**द्विजानि** zwei Weiber habend.

**द्विजिह्व** zweizüngig (*auch übertr.*); *m.* Schlange.

**द्विट्सेविन्** dem Feinde dienend; *m.* Verräter.

**द्वित** *m. N. eines Gottes u. eines Rishi.*

**द्वितय** zweiteilig, doppelt; *Pl.* zwei. *n.* Paar.

**द्विता** (*Instr. adv.*) zweimal *d. i.* erst recht, gewiss, fürwahr.

**द्वितीय** der zweite. *n. adv.* zweitens *o.* zum zweiten Mal. *m.* Genosse, Begleiter, Freund; Nebenbuhler, Feind; *adj.* —° begleitet von, versehen mit. *f.* **आ** der zweite Tag im Halbmonat; die Endung des zweiten Casus (Accusativ) u. dieser selbst (*g.*).

**द्वितीयभाग** *m.* Hälfte.

**द्वितीयांश** *m. dass.*

**द्वितीयाचन्द्र** *m.* der Mond des zweiten Tages der Monatshälfte; der junge Mond.*

**द्वित्र** *u.* **द्वित्रि** *Pl.* zwei oder drei.

**द्वित्रिचतुरभाग** *Pl.* die Hälfte, ein Drittel *o.* ein Viertel.

**द्वित्व** *m.* Zweiheit; Dual, Reduplication (*g.*).

***द्विद्रोण** *n.* ein Doppeldroṇa (*best. Hohlmaſs*).

**द्विध** zweifach, gegabelt

**द्विधा** *Adv.* zweifach, in zwei Teile(n).

**द्विधाभूताकृति** von zweifacher Gestalt.

**द्विधास्थित** doppelt bestehend.*

**द्विप** *m.* Elefant.

**द्विपद्** *u.* **द्विपद्** (°**पाद्**) zweifüſsig, zweireihig (*Vers*). *m.* der Zweifüſsler, Mensch; *n. dass. coll.*; *m. u. f.* **द्विपदी** *N. eines Metrums.*

**द्विपद** = *vor. Adj.*; *m.* Zweifüſsler, Mensch; *f.* **आ** *u. n. N. eines Metrums.*

**द्विपदिका** *f. N. eines Metrums o. einer best. Melodie.*

**द्विपदीखण्ड** *m. n. N. einer best. Strophe.*

**द्विपाद्**, *f.* **ई** zweifüſsig.

**द्विपारि** *m.* Löwe (Elefantenfeind).

**द्विपेन्द्र** *m.* ein stattlicher Elefant (*eig.* E.-fürst).

**द्विबाहु** zweiarmig; *m.* Mensch.

**द्विभाग** *m.* Hälfte.

**द्विभुज** zweiarmig.

**द्विमात्र** doppelt so groſs.

**द्विमुख**, *f.* **ई** zweimäulig.

**द्विमूर्धन्** zweiköpfig.

**द्विरद** zweizähnig; *m.* Elefant.

**द्विरात्र** *m.* zweitägig; *m.* eine solche Feier.

**द्विरुक्त** doppelt gesagt, wiederholt, redupliziert; *n.* Wiederholung.

**द्विरुक्ति** *f.* = *vor. n.*

**द्विरूप** zweifarbig, zweiformig.

**द्विरेफ** *m.* eine Art Biene.

**द्विर्वचन** Wiederholung, Reduplication (*g.*).

**द्विलक्ष** *n.* zweihunderttausend (*Yojana*).

**द्विलक्षण** von zweierlei Art.

**द्विलय** Doppeltempo *o.* -takt.

**द्विवक्त्र** zweimäulig.

**द्विवचन** *n.* der Dual und seine Endungen (*g.*).

**द्विवर्ण** zweifarbig.

**द्विवर्ष** *u.* °**क** (*f.* °**र्षिका**) zweijährig.

**द्विवार्षिक** *dass.*

**द्विविध** zweifach; °**धा** *dass. adv.*

**द्विशत**, *f.* **ई** zweihundert betragend; der zweihundertste. *n.* zweihundert *o.* hundertzwei.

**द्विशफ** zweihufig.

**द्विशवस्** doppelt stark.

**द्विशस्** *Adv.* zu zweien, paarweise.

**द्विशिख** zweispitzig, gespalten.

**द्विशिरस्** zweiköpfig.

**द्विशृङ्ग** zweihörnig *o.* -spitzig.

1. **द्विष्**, **द्वेष्टि**, **द्विष्टे** (**द्विषति** *u.* °**ते**) hassen,

feindlich sein (*Acc.*, *Gen.* o. *Dat.*), wetteifern. *Partic.* द्विषन्त्, *f.* द्विषन्ती abgeneigt, hassend; *m.* Feind. *p.p.* द्विष्ट verhasst, widerwärtig. वि hassen, anfeinden (*Acc.*).

2. द्विष् (*Nom.* द्विट्) *m.* Hass, Feindschaft; Feind (*auch m.*).

द्विष (—°) hassend, anfeindend.

द्विष्ट s. 1. द्विष्.

द्विस् *Adv.* zweimal (*am Tage: *Gen.*, *Loc* o. *Instr.*).

द्विसहस्र *n.* zweitausend.

द्विस्वर zweisilbig.

द्विःसम doppelt so grofs.

द्विहायन, *f.* ई zweijährig.

द्वीप *m. n.* Insel (*die Erde besteht aus deren 4, 7, 13 o. 18*); Sandbank im Flusse.

द्वीपिचर्मन् *n.* Tigerhaut.

द्वीपिन् *m.* Panter, Leopard, Tiger; *f.* द्वीपिनी Strom, Fluss.

द्वीप्य auf Inseln wohnend.

द्वेधा *Adv.* zweifach, in zwei Teile(n)

द्वेष *m.* Hass, Abneigung.

द्वेषण hassend, anfeindend; *n.* = *vor.*

द्वेषणीय zu hassen, widerwärtig, unlieb.

द्वेषस् *n.* = द्वेष; Hasser, Feind.

द्वेषस्थ Abneigung hegend.

द्वेषिन् hassend, anfeindend, abgeneigt (*mit Gen.* o. —°); *m.* Feind.

द्वेष्टर् *dass.*

द्वेष्य = द्वेषणीय; *m.* Feind.

द्वेष्यता *f.*, °त्व *n.* das Verhasstsein.

द्वैगुण्य *n.* Verdoppelung.

द्वैत *n.* Zweiheit, Dualität.

द्वैतभाव *n.* der Schein der Zweiheit.

द्वैतवाद *m.* dualistische Lehre (*ph.*).

द्वैतिन् *m.* Dualist (*ph.*).

द्वैध geteilt, doppelt. *n.* Zweiheit, Verschiedenheit, Spaltung, Streit; *auch adv.* zweifach, in zwei Teile(n).

द्वैधीभाव *m.* Doppelwesen, Zwiespalt, Un-

## ध

ध (—°) stellend, setzend, legend.

धंजु brennend (*vgl.* दञ्जु).

धट *m.* Wagschale; *f.* ई Tuchlappen.

धन् (दधन्ति) in Bewegung setzen; laufen.

धन *n.* Kampfpreis, Wettkampf, Beute, Gewinn, Geld, Gut, Vermögen, Reichtum, Lohn, Gabe.

धनकोश *m.* Geldschatz.

धनक्षय *m.* Geldverlust.

धनजित् Beute o. Schätze gewinnend, siegreich.

धनंजय *dass.*; *m.* Feuer, ein best. Wind im Körper; *Bein. Arjuna's*; *Mannsname.*

धनंजयविजय *m. T. eines Dramas.*

धनद Reichtum spendend, freigebig; *Bein. Kubera's, Mannsname.*

धनदण्ड *m.* Geldstrafe.

धनदत्त *m. Mannsname.*

धनदा॑ den Kampfpreis, Beute *o.* Schätze spendend.

धनदेश्वर *m.* der schätzespendende Gott (*Kubera*).

धननाश *m.* Verlust der Habe.

ध॑नपति Schätzeherr, reicher Mann; *Bein. Kubera's.*

धनपाल॑ *m.* Schätzehüter.

धनमद Geldstolz; °वन्त् geldstolz.

धनमित्र *m. Mannsname.*

धनयौवनशालिन् mit Reichtum und Jugend ausgestattet.

धनरक्ष sein Geld hütend; °क *Bein. Kubera's.*

ध॑नर्च् *u.* धनर्चि॑ mit Reichtum *o.* Beute prangend.

धनलोभ *m.* Geldgier.

धनवन्त् reich; *m.* ein Reicher, das Meer

धनवर्जित arm (*eig.* geldverlassen).

धनवृद्ध reich (*eig.* geldstark).

धनव्यय *m.* Geldverschwendung.

धनसं॑नि *u.* धनसा॑ Schätze gewinnend.

ध॑नसाति *f.* Gewinn von Schätzen.

धनस्पृ॑त् Schätze erringend.

धनस्वामिन् *m.* Geldbesitzer.

धनहीन arm (*eig.* geldverlassen).

धनाढ्य reich an Geld und Gut. *Abstr* °ता *f.*

धनाधिप *u.* °पति *m.* Schätzeherr (*Kubera*).

धनाध्यक्ष *m.* Schatzaufseher (*Kubera*).

धनार्थिन् nach Geld verlangend *o.* gierig.

धनिक reich; *Mannsn.*; **f.* आ ein (gutes) Weib.*

धनि॑न् Schätze besitzend, reich.

1. ध॑निष्ठ (*Superl.*) sehr schnell *o.* sehr fördernd.

2. धनिष्ठ (*Superl.*) sehr reich; *f.* आ *Sgl. u. Pl. N. eines Mondhauses.*

धनीय्, °यति nach Reichtum verlangen.

1. धनु *m.* Bogen.

2. ध॑नु *u.* धनू॑ *f.* Düne, Sandbank, Insel (*bildl. von der Wolke*).

ध॑नुतर् schnell laufend *o.* fliefsend.

धनुर्ग्रह, °ग्राह *u.* °ग्राहिन् *m.* Bogenschütze

धनुर्ज्या *f.* Bogensehne.

धनुर्धर *u.* °धार einen Bogen tragend; *m.* Bogenschütze.

धनुर्भृत् *dass.*

धनुर्विद्या *f.*,

धनुष्मन्त् bogenbewa

धनु॑स् *n.* Bogen.

**धमनि** *f.* das Pfeifen, Blasen; die Pfeife, Röhre, *bes.* Kanal, Gefäſs (*am menschl. Leibe*).

**धम्मिल्ल** *m.* aufgebundene Haarflechte (*bei den Frauen*).

**धय** saugend, einschlürfend (*Gen. o.* —°).

**धृ**, (धरति, °ते), *meist* धारयति, °ते halten, tragen, festhalten, zurückhalten, hemmen, unterdrücken, (vorenthalten, schuldig sein*); erhalten, bewahren, behaupten, an sich tragen, besitzen, hegen, nicht fahren lassen (*bes. Geist, Körper, Leben u. dgl.*), fest gerichtet halten (*bes. Geist, Sinn, Gedanken,* auf *Loc. o. Dat.*); ertragen, aushalten; vorhalten, bestehen, fortleben; festsetzen, bestimmen, verhängen (*Strafe*), zuteilen *Pass.* ध्रियते (ध्रियति) gehalten, getragen werden, standhalten, fortbestehen, fortleben; sich anschicken, anfangen zu (*Dat., Acc. o. Inf.*). *p.p.* धृत gehalten, getragen, angehalten *etc.*; *oft* —° mit gehaltenem —, *d. i.* — haltend, tragend, hegend. *Intens.* दर्धर्ति *u.* दाधर्ति fest halten, befestigen. **अव** festsetzen, sich vergewissern, erfahren, hören, begreifen; annehmen, halten für (*2 Acc.*); bedenken, betrachten, bemerken, überlegen. **आ** hinstellen, behalten, bewahren; *Pass.* enthalten sein in (*Loc.*) **उद्** herausziehen, herausnehmen, in die Höhe bringen, fördern (*vgl.* 1. हृ). **निस्** herausheben, absondern. **प्र** *u.* **संप्र** erwägen, überlegen. **वि** auseinander halten, scheiden, verteilen; halten, tragen, zurückhalten, unterdrücken, *p.p.* विधृत getrennt, verteilt *u. s. w* **सम्** zusammenhalten, halten, tragen, behaupten, besitzen; ertragen, erleiden; vorhalten, am Leben bleiben.

**धर** (—°) haltend, tragend, erhaltend, bewahrend, hegend, besitzend. *f.* **आ** Erde (*eig.* Trägerin).

**धरण**, *f.* **ई** tragend, erhaltend. *f.* **ई** Erde; *n.* das Halten, Tragen, Bringen.

**धरणि** *f.* Erde (*eig.* Trägerin).

**धरणिधर** die Erde erhaltend (*Bein. Vishṇu's*); *m.* Berg (*eig.* Erdträger).

**धरणिपति** *u.* °भृत् *m.* König (*eig.* Erdenherr *o.* -erhalter).

**धरणीधर**, °ध्र *u.* **धरणीभृत्** *m.* Berg.

**धरणीरुह** *m.* Baum (*eig.* Erdentsprosster).

**धराधिप, धरापति** *u.* °भुज् *m.* König.

**धराभृत्** *m.*

**धरित्री** *f.*

धर्मधृत् das Gesetz haltend.

1. धर्मन् m. Träger, Erhalter.

2. धर्मन् n. Grundlage, Satzung, Ordnung, Einrichtung, Brauch, Recht, Pflicht; Merkmal, Attribut. *Instr. Sgl. u. Pl.* nach Recht, in rechter Art, wie es sich gehört. धर्मणस्परि in der Ordnung, nach der Reihe.

धर्मपति m. Herr der Ordnung o. des Rechtes.

धर्मपत्नी f. rechtmäſsige Gattin.

धर्मपर u. °परायण das Recht o. die Tugend über alles haltend.

धर्मप्रवृत्ति f. Tugendübung.

धर्मबुद्धि von tugendhaftem Sinn.

धर्मभागिन् Tugend besitzend, tugendhaft.

धर्मभृत् das Recht erhaltend o. beschützend.

धर्ममय aus Gesetz o. Tugend bestehend.

धर्ममात्र n. nur die Art und Weise.

धर्ममार्ग m. der Weg der Tugend.

धर्मयुक्त mit Tugend begabt, gerecht.

धर्मरत u. °रति der Tugend ergeben.

धर्मराज्, °राज u. °राजन् m. Fürst der Gerechtigkeit, *Bein. Yama's u. Yudhishṭhira's.*

धर्मरुचि sich der Tugend erfreuend.

धर्मलोप m. Pflichtversäumnis.

धर्मवन्त् vom Gesetze begleitet, tugendhaft.

धर्मविद् gesetzes- o. pflichtkundig.

धर्मवृद्ध tugendreich; *m. Mannsname.*

धर्मशासन u. °शास्त्र n. Gesetzes-, Rechtsbuch.

धर्मशील gerecht, tugendhaft.

धर्मसंयुक्त gesetz-, rechtmäſsig.

धर्मसंहिता f. Gesetzessammlung.

धर्मसंज्ञा f. Rechts- o. Pflichtbewusstsein.

धर्मसमय m. gesetzmäſsige Verpflichtung.

धर्मसू das Recht fördernd.

धर्मसूत्र n. Rechtssûtra.

धर्मसेवन n. Pflichterfüllung.

धर्मस्थ m. Richter.

धर्महन्तृ, f. °हन्त्री das Gesetz verletzend.

धर्महानि f. Pflichtversäumnis.

धर्माचार्य m. Rechtslehrer.

धर्मातिक्रम m. Gesetzesübertretung.

धर्मात्मता f. *Abstr. zum folg.*

धर्मात्मन् pflichtbewusst, rechtschaffen.

धर्माधर्मज्ञ Recht und Unrecht kennend.

धर्माधिकरण n. Gericht; m. Richter.

धर्माधिकरणस्थान n. Gerichtshof.

धर्माधिकार m. Rechtspflege.

धर्माधिकारणिक, °कारिन् u. °कृत m. Richter.

धर्माधिष्ठान n. Gerichtshof.

धर्माध्यक्ष m. Oberrichter (*eig.* Rechtsaufseher).

धर्मानुकाङ्क्षिन् dem Rechte nachstrebend, rechtlich gesinnt.

धर्मानुष्ठान n. Übung des Rechts o. der Pflicht.

धर्माभिषेकक्रिया f. vorschriftsmäſsige Abwaschung (*r.*).

धर्मारण्य n. heiliger (*eig* Pflichtübungs-) Wald; *N. eines Waldes u. einer Stadt.*

धर्मावेक्षिता f. Rücksichtnahme auf das Gesetz, Rechtssinn.*

धर्माश्रित rechtschaffen, tugendhaft.

धर्मासन n. Richtersitz.

धर्मिता f., °त्व n. *Abstr. zum folg.*.

धर्मिन् rechtlich, tugendhaft; die Rechte o. Pflichten, Merkmale o. Art und Weise des (—°) habend.

धर्मिष्ठ (*Superl*) höchst gerecht, gesetzlich o. tugendhaft. *Abstr.* °ता f.

धर्मेन्द्र, धर्मेश u. °श्वर m. Gesetzesherr (*Bein. Yama's*).

धर्मोपदेश m., °देशना f. Unterweisung im Gesetz.

धर्मोपमा f. Art Gleichnis (*rh*).

धर्म्य gesetz-, recht-, pflichtmäſsig, herkömmlich; gerecht, tugendhaft; entsprechend (*Gen.*).

धर्ष्, धृष्णोति, धर्षति dreist sein, wagen; *Partic.* धृषन्त्, धृषाण, धृषमाण, धृष्ट u. धृषित kühn, dreist, mutig, tapfer, verwegen. *Caus.* धर्षयति vergewaltigen, bezwingen, misshandeln, zu Grunde richten; *p.p.* दूर्षिता f. geschändet. आ jemd. antasten, etwas anhaben; *Caus.* beleidigen, reizen. प्र = आ; *Caus.* vergewaltigen, schänden (*ein Weib*). वि u. सम् *Caus.* = vor. *Caus.*

धर्षक (—°) anfallend, angreifend.
धर्षण n., आ f. Anfall, Beleidigung, Misshandlung.
धर्षिन् (—°) = धर्षक.
धव्, धवते rennen, flieſsen.
1. धव m. *N. eines Strauches.*
2. धव m. Mensch, Mann, Gatte, Herr.
धवल, f. आ u. ई weiſs.
धवलगिरि m. der Dhavalagiri (w. Berg).
धवलता f., °त्व n. die weiſse Farbe.
धवलय्, °यति weiſs machen.
धवलाय् °यति weiſs scheinen, glänzen.
धवलिमन् m. Weiſse, Glanz, Reinheit.
धवितव्य o. °तव्य anzufächeln.
धवित्र n. Fächel, Wedel.
धवीयंस् (*Compar.*) schnell laufend, eilend.
1. धा, दधाति, धत्ते; दधति, °ते (धाति, धायते) setzen, stellen, legen; bringen zu o. nach, richten, lenken auf (*Loc.* o. *Dat.*); einsetzen, bestimmen als, machen zu (*2 Acc.*); erschaffen, erzeugen, bewirken, thun, machen, verursachen; jemd. (*Dat.*, *Loc.* o. *Gen.*) etwas (*Acc.*) verschaffen, gewähren, verleihen, geben, schenken; an sich nehmen, sich aneignen, empfangen, innehaben, besitzen, halten, fassen, erhalten, behaupten, tragen (*gew. Med.*). *Pass.* धीयते; *Ger.* धित्वा u. हित्वा; *p.p.* धित (—°) u. हित (*s. dies bes.*). *Caus.* धापयति (—°). *Desid.* दिधिषति geben, verschaffen, anthun wollen, *Med.* zu gewinnen suchen; धित्सति setzen, legen wollen auf (*Loc.*). अन्तर् hinein-, dazwischenlegen; abscheiden, ausschlieſsen, beseitigen. *Pass.* unsichtbar werden, verschwinden; *p.p.* अन्तर्हित getrennt, bedeckt, verborgen, verschwunden. अपि o. पि hineinlegen o. -stecken, belegen, bedecken mit, verschlieſsen, verbergen. *Pass.* = *vor. Pass.*; *p.p.* अपिहित o. पिहित zugedeckt, unsichtbar gemacht. अभि hinthun, heranbringen, anschirren, hinstellen, bezeichnen, benennen, auseinandersetzen, sprechen, anreden, etwas zu jemd.

अभिहित an-
angezeigt, mit-

schüren (*Feuer*). उप legen, stellen, setzen auf *o.* in (*Loc.*), übertragen, beibringen, lehren; hinzufügen, verbinden mit (*Loc.*), anwenden; voraussetzen, annehmen (*nur Pass.*). *p.p.* उपहित gesetzt auf (—°), angelegt, angebracht, verwendet,übertragen, sich anschliefsend an (*Loc.*); verbunden mit, vorausgesetzt, bedingt durch (—°). तिरस् *s. d.* नि nieder-, ab-. hinlegen, -stellen, -setzen; hineinlegen (*Loc. mit o. ohne* अन्तर्), richten auf, wenden an (*Loc.*), bewahren in (*Loc. o. Instr.*); einsetzen als (*Acc.*), zu *o.* in (*Dat. o. Loc.*), übergeben, anvertrauen (*Dat. o. Loc.*). मनसि ins Herz legen, überlegen, bedenken; मनो मनसि Sinn in Sinn fügen, *d. h.* zu Willen sein; मौलौ hoch aufnehmen. *p.p.* निहित niedergelegt u. s. w., hineingesteckt (*Loc.*), angelegt an (—°); umschlossen von, beruhend in (अन्तर् *mit Loc.*); mit गुहा verborgen. अभिनि auf-, hinein-, niederlegen. प्रणि nieder-, auflegen, ausstrecken, richten, heften (*Auge*, *Geist*), aussenden (*nur p.p.*), spähen lassen, auskundschaften, überlegen, herausbringen, dahinterkommen. *p.p.* प्रणिहित niedergelegt, ausgestreckt, ausgesandt, gerichtet auf, vertieft in (*Loc. o.* —°), herausgebracht, erkannt. विनि (hier und da) hinlegen, verteilen; stellen, legen, setzen in, richten auf (*Loc. o.* —°); *p.p.* विनिहित. — संनि (zusammen) niederlegen, legen in (*Loc.*), aufheben, aufbewahren. *Med. Pass.* vorhanden, gegenwärtig, in der Nähe sein, *bes. p.p.* संनिहित anwesend, gegenwärtig, nahe. परि *Act. Med.* umthun, umlegen, bekleiden, umgeben. *p.p.* परिहित herumgesetzt, umgethan, umlegt, umgeben. विपरि vertauschen, wechseln. पि *s.* अपि. — पुरस् *Med.* voran, an die Spitze stellen (*bes. als Priester*), hochschätzen, ehren; bestimmen, beauftragen zu (*Dat.*). *p.p.* पुरोहित *s. bes.* प्र *Med.* vorsetzen, darbringen; aus-

2. धा (—°) setzend, stellend *etc.*

3. धा, धयति saugen, trinken; *p.p.* धीत.

धाटी *f.* Überfall.

धातृ *m.* (*eig.* Setzer, Steller), Gründer, Stifter, Urheber, Schöpfer, Erhalter (*personif. als* Dhâtar, *auch Brahman u. a Götter*); *Mannsn.* धात्री *f.* Amme, Wärterin, Mutter, Erde.

1. धातु *m.* Satz, Lage, Schicht; Teil, Bestandteil; Element, Urstoff (*ph.*); Mineral, Erz, Metall; Verbalwurzel (*g.*).

2. धातु saugbar, schlürfbar.

धातुक्रिया *f.* Metallarbeit.

धातुघोषा, धातुचन्द्रिका *u.* °तरंगिणी *f. T. von Werken über Verbalwurzeln.*

धातुपाठ *m.* das Wurzelverzeichnis (*g.*).

धातुप्रदीप *m.*, °प्रदीपिका *u.* °मञ्जरी *f. T. von Commentaren zum vor.*

धातुमत्ता *f. Abstr. zum folg.*

धातुमन्त् reich an Mineralien *o.* Metallen.

धातुमय, *f.* ई metallen.

धातुवाद *m.* Probierkunst, Metallurgie.

धातुवादिन् *m.* Probierer, Metallurg.

धातुवृत्ति *f.*, °समास *m. T. von Werken über Verbalwurzeln.*

धात्र Dhâtar gehörig.

धात्री *s.* धातृ.

धात्रेयिका *u.* धात्रेयी *f.* Milchschwester.

धात्वाकर *m.* Mineralbergwerk.

धान fassend, enthaltend (—°); *n. u. f.* ई Behälter, Sitz, Behausung.

धानक *n.* Koriander.

धाना *f. Pl.* Getreidekörner.

धानावन्त् von Getreidekörnern begleitet.

धानुष्क bogenbewaffnet; *m.* Bogenkämpfer.

धान्य aus Getreidekörnern bestehend Körner-; *n.* (*m.*) Getreide, Korn.

धान्यक (—°) = *vor. n.*

धान्यकूट Kornspeicher; °कोश *m.* -vorrat.

धान्यखल *m.* Korntenne.

धान्यधन *n. Sgl.* Korn und Geld.

धान्यपञ्चक *n.* die fünf Kornarten.

धान्यमय aus Korn bestehend.

धान्यमिश्र Korn mischend *o.* fälschend.

धान्यवन्त् reich an Korn.

धान्यांश *m.* Getreidekorn.

धान्याद körnerfressend.

धान्यार्घ *m.* Getreidepreis.

धान्व *m. patron. Name des Asurafürsten.*

धान्वन *Adj.* Wüsten-.

**धाराङ्कुर** *m.* Hagel.

**धाराधर** *m.* Wolke.

**धाराधिरूढ** auf dem Höhepunkt (*eig.* der Schneide) stehend.

**धारानिपात** *u.* **धारापात** (*Pl.*) *m.* Regenguss.

**धारायन्त्र** *n.* Springbrunnen.

**धारावर्ष** *m. n.* Gussregen.

**धाराश्रु** *n.* Thränenstrom.

**धारासंपात** *u.* **धारासार** *m.* Regensturz, Platzregen.

**धारि** tragend (—°); *m. das Causat. von* **धर्** (*g.*).

1. **धारिन्** tragend, haltend, besitzend, bewahrend, erhaltend, behaltend, beobachtend; *f.* **°रिणी** *N. einer Königin.*

2. **धारिन्** strömend.

**धारु** saugend.

**धार्तराष्ट्र**, *f.* **ई** dem Dhṛtarâshṭra gehörig; *m.* dessen Sohn, *bes. Duryodhana.*

**धार्म**, *f.* **ई** ordnungs-, gesetzmäſsig, dem Gotte Dharma gehörig.

**धार्मिक** gerecht, pflichtgemäſs, tugendhaft fromm; (*m.* Zauberer*).

**धार्मिकता** *f.*, **°त्व** *n.* Gerechtigkeit, Tugend.

1. **धार्य** zu tragen, zu halten, zu erhalten, zu bewahren, zu beobachten, zurück-, aufzuhalten. *Abstr.* **°त्व** *n.*

2. **धार्य** *n.* Wasser.

**धार्ष्ट्य** *n.* Kühnheit, Frechheit.

1. **धाव्**, **धावति** (**°ते**) rinnen, strömen, rennen, laufen, herbeieilen, zulaufen auf, nachlaufen (*mit o. ohne* **पश्चात्**), fliehen. *Caus.* **धावयति** laufen lassen, hüpfen, tanzen. **अनु** nachlaufen (*freundl u. feindl.*). **अप** weglaufen. **अपि** hineinlaufen in (*Acc.*). **अभि** hinströmen zu (*Acc.*), herbeieilen (*freundl. o. feindl.*). **आ** herbeirinnen, herbeilaufen, -kommen **उप** heranlaufen, die Zuflucht nehmen zu (*Acc.*). **समुप** heranlaufen, herbeieilen zu. **निस्** hervorströmen, hinauslaufen. **परि** umherfließsen, umher laufen *o.* -wandeln; **मृगयाम्** jagen. **प्र** hervorrinnen, fortlaufen, hineilen,

nis, Kenntnis, Kunst, Andacht, Gebet.
तं s. 3. धा u. 1. ध्या.
ति f. Gedanke, Vorstellung, Wahrnehmung, Beachtung, Aufmerksamkeit, Einsicht, Klugheit, Andacht, Gebet.
ीदा f. Tochter.*
मन्त् einsichtig, klug, weise.
महि s. 1. धा.
धीर (f. धीरी u. धीरा) verständig, klug, weise, geschickt, kunstfertig.
धीर fest, standhaft, entschlossen, beständig; anhaltend, ruhig, langsam; °— u. n. adv.
*धीर n. Safran.
रचेतस् festen Sinnes, seelenstark.
रम andachtsfreudig.
रता f., °त्व n. Abstr. zu 1. u. 2. धीर.
रप्रशान्त langsam und ruhig.
रभाव m. Standhaftigkeit.
रसत्त्व charakterfest, seelenstark.
धीर्य = 1. धीर.
धीर्य n. Einsicht, Verstand, Weisheit.
ीवन् geschickt.
ीवन्त् einsichtig; andächtig, fromm.
ीवर (f. ई) u. °क m. Fischer.
s. धू.
क्, धुक्षते mit सम्, bes. Caus. धुक्षयति anzünden, entflammen; p.p. संधुक्षित.
ङ्क्षा f. ein best. Vogel.
नय्, °यति rauschen. आ heranrauschen.
नि u. धुनेति rauschend, stürmend.
न्धु m. N. eines Asura.
न्धुमार der Dundhutöter (s. vor.); m. N. eines alten Königs.
र् f. (m.) Deichsel, (Deichsel-) Spitze,

धुर्यासन n. Ehrensitz.
धुर्व् s. धूर्व्.
धुस्तूर m. St
ध धनोति, धुनोति,
धुनीते
धूपित.
धूपाय्,
धूपि m.

**धूम्य** zu durchräuchern mit (—°).
**धूम** m. Rauch, Dampf. *Abstr.* **धूमता** *f.*
**धूमक** (*adj.* —°) *dass.*; *f.* **धूमिका** Rauch.
**धूमकेतन** *m.* Feuer (*eig.* Rauch zum Zeichen habend).
**धूमकेतु** Rauch zum Zeichen habend; *m* = *vor.*
**धूमध्वज** *m.* Feuer (*eig.* Rauch als Banner habend).
**धूमपात** *m.* das Aufsteigen des Rauches.
**धूममय**, *f.* **ई** aus Rauch *o.* Dunst bestehend.
**धूमय्**, *Pass.* **धूम्यते** umnebelt werden; *p.p.* **धूमित**.
**धूमवन्त्** rauchend, dampfend.
**धूमवर्त्मन्** *n.* Opferhandlung (*eig.* Rauchweg).
**धूमशिखा** *f.* Rauchsäule (*eig.* -spitze).
**धूमाक्ष**, *f.* **ई** trüb(*eig.* rauch)äugig.
**धूमानुबन्ध** *m.* Rauchwolke (*eig.* -folge).
**धूमाय्**, **°यति**, **°ते** rauchen, dampfen.
**धूमिन्** rauchend, qualmend.
**धूमोद्गम** das Hervorbrechen des Rauchs
**धूमोद्गार** *m. dass.*
**धूम्या** *f.* dichter Rauch.
**धूम्र** rauchfarbig, grau, braunrot, trübe (*auch übertr.*); *m.* Kamel, *männl. Name*
**धूम्रय्**, **°यति** grau färben.
**धूम्रवर्ण** graufarbig.
**धूम्राक्ष** grauäugig.
**धूम्रिमन्** *m.* Dunkelheit, Düsterkeit.
**धूर्गत** (—°) an der Spitze von — stehend der beste unter.
**धूर्जटि** *u.* **°टिन्** *m. Bein. Rudra-Çiva's.*
**धूर्त** schlau, verschmitzt, betrügerisch; *m.* Schelm, Betrüger, Spieler. *Abstr* **°ता** *f.*, **°त्व** *n.*
**धूर्तक** *dass.*
**धूर्तचरित** *n. Pl.* Schelmstreiche.
**धूर्तनर्तक** *u.* **धूर्तसमागम** *n. T. von Lustspielen.*
**धूर्ति** *f.* zugefügtes Leid, Beschädigung.
**धूर्व्**, **धूर्वति** beschädigen. *Desid.* **दुधूर्षति**.
**धूर्वन्** *n.* Beschädigung.
**धूर्वोढर्** *m.* Zugtier.
**धूर्षद्** (Wagen-) Lenker, Leiter.
**धूर्षह्** (**°षाह्**) das Joch tragend.

**धृतिं बन्ध्**
**धृतिं कर्**
**धृषन्त्** *u.* **धृष्ट** *s.*
**धृष्टकेतु** *m. Fürs*

धृष्य zu bewältigen, zu bezwingen.

धेना *f.* Milchkuh; *Pl.* Milchtrank.

धेनु milchend; *f.* Milchkuh, Kuh (*auch auf andere Tiere und auf die Erde übertr.*), *Pl.* Milchtrank, Milch.

धेनुका *f.* Milchkuh, Muttertier.

धेनुमन्त् milchreich, nahrungsreich.

धेन्वनडुह् *m. Du.* Milchkuh und Stier.

धेष्ठ (*Superl.*) am meisten gebend.

धेहि *s.* 1. धा.

1. धैर्य *n.* Verständigkeit, Weisheit.

2. धैर्य *n.* Festigkeit, Ernst, Ruhe, Standhaftigkeit, Mut.

धैर्यता *f.* Standhaftigkeit, Ausdauer.

धैर्यवन्त् Festigkeit *o.* Mut besitzend.

धैवर *Adj.* Fischer-.

धोरणि *u.* °णी *f.* eine ununterbrochene Reihe.

धौत (*s.* 2. धाव्) *n.* das Waschen; *f.* ई Wäsche.

*धौतकौशेय *n.* gereinigte Seide.

धौति *f.* Quelle, Bach, Fluss.

धौम्य *u.* धौम्र *m. patron. Namen.*

धौरेय an der Spitze von (—°) stehend; *m.* Zugtier.

धौरेयक *m.* Zugtier, Pferd.

धौर्जट, *f.* ई Çiva gehörig.

धौर्त्य *n.* Betrug, Schelmerei.

ध्मा, ध्मात *s.* धम्.

1. ध्मातर् *m.* Bläser, Schmelzer.

2. ध्मातर् *n.* Schmelze (*nur Loc.* °तरि).

ध्मातव्य anzublasen *o.* anzufachen.

ध्मान *n.* das Aufblasen.

1. ध्या, ध्यायति (°ते, ध्याति) denken, sinnen; sich vorstellen, im Sinne haben, überlegen. *p.p.* ध्यात *u.* धीत. *Desid.*

ध्यानस्थित

ध्यानिन् = ध्य

ध्याम *n.* eine

ध्यायिन् in C

ध्येय = ध्यातव

ध्रज्, ध्रजति

ध्रजस् *n.* das

ध्रजीमन्त् stre

1. ध्राज्, ध्राज

2. ध्राज् *f.* P

ध्राजि *m.* Zieh

ध्राजि (ध्राजि)

ध्रुति *f.* Verfü

ध्रुव beharrend stimmt, ge stern, *Man* löffel.

ध्रुवक्षित्, ध्रुव festgegründ

ध्रुवच्युत् Feste

ध्रुवसद् fest si

ध्रुवसे (*Dat.* 1 halten.

ध्रुवसिद्धि *m.* 1

ध्रुवि fest ruhe

ध्रौव zum Pola Löffel befin

ध्रौव्य *n.* Bestä D. verleihe

ध्वंस्, ध्वंसति, Grunde ge

*p.p.* ध्वस्त zerfallen, vernichtet, zerstreut; bestreut, bedeckt mit (*Instr. o.* —°). *Caus.* ध्वंसयति streuen, vernichten; ध्वसयति spritzen, sprühen; *p.p.* ध्वंसित vernichtet, gescheitert (*Mühe*), geschändet (*Weib*). अप, *p.p.* अपध्वस्त gestürzt, gesunken, verkommen; aufgegeben, verlassen. परि, *p.p.* परिध्वस्त überzogen, bedeckt mit (—°). वि (*meist Med.*) zerstieben, auseinander fallen; *p.p.* विध्वस्त aufgewirbelt (*Staub*), auseinandergefallen, vernichtet.

ध्वंस *m.* Zerfall, Verfall, Schwund, Untergang.

ध्वंसक (—°) stürzend, vernichtend, tilgend.

ध्वसकारिन् (—°) *dass.*

ध्वंसन *dass.*; *n.* das Zugrunderichten, Vernichten.

ध्वंसिन् = *vor. Adj.*; zu Grunde gehend, schwindend.

ध्वज *m.* (*n.*) Feldzeichen, Fahne, Flagge, Kennzeichen, Merkmal.

ध्वजपट *m.* Fahne.

ध्वजयष्टि *f.* Fahnenstock.

ध्वजवन्त् beflaggt, ein best. Abzeichen tragend; *m.* Fahnenträger.

ध्वजिन् *dass.*, *f.* °नी Heer.

1. ध्वन् sich verhüllen, erlöschen; *p.p.* ध्वान्त dunkel, finster (*s. auch bes.*).

2. ध्वन्, ध्वनति tönen, rauschen.

ध्वन *m.* ein best. Wind.

ध्वनन *n.* das Klingen (—°); Anspielen, Andeuten.

ध्वनि *m.* Laut, Ton, Hall, Donner, Wort, Andeutung.

ध्वनित (*s.* 2. ध्वन्) *n.* Ton, Hall, Donner.

ध्वर्, ध्वरति beugen, fällen, verderben.

ध्वरस् *f.* Art weibl. Dämonen.

ध्वरा *f.* das Beugen, Verderben.

ध्वस् *s.* ध्वंस्.

ध्वसन् *m. N. eines Königs.*

ध्वसनि *m.* der Sprühende, Spritzende (*Wolke*).

ध्वसन्ति *m. Mannsname.*

ध्वसिर besprengt, bedeckt, bestäubt.

ध्वस्ति *f.* das Verschwinden.

ध्वस्मन् *m.* Verdunkelung.

ध्वस्मन्वन्त् verdunkelt, geschändet, verunehrt.

ध्वस्र abfallend, zerfallend, welk.

ध्वाङ्क्ष *m.* Krähe.

ध्वान *m.* das Summen, Murmeln; Laut, Ton.

1. ध्वान्त (*s.* 1. ध्वन्) *n.* Dunkel, Finsternis.

2. ध्वान्त *m.* ein best. Wind.

# न

1. न *Pron.-St. der 1. Pers.*

2. न nicht (*auch* °— *wie* 2. अ); nein (*absol.*); damit nicht (*mit Optat.*); wie, gleichsam (*nur in der alten Spr.*). *Die Neg., namentl. die wie neque anreihende, oft verst. durch* उ (*vgl.* नो), उत (नोत), अपि, च, चापि, एव (नैव), चैव, वा, वै ह *u. s. w.* न तु aber nicht, *nach compar. Begriffen* als (*seltener* न *allein so gebraucht*). *Mit einem zweiten* न *oder mit* अ *priv. in demselben Satz gewöhnlich einer emphatischen Bejahung entsprechend. Vgl. unter* खलु *u.* चेद्; नहि *s. bes.*

नंश् *s.* 1. 2. नश्.

नंश *m.* Erlangung.

नंशुक zu Grunde gehend.

नक् (*nur Nom.*) Nacht.

नकार *m.* der Laut n; das Wort न (2.).

नकिंचन nichts habend, arm.

नकिंचिद् *n.* nichts.

नकिस् (*indecl.*) niemand; nicht.

नकीम् (*indecl.*) nicht.

नकुल *m.* Ichneumon (*f.* ई); *N. eines Panduiden.*

नक्त *n.* Nacht; *Acc. adv.* bei N. *f.* नक्ता *nur als Du. u. im Instr. Sgl.* नक्तया bei N.

*नक्तक *m.* Lappen, Handtuch.

नक्तंचर in der Nacht umhergehend. *m.* Nachttier; Nachtdämon (*f.* ई).

नक्तंचारिन् = *vor. Adj.*

**नक्तन्**, *nur Instr. Pl.* **नक्तभिस्** bei Nacht.
**नक्तंदिव** *n. Sgl.* Tag und Nacht. *Acc. adv.* bei T. u. N.
**नक्तया** *s.* **नक्त**.
**नक्ति** *f.* Nacht.
**नक्तोषस्** *f. Du.* Nacht und Morgenröte.
**नक्र** *m.* Krokodil.
**नक्ष्**, **नक्षति**, **°ते** gelangen zu, erlangen erreichen. **अभि** *dass.*
**नक्षत्र** *n.* Gestirn, Stern (*Sgl. auch coll.*); Mondhaus (*27, sp. 26, oft personif. als Töchter Daksha's u. Frauen des Mondes*).
**नक्षत्रदर्श** *m.* Sternseher.
**नक्षत्रनाथ** *m.* der Mond (König der Sterne).
**नक्षत्रमाला** *f.* Sternen- *o.* Mondhäuserkranz · Perlenschnur aus 27 Perlen.
**नक्षत्रराज** *m.* der König der Sterne, der Mond.
**नक्षत्रलोक** *m. Pl.* die Sternwelten.
**नक्षत्रविद्या** *f.* Sternkunde.
**नक्षत्रिय** zu den Sternen gehörend, auf die St. bezüglich.
**नक्षत्रेश** *m.* = **नक्षत्रराज**.
**नक्षद्दाभ** den Nahenden vernichtend.
**नक्ष्य** dem man nahen muss *o.* darf.
**नख** *m. n.* (*adj.* —° *f.* **ई**) Nagel (*an Finger und Zehe*), Kralle.
**नखच्छेदन** *n.* das Nägelabschneiden.
**नखपद** *n.* Nagelspur.
**नखर** krallenförmig; *n.* ein solches Messer, *auch* = **नख**.
**नखाग्र** *n.* Nagelspitze.
**नखाघात** *m.* Nagelverletzung.
**नखाङ्क** *m.* Nagelspur.
**नखानखि** *Adv.* Nägel gegen Nägel (*vom Nahkampf*).
**नखायुध** die Krallen als Waffen habend · *m.* ein solches Tier. *Abstr.* **°त्व** *n.*
**नखिन्** bekrallt; *m.* ein Krallentier.
**नग** *m.* Berg; Baum, Pflanze.
**नगनिम्नगा** *f.* Bergfluss.
**नगर** *n.* (*m.*), **ई** *f.* Stadt.
**नगरजन** *m. Pl.* die Stadtbewohner.
**नगरद्वार** *n.* Stadtthor.
**नगररक्षिन्** *m.* Stadtwächter.
**नगरवृद्ध** *m.* Stadtältester.
**नगरस्थ** in der Stadt lebend, [illegible]
**नगरस्वामिन्** *m.* Stadthaupt, [illegible]
**नगराधिप** *u.* **°पति** *m. dass.*
**नगराध्यक्ष** *u.* **नगरिन्** *m. dass.*
**नगरीय** städtisch.
**नगरीरक्षिन्** *m.* Stadtwächter.
**नगरोपान्त** *n.* Nähe der Stadt.
**नगरौकस्** *m.* Stadtbewohner.

**नद्**, **नंदति** (°ते) tönen, brüllen, schreien, summen. *Caus.* **नदयति**, °ते ertönen machen, erschüttern; **नादयति**, °ते durchtönen, durchhallen; *p.p.* **नादित** *s. auch bes.* **अनु** hintönen zu (*Acc.*); *Caus.* durchtönen. **उप** *Caus. dass.* **उद्** ertönen, aufschreien. **प्र**, **प्रणदति** erschallen, losbrüllen, -schreien. **वि** ertönen, aufschreien, brüllen.

**नदं** *m.* Brüller (*Stier*, *Hengst u. s. w.*), Fluss, Rohr. *f.* **नदी** Fluss; ein best weibl. Thema auf **ई** *oder* **ऊ** (*g.*).

**नदथु** *m.* Getön, Gebrüll.

**नदनदीपति** *m.* der Herr der (*männl. u. weibl. gedachten*) Flüsse, das Meer.

**नदनदीभर्तृ** *m. dass.*

**नदनिमंन्** summend, brummend.

**नदनुं** *m.* Getöse.

**नदनुमंन्त्** tosend

**नदभर्तृ** *m.* das Meer (Herr der Ströme)

**नदराज** *m. dass.*

**नदिं** *m.* Rufer.

**नदी** *f. s.* **नद**.

**नदीज** an Flüssen geboren *o.* lebend (*Pferde*); *m. Bein. Bhîshma's.*

**नदीतट** *m.* Flussufer.

**नदीतीर** *n. dass.*

1. **नदीन** *m.* das Meer *o.* der Gott des Meeres

2. **नदीन** nicht gering.

**नदीनद** *m. Pl.*, *n. Sgl.* die (*männlich u. weibl. gedachten*) Flüsse.

**नदीनाथ** *u.* **नदीपति** *m.* = **नदराज**.

**नदीपूर** *m.* Stromesflut.

**नदीमुख** *n.* Flussmündung.

**नदीश** *m.* = **नदराज**.

**नदीष्ण** (mit Flüssen) vertraut; geschickt erfahren in (*Loc.*).

**नदीसंतार** *m.* das Übersetzen eines Flusses

**नदृश्य** unsichtbar.

**नद्ध** (*s.* 1. **नह्**) *n.* Band, Strang.

**नद्धि** *f.* das Binden.

**ननां** *f.* Mütterchen.

**ननान्दृ** *f.* die Schwester des Mannes.

**ननु** *Adv.* nicht (*verst.* **न**); *interr.* = nonne, doch wohl; *beim Imperat.* doch, ja. **ननु च** doch wohl, freilich.

**नंपात्** *s.* **नप्तृ**.

**नभःस्थित** in der Luft befindlich.

**नभःस्पृश्** *u.* **°स्पृश** bis zum Himmel reichend.

**नभीत** unerschrocken. **°वत्** *adv.*

**नभोजा** gewölkerzeugend.

**नभोजू** gewölktreibend.

**नभोमण्डल** *n.* das Himmelsgewölbe.

**नभोयोनि** himmelsentsprossen (*Çiva*).

**नभोरूप** nebelfarbig.

**नभोविद्** des Gewölkes kundig *o.* darin weilend.

**नभोवीथी** *f.* Himmelsbahn.

1. **नभ्य** nebelig, wolkig.

2. **नभ्य** *n.* Nabe (*des Rades*), Mitte.

**नभ्यस्थ** in der Nabe *o.* in der Mitte befindlich.

**नम्**, **नमति**, **°ते** sich neigen, sich beugen, sich unterwerfen (*Dat.*, *Gen. o. Acc.*); zielen auf (*Gen.*) mit (*Instr.*); neigen, beugen, biegen; umbeugen *d i.* cerebralisieren (*g.*). *p.p.* **नत** geneigt, gebeugt, gesenkt, gekrümmt, gebückt vor (*Gen. o. Acc.*), herabhängend, vertieft, eingefallen; umgebeugt *d. i.* cerebralisiert (*g.*). *Caus.* **नमयति** *o.* **नामयति** – *Simpl. trans.*, **धनुस्** *o.* **चापम्** den Bogen spannen, auf (*Loc.*). *Intens.* **नन्नमीति** sich neigen *o.* zuneigen. **अति** bei Seite halten. **अनु** sich jemd. (*Dat.*) zuneigen. **अप** ausbiegen, ausweichen. **अभि** sich jemd. (*Acc.*) zuwenden. **अव**

Huldigung. *Mit* ब्रू Verehrung aussprechen; *mit* कर् verehren, huldigen (*Dat.*, *Loc. o. Acc.*).

नमसानं huldigend.

नमस्कारं *m.* Ehrfurchtserweisung, Verehrung, Huldigung.

नमस्कार्य zu verehren, dem zu huldigen ist.

नमस्कृति *u.* नमस्क्रिया *f.* = नमस्कार.

नमस्य्, नमस्यति (°ते) verehren, anbeten.

नमस्य ehrwürdig; ehrfurchtsvoll, fromm.

नमस्या *f.* Verehrung, Andacht.

नमस्यु verehrend, huldigend.

नमस्वन्त् *dass.*; ehrwürdig.

नमस्विन् = नमस्यु.

नमुचि *m. N. eines Dämons.*

नमुचिहन् *m.* der Töter des Namuci (*Indra*).

नमोवृध् sich der Huldigung freuend.

नमोवृधं huldigend, verehrend.

नम्य umzubeugen, zu cerebralisieren (*g.*).

नम्रं sich neigend, gebogen, gesenkt, unterwürfig, demütig.

नम्रता *f.*, °त्व *n. Abstr. zum vor.*

नम्रवक्त्र gesenkten Antlitzes.

नय *m.* Führung, Aufführung, Benehmen, Lebensklugheit, Politik, Grundsatz System, Lehre.

नयकोविद् lebensklug, politisch erfahren

नयज्ञ *dass.*

नयन *m. Mannsn. n.* das Fahren, Hinbringen, kluges Benehmen; Auge (*adj.* —° आ *u.* ई).

नयनगोचर im Gesichtskreise liegend.

नयनजल *n.* Thränen (*eig.* Augenwasser).

नयनपथ *m.*, °पदवी *f.* Gesichtskreis.

नयनप्रीति *f.* Augenweide (*eig.* -freude).

नयनमधु *dass.* (*eig.* Augenhonig)*.

नयनविषय *m.* Gesichtskreis.

नयनसलिल *n.* = नयनजल.

नयनाञ्चल *n.* Augenwinkel.

नयनाञ्जन *n.* Augensalbe.

नयनाम्बु *u.* नयनोदक *n.* = नयनजल.

नयनोदबिन्दु *m.* Thräne.

नयवन्त् lebens- *o.* staatsklug.

नयविद् = नयकोविद्.

नयशालिन् = नयवन्त्.

नरमेध *m.* = नरबलि.

नरशार्दूल *m. dass.*

नरशृङ्ग *n.* = नरविषाण.

नरसिंह Mannlöwe; Held; *Bein. Vishṇu's, Mannsn.*

नरेश *u.* नरेश्वर *m.* = नरेन्द्र.

नर्तन *m.* Tänzer; *n. u. f.* आ Tanz.
नर्तयितर् tanzen machend, *m.* Tanzlehrer.
नर्तित (*s.* नर्त्) *n.* Tanz.
नर्तितव्य *n.* das Tanzen- *o.* Spielenmüssen.*
नर्तिन् (—°) tanzend.
नर्द्, नर्दति (°ते) brüllen, schreien, tosen. अभि anbrüllen (*Acc.*). प्रति entgegenbrüllen (*Acc.*). वि aufbrüllen. सम् = *Simpl.*
नर्दन *u.* नर्दित *n.* Gebrüll, Geschrei.
नर्म *m.* Scherz.
नर्मद Scherz machend; *f.* आ *N. eines Flusses.*
नर्मन् *n.* Scherz, Spafs; नर्मार्थम् zum Scherz.
नर्मसचिव *m.* Scherzrat (*etwa = Hofnarr*).
नर्मोक्ति *f.* Scherzwort.
नर्य männlich, mannhaft, Mannes-; stark, kräftig; menschlich. *m.* Mann, Mensch; *n.* Mannesthat *o.* -gabe.
नर्यापस् Mannesthat verrichtend.
नल *m.* Rohrschilf; *N. mehrerer Könige. f.* ई ein best. wohlriechender Stoff.
नलक *m. n.* Röhrenknochen; *f.* नलिका Röhre, Köcher.
नलकूबर *m. N. eines Sohnes des Kubera.*
नलद *n.* Narde; *f.* आ *u.* ई *weibl. Name.*
नलिन *n.* Lotusblüte. *f.* ई die (*am Tage blühende*) Lotusblume *o.* Wasserlilie; Lotusgruppe *o.* -teich.
नलिनदल, नलिनिदल *u.* नलिनीदल *n.* Blütenblatt der Wasserlilie, Lotusblatt.
नलिनीपत्त्र *n. dass.*
नलोदय *m. T. eines Kunstepos.*
नलोपाख्यान *n.* die Nala-Episode (*aus dem Mahâbhârata*).

नवत der neunzigste.
नवता *f.* Neuheit, Fr
नवति *f.* neunzig.
नवतितम der neunzi
1. नवत्व *n.* Neuheit.
2. नवत्व *n.* Neunzahl
नवदश der neunzehnt
नवदशन् *u.* नवदशन
नवधा *Adv.* neunfacl
नवन् *u.* नवन् neun.
नवन *n.* Lob, Preis.
नवनी *f.*, नवनीत *n.*
नवपद्, *f.* ई neunfüſ
नवम, *f.* ई der neun
नवमल्लिका *u.* °मालि
नवमेघकाल *m.* Frühli
zeit).
नवयौवन *n.* die erst
e. J. stehend.
नवरात्र *m.* ein Zeitr
नवर्च neunversig.
नववधू *f.* junge Fra
नववार्षिक neunjähri
नवविध neunfach.
नवसू *f.* eine Kuh, d
नवांश *u.* °क *m.* der
नवाक्षर neunsilbig.
नवान्न *n.* neue Fruc
नविन् aus neun be
नविष्टि *f.* Lobgesan
नविष्ठ (*Superl.*) der n
नवी कर् erneuern.
नवीन neu, frisch, j
नवीय = 1. नव्य.

नवीयंस् (*Compar.*) neu, frisch, jung; *n. u. Instr. adv.* neuerdings.

(नंवेद *u.*) नंवदस् *m.* kundig, achtsam (*Gen.*).

नवोढा *f.* neuvermählt.

1. नंव्य = नंव.

2. नंव्य *u.* नव्यं zu loben, preisenswert.

नंव्यंस् = नंवीयंस् (*auch n. u. Instr.*).

1. नश्, नंश्यति (°ते) *u.* नंशति (°ते) verloren gehen, vergehen, verschwinden, entweichen, fliehen; *p.p.* नष्ट verloren *u. s. w.*, °— gekommen um, ohne, -los. *Caus.* नाशंयति (°ते) verschwinden machen, vertreiben, tilgen, zerstören, verlieren, einbüſsen. प्र, पणश्यति sich verlieren, verirren, verschwinden, entwischen; *p.p.* प्रनष्ट verloren *u. s. w.* विप्र *u.* संप्र sich verlieren, verschwinden. वि *dass.*, untergehen, umkommen, sterben. *p.p.* विनष्ट verloren, verschwunden, verdorben. *Caus.* verschwinden machen, zu Grunde richten, umbringen, töten. अनुवि nach jemd. (*Acc.*) verschwinden *o.* zu Grunde gehen.

2. नश्, नंशति, °ते erreichen, erlangen, treffen. अभि *u.* प्र *dass.*

3. नंश् *f. s.* नंक्.

नशन *n.* das Verschwinden, Entfliehen.

नश्वर, *f.* ई vergehend, vergänglich.

नष्ट *s.* 1. नश्.

नष्टचेष्ट regungslos, starr geworden.

नष्टरूप unsichtbar, unerkannt.

नष्टसंज्ञ von Sinnen gekommen, bewusstlos

नष्टार्थ um seine Habe gekommen.

नष्टासु dessen Leben entschwunden ist.

नष्टि *f.* Untergang, Verderben.

1. नस्, नसते sich vereinigen, gesellen zu (*Acc.*). सम् *dass.*

2. नंस् *f.* Nase (*nur Instr. u. Loc. Sgl., Gen. Du. u. adj.* —°).

3. नस् (*encl.*) unser, uns (*Acc., Gen. u Dat. des Pron. der 1. Pers.*).

नस (*adj.* —°) -nasig.

नस्तक *m.* Nasenscheidewand.

नस्तंस् *Adv.* aus der Nase *o.* in die Nase

नंस्य in der Nase befindlich. *f.* नस्या ein

नहुष्य m

नंहुस् *m.* S

**नागकुमार** *m.* Schlangenprinz.

**नागदन्त** *m.* Elefantenzahn, Elfenbein; *Adj.* elfenbeinern.

**नागदेव** *u.* **नागनाथ** *m.* Schlangenfürst, *Mannsn.*

**नागनायक** *m.* Anführer der Schlangen.

**नागपति** *m.* Schlangenfürst.

**नागपुर** *n.* = **हास्तिनपुर.**

**नागमातर्** *f.* die Schlangenmutter (*Surasâ*).

**नागमुद्रा** *f.* Schlangensiegel.*

**नागर** städtisch, Stadt-; gewandt, gerieben; *m.* Städter.

**नागरक** (*f.* **°रिका**) städtisch. *m.* Städter, Stadthaupt, Polizeimeister; *f. Frauenn.*

**नागरता** *f.* Gewandtheit, Geschicklichkeit.

**नागराज्** *m.* Schlangenkönig.

**नागराज** *m. dass.*, Elefantenfürst, *d. h.* stattlicher Elefant.

**नागराजन्** *m.* = **नागराज्.**

**नागरिक** städtisch, höflich, fein. *m.* = **नागरक** *m.*

**नागरिकवृत्ति** *f.* städtische Art, Höflichkeit.

**नागलोक** *m.* die (*mythische*) Schlangenwelt.

**नागवधू** *u.* **नागवशा** *f.* Elefantenkuh.

**नागवन्त्** elefantenreich.

**नागसाह्वय** nach dem Elefanten genannt; **°नगर** *n.* = **हास्तिनपुर.**

**नागह्रद** *m.* Schlangensee.

**नागानन्द** *n.* die Freude der Schlangen (*T. eines Drama's*).

**नागाह्वय** = **नागसाह्वय.**

**नागिन्** von Schlangen umringt.

**नागेन्द्र** *m.* = **नागराज.**

**नागोजि** *u.* **°भट्ट** *m. N. eines Grammatikers.*

नाथित (s. नाथ्) n. das Flehen, Bitten.

नाथिन् einen Schützer habend.

नाथृ = नाथ् (g.).

नाद m. Schall, Gebrüll, Geräusch, Laut, Ton.

नादि schallend, tönend, rauschend.

नादित (s. नद्) n. = नाद.

नादिन् schallend, tönend, brüllend, schreiend, lärmend (bes. —°).

नादेय u. नाद्य Adj. Fluss-.

नाध् = नाथ्, nur नाधमान supplex u. नाधित = नाथित.

नाधस् n. Zuflucht, Hilfe.

नाधीत nichts gelernt habend.

नाधृ = नाध् (g.).

नाना Adv. verschiedentlich, mannigfach, besonders (oft adj., bes. °—). *Präp. ohne (Instr., Abl. o. Acc.).

नानाकार verschiedenartig.

नानात्व n. Verschiedenheit, Mannigfaltigkeit, Besonderheit.

नानादिग्देश m. Sgl. verschiedene Himmelsgegenden.

नानादेशीय u. °देश्य aus verschiedenen Gegenden.

नानाधी Pl. von verschiedener Gesinnung.

नानानम् Adv. verschiedenartig.

नानारस voll von mannigfaltigen Stimmungen.

1. नानारूप m. Pl. verschiedene Gestalten

2. नानारूप verschiedengestaltig o. -artig.

नानार्थ einen verschiedenen Zweck o. versch. Bedeutungen habend; m. ein Wort mit versch Bed.

नानाविध verschieden, mannigfaltig.

नानास्त्री f. Pl. Frauen von verschiedenen Kasten.

मकर्मन्.

नान्दन n. Freudenort, Paradies.

नान्दी f. Freude; Eingangsgebet (d.).

नान्दीमुख, f. ई ein fröhliches Gesicht zeigend; m. Pl. eine Klasse von Manen. f. N. eines Metrums.

नापित m. Barbier; f. ई die Frau eines B.

नापितगृह n. Barbierstube.

नाभ् f. Öffnung o. Quell.

नाभ (adj. —°) Nabel, Nabe, Mittelpunkt.

N. tragend.

**नाममाला** *f.* Wörterbuch (*eig.* Kranz) der Nomina.

**नाममुद्रा** *f.* Siegelring mit einem Namen.

**नामरूपे** *m. Du.* Name und Gestalt.

**नामवन्त्** einen Namen habend.

**नामशेष** tot (*eig.* den Namen als Rest habend).

**नामाक्षर** *n. Pl.* Namensaufschrift (*eig.* -buchstaben).

**नामाङ्क** *u.* **नामाङ्कित** mit einem Namen gezeichnet.

1. **नामिन्** = **नामवन्त्**.

2. **नामिन्** umbeugend, cerebralisierend (*g.*).

**नाम्ब** *m.* eine best. Körnerfrucht; *Adj.* **नाम्ब** aus ders. bestehend.

**नाम्य** zu biegen, zu spannen.

**नाय** *m.* Führer; (kluge) Führung, Staatsklugheit.

**नायक** *m.* (*adj.* —° **नायका**) Führer, Anführer, princeps, Gebieter, Gatte; Held, Liebhaber (*d.*). *f.* **नायिका** Geliebte, Heroine (*d.*).

**नायकत्व** *n.* Führerschaft.

**नार** *Adj.* Mensch-, menschlich. *m.* Mensch, Mann. *f.* **नारी** Weib, Gattin.

1. **नारक**, *f.* **ई** Höllen-, höllisch; *m.* Bewohner *o.* Gebieter der Hölle.

2. **नारक** *m.* Hölle, Unterwelt.

**नारङ्ग** *m.*, **ई** *f.* Orangenbaum.

**नारद** *u.* **नारद** *m. Mannsn., bes. N. eines alten Rishi; Adj.* von N. stammend.

**नारदीय** = *vor. Adj.*

**नाराच** *m.* (eiserner) Pfeil.

**नारायण** *m. Mannsn., bes. N. eines myth. Wesens* (*eig.* der Sohn des Urmenschen; *cf.* **नर**), *auch = Vishṇu*; *Adj.* von N. stammend.

**नारायणीय** = *vor. Adj*

**नाराशंस**, *f.* **ई** dem Agni geweiht (*cf.* **नराशंस**).

**नार्य** *m. Mannsname. n.* das Menschsein.

**नाल** *Adj.* Schilf-; *n.* (Lotus-) Stengel, Röhre, Stiel.

**नालिकेर** (*f.* **ई**) *u.* °**केल** *m.* = **नारिकेर**.

**नालीक** *m.* Art Pfeil.

1. **नाव** *m.* Jubelruf, Preislied.

2. **नाव** (—°) *u.* **नावा** *f.* = **नौ**.

**नावनीत**, *f.* **ई** Butter-, butterweich.

**नावाज** *m.* Schiffer.

**नाविक** *m. dass.*

**नावोपजीवन** *u.* °**जीविन्** *dass.*

**नाव्य** schiffbar; *f.* **आ** *u. n.* schiffbarer Fluss.

**नाश** *m.* Verlust, Untergang, Verderben, Tod.

**नाशक** (*f.* **नाशिका**) vernichtend, verderbend (*Gen. o.* —°).

**नाशन**, *f.* **ई** verscheuchend, verderbend, zerstörend (*Gen. o.* —°); *m.* das Verscheuchen, Verderben, Vernichten.

**नाशिन्** verschwindend, vergehend; —° vertreibend, vernichtend.

**नाशुक** verschwindend, vergehend.

**नाश्य** zu vertreiben, zu vernichten.

**नाष्ट्रा** *f.* Gefahr, Verderben; Unhold(in).

**नासत्य** *m. Bein. der beiden Açvin.*

**नासा** *f.* (*gew. Du.*) Nase.

**नासाग्र** *n.* Nasenspitze.

**नासापुट** *m.* Nasenflügel *o.* -loch.

**नासामूल** *n.* Nasenwurzel.

**नासिका** *f.* Nasenloch; Nase (*gew. Du.*).

**नासिकापुट** *m.* = **नासापुट**.

**नासिकामूल** *n.* = **नासामूल**.

**नासिक्य** in der Nase befindlich; nasal (*g.*). *m. Pl. Volksname.*

**नास्तिक** ungläubig; *m.* ein Skeptiker, Atheist.

**नास्तिकता** *f.*, **नास्तिक्य** *n. Abstr. zum vor.*

**नास्तिता** *f.*, °**त्व** *n.* Nichtexistenz (*ph.*).

**नास्य** *n.* (Nasen-) Zügel

1. **नाहुष**, *f.* **ई** stammverwandt.

2. नाक्षुष *m. patron. Name.*
नि nieder, hinein (*meist* °—).
निंस् (निंस्ते) küssen.
निंसिन् (—°) küssend.
निःक (°—) *s.* निष्क (°—).
निःचत्र *u.* °त्रचिय ohne Kriegerkaste.
निःप *u.* निःफ (°—) *s.* निष्प *u.* निष्फ (°—).
निकक्ष *m.* Achselgrube.
निकट nahe gelegen; Nähe. °टम् nahe zu (*Gen. o.* —°); °टे nahe bei; °टात् weg von
निकर *m.* Haufen, Menge.
निकर्ष *m.* Abnahme, Herabsetzung.
निकष *m.* das Einreiben, Aufstreichen; der Probierstein; *n.* der darauf aufgetragene Goldstreifen.
निकषण *n.* das Abreiben; der Probierstein.
निकषा in der Nähe von (*Acc.*).
1. निकाम *m.* Verlangen, Begehren. निकाम (°—), निकामम् *u.* °मतस् nach Begehren, vollauf, reichlich.
2. निंकाम verlangend, begierig.
निंकामन् = *vor.*
निकाय *m.* Gruppe, Verein, Haufen, Menge.
निकार *m.* Demütigung, Unterdrückung.
निकारिन् *m.* Unterdrücker.
निकाश *m.* Nähe; *adj.* —° ähnlich, gleich.
निकाष *m.* das Kratzen.
निकिल्बिष *n.* Entsündigung.
निकुट्टन *n.* das Niederschmettern.
निकुब्ज gekrümmt.
निकुम्भ *m. männl. Name, auch Pflanzenn.*
निकुरम्ब *n.* Menge.
निकुरुम्ब *u.* °क *n. dass.*
निकृत *s.* 1. कर्; *n.* = *folg. f.*
निकृति unredlich, gemein; *f.* Unredlichkeit, Betrug, Gemeinheit, Bosheit.
निकृत्वन् trügerisch.
निकृन्तन niederhauend, abschneidend, vernichtend (—°); *n.* das Niederhauen, Abschneiden, Vernichten.
निकृष्ट (*s.* 1. कर्ष्) niedrig (*eig.* herabgezogen), verachtet, gemein; herangebracht, nahe.
निकेत *m.* (*n.*) Wohnung, Aufenthalt; Lebensstufe des Brahmanen; Kennzeichen.
निकेतन *n.* Wohnung, Stätte, Tempel.
निकोच *m.*, °न *n.* das Zukneifen (*der Augen*).
निक्रमण *n.* das Auftreten, die Fufsstapfe.
निच्, निंचति durchbohren
निक्षेप *m.* das Niedersetzen, Hinlegen (*auch* °न *n.*), Werfen (*der Augen*); Aufbewahrung, Pfand, Deposit (*j.*).
निक्षेप्तर् *m.* Depositor (*j.*).
निक्षेप्य niederzulegen.
निखनन *n.* das Vergraben.
निखिल vollständig, ganz, all; *Instr. adv.*
निखिलार्थ alles Nötige enthaltend, vollständig.
निग gefesselt.
निगड *n.* Fufskette, Fessel; *Adj.* = *vor.*
निगडन *n.* das Fesseln.
निगडय्, °यति fesseln; *p.p.* निगडित.
निगडवन्त् gefesselt.*
निगद *m.* das Hersagen, Recitieren; Spruch (*r.*).
निगन्तव्य zu studieren.
निगम *m.* Einfügung (*r.*), Veda, heilige Schrift, Vorschrift, Lehre; Wurzel, Etymon (*g.*).
निगमन *n.* Anführung; Schluss (*ph.*).
निगरण *n.* das Verschlucken, Verschlingen.
निगादिन् (—°) hersagend.
निगाद्य herzusagen, mitzuteilen.
निगिरण *n.* = निगरण.
निगीत (*s.* 2. गा) gesungen, verkündigt.
निगुत् *m.* Feind.
निगूढचारिन् verborgen wandelnd.
निगूहन *n.* das Verbergen.
निगृहीति *f.* Bewältigung.
निग्रभीतर् *m.* der Festhalter.
निग्रह *m.* das Ergreifen, Festnehmen, Zurückhalten, Hemmung, Unterdrückung, Züchtigung, Bestrafung.
निग्रहण unterdrückend (—°); *n.* die Unterdrückung, Bewältigung, Züchtigung.
निग्रहीतर् *m.* = निग्रभीतर्.
निग्रहीतव्य zu züchtigen.
निग्राभ *m.* das Niederdrücken; Art Spruch (*r.*).

**निग्राह्य** niederzuhalten, zu strafen.

**निघण्टु** *m.* Wörtersammlung, Glossar; *Pl. T. eines vedischen Glossars.*

**निघर्ष** *m.*, °**ण** *n.* Reibung, das Reiben.

**निघात** *m.* Schlag.

**निघातिन्** (—°) niederschlagend, vernichtend.

**निघ्न** abhängig, beherrscht, beeinflusst, erfüllt von (—°). *Abstr.* °**ता** *f.*

**निचमन** *n.* das Einschlürfen.

**निचय** *m.* Anhäufung, Haufe, Masse, Menge, Vorrat.

**निचिर** achtsam.

**निचुल** *m. N. eines Baumes u. eines Dichters.*

**निचुलक** *m.* Hülle, Mantel, Futteral.

**निचुलित** verhüllt, verdeckt mit (—°).

**निचृत्** *f.* ein unvollständiges Metrum.

**निचेतर्** *u.* **निचेतर्** *m.* Aufpasser, Beobachter.

**निचेय** anzuhäufen.

**निचेरु** herabgleitend.

**निचोल** *m.* = **निचुलक**.

**निज्**, *Intens.* **नेनेक्ति** *u.* **नेनिक्ते** sich waschen; *p.p.* **निक्त** gewaschen, besprengt, rein. **अव** (sich) abwaschen, reinigen. **निस्** *dass.*; *p.p.* **निर्णिक्त** gewaschen, rein (*auch übertr.*), blank.

**निज** eingeboren, innerlich, ein innerer (*Feind*), eigen, angehörig (*opp.* **पर**), beständig; *sp.* = *Pron. poss. aller Pers*

**निजघ्नि** niederschlagend.

**निजुर्** *f.* das Verbrennen, Verzehren.

**निटल**, **निटाल** *u.* **निटिल** *n.* Stirn.

**निणिक्** *Adv.* heimlich.

**निण्य** innerlich, geheim; *n.* Geheimnis, *auch adv.*

**नितम्ब** *m.* der Hintere; *Du.* die Hinterbacken (*bes. des Weibes*); Abhang, abschüssiges Ufer.

**नितम्बवती** *f.* ein Weib mit schönen Hinterbacken, eine üppige Schöne.

**नितम्बस्थल** *n.*, °**ली** *f.* der Hintere.

**नितम्बिनी** *f.* = **नितम्बवती**.

**नितराम्** *Adv.* herab, bis zu Ende, vollständig, in hohem Grade, sehr, besonders, ausdrücklich, sicherlich.

**नितल** *n. N. einer Hölle.*

**नितान्त** (*s.* **तम्**) außerordentlich, hochgradig, bedeutend; °— *u. n. adv.* überaus, heftig, sehr, vollkommen.

**नितोद** *m.* Stich, Loch.

**नितोदिन्**

**नित्याशन**

**वि** = *Simpl.*

**निदर्शिन्**

**निदा** *f.* S

**निदानसूत्र** *n. T.*

**निदित** *s.* 4. **दा**.

**निदिध्यासन** *n.* Betrachtung (*ph.*).

निदिध्यासितव्य zu betrachten.
निदिध्यासु betrachten wollend.
निदेश *m.* Anweisung, Befehl. °कारिन्, °कृत्, °वर्तिन् einen B. ausführend.
निद्रा *f.* Schlaf, Schläfrigkeit.
निद्राकर einschläfernd.
निद्रागम *m.* Schläfrigkeit (*eig.* Ankunft des Schlafes).
निद्राद्रुह (*Nom.* °द्रुक्) schlafverscheuchend.
निद्रान्ध schlaftrunken (*eig.* -blind).
निद्रालस schläfrig (*eig.* schlafträge).
निद्रालस्य *n.* Schläfrigkeit.
निद्रालु schläfrig. *Abstr.* °त्व *n.*
निद्रित *s.* 2. द्रा·
निधन *n.* das Sichniederlegen, Lagerstätte, Aufenthalt; Schluss, Ende Tod.
(*निधन besitzlos, arm); *Abstr.* °ता *f.*
निधा *f.* Netz, Garn.
निधातोस् *s.* 1. धा.
निधान *n.* das Niederlegen, Aufbewahren, Aufbewahrungsort, Behälter; Schatz, Hort.
निधि *m.* das Hinstellen, Auftragen (*von Speise u. Trank*); Aufbewahrungsort, Behälter, Schatz, Hort; Inbegriff von (—°); *mit* अपाम् Sammelplatz der Wasser = Meer.
निधिप *m.* Schatzhüter.
निधिपति *m.* Schätzeherr (*ein reicher Mann o. der Gott Kubera*).
निधिपा *u.* °पाल = निधिप.
निधीश *m.* Schätzeherr (*Kubera*).
निध्यर्थिन् schatzbegierig.
निधुवन *n.* actio futuendi.
निधेय hinzulegen, aufzubewahren.
निध्रुवि beharrend, fest, sesshaft.
निनद *m. n.* Klang, Geräusch, Geschrei.
निनाद *m.*, °दित *n. dass.*
निनादिन् (—°) klingend, tönend von o wie, tönen machend, spielend.
निनित्सु schmähen wollend.
निनीषु (weg)führen wollend.
निन्दक (*meist* —°) verspottend, Spötter.
निन्दन *n.* Lästerung, Schmähung.
निन्दा *f. dass.*, Tadel, Schimpf, Schande.

anlassung, Grund, Ursache; bewirkende Ursache (*ph.*); *adj.* —° veranlasst, bewirkt durch. *Acc.*, *Instr. u. Dat. adv.* wegen

**निमित्तक** (—°) veranlasst durch.

**निमित्तकारण** *n.* bewirkende Ursache (*ph.*).

**निमित्ततस्** aus einem bestimmten Grunde

**निमित्तत्व** *n.* das Ursachesein.

**निमित्तनैमित्तिक** *n. Du.* Ursache und Wirkung.

**निमित्तहेतु** *m.* = **निमित्तकारण**.

**निमिष्** *f.* das Blinzeln, Augenschliefsen Einschlafen.

**निमिष** *n. dass.*, ein Augenblick.

**निमीलन** *n.* das (sich) Schliefsen.

**निमृग्र** sich schmiegend *o.* fügend.

**निमृद्** *m.* Zermalmer.

**निमेय** zu messen.

**निमेष** *m.* = **निमिष**.

**निमेषण** *n.* das Augenschliefsen; *Adj.* (*f.* **ई**) d. A. bewirkend.

**निम्न** *n.* Tiefe, Niederung, Thal; *Adj.* tief, vertieft, eingedrückt.

**निम्नगा** *f.* Fluss (*eig.* die Abwärtsgehende).

**निम्ब** *m. N. eines Baumes.*

**निम्रुक्ति** *f.* Sonnenuntergang, Abend.

**निम्रुच्** *f. dass.*; *Adj.* welk, schlaff.

**निम्रोचन** *n.*, **निम्लोच** *m.* = *vor. f.*

**नियत** (*s.* **यम्**) festgesetzt, bestimmt, regelmäfsig, begrenzt, beschränkt auf, ganz gerichtet auf (—°). *n. adv.* bestimmt, gewiss, sicher.

**नियतकाल** dessen Zeit begrenzt ist, temporär.

zu

..

**नियुक्ति** *f.*

**नियुत्** *f.*

**नियुत** *n.*

**नियुत्वन्त्**

**नियुद्ध** (*s.*

..

**नियोक्तृ**

**नियोगकृत्**

**नियोजन** *n*

**निरघ** tadellos.

**निरङ्कुश** fessellos, zügellos, unbeschränkt, frei. *Abstr.* °त्व *n.*

**निरञ्जन** ohne Schminke, ohne Falsch.

**निरतिशय** höchst (*eig.* ohne Höchstes *o.* Höheres).

**निरत्यय** gefahrlos, sicher.

**निरधिष्ठान** haltlos, unhaltbar.

**निरनुक्रोश** mitleidlos; *m.* Mitleidlosigkeit.

**निरनुरोध** rücksichtslos, ungefällig, gleichgültig gegen (*Loc.*).

**निरन्तर** ohne Zwischenraum, dicht, ununterbrochen, fortwährend, beständig, stark, heftig. *n. adv.* dicht, ununterbrochen, beständig; sofort, alsbald.

**निरन्तरोत्कण्ठा** *f.* unaufhörliche Sehnsucht.*

**निरन्तरोद्भिन्न** dicht ausgeschlagen.*

**निरन्वय** nachkommenlos.

**निरप** wasserlos.

**निरपत्य** kinderlos.

**निरपत्रप** schamlos.

**निरपराध** unschuldig, harmlos. *Abstr.* °ता *f.*

**निरपवाद** tadel- *o.* ausnahmslos.

**निरपाय** unvergänglich (*auch* °यिन्), gefahrlos, untrüglich.

**निरपेक्ष** rücksichtslos; sorglos, gleichgültig gegen (*Loc. o.* —°). *n. adv.* rücksichtslos, unbekümmert; unabhängig von (—°). *Abstr.* °ता *f.*, °त्व *n.*, *auch f.* °पेक्षा.

**निरपेक्षित** gleichgültig (*act. u. pass.*).

**निरपेक्षिन्** *dass.* (*act.*); °पेक्ष्य *dass.* (*pass.*).

**निरभिलाष** ohne Verlangen nach (—°).

**निरभ्र** wolkenlos.

**निरमित्र** ohne Feind.

**निरम्बर** unbekleidet.

**निरम्बु** kein Wasser habend *o.* trinkend.

**निरय** *m.* Hölle (*auch personif.*).

**निरयण** *n.* Ausgang.

**निरर्गल** ungehemmt, frei; *n. adv.*

1. **निरर्थ** *m.* Schaden, Unsinn.

2. **निरर्थ** nutzlos, zwecklos, unsinnig.

**निरर्थक** = *vor.*; *n. adv.* — *Abstr.* °त्व *n.*

**निरवकाश** keinen Raum bietend *o.* findend.

**निरवद्य** tadellos. *Abstr.* °त्व *n.*

**निरवधि** grenzenlos, unendlich.

**निरवयव** unteilbar.

**निरवरोध** ungehemmt.

**निरवलम्ब** ohne Stütze *o.* Halt.

**निरवलम्बन** *dass.*, herrenlos.

**निरवशेष** ohne Rest, vollständig, ganz. °षेण *u.* °षतस् *adv.*

**निरष्ट** ausgeschnitten, entmannt.

**निरसन**, *f.* ई ausstoſsend, vertreibend (—°); *n.* das Hinauswerfen, Vertreiben, Zerstreuen.

**निरस्त्र** unbewaffnet.

**निरहंकार** *u.* °कृति frei von Selbstsucht.

**निरहंक्रिया** *f.* Selbstlosigkeit.

**निराकरण** *n.* das Vertreiben, Verstoſsen, Beseitigen.

**निराकरिष्णु** zurückstoſsend, abweisend.

**निराकाङ्क्ष** *u.* °ङ्क्षिन् nichts erwartend *o.* wünschend.

**निराकार** gestaltlos, körperlos, unbedeutend.

**निराकुल** nicht überfüllt, nicht verwirrt; klar, deutlich, ruhig. *n.* Klarheit, Deutlichkeit, *auch adv.*

1. **निराकृति** formlos, gestaltlos.

2. **निराकृति** *f.* Hemmung, Störung.

**निराक्रिया** *f.* = **निराकरण**

**निराग** leidenschaftslos.

**निरागस्** schuldlos.

**निरागार** obdachlos.

**निरातङ्क** ohne Unruhe, behaglich gestimmt.

**निरातप** ohne Glut *o.* Hitze.

**निरातपत्र** ohne Sonnenschirm.

**निरानन्द** freudlos, traurig. °कर (*f.* ई) Schmerz bereitend.

**निरापद्** *f.* kein Leid; *Adj.* leidlos.

**निराबाध** ungehemmt, unangefochten; harmlos, frivol, nichtig. *n. adv.*

**निरामय** wohlbehalten, gesund (*Pers. u. S.*), fehlerfrei, vollkommen, unfehlbar; *m.* (**n.*) Gesundheit, Wohlergehen.

**निरामिन्** verweilend bei (*Loc.*).

**निरामिष** fleischlos.

**निरामिषाशिन्** kein Fleisch essend.

**निरालम्ब** *u.* °न = **निरवलम्ब**.

**निरालोक** nicht ausschauend; ohne Ausblick, dunkel, blind (*auch übertr.*).

**निराश** u. °**क** hoffnungslos, verzweifelnd. *Abstr.* °**शता** *f.*

**निराशङ्क** ohne Furcht o. Bedenken. *n. adv.*

**निराशा** *f.* Hoffnungslosigkeit.

**निराशिन्** *u.* °**शिस्** hoffnungslos.

**निराश्रय** obdach-, halt-, schutzlos.

**निरास** *m.* das Auswerfen, Vomieren; Verwerfen, Zurückweisen.

**निरास्वाद** *u.* °**स्वाद्य** geschmacklos, fade.

**निराहार** nichts essend o. zu essen habend; *m.* das Nichtessen, Fasten.

**निरिङ्ग** bewegungslos.

**निरिच्छ** wunschlos.

**निरिन्द्रिय** ohne Sinnesorgane; impotent, unfruchtbar, gebrechlich.

**निरीक्षक** (—°) sehend, schauend.

**निरीक्षण** *dass.* (—°); *n.* das Anblicken, Betrachten, der Blick.

**निरीक्षा** *f.* Betrachtung.

**निरीक्षितव्य** *u.* **निरीक्ष्य** anzuschauen, zu betrachten.

**निरीह** bewegungslos, unthätig, indolent. *Abstr.* °**ता** *f.*

**निरीहा** *f.* = *vor. Abstr.*

**निरुक्त** (*s.* **वच्**) *n.* Deutung, etymologische Erklärung; *T. eines Werkes.*

**निरुक्ति** *f. dass.*

**निरुज** gesund (*Pers. u. S.*).

**निरुत्कण्ठ** frei von Sehnsucht o. Wehmut.*

**निरुत्तर** keinen über sich habend; keine Antwort habend o. wissend.

**निरुत्सव** ohne Fest.

**निरुत्सवारम्भ** ohne festliche Vorbereitungen.*

**निरुत्साह** *m.* Kleinmut, Schlaffheit; *Adj.* kleinmütig, schlaff. *Abstr.* °**ता** *f.*

**निरुत्सुक** ohne Verlangen nach (**प्रति**).

**निरुद्रेक** *m.* Anspruchslosigkeit; *Adj.* anspruchslos.

**निरुदक** wasserlos.

**निरुदर** bauch-, rumpflos.

**निरुद्धति** nicht stofsend.

**निरुद्यम** unthätig, träge.

**निरुद्योग** *dass.*

**निरुद्विग्न** nicht aufgeregt, ruhig.

**निरुपद्रव** ohne Unfall o. Störung, sicher (*Pers. u. S.*). *Abstr.* °**ता** *f.*

**निरुपधि** nicht betrügend, ehrlich.

**निरुपप्लव** = **निरुपद्रव**.

**निरुपम** ohnegleichen.

**निरुपाय** nutzlos, vergeblich.

**निरूपण** bestimmend, definierend; *n.* Bestimmung, Definition, Betrachtung, Behandlung.

**निरूपयितव्य** *u.* °**रूप्य** zu bestimmen, festzustellen.

**निर्ऋति** *f.* Zerfall, Verderben, Untergang, Tod; Genie des Todes.

**निर्ऋथ** *m.* Verderben, Verderber.

**निरोद्धर्** *m.* Hinderer.

**निरोध** *m.* Einsperrung, Hemmung, Unterdrückung.

**निरोधन** einsperrend (—°); *n.* = *vor.*

**निरौषध** unheilbar.

**निर्गन्ध** geruchlos. *Abstr.* °**ता** *f.*

**निर्गम** *m.* das Hinausgehen (*Abl.*), Weichen, Schwinden, Ausgang, Ende, Schluss.

**निर्गमन** *n.* das Hinausgehen (aus —°).

**निर्गुण** ohne Strick, ohne Sehne (*Bogen*), ohne Qualität (*ph.*), ohne Vorzug, gemein, schlecht. *Abstr.* °**ता** *f.*, °**त्व** *n.*

**निर्गृह**, *f.* **ई** hauslos.

**निर्ग्रन्थ** bandenfrei; *m.* Jaina-Mönch.

**निर्ग्रह** *m.* das Herausgreifen, Erkennen.

**निर्घण्टु** *u.* °**क** *m.* Wörtersammlung.

**निर्घर्षण** *n.* das Zerreiben.

**निर्घात** *m.* Zerstörung, Vernichtung, Windstofs, Sturm.

**निर्घृण** mitleidlos, grausam; *n. adv. Abstr.* °**ता** *f.*, °**त्व** *n.*

1. **निर्घोष** *m.* Klang, Lärm, Geräusch.

2. **निर्घोष** klanglos, geräuschlos.

**निर्जन** menschenleer, unbewohnt; Menschenleere, Einöde. *Abstr.* °**ता** *f.*, °**त्व** *n.*

**निर्जय** *m.* Eroberung, Besiegung.

**निर्जर** nicht alternd, (ewig) jung; *m.* ein Gott.

**निर्जरायु** sich gehäutet habend (*Schlange*).

**निर्जल** wasserlos; eine w. Gegend.

**निर्जिति** *f.* = **निर्जय**.

निर्जिह्व zungenlos.
निर्जीव leblos, tot. °करण n. das Töten.
निर्जीवित = vor. Adj.
निर्जेतर् m. Besieger.
निर्ज्ञाति ohne Blutsverwandte.
निर्ज्ञान kenntnislos, dumm.
निर्झर m. (n.), °ण n. Wasserfall.
निर्झरिणी f. Gieſsbach.
निर्णय m. Wegschaffung, Beseitigung, Entscheidung, Bestimmung; Urteil, Urteilsspruch (j.).
निर्णयोपमा f. Art Gleichnis (rh.).
निर्णाम m. Biegung, Krümmung.
निर्णिक्ति f. Sühnung.
निर्णिज् f. Putz, Schmuck, Prachtgewand.
निर्णीत s. नी.
निर्णेक n. Waschung, Sühnung.
निर्णेजक m. Wäscher.
निर्णेजन n. = निर्णेक.
निर्णेतर् m. Urteilssprecher, Schiedsrichter.
निर्णोद m. Vertreibung
निर्दय lieblos, unbarmherzig, heftig. n. adv. Abstr. °त्व n.
निर्दरि Höhle.
निर्दलन n. das Spalten, Zerreiſsen.
निर्दश über zehn Tage alt.
निर्दहन, f. ई brennend; n. das Brennen.
निर्दाह = vor. Adj.; m. = vor. n.
निर्दुःख keinen Schmerz empfindend o. bereitend.
निर्दुःखत्व n. Schmerzlosigkeit.
निर्दैव gottverlassen.
निर्देश m. Anordnung, Befehl, Bestimmung, Bezeichnung, Ausdruck.
निर्देश्य zu bestimmen, anzugeben.
निर्दोष fehlerfrei, schuldlos, unschuldig. Abstr. °ता f.
निर्द्रव्य besitzlos, arm.
निर्द्वंद्व gleichgültig (eig. gegensatzlos), unabhängig.
निर्धन hablos, arm. Abstr. °ता f., °त्व n.
निर्धर्म ungerecht, unrecht, sündhaft.
निर्धार m. Hervorziehung, -hebung, Absonderung.
निर्धारण n. dass.
निर्धूम rauchlos.
निर्धौत s. 2. धाव्.
निर्नमस्कार der niemand huldigt o. von n. Huldigung empfängt.
निर्नर menschenleer.
निर्नाथ ohne Beschützer. Abstr. °ता f.
निर्नायक ohne Führer. Abstr. °त्व n.
निर्नाशन vertreibend; n. das Vertreiben.
निर्निद्र schlaflos. Abstr. °ता f.
निर्निमित्त durch nichts veranlasst o. begründet. °— u. n. adv. ohne Veranlassung o. Grund.
निर्निमेष nicht blinzelnd.
निर्बन्ध m. Hartnäckigkeit, Festigkeit; das Bestehen, Beharren auf (Loc. o. —°).
निर्बन्धिन् bestehend auf (Loc. o. —°).
निर्बल kraftlos, schwach.
निर्बाध ungehemmt, ungestört.
निर्बीज samenlos, leer.
निर्बुद्धि vernunftlos, dumm.
निर्भय furcht-, gefahrlos, sicher; n. Gefahrlosigkeit, Sicherheit.
निर्भर heftig, stark, voll von (—°). n. adv. heftig, fest, sehr.
निर्भर्त्सन n. Drohung, Vorwurf.
निर्भास m. Schein; adj. —° gleich, ähnlich.
निर्भासन n. das Erhellen, Klarmachen.
निर्भी u. °क furchtlos, sich nicht fürchtend vor (—°).
निर्भीत dass.
निर्भूति f. das Vergehen.
1. निर्भेद m. das Bersten, Zerspringen; Herausplatzen, Ausplaudern.
2. निर्भेद ununterbrochen (eig. ohne Riss).
निर्भेदिन् spaltend, sprengend.
निर्भोग genusslos.
निर्भ्रान्ति f. das Heraustreten.*
निर्मक्षिक n. Fliegenlosigkeit. °कं कर् die Fliegen verscheuchen = reine Luft machen.*
निर्मत्सर frei von Selbstsucht.
निर्मथन n. das Reiben (bes. beim Feuermachen), das Quirlen, Buttern.
निर्मद brunstlos (Elefant); ohne Stolz demütig, bescheiden.
निर्मनस्क geistlos. Abstr. °त्व n.

ıenschenleer.
aftlos *o.* truglos.
*ı.* das Wegfegen, Reinigen.
ıs einem Kranze) ausgeschieden,
:hbar; *n.* ein unbrauchbarer
st.
3. मा.
Bildung, Schöpfung.
Erlösung, Befreiung von (*Abl.*

wurzelt, unbegründet.
eine abgestreifte (Schlangen-)

. = निर्मुक्ति.
*ı.* Befreiung.
nbeschränkt, ungehemmt, zwang-
*adv.*
das Hinausgehen, Aufbrechen,
winden, Hingang, Tod.
*ı.* Zurückerstattung, Vergeltung.
ırückzuerstatten.
*ı.* Vertreibung, Verbannung aus

*ı.* Ausschwitzung (*der Bäume*),
Milch.
Vorsprung, Spitze, Zinne.
ohne besondere Merkmale, un-
ınd.
ıbemerkbar.
:hamlos.
*ı.* das Ausschälen.
*n.* Beraubung, Plünderung.
ckenlos (*auch übertr.*).

[illegible]
**निर्वश** willenlos, abhängig.
**निर्वसु** besitzlos, arm. *Abst*
**निर्वहण** *n.* Ausgang, Schlı
**निर्वाक्य** *u.* **निर्वाच्** sprach
**निर्वाच्य** zu erklären, zu d
**निर्वाण** *n.* das Erlöschen,
die Erlösung(*r.*), Seligke
**निर्वाणयितर्** (°तृक) lösch
**निर्वात** windstill; ein w. (
**निर्वाद्** *m.* Tadel.
**निर्वाप** *m.* Ausstreuung, D
**निर्वापक** (—°) löschend, s
1. **निर्वापण** *n.* = **निर्वाप.**
2. **निर्वापण** löschend, kı
Löschen, Kühlen.
**निर्वापयितर्** (*auch* °तृक*)
**निर्वास** *m.* Aufbruch *o.* V
(*Abl.*), das Wandern,
Fremde.
**निर्वासन** *n.* das Hinaustreib
**निर्वासनीय** *u.* **निर्वास्य**
zu verbannen.
**निर्वाह** *m.* Ausführung; d
bringen, Auskommen.
**निर्वाहक**, *f.* °हिका (—°) a
endend.
**निर्वाहिन्** (—°) *dass.*

निर्विकास nicht aufgeblüht. *Abstr.* °त्व *n.*
निर्विघ्न unbehindert. *n. u. Instr. adv.*
निर्विचार ohne Überlegung (geschehend); *n. adv.* ohne Bedenken.
निर्विचेष्ट regungslos.
निर्विण्ण *s.* 3. विद्.
निर्विद्य ungebildet.
निर्विनोद kein Vergnügen habend.
निर्विन्ध्या *f. N. eines Flusses.*
निर्विमर्श unbedacht (*act. u. pass.*).
निर्विशङ्क unbesorgt, unverzagt. *n. adv.*
निर्विशङ्कित *dass.*
निर्विशेष ununterschieden, gleich, nicht verschieden von (—°), unqualifiziert, absolut (*ph.*). *n.* Ununterschiedenheit, Gleichheit, *auch adv.* ohne Unterschied, ganz gleich, nicht verschieden von (—°). *Abstr.* °ता *f.*, °त्व *n.*
निर्विष ungiftig.
निर्विषय ohne Wohnsitz, verbannt, vertrieben aus (—°); ohne Stütze, ohne Objekt.
निर्वीर ohne Männer *o.* Helden. *Abstr.* निर्वीरता *f.*
निर्वीर्य kraftlos, mutlos; *m.* Schwächling.
निर्वृक्ष baumlos.
निर्वृत (*s.* 1. वर्) erloschen; ruhig, zufrieden, glücklich, entzückt.
निर्वृति *f.* Zufriedenheit, Behagen, Entzücken, Erlösung, Ruhe.
निर्वृत्ति *f.* das Zustandekommen, Vollendung; Unart, schlechtes Betragen.
निर्वेद *m.* Verdruss, Ekel an (*Loc.*, *Gen. o.* —°); Gleichgültigkeit, Indolenz, Kleinmut, Verzweiflung.*
निर्वेपन nicht zitternd.
निर्वेश *m.* Lohn, Vergeltung, Sühne.
निर्वेश्य *u.* निर्वेष्टव्य abzutragen, zu vergelten.
निर्वैर keine Feindschaft habend, friedfertig; *n.* Friedfertigkeit; *auch adv.*
निर्वोढर् wird wegführen (*als Fut.*); ausführend, bewirkend.
निर्व्यग्र nicht zerstreut, ruhig, besonnen.
निर्व्यपेक्ष unbekümmert um (*Loc. o.* —°).
निर्व्यलीक kein Leid verursachend *o.* empfindend, truglos, unbekümmert, sorglos.
निर्व्याकुल unaufgeregt, ruhig. *Abstr.* °ता *f.*
निर्व्याज truglos, sicher (*Pers. u. S.*), ehrlich, aufrichtig; *n. adv. Abstr.* °ता *f.* Ehrlichkeit, Redlichkeit.
निर्व्याधि frei von Krankheit, gesund.
निर्व्यापार unbeschäftigt; °स्थिति *f.* Mufse.
निर्व्यूढ (*s.* 1. ऊह्) *n.* Vollendung, Ausgang.
निर्व्यूढि *f.* = *vor. n.*, Gipfel, Höhepunkt.
निर्व्यूह *n.* Vorsprung, Spitze, Helm, Thor.
निर्व्रण unverwundet.
निर्व्रत keine religiösen Satzungen beobachtend.
निर्व्रस्क ausgerodet.
निर्व्रीड schamlos.
निर्हरण *n.* das Wegschaffen, Entfernen.
निर्हस्त handlos.
निर्हार *m.*, निर्हृति *f.* = निर्हरण.
निर्हेति waffenlos.
निर्हेतु keine Ursache habend. *Abstr.* °ता *f.*, °त्व *n.*
निर्ह्राद *m.* Schall, Ton, Laut.
निर्ह्रादिन् schallend, ertönend.
निर्ह्लाद freudlos, bekümmert, ungehalten.*
निलय *m.* Wohnung, Versteck, Lager, Aufenthalt; *adj.* —° wohnend in *o.* bewohnt von.
निलयन *n.* das Sichniederlassen auf (*Loc.*); *auch* = *vor. m.*
निवचन *n.* Ausspruch, Anrede, Sprüchwort.
निवत् *f.* Tiefe, Thal; *Instr. adv.* thalwärts.
निवपन *n.* das Hinwerfen; Darbringung (*r.*).
निवर *m.* Abwehr, Schutz, Schützer.
निवरण *n.* Hemmung, Hindernis.
निवर्तन umkehren machend; *n.* das Zurückbringen *o.* -halten; das Abstehen, Sichenthalten von (*Abl.*), Rückkehr, Umkehr; ein best. Flächenmafs.
निवर्तनीय zurückzuführen, zurückzuhalten.
निवर्तयितव्य, निवर्तितव्य *u.* निवर्त्य *dass.*
निवर्तिन् umkehrend, sich enthaltend von.
निवसन *n.* das Anziehen; Kleid, Gewand.
निवस्तव्य *n.* (es ist) zu wohnen *o.* zu weilen.

निवह herbeiführend, mit sich bringend; *m.* Schar, Menge.

1. निवात windstill; *n.* Windstille.

2. निवात unangefochten, sicher; *n.* Sicherheit.

निवातस्थ an einem windstillen Orte stehend.

निवाप *m.* Saat; eine Art Darbringung (*r.*).

निवारण abhaltend, abwehrend (—°); *n.* das Abhalten, Verhindern.

निवारणीय abzuhalten, abzuwehren.

निवारिन् (—°) abhaltend, abwehrend.

निवार्य = निवारणीय.

1. निवास *m.* Kleidung.

2. निवास *m.* das Verweilen, Wohnen, Nachtlager, Wohnort, Aufenthalt.

निवासन *n.* *dass.*

1. निवासिन् gekleidet in (—°).

2. निवासिन् wohnend, weilend, befindlich in *o.* bei (*Loc. o.* —°); *m.* Bewohner.

निविड *s.* निबिड.

निविद् *f.* Anweisung, Vorschrift, Lehre Spruch (*r.*).

निवीत (*s.* व्या) *n.* = उपवीत; *Überwurf, Mantel.

निवृत्त *s.* वर्त्.

निवृत्ति *f.* Rückkehr; das Aufhören, Schwinden; Nichtweitergeltung, *opp.* अनुवृत्ति (*g.*); das Abstehen, Sichenthalten, Entrinnen (*Abl. o.* —°); Unthätigkeit, Verderben.

निवेदन mitteilend, verkündigend; *n.* Mitteilung, Nachricht.

निवेदयितुकाम mitzuteilen begierig.*

निवेदिन् (—°) = निवेदन *Adj.*

निवेद्य mitzuteilen, zu berichten.

निवेश das Eingehen, Haltmachen, sich (häuslich) Niederlassen; Niederlassung, Lager, Wohnstätte; Heirat, Ehestand.

निवेशन, *f.* ई hineingehend, unterbringend, beherbergend; *n.* das Hineingehen, Eingang, Versteck, Wohnung; das Einführen, Anwenden, Befestigen, Ansiedeln, *auch* = *vor.*

निवेशिन् befindlich in, ruhend auf (—°).

निवेश्य zu gründen, zu verheiraten (*Mann*)

निवेष्ट *m.*, °न *n.* Umhüllung.

निवेष्टव्य hineinzustecken; *n. impers.* zu heiraten (*Mann*).

निवेष्टुकाम heiraten wollend.

1. निवेष्य *m.* Wasserwirbel *o.* Wirbelwind.

2. निवेष्य *Adj.* wirbelnd, Wirbel-.

निशापति *m.* = निशाधीश.

**निश्वास m. das Ein- o. Ausatmen, Anhauchen; Seufzer.**

**निःशङ्क** ohne Bedenken, ohne Furcht vor (—°), unbesorgt, unbedenklich. °— *u. n. adv.*

**निःशङ्का** *f.* Furchtlosigkeit; *Instr. adv* ohne Scheu, unbedenklich.

**निःशङ्कित** = **निःशङ्क**.

**निःशत्रु** frei von Feinden.

**निःशब्द** lautlos, geräuschlos, still.

**निःशरण** schutzlos.

**निःशल्य** von der Pfeilspitze, *übertr.* von Schmerz *o.* Sorge befreit; *n. adv.* ohne Schmerz, freudig, willig.

**निःशस्त्र** waffenlos.

**निःशुक्र** glanz- *o.* kraftlos.

**निःशेष** ohne Rest, vollständig; °—, *Instr. u.* **निःशेषतस्** *adv.* °**षं कर्** vollständig vernichten.

**निःश्रीक** unschön *o.* unglücklich.

**निःश्रेयस**, *f.* **ई** nichts besseres habend; best, vorzüglichst, höchst. *n.* das Beste· Heil, Glück, Erlösung.

**निःश्वसित** (*s.* 1. **श्वस्**) *n.* Aushauch, Seufzer

**निःश्वास** *m. dass.*, der Atem. °**परम** unaufhörlich seufzend.

**निषङ्ग** *m.* Köcher; Schwert.

**निषङ्गिन्** mit Köcher *o.* Schwert bewaffnet

**निषण्ण** *s.* 1. **सद्**.

**निषत्ति** *f.* das Sitzen, Ruhen.

**निषत्स्नु** festsitzend.

**निषद्** *dass.*; *f.* das Sitzen (*bes. am Altar*).

**निषदन** *n.* das Niedersitzen; Sitz, Aufenthalt.

**निषद्वर** (lässig) dasitzend.

**निषध** *m. N. eines Gebirges, Mannsn.; Pl N. eines Volks.*

**निषाद** *m.* Nichtarier, Barbar (*f.* **ई**).

**निषादिन्** sitzend, liegend auf *o.* in (*Loc o.* —°).

**निषिद्ध** *s.* 1. **सिध्**.

**निषिद्धि** *f.* Abwehr.

**निषूदक** *o.* °**दन** *m.* Mörder, Vertilger.

**निषेक** *m.* Besprengung, Einspritzung, Befruchtung, triefende Flüssigkeit.

**निषेचन** *n.* das Ausgießen, Begießen.

**निषेद्धर्** *m*

**निषेद्धव्य** a

monien (r.).

निष्क्रीति f. Loskauf.

निष्क्रोध nicht erzürnt auf (Gen.).

निष्टुर überwindend, fällend.

निष्ट्य auswärtig, fremd.

निष्ठ (meist —°) gelegen, befindlich, beruhend auf, abhängig von, hingegeben an. Abstr. °ता f. — निष्ठा f. Standpunkt; das Obliegen, Hingabe, Vollendung, Ende, Gipfel, Entscheidung; die Endungen त u. तवन्त् u. die damit gebildeten Participien (g.).

निष्ठा (o. निःष्ठा) hervorragend.

निष्ठावन्त् vollendet, vollkommen.

निष्ठीवन n., °विका f., °वित n. das Ausspucken, Speichel.

निष्ठुर rauh, hart, roh. Abstr. °ता f., °त्व n

निष्ठ्यूत (s. ष्ठिव्) n. Auswurf, Speichel.

निष्ण geschickt, erfahren in (—°).

निष्णात (s. स्ना) dass.; Abstr. °त्व n.

निष्पतन n. das Hinausstürzen o. -laufen.

निष्पत्ति f. das Herkommen von, Zustande kommen.

निष्पंद् f. Exkrement (eig. Herausfall).

निष्पद् fufslos.

1. निष्पन्द m. Bewegung.

2. निष्पन्द bewegungslos. Abstr. °ता f.

निष्पन्न s. 1. पद्.

निष्परामर्श besinnunglos, ratlos.

निष्पर्यन्त unbegrenzt.

निष्पादक vollbringend.

निष्पादनीय u. निष्पाद्य zu vollenden.

निष्पाप sündenlos.

निष्पार unbegrenzt.

निष्पुत्र sohnlos. °जीवन n. ein Leben ohne Sohn.

निस्यन्दिन् u. निष्यन्दि

**निःसङ्ग** ohne Hang zu etwas, gleichgültig. *m.* Gleichgültigkeit, Indifferenz; *Abstr.* °ता *f.*, °त्व *n. dass.*

**निःसंज्ञ** bewusstlos, bethört.

**निःसत्त्व** mut-, kraftlos, elend, schwach. *Abstr.* °ता *f.*

**निःसत्य** unwahr, lügnerisch. *Abstr.* °ता *f.*

**निःसंदिग्ध** zweifellos, gewiss (*Sachen*); *n. adv.*

**निःसपत्न** ohne Nebenbuhler *o.* -in, ohnegleichen. *Abstr.* °ता *f.*

**निःसरण** *n.* das Herausgehen, Ausgang; Auskunft, Mittel.

**निःसलिल** wasserlos.

**निःसह** kraftlos, schwach. *Abstr.* °ता *f.*

**निःसाध्वस** furchtlos, unverzagt, getrost; *n. adv. Abstr.* °त्व *n.*

**निःसार** *m.* das Herauskommen.

**निःसार** kraft-, saftlos; wertlos, nichtig, eitel.

**निःसारण** *n.* das Hinauskommen *o.* -jagen.

**निःसार्य** zu vertreiben, auszuschliefsen von (*Abl.*).

**निःसीमन्** unbegrenzt, unermesslich.

**निःस्नेह** öllos; lieblos, gleichgültig; verhasst.

**निःस्पृह** wunschlos, nicht verlangend nach (*Loc. o.* —°).

**निःस्व** besitzlos, arm. *Abstr.* °ता *f.*

**निःस्वन** lautlos; *s. auch* निस्वन.

**निःस्वाध्यायवषट्कार** weder den Veda lesend noch opfernd.

**निःस्वामिका** *f.* herren- *o.* gattenlos.

**निहन्तृ** *m.* Töter, Vernichter.

**निहन्तव्य** zu töten, zu vernichten.

**निहाका** *f.* Wirbelwind.

**निहित** *s.* 1. धा.

**निह्नव** *m.* Leugnung, Verheimlichung, Widerspruch.

**निह्नुति** *f.* Leugnung.

**नी**, **नयति**, °ते führen, lenken, leiten (*vielf. übertr.*), hinbringen (*Zeit*); heran-, herbeiziehen, (*meist Med.*) mit sich führen, an sich nehmen, heimführen (*Acc. mit u. ohne* प्रति, *Loc. o. Gen.*). *Mit dem Acc. eines Abstr.* machen zu

*z. B.* शूद्रतां

समतां नी glei

bringen (*r.*), darbieten, anwenden, bestimmen, einsetzen, vollbringen, ausführen; begehren, wünschen, lieben; *p.p.* प्रणीत hingetragen, zugeführt, begehrt. प्रति zurück-, zuführen. वि wegführen, verbringen (*Zeit*), verscheuchen, züchtigen, strafen, zähmen, lenken, unterrichten, anweisen, erziehen. *p.p.* विनीत *s. bes.* अभिवि, *p.p.* अभिविनीत unterrichten, bewandert in (*Loc.*). सम् zusammenführen, vereinigen, erstatten, abtragen (*eine Schuld*).

नीकाश (*adj.* —°) Schein, Aussehen.

नीच niedrig, tief, (*auch übertr.*; *bes. vom Ton*), untergeordnet, gering, gemein. *Instr. Pl.* नीचैस् *adv.* niedrig, tief, hinunter; demütig, bescheiden, leise; *Compar.* नीचैस्तराम् (*vgl.* उच्च).

नीचता *f.*, °त्व *n.* *Abstr. zum vor. Adj.*

नीचा *Adv.* unten, nieder.

नीचात् *Adv.* von unten.

नीचीन nach unten gerichtet; °बार mit der Öffnung n. u. g.

नीड *o.* नीळ *m. n.* Ruheplatz, Lager, Nest

नीति *f.* (richtiges) Benehmen, Lebens- *o* Staatsklugheit, Politik.

नीतिकुशल in der Staatskunst erfahren.

नीतिमन्त् lebens- *o.* staatsklug.

नीतिविद्या *f.*, °शास्त्र *n.* die Lehre von der Staatskunst.

नीथ *n.* Weise (*eig.* Führung), Lied.

नीथा *f.* Weg, Mittel, List.

नीध्र *n.* Dach.

नीप tief liegend; *m.* *N. eines Baumes.*

नीप्य = *vor. Adj.*

नीर् *n.* Wasser.

1. नीरज *m. n.* Wasserrose (*eig.* -geborne).

2. नीरज = *folg.*

नीरजस् *u.* °जस्क staub-, leidenschaftslos

1. नीरद् *m.* Wolke (*eig.* Wassergeber).

2. नीरद् zahnlos.

नीरधि *u.* °निधि *m.* Meer (*eig.* Wasserbehälter).

नीरन्ध्र lückenlos, dicht, ununterbrochen. *Abstr.* °ता *f.*

नीरव tonlos.

नीरस saftlos, dürr, unschmackhaft, langweilig. *Abstr.* °ता *f.*

नीराग farb-, leidenschaftslos. *Abstr.* °ता *f.*

नीराजन *n.*, °ना *f.* Art Reinigung (*r.*).

नीरुज्

नीरोग

fäſs.

immer; niemals, nimmermehr (*auch* नू *allein*). नु—नु nun—oder, entweder—oder (*auch* वा—नु वा).

2. नु, नौति, नुवति, नवते, °ति brüllen, schreien, jubeln; lobsingen, preisen. *Intens.* नोनवीति, नवीनोत् brüllen, rauschen. अभि zubrüllen, zujauchzen (*Acc.*). आ tönen; *Intens.* durchtönen, durchrauschen. प्र (णौति) brüllen, dröhnen; brummen, murmeln (*r.*). अभिप्र jemd. (*Acc.*) zujubeln. सम् zusammen brüllen *o.* schallen. अभिसम् zusammen zujauchzen (*Acc.*).

3. नु, नवते *u.* नौति (—°) sich bewegen; *Caus.* नावयति vom Platze bewegen.

नुति *f.* Preis, Lob.

नुत्ति *f.* Verstofsung, Vertreibung.

1. नुद्, नुदति, °ते stofsen, drängen, antreiben, fortstofsen, vertreiben, entfernen; *p.p.* नुत्त *u.* नुन्न. *Caus.* नोदयति antreiben. अप *u.* व्यप fortstofsen, verscheuchen. प्र *dass.*, in Bewegung setzen, antreiben; *p.p.* प्रणुत्त *u.* प्रणुन्न. — संप्र antreiben, drängen; *p.p.* संप्रणुदित. — वि auseinander treiben, verscheuchen. *Caus. dass.*, zubringen (*die Zeit*), (sich) zerstreuen, erheitern.

2. नुद् (—°) vertreibend, entfernend.

नू *s.* 1. नु.

नूतन jetzig, neu, jung.

नूत्न *dass.*, künftig.

नूनम् *Adv.* jetzt, eben; fernerhin, künftig; also, darum, gewiss, sicherlich.

नूपुर *m. n.* Fufsring, Fufsschmuck (*bes. bei Frauen*).

नूपुरवन्त् *u.* °रिन् mit einem Fufsring geschmückt.

नृ *s.* नर्.

नृकलेवर Menschenleib, Leichnam.

नृकेसरिन् *m.* Mannlöwe (*Vishṇu*).

नृग *m. Mannsname.*

नृचक्षस् Männer schauend.

नृजित् Männer besiegend.

नृज्यार्य *m.* Männerbewältigung.

नृत् *f.* Gebärde.

नृतम männlichst, mannhaftest.

नृता *f.* das männliche Geschlecht.

नृति *f.* Tanz, Spiel; feierliches Auftreten.

नृतु lebhaft, beweglich; *f.* नृतू Tänzerin.

नृत्त (*s.* नर्त्) *n.* Tanz.

नृत्य *n.* Tanz, Pantomime.

नृदेव *u.* नृप *m.* (*eig.* Menschengott *u.* -herr) Fürst, König.

नृपकार्य *n.* königliche Angelegenheit.

नृपजन *m.* Fürstenschar.

नृपति *m.* = नृप.

नृपतिकन्यका *f.* Königstochter, Prinzessin.

नृपपत्नी *f.* Königsgemahlin, Königin.

नृपत्व *n.* Königswürde, Herrschaft.

नृपशु *m.* ein Mensch als Opfertier; ein Vieh von einem Menschen.

नृपसुत *m.* Königssohn, Prinz.

नृपाङ्गण *o.* °न *n.* Königshof.

नृपाण Männer tränkend *o.* labend.

नृपातर् *m.* Menschenhüter.

नृपात्मज *m.* = नृपसुत; *f.* आ Prinzessin.

नृपाय्य männerschützend; *n.* Männersaal, Halle.

नृपाल *m.* Menschenschützer, König.

नृपासन *n.* Königssitz, Thron.

नृपीति *f.* Männerschutz.

नृबाहु *m.* Mannesarm.

नृभर्तर् *m.* Männerherr, König.

नृमणस् mannesmutig, männerfreundlich.

नृमांस *n.* Menschenfleisch.

नृमादन Männer erheiternd

नृमेध *m.* Menschenopfer; *Mannsn.*

नृम्ण *n.* Mannestugend, Mut, Kraft.

नृलोक *m.* Menschenwelt, Erde.

नृवत् *Adv.* nach Mannesart, tüchtig.

नृवन्त् männerreich, männlich, mannhaft.

नृवराह *m.* Manneber (*Vishṇu*).

नृवाहण *u.* नृवाहस् Männer fahrend.

नृशंस Menschen schädigend, boshaft, grausam. *Abstr.* °ता *f.* (°त्व *n.**).

नृशंसहृदय bösherzig.

नृशंस्य = नृशंस; *n.* Gemeinheit, Niedertracht.

नृशृङ्ग *n.* Menschenhorn (= *Unding*).

नृषच् (°षाच्) Männern zugethan.

Vishṇu; *Mannsn.*

हंन् Männer tötend.

हरि = नृसिंह.

त्रण *n.* spitzer Stab, Spiefs.

जक *m.* Wäscher.

जन *n.* das Waschen.

नेतर् führend, Führer, Darbringer (*mit Acc.*); *auch als Fut.* er wird führen.

नेतृ *m.* Führer, Leiter, Lenker (*Gen. o.* —°, **auch mit 2 Gen.*); *f.* नेत्री.

त्र Führer, Leiter (*nur adj.* —°). *m. Mannsn. n.* Führung, Leitung; Auge.

त्रगोचर im Bereich der Augen seiend.

त्रज aus den Augen kommend.

त्रजल *n.* Thränen (*eig.* Augenwasser).

त्रवारि *n. dass.*

त्राञ्जन *n.* Augensalbe.

त्रात्सव *m.* Augenweide (*eig.* -fest).

त्र्य den Augen dienlich.

नेद्, नेदति *mit* अति überströmen.

नेद् (*indecl.* = नं + इद्) nicht; damit nicht (*mit Conj., Opt. o. Imperat.*).

दिष्ठ (*Superl.*) der nächste; *n. adv.* nächst, zunächst.

दिष्ठतम (*Superl. des vor.*) der allernächste; °तमाम् *adv.*

दीयंस् (*Compar.*) näher, ganz nahe; *n. adv.*

पथ्य *n.* Putz, Garderobe, Kostüm; Ankleidezimmer (*d.*). *Loc.* hinter der Scene.

पथ्यगृह *n.* Ankleidezimmer (*d.*).

पथ्यसवन *n.* Kostümfest.

पाल *m. Landes-, Pl. Volksname.*

नष्ट्र *n.* das Somagefäl

नेजस् *s.* नह्.

नैक nicht einer *d. i.* verschiedene.

नैकट्य *n.* Nähe, Nacl

नैकधा *Adv.* vielfach

नैकरूप vielgestaltig.

नैकवर्ण verschiedenf

नैकविकल्प *u.* °विध

नैकशस् *Adv.* mehrfa

नैगम, *f.* ई auf die züglich, vedisch; Handelsmann.

नैघण्टुक *n.* Wörterv

नैत्यक regelmäfsig wi

नैत्यिक *dass.*

नैदाघ, *f.* ई sommer

नैदाघिक *u.* नैदाघी

नैद्र *Adj.* Schlaf-.

नैधन vergänglich, n. Untergang, To

नैपुण *u.* °ण्य *n.* Ges Erfahrenheit in (

नैबिड्य *n.* Dichtigke

नैमित्तिक, *f.* ई eine bestimmten Um eventuell, geleger

नैमिष *n. N. eines he die Bewohner des*

नैमिषारण्य *n.* = *vor.*

नैमिषीय im Naimi *Pl.* = नैमिष *m. P*

नैयग्राध vom Nyagr aus dessen Holz

नैयमिक bestimmt, 1

**नैयायिक** zum Nyâya gehörig. *m.* Schiedsrichter; Anhänger des N. (*ph.*).

**नैरन्तर्य** *n.* Ununterbrochenheit; *Instr. adv.* beständig.

**नैरपेक्ष्य** *n.* Rücksichtslosigkeit, Gleichgültigkeit.

**नैरर्थ्य** *n.* Sinnlosigkeit.

**नैराश्य** *n.* Hoffnungslosigkeit, Verzweiflung.

**नैरुक्त** etymologisch; *m.* Etymolog.

**नैरुज्य** *n.* Gesundheit.

**नैर्ऋत**, *f.* **ई** der Nirṛti gehörig *o.* geweiht (*auch* **नैर्ऋत्य**). *m.* ein Kind der N., Unhold, Dämon; *n. N. eines Mondhauses.*

**नैर्गन्ध्य** *n.* Geruchlosigkeit.

**नैर्गुण्य** *n.* Qualitätslosigkeit, Mangel an Vorzügen.

**नैर्घृण्य** *n.* Hartherzigkeit.

**नैर्धन्य** *n.* Besitzlosigkeit, Armut.

**नैर्मल्य** *n.* Fleckenlosigkeit (*auch übertr.*).

**नैर्लज्ज्य** *n.* Schamlosigkeit.

**नैव** *s.* **न**.

**नैवार** aus wildem Reis bestehend *o.* bereitet.

**नैवेशिक** *n.* Hausgerät.

**नैश**, *f.* **ई** nächtlich, Nacht-.

**नैशिक**, *f.* **ई** *dass.*

**नैश्चिन्त्य** *n.* Sorgenfreiheit.

**नैःश्रेयस**, **ई** *f.* zur Seligkeit führend.

**नैषध** *m.* Fürst der Nishadher (*bes.* Nala); *Pl.* = **निषध** *Pl.* — *n. T. eines Gedichts, auch* **°चरित** *n.*

**नैषधीय** *u.* **°चरित** *n.* = *vor. n.*

**नैषाद**, *f.* **ई** zu den Nishâda gehörig; *m.* ein N.

**नैष्कर्म्य** *n.* Unthätigkeit.

**नैष्किंचन्य** *n.* Besitzlosigkeit, Armut.

**नैष्ट** *s.* **नी**.

**नैष्ठिक**, *f.* **ई** abschliefsend, definitiv, vollendet, vollkommen, tüchtig in (—°).

**नैष्ठुर्य** *n.* Rauhheit, Härte (*übertr.*).

**नैष्फल्य** *n.* Fruchtlosigkeit, Vergeblichkeit.

**नैसर्ग** *u.* **°र्गिक** angeboren, natürlich.

**नैःस्नेह्य** *n.* Lieblosigkeit.

**नैःस्व्य** *n.* Besitzlosigkeit, Armut.

**नो** (**न + उ**) und nicht, nicht.

**नोत्** *Adv.* beinahe, fast.

**नोद** *m.* das Fortstofsen.

**नोदन** vertreibend; *n.* = *vor. m.*, Anstofs Antrieb.

**नोदिन्** (—°) = *vor. Adj.*

**नोधस्** *m. N. eines Rishi.*

**नोधा** (= **नवधा**) *Adv.* neunfach.

**नोनुव** tönend, hallend.

**नोपलक्षित** nicht wahrnehmbar.

**नोपस्थातृ** *u.* **°स्थायिन्** sich nicht stellend (*j.*).

1. **नौ** *s.* **अहम्**.

2. **नौ** *f.* Schiff, Boot, Nachen.

**नौक** (*adj.* —°) = *vor.*; *f.* **आ** kleines Schiff, Nachen.

**नौकर्णधार** *m.* Steuermann.

**नौकर्मन्** *n.* das Schiffsgewerbe.

**नौचर** schiffahrend.

**नौजीविक** *m.* Schiffer, Seemann.

**नौबन्धन** *n. N. der höchsten Spitze des Himâlaya.*

**नौयान** *n.* Schiffahrt.

**नौव्यसन** *n.* Schiffbruch.

**न्यक्** *s.* **न्यञ्च्**.

**न्यक्कार** *m.*, **न्यक्कृति** *f.* Erniedrigung, Demütigung.

**न्यग्भाव** *m.* das Untergehen, Versunkensein; *auch* = *vor.*

**न्यग्भावन** *n.* = **न्यक्कार**.

**न्यग्रोध** *m. N. eines Baumes* (ficus indica)

**न्यङ्कु** *m. Du.* best. Teile am Wagen.

**न्यङ्कु** *m.* eine Gazellenart.

**न्यङ्ग** *m. etwa* = Anhängsel.

**न्यच्छ** *n.* Muttermal.

**न्यञ्च्** (**नीच्**, *f.* **नीची**) nach unten gerichtet, gesenkt. *n.* **न्यक्** *adv.* abwärts, hinab; *mit* **कर्** erniedrigen, demütigen, missachten, überbieten, ausstechen; *mit* **भू** sich erniedrigen *o.* demütigen.

**न्यञ्चन** *n.* Vertiefung, Schlupfwinkel; *f.* **ई** Schofs.

**न्यन्ते** (*Loc.*), **न्यन्तेन** (*Instr.*) *adv.* in der (die) Nähe von (—°).

**न्ययन** *n.* Eingang, Zugang.

**न्यर्ण** wasserlos.

**न्यर्ण** *n.* Verderben, Untergang.
**न्यसन** *n.* das Stellen, Ordnen, Hinwerfen, Erwähnen.
**न्यस्तदण्ड** harmlos, friedlich (*eig.* der den Stock niedergelegt hat).
**न्यस्तव्य** *u.* **न्यस्य** niederzulegen, hinzustellen.
**न्यह्न** (*nur Loc.*) der sinkende Tag.
**न्याचम्** (*Ger.*) niedersenkend.
**न्याय** *m.* Regel, Grundsatz, Methode, (rechte) Art und Weise; Rechtshandel, Urteilsspruch; logischer Beweis, Schluss, Logik, das Nyâyasystem (*ph.*). **न्यायेन** *u.* °**न्यात्** (—°) nach der Weise von; **न्याय** (°—), **न्यायेन** *u.* **न्यायतस्** nach der rechten Art, nach Gebühr.
**न्यायवन्त्** *u.* °**वर्तिन्** sich nach Gebühr betragend.
**न्यायवादिन्** nach Gebühr redend.
**न्यायविद्या** *f.* die Wissenschaft der Logik
**न्यायवृत्त** = **न्यायवन्त्**.
**न्यायशास्त्र** *n.* Lehrbuch der Logik.
**न्यायिक** *n.* Logik.
**न्याय्य** regelmäfsig, gebührlich, passend, angemessen. *n.* *adv.*
**न्यास** *m.* das Niedersetzen, Einsetzen, Hinlegen, Deponieren, Anvertrauen, Auftragen; Aufgeben, Verlassen; Hinwerfen, Niederschrift, Zeichnung; Erwähnung.
**न्यासी कर्** jemd. etwas anvertrauen.
**न्युब्ज** umgestürzt, umgewandt.
**न्यूङ्ख** *m.* die O-Einfügung (*r.*).

# प

1. **प** (—°) trinkend.
2. **प** (—°) schützend.
**पक्तर्** *m.* Kocher, Brater, Bäcker.
**पक्तव्य** zu kochen.
**पक्ति** *u.* **पंक्ति** *f.* das Kochen, gekochte Speise; Verdauung; das Reifwerden Entwickelung.
**पक्थ** *m.* *Mannsname, Pl. Volksname.*
**पक्व** gekocht, gar, zubereitet, gebacken, gebrannt; reif, fertig, entwickelt; *n* gekochte Speise.
**पक्वता** *f.* Reife.
**पक्वेष्टक** aus gebrannten Ziegeln; *f.* **आ** ein g. Ziegel.
**पक्ष** *m.* Flügel, Feder (*auch beim Pfeil*); Körperteil; Seite, Hälfte, Halbmonat; Teil, Partei, Anhang, Schar; Fall (*bes einer von zwei Fällen*); Ansicht, Meinung, Behauptung (*bes. eine von zwei sich gegenüberstehenden*); Klage (*j.*), das Subjekt eines Schlusses (*ph.*). **पक्षे** im

पक्षिशावक *m.* junger Vogel.
पक्षिस्वामिन् *u.* पक्षीन्द्र *m.* Vögelkönig.
पक्षोत्तर Flügeldecke.
पक्ष्मन् *n. Sgl. u. Pl.* die Augenwimpern.
पक्ष्मल schönbewimpert. °नेत्र schönbewimperte Augen habend.
पक्ष्य halbmonatlich; parteiisch für (—°).
पङ्क Schlamm, Kot, Sumpf.
पङ्कच्छिद् *m.* schlammklärend (*N. einer Pflanze u. der Frucht ders.*).
पङ्कज *n.* die Blüte der Wasserrose; *m. Bein. Brahman's* (*auch* पङ्कजन्मन् *m.*).
पङ्कवन्त् *u.* पङ्किन् schlammig, schmutzig.
पङ्किल *dass.*, beschmiert mit (*Instr.*).
पङ्केरुह *u.* °रुह *n.* = पङ्कज.
पङ्केशय im Schlamme wohnend.
पङ्क्ति *u.* पङ्क्ती *f.* Fünfzahl, Pentade; Reihe Gruppe, Schar; *N. eines Metrums.*
पङ्क्तिक्रम *m.* Reihenfolge.
पङ्क्तिशस् *Adv.* reihenweise.
पङ्गु (*f.* पङ्ग्वी) lahm an den Füſsen. *Abstr* °ता *f.*, °त्व *n.*
पङ्गुक *u.* पङ्गुल = *vor. Adj.*
पच्, पचति, °ते kochen, backen, braten, brennen (*Ziegel u. s. w.*); verdauen; zur Reife *o.* zur Entwickelung bringen; *auch intr.* reifen, reif werden, *bes.* पच्यते. *Pass.* पच्यते gekocht, gebacken, gebrannt werden *u. s. w.*, *auch* = पच्यते. *Caus.* पाचयति kochen, reifen lassen. वि zerkochen, durch Kochen auflösen; *Pass.* zur Reife kommen, Folgen haben
पच (—°) kochend, backend, bratend.
पचत gekocht, gar; *n.* gekochte Speise.
पचन kochend, bratend (—°). *f.* पचना das Reifwerden. *n.* das Kochen, Kochgerät, das Garwerden.
पचेलिम schnell gar *o.* reif werdend.
पच्छस् *Adv.* reihen- *o.* versweise.
पच्छौच *n.* Fuſsreinigung.
पज्र gedrungen, derb, kräftig; *m. N. eines Sängergeschlechts.*
पज्रिय zum Pajrageschlecht gehörig (*Bein. Kakshîvant's*).
पञ्चक aus fünf bestehend, fünftägig. *m.*

ck.

पञ्चविंशत् *u.* पञ्चविंशति *f.* fünfundzwanzig.

पञ्चविंशब्राह्मण *m. T. eines Brâhmana.*

पञ्चविध *u.* पञ्चविध fünffach.

पञ्चशत fünfhundert, der fünfhundertste (°ते काले im 500. Jahre); *n.* hundertfünf, fünfhundert; *f.* ई fünfhundert, eine Periode von 500 Jahren.

पञ्चशर *m.* = पञ्चबाण.

पञ्चशस् *Adv.* zu fünf.

पञ्चशाख fünffingerig (*eig.* -ästig); *m.* Hand.

पञ्चशीर्ष fünfköpfig.

पञ्चष *Pl.* fünf oder sechs.

पञ्चसहस्री *f. Sgl.* fünftausend.

पञ्चसांवत्सरिक *u.* पञ्चहायन fünfjährig.

पञ्चांश *m.* Fünftel.

पञ्चाक्षर fünfsilbig.

पञ्चाग्नि die fünf (heiligen) Feuer (°—); *Adj.* die f. F. unterhaltend *o.* sich ihnen aussetzend.

पञ्चाङ्ग (°—) fünf Glieder; *Adj.* fünfgliederig, fünfteilig. *f.* ई Zaumgebiss; *n.* Kalender.

पञ्चात्मक aus den fünf Elementen bestehend. *Abstr.* °त्व *n.*

पञ्चाभ्यधिक von fünfen der beste.*

पञ्चार fünfspeichig.

पञ्चाल *m. Pl. N. eines Herrschergeschlechts.*

पञ्चावयव fünfgliederig.

पञ्चाशक *Pl.* fünfzig; *f.* °शिका *T. zweier Werke.*

**पटुता** *f.*, **°त्व** *n.* Schärfe, Gewandtheit.
**पटुमति** scharfsinnig.
**पटोल** *m.* eine Art Gurke.
**पटीर** *m.* ein best. Körperteil.
**पट्ट** *m.* Platte, Tafel, Schild; Zeugstreifen, Binde, *bes.* Stirnbinde (*vgl.* **पट**).
**पट्टक** *m.*, **पट्टिका** *f. dass.*; *n.* Urkunde (*auf einer Tafel*), Binde, Band.
**पट्टन** *n.* Stadt.
**पट्टांशुक** *n.* Art Gewand.*
**पट्टिश** *m.* Art Speer.
**पठ्**, **पठति** (**°ते**) hersagen, deklamieren, vortragen, lehren, erwähnen, anführen; studieren, lesen, lernen von (*Abl.*). *Caus.* **पाठयति** (sprechen) lehren, unterrichten (2 *Acc.*), lesen. **अनु** nachsprechen, wiederholen. **परि** aufzählen, aufführen, erwähnen. **प्र** laut hersagen; *Caus.* lesen, vortragen.
**पठक** *m.* Leser, Deklamator.
**पठन** *n.* das Hersagen, Lesen, Erwähnen.
**पठितव्य** zu studieren, zu erwähnen. *Abstr.* **°त्व** *n.*
**पठितसिद्ध** schon beim Hersagen wirksam.
**पड्वीश**, **पड्वीश** *u.* **पड्विंश** *n.* Fufsfessel (*bes. für Pferde*); Fessel- *o.* Halteplatz.
**पण्**, **पणते** (**°ति**) handeln, eintauschen, kaufen; wetten, spielen um (*Gen.*); etwas (*Acc.*) einsetzen *o.* wagen, jemd. (*Acc.*) etwas (*Instr.*) abgewinnen. *p.p.* **पणित** der gewettet hat; *s. auch bes.* **वि** verkaufen, wetten.
**पण** *m.* Spiel, Wette um (*Gen.*, *Loc. o.* —°), Vertrag, Kontrakt, Einsatz in Wette *o.* Spiel, ausgemachter Lohn.
**पणन** *n.* das Einhandeln.
**पणबन्ध** *m.*, **°न** *n.* Kontraktsabschluss.
**पणयितृ** *m.* Verkäufer.
**पणस्त्री** *f.* feiles Weib.
**पणाय्**, **°यति** *u.* **°ते** verkaufen, *ehren, preisen.
**पणाया** *f.* Handel.
**पणि** *m.* Knauser, Geizhals, karger Opferer; schätzehütender Dämon.
**पणित** (*s.* **पण्**) *n.* Wette um (*Loc.*), Einsatz in Spiel *o.* Wette.
**पणितृ** *m.* Händler, Verkäufer.
**पणी कृ** aufs Spiel

**पण्डितत्व** *n.*

**पण्ड्**
1. **पण्य**

**पण्ययोषित्** *f.* = **पणस्त्री**.

संनि = *vor.*; zusammenstoſsen *o.* treffen (*Instr. mit u. ohne* सह). *Caus.* herabwerfen, versammeln, vereinigen. निस् *u.* विनिस् hinausfliegen, -fallen, hervor brechen, -kommen, enteilen. परि herumfliegen, -laufen, sich tummeln; fallen *o.* sich stürzen auf (*Loc.*). प्र davon-, hinfliegen, hineilen; fallen, stürzen auf, geraten in (*Loc.*). सम् zusammenfliegen, -eilen (*freundl. u. feindl.*); hinfliegen, herankommnn, sich begeben, gelangen zu, geraten ın (*Acc. o. Loc.*).

**पतग** *m.* Vogel.

**पतगराज** *m.* der Vogelkönig (*Garuḍa*).

**पतगेश्वर** *m. dass.*

**पतंग** fliegend. *m.* Vogel; Insekt, Schmetterling, Motte (*auch* पतंग *u.* पतंगम *m.*).

**पतंगर** vogelartig.

**पतंगराज** *m.* = पतगराज.

**पतंगवृत्ति** das Benehmen der Lichtmotte (habend), unbesonnen; *f.* Unbesonnenheit.

**पतञ्जलि** *m. N. eines Philosophen u. Grammatikers.*

**पंतत्र** *n.* Flügel, Feder.

**पतत्रिन्** geflügelt, fliegend; *m.* Vogel, Pfeil.

**पतत्रिराज्** *u.* **पंतत्रिराज** = पतगराज.

**पतद्ग्रह** *u.* **पतद्ग्राह** *m.* (*eig.* der Empfänger dessen was fällt) Almosentopf, Spuck napf.

**पंतन** *n.* das Fliegen, Sturz, Fall (*auch übertr.*); Abfall, Apostasie; das Geraten in (*Loc.*).

**पतितोत्थित** gefa

**पतिव्रता** *f.* dem

fassen, erfassen (*auch übertr.*), erlangen, annehmen. समभि anlangen, gelangen zu (*Acc.*). आ herankommen, eintreten, geraten in, gelangen zu (*Acc.*), ins Unglück kommen; zutreffen, geschehen vorkommen, sich verhalten. *p.p.* आपन्न heraufgefallen, hineingeraten, teilhaftig geworden (*Acc. o.* °), verunglückt, unglücklich; eingetroffen, geschehen (*s. auch bes.*). *Caus.* betreten machen, bringen zu *o.* in (*Acc.*), ins Unglück bringen; herbeischaffen, veranlassen, verursachen, erreichen, erlangen. व्या umkommen, verunglücken; *p.p.* व्यापन्न. *Caus.* verderben, umbringen, töten. उद् hervorgehen, entstehen aus (*Abl.*), geboren werden; sich ereignen, vorkommen, eintreten, beginnen. *p.p.* उत्पन्न hervorgegangen, entsprossen aus (—°), geboren von (*Loc.*), erzeugt von (*Instr. o.* —°), enstanden, eingetroffen, vorhanden. *Caus.* erzeugen, bereiten, bewirken, veranlassen, erregen. प्रत्युद् *p.p.* प्रत्युत्पन्न zur rechten Zeit gegenwärtig, bereit, schlagfertig. व्युद् entstehen; hervorgehen, herkommen von (*g.*); *p.p.* व्युत्पन्न unterrichtet, erfahren. *Caus.* hervorbringen; herleiten (*g.*). समुद् entstehen, hervorbrechen; *p.p.* समुत्पन्न enstanden, geboren, erzeugt

von (*Abl.*) mit (*Loc.*). *Caus.* hervorbringen, erzeugen, verursachen. **उप** losgehen auf, sich begeben, gelangen zu (*Acc.*), zu teil werden, zufallen (*Gen.*); stattfinden, vorkommen, entstehen, möglich, vorhanden sein; angemessen, passend, natürlich sein; gereichen, dienen zu (*Dat.*). *p.p.* **उपपन्न** herangetreten, zu teil geworden, zugefallen; erschienen, geboren, vorhanden; treffend, passend; begabt, versehen mit (*Instr.* o. —°). *Caus.* jemd. etwas beibringen o. mit etwas versehen, ausrüsten (2 *Acc.* o. *Acc.* u. *Instr.*), jemd. (*Dat.*) etwas darbieten, zuführen (*auch ein Mädchen zur Ehe*); darbringen, schenken; etwas in Stand setzen, herrichten, bestellen (*ein Feld*). **अभ्युप** jemd. (*Acc.*) beispringen, zu Hilfe kommen. **प्रत्युप**, *p.p.* **प्रत्युपपन्न** = **प्रत्युत्पन्न**. **नि** sich niederlegen, ruhen, sich legen zu (*Acc.*). **उपनि** sich legen zu (*Acc.*). **निस्** herausfallen, hervorgehen, entstehen, zu stande kommen, fertig werden, reifen, gedeihen, geraten. *p.p.* **निष्पन्न** hervorgegangen, entstanden, fertig, geraten. *Caus.* hervorbringen, ausführen, vollenden,
bereiten. **प्र** treten zu, gelangen in 2.
(*Acc.*), erlangen, teilhaft werden, erhalten, sich machen an, anfangen, vorkommen, eintreten, sich ereignen, ausfallen, erscheinen; einwilligen, zugeben. *p.p.* **प्रपन्न** herangetreten, eingetreten, gekommen; sich begeben habend, geflüchtet zu, geraten in (*Acc.* o. —°), anerkannt. **प्रति** betreten, antreten, sich begeben zu, gelangen nach, erlangen, erhalten, antreffen, finden; vorkommen, stattfinden; ausüben, thun, erweisen, verfahren; gewahren, erkennen, verstehen, annehmen, wofür halten; zusagen, anerkennen, zugestehen, einwilligen, versprechen; antworten (*mit u. ohne* **उत्तरम्**). *p.p.* **प्रतिपन्न** = **प्रपन्न**, *auch* eingewilligt, zugesagt (habend). *n impers.* es wurde ausgemacht. *Caus.* zuführen zu (*Acc.*), jemd. einer Sache teilhaft machen (2 *Acc.*); geben, übergeben, schenken, zu wissen thun, lehren. **वि** fehlschlagen, missraten, verunglücken, *p.p.* **विपन्न**. *Caus.* umbringen, töten.

**पद्वीय** aufzuspüren, zu ermitteln. *Abstr.* **पद्वीयत्व** *n.*

**पदन्यास** *m.* das Fuſssetzen, Tritt, Spur.

**पदपङ्क्ति** *f.* Fuſsspur (*eig.* Schrittreihe); *N. eines Metrums.*

**पदपद्धति** *f.* Fuſsstapfen.

**पदपाठ** *m.* eine best. Recitationsweise (*des Veda*).

**पदपूरण** versausfüllend; *n.* das Versausfüllen (*durch ein Flickwort*).

**पदबन्ध** *m.* Gedicht (*eig.* Versverbindung).*

**पदरचना** *f.* Wortanordnung, Stilisirung (*rh.*).

**पदवी** *m.* (*Nom.* °वीस्) Wegweiser, *f.* (*Nom.* °वी) Fuſsspur, Weg, Pfad, **पदव्यां** (—° *o. mit Gen.*) **पदं** (**नि**)**धा** in jemds. Spur treten, es mit jemd. aufnehmen.

**पदवीय** *n.* Spur.

**पदशस्** *Adv.* Schritt für Schritt, Wort für Wort.

**पदश्रेणि** *f.* = **पदपङ्क्ति**.

**पदस्थ** zu Fuſse gehend (*eig.* stehend).

**पदाक्रान्त** auf dem Fuſse folgend.*

**पदाङ्क** *m.* Fuſsspur.

**पदाति** zu Fuſse gehend; *m.* pedes.

**पदादि** *m.* Wort- *o.* Versanlaut.

**पदानुग** auf dem Fuſse folgend (*Gen.*), entsprechend (—°); *m.* Begleiter.

**पदान्त** *m.* Wort- *o.* Versauslaut.

**पदान्तर** *n.* ein Schritt Entfernung; ein anderes Wort.

**पदार्थ** *m.* Wortbedeutung, Wortentsprechung, *d. h.* Ding, Gegenstand; Hauptbegriff, Kategorie (*ph.*).

**पद्धति** *f.* Fuſstritt, Spur, Linie, Reihe, Weg, Methode, Leitfaden (*oft als Buchtitel*).

**पद्म** *m.* Taglotusblüte, Wasserrose; *n.* eine best. hohe Zahl (1000 Billionen); *m* männl. *Name.*

**पद्मक** *m. Mannsn.*; *n.* eine best. Stellung beim Sitzen (*r.*).

1. **पद्मगर्भ** *m.* Lotuskelch; *N. eines Sees.*

2. **पद्मगर्भ** *m.* der Lotusgeborene (*Bein Brahman's*).

**पद्मयोनि** *m.* = **पद्मगर्भ**.

**पद्मसंभव** *m.* = **पद्मगर्भ**.

*p.p.* **पनित**.

पनस्य्, °स्यति wunderbar, rühmlich sein.
पनस्यु rühmlich, grofsartig.
पनाय्य = पनयाय्य.
पनितृ rühmend; *m.* der Preiser.
पनिष्ठ (*Superl.*) sehr rühmlich.
पनीयंस् (*Compar.*) rühmlicher; *auch = vor.*
पनु *u.* पनू *f.* Bewunderung, Preis.
पन्थानम्, °न्तस्, पन्थाम्, पन्थास् *s.* पथ्.
पन्न *s.* 1. पद्.
पन्नग *m.*, ई *f.* Schlange, Schlangenweibchen.
पन्नगभोजन *m.* der Schlangenfresser (*Bein. Garuḍa's*).
पन्नगराज *m.* der Schlangenkönig.
पन्नगारि *m.* der Schlangenfeind (*Bein. Garuḍa's*).
पन्नगेन्द्र *u.* °गेश्वर *m.* = पन्नगराज.
पन्य wunderbar, rühmlich.
पन्यंस् = पनीयंस्.
पपि trinkend (*mit Acc.*).
पपिवंस् *s.* 1. पा.
पपुरि spendend, reichlich.
पपृक्षेण्य begehrenswert.
पप्तुस् *s.* पत्.
1. पप्रि spendend (*Gen. o. Acc.*), *Superl.* पप्रितम.
2. पप्रि durchbringend, rettend.
पम्पा *f. N. eines Flusses u. eines Sees.*
पयःपूर *m.* Wasserstrom.
पयस् *n.* Feuchtigkeit, *bes.* Wasser *o.* Milch; Saft, Kraft; der männliche Same; *Pl.* Tropfen, Ströme.
पयस्पा Milch trinkend.
पयस्य *Adj.* milchen.
पयस्वन्त् milch-, saft-, samenreich, feucht, strotzend, kraftvoll.
पयस्विन् milch- *o.* saftreich; *f.* °नी Milchkuh.
पयोद Milch *o.* Wasser spendend; *m.* Wolke.
पयोदुह् Milch *o.* Samen gebend.
पयोधर *m.* weibliche Brust, Wolke (Milch- *o.* Wasserträger).
पयोधि *u.* पयोनिधि *m.* Wasserbehälter, Meer.
पयोभृत् *m.* Wolke (Wasserträger).
पयोमय wässern.
पयोमुख oben voll Milch (*Gefäfs*).
पयोमुच् Milch von sich gebend (*Kuh*); *m.* Wolke (Wasser von sich gebend).
पयोराशि *m.* Meer (Wassermasse).
पयोवाह *m.* Wolke (Wasserführer).
पयोवृध् milch-, saftreich, schwellend.
पयोष्णी *f. N. eines Flusses.*

1. पर्, पिपर्ति, पृणाति, पृणति füllen, sättigen, laben, spenden, erfüllen (*Wunsch*). *Part.* पृणन्त् spendend, freigebig. *Med. u. Pass.* पूर्यते (*auch* पूर्यते *u.* पर्यते) sich anfüllen mit, voll werden von (*Instr.*); *p.p.* पर्त *u.* पूर्ण (*s. dies bes.*) gefüllt, voll. *Caus.* पूरयति, °ते voll machen, anfüllen, erfüllen mit (*Instr.*). आ füllen, anfüllen, erfüllen; *Med. Pass.* sich füllen, sich sättigen an (*Instr. o. Gen.*), zunehmen. *p.p.* आपूर्ण gefüllt, voll. *Caus.* आपूरयति = *Simpl. trans.* नि niedergiefsen, ausschütten (*r.*); *p.p.* निपृत. — परि *Med. Pass.* °पूर्यते sich füllen, voll werden; *p.p.* परिपूर्ण gefüllt, voll, vollzählig, vollständig, vollkommen. प्र *Med. Pass.* °पूर्यते = *vor.* प्रति, *p.p.* °पूर्ण voll, angefüllt mit (*Instr.*). सम् *p.p.* संपूर्ण gefüllt, voll, vollständig, vollendet. *Caus* संपूरयति voll machen, vervollständigen, erfüllen.

2. पर्, पिपर्ति hinübersetzen, durchbringen, hinausführen, erretten aus (*Abl.*), zu *o.* nach (*Acc.*) geleiten, fördern. *Caus.* पारयति (°ते) *dass.*, beschützen, erhalten; etwas durchführen, überwinden; vermögen, können (*Inf.*). अति hinüberführen über, hindurchgeleiten durch (*Acc.*). *Caus. dass.*

3. पर्, पृणाति (*nur* —°), *mit* आ sich beschäftigen, *p.p.* आपृत beschäftigt. व्या, (प्रियते *u.* पृणुते) *dass.*; *p.p.* व्यापृत beschäftigt mit, um, bei (*Loc. o.* °—). *Caus.* व्यापारयति jemd. beschäftigen mit *o.* bei (*Loc o. Instr.*).

पर (*Compar.* परतर) fernliegend (*in Raum und Zeit*), jenseitig, dortig, fremd; verschieden von (*Abl.*); vergangen, früher; zukünftig, später, folgend (*in Zeit und*

*Reihe)*, kommend nach, hinausgehend über, mehr als, besser, schlimmer als (*Abl.*, *selten* —°); *auch superl.* der späteste, äufserste, beste, schlimmste. *m.* ein anderer, ein Fremder, Feind; der höchste Gott, die Allseele (*ph.*), *Mannsname*. *n.* die äufserste Ferne, höchste Spitze; Vollendung, Erlösung (*ph.*); *adj.* —° etwas als höchstes *o.* äufserstes habend, ganz aufgehend in, bedacht auf, bestehend in, dienend zu. **परम्** *adv.* darauf, später (*oft nach* **अतस्**, **इतस्**, **ततस्** *w. s.*); hinaus über, jenseits, nach (*nach Abl.*), höchst, höchstens. **नास्मात्परम्** nicht mehr davon, genug! **परं (किं) तु** dennoch, gleichwol. **न — परम्** nicht — sondern, **न परम्—अपि** *o.* **यावत्** nicht nur—sondern auch. **यदि परम्** wenn überhaupt, jedoch, allein.

**परकथा** *f. Pl.* Reden über andere.

**परकार्य** *n.* eine fremde Sache.

**परकीय** fremd, einem anderen gehörig.

**परकृत्य** *n.* = **परकार्य**.

**परक्षेत्र** *n.* ein fremdes Feld *o.* Weib.

**परतस्** *Adv.* = *Abl. von* **पर**, von anderer Seite, von *o.* vor dem Feinde; weiter fort, hinterdrein; hoch oben; über, nach (*nach Abl.*).

**परत्र** *Adv.* jenseits, in jener Welt, weiter unten, später.

**परत्व** *n. Abstr. zu* **पर**.

**परदार** *m. Sgl. u. Pl.* das Weib eines anderen; Ehebruch. **°रिन्** E. treibend.

**परदेश** *m.* die Fremde, Feindesland.

**परदोषज्ञ** fremde Fehler kennend.

**परद्रव्य** *n.* fremdes Gut.

**परधन** *n. dass.*

**परंतप** den Feind quälend.

**परपक्ष** *m.* die feindliche Partei.

**परपरिग्रह** *m.* die Habe *o.* das Weib eines anderen.

**परपुरंजय** feindliche Städte erobernd.

**परपुरुष** *m.* ein fremder Mann.

**परपुष्ट** (von einem anderen ernährt) *m.* der indische Kuckuck; *f.* **आ** Kuckucksweibchen.

**परपूरुष** *m.* = **परपुरुष**.

परश्वस् *Adv.* übermorgen.

परःशत über hundert.

परस् *Adv.* drüber hinaus, jenseits, nachher; °— *in Zahlwörtern* mehr als. *Praep.* drüber hinaus, jenseits (*Acc.*, *Instr. u. Abl.*), ohne (*Instr. u. Abl.*).

परस्तात् *Adv.* = *vor. Adv.*; *Präp.* jenseits, unter, nach (*Gen.*).

परस्थान *n.* die Fremde.

परस्पर (*meist nur Cas. obl. im Sgl. m.*) einander, wechselseitig; °— *dass. adv.* (*vgl.* अन्योऽन्य).

परस्परतस् *Adv.* mit *o.* gegen einander.

परस्पा *m.* Beschützer.

परस्मैपद *n.* die activen Verbalendungen, das Activ des Verbums (*g.*).

परस्व *n.* fremdes Eigentum.

परस्वन्त् *m.* der wilde Esel.

परःसहस्र *u.* परःसहस्र über tausend.

परा (*nur* °—) weg, fort, hin.

पराक Ferne; *nur Loc. u. Abl.* in *u.* aus der Ferne.

पराकात्तात् (*Abl. adv.*) = पराकात् (*s. vor.*).

पराक्रम *m.* Mut, Kraft, Gewalt (*eig.* das An- *o.* Auftreten).

पराग *m.* Blütenstaub, Staub *überh.*

परागम *m.* die Ankunft (*des Feindes*).

परागिन् Blütenstaub habend.

पराग्वदन *u.* °शालिन् = पराङ्मुख.

पराङ्ग *n.* Hinterkörper.

पराङ्मनस् *Adj.* mit abgekehrtem Sinn.

पराङ्मुख, *f.* ई mit abgekehrtem Gesicht; abgewandt, fliehend vor (*Gen. o. Abl.*), abgeneigt, meidend (*Loc.*, *Gen.*, *Acc. o.* —°), widrig, ungünstig. *n. adv. Abstr.* °ता *f.*, °त्व *n.*

Niederlage.

पराजिष्णु siegreich.

पराञ्च् (*f.* पराची, *n.* पराक् *u.*
gewandt, jenseitig von (*Abl.*)
auswärts gerichtet; *n. adv.*

परातरम् *Adv.* weiter weg.

परात्मन् *m.* der höchste Geist,

पराददि hingebend (*Acc.*).

परादान *n.* die Hingabe.

पराधीन abhängig von, besc
hingegeben an (*Loc.* u.* —
ständig, unfrei. *Abstr.* °ता

परान्त *m.* das letzte Ende, de

परापर *n.* das Fernere und Nähe
und Spätere, Höhere und
(Ursache u. Wirkung). *Abstr.*

पराभव *m.* Hingang, Schwund,

पराभाव *m.* Niederlage.

पराभूति *f. dass.*, Kränkung.

परामर्श *m.* das Anpacken; Ar
digung (*Loc.*, *Gen. o.* —°);
Betrachtung.

परायण *n.* Hingang, letztes Zi
Inbegriff, Hauptsache (*adj*
*N. eines Werkes* (*g.*). *Adj.*
das Höchste *o.* Liebste sei
gig von (*Gen.*).

परायत्त von einem anderen a

1. परार्थ *m.* höchster Vorteil,
gelegenheit; °— *Acc. u.*
eines anderen willen, für

2. परार्थ für andere *o.* für ei
Zweck geschehend. *Abstr.*

परार्थवादिन् für einen ande
Stellvertreter (*j.*).

परार्ध *m.* die fernere, jenseit
Hälfte; die gröſste Zahl (

**परार्ध्य** auf der ferneren, jenseitigen, späteren, besseren Hälfte liegend; vorzüglichst, edelst, best; besser als (*Abl.*).

**परावत्** *f.* die Ferne.

**परावर** *n.* = **परापर**; *auch adj.* ferner und näher u. s. w. (*s. d.*).

**परावृज्** *m.* ein Verstoſsener, Auswürfling.

**पराशर** *m.* Zerstörer; *männl. Name.*

**पराश्रय** *m.* die Abhängigkeit von anderen· *Adj.* von a. abhängig.

**परासु** sterbend *o.* tot (*eig.* dessen Leben dahin ist).

**परासेध** *m.* Haft, Gefängnis.

**परास्य** *o.* **परास्य** wegzuwerfen.

**पराह्ण** *m.* der Nachmittag.

**परि** *Adv.* ringsum, umher, °— *beim Nomen u. Adv. verst.*, *beim Zahlwort* = volle. *Präp.* um, gegen, gegenüber, über— hinaus (*Acc.*); von-her, nach, gemäſs, wegen (*Abl.*). ***परि परि** *mit Abl.* mit Ausschluſs von, bis auf.

**परिकर** *m.* Umgebung, Dienerschaft, Beistand, Hilfsmittel (*auch Pl.*); Menge, Schar; Gürtel zum Aufschürzen.

**परिकर्मन्** *n.* Geschäftigkeit, Vorbereitung zu (—°); Verehrung, Kultus, Pflege (*bes.* des Körpers), Reinigung.

**परिकर्मिन्** *m.* Diener.

**परिकर्ष** *m.*, **°ण** *n.* das Herumschleppen.

**परिकल्पना** *f.* Bewerkstelligung, Berechnung.

**परिकल्प्य** zu berechnen.

**परिकीर्तन** das Verkünden, Nennen.

**परिकोप** *m.* starker Zorn.

**परिक्रम** *m.*, **°ण** *n.* das Herumschreiten.

**परिक्रय** *m.* Verkauf, Hingabe, Miete.

**परिक्रयण** *n.* das Dingen, Mieten.

**परिक्रामितक** *n.* das Umhergehen (*d.*), *nur Instr.*

**परिक्लान्त** (*s.* **क्लम्**) erschöpft, abgemattet

**परिक्लेश** *m.* Beschwerde, Anstrengung.

**परिक्लेष्टृ** *m.* Bedrücker, Peiniger.

**परिक्षति** *f.* Verwundung.

**परिक्षय** *m.* Schwund, Untergang, Ende.

**परिक्षाम** sehr abgemagert, abgezehrt.

**परिगृहीत** *s.* **ग्रह्.**

**परिगृहीति** *f.* das Z

**परिग्रह** *m.* das

**परिचर्य** zu bedienen, zu pflegen; *f.* **आ** Bedienung, Pflege.
**परिचार** *m.* Bedienung, Huldigung.
**परिचारक**, *f.* **°रिका** Diener, -in.
**परिचारिन्** sich tummelnd, beweglich; *m.* Diener.
**परिचिति** *f.* Bekanntschaft, Vertrautheit.
**परिच्छद** *m.* Decke, Verhüllung, Verstellung; Umgebung, Dienerschaft, Hofstaat, Gefolge, Geräte; *adj.* —° versehen mit.
**परिच्छेद** *m.* Trennung, Entscheidung, Bestimmung, Beschluss, Abschnitt.
**परिजन** *m.*, **आ** *f.* Diener, -in, *auch coll.* Dienerschaft, Umgebung.
**परिज्ञान** *n.* das Erkennen. Kenntniss.
**परिज्ञेय** zu erkennen.
**परिज्मन्** herumwandelnd; *als Loc.* ringsum.
**परिणत** *s.* **नम्**.
**परिणति** *f.* Umwandlung, Wechsel, Entwickelung, Reife, Erfüllung, Ende, Schluss.
**परिणय** *m.*, **°न** *n.* das Herumführen (*bes. der Braut ums Feuer*), Heirat.
**परिणाम** *m.* = **परिणति**; °— *u. Loc.* schliefslich, am Ende.
**परिणाममुख** sich zur Erfüllung neigend.*
**परिणामिन्** sich verändernd *o.* entwickelnd, reifend.
**परिणायक** *m.* Führer, Gatte.
**परिणाह** *m.* Umfang, Weite. **°वन्त्** umfänglich, grofs, stark.
**परिणाहिन्** = **परिणाहवन्त्**.
**परिणीत** (*s.* **नी**) *n.* Heirat.
**परिणीतपूर्वा** *f.* zuvor geheiratet.
**परिणेतृ** *m.* Gatte.
**परिणेतव्य** *u.* **°णेय** herumzuführen (*bes. ums Feuer*), zu heiraten.
**परितक्य** ängstigend, gefährlich; *f.* **आ** Angst, Gefahr.
**परितस्** *Adv.* ringsum; *Präp.* um (*mit Acc.*).
**परिताप** *m.* Glut, Schmerz, Reue.
**परितापिन्** brennend, schmerzend.
**परितुष्टि** *f.* Zufriedenheit.
**परितोष** *m. dass.*, Freude an (*Loc. o. Gen.*).
**परितोषक** befriedigend.
**परितोषण** *dass.*; *n.* das Zufriedenstellen.
**परितोषवन्त्** zufrieden, froh.
**परितोषिन्** (—°) *dass.*
**परित्याग** *m.* das Verlassen, Verstofsen, Aufgeben, Verzicht, Entsagung.
**परित्यागिन्** verlassend, aufgebend, verzichtend auf (—°).
**परित्याज्य** zu verlassen, aufzugeben.
**परित्राण** *n.* Rettung, Hut, Schutz, Zuflucht.
**परित्रातृ** *m.* Hüter, Schützer.
**परित्रातव्य** zu hüten, zu beschützen.
**परिदा** *f.*, **°दान** *n.* Hingabe, Übergabe.
**परिदेव** *m.* Wehklage.
**परिदेवित** (*s.* 2. **दिव्**) *n. dass.*
**परिदेविन्** wehklagend.
**परिधान** *u.* **°धान** *n.* das Umlegen; Umwurf, Gewand.
**परिधि** *m.* Umschliefsung, Verschluss, Gehege, Schutzwehr, Wall, Gewand, Umkreis, Umgebung.
**परिधूसर** ganz grau.
**परिध्वंस** *m.* Unfall. Sturz, Verbannung; Verlust der Kaste (*auch f.* **आ**).
**परिध्वंसिन्** abfallend, zerstörend (—°).
**परिनिन्दा** *f.* heftiger Tadel, Schmähung.
**परिनिष्ठा** *f.* Gipfel, Vollendung.
**परिपक्व** durch- *o.* fertig gebrannt, ganz reif, überreif (*auch übertr.*).
**परिपतन** *n.* das Umherfliegen.
**परिपन्थिन्** im Wege stehend, hinderlich; *m.* Widersacher, Feind.
**परिपाक** *m.* das Gar- *o.* Reifwerden, die Reife (*auch übertr.*).
**परिपाटि** *u.* **°टी** *f.* Reihenfolge.
**परिपाठ** *m.* vollständige Aufzählung.
**परिपाण** *n.* Schutz, Versteck.
**परिपाण्डु** *u.* **°र** sehr bleich *o.* weifs.
**परिपान** *n.* Trunk.
**परिपार्श्व** zur Seite befindlich. **°चर** *u.* **°वर्तिन्** daneben gehen *o.* stehend.
**परिपालक** behütend, beschirmend.
**परिपालन** *n.* das Behüten, Bewahren; Halten, Schutz, Pflege, Fürsorge (*auch f.* **आ**).
**परिपालनीय** *u.* **°ल्य** zu hüten *o.* zu wahren.

परिपीडन n., °पीडा f. das Drücken, Quälen
परिपूरक erfüllend.
परिपूरण n. das Erfüllen, Genügethun.
परिपूर्ण s. 1. पृ.
*परिपूर्णता f., °त्व n. Fülle.
परिपूर्णेन्दु m. der Vollmond.
परिपूर्ति f. das Vollwerden.
परिपेलव sehr fein o. zart.
परिप्री sehr lieb o. wert.
परिप्रुष् rings spritzend.
परिप्रेप्सु zu erlangen wünschend.
परिप्लव herumschwimmend, hinundherlaufend; m. das Schwanken, Schiff.
परिबाध् f. Quäler, Bedränger.
परिबाधा f. Mühsal, Beschwerde.
परिभव m. schlechte Behandlung, Beeinträchtigung, Erniedrigung, Demütigung; Verachtung gegen (*Loc.*, *Gen.* o. —°)
परिभवन n. Demütigung, Erniedrigung.
परिभविन् verachtend, beleidigend, kränkend.
परिभाव u. °विन् = परिभव, °विन्.
परिभावुक übertreffend (*Acc.*).
परिभाषण n. Gespräch; Verweis, Tadel.
परिभाषा f. dass., Bestimmung, Art Regel (*g.*).
परिभाषेन्दुशेखर *m. T. eines Werkes.*
परिभू umfassend, lenkend (*Acc.*).
परिभूति f. Überlegenheit; Missachtung, Kränkung.
परिभोक्तृ m. Geniefser, Ausbeuter.
परिभोग m. Genuss, Genussmittel.
परिभोगिन् geniefsend.*
परिभ्रंश m. das Entwischen.
परिभ्रंशन n. das Verlustiggehen (*Abl.*).
परिभ्रम m. das Umschweifen (*auch übertr.*).
परिभ्रमण u. °भ्रामण n. Umlauf, Umdrehung.
परिमण्डल n. Umkreis; *Adj.* kreisförmig.
परिमन्थर sehr langsam, schwerfällig. *Abstr.* °ता f.
परिमन्द sehr matt o. abgespannt. *Abstr* °ता f.
परिमन्यु grimmig.
परिमर m. das Sterben um jemd. herum; ब्रह्मणः° eine Art Zauber.

.).

ä

परिवर्ग्य z
परिवर्जक

Cappeller, Sanskrit-Wörterbuch. 16

परिवाद m. Nachrede, Schimpf, Verleumdung, Tadel.

परिवादकर m. Beschimpfer, Schmäher.

परिवादिन् Böses redend, tadelnd.

परिवार m., °ण n. Decke, Umgebung, Begleitung.

1. परिवास m. Aufenthalt, Verweilen.

2. परिवास m. Wohlgeruch.

परिवासन n. Abschnitzel.

परिवाह m. Überflutung.

परिवाहिन् überflutend.

परिविंशत् f. volle zwanzig.

परिविष्टि f. Dienstleistung.

परिवी umwunden.

परिवृक्त (s. वर्ज्), f. परिवृक्ता o. परिवृक्ती die Verschmähte, Zurückgesetzte (*Gattin*).

परिवृज् f. Beseitigung, Vertilgung.

परिवृढ (s. 2. बर्ह्) m. Herr, Anführer.

परिवृत (s. 1. वर्) n. bedeckter Opferplatz.

परिवृत्त (s. वर्त्) n. das Rollen, Sichwälzen.

परिवृत्ति f. das Rollen, Wandern; Wiederkehr, Tausch, Wechsel.

परिवृद्धि f. Vermehrung, Wachstum.

परिवेद m., °न n. vollständige Erkenntnis.

परिवेष m. Umwindung, Bedienung, Aufwartung; Kreis, Hof um Sonne o. Mond.

परिवेषक m. Aufwärter, Aufträger (*von* (*Speisen*).

परिवेषण n. = परिवेष.

परिवेष्टन n. Decke, Hülle; f. आ das Umbinden.

परिवेष्टृ m., °ष्ट्री f. Aufwärter, -in.

परिव्ययण n. das Umwinden.

परिव्याण n. *dass.*

परिव्रज्या f. das Wandern (*bes.* des religiösen Bettlers).

परिशुष्क ausgetro

परिशेष übrig; m. ment.

परिशोधन n. das

परिशोष m. Troc

परिशोषण austr trocknen, Ver

परिशोषिन् = *vor*

परिश्रम m. Ermü

परिश्रय m., °ण gung.

परिश्रित् f. kleine des Altars.

परिषद् umlager sammenkunft,

परिषूति f. Umdr

परिषेक m. Begie

परिषेचक begieſs

परिषेचन n. das

परिषोडश *Pl.* v

परिष्कार m. Sch

परिष्टि f. Hemm

परिष्टुति f. Lob,

परिष्टुभ् umjauch

परिष्ठा hemmend dernis.

परिष्यन्द m. Str

परिष्वङ्ग m. Um

परिष्वजन n. *das*

परिष्वज्य zu um

परिष्वञ्जन n. = प

परिसंवत्सर m. ei

परिसंख्या f., °न Summe, Ges

परिसमाप्ति f. B

**परिसर** liegend an *o.* auf (—°); *m.* Umgebung, Nähe, Aufenthalt.
**परिसरण** *n.* das Herumlaufen.
**परिसर्पण** *n. dass.*
**परिसर्पिन्** umherstreichend.
**परिसहस्र** *Pl.* volle tausend.
**परिसाधन** *n.* das Vollbringen, Ordnen.
**परिस्तर** *m.* Streu.
**परिस्तरण** *n.* das Bestreuen; *auch = vor.*
**परिस्तोम** *m.* Decke, Polster.
**परिस्पन्द** *m.* Zuckung, Bewegung.
**परिस्पन्दक्रिय** die Thätigkeit einer Bewegung ausdrückend (*g.*).
**परिस्पर्धिन्** wetteifernd mit (—°).
**परिस्पृध्** *f.* Nebenbuhler.
**परिस्फुट** sehr deutlich; *n. adv.*
**परिस्यन्द** *s.* **परिष्यन्द**.
**परिस्रज्** *f.* Kranz.
**परिस्रव** *m.* Erguss, Abfluss.
**परिस्राव** *m. dass.* (*bes. als Krankheit*).
**परिस्रुत्** umflutend, überfliefsend.
**परिहर** *m.* Entziehung, Zurückhaltung.
**परिहरण** *n.* das Herumbewegen, Vermeiden.
**परिहरणीय** *u.* **°हर्तव्य** zu vermeiden.
**परिहाणि** *u.* **°हानि** *f.* Abnahme.
**परिहार** *m.* = **परिहरण**; das Übergehen, Verheimlichen, Zurückhaltung, Vorsicht.
**परिहारिन्** (—°) vermeidend.
**परिहार्य** zu vermeiden, zu unterlassen, auszunehmen, *d. h.* mit einer Immunität zu versehen (*j.*).
**परिहास** *m.* Scherz, Spott.
**परिहासनिमित्तम्** zum Scherz.*
**परिहासशील** spottlustig; **°ता** *f.* Spottlust.*
**परिहृति** *f.* Vermeidung.
**परिह्रुत्** umstürzend, fällend.
**परिह्रुति** *f.* Nachstellung.
**परीक्षक** *m.* Prüfer, Kenner.
**परीक्षण** *n.*, **°णा** *f.* Prüfung, Probe.
**परीक्षा** *f. dass.*
**परीक्षिन्** prüfend; *m.* Prüfer Probierer.
**परीणस्** *n.* Fülle, Reichtum; *Instr. adv.* reichlich.
**परीणसं** *n. = vor.*
**परीणह्** *f.* (*Nom.* **°णत्**) Umfassung.
**परीणाम** *m.* = **परिणाम**.
**परीणाह** *m.* Umkreis, Weite.
**परीत** (*s.* 2. **इ**), *Abstr.* **°ता** *f.* das Umgeben-, Erfülltsein.
**परीताप** *m.* Glut, Hitze.
**परीतोष** *m.* Befriedigung.
**परीत्त** *s.* 1. **दा**
**परीत्ति** *f.* Übergabe.
**परीपाक** *m.* = **परिपाक**.
**परीप्सा** *f.* der Wunsch zu erhalten *o.* zu retten.
**परीप्सु** zu erhalten *o.* zu retten wünschend.
**परीमन्** Spende, Fülle.
**परीमाण** *n.* = **परिमाण**.
**परीरम्भ** *m.* = **परिरम्भ**.
**परीवर्त** *m.* Vertausch, Wechsel.
**परीवाद** *m.* = **परिवाद**.
**परीवार** *m.* = **परिवार**.
**परीवाह** *m.* = **परिवाह**.
**परीशासं** *m.* Ausschnitt; *Du.* Opferzange.
**परीषेक** *m.* = **परिषेक**.
**परीष्टि** *f.* Nachforschung.
**परीसर** *m.* Umkreis, Umgebung.
**परीहार** *m.* Vermeidung, Zurückhaltung.
**परीहास** *m.* = **परिहास**.
**परु** *m.* (—°) Gelenk, Glied.
**परुच्छेप** *m. N. eines Rishi.*
**परुत्क** gelenk- *o.* gliedbegabt.
**परुशस्** *u.* **परुःपरुशस्** *Adv.* gliedweise.
**परुष** (*f. alt* **परुष्णी**) knotig (*Rohr*), uneben, fleckig, schmutzig, rauh, stechend, grob. *m.* Rohr, Pfeil. *n. Sgl. u. Pl.* harte Rede, Grobheiten.
**परुषोक्ति** *f. = vor. n.*
**परुस्** *n.* Knoten (*bei Pflanzen*), Internodium, Gelenk, Körperglied, Abschnitt.
**परे** (*Loc. adv.*) später, künftig.
**परेण** (*Instr. adv.*) = *vor.*, jenseits, oben; *als Präp.* vorüber an, hinaus über (*Acc.*), nach, später als (*Abl. o. Gen.*).
**परेत** (*s.* 2. **इ**) *m.* ein Verstorbener, Toter; *Pl.* die Manen.
**परेति** *f.* Weggang.
**परेद्यवि** (*Loc. adv.*) am folgenden Tage, morgen.

**परेश** *m.* höchster Herr (*Bein. Brahman's u. Vishṇu's*).

**परोऽक्ष** aus den Augen liegend, nicht vorhanden, nicht gegenwärtig *o.* wahrnehmbar. *Loc.* hinter dem Rücken, heimlich; wo man nicht selbst dabei gewesen ist (*g.*). *Instr.* auf heimliche Weise. *Acc. u. Abl.* heimlich, clam (*Instr. o. Gen.*).

**परोऽक्षता** *f.* Unsichtbarkeit, Dunkel.

**परोपकार** *m.* Dienstleistung (an andere).

**परोपकारिन्** anderen Dienste leistend, helfend, gefällig.

**परोपकृति** *f.* = **परोपकार**.

**परोविंश** *Pl.* mehr als zwanzig.

**परोऽशीत** *Pl.* mehr als achtzig.

**पर्क** (—°) Mischung, Spende.

**पर्कटी** *f. N. eines Baumes.*

**पर्च्**, **पृणक्ति**, **पृङ्क्ते** (**पृञ्चति**, **पिपर्क्ति**) mengen, mischen, berühren, füllen, sättigen, verleihen, mehren. *p.p.* **पृक्त** gemischt, erfüllt, voll von (*Instr. o.* —°). **आ** vermischen, erfüllen, durchmengen mit (*Instr.*). **वि** zerteilen, trennen von (*Instr.*); erfüllen, sättigen. **सम्** mischen, vereinigen, berühren; erfüllen, versehen mit (*Instr.*) *Med. Pass.* sich mischen, berühren, vereinigen. *p.p.* **संपृक्त** vermischt, verbunden mit, erfüllt von (*Instr.*).

**पर्जन्य** *m.* Regenwolke *o.* Regen, der Regen- *o.* Donnergott.

**पर्जन्यजिन्वित** vom Regen (-gott) belebt.

**पर्जन्यवृद्ध** vom Regen (-gott) genährt.

**पर्ण** *n.* Flügel, Feder (*auch beim Pfeil*), Laub, Blatt; *m.* = **पलाश** *m.*

**पर्णधि** *m.* Federhalter (*beim Pfeil*).

**पर्णमय**, *f.* **ई** aus dem Holz des Palâça-baumes gemacht.

**पर्णवन्त्** blätterreich.

**पर्णशय्या** *f.* Blätterlager.

**पर्णाद** *m. Mannsname.*

**पर्णाशन** *n.* das Laubessen.

**पर्णाशिन्** Laub essend

**पर्णिन्** gefiedert, blätterig.

**पर्ण्य** auf die Blätter bezüglich.

**पर्तृ** *m.* Retter (*nur Instr. Pl.*).

**पर्द्**, **पर्दते** farzen.

**पर्पट** *m.*, **ई** *f. Pflanzennamen.*

**पर्यक्** *Adv.* rundum.

**पर्यग्नि** *m.* Rundfeuer, *n.* Feuerrunde (*r.*); °**कर्** die Feuerrunde vollziehen.

**पर्यग्निकरण** *n.* die Feuerrunde (*r.*)

**पर्यङ्क** *m.* Ruhebett, Sopha; das Unterschlagen der Beine beim Sitzen.

**पर्यटन** *n.* das Herumstreichen, Durchwandern.

**पर्यन्त** *m.* Umkreis, Grenze, Rand, Ende. **पर्यन्तम्** (—°) bis ans Ende von, bis auf.

**पर्यन्तस्थ** angrenzend, benachbart.

**पर्यय** *m.* Umlauf, Ablauf, Wechsel, Veränderung.

**पर्ययन** *n.* das Umwandeln.

**पर्यवसान** *n.*, °**साय** *m.* Schluss, Ende.

**पर्यश्रु** bethränt, verweint.

**पर्यश्रुनयन** verweinte Augen habend.

**पर्यसन** *n.* das Hinundherwerfen.

**पर्यस्तमयम्** *Adv.* um Sonnenuntergang.

**पर्याकुल** erfüllt, verwirrt, aufgeregt. *Abstr.* °**त्व** *n.*

**पर्याकुलय्**, °**यति** verwirren, aufregen.

**पर्याकुली कर्** *dass.*; °**भू** sich verwirren.

**पर्याप्त** (*s.* **आप्**) vollendet, reichlich, genügend, hinreichend für, gewachsen (*Dat. o. Gen.*) *n. adv.* **पर्याप्तमेतावता** dies genügt (*Gen.*).

**पर्याप्ति** *f.* Abschluss, Genüge; das Gewachsensein, Zulänglichkeit.

**पर्याय** *m.* Umlauf, Verlauf, Wechsel, Wiederholung, Reihenfolge, Art und Weise; Wechselbegriff, Synonym (*g.*). °— *u. Instr.* reihum, wechselweise. *Abstr.* °**ता** *f.*, °**त्व** *n.*

**पर्यालोच** *m.*, °**न** *n.* Überlegung.

**पर्यालोचना** *f. dass.*, Absicht, Plan.

**पर्यावर्त** *m.*, °**न** *n.* Wiederkehr.

**पर्यास** *m.* Umdrehung, Einfassung; Ende, Schluss.

**पर्युक्षण** *n.* Besprengung, Sprenggefäfs.

**पर्युत्सुक** sehr unruhig, aufgeregt, wehmütig, sehnsuchtsvoll. °**की भू** sehr wehmütig gestimmt werden.

पर्युपासन *n.* (das Umsitzen*), Umlagern, Höflichkeit.

पर्युषित (*s.* 4. वस्) übernächtig, gestrig, abgestanden, alt, fade.

पर्येतर् *m.* Überwältiger, Herr über (*Gen.*).

पर्येषण *n.* das Suchen, Forschen, Streben

पर्येष्टव्य zu suchen, zu erstreben.

पर्येष्टि *f.* das Suchen nach (—°).

पर्व (*adj.* —°) = पर्वन्.

पर्वकाल *m.* Zeit des Mondwechsels, Festzeit.

पर्वण *m.* *N. eines Unholds; f.* ई Mondwechsel.

पर्वत wuchtig, gewaltig (*eig.* gegliedert, aus Absätzen bestehend); *m.* Gebirge, Berg, Fels, Stein; *männl. Name, bes eines alten Rishi*). *f.* पर्वती Fels, Stein

पर्वतच्युत् Berge erschütternd.

पर्वतपति *m.* Gebirgsfürst, Bergesriese.

पर्वतराज् *u.* °राज *m. dass.*

पर्वतशिखर *m. n.* Berggipfel

पर्वताग्र *n. dass.*

पर्वतात्मजा *f.* die Bergtochter (*Durgâ*).

पर्वतायन *m.* = पार्वतायन.

पर्वति *f.* Fels, Stein.

पर्वतीय *Adj.* Berges-.

पर्वतेश्वर *m.* = पर्वतपति; *Mannsname.*

पर्वतेष्ठा auf Bergen weilend.

पर्वतोपत्यका *f.* Land am Fuſse eines Berges

पर्वत्य *u.* °त्य *Adj.* Berges-.

पर्वन् *n.* Knoten (*an der Pflanze*), Röhre (*eines Knochens*), Gelenk (*an Pflanze o Körper*), Glied, Abschnitt, Abteilung, Stück (*in einem Texte*); Zeitabschnitt, *bes.* Mondwechsel, Opfer beim Mondwechsel.

पर्वभेद् *m.* Gelenk-, Gliederreiſsen.

पर्वशस् *Adv.* glied-, stückweise, in Stücke

पर्वसंधि *m.* Mondwechsel, *bes.* Neu- o Vollmondszeit.

पर्शान *m.* Tiefe, Abgrund.

1\. पर्शु *f.* Rippe; krummes Messer, Sichel.

2\. पर्शु *m.* = परशु.

पर्ष *m.* Büschel, Garbe.

1\. पर्षणि überführend (*Schiff*).

2\. पर्षणि *Loc. Inf. zu* 2. पर्.

पर्षद् *f.* = परिषद्.

, ein

पलिक्नी *s. folg.*

), *bes.* Klärsieb, Somaseihe; :nd, läuternd. *Abstr.* प-त्व *n.*
die Seihe geläutert.
läutern, heiligen; *p.p.* प-

वितर्.
ıng.
ïs. पश्यति, °ते (*vgl.* स्पश् *u.* , erblicken, betrachten, rkennen als (2 *Acc. o. Acc.* f वत्); mit dem Geiste ·sinnen, erfinden; einsehen, ·üfen. अति hinausschauen hinblicken, wahrnehmen, अव hinblicken auf, beob- ; aufblicken, voraussehen, ·rblicken, gewahren. परि , erspähen, entdecken, be- kennen. प्र vor sich sehen, ı, schauen, betrachten, er- ten für (2 *Acc.*). वि sehen, rnere, gewahr werden, .en. अभिवि erschauen, er- म् (zusammen) erblicken, ı, besichtigen.
*str.* पड्भिस्) Blick, Auge.
ı gehörig, Vieh-; *n.* Herde,

Vieh (*auch coll.*), Tier, *bes.* Opfertier (*zuw. incl. Mensch, im verächtlichen Sinne vom* ·braucht).

पशुबन्ध *m.* Tieropfer (*eig.* -fesselung).
पशुमन्त् vieh-, herdenreich. *m.* Herdenbesitzer; *n.* Viehstand.
पशुमार् *nur Acc. u. Instr. adv.* wie man ein Opfertier tötet.
पशुमारण *u.* °कर्मन् *n.* das Viehschlachten.*
पशुयज्ञ *m.* Tieropfer.
पशुयाजिन् ein Tieropfer darbringend.
पशुरक्षि *u.* °रक्षिन् *m.* = Viehhüter, Hirt.
पशुवत् *Adv.* wie das Vieh *o.* wie beim V.
पशुविद् Vieh verschaffend.
पशुव्रत wie das Vieh verfahrend.
पशुशिरस् *u.* °शीर्ष *n.* Tierkopf.
*पशुशृङ्ग *n.* Tierhorn.
पशुषा *u.* °षा Vieh schenkend.
पशुसनि *dass.*
पश्वखा *f.* Topf zum Kochen des Opfertiers.
पश्चा (*Instr. adv.*) hinten, westlich, später, nachher.
पश्चात् (*Abl. adv.*) *dass. Präp.* (*Gen. u. Abl.*) hinter, westlich von, nach (*zeitl.*). *Mit* कर् hinter sich lassen, übertreffen; *mit* गम् zurückgehen; ततः° darauf, nachher.
पश्चातात् (*Abl. adv.*) von hinten.
पश्चात्काल *m.* die Folgezeit.
पश्चात्ताप *m.* Reue (*eig.* Nachbrand).
पश्चात्तापिन् Reue empfindend.
पश्चाद्भाग *m.* Hinterteil.
पश्चार्ध *m. dass.*, Westseite
पश्चार्ध्य auf der Westseite befindlich.
पश्चिम der hintere, westlich, letzt. *f.* आ (दिश्) der Westen.

**पश्चिमदक्षिण** **südwestlich.**

**पश्चिमोत्तर** **nordwestlich.**

**पश्य** hinschauend, einsichtig.

**पश्यत** sichtbar.

**पश्वङ्ग** *n.* was zum Opfertier gehört.

**पश्विज्या** *f.* Tieropfer.

**पश्विष्** Vieh begehrend.

**पसस्** *n.* penis.

**पस्त्य** *n.* Haus, Stall; *f.* **आ** *Pl.* Haus u. Hof, Anwesen, die Genien des Hauswesens.

**पस्त्यसद्** *m.* Hausgenosse, Insasse.

**पस्त्यावन्त्** im Hause *o.* Stalle wohnend, angesessen; *m.* ein Hofbesitzer, reicher Mann.

**पह्लव** *m. Pl.* die Parther *o.* Perser.

1. **पा, पिबति, °ते (पिपति, पाति, पिपीते)** trinken, einsaugen, saugen an (= küssen), aussaugen, erschöpfen; *p.p.* **पीत** ge trunken (habend) *gew. pass., selten act.* = **पीतवन्त्**. *Caus.* **पाययति, °ते** tränken, zu trinken geben (*2 Acc.*), *p.p.* **पायित**. *Desid.* **पिपासति** *u.* **पिपीषति** durstig sein. *Partic.* **पिपासन्त्** *u.* **पिपासित** durstig. *Intens.* **पेपीयते** gierig trinken *o.* getrunken werden. **आ** hineintrinken, einschlürfen, einsaugen. **नि** *dass.* **सम्** zusammen hineintrinken.

2. **पा** (—°) trinkend.

3. **पा, पाति** schützen, hüten vor (*Abl.*), bewachen, bewahren. *p.p.* **पात**. **परि** rings behüten, bewahren. **प्र** = *Simpl.*

4. **पा** (—°) schützend, schirmend.

**पांसन**, *f.* **ई** (—°) verunreinigend, schändend.

**पांसव** aus Staub bestehend.

**पांसव्य** *Adj.* Staub-.

**पांसु** *m.* Staub, Sand.

**पांसुक** *m. Pl. dass.*

**पांसुर** staubig.

**पांसुल** *dass.*, unrein, befleckt, makelhaft; (—°) besudelnd, schändend.

**पांसुसंचय** *m.* Sandhaufen.

**पांसुस्नान** *n.* das Sichwälzen (*eig.* Baden) im Staube.

1. **पाक** jung, einfältig, schlicht, naiv, dumm *m.* Tierjunges, N. eines Daitya.

2. **पाक** *m.* (*adj.* —° *f.* **ई**) das Kochen (*trans. u. intrans.*), Brennen; Verdauung, Reife, Erfüllung, Vollendung, Vollkommenheit.

**पाकत्रा** *Adv.* ohne Falsch, einfältig.

**पाकपात्र** *n.* Kochgeschirr.

**पाकबलि** *m.* = **पाकयज्ञ**.

**पाकवत्** *Adv.* = **पाकत्रा**.

**पाङ्क्त** fünffach.

**पाञ्चरात्रिक** fü

**पाञ्चवर्षिक**, *f.*

Volk der P.; *f.* ई eine Fürstin der P., *bes. Draupadî.*

पाञ्चालक, *f.* °लिका = *vor. Adj.*

पाञ्चाल्य *dass.*, *m.* ein P. *o.* ein Fürst der P.

पाट *m.* Durchschnitt. *f.* आ *N. einer Pflanze*, Reihenfolge; ई Arithmetik.

पाटक *m.* Spalter, Zerreifser.

पाटच्चर *m.* Dieb, Räuber.

पाटन *n.* das Spalten, Zerreifsen.

पाटल blassrot. *m.* blasse Röte; *m. f.* आ *N. eines Baumes (auch* °लि *f.).*

पाटलिपुत्र *n. N. einer Stadt; m. Pl. der Bewohner ders.*

पाटव *n.* Schärfe, Gewandtheit.

पाटिन् spaltend (—°).

पाटीर *m.* Sandelbaum.

पाटूर *m.* Rippengegend (*beim Tier*)

पाठ *m.* Vortrag, Recitationsweise, Studium, Text, Textüberlieferung, Lesart.

पाठक *m.* Hersager, Recitator, Lehrer, Schüler, Gelehrter.

पाठदोष *m.* Textfehler, falsche Lesart.

पाठन *n.* das Unterrichten (*eig.* Hersagenlassen).

पाठवन्त् belesen, gelehrt.

पाठिन् *dass.* (—°); *m.* Kenner, Gelehrter.

पाठ्य herzusagen *o.* zu unterrichten.

पाण *m.* Einsatz (*im Spiel*).

पाणि *m.* Hand; *adj.* —° in der H. haltend. पाणिं ग्रह् die Hand ergreifen = heiraten *(vom Manne)*, पणिं दा die Hand reichen *(von der Frau).*

पाणिग्रह *m.* Handergreifung, Heirat.

पाणिग्रहण *n. dass.*

पाणिग्रहीतर्, °ग्राह *u.* °ग्राहक *m.* Bräutigam, Gatte (*eig.* Handergreifer).

पाणितल *n.* Handfläche, Hand.

पाणिन् (—°) = पाणि.

पाणिनि *m. N. eines berühmten Grammatikers.*

पाणिनीय zu Pâṇini gehörig, von P. verfasst. *m.* ein Schülers P.'s; *n.* P.'s Grammatik.

पाणिपद्म *m.* Lotushand.

पाणिपाद *n. Sgl. u. m. Pl.* Hände und Füfse.

पाणिबन्ध *m.* der Hände- *d. i.* Ehebund.

पाणिमन्त् Hände habend.

पाणिमित mit der Hand zu umspannen, sehr dünn *o.* schlank.

पाण्डर weifslich, bleich.

पाण्डव *m.* ein Nachkomme Pâṇḍu's, ein Panduide; *Adj. f.* ई den Panduiden gehörig (*auch* °वीय).

पाण्डवेय = *vor.*

पाण्डित्य *n.* Gelehrsamkeit, Klugheit, Gewandtheit.

पाण्डु weifslich, gelblich, bleich; *m. N. eines alten Königs.*

पाण्डुता *f.*, °त्व *n.* Blässe.

पाण्डुनन्दन *m.* ein Pâṇḍusohn, Panduide.

पाण्डुपत्त्र *n.* ein gelbes Blatt.

पाण्डुभूम *m.* weifslicher Boden.

पाण्डुर weifslich, bleich.

पाण्डुरता *f.*, °रिमन् *m.* weifse Farbe.

पाण्डुरोग *m.* Gelbsucht.

पाण्डुलेख Konzept (*eig.* Blassschrift), Unreines.

पाण्ड्य *m. Pl. Volksname.*

पाण्डु *n.* ein ungefärbtes Wollkleid.

पाण्य zur Hand gehörig, Hand-.

पात *m.* Flug, Fall, Sturz, Untergang, Einfall, Überfall, Hereinbruch, Eintritt, Möglichkeit.

पातक zu Fall bringend (—°). *m.* (*n.*) ein (zu Falle bringendes, *d. h.* Verlust der Kaste herbeiführendes) Verbrechen, Sünde, Schuld.

पातकिन् fehlend, sündigend; *m.* Verbrecher.

पातञ्जल *m.* von Patañjali verfasst. *m.* ein Anhänger P.'s. *n.* das System des P. (*ph.*); das Mahâbhâshya (*g.*).

पातन fällend; *n.* das Fallenlassen, Werfen, Stürzen, Fällen, Abschlagen, Vertreiben, Vernichten.

पातनीय fallen zu lassen, zu werfen.

पातयितर् *m.* Werfer (*der Würfel*).

1. पातर् *u.* पातर् *m.* Trinker.

2. पातर् *m.* Schützer, Schirmer.

पातवे *u.* पातवै *Dat. Inf. zu* 1. पा.

1. पातव्य zu trinken.

2. पातव्य zu beschützen.
पाताल n. Unterwelt, Schlangenhöhle, Art Hölle.
पातिन् fliegend, fallend; fällend, niederwerfend (—°).
पातुक fallend, seine Kaste verlierend.
1. पात्य fallen zu lassen.
2. पात्य n. Herrschaft.
पात्र n. Trinkgefäfs, Schale, Becher, Behälter, Empfänger; eine würdige Person, Kapazität, Meister; Schauspieler, Rolle. f. पात्री (पात्री) Gefäfs, Schüssel (auch पात्रिका f.).
पात्रता f. °त्व n. (eig. das Behältersein), Fähigkeit, Würdigkeit.
पात्री कर् (s. पात्र) zu Ehren bringen, rechtfertigen.
पाथस् n. Ort, Sitz (auch °थिस्); Wasser.
पाथेय n. Reisekost.
पाथोज n. Lotusblüte; °जिनी f. -pflanze.
पाथोद् m. Wolke (Wasserspender).
पाथोधि m. Meer (Wasserbehälter).
पाथोनाथ m. Meer (Wassergebieter).
पाथोनिधि m. = पाथोधि.
पाद् m. Fufs (bei Lebewesen u. Dingen); Strahl, Viertel, Kapitel, Vers, Reihe. Pl. —° die Füfse des — als Ausdruck der Ehrerbietung.
पादक Füfschen; adj. —° (f. °दिका) Fufs.
*पादकटक m. n. Fufsring.
पादगृह्य (Ger.) am Fufse packend.
पादग्रहण n. das (unterwürfige) Umfassen der Füfse jemds.
पादचार u. °चारिन् zu Fufse gehend.
पादजल n. Fufswasser.
पादतल n. Fufssohle.
पादतस् Adv. von den Füfsen aus, zu Füfsen, schritt- o. stufenweise.
पादत्र u. °त्राण n. Schuh (eig. Fufsschutz).
पादधावन n. das Fufswaschen.
पादनख m. Fufsnagel.
पादन्यास m. das Fufssetzen, Tritt.
पादप m. Pflanze, bes. Baum (Fufstrinker).
पादपतन n. Fufsfall.
पादपद्धति f. Fufsspur.
पादपद्म m. Lotusfufs.
पादपीठ n. Fufsbank, Schemel.
पादपूरण versfüllend; n. das Vollmachen eines Verses.
पादप्रक्षालन n. das Fufswaschen.
पादप्रहार m. Fufstritt.
पादबन्ध m. Fufsfessel.
पादभट m. Fufssoldat.
पादभाग m. Viertel; adj. ein V. betragend.
पादमुद्रा f. Fufsspur; °पङ्क्ति f. Fufsspuren (-Reihe).
पादमूल n. Fufswurzel (auch ehrfurchtsvolle Bez. der Person selbst); °ले zu Füfsen.
पादरजस् n. Fufsstaub.
पादलग्न im Fufse steckend o. am Fufse hängend.
पादवन्त् mit Füfsen begabt.
पादवन्दन n. ehrfurchtsvolle (eig. Fufs-) Verehrung.
पादशस् Adv. fufs- o. versweise.
पादशौच n. Reinigung der Füfse.
पादाग्र n. Fufsspitze, Zehe.
पादाघात m. Fufstritt.
*पादाङ्गद n. Fufsring.
पादाङ्गुलि u. °ली f. Zehe.
पादाङ्गुष्ठ m. die grofse Zehe (Fufsdaumen).
पादात m. Fufsknecht.
पादान्त m. Fufsende, Kralle; Versende.
पादान्तर n. ein Schritt Entfernung.
पादाभिवन्दन u. °वादन n. = पादवन्दन.
पादार्ध n. Hälfte eines Viertels, Achtel.
पादार्पण n. das Fufsaufsetzen, Betreten.
पादाहति f. Fufstritt.
पादिन् = पादवन्त्.
पादु m. Fufs.
(पादुक u.) °का f. Schuh, Pantoffel.
पादू f. dass.
पादून = पादोन.
पादोदक n. Fufswasser.
पादोन um ein Viertel kleiner.
पाद्य Adj. zum Fufse gehörig, Fufs-; m. Fufswasser.
1. पान n. das Trinken; Trunk, Getränk, Tränkchen (med.).
2. पान s. 3. पा.
3. पान (—°) schützend; n. Schutz, Schirm.

**पानक** m. n. Trank, Tränkchen.
**पानप** m. Trinker.
**पानपात्र** u. °**भाजन** n. Trinkgeschirr, Becher.
**पानभोजन** n. Essen und Trinken.*
**पानमत्त** vom Trinken berauscht.
**पानमद** m. Trinkrausch.
**पानीय** zu trinken, trinkbar; n. Getränk, Wasser.
**पानीयवर्ष** (Wasser-) Regen.
**पान्त** m. Trank.
**पान्थ** m. Wanderer, Reisender. *Abstr.* °**त्व** n.
**पाप** (**पाप**), *f.* **ई** (*sp.* **आ**) schlimm, böse, unheilvoll; *Instr.* **पापया** *adv.* schlecht, verkehrt, unrecht. *m.* Bösewicht; *n.* Übel, Missgeschick, Frevel, Schuld, Sünde, Leid, *auch adv.* **पापम्** male. **शान्तं पापम्** verhüte der Himmel, absit omen! *Abstr.* **पापता** *f.*, °**त्व** *n.*
**पापक**, *f.* °**पिका** (*u.* °**पकी**) schlimm, böse. *m.* Bösewicht; *n.* Übel.
1. **पापकर्मन्** *n.* Übelthat.
2. **पापकर्मन्** übelthuend; *m.* Übelthäter.
**पापकारिन्** *u.* °**कृत्** *dass.*
**पापकृत** *n.* Missethat.
**पापकृत्या** *f. dass.*; °**कृत्वन्** *m.* Missethäter.
**पापबन्ध** *m.* Reihe von Übelthaten.
**पापबुद्धि** *f.* böse Absicht; *Adj.* b. gesinnt.
**पापभाज्** am Unheil beteiligt, schuldig.
**पापरहित** von Schuld frei, harmlos.
**पापरोग** *m.* eine böse Krankheit. °**गिन्** damit behaftet.
**पापलोक** *m.* böse Welt, Hölle.
**पापशील** von schlechtem Charakter. *Abstr.* °**त्व** *n.*
**पापसम** *n.* ein böses Jahr.
**पापहन्** Böse(s) tilgend; *f.* °**घ्नी** *Flussn.*
**पापात्मन्** übel gesinnt; *m.* Bösewicht.
**पापानुबन्ध** *m.* die Folgen des Bösen.
**पापाह** Unglückstag.
**पापिन्** böse; *m.* Bösewicht.
**पापिष्ठ** (*Superl. zu* **पाप**) der schlechteste, geringste, überaus schlimm; *Compar.* **पापिष्ठतर**, *Superl.* °**तम**.
**पापीयंस्** (*Compar. zu* **पाप**) schlechter (*opp.* **श्रेयंस्**), geringer, sehr elend, böse, schlimm. *m.* Bösewicht; *n.* größeres Übel. *Compar.* **पापीयस्तर**; *Abstr.* **पापीयस्त्व** *n.*
**पाप्मन्** *m.* Unheil, Elend, Leid, Schuld, Sünde.
**पामन्** *m.* Hautkrankheit, Krätze.
**पामन** krätzig.
**पाय्**, **पायते** cacare.
**पायक**, *f.* °**यिका** trinkend (*Gen. o.* —°).
**पायन** *n.* das Tränken.
**पायम्** (*Ger.*) *dopp.* beständig trinkend *o.* saugend.
**पायस** mit Milch bereitet, Milch-; *n.* Milchspeise, Milchreis.
**पायिन्** (—°) trinkend, saugend.
1. **पायु** *m.* Hüter, Schirmer.
2. **पायु** (**पायु**) *m.* After.
**पाय्य** (—°) zu tränken; *n.* Trunk.
1. **पार** hinübersetzend. *m.* das Überschiffen (—°); *Mannsn.* *n.* (*m.*) das (jenseitige) Ufer, Ende, Grenze, Ziel. *f.* **पारा** *Flussn.*, **पारी** Melkkübel.
2. **पार** *m.* (—°) = 1. **पाल**.
**पारक्य** einem anderen gehörig, fremd; *m.* Feind.
**पारग** hinübergehend *o.* setzend; durchgekommen durch, bewandert in (*Gen.*, *Loc. o.* —°).
**पारण** hinüberschaffend, rettend. *n.* das Abmachen, Vollbringen, Beschliefsen (*bes. des Fastens, daher auch* erste Mahlzeit, Frühstück); Durchstudieren, Lesen (*auch f.* **आ**).
**पारणीय** durchzubringen, zu überwinden.
**पारत** *m.* Quecksilber; *Pl. Volksn.* (*vgl.* **पारद**).
**पारतन्त्र्य** *n.* Abhängigkeit.
**पारतस्** *Adv.* vom jenseitigen Ufer her, jenseits (*Gen.*).
**पारद** *m.* = **पारत**.
**पारदारिक** zu dem Weib eines anderen in Beziehung stehend; *m.* Ehebrecher.
**पारदेश्य** fremdländisch.
**पारमार्थिक**, *f.* **ई** real, wirklich, wahr.
**पारमिता** *f.* das Erreichen des jenseitigen Ufers, Vollkommenheit (*buddh.*).

**पारमेश्वर**, *f.* **ई** zum höchsten Herrn in Beziehung stehend.

**पारमेष्ठ्य** *dass.*; *n.* der höchste Rang.

**पारंपर्य** *n.* ununterbrochene Reihe, Vermittelung, Überlieferung.

**पारयितर्** traducturus (*s.* 2. **पर्**).

**पारयिष्णु** durchbringend, überwindend, vollendend, siegreich. *Superl.* **पारयिष्णुतम.**

**पारवश्य** *n.* Abhängigkeit.

**पारशव**, *f.* **ई** eisern; *m. N. einer best. Kaste.*

**पारस**, *f.* **ई** persisch; *f.* **ई** die p. Sprache.

**पारसिक** *o.* **°सीक** *m. Pl.* die Perser.

**पारस्कर** *m. N. eines Lehrers; Adj.* von P verfasst.

**पारायण** *n.* das Durchgehen (*übertr.*), Durchstudieren, Lesen.

**पारार्थ्य** *n.* Altruismus, Uneigennützigkeit

**पारावत** *Adj.* fern, fernher kommend. *m.* Turteltaube; *Pl. Volksname.*

**पारावार** das jenseitige und diesseitige Ufer; *m.* Meer.

**पाराशर** *u.* **°शर्य**, *f.* **पाराशरी** *Patron. von* **पराशर.**

**पारिक्षित्** *u.* **°क्षित** *m.* von Parikshit stammend (*Patron. des Janamejaya*).

**पारिजात** *u.* **°क** *m.* der Korallenbaum, einer der Paradiesbäume (*myth.*); *Mannsn.*

**पारिणाह्य** *n.* Hausgerät, Heiratsgut (*j.*).

***पारितथ्या** *f.* Art Perlenschnur.

**पारितोषिक** *n.* Anerkennungszeichen, Belohnung, Douceur.

**पारिपन्थिक** *m.* Wegelagerer.

**पारिपार्श्वक** *u.* **°र्श्विक** zur Seite stehend. *m., f.* **°र्श्विका** Diener, -in; Gehilfe, -in (*d.*).

**पारिप्लव** umherschwimmend *o.* -gehend, schwankend, unstet; *m.* Schiff.

**पारिभद्र** *u.* **°क** *m. N. eines Baumes.*

**पारिषद** zu einer Gesellschaft passend, anständig. *m.* Beisitzer in einer Versammlung; *Pl.* das Gefolge eines Gottes

**पारिहार्य** *m.* eine Art Armband.

**पारीन्द्र** *m.* Löwe.

**पारुषेय** scheckig, fleckig.

**पारुष्ण** *m.* Art Vogel.

*duiden.*)

पार्षद्

पार्षद

**पालय्**, **पालयति** (**पालयते**) hüten, schirmen, bewahren, beherrschen, beobachten, halten (*ein Versprechen*). *p.p.* **पालित**. **परि** = *Simpl.* **प्रति** warten, erwarten. **सम्** schirmen, hüten, halten (*Versprechen*).

**पालयितर्** *m.* Wächter, Schützer (*Gen., Acc. o.* —°).

**पालागल** *m.* Läufer, Bote; **ई** *f.* die vierte Frau eines Fürsten.

**पालाश**, *f.* **ई** aus Palâçaholz; *m.* = **पलाश**.

**पालि** *u.* °**ली** *f.* Ohrläppchen, Ecke, Rand, Reihe, Kochtopf.

**पालित्य** *n.* Altersgrauheit.

**पालिन्** schützend, schirmend; *m.* Beherrscher, Fürst (—°).

**पाली** *s.* 1. **पाल** *u.* **पालि**.

**पाल्य** zu schützen, zu bewahren.

**पाल्वल**, *f.* **ई** im Teich *o.* Pfuhl lebend.

**पाव** *m.* ein best. Blasinstrument.

**पावक** hell, strahlend, flammend; *m.* Feuer *o.* der Gott des Feuers.

**पावकार्चिस्** *f.* Feuerstrahl.

**पावकि** *m.* Sohn des Feuers (*Bein. versch. Götter*).

**पावन्** (—°) trinkend; schützend.

**पावन**, *f.* **ई** reinigend, lauter, heilig; *n.* das Reinigen *o.* Reinigungsmittel.

**पावा** *f. N. einer Stadt.*

**पाविन्त्र्य** *n.* Reinheit, Lauterkeit.

**पाश** *m.* Schlinge, Strick, Fessel (*auch übertr.*).

**पाशकण्ठ** eine Schlinge am Halse habend.

**पाशय्**, °**यति** binden, fesseln; *p.p.* **पाशित**.

पिञ्जला *f. N. eines Flusses;* ई *f.* Büschel, Bund.

पिञ्जुल, °ञ्जूल *n.*, °ली *f.* = *vor.* ई *f.*

पिटक *m. n.*, आ *f.* Korb; Beule.

पिठर *n.*, ई *f.* Topf.

पिठरक *m. dass.*

पिठीनस् *m. Mannsname.*

*पिडक *m.*, आ *f.* Knoten, Beule, Blase.

पिणाक् *s.* पिष्.

पिण्ड *m. n.* (पिण्डी *f.*) Klumpen, Knopf, Stück, Bissen, Brot, Lebensunterhalt. *m.* (*n.*) Mehlkloſs (*r.*), Körper, Leib; Person, Individuum (*ph.*).

पिण्डक *m.* Klumpen, Knopf, Kloſs, Mehlkloſs (*r.*). *f.* पिण्डका Fleischballen, Wulst (*Du.* Waden), Unterlage, Gestell, Piedestal.

पिण्डखर्जूर *m.* Art Dattelbaum.

पिण्डद der die Mehlklöſse darbringt (*r.*); *m.* Brotgeber, Brotherr.

पिण्डदान *n.* das Reichen eines Mehlkloſses, Manenopfer.

पिण्डन *n.* das Zusammenballen.

पिण्डपितृयज्ञ *m.* ein best. Manenopfer mit Klöſsen.

पिण्डभाज् Klöſse empfangend; *m. Pl.* die Manen.

पिण्डय्, °यति zusammenballen; *p.p.* पिण्डित geballt, gehäuft.

पिण्डार *u.* °क *m. N. eines Schlangendämons.*

पिण्डितार्थ voller Gründe *o.* Vorteile.*

पिण्डी कर् zusammenballen, häufen. (*p.p.* पिण्डीकृत dicht.*)

पिण्डोपनिषद् *f. T. einer Upanishad.*

पितर् *m.* Vater (*auch Bez. mehrerer Götter*). *Du.* die Eltern. *Pl.* die Väter, der Vater und seine Verwandtschaft; die verstorbenen Väter, die Ahnen *o.* Manen.

पितापुत्रौ *m. Du.* Vater und Sohn.

पितामह *m.* der Vatersvater; *Bein. Brahman's; Pl.* die (entfernteren) Manen. *f.* °मही die Vatersmutter.

पितु *m.* (*n.*) Trank; Speise, Nahrung.

पितुकृत् Nahrung schaffend.

पितुभाज् Nahrung genieſsend.

पितुभृत् Nahrung bringend.

पितुमन्त् nahrungsreich, nahrhaft.

पितुषणि Nahrung gewinnend.

पितृक (*adj.* —°) = पितर्.

पितृकर्मन् *n.* Manenopfer.

पितृकानन *n.* Leichenacker (*eig.* Väterwald).

पितृकार्य *u.* °कृत्य *n.*, °क्रिया *f.* = पितृकर्मन्.

पितृघातक, °घातिन् *u.* °घ्न *m.* Vatermörder.

पितृतम *m.* der beste Vater.

पितृतस् *Adv.* vom Vater her.

पितृत्व *n. Abstr. zu* पितर्.

पितृदाय *m.* das väterliche Erbe.

पितृदेव *m. Pl.* die Manen und Götter; die Vatergötter (*Bez. best. göttl. Wesen*).

पितृदेवत die Manen als Gottheit verehrend.

पितृदेवता *f. Pl.* die Manen u. die Götter.

पितृदेवत्य = पितृदेवत.

पितृदैवत, *f.* ई auf die Manenverehrung bezüglich; *n.* ein best. Manenopfer.

पितृपीत von den Vätern getrunken.

पितृपूजन *n.* die Manenverehrung.

पितृपितामह, *f.* ई vom Vater und Groſsvater überkommen.

पितृबन्धु *m.* Blutsverwandter *o.* Blutsverwandtschaft von Vatersseite.

पितृमन्त् *u.* पितृमन्त् einen Vater habend; zu den Manen gehörig.

पितृमात्रर्थ für Vater und Mutter bettelnd.

पितृमेध *u.* °यज्ञ *m.* Manenopfer.

पितृयाण *u.* °यान von den Ahnen betreten; *n.* der Ahnenweg.

पितृराज् *u.* °राजन् *m.* der Manenkönig (*Yama*).

पितृलोक *m.* Vaterhaus; die Welt *o.* Wohnung der Manen.

पितृवंश *m.* die Familie des Vaters; °वंश्य zu ders. gehörig.

पितृवत् *Adv.* wie ein Vater; wie die Manen *o.* wie beim Manenopfer.

पितृवध *m.* Vatermord

पितृवन *n.* = पितृकानन.

पितृवित्त von den Vätern erworben.

पितृवेश्मन् *n.* Vaterhaus.

पित्त n. Galle.
पित्तज्वर m. Gallenfieber.
पित्तल gallig.
पित्र्य vom Vater kommend, väterlich; auf die Manen bezüglich, Manen-. f. आ Manenopfer. n. dass.; N. eines Mondhauses.
पिद्व m. ein best. Tier.
पिधान n. das Zudecken, Verschliefsen.
पिधायक (—°) verhüllend. Abstr. °ता f.
पिधित्सु verbergen wollend.
पिनद्ध u. पिनद्धुम् s. नह्.
पिनाक n. Stock; Bogen und Keule Çiva's.
पिनाकिन् m. (s. vor.) Bein. Çiva's.
पिन्व्, पिन्वति, °ते schwellen (trans.), strömen lassen, vollmachen, ergiefsen; schwellen (intr.), strotzen, überströmen (nur Med.). प्र dass.
पिन्व (—°) schwellend.
पिन्वन n. eine Art Gefäfs (r.).
पिपतिषु fallen wollend.
पिपासवन्त् durstig.
पिपासा f. Durst.
पिपासार्त von Durst gequält, durstig.
पिपासु durstig; trinken wollend (Acc.o. —°).
पिपिष्वन्त् schwellend, strotzend, übervoll.
पिपील m. Ameise.
पिपीलक m., पिपीलिका f. dass.
पिपीलिक Adj. Ameisen-.
पिपृग्धि s. पर्च्.
पिपृच्छिषु fragen wollend.
पिप्पका f. ein best. Vogel.
पिप्पल m. der heilige Feigenbaum. f. आ Flussn., ई Beere. n. पिप्पल Beere, bes. vom h. F.
पिप्पलाद m. N. eines alten Lehrers (eig. der Beerenesser); Pl. die Schule des P.

[illegible]
1. पिश्, पिंशति, °ते aushauen (bes. [illegible] zubereiten, schmücken, gestalten [illegible] Med. auch refl. sich schmücke[illegible] पिशित (s. auch bes.) o. पिष्ट gesc[illegible] Intens. पेपिशत् schmückend o. geschmückt.
2. पिश् f. Schmuck.
पिश m. Damhirsch.
पिशङ्ग, f. ई rötlich, rotbraun.
पिशाच m. Unhold, Dämon; (—°[illegible] von (f. ई). Abstr. पिशाचता f[illegible]
पिशाचक, f. ई dass.
पिशाचि m. N. eines Dämons.
पिशित (s. 1. पिश्) n. (ausge[illegible] Fleisch.
पिशिताश, °शन u. °शिन् m. Fleisc[illegible] Dämon, Unhold.
पिशील n. Holzgefäfs, Napf.
पिशुन klatschhaft, verleumderisc[illegible] rätherisch, boshaft, schlecht. m. [illegible] bringer, Afterredner, Verleumde[illegible] N.; n. das Hinterbringen, Kla[illegible]
पिशुनता f. = vor. n.
पिशुनय्, °यति verraten, offenba[illegible] पिशुनित.
पिष्, पिनष्टि (पिंषति) zermalme[illegible] mahlen, zerstampfen, vernich[illegible] Acc. u. Gen.). p.p. पिष्ट gem[illegible] auch bes.). उद् p.p. उत्पिष्ट z[illegible] erdrückt. वि zerschlagen, b[illegible] सम् zermalmen, zerschmettern.
1. पिष्ट s. 1. पिश्.
2. पिष्ट (s. पिष्) Gebäck, Kuchen n. Mehl.
पिष्टक m. = vor.; n. = vor. f. u. n.
पिष्टमय, f. ई aus Mehl gemacht.

(*पिष्टात *u.*) °क wohlriechendes Pulver.
पिष्टान्न *n.* Mehlspeise.
पिष्टि *f.* Pulver.
पिष्टोदक *n.* Wasser mit Mehl.
पिस्, पिंस्यति sich strecken.
पिस्पृक्षु berühren wollend.
पिहित *s.* 1. धा.
पिहिति *f.* das Verschliefsen.
1. पी, पीयते *s.* 1. पा.
2. पी (पि), पंयते (पोपेति) *Act. Med* schwellen, strotzen, überfliefsen; schwellen, strömen, überlaufen lassen, voll machen, segnen. *Partic.* पीप्यान *o.* पीप्यानं, पीपिवंस् (*f.* पिप्युषी) schwellend, strotzend, üppig, überströmend; *p.p.* पीनं *s. bes.* आ schwellend (*trans. u intr.*); *p.p.* आपीत *u.* आपीन. प्र *dass.*; *p.p.* प्रपीन.
3. पी, पीयति *s.* पीय्.
पीठ *n.* Stuhl, Bank (*auch* °क), Sitz, Unterlage, Piedestal.
पीठिका *f.* Bank, Bänkchen, Schemel.
पीठमर्द *m.* der Gefährte des Helden (*d.*).
पीठमर्दिका *f.* die Gefährtin der Heldin (*d.*).
पीठसर्प *u.* °सर्पिन् lahm; *m.* Krüppel.
पीड्, पीडयति (°ते) pressen, drücken, quetschen, bedrängen, plagen, peinigen, belagern (*eine Stadt*), verfinstern (*ein Gestirn*). *p.p.* पीडित (*s. auch bes.*). अति heftig quälen. नि andrücken, pressen, plagen. सम् zusammendrücken würgen, bedrängen, quälen.
पीडन belästigend, quälend (—°); *n.* das Drücken, Pressen, Drängen; Leid, Qual, Unglücksfall; Verfinsterung (*eines Gestirns*).
पीडा *f.* Schmerz, Plage, Leid, Schaden, Nachteil, Bedrängnis; Verfinsterung (*eines Gestirns*).
पीडाकर *u.* पीडाकृत् Unglück bringend.
पीडित (*s.* पीड्) *n.* Schaden, Plage.
1. पीत *s.* 1. पा.
2. पीत gelb. *Abstr.* °ता *f.*
पीतक, *f.* °तिका *dass.*
पीतन *m. N. eines Baumes;* **n.* Safran.
पीतवन्त् getrunken habend.

पीयूषगरल
पीला *f. N.*

पुच्छ… *m.* Schwanzwurzel.
पुच्छवन्त् geschwänzt.
पुच्छाग्र *n.* Schwanzspitze.
पुञ्ज (—°) *m.* Haufen, Menge. *Abstr.* °ता *f.*
पुञ्जय्, °यति häufen, zusammenballen; *p.p.* पुञ्जित.
पुञ्जशस् *Adv.* haufenweise.
पुञ्जिष्ठ *m.* Fischer *o.* Vogelsteller.
पुट्, पुटति umhüllen.
पुट *m. n.*, ई *f.* Falte, Ritze, Höhlung (*oft* —° *nicht zu übers.*); Düte aus einem Blatt (*nur m.*).
पुटक *m. dass.*
*पुटकिनी *f.* Lotuspflanze *o.* -gruppe.*
पुण्डरिस्रजा *f.* Lotuskranz.
पुण्डरीक *n.* Lotusblüte (*bes. eine weiſse*) *m. Mannsn.*, *f.* आ *Frauenname.*
पुण्डरीकनयन *m.* der Lotusäugige (*Bein Vishṇu's*).
पुण्डरीकमुखी *f.* eine Art Blutegel.
पुण्डरीकवन्त् mit Lotusblüten versehen.
पुण्डरीकाक्ष *m.* = पुण्डरीकनयन.
पुण्ड्र *m. Pl. N. eines Volkes.*
पुण्य recht, gut (*im weitesten Sinne*), günstig, glücklich, schön, rein, heilig. *n.* das Rechte, Gute; Tugend, Verdienst; (*auch* पुण्यक *n.*) eine best. Ceremonie (*r.*).
पुण्यकर्तृ, °कर्मन् *u.* °कृत् recht handelnd redlich, tugendhaft.
पुण्यकृत्या *u.* °क्रिया *f.* eine gute Handlung.
पुण्यगन्ध wohlriechend.
पुण्यगन्धि *u.* पुण्यगन्धिन् *dass.*
पुण्यजन *m. Pl.* gute Leute (*Bez. best. gött licher Wesen*).
पुण्यता *f.*, °त्व *n.* Heiligkeit, Reinheit.
पुण्यतीर्थ *n.* heiliger Badeplatz; *Adj.* mit h. Badeplätzen versehen.

पुत् o. पुद्.
पुत्तल *u.* °क *m.* (°लिका *f.*) Pu
पुत्तिका *f. dass.*; Termite *o.* Bienenart.
पुत्र *m.* Sohn, Kind, Tierju

पुत्रकाम्या *f.*
पुत्रकार्य *n.*

पुत्रकृत्य *n.* = पुत्रकार्य.
पुत्रकृथ Ki

पुत्रपितृ
पुत्रपौत्र

पुत्रस्नेह
पुत्रार्थिन्

पुत्रिय
पुत्री
पत्री

= पुत्रिय्.
= पुत्रिय.

**पुथ्**, *Caus.* **पोथयति** (॰**ते**) zerdrücken, zermalmen.

**पुद्** Hölle (*erfundenes Wort*).

**पुन्नल** schön; *m.* Körper, Individuum.

**पुनःकरण** *n.* das Wiederthun

**पुनःकर्मन्** *n.*, ॰**क्रिया** *f. dass.*

**पुनर्** *Adv.* zurück, wieder, abermals, öfters (*meist verdoppelt*), ferner, aufserdem, dagegen, aber. *Verstärkend nach* **वा**, **अथ वा** *u.* **अपि वा** oder. **पुनर्—पुनर्** bald—bald. *Vgl. u.* **किम्**.

**पुनरागम** *m.*, ॰**न** *n.* Wiederkunft.

**पुनरागामिन्** wiederkehrend.

**पुनरावर्तिन्** wiederkehrend (*ins irdische Leben*).

**पुनरावृत्ति** *f.* Wiederkehr, Wiedergeburt.

**पुनरुक्त** wieder gesagt, wiederholt, überflüssig, unnütz. *n. adv.*; *auch = folg.*

**पुनरुक्तता** *f.*, ॰**त्व** *n.* Wiederholung, Tautologie.

**पुनरुक्तवादिन्** dasselbe zweimal sagend.*

**पुनरुक्ति** *f.* Wiederholung, Tautologie.

**पुनरुपलब्धि** *f.* Wiedererlangung.

**पुनर्गर्भवती** *f.* wieder schwanger *o.* trächtig.

**पुनर्जन्मन्** *n.* Wiedergeburt.

**पुनर्जात** wiedergeboren.

**पुनर्णव** wieder neu.

**पुनर्दर्शन** *n.* das Wiedersehen.

**पुनर्नव** = **पुनर्णव**.

**पुनर्भव** wiedergeboren; *m.* Wiedergeburt.

1. **पुनर्भू** wieder erneut, verjüngt; *f.* eine wiederverheiratete Frau.

2. **पुनर्भू** wieder entstehen, sich erneuern, sich wieder verheiraten (*vom Weibe*).

**पुनर्भोग** *m.* Wiedergenuss.

**पुनर्लाभ** *m.* Wiedererlangung.

**पुनर्लेखन** *n.* wiederholtes Niederschreiben

**पुनर्वचन** *n.* das Wiedersagen, Wiederholen.

**पुनर्वसु** *m.* (*Sgl. u. Du.*) *N. eines Mondhauses*).

**पुनर्वाद** *m.* Wiederholung, Tautologie.

**पुनर्हन्** wieder vernichtend.

**पुनर्हविस्** *n.* wiederholte Opfergabe.

**पुनश्चर्वण** *n.* das Wiederkäuen.

**पुनश्चिति** *f.* Wiederschichtung.

**पुनःसंभव** *m.* Wiedergeburt.

2. **पुन्नामन्**

**पुंस्**

**पुंभाव**

1. **पुर्**

2. **पुर्**

**पुरउष्णिह्** *f. N.*

**पुरएतर्** *m.*

**पुरद्वार**

**पुरंदर**

**पुरभिद्**, ॰**मथन** *u.* ॰**मथितर्** *m.* = **पुरंदर**

**पुरस्कार**

**पुरस्तात्**

vor (*räuml. u. zeitl., mit Gen., Abl., Acc. o.* —°).

**पुरःसद्** vorsitzend; nach Osten sitzend.

**पुरःसर**, *f.* **ई** vorangehend. *m.* Vorgänger, Begleiter, Diener. —° *adj.* folgend auf, begleitet von, verbunden mit. *n. adv.* unter mittels, nach (*zeitl.*)

**पुरा** *Adv.* vormals, früher, einst. *Conj.* ehe, bevor. *Präp.* vor, zum Schutze vor, ohne, aufser (*Abl.*).

**पुराकल्प** *m.* Vorzeit; Erzählung aus der V.

**पुराकृत** früher gethan; *n.* frühere That.

**पुराजा** in der Vorzeit geboren.

**पुराण**, *f.* **ई** vormalig, früher, alt, antik; *n.* Dinge *o.* Sage der Vorzeit, Altertümer; eine best. Klasse von Werken.

**पुराणवत्** *Adv.* wie früher.

**पुराणविद्** altertumskundig.

**पुराणविद्या** *f.*, **°वेद** *m.* Altertumskunde.

**पुराणसंहिता** *f.* Sammlung der Purâṇa.

**पुरातन**, *f.* **ई** ehemalig, alt, antik; *Loc.* in alten Zeiten. *m. Pl.* veteres. *n.* alte Sage, ein Purâṇa.

**पुराधिप** *u.* **पुराध्यक्ष** *m.* Stadthaupt, Polizeimeister.

**पुरारि** *m.* Burgenfeind (*Bein. Çiva's u. Vishṇu's*).

**पुराविद्** kundig der Vorzeit.

**पुरावृत्त** früher geschehen, alt; *n.* frühere Art *o.* f. Begebenheit.

**पुरीतत्** *n.* Herzbeutel, Eingeweide *überh.*

**पुरीष** *n.* Erde, Land, Schutt, Unrat, Kot.

**पुरीषिन्** *u.* **°ष्य** reich an Land; kotig.

**पुरु**, *f.* **पूर्वी** viel, reichlich (*sp. nur* °—); *m. N. eines alten Königs. n.* **पुरु** *u.* **पुरू** *adv.* viel, oft, sehr. *Superl.* **पुरुतम** *u.* **पुरूतम** sehr viel, häufig; *n. adv.*

**पुरुकुत्स** *m. Mannsname.*

**पुरुकुत्सानी** *f.* die Frau des Purukutsa.

**पुरुकृत्** *u.* **°कृत्वन्** viel thuend, thatenreich.

**पुरुक्षु** nahrungsreich.

**पुरुत्रा** *Adv.* vielfach, vielmals, oft.

**पुरुदंस** *u.* **°दंसस्** thaten- *o.* wunderreich.

**पुरुध** *u.* **°धा** *Adv.* vielfach, vielmals.

**पुरुप्रिय** vielgeliebt.

**पुरुमित्र** *m. Mannsname.*

**पुरुरूप** vielfarbig, vielgestaltig.

**पुरुवीर** männer- *o.* mannenreich.

**पुरुशाक** hilfreich.

**पुरुश्चन्द्र** viel glänzend.

**पुरुष** (**पूरुष**) *m.* Mensch, Mann (*auch* = Held); Diener, Beamter; Person (*g.*); Geschlecht, Generation; Lebenskraft, Seele, Geist; Weltgeist (*ph.*). *f.* **पुरुषी** Frau.

**पुरुषकार** *m.* Menschenthat; Mannesthat, Heldenmut.

**पुरुषकेसरिन्** *m.* Mannlöwe (*Bein. Vishṇu's*).

**पुरुषता** *f.* Mannheit; *als Instr. adv.* nach Menschenart.

**पुरुषत्रा** unter den Menschen; *auch = vor. adv.*

**पुरुषत्व** *n.* Mannheit, Mänhlichkeit.

**पुरुषपशु** *m.* ein Mensch als Opfertier *o.* ein Vieh von einem Menschen.

**पुरुषमानिन्** sich für einen Helden haltend. *Abstr.* **°नित्व** *n.*

**पुरुषमृग** *m.* Antilopenbock.

**पुरुषमेध** *m.* Menschenopfer.

**पुरुषर्षभ** *m.* Menschenstier *d. i.* bester der Menschen (*vgl.* **ऋषभ**), König, Fürst.

**पुरुषवर** *m.* der beste Mensch.

**पुरुषविध** menschenartig.

**पुरुषव्याघ्र** *m.* Manntiger (Art Dämon *o.* aufserordentlicher Mensch).

**पुरुषाकार** Menschengestalt tragend.

**पुरुषाद्** Menschen fressend.

**पुरुषाद**, *f.* **ई** *dass.*; *m.* Menschenfresser, Rakshas.

**पुरुषादक** = *vor.*

**पुरुषानृत** *n.* Unwahrheit in Bezug auf einen Menschen.

**पुरुषान्तर** *n.* eine andere Generation; ein anderer Mensch (= ein anderes, was ein M. ist); *adv.* zu einem M. hinein, zu einem M. heran.

**पुरुषी** *s.* **पुरुष.**

**पुरुषोत्तम** *m.* bester der Männer *o.* Diener; höchste Person, höchster Geist (*Vishṇu o. Kṛshṇa*).

**पुरुष्टुत** viel gepriesen.

**पुरुष्ट्र** menschlich.
**पुरुहूत** vielgerufen; *m. Bein. Indra's.*
**पुरू** *s.* **पुरु**.
**पुरूची** *f.* reichlich, viel.
**पुरूतम** *s.* **पुरु**.
**पुरूरवस्** oft *o.* laut rufend; *m. N. eines alten mythischen Königs, des Gatten der Urvaçî.*
**पुरूवसु** güterreich.
**पुरोग** vorangehend, der erste, beste; geführt, begleitet von, versehen mit (—°). *m.* Führer; *f.* **आ** -in.
**पुरोगम** *dass.*
**पुरोगव** *m.*, **ई** *f.* Führer, -in.
**पुरोगा** *m.* = *vor. m.*
**पुरोडाश्** (°**डाम्**, *Nom.* °**डास्**) *m* Opferkuchen (*eig.* Voropfer).
**पुरोडाश** *m. dass.*, Darbringung von (*Gen.*).
**पुरोधस्** *m.* Hauspriester (*cf.* **पुरोहित**).
**पुरोधा** *f.* Hauspriesteramt.
**पुरोभाग** *m.* Vorderteil; das Sichvordrängen, im Wege stehen; *adj.* —° im W. stehend, eifersüchtig auf.
**पुरोभागिन्** sich vordrängend, unverschämt.
**पुरोभू** voranstehend, überragend (*Acc.*).
**पुरोमुख** mit der Öffnung nach vorn *o.* nach Osten gerichtet (*überh.* nach vorn gerichtet, vorwärts*).
**पुरोमूल** *n.* die nach Osten gerichtete Wurzel eines Baumes.
**पुरोयुध्** *u.* °**योध** vorkämpfend.
**पुरोरथ** überholend (*eig.* dessen Wagen voraus ist), vorauseilend, überlegen, siegreich.
**पुरोरुच्** voranleuchtend; *f.* best. Verse (*r.*).
**पुरोवर्तिन्** vor Augen stehend.
**पुरोवात** *m.* Ostwind.
**पुरोहन्** Burgen zerschmetternd (*Indra*).
**पुरोहित** (*s.* 1. **धा**) vorangestellt, beauftragt; *m.* Beauftragter Vorgesetzter, *bes.* Hauspriester.
**पुरोहिति** *f.* Hauspriesteramt.
**पुर्य** in einer Feste befindlich.
**पुलक** *m. N. einer Pflanze; n. Pl.* das Sträuben der Körperhärchen im Affekt. °**कय्** dass. empfinden; *p.p.* °**कित** mit gesträubten Härchen bedeckt.
**पुलस्त्य** *u.* **पुलह** *m. N. von alten Rishis, die auch als Sterne am Himmel erscheinen.*
**पुलिन** *n.* Sandbank, kleine Insel.
**पुलिन्द** *m. Pl. N. eines Volkes.*
**पुलु** (°—) = **पुरु**.
**पुलुकाम** viel begehrend.
**पुलोमन्** *m. N. eines Unholds*
**पुलोमा** *f. N. einer Unholdin.*
**पुलोमारि** *m.* Feind des Puloman (*Bein. Indra's*).
**पुल्कस** *m.* eine best. Kaste, *f.* **ई**.
**पुल्वघ** viel Böses thuend.
**पुष्**, **पुष्यति** (°**ते**, **पुष्णाति** *u.* **पोषति**) gedeihen, blühen, wachsen, glücklich sein; gedeihen, machen, nähren, fördern, hegen und pflegen, an sich erfahren, empfinden, offenbaren, zeigen. *p.p.* **पुष्ट** genährt, wohlgeflegt, reichlich (*s. auch bes.*). *Caus.* **पोषयति** aufziehen, ernähren (lassen), hegen, pflegen.
**पुष्कर** *n.* blaue Lotusblüte; Löffelkopf (*r.*); Elefantenrüssel; Wasser, Luft. *m.* Trommel; *Bein. versch. Götter, Mannsname.*
**पुष्कराक्ष** lotus-, blauäugig.
**पुष्करारण्य** *n. N. eines Wallfahrtsortes.*
**पुष्करावर्तक** *m. Pl.* Art Wolken.
**पुष्करिन्** lotusreich. *m.* Elefant. *f.* °**रिणी** Lotusteich.
**पुष्कल** reichlich, herrlich, prächtig. *m.* Art Trommel, *männl. Name*; *n.* Löffelkopf (*vgl.* **पुष्कर**).
**पुष्कलक** *m.* Bisamtier.
**पुष्ट** (*s.* **पुष्**) *n.* Wohlstand, Habe.
**पुष्टाङ्ग** wohlgenährt, dick und fett.
**पुष्टि** *u.* **पुष्टि** *f.* Gedeihen, Blüte, Wohlstand, Fülle (*oft personif.*); Nahrung, Zucht, Pflege.
**पुष्टिमन्त्** gedeihlich, reichlich.
**पुष्प** *n.* Blüte, Blume (*adj.* —° *f.* **आ** *u.* **ई**); *m.* Topas, *männl. Name.*
**पुष्पक** *m.* Art Schlange; *N. eines Berges. n.* (*m.*) Kubera's Wagen.
**पुष्पकाल** *m.* Blütenzeit, Frühling.
**पुष्पचाप** *m.* Blumenbogen, Blumenbogenträger (der Liebesgott).

**पुष्पमाला** *f.* Blumenkranz.
**पुष्पमित्र** *m. Fürstenname.*
**पुष्पवन्त्** blüten- *o.* blumenreich.
**पुष्पवर्ष** *n.*, **॰वृष्टि** *f.* Blumenregen.
**पुष्पशय्या** *f.* Blumenlager.
**पुष्पशेखर** *m.* Blumenkranz.
**पुष्पसायक** *m.* = **पुष्पबाण**.
**पुष्पसार** *m.* Blumensaft.
**पुष्पसूत्र** *n. T. eines Sûtra.*
**पुष्पागम** *m.* Frühling (Blumenankunft).
**पुष्पाग्र** *n.* Staubfaden (Blumenspitze).
**पुष्पायुध** *m.* = **पुष्पबाण**.
**पुष्पाराम** *m.* Blumengarten.
**पुष्पावन्त्** = **पुष्पवन्त्**; *f.* **॰वती** *N. einer Stadt.*
**पुष्पित** blühend, blumenreich (*auch übertr.*).
**पुष्पिताग्र** Blumen- *u.* Blütenspitzen habend; *f.* **आ** *N. eines Metrums.*
**पुष्पिन्** = **पुष्पित**.
**पुष्पेषु** *m.* = **पुष्पबाण**.
**पुष्पोत्कटा** *f. N. der Mutter Râvana's.*
**पुष्य्**, **पुष्यति** blühen.
1. **पुष्य** *n.* Blüte, Blume (*d. i.* Höchstes, Feinstes), Schaum, Seim.
2. **पुष्य** *m. N. eines Mondhauses;* die Zeit, wo der Mond im Sternbilde P. steht.
**पुष्यसे** *Dat. Inf. zu* **पुष्**.
**पुस्त** *m.*, **आ** *f.* Handschrift, Buch.
1. **पू**, **पुनाति**, **पुनीते**, **पवते** (**॰ति**) reinigen, läutern, sühnen; klären, erhellen; sichten, unterscheiden. *Med.* sich reinigen, klar abfließen (*vom Soma, bes Partic.* **पवमान** der Rieselnde), büßen (*auch = Act.*). *Pass.* **पूयते** gereinigt, entsühnt werden. *p.p.* **पूत** rein, klar, lauter. *Caus.* **पवयति** *u.* **पावयति** reinigen, läutern. **आ** *Med.* geläutert zu

**सम्** = *Simpl.*
**पूजन** *n*
**पूजनीय**
**पूजयितर्** *m*
**पूजित**
**पूतमूर्ति**
**पूति** sti
**पूतिभाव**
**पूतीक**
**पूपशाला** *f.*
**पूय्**, **पूयति**

ihl im
Voll-
efrie-
dend;
*eines*
ष्).
*nstr.*,
men,
voll-
Voll-
zige.
*or.*
von
rüh;
fol-
mit
der;

… पूर्वम् bis jetzt.

**पूर्वक**, *f.* **पूर्विका** vorangehend, früher; —° (*adj. u. n. adv.*) = *vor.*

**पूर्वकर्मन्** *n.* eine frühere That *o.* die erste That.

**पूर्वकाय** *m.* Vorder- *o.* Oberkörper.

**पूर्वकाल** *u.* **°लिक** aus früherer Zeit stammend, ehemalig.

**पूर्वकृत** früher gethan; *n.* eine frühere That.

**पूर्वग** vorangehend; **°गत** -gegangen.

**पूर्वचित्ति** *f.* erster Gedanke; *Dat.* sogleich.

**पूर्वज** zuvor geboren; vormalig, alt; zuerst geboren, älter. *m.* der älteste (*Sohn, Bruder u. s. w.*); Vorfahr, Ahn.

**पूर्वजन** *m. Pl.* die Alten (frühere Leute).

1. **पूर्वजन्मन्** *n.* eine frühere Geburt.

2. **पूर्वजन्मन्** *m.* der ältere Bruder.

**पूर्वतस्** *Adv.* vorn, östlich, zuerst.

**पूर्वतस्कर** *m.* ein früherer Dieb.

**पूर्वत्र** = *Loc. von* **पूर्व**, *adv.* voran, früher.

**पूर्वत्व** *n.* das Vorangehen, Frühesein; die Priorität.

**पूर्वथा** *Adv.* (wie) ehemals; zuerst, zuvor.

**पूर्वदक्षिण** südöstlich.

**पूर्वदत्त** zuvor gegeben.

**पूर्वदिश्** *f.* der Osten.

**पूर्वदृष्ट** zuvor gesehen, von früher her angesehen als.

**पूर्वदेश** *m.* östliche Richtung.

**पूर्वनिपात** *m.* Vorangehen im Compos. (*g.*).

**पूर्वनिविष्ट** früher angelegt (*Teich*).

**पूर्वपक्ष** *m.* Vorderteil *o.* -seite, erste Monats- *o.* Jahreshälfte; Klage (*j.*); erster Einwand (*ph.*).

**पूर्वपथ** *m.* der frühere Weg.

**पूर्वपद** *n.* vorderes Compositionsglied (*g.*).

**पूर्वपा** zuerst trinkend.

**पूर्वपाद** *m.* Vorderfuſs.

**पूर्वपाय्य** *n.* der Vortrank.

**पूर्वपितामह** *m.* Urahn.

**पूर्वभूभृत्** der Ostberg (*vgl.* **पूर्वाचल**); ein früherer Fürst.

**पूर्वरात्र** *m.* der erste Teil der Nacht.

1\. **पूर्वरूप** *n.* Vorzeichen (für **प्रति**); eine best. Redefigur (*rh.*).

2\. **पूर्वरूप** die frühere Gestalt habend.

**पूर्ववत्** *Adv.* wie zuvor, wie gesagt.

**पूर्ववन्त्** etwas Vorangehendes habend; *f.* **°वती** früher verheiratet gewesen.

**पूर्ववह्** (**°वाह्**) zuerst (*als Vorspann o. zum ersten Male*) ziehend.

**पूर्ववाद** *m.* Klage; **°दिन्** *m.* Kläger (*j*).

**पूर्वविद्** altertumskundig.

**पूर्वविधि** *m.* eine frühere Regel (*g*).

**पूर्ववृत्त** früher geschehen; *n.* ein früheres Ereignis.

**पूर्वसद्** vorn sitzend.

**पूर्वसमुद्र** *u.* **°सागर** *m.* das Ostmeer.

**पूर्वसू** erstgebärend.

**पूर्वहूति** *f.* erster Ruf, Frühgebet.

**पूर्वाचल** *m.* der Ost-(*Sonnenaufgangs-*) berg.

**पूर्वाचार्य** *m.* ein alter Lehrer.

**पूर्वाद्य** mit Osten beginnend.

**पूर्वाद्रि** *m.* = **पूर्वाचल**.

**पूर्वाधिक** stärker als früher.

**पूर्वापर** der vordere und hintere, östlich und westlich, früher und später.

**पूर्वार्ध** *m.* (*n.*) Vorder- *o.* Oberteil, Ostseite erste Hälfte; **दिनस्य** Vormittag.

**पूर्वार्धकाय** *m.* Oberkörper.

**पूर्वावधीरित** früher verschmäht.

**पूर्वावेदक** *m.* Kläger (*j.*).

**पूर्वाह्ण** *m.* Vormittag; *gew. Loc.* früh morgens.

**पूर्वाह्णिक**, *f.* **ई** vormittägig.

**पूर्वी** *s.* **पुरु**.

**पूर्वेण** *Adv. Präp.* vorn; vor (*Acc. u. Gen.*).

**पूषन्** *m. N. eines Go*

**पृक्त**, **पृच्** *s.* **पर्च्**.

**पृच्**

**पृच्**

**पृछ्** *s.* **प्रछ्**.

**पृणाध्यै** *u.* **पृणीथे** *s.* 1.

**पृत्** *f.* Kampf, Strei

**पृतन** *n.* feindliches

= *vor.*

**ाज्**

**पृतनाजित्**

**पृतनाज्य** *n.*

**पृतनायु** fei

**पृतनाषह्**

**पृतन्य्**, **°न्यति**

**पृतन्यु** bekäm

**पृत्सुति** *m*

**पृत्सुषुतुर्**

**पृत्सुषु** *s.* **पृत्**.

**पृथ** *m.* d

**पृथक्करण** *n.*, **पृथक्क्रि**

**पृथक्सुख** *Pl.* verschiedene Freuden habend.
**पृथक्स्थिति** *f.* das Alleinstehen, die Trennung.
**पृथगर्थ** *Pl.* verschiedene Vorteile habend.
**पृथगुपादान** *n.* eine besondere Erwähnung.
**पृथग्जन** *m.* ein gemeiner Mann; *Sgl. u. Pl.* das gemeine Volk, der grofse Haufe.
**पृथग्भाव** *m.* Besonderheit, Verschiedenheit.
**पृथग्वर्ष** *n. Pl.* je ein Jahr.
**पृथग्विध** verschiedenartig; mannichfaltig.
**पृथाजन्मन्** *u.* **पृथात्मज** *m.* Sohn der Pṛthâ (*Bein. Yudhiṣṭhira's*).
**पृथाभू** *u.* **पृथासूनु** *m. dass.*
**पृथि** *m. Mannsname.*
**पृथिवी** *f.* die Erde (*eig.* die weite, *oft als Göttin personif.*); Land, Reich.
**पृथिवीकम्प** *m.* Erdbeben.
**पृथिवीक्षित्** die Erde bewohnend *o.* beherrschend; *m.* Fürst, König.
**पृथिवीतल** *n.* Erdboden.
**पृथिवीद्यावा** (*Nom. Du.*) Erde und Himmel.
**पृथिवीनाथ, °पति, °पाल** *u.* **°भुज्** *m.* Fürst, König (Erdbeherrscher).
**पृथिवीभृत्** *m.* Berg (Erdträger).
**पृथु** (*f.* **पृथु** *u.* **पृथ्वी**) breit, weit, grofs, reichlich; *n. adv.* — *m. männl. N.*; *f.* **पृथ्वी** Erde, Land, Reich.
**पृथुक** *m. n.* halbreifer Reis; *m.* Knabe, Tierjunges, *Pl.* Art Korn.
**पृथुतरी कर्** weiter machen *o.* öffnen (*die Augen*).
**पृथुता** *f.*, **°त्व** *n.* Breite.
**पृथुनितम्ब** breithüftig.
**पृथुपर्शु** breite Sicheln tragend.
**पृथुपाणि** breithändig.
**पृथुबुध्न** *u.* **पृथुबुध्न** einen breiten Boden habend.
**पृथुल** breit, weit, grofs.
**पृथुलोचन** grofsäugig.
**पृथुशिरस्** breitköpfig.
**पृथुश्रवस्** weitberühmt; *m. Mannsname.*
**पृथ्वी** *s.* **पृथु.**
**पृथ्वी** (°—) = **पृथिवी** (°—).
**पृदाकु** *m.*, **पृदाकू** *f.* Natter, Schlange.
**पृशन** *n.* das Anschmiegen.
**पृशनायु** *u.* **°नी** *f.* sich anschmiegend, zärtlich.
**पृश्नि** gefleckt, bunt, *Pl.* vielartig. *f.* **पृश्नि** eine bunte Kuh, Milch, Wolke; Sternhimmel; *N. der Mutter der Marut.*
**पृषत** *m.* die bunte Gazelle; Wassertropfen, Flecken.
**पृषत्क** *m.* Pfeil.

· **प्रच्छ्.**

**पृष्टि** *f.* Rippe; **पृष्टितस्** an den Rippen.
**पृष्टी** *f.* = **पृष्टि.**
**पृष्ट्या** *f.* Seitenpferd.
**पृष्ठ** *n.* Rücken, Rückseite, Oberfläche Gipfel, *Loc.* im *o.* hinter dem R., hinter (*Gen.*).
**पृष्ठग** auf dem Rücken befindlich, reitend (*Gen. o.* —°).
**पृष्ठतस्** auf dem *o.* den Rücken, im Rücken, hinter (*Gen. o.* —°), hinter dem R., heimlich, abseits, abgewandt. Mit **कर्** auf den R. nehmen, hinter sich bringen, hintansetzen, aufgeben, fahren lassen (*opp.* **पुरतः कर्**). *Mit* **भ** im Rücken *d. i.* gleichgültig sein.
**पृष्ठभाग** *m.* Hinterteil, Rücken.
**पृष्ठमांस** *n.* das Rückenfleisch; **°सं खाद्** das R. jemds. essen *d. i.* afterreden.
**पृष्ठानुग** *u.* **°गामिन्** hinterhergehend, folgend.
**पृष्ठ्य** auf dem Rücken tragend; *m.* (*mit u. ohne* **अश्व**) Last- *o.* Reitpferd.
**पृष्व** aus Tau *o.* Reif entstehend.
**पृ** *s.* 1. *u.* 2 **पर्.**
**पेट**, *f.* **आ** *u.* **ई** Korb, Kästchen.
**पेटक** *m. n.*, **°टिका** *f. dass.*; *n.* Menge, Schar.
**पेडा** *f.* Korb.
**पेत्व** *m.* Bock, Hammel.
**पेदु** *m. Mannsname.*
**पेय** zu trinken, trinkbar, zu geniefsen.

*m.* Trankopfer; *f.* °आ Reisschleim, Suppe; *n.* das Trinken (—°), Getränk.
पेयूष = पीयूष.
पेरा *f.* ein best. musikalisches Instrument.
1. पेरु durchziehend (*Wolke*), rettend (*Schiff*).
2. पेरु schwellend (*trans.*).
3. पेरु trinkend *o.* durstig.
पेलव fein, zart; zu zart für (—°).
पेश *m.* Schmuck, Zierrat; Schmücker, Bildner, Zimmermann. *f.* ई Stück Fleisch.
पेशन, *f.* ई zierlich, verziert.
पेशल *dass.*, lieblich, reizend, zart, fein, gewandt; *n.* Schönheit, Anmut.
पेशस् *n.* Gestalt, Schönheit, Schmuck, Zierrat, Kunstgewebe *o.* -gewand.
पेशस्वन्त् geschmückt, geziert.
पेशितर् *m.* Zerleger, Vorschneider.
पेष, *f.* ई (—°) zerreibend, mahlend; *m.* das Zerreiben, Mahlen.
पेषण *n.* = *vor. m.*; *f.* ई Mahlstein.
पेष्टर् *m.* Zerreiber, Zermahler.
पेष्ट्र *n.* Knochen *o.* Fleischstück.
पेष्य zu zerreiben zu (—°).
पेसुक sich ausdehnend.
पैङ्गल, °लायन *u.* °लायनि *m. Patron. von* पिङ्गल.
पैङ्गल्य *n.* die braune Farbe
पैङ्गि *m. patron. Name Yâska's.*
पैङ्गिन् *m.* ein Anhänger Paiṅgyas.
पैङ्ग्य *m. patron. N. eines alten Lehrers.*
पैज *m. N. eines alten Lehrers.*
पैजवन *m. patron. Mannsn.*
पैठर *Adj.* Topf-, gekocht.
पैतामह, *f.* ई grofsväterlich, von Brahman stammend. *m.* B.'s Sohn; *n. N. eines Mondhauses.*
पैतृक, *f.* ई väterlich, auf die Manen bezüglich.
पैतृयज्ञिक *u.* °यज्ञीय auf das Manenopfer bezüglich.
पैतृष्वसेय, *f.* ई von der Vaterschwester abstammend; *m.* deren Sohn.
पैत्त *u.* पैत्तिक, *f.* ई Gallen-, gallig.
पैत्र (*f.* ई) *u.* पैत्र्य auf die Manen bezüglich.
पैद्व dem Pedu gehörig; *m.* dessen Ross.
पैनाक Çiva gehörig (*vgl.* पिनाकिन्).
पैप्पल aus dem Holze des heiligen Feigenbaumes gemacht.
पैप्पलाद von Pippalâda herrührend; *m. Pl.* die Schule des P.
पैशल्य *n.* Gewandtheit, Freundlichkeit.
पैशाच, *f.* ई den Piçâca zukommend; *f.* ई der Dialekt ders.
पैशुन *u.* °न्य *n.* Afterreden, Verleumdung.
पैष्ट (*f.* ई) *u.* पैष्टिक aus Mehl bereitet.
पोटक *m.* Knecht.
पोटल *m.* Bündel.
पोटलक *m.*, °लिका *f. dass*
पोटी *f.* Mastdarm.
पोत *m.* Junges *o.* Schössling von (—° *in Tier- u. Pflanzenn.*); *m. n.* Schiff, Boot.
पोतक *m.* (—°) *dass.*; *f.* पोतिका Kleid, Gewand.
पोतप्लव *m.* Schiffer.
पोतभङ्ग *m.* Schiffbruch.
पोतर् *u.* पोतर् *m.* Reiniger, Läuterer (*r.*).
पोतवणिज् *m.* ein seefahrender Kaufmann.
पोत्र *n.* das Somagefäfs *o.* das Amt des Potar (*r.*), die Schnauze des Ebers.
पोत्रिन् *m.* wilder Eber.
पोत्रीय auf den Potar bezüglich (*r.*).
पोथ *m.* ein Schlag mit (—°).
पोया *f.* ein best. Blaseinstrument.
पोलिका *f.* Art Gebäck.
पोष *m.* Gedeihen, Wohlstand, Fülle; Ernährung, Pflege, Zucht, Fütterung.
पोषक, *f.* °षिका ernährend, aufziehend, züchtend.
पोषण pflegend, hegend; *n.* Ernährung, Zucht, Pflege.
पोषणकर die Ernährung bewirkend.
पोषणीय zu ernähren.
पोषयित्नु nährend, gedeihlich.
पोषयिष्णु *dass.*
पोषितर् *m.* Ernährer, Pfleger.
पोषिन् (—°) ernährend, erziehend.
पोषुक gedeihend.
पोष्टर् *m.* = पोषितर्.
पोष्य zu ernähren; gedeihlich, reichlich.
पोष्यावन्त् Gedeihen schaffend.
पौंश्चलीय *Adj.* Huren-.

**पौंश्चलेय m. Hurensohn.**
पौंश्चल्य *n.* Männersucht.
पौंस्न männlich; *n.* Männlichkeit.
पौंस्य *dass.*; *auch n.* Manneskraft *o.* -that
पौच्छ am Schwanze befindlich.
पौञ्जिष्ठ *u.* °ष्ठ *m.* Fischer.
पौण्डरीक aus Lotusblumen gemacht.
पौण्ड्र *m. Pl. Volksname.*
पौण्य rechtschaffen, tugendhaft.
पौतन *N. einer Gegend.*
पौत्र, *f.* ई vom Sohne stammend. *m.* Sohnessohn, Enkel; पौत्रवत् *adv. f.* पौत्री Sohnestochter, Enkelin.
पौत्रक *m.* Enkel.
पौत्रिन् einen Enkel habend.
पौनःपुन्य *n.* öftere Wiederholung.
पौनरुक्त्य *n.* Wiederholung, Tautologie.
पौनर्भव von einer wiederverheirateten Frau stammend; *m.* der Sohn einer solchen.
1. पौर *m.* Füller, Sättiger, Mehrer.
2. पौर *m.* Städter, Bürger.
पौरकार्य *n.* städtische Angelegenheit.
पौरजन *m.* Städter, Bürger (*coll.*).
पौरंदर dem Städtezerstörer (*Indra*) gehörig *o.* geweiht.
पौरव, *f.* ई von Puru stammend, ihm gehörig. *m.* ein Nachkomme P.'s; *Pl.* das Geschlecht *o.* Volk der P.
पौरस्त्य vorderst, östlich.
पौराण, *f.* ई alt, antik, ehemalig.
पौराणिक, *f.* ई *dass.*
पौरिक *m.* Städter, Bürger; *Pl. Volksn.*
पौरुष, *f.* ई menschlich, männlich; *n.* Mannheit, Mannesthat *o.* -mut.
पौरुषेय, *f.* ई von Menschen kommend; menschlich. *Abstr.* °त्व *n.*
पौरुहूत Indra gehörig (*vgl.* पुरुहूत).
पौरूरवस dem Purûravas eigen.
पौरोगव *m.* Küchenmeister.
पौरोभाग्य *n.* Missgunst.
पौरोहित्य *n.* das Hauspriesteramt.
पौर्णमास, *f.* ई auf den Vollmond bezüglich. *m. n.* Vollmondsfeier; *f.* ई Vollmondsnacht *o.* -tag; *n.* Vollmondstag.
पौर्णमास्य *n.* Vollmondsopfer.

आप्याय्य·

lung, Abschnitt, Kapitel; Art Drama (*auch* ई *f.*).

प्रकर्ष *m.* Vorzug, hoher Grad, Übermaſs. °—, *Abl. u. Instr. adv.* in hohem Grade, stark, sehr.

प्रकर्षण *m.* Quäler, Beunruhiger; *n.* das Fortziehen, Ausdehnung, lange Dauer.

प्रकाण्ड *m. n.* Baumstamm, Abschnitt in einem Werk; trefflichst unter (—°).

प्रकाम *m.* Lust, Vergnügen. प्रकाम (°—), °मम् *u.* °मतस् *adv.* nach Lust, nach Wunsch.

प्रकार *m.* Art, Weise; *adj.* —° -artig. *Abstr.* °ता *f.*

प्रकाश hell, leuchtend, sichtbar, offen, öffentlich, bekannt, berühmt durch (*Instr. o.* —°), in (—°). प्रकाश (°—) *u.* °शम् öffentlich, sichtbar, deutlich, laut. *m.* प्रकाश Helle, Licht, Schein, (*adj.* —° ähnlich, gleich), Klarheit, Offenkundigkeit, Berühmtheit. *Loc. adv.* öffentlich, vor aller Augen.

प्रकाशक, *f.* °शिका = *vor. Adj.*; erhellend, erleuchtend, offenbarend, erklärend, bezeichnend, ausdrückend. *Abstr.* °त्व *n.*

प्रकाशता *f.*, °त्व *n. Abstr. zu* प्रकाश.

प्रकाशन erhellend, erleuchtend; *n.* das Erhellen, Offenbaren.

प्रकाशय्, °यति *s.* काश्.

प्रकाशवन्त् hell, glänzend.

प्रकाशिता *f.*, °त्व *n.* Helle, Licht.

प्रकाशिन् hell, leuchtend; offenbarend.

प्रकाशी कर् hell machen, offenbaren.

प्रकाशेतर unsichtbar (*eig.* anders als sichtbar).

प्रकाश्य zu erhellen, zu offenbaren.

प्रकाश्यता *f.* das Offenbarsein.

प्रकिरण *n.* das Ausstreuen, Hinwerfen.

प्रकीर्ण (*s.* 3. कर्) *n.* Allerlei, Vermischtes.

प्रकीर्णक zerstreut, vermischt; *n.* = *vor. n.*

प्रकीर्तन *n.* das Verkünden, Preisen; *f.* आ Erwähnung, Nennung.

प्रकीर्ति *f.* lobende Erwähnung.

प्रकृत *s.* 1. कर्.

प्रकृति *f.* Natur, Ursprünglichkeit, das Primitive, Grundlage, Norm, Faktor, *bes.* die Faktoren des Staats: Minister, Unterthanen u. s. w.

प्रकृतिमन्त् ursprünglich, natürlich, normal.

प्रकृतिष्ठ *u.* °स्थ im natürlichen Zustand befindlich, normal, gesund.

प्रकृतिस्वदर्शन normalsichtig.*

प्रकृष्ट (*s.* कर्ष्) lang, stark, heftig, auſserordentlich. *Abstr.* °त्व *n.*

प्रकेत *m.* Erscheinung; Wahrnehmung, Einsicht; Wahrnehmer, Kenner.

प्रकोप *m.* Aufwallung, Zorn.

प्रकोपण *u.* °पन, *f.* ई aufregend (—°); *n.* Reizung, Aufregung, das Erzürnen.

प्रकोष्ठ *m.* Vorderarm; Schlosshof.

प्रक्रम *m.* Schritt (*auch als Längenmaſs*), Anfang; Verhältnis, Maſs.

प्रक्रमण *n.* das Vorschreiten, Schreiten zu (—°).

प्रक्रान्त (*s.* क्रम्) *n.* Aufbruch, Abreise.

प्रक्रिया *f.* das Hervorbringen, Verfahren, Art und Weise, Ceremonie; Vorrecht, Vorrang; Abschnitt, Kapitel.

प्रक्री käuflich.

प्रक्रीड *m.* Spiel, Scherz.

प्रक्रीडिन् spielend, scherzend.

प्रक्रोश *m.* Aufschrei.

प्रक्लेद *m.* das Nasssein, Nässe.

प्रक्षय *m.* Vernichtung, Untergang, Ende.

प्रक्षालक waschend; *m.* Wäscher

प्रक्षालन Waschungen vollziehend (*r.*); *n.* das Waschen, Waschung, Reinigung.

प्रक्षीण *s.* 2. क्षि.

प्रक्षीणपाप dessen Sünden getilgt sind.

प्रक्षेप *m.* das Werfen, Wurf (*concr.*).

प्रक्षेपण *n.* das Werfen, Hineinwerfen, Aufschütten *o.* -gieſsen.

प्रक्ष्वेडा *f.*, °डित *n.* das Brummen.

प्रख्य sichtbar, deutlich; *f.* आ Sichtbarkeit, Glanz, Schönheit; *adj.* —° gleich, ähnlich.

प्रख्यान *n.* das Bekanntsein *o.* -machen.

प्रगर्धिन् vorstrebend.

प्रगल्भ्, °ल्भते mutig, entschlossen sein.

प्रगल्भ mutig, entschlossen, kühn, selbstbewusst. *Abstr.* °ता *f.*

**प्रगाढ** (*s.* **गाह्**) **eingetaucht, vermischt mit, reich an (—°), viel, vielfach. *n. adv.* stark, heftig.**
**प्रगाण** *n.* Gesang.
**प्रगाथ** *m.* eine Art Doppelstrophe.
**प्रगुण** richtig, in Ordnung, gut, vorzüglich.
**प्रगुणय्**, °**यति** in Ordnung bringen, zurecht machen *o.* -legen; *p.p.* **प्रगुणित**.
**प्रगुणी कर्** *dass.*; °**भू** in Ordnung kommen.
**प्रगृह्य** starr, unveränderlich (*g.*).
**प्रगे** (*Loc. adv.*) früh morgens *o.* morgen früh.
**प्रगेतन** morgendlich, künftig.
**प्रग्रह** *m.* das Vorhalten *o.* -strecken (*adj.* —° vorhaltend *o.* -streckend); das Ergreifen, Packen, Versessensein auf, Hartnäckigkeit; Empfang, Aufnahme, Gunstbezeigung; Zügel, Strick, Lenker, Führer, Gefährte.
**प्रग्रहण** *m.* Lenker, Führer; *n.* das Ergreifen, Fangen, Packen, Darreichen.
**प्रग्रहवन्त्** haltend (—°); freundlich, zuvorkommend.
**प्रघस** *m.* *Fresser; *N. eines Rakshas.*
**प्रघासिन्** *u.* °**स्नु** gefräfsig.
**प्रघोष** *m.* Laut, Geräusch.
**प्रचण्ड** sehr heftig *o.* zornig. *Abstr.* °**ता** *f.*
**प्रचण्डातप** *m.* heftige Glut.
**प्रचण्डपाण्डव** *n. T. eines Drama's.*
**प्रचता** (*Instr. adv.*) verborgen, heimlich.
**प्रचय** *m.* das Pflücken, Sammeln (*auch* °**न** *n.*); Haufe, Menge, hoher Grad; *auch = folg.*
**प्रचयस्वर** *m.* Massenaccent (*g.*).
**प्रचरण** *n.* das auf die Weide gehen, das ans Werk gehen; *f.* **ई** Art hölzerner Löffel (*r.*).
**प्रचर्या** *f.* Handlung.
**प्रचल** schwankend, zitternd.
**प्रचलन** *n.* das Schwanken, Zittern.
**प्रचार** *m.* das Vortreten, Erscheinen, Stattfinden; Verfahren, Benehmen, Art und Weise; Gang, Weg (*concr.*), Tummelplatz, Weideplatz.
**प्रचुर** viel, reichlich; voll von, reich an (—°). *Abstr.*°**ता** *f.*, °**त्व** *n.*
**प्रचेतन** erhellend.
**प्रचेतस्** achtsam, weise, verständig; *m. Bein. Varuṇa's*
**प्रचेतुन** Aussicht gewährend, Aussichts-.
**प्रचोद** *m.*, °**न** *n.* das Antreiben.
**प्रच्छद्** *f.* Bedeckung.
**प्रच्छद** *u.* *°**पट** *m.* Überzug, Bettuch.
**प्रच्छन्न** *s.* 1. **छद्**.
**प्रच्छादक** (—°) bedeckend, verhüllend.
**प्रच्छादन** (—°) *dass.*; *n.* das Verdecken, Verhüllen.
**प्रच्छाय** Schatten.
**प्रच्छित** *s.* **छा**.
**प्रच्छिद्** abschneidend.
**प्रच्छेद** *m.* Abschnitt.
**प्रच्यव** *m.* das Weichen, Schwinden; der Fall.
**प्रच्यवन** das Weichen; Verlustiggehen (*Abl.*).
**प्रच्युति** *f. dass.*
**प्रछ्, पृच्छति** (°**ते**) fragen, erfragen, fragen nach (*2 Acc.*), suchen, verlangen, begehren. *p.p.* **पृष्ट** befragt, begehrt; *selten* erfragt. **आ** (*meist Med.*) jemd. (*Acc.*) Lebewohl sagen. **परि** herumfragen, fragen nach (*2 Acc.*). **वि** fragen, befragen; erkunden. **सम्** sich befragen, sich unterreden *o.* begrüfsen mit (*Instr.*); fragen nach (*2 Acc.*).
**प्रछि = प्रछ्** (*g.*).
**प्रज** gebärend (—°). *f.* **प्रजा** Geburt, Zeugung, Same, Nachkommenschaft, Familie; *Pl.* Geschöpfe, *bes.* Menschen, Leute, Unterthanen, Volk.
**प्रजन** *m.* Zeugung (*auch n.*); Erzeuger.
**प्रजनन** zeugend; *n.* Zeugung, Geburt, Fortpflanzung, Zeugungskraft *o.* -glied, Samen.
**प्रजननवन्त्** zeugungskräftig.
**प्रजनयितर्** *m.* Erzeuger.
**प्रजनिष्णु** zeugungsfähig.
**प्रजनु** Geburtsglied (= vulva).
**प्रजय** *m.* Sieg.
**प्रजल्प** *m.*, °**न** *n.* Unterhaltung, Rede.
**प्रजल्पित** (*s.* **जल्प्**) *n. dass.*
**प्रजव** *m.* Eile, Hast.
**प्रजवन** *u.* **प्रजविन्** sehr eilig.

प्रजस् (—°) = प्रजा.

प्रजाकाम Nachkommen wünschend.

प्रजागर wachend; m. der Wächter o. das Wachen.

प्रजात s. जन्.

प्रजाति f. Zeugung, Fortpflanzung, Geschlecht.

प्रजादान n. Kindererzeugung.

प्रजाधर्म m. Regel für die Kindererzeugung.

प्रजानन्त् s. 1. ज्ञा.

प्रजापति m. Herr der Zeugung o. der Geschöpfe, der Schöpfer (*in ältester Zeit einer, später mehrere angenommen*).

प्रजापाल m. Hüter der Geschöpfe (*Kṛshṇa*) o. Hüter des Volks, Fürst, König.

प्रजापालन n. das Hüten des Volks.

प्रजायिनी f. gebärend.

प्रजावन्त् nachkommenreich, fruchtbar. f. °वती schwanger; Mutter von (—°); des (älteren) Bruders Frau.

प्रजाहित gut für die Geschöpfe.

प्रजीवन n. Lebensunterhalt.

प्रजेश u. °श्वर m. Herr der Geschöpfe, Schöpfer; Fürst, König.

प्रज्ञ verständig, kundig (—°); f. प्रज्ञा Einsicht, Verstand, Vorsatz, Entschluss. °ज्ञता f. Kenntnis, Wissen.

प्रज्ञप्ति f. Mitteilung, Lehre.

प्रज्ञाचक्षुस् n. Verstandesauge; *Adj.* mit dem V. sehend.

प्रज्ञातर् kundig; m. Wegweiser.

प्रज्ञान, f. ई erkennbar, unterscheidbar; n. Erkenntnis, Wissen.

प्रज्ञानघन nichts als Erkenntnis.

प्रज्वलन n. das Aufflammen, Lodern.

प्रज्वलित (s. ज्वल्) n. *dass.*

प्रज्वालन n. das Anfachen, Entzünden.

प्रज्वाला f. Flamme.

प्रणत s. नम्.

प्रणति f. Verneigung, Verbeugung vor (*Gen., Loc.* o. —°).

प्रणपात् u. प्रणप्तर् m. Urenkel.

प्रणमन n. = प्रणति.

प्रणय m. Führer; Führung, Zuneigung, Vertraulichkeit, Liebe, Verlangen.

प्रणयन n. das Herbeischaffen, Vorbringen; Handhabung, Festsetzung, Durchführung.

प्रणयवन्त् vertrauensvoll, verliebt, sehnsuchtsvoll nach (*Loc.* o. —°).

प्रणयिजन m. ein Liebender.

प्रणयिता f. Liebe, Zuneigung, Verlangen.

प्रणयिन् liebend, verlangend, begehrend; lieb, geliebt. m. Liebling, Freund; f. °नी Geliebte, Gattin.

प्रणव u. प्रणव m. die heilige Silbe Om.

प्रणाद m. Schall, Laut, Geschrei.

प्रणाम m. = प्रणति, भूमौ Verneigung bis zur Erde.

प्रणाली u. °लिका f. Kanal, Abzugsgraben.

प्रणाश m. Untergang, Tod, Verlust.

प्रणाशन, f. ई vernichtend; m. Vernichtung, Verderben.

प्रणिधान n. Anlegung, Anwendung, Anstrengung, Dienstbeflissenheit; Aufmerksamkeit gegen, Ergebung in (*Loc.*); Vertiefung, Nachdenken.

प्रणिधि m. das Aufpassen; Aufpasser, Spion.

प्रणिपतन n., °पात m. Fufsfall, Unterwürfigkeit, demütiges Benehmen.

प्रणी m. Führer.

प्रणीत (s. 1. नी); f. आ Weihwasser.

प्रणीति f. Führung, Leitung.

प्रणेजन, f. ई abwischend; n. das Waschen, Baden.

प्रणेतर् m. Führer, Leiter; Verfasser.

प्रणेय zu führen, zu lenken, gehorsam; anzuwenden, zu vollbringen.

प्रतट ein hohes Ufer.

प्रतनु sehr fein, gering, unbedeutend.

प्रतमाम् *Adv.* vorzugsweise.

प्रतरण, f. ई fördernd, helfend; n. das Hinübersetzen, Beschiffen.

प्रतरम् u. प्रतराम् *Adv.* weiter, künftig.

प्रतर्क m. Mutmafsung, Folgerung.

प्रतर्दन (*eig.* durchbohrend, vernichtend) m. *Bein. Vishṇu's, Mannsname.*

प्रतवस् sehr kräftig.

प्रतान m. Ausläufer, Ranke, Verzweigung.

प्रताप m. Glut, Hitze, Glanz, Pracht, Hoheit, Majestät, Macht.

प्रतापन brennend, quälend. *m.* eine best Hölle; *n.* das Erwärmen, Erhitzen.

प्रतापमुकुट *m. N. eines Fürsten.*

प्रतापरुद्रीय *n. T. eines Werkes.*

प्रतापवन्त् hoheitsvoll, majestätisch.

प्रतापिन् = प्रतापन *Adj. o.* = प्रतापवन्त्.

प्रताम्र hochrot.

प्रतार *m.* das Hinübersetzen, Betrügen.

प्रतारक betrügend; *m.* der Betrüger.

प्रतारण *n.* = प्रतार.

प्रति (°—) gegen, zurück, wieder (*in Verben u. Subst.*); *Präp. mit Acc.* gegen (*in jeder Bed.*), gegenüber, vor, angesichts; zur Zeit von, um (*auch Abl.*); in betreff, wegen, (*auch Gen.*) nach, gemäſs; je nach, -lich (*häufig so auch* —° *im adv. Compos.*), **mit Abl.* für, zum Ersatz von; gegen *d. h.* ganz gleich, ebenbürtig (*so auch mit Adv. auf* °तस्). आत्मानं प्रति zu sich selbst, für sich; मां प्रति nach meiner Meinung; मां प्रति भाति mir gefällt; मां प्रत्यरण्यवत्प्रतिभाति erscheint mir wie ein Wald.

प्रतिकर, *f.* ई entgegenwirkend; *m.* Vergeltung.

प्रतिकर्मन् *n.* = *vor. m.*; Putz, Toilette.

प्रतिकामम् *Adv.* nach Lust, nach Wunsch.

प्रतिकार *m.* Vergeltung; Abhilfe.

प्रतिकूल entgegen (*eig.* gegen das Ufer gerichtet), unangenehm, widrig, widersetzlich, feindselig (*Abstr.* °ता *f.*). *n.* die umgekehrte Ordnung; *adv.* °कूलम् entgegen, in u. O.

प्रतिकूलकारिन् sich jemd. (*Gen.*) widersetzend, feindselig.

प्रतिकृति *f.* Widerstand; Nachbildung, Bild.

प्रतिक्रम *m.* umgekehrte Ordnung.

प्रतिक्रमण *n.* das Hinschreiten.

प्रतिक्रिया *f.* Wiedervergeltung, Wiedererstattung, Abhilfe, Abwehr.

प्रतिक्षणम् *Adv.* jeden Augenblick, stets.

प्रतिगमन *n.* Rückkehr.

प्रतिगर *m.* Antwortsruf (*r.*).

प्रतिगृहम् *Adv.* in jedem Hause.

प्रतिज्ञापूर्वकम् auf

प्रतिदर्श *m.*

प्रतिदिनम्

प्रतिदीवन्

प्रतिदोषम्

Beehrung, Verehrung, Anfangsmaßregel, Beginn, Mittel, Ausweg.

**प्रतिपद्** f. Zugang, Anfang; Anfangsvers (r.); Anfang einer Monatshälfte.

**प्रतिपद** (°—) o. n. adv. Schritt für Schritt, Wort für Wort.

**प्रतिपन्न** s. 1. **पद्**.

**प्रतिपाण** m. Gegeneinsatz beim Spiel.

**प्रतिपात्रम्** *Adv.* bei jeder Rolle (*d.*).

**प्रतिपादक**, f. **°दिका** mitteilend, darlegend, auseinandersetzend, lehrend. *Abstr.* **°त्व** *n.*

**प्रतिपादन** n. das Mitteilen, Verleihen; Wiederherstellung; Darlegung, Vortrag, Lehre.

**प्रतिपादनीय** darzulegen, zu behandeln, (zur Ehe zu geben*).

**प्रतिपादयितृ** m. Spender; Darleger, Lehrer.

**प्रतिपाद्य** darzulegen, zu besprechen, zu behandeln. *Abstr.* **°त्व** *n.*

**प्रतिपान** n. das Trinken, Trinkwasser.

**प्रतिपालन** n. das Schützen, Schirmen, Halten, Beobachten, (Erwarten*).

**प्रतिपालिन्** schützend, schirmend.

**प्रतिपाल्य** zu schützen, abzuwarten, wahrzunehmen.

1. **प्रतिपुरुष** m. (*eig.* Gegenmann), Stellvertreter, Diebspuppe.

2. **प्रतिपुरुष** (°—) u. n. **°षम्** *adv.* Mann für Mann.

**प्रतिपूजक** ehrend.

**प्रतिपूजन** n., **°पूजा** f. Ehrenerweisung.

**प्रतिपूज्य** zu ehren.

**प्रतिपूरण** n. das Füllen, Vollwerden.

**प्रतिप्रति** m. n., **°तिनी** f. jemd. (*Acc.*) gewachsen, ebenbürtig.

1. **प्रतिबल** n. feindliches Heer.

2. **प्रतिबल** gleiche (*eig.* Gegen-) Kr… habend, jemd. (*Gen.*) gewachsen, gle… stark an (—°).

**प्रतिबाधक** (—°) zurückstoßsend.

**प्रतिबाधन** n. das Zurückstoßsen, A… wehren.

**प्रतिबिम्ब** n. (*m*) die sich spiegelnde (… Gegen-) Scheibe (*der Sonne o. … Mondes*), Spiegelbild, Abbild, Wied… schein; *adj.* gleich.

**प्रतिबिम्बित** wiedergespiegelt.

**प्रतिबुद्धि** f. das Erwachen.

**प्रतिबोध** m. *dass.*, Erkenntnis.

**प्रतिबोधक** erweckend.

**प्रतिबोधन** *dass.* (—°). n. das Erwac… (*auch f.* **आ**); das Erwecken, A… klärung, Belehrung.

**प्रतिबोधनीय** zu wecken.

**प्रतिबोधवन्त्** mit Erkenntnis begabt, v… nünftig.

**प्रतिबोधिन्** erwachend.

**प्रतिभट** wetteifernd mit (*Gen. o.* —°).

**प्रतिभय** furchtbar, gefährlich; n. Fur… Gefahr, *auch adv.*

**प्रतिभा** f. Abbild, Glanz, Gedankenb… Einfall, Verstand, Einsicht, Geis… gegenwart.

**प्रतिभाग** m. Verteilung; des Königs… teil (*die dems. täglich dargebrac… Geschenke*).

**प्रतिभान** n. das Einleuchten, Einsicht.

**प्रतिभानवन्त्** u. **°भावन्त्** einsichtig.

**प्रतिभास** m. das Erscheinen, Schein (… **°न** *n.*); Gedankenblitz, Einfall.

**प्रतिभू** *m.* Bürge (für *Gen. Dat.*, **Loc. o.* —°).

**प्रतिभेद** *m.* das Spalten (*auch* °न *n.*); Entdeckung, Verrat.

**प्रतिभोग** *m.* Genuss.

**प्रतिमल्ल** *m.* Gegenkämpfer, Nebenbuhler.

**प्रतिमा** *m.* Bildner, Schöpfer; *f.* Abbild, Ebenbild, *adj.* —° ähnlich, gleich.

**प्रतिमान** *n.* Gegengewicht (*eig.* -mafs): *concr.* Gewicht (*zum Wiegen*) *o.* ein gleich starker, ebenbürtiger Gegner, ein Mann für (*Gen. o. Dat.*); *abstr.* Gleichheit Ähnlichkeit.

**प्रतिमार्ग** *m.* Rückweg.

**प्रतिमित्** *f.* Stütze.

1. **प्रतिमुख** *n.* die Epitasis (*d.*).

2. **प्रतिमुख**, *f.* **ई** gegenüber- *o.* bevorstehend.

**प्रतिमोचन** *n.* das Loskommen von (—°).

**प्रतियत्न** *m.* Mühewaltung.

**प्रतियातन** *n.* das Erwidern, Vergelten· *f.* **आ** Abbild, Bild.

**प्रतियुद्ध** *n.* Gegenkampf, Kampfeserwiderung.

**प्रतियोग** *m.* Gegenmittel, Widerstand.

**प्रतियोगिक** correlativ (*ph.*).

**प्रतियोगिन्** *dass.*; *m.* Gegner.

**प्रतियोद्धर्** *u.* °योध *m.* Gegenkämpfer, (ebenbürtiger) Gegner.

**प्रतियोधन** *n.* = **प्रतियुद्ध**.

**प्रतिर** *u.* **प्रतिर** hinüberbringend, helfend fördernd.

**प्रतिरथ** *m.* = **प्रतियोद्धर्**.

**प्रतिराज** *u.* °राजन् *m.* Gegenkönig, feindlicher K.

**प्रतिरात्रम्** *u.* °रात्रि *Adv.* jede Nacht.

1. **प्रतिरूप** *n.* Abbild, Muster.

2. **प्रतिरूप** ähnlich, angemessen.

**प्रतिरूपक** = *vor.* 1. *u.* 2.

**प्रतिरोद्धर्** *m.* Widersacher.

**प्रतिरोध** *m.* Hemmung, Hindernis.

**प्रतिरोधक** *m.* Störenfried, Räuber.

**प्रतिरोधन** *n.* das Versperren, Hemmen Aufhalten.

**प्रतिलभ्य** zu erlangen.

**प्रतिलम्भ** *m.* das Erlangen, Finden (*auch* °लाभ *m.*); Erfassen, Begreifen.

**प्रतिषेधापवाद्** *m.* Aufhebung eines Verbots.

**प्रतिष्ठ** feststehend. *f.* °ष्ठा das Stillstehen, Beharren; Standort, Behälter; Grund, Unterlage; Stütze, Halt, Wohnort, Heimat; das Stellungnehmen, die Tronbesteigung eines Fürsten.

**प्रतिष्ठान** *n.* Grundlage; *N. einer Stadt.*

**प्रतिष्ठि** *f.* Widerstand.

**प्रतिष्ठित** *s.* **स्था.**

**प्रतिसंहार** *m.* Zurückziehung, Aufgebung.

**प्रतिसंधान** *n.* das Wiederzusammenbringen, das sich (*Dat.*) wieder zum Bewusstsein Bringen.

**प्रतिसंधि** *m.* Wiedervereinigung.

***प्रतिसीरा** *f.* Vorhang.

**प्रतिस्पर्धिन्** wetteifernd, ähnlich, gleich.

**प्रतिहरण** *n.* das Zurückwerfen.

**प्रतिहर्तृ** *m.* Zurückzieher, Abwehrer.

**प्रतिहस्त** *u.* °क *m.* Stellvertreter.

**प्रतिहार** *m.* das Anschlagen; Thor, Thorsteher, *f.* **ई** -in.

**प्रतिहारभूमि** *f.* Thorgegend.

**प्रतीक** *n.* das Äuſsere, Oberfläche, Antlitz, Bild, Abbild; Anfangswort (*auch m.*).

**प्रतीकार** *m.* Wiedervergeltung, Rache, Abhilfe, Heilung, Rettungsmittel.

**प्रतीकाश** *m.* Wiederschein, Schein, Aussehen; *adj.* —° ähnlich.

**प्रतीक्ष** erwartend, berücksichtigend (—°); *f.* **आ** Erwartung, Rücksicht auf (—°).

**प्रतीक्षण** *n.* Berücksichtigung, Beobachtung, Erfüllung.

**प्रतीक्षणीय** zu erwarten.

**प्रतीक्षिन्** (—°) erwartend.

**प्रतीक्ष्य** zu erwarten, zu beobachten, zu berücksichtigen.

**प्रतीघात** abwehrend (—°); *m.* Abwehr, Bekämpfung, Hindernis, Widerstand.

**प्रतीची** *s.* **प्रत्यञ्च्.**

**प्रतीचीन** *u.* **प्रतीचीन** zugewandt, nach Westen liegend, entgegenkommend, bevorstehend.

**प्रतीचीनग्रीव** mit dem Hals nach Westen gerichtet.

**प्रतीच्य** im Westen liegend *o.* wohnend.

**प्रतीत** *s.* 2. **इ.**

**प्रतीतात्मन्** zuversichtsvoll, frohen Mutes.

**प्रतीति** *f.* das Herantreten, Entgegentreten, Klar- *o.* Verständlichsein; Einsicht, Überzeugung, Vertrauen, Glaube.

**प्रतीप** entgegengesetzt, feindlich, unangenehm. *m.* Gegner, Widersacher. *n.* zurück, entgegen, verkehrt; *mit* **गम्** sich widersetzen, sich vergehen.

**प्रतीहार** *m.*, **ई** *f.* Thorsteher, -in.

**प्रतुद्** *u.* **प्रतुद** *m.* Hacker (*Art Vogel*).

**प्रतुष्टि** *f.* Befriedigung.

**प्रतूर्ति** stürmend; *f.* Eile.

**प्रतोद** *m.* Stachelstock.

**प्रतोली** *f.* Hauptstraſse.

**प्रत्ति** *f.* Hingabe.

**प्रत्न** ehemalig, alt, antik.

**प्रत्नथा** *u.* **प्रत्नवत्** *Adv.* nach alter Weise.

**प्रत्यक्** *s.* **प्रत्यञ्च्.**

**प्रत्यक्ष** augenfällig, offenbar, deutlich, ausdrücklich. *n.* Augenschein, *adv.* **प्रत्यक्षम्** vor Augen, ins Gesicht (*auch* **प्रत्यक्षे**), coram (*Gen. o.* —°); deutlich, ausdrücklich, unmittelbar.

**प्रत्यक्षचारिन्** vor jemd. (*Gen.*) wandelnd.

**प्रत्यक्षता** *f.*, °त्व *n.* Augenfälligkeit, Deutlichkeit.

**प्रत्यक्षदर्शन** *n.* das leibhaftige Sehen (*eines Gottes*).

**प्रत्यक्षदर्शिन्** mit eigenen Augen sehend.

**प्रत्यक्षदृष्ट** mit eigenen Augen gesehen.

**प्रत्यक्षभूत** leibhaftig erschienen.

**प्रत्यक्षी कर्** beaugenscheinigen (**उदन्तम्** sich erkundigen*); °**भू** leibhaftig erscheinen.

**प्रत्यगात्मन्** die innere Seele (*ph.*).

**प्रत्यगानन्द** als innere Wonne erscheinend (*ph.*).

**प्रत्यग्र** frisch, neu, jung; °— *u. n. adv.*

**प्रत्यञ्च्**, *f.* **प्रतीची** *u.* **प्रतीची** entgegengekehrt, *entw.* zugewandt *o.* abgewandt; zurückgewandt, innerlich; hinten befindlich, westlich. *n.* **प्रत्यक्** *Adv.* rückwärts, nach hinten, hinter *o.* westlich von (*Abl.*), innerlich. *m.* die innere Seele. *f.* **प्रतीची** der Westen.

**प्रत्यनीक** gegenüberstehend, feindlich, gewachsen, gleich. *m.* Gegner, Feind. *n.* feindliches Heer, Feindschaft.

**प्रत्यभिघारण** *n.* das Wiederbegiefsen (*r.*).

**प्रत्यभिज्ञा** *f.*, **°न** *n.* das Wiedererkennen.

**प्रत्यभियोग** *m.* Gegenklage (*j.*).

**प्रत्यभिवाद** *m.*, **°न** *n.* Gegengrufs.

**प्रत्यय** *m.* Vertrauen, Glaube, Überzeugung (*Loc.*, *Gen. o.* —°), Annahme, Vorstellung, Grund, Ursache; Suffix (*g.*).

**प्रत्ययकारक** (*u.* **°कारण***) Vertrauen erweckend.

**प्रत्ययप्रतिवचन** *n.* eine überzeugende Antwort.

**प्रत्ययित** *u.* **प्रत्ययिन्** zuverlässig, des Vertrauens würdig.

**प्रत्यर्थिता** *f. Abstr. zum folg.*

**प्रत्यर्थिन्** feindlich; gewachsen, gleichend (—°). *m.* Widersacher, Feind; der Verklagte (*j.*).

**प्रत्यर्पण** *n.* das Wiedergeben.

**प्रत्यर्पणीय** wiederzugeben.

**प्रत्यवमर्श** *m.*, **°न** *n.* innere Betrachtung, Überlegung.

**प्रत्यवर** niedriger, geringer.

**प्रत्यवरूढि** *f.* das Herabsteigen.

**प्रत्यवरोधन** *n.* Hemmung, Störung.

**प्रत्यवरोह** *m.*, **°रोहण** *n.* = **प्रत्यवरूढि**.

**प्रत्यवरोहिन्** herabsteigend.

**प्रत्यवसान** *n.* das Essen.

**प्रत्यवसानार्थ** essen bedeutend (*g.*).

**प्रत्यवहार** *m.* Zurückweisung, Auflösung, Vernichtung.

**प्रत्यवाय** *m.* Abnahme, Verminderung; Widerwärtigkeit, Sünde.

**प्रत्यवेक्षण** *n.* (**°क्षणा** *f.**) *u.* **°क्षा** *f.* Rücksichtnahme, Sorge.

**प्रत्यवेक्ष्य** zu berücksichtigen.

**प्रत्यह** täglich; *n. adv.*

**प्रत्याख्यान** *n.* Zurückweisung, Verweigerung.

**प्रत्याख्येय** zurückzuweisen.

**प्रत्यागति** *f.* Heimkehr, Rückkehr.

**प्रत्यागम** *m.*, **°न** *n. dass.*

**प्रत्यादान** *n.* Wiedererlangung, Wiederholung.

**प्रत्यादेश** *m.* Anweisung, Befehl; Zurückweisung, Verschmähung.

**प्रत्यादेशिन्** (—°) verstofsend, verschmähend.*

**प्रत्यानयन** *n.* das Zurückführen *o.* -bringen.

1. **प्रत्यायन** *n.* Untergang (*der Sonne*).

2. **प्रत्यायन** überzeugend. *f.* **°ना** Überzeugung, Beruhigung, Trost. *n.* Erklärung, Beweis.

**प्रत्याययितव्य** zu erklären, zu beweisen.

**प्रत्याशा** *f.* Vertrauen, Hoffnung auf (—°).

**प्रत्याश्वास** *m.* Wiederaufatmung, Erholung.

**प्रत्याश्वासन** *n.* Wiederbelebung, Tröstung.

**प्रत्यासत्ति** *u.* **°सन्नता** *f.* Nähe.

**प्रत्याहरण** *n.* Zurückziehung, Zurückhaltung von (*Abl.*).

**प्रत्याहार** *m. dass.*; Auflösung, Verletzung; Gruppenwort (*g.*).

**प्रत्युक्ति** *f.* Erwiderung.

**प्रत्युज्जीवन** *n.* das Wiederaufleben *o.* -beleben.

**प्रत्युत्तर** *n.* Rückantwort.

**पत्युत्थान** *n.* (ehrerbietiges) Aufstehen.

**प्रत्युत्पन्नमति** Geistesgegenwart habend (*N. eines Fisches in der Fabel*). *Abstr.* **°त्व** *n.*

**प्रत्युदाहरण** *n.* Gegenbeispiel.

**प्रत्युद्गति** *f.* (ehrerbietiges) Entgegengehen.

**प्रत्युद्गम** *m.*, **°न** *n. dass.*

**प्रत्युपकार** *m.* Gegendienst. **°कारिन्** einen G. erweisend.

**प्रत्युपपन्नमति** Geistesgegenwart habend. *Abstr.* **°त्व** *n.*

**पत्युपहार** *m.* Wiedererstattung.

**प्रत्यूष** Morgendämmerung (**महति प्रत्यूषे** in der ersten Frühe*).

**प्रत्यूषस्** *n.* = *vor.*

**प्रत्यूह** *m.* Hindernis.

**प्रत्यृतु** *Adv.* in jeder Jahreszeit.

**प्रत्येक** je einer, jeder einzelne, jedes für sich. °—, **°शस्** *u. n. adv.*

**प्रत्वक्षस्** rüstig, stark.

**प्रथ्** (**प्रथति**) ausbreiten, (sich) ausdehnen; **प्रथते** *dass. refl.*, sich mehren, sich verbreiten, zu Tage kommen, bekannt *o.* berühmt werden. *Caus.* **प्रथयति**, *gesteigert* **°तराम्** ausbreiten, vergröfsern, offenbaren; **प्रथयते** sich ausbreiten, zunehmen. *p.p.* **प्रथित** ausgebreitet, an den Tag

*das Adj. als Adv.* *m.* die erste (dritte) Person und ihre Endungen, *f.* आ der erste Fall (Nominativ) und seine Endungen (*g.*).

**प्रथमकल्प** *m.* Hauptvorschrift, Hauptsache.

**प्रथमजा** *u.* °जा erstgeboren, ursprünglich.

**प्रथमजात** *dass.*

**प्रथमतस्** *Adv.* zuerst, vorzugsweise, alsbald, sogleich.

**प्रथमभक्ति** *f.* die frühere Pietät.*

**प्रथमवयस्** *n.* Jugend.

**प्रथस्** *n.*, **प्रथिमन्** *m.* Weite, Ausdehnung.

**प्रथितयशस्** weitberühmt.

**प्रथिष्ठ** *u.* **प्रथीयंस्** *Superl. u. Compar. zu* पृथु.

**प्रद** (*meist* —°) gebend, bewirkend, aussprechend, redend.

**प्रदक्षिण** rechts stehend *o.* nach r. gehend; günstig, ehrerbietig. *Mit* कर् (*auch* °णी कर्) jemd. (*aus Ehrfurcht*) die Rechte zukehren. °— *u. n.* °णम् von links nach rechts; nach Süden hin. *m. n.*, *f.* आ das Zukehren der Rechten *o.* das Umwandeln von links nach rechts.

**प्रदक्षिणार्चिस्** nach rechts flammend.

**प्रदक्षिणी कर्** *s.* प्रदक्षिण.

**प्रदत्त** *s.* 1. दा.

**प्रदर** *m.* Sprengung, Spalte, Riss.

**प्रदर्श** *m.* Anblick (—°); Anweisung.

**प्रदर्शक** zeigend, verkündend, lehrend; *m.* Lehrer.

**प्रदर्शन** *n.* das Aussehen (*oft adj.* —°); Zeigen, Angeben, Lehren.

**प्रदर्शिन्** (—°) sehend; zeigend, angebend.

**प्रदातर्** *m.* Geber, Spender.

**प्रदान** *n.* das Geben, Spenden, Gewähren, Erteilen, Mitteilen, Lehren, zur Ehe geben, Verheiraten.

**प्रदीप्तशिरस्** einen h

**प्रदेय** zu geben, zu s
zu lehren; *f.* zu ve

**प्रदेश** *m.* Bezeichnung,
auf einen Präzede
Ort, Gegend.

1. **प्रदोष** *m.* fehlerhaf

2. **प्रदोष** schlimm, bö

3. **प्रदोष** *m.* Abend,
Dunkel.

**प्रदोषागम** *m.* Abend

**प्रद्युम्न** *m.* der Liebe
*eines Berges u. ein*

**प्रद्योत** *m.* das Aufleu

**प्रद्वेष** *m.*, °ण *n.* Abne

**प्रधन** *n.* Kampfpreis,

**प्रधर्षक** (—°) bewälti

**प्रधर्षण** (—°) *dass.*;
handlung, Belästi

**प्रधान** *n.* Hauptgeg
das Höchste, Wi
haupt-, vorzüglichs
*Comp.* °तर, *Super*

**प्रधानतस्** *Adv.* weg

**प्रधानता** *f.*, °त्व *n.*
keit.

**प्रधानपुरुष** *m.* Haup

**प्रधानभूत** der die H

**प्रधि** *m.* Radkranz;

**प्रधुर** *n.* Deichselspi

**प्रधृष्टि** *f.* Bewältigun

**प्रध्यान** *n.* Nachdenk

**प्रध्वंस** *m.* Zerstörung

**प्रध्वंसन** zerstörend,

**प्रध्वंसिन्** schwinden

**प्रपञ्च** *m.* Mannigfaltig
die Erscheinungs

प्रपञ्चन n. Ausführlichkeit, Auseinandersetzung.

प्रपतन n. das Davonfliegen, Niederfallen, Stürzen.

प्रपथ m. Weg, Strafse, Reise.

प्रपथिन् wandernd.

1. प्रपद् f. Weg, Pfad.

2. प्रपद् f. Vorderteil des Fufses.

प्रपद n. Vorderfufs.

प्रपन्न s. 1. पद्.

प्रपलायन n. Flucht. °लायिन् fliehend.

प्रपा f. Tränke, Brunnen.

प्रपाठ u. °क m. Lektion, Kapitel.

प्रपात m. Aufbruch, Fortgang; Sturz, Fall.

प्रपातन n. das Fällen, Werfen.

प्रपान n. das Trinken.

प्रपापालिका f. Brunnenwächterin.

प्रपालक m. Hüter, Beschützer.

प्रवालन n. das Hüten, Beschützen.

प्रपितामह u. प्रपितामहं m. Urgrofsvater (*auch Bez. Brahman's u. Kṛshṇa's*); *Pl* Ahnen. *f.* प्रपितामही Urgrofsmutter.

प्रपित्वं n. Weggang, Rückzug, einsamer Ort, Abend.

प्रपौत्र m., ई f. Urenkel, -in.

प्रप्रोथ m. das Schnauben; die Nüstern.

प्रफर्वी f. ein geiles Weib.

प्रफुल्ल (s. 1. फल्) aufgeblüht, geöffnet, mit Blüten bedeckt.

प्रबन्धृ m. Verfasser.

प्रबन्ध m. Verbindung, Band (*auch* °न n.), Zusammenhang, Verknüpfung; schriftstellerisches Werk, Dichtung.

प्रबल stark, bedeutend, gewichtig, grofs. n. °लम् *adv.* überaus, sehr.

प्रबलता f., °त्व n. *Abstr. zum vor.*

प्रबलवन्त् = प्रबल.

प्रबुद्ध s. 1. बुध्.

प्रबुध् aufmerksam; f. das Erwachen.

प्रबोध m. das Erwachen, Aufblühen, Zutagetreten; das Wachen, Wachsamkeit, Erkenntnis, Verstand; das Erwecken, Anregung.

प्रबोधचन्द्र m. der Mond der Erkenntnis.

प्रभू s.

प्रभूत (s. 1. भू) reichlich, zahlreich, reich

an (—°), vermögend zu (*Infin.*) 1. प्रभूत (°—) *adv.* in hohem Mafse, sehr.

**प्रभूतता** *f.*, °त्व *n.* Menge.

**प्रभूति** *f.* Ursprung, Gewalt, Hinlänglichkeit.

**प्रभृति** *f.* Darbringung, Anfang. *Oft adj.* —° anfangend mit, — u. s. w.; *adv.* (*nach einem Abl., Adv. o.* —°) von — an.

**प्रभृथ** *m.* Darbringung, Spende.

**प्रभेद** *m.* Spaltung, Trennung, Öffnung; Differenz, Unterart, Spezies.

**प्रभेदन**, *f.* °दिका spaltend, durchstechend

**प्रभेदन** (—°) *dass.*

*****प्रभ्रष्टक** *n.* ein herabhängendes Blumengewinde.

**प्रमणस्** vorsorglich.

**प्रमति** *f.* Vorsorge, Schutz; *m.* Beschützer, *Mannsname.*

**प्रमत्त** *s.* 1. मद्.

**प्रमथ** *m.* Quäler (Art Kobold); *Mannsn.*

**प्रमथन** (*f.* ई) *u.* °थिन् quälend, vertilgend

**प्रमद्** *u.* **प्रमद्** *f.* Lust, Freude.

1. **प्रमद** *m. dass.*

2. **प्रमद** lustig, ausgelassen, toll; *f.* आ Mädchen, Weib.

**प्रमदन** *n.* Liebeslust, Lustort.

**प्रमदवन** *n.* der Lustwald eines Fürsten.

**प्रमदाजन** *m.* das Weibervolk *o.* ein Weib.

**प्रमदावन** *n.* = प्रमदवन.

**प्रमदावनपालिका** *f.* Aufseherin des Lustwaldes.*

**प्रमद्वर** thöricht; *m.* Thor, *f.* आ *Frauenn*

**प्रमनस्** sorgsam, willig, gutgelaunt.

**प्रमन्थ** *m.* Drehstab (*zum Feuermachen*).

**प्रमन्यु** zornig *o.* traurig.

**प्रमय** *m.* Untergang, Tod.

**प्रमयु** dem Untergang verfallen.

**प्रमर** *m.*, **प्रमरण** *n.* Tod.

**प्रमर्दन** zermalmend, vernichtend. *m. Bein. Vishnu's. n.* das Zermalmen, Vernichten.

**प्रमर्दितर्** *m.* Zermalmer, Vernichter.

**प्रमर्दिन्** (—°) = **प्रमर्दन** *Adj.*

**प्रमहस्** grofsmächtig.

**प्रमाण** *n.* Mafs, Mafsstab, Umfang, Gewicht; Norm, Autorität, Autoritätsperson; Beweismittel, Beweis. *Abstr.* °ता *f.*, °त्व *n.*

**प्रमाणय्**, °यति als Autorität *o.* als Beweis gebrauchen, sich richten nach, befolgen.

**प्रमाणाधिक** übermäfsig, zu grofs.

**प्रमाणी कर्** = **प्रमाणय्**.

**प्रमातर्** *m.* Autoritätsperson; der Voll-

प्रमृश

प्रमृष्टि

प्रमोदन erfreuend; n. das Erfreuen, Frohsein.
प्रमोदनृत्य n. Freudentanz.
प्रमोदिन् erfreuend.
प्रमोष m. Beraubung.
प्रमोह m. Geistesverwirrung.
प्रमोहन, f. ई verwirrend, bethörend.
प्रमोहिन् (—°) dass.
प्रयज् f. Darbringung.
प्रयतता f. Reinheit (r.).
प्रयति f. Darreichung, Gabe; Streben, Wille.
प्रयत्न m. Streben, Mühe um (Loc. o. —°), Thätigkeit. °— mit Mühe, kaum. Instr., Abl. u. °तस् angelegentlich, eifrig, absichtlich.
प्रयत्नवन्त् sich bemühend, eifrig.
प्रयन्तर् m. Darreicher, Lenker, Führer.
प्रयमण n. Reinigung (r.).
प्रयस् n. Genuss, Genussmittel, Labung an Speise und Trank.
प्रयस्त s. यस्.
प्रयस्वन्त् reich an Genuss, wohlhabend.
प्रया f. Anlauf.
प्रयाग m. Ort des Zusammenflusses von Gaṅgâ und Yamunâ; eig. Opferstätte.
प्रयाचन n. das Anflehen.
प्रयाज m. Voropfer.
प्रयाण n. Aufbruch, Reise, Gang, Marsch, Antritt, Anfang.
प्रयामन् n. Ausfahrt.
प्रयास m. Mühe, Anstrengung.
प्रयुक्ति f. Antrieb.
प्रयुज् dass., Gespann.
प्रयुत n. eine Million.
प्रयुद्ध (s. 1. युध्) n. Kampf, Schlacht.
प्रयुध् angreifend.
प्रयोक्तर् m. der Schleuderer (eines Geschosses); Ausführer, Unternehmer, Anwender, Verleiher; Sprecher (g.); Verfasser, Dichter; Aufführer (d.).
प्रयोग m. das Schleudern (s. vor.), Ausführen, Beginnen, Anschlag, Plan, Werk; Anwendung, Praxis (opp. शास्त्र); Satzung, Gebrauch, Hinzufügung (g.); Darbringung, Zuwendung; Vortrag, Aufführung (d.).
प्रयोक्तव्य = प्रयोज्य.
प्रयोगनिपुण geschickt in der Praxis.*
प्रयोगिन् gebräuchlich
प्रयोजक, f. °जिका veranlassend, bewirkend; m. Anstifter, Urheber. Abstr. °ता f., °त्व n.
प्रयोजन n. Veranlassung, Grund, Ursache, Zweck, Absicht, Nutzen von (Instr.). किं प्रयोजनम् (auch Instr. केन °नेन, *Dat., *Abl. u. *Gen.) weshalb?
प्रयोज्य zu schleudern, anzuwenden, zu gebrauchen; darzustellen (d.). Abstr. °त्व n.
प्रयोतर् m. Fernhalter, Befreier.
प्ररक्षण n. das Beschützen.
प्ररूढ s. रुह्.
प्ररूढि f. Wachstum, Zunahme.
प्ररेक m., प्ररेचन n. Überfluss.
प्ररोचन, f. ई anlockend, verführerisch; n. Anregung, Verführung.
प्ररोह m., °ण n. das Keimen, Wachsen; Schoſs, Knospe, Trieb.
प्ररोहिन् (—°) aufschieſsend aus, hervorbringend.
प्रलपन n. das Schwatzen, Gerede.
प्रलपित (s. लप्) n. dass., Wehklage.
प्रलम्ब herabhängend. Abstr. °ता f.
प्रलम्बकेश mit herabhängenden Haaren.
प्रलम्बिन् = प्रलम्ब.
प्रलम्भ m. Erlangung, Gewinn; das Anführen, Betrügen (auch °न n.).
प्रलय m. Auflösung, Vernichtung, Untergang, Ende, Weltende.
प्रलयघन m. die den Weltuntergang bewirkende Wolke. प्रलयदहन m. das d. W. b. Feuer.
प्रलयन n. Lagerstätte.
प्रलव m. Abschnitzel.
प्रलवन n. das Schneiden, Mähen.
प्रलाप m. Geschwätz, Gerede, Irrereden; Wehklage (auch n.).
प्रलापवन्त् schwatzend, faselnd.
प्रलापिन् dass., wehklagend.
प्रलोभ m. Verlockung.
प्रलोभन verlockend; n. = vor.

प्रलोभ्य begehrenswert, verlockend.

प्रव॑ flatternd, schwankend.

प्रवक्तृ m. Erzähler, Redner, Verkünder, Lehrer.

प्रवक्तव्य zu verkünden, mitzuteilen.

प्रवचन m. ein Vortragender. n. Rede, Vortrag, Verkündigung, Lehre.

प्रवचनपटु redegewandt, beredt.

प्रवचनीय vorzutragen.

प्रवण॑ Abhang, Tiefe; *Adj.* abschüssig, geneigt, *auch übertr.* geneigt zu, gerichtet auf (*Loc.*, *Dat.*, *Gen. o.* —°).

प्रव॑त् *f.* Bergabhang, Höhe; *Instr. Sgl. u Pl.* abwärts.

प्रव॑त्वन्त् höhenreich.

प्रवदन *n.* das Ankündigen.

प्र॑वन्त् nach vorne gerichtet.

1. प्रवपण *n.* das Bartscheren.

2. प्रवपण *n.* das Säen.

प्र॑वयस् kraftvoll; bejahrt.

1. प्रव॑र *m.* Decke, Obergewand.

2. प्रवर *m.* Berufung (*r.*).

3. प्रवर der vorzüglichste, beste (*bes.* —°)· vorzüglicher als (*Abl.*).

प्रवर्ग *m.* ein grofser irdener Topf.

प्रवर्ग्य *m.* eine best. Einleitungsceremonie beim Somaopfer.

प्रवर्तक verfahrend; anregend, bewirkend. *m.* Urheber, Gründer.

प्रवर्तन *n.* das Vortreten, Erscheinen, Verfahren, Handeln; das Anregen, Herbei führen, ins Werk setzen.

प्रवर्तनीय anzuwenden *o.* anzufangen.

प्रवर्तितव्य *n. impers.* zu handeln, zu thun.

प्रवर्तिन् hervortretend, sich bewegend thätig; herbeiführend, bewirkend.

प्रवर्धक, *f.* °धिका vermehrend.

प्रवर्धन *dass.*

प्रवर्ष *m.*, °ण *n.* Regen, das Regnen.

प्रवसथ॑ *n.* das Abreisen; Ausgehen, Mangel. °थं गम् entraten (*Gen.*).

प्रवसन *n.* das Abreisen, Scheiden, Sterben.

प्रवह führend, mit sich bringend (—°), *m.* ein best. Wind.

प्रवहण *n.* das Verheiraten (*eig.* Ziehenlassen); Fahrzeug, Schiff (*auch f.* ई; *adj.* —° *f.* आ).

प्रवहणभङ्ग *m.* Schiffbruch.

प्रवात॑ (*s.* 3. वा) *n.* Luftzug, windige Stelle

प्रविष्ट *s.* 1. विश्.

(*Loc. o.* —°); Gebrauch, Verfahren; (fortdauernde) Geltung (*g.*); Kunde, **Nachricht.**

**प्रवृत्तिवचन** ein Hantieren ausdrückend (*g.*).

**प्रवृद्धि** *f.* Wachstum, Wohlstand, Gedeihen.

**प्रवेदन** *n.* das Kundthun.

**प्रवेदिन्** (—°) verstehend.

**प्रवेप** *m.*, **°न** *n.* das Zittern.

**प्रवेपिन्** zitternd.

**प्रवेश** *m.* Eintritt, das Auftreten (*d.*)

**प्रवेशक** (*adj.* —°) = *vor.*; *m.* Art Zwischenspiel (*d.*).

**प्रवेशन** *n.* das Eintreten o. Einführen.

**प्रवेशिन्** (—°) eintretend, anziehend.

**प्रवेश्य** zu betreten *o.* einzulassen.

**प्रवेष्टर्** (—°) eintretend; *Abstr.* **°ष्टृत्व** *n.*

**प्रवेष्टव्य** = **प्रवेश्य**; *n. impers.*

**प्रवोढर्** (**°ळ्हर्**) *m.* Entführer (*Gen. o.* —°).

**प्रव्रजित** (*s.* **व्रज्**) *m.* Bettelmönch.

**प्रव्रज्य** *n.* Auswanderung (*auch* **आ** *f.*); der Stand eines Bettelmönchs o. Eintritt in dens.

**प्रव्राज** *m.* Flussbett.

**प्रव्राजक** *m.*, **°जिका** *f.* Bettelmönch, -nonne

**प्रव्राजन** *n.* das Vertreiben.

**प्रव्राजिन्** *m.* Bettelmönch.

**प्रशंसन** *n.*, **°सा** *f.* Anpreisung, Lob, Ruhm

**प्रशंसिन्** (—°) preisend, lobend.

**प्रशंसोपमा** *f.* Art Gleichnis (*rh.*).

**प्रशंस्य** preisenswert, besser als (*Abl.*).

**प्रशम** *m.* Ruhe; das Aufhören, Erlöschen.

**प्रशमन** beruhigend; *n.* das Beruhigen.

**प्रशर्ध** keck, trotzig.

**प्रशस्** *f.* Axt, Messer.

**प्रशस्त** *s.* **शंस्**.

**प्रशस्ति** *f.* Preis, Lob, Ruhm.

**प्रशस्तिकृत्** preisend, rühmend.

**प्रशस्य** rühmenswert, trefflich.

**प्रशान्त** *s.* 2. **शम्**.

**प्रशान्तता** *f.* Gemütsruhe.

**प्रशान्ति** *f. dass.*, das Aufhören, Verlöschen, Vernichtung.

**प्रशासन** *n.* Anweisung, Leitung.

**प्रशासितर्** *m.* Gebieter, Herrscher.

*Saṃdhi*).

**प्रसन्नसलिल** = **प्रसन्नजल**.

Soma.

2. प्रसवं m. Antrieb, Anregung, Förderung, Geheiſs, Betrieb, Erwerb; Erreger, Beleber.

3. प्रसवं m. Zeugung, Geburt, Niederkunft, Empfängnis; Geburtsstätte; Nachkommenschaft; Sprössling, Blüte.

प्रसवन n. das Gebären.

प्रसववेदना f. Geburtswehen.

1. प्रसवितर् m. Erreger, Beleber.

2. प्रसवितर् m. Erzeuger, Vater.

प्रसविन् erzeugend, gebärend.

प्रसवीतर् m. = 1. प्रसवितर्.

प्रसह (°साह) überwältigend.

प्रसह ertragend, widerstehend; m. u. °न n. das Ertragen, Widerstehen.

1. प्रसह्य Ger. zu सह्.

2. प्रसह्य bezwingbar.

प्रसह्वन् überwältigend.

प्रसाद m. Klarheit, Reinheit, Ruhe, Milde, Heiterkeit, Gunst, Gnade. °तस् Adv. aus Gunst.

प्रसादक klärend, beruhigend, erheiternd, versöhnend.

प्रसादन, f. ई dass.; n. das Klarmachen, Beruhigen, Erheitern, Besänftigen. °तस् = Abl.

प्रसादवित्त reich an Gunst; m. Liebling.

प्रसादयितव्य gnädig zu stimmen.

प्रसादिन् klar, heiter, erheiternd (—°).

प्रसादी कर् gewähren, schenken.

प्रसाद्य = प्रसादयितव्य.

प्रसाधक, f. °धिका schmückend; Kammerdiener, -mädchen.

प्रसाधन ausführend. f. ई Kamm. n. das Ausführen, Ordnen; Putz, Schmuck (*adj.* —° f. आ).

प्रसिद्धता f., °त्व n. B
kundigkeit.

प्रसिद्धि f. das Geling
Beweis, Offenkundi

प्रसुत् aus der Presse
(Weiter-) Kelterun

प्रसुत (s. 1. सु) n., प्रसु

प्रसुप् schlummernd.

प्रसू gebärend, erzeu
Mutter; blühendes

प्रसूत s. 4. सु.

1. प्रसूति f. Anregung,

2. प्रसूति f. Zeugung, (
Erzeuger, -in; Kin

प्रसूतिका f. eben gebo

प्रसूतिविकल nachkom

प्रसून (s. 4. सु) n. Blüt

प्रसूमन्त् u. प्रसूवन् (f.
ähren versehen.

प्रसृत (s. सर्) m. die (
Hand (*auch als M*

प्रसृति f. das Ström
= vor. m.

प्रसेक m. Erguss; A
*auch* प्रसेचन n.).

प्रसेन u. °जित् m. Fü

प्रस्तर m. Streu, Grasl
Ebene.

प्रस्तव m. Loblied.

प्रस्तार m. Ausbreitun
Übermaſs, hoher G

प्रस्तारपङ्क्ति f. N. eine

प्रस्तारिन् sich ausbrei

प्रस्ताव m. Erwähnun
bringen, Gelegenh

प्रस्तावना f. Einleitun

प्रस्तुति f. Lob.

**प्रस्थ** *m. n.* Bergebene, Fläche; ein best. Gewicht u. Hohlmaſs.

**प्रस्थान** *n.* Aufbruch, Abreise.

**प्रस्थित** *s.* 1. **स्था**.

**प्रस्थिति** *f.* = **प्रस्थान**.

**प्रस्नव** *m.* was hervorquillt, Milch, Thränen *etc.*

**प्रस्निग्ध** *s.* **स्निह्**.

**प्रस्फुट** offenbar, deutlich.

**प्रस्यन्द** *m.*, **°न** *n.* das Hervorquellen.

**प्रस्यन्दिन्** hervorquellend; ergieſsend (—°).

**प्रस्रव** *m.* Ausfluss, Strom; *auch* = **प्रस्नव**.

**प्रस्रवण** *n.* Ausströmung, Erguss.

**प्रस्वेद** *m.* Schweiſs.

**प्रहति** *f.* Schlag, Wurf.

**प्रहर** *m.* Wache (= *3 Stunden*).

**प्रहरण** *n.* Angriff, Kampf, Vertilgung, Waffe.

**प्रहर्तृ** *m.* Angreifer, Kämpfer, Schütze.

**प्रहर्ष** *m.* groſse Freude.

**प्रहर्षण** aufregend (*eig.* die Körperhaare zum Sträuben bringend), erfreuend *n.* Aufregung, Freude.

**प्रहर्षिन्** erfreuend; *f.* **°णी** *N. eines Metrums.*

**प्रहसन** *n.* das Lachen, Gespött; Posse (*d.*)

1. **प्रहस्त** *m.* die ausgestreckte Hand.

2. **प्रहस्त** langhändig; *m. Mannsname.*

**प्रहाणि** *f.* das Weichen, Verschwinden.

**प्रहार** *m.* Schlag, Hieb, Stoſs, Kampf.

**प्रहारिन्** schlagend, kämpfend mit *o.* gegen (—°); *m.* Kämpfer, Held.

**प्रहास** *m.* das Lachen; Spott, Ironie.

**प्रहासिन्** lachend, spöttisch.

**प्रहि** *m.* Brunnen.

**प्रहुति** *f.* Opferung.

**प्रहृष्ट** *s.* **हृष्**.

**प्रहेतृ** *m.* Treiber.

**प्रहेति** *m.* Waffe, Geschoss.

**प्रहोष** *m.* Opferung; **°षिन्** opfernd.

**प्रह्लाद** *m.* Erquickung, Freude.

**प्रह्लादन**, *f.* **ई** erquickend, erfreuend; *n.=vor*

**प्रह्लादिन्** = *vor. Adj.*

**प्रह्व** vorgebeugt, geneigt, demütig.

**प्रा** = 1. **पर्** füllen. **आ** *u.* **वि** erfüllen.

**प्रांशु** hoch, lang, stark, mächtig. *Abstr.* **°ता** *f.*

**प्राक्** *s.* **प्राञ्च्**.

**प्राज्य** reichlich, stark, grofs.
**प्राज्यकाम** reiche Genüsse habend.
**प्राञ्च्**, *f.* **प्राची** nach vorne *o.* nach Osten gerichtet, vorne befindlich, östlich; zugewandt, geneigt, bereit; vormalig, früher. *m. Pl.* die Bewohner des Ostens; die östlichen Lehrer (*g.*). *n.* **प्राक्** (**प्राङ्**) *adv.* vorn, von vorn, im Osten, früher, vor kurzem, zunächst, zuerst; von nun an; *mit Abl.* östlich von, vor (*räuml. u. zeitl.*), bis. *Instr.* **प्राचा** vorwärts. *f.* **प्राची** der Osten.
**प्राञ्जल** gerade, offen. *Abstr.* **°ता** *f.*
**प्राञ्जलि** (*f.* **°लि** *u.* **°ली**) hohle Hände machend (*vgl.* **अञ्जलि**).
**प्राड्विवाक** *m.* Richter.
**प्राण** *m.* Hauch, Wind, Atem, Lebenshauch; ein best. Wind im menschlichen Körper; der durch das Gesamtding bedingte Intellekt (*ph.*); *männl. Name. Pl.* Leben (*auch* **प्राणानां वृत्ति**), Lebenszeichen, Lebensäufserung; Nase, Mund, Augen und Ohren.
**प्राणकृच्छ्र** *n.* Lebensgefahr.
**प्राणत्याग** *m.* Hingabe des Lebens; das Sterben.
**प्राणथ** *m.* das Atmen.
**प्राणद** Leben gebend.
**प्राणधारण** *n.* Lebensfristung.
**प्राणन** belebend; *n.* das Atmen.
**प्राणनाथ** *m.* Lebensherr, Gatte.
**प्राणनान्त** *m.* Lebensende, Tod.
**प्राणनाश** *m.* Lebensverlust, Tod.
**प्राणनिग्रह** *m.* Verhaltung des Atems.
**प्राणप्रिय** lebenslieb; *m.* Gatte, Geliebter.
**प्राणभृत्** lebendig; *m.* Lebewesen (*eig.* Lebensträger).
**प्राणमन्त्** kräftig, stark.
**प्राणमय** aus Lebenshauch *o.* Atem bestehend.
**प्राणयात्रा** *f.* Lebensunterhalt.
**प्राणसम** lieb wie das Leben.
**प्राणसार** lebenskräftig; *m.* Lebenskraft.
**प्राणहर**, **°हारक** *u.* **°हारिन्** das Leben raubend, todbringend.
**प्राणहीन** leblos, tot.
**प्राणाधिक** *u.* **°प्रिय** lieber als das Leben.
1. **प्राणान्त** *m.* Lebensende, Tod.
2. **प्राणान्त** tödlich; **दण्ड** *m.* Todesstrafe
**प्राणान्तिक** = *vor.* (*auch mit* **दण्ड**).
**प्राणायाम** *m.* Unterdrückung des Atems.
**प्राणार्थिन्** lebensgierig.
**प्राणित्व** *n. Abstr. z. folg.*
**प्राणिन्** atmend, lebendig; *m.* Lebewesen, Tier, Mensch.
**प्राणिवध** *m.* Tötung eines Lebewesens.
**प्राणेश** *m.*, **आ** *f.* Lebensherr, -in, Geliebter, -te, Gatte, -tin.
**प्राणेश्वर** *m.*, **ई** *f. dass.*
**प्रातःकार्य** *u.* **°कृत्य** *n.* Morgengeschäft, Morgenceremonie (*r.*).
**प्रातर्** *Adv.* früh, morgens.
**प्रातरभिवाद** *m.* Morgengrufs.
**प्रातरह्न** *m.* der frühe Morgen, Vormittag.
**प्रातराश** *m.* Frühstück. **°शित** der gefrühstückt hat.
**प्रातराहुति** *f.* Frühopfer.
**प्रातर्यज्ञ** *m. dass.*
**प्रातर्युक्त** *u.* **°युज्** früh angespannt.
**प्रातस्तन** morgendlich; *n.* Frühe.
**प्रातस्त्य** morgendlich.
**प्रातःसंध्या** *f.* Morgendämmerung.
**प्रातःसव** *m.*, **°न** *n.* Frühspende (*r.*).
**प्रातिकूलिक** feindselig.
**प्रातिकूल्य** *n.* Feindseligkeit, Unannehmlichkeit.
**प्रातिपदिक** ausdrücklich. *n.* Nominalthema (*g.*), *Abstr.* **°त्व** *n.*
**प्रातिवेशिक** *u.* **°श्मिक** *m.* Nachbar.
**प्रातिवेश्य** benachbart; *m.* = *vor*
**प्रातिशाख्य** *n. T. gewisser Werke über vedische Phonetik.*

प्रात्यक्षिक sinnlich wahrnehmbar.
प्राथमिक der erste.
प्राथम्य *n.* Priorität.
प्रादुर्भाव *m.* das Hervorkommen, Eintreten.
प्रादुष्करण *n.* das Hervorbringen, Erzeugen.
प्रादुस् *Adv.* hervor, zum Vorschein. *Mit* भू z. V. kommen; *mit* कर् z. V. bringen.
प्राधानिक vorzüglichst, vornehmst.
प्राधान्य *n.* das Vorwalten; Vorrang, Wichtigkeit.
प्राध्वम् *adv.* weit weg; demütig, freundlich.
प्राध्वन *n.* Strombett.
प्रान्त *m. n.* Rand, Saum, Ende.
प्रान्तर *n.* eine lange Strafse.
प्रापक verschaffend, hinführend zu (—°).
प्रापण, *f.* ई *dass.*; *n.* das Eintreten, Kommen; Erreichen, Erlangen; Hinschaffen Befördern.
प्रापणीय zu erreichen, zu erlangen, zu befördern.
प्रापिन् (—°) erreichend, erlangend.
प्राप्त (*s.* आप्) erreicht, erlangt (habend); gekommen, eingetroffen, gelangt zu (—°); da seiend, vorhanden (*oft* °— dessen — gekommen ist, der — erlangt hat, versehen mit —); Geltung habend richtig (*g.*).
1. प्राप्तकाल *m.* die gekommene *d. i.* rechte Zeit.
2. प्राप्तकाल dessen Zeit gekommen ist zeitgemäfs. *n. adv.* zur rechten Zeit.
प्राप्तजीवन vom Tode gerettet (*eig.* der sein Leben wiedererlangt hat).
प्राप्तप्रभाव mächtig (der Macht erlangt hat).
प्राप्तरूप angemessen, passend; klug.
प्राप्तविकल्पत्व *n.* die Wahl zwischen Zweien, ob eins oder das andere sich aus einer Regel ergiebt (*g.*).
प्राप्तव्य anzutreffen, zu erlangen.
1. प्राप्तार्थ *m.* das erreichte Ziel.
2. प्राप्तार्थ mit Geld versehen.
प्राप्ति *f.* = प्रापण *n.*; *auch* das Überallhin-

प्राभृत *u.*
प्राय *m.* Lauf,

प्रायस् *Adv.* = प्रायशस्.

प्रार्थयितव्य = प्रार्थनीय.

प्रार्थ्य = प्रार्थनीय.

प्रावृत (s. 1. वृ) n. — प्रावरण.

प्रावृष् f. Regenzeit.

प्रावृष m. *dass.*; *Adj.* auf die R. bezüglich regnerisch.

प्रावृषिक, °षीण u. °षेण्य = *vor. Adj.*

प्रावेप m. eine hängende Baumfrucht.

प्रावेशिक, *f.* ई *Adj.* Eintritts- (*d.*).

प्राश् *f.* Speise, Nahrung.

प्राश *m.*, °न *n.* das Essen, *auch* = *vor.*

प्राशित (*s.* 2. अश्) gegessen.

प्राशितृ *m.* Esser.

प्राशितव्य *u.* °तव्य zu essen, essbar.

प्राशु sehr rasch, flink, geschwinde.

प्राश्निक *m.* der Entscheider einer Frage, Schiedsrichter.

प्रास *m.* Wurf *o.* Wurfspieſs.

प्रासङ्गिक, *f.* ई gelegentlich, beiläufig.

प्रासह् gewaltig; *f.* Gewalt.

प्रासह *m.* Gewalt, Kraft.

प्रासाद *m.* erhöhter Platz zum Schauen, Turm, oberster Stock, Palast, Tempel.

प्रासादगर्भ *m.* Inneres, *d. i.* Schlafgemach in einem Palaste.

प्रासादपृष्ठ *u.* °दाग्र *n.* Palastsöller.

प्रास्ताविक, *f.* ई Anfangs-, Einleitungs-.

प्राहुण *m.*, ई *f.* männl. *o.* weibl. Gast.

प्राहुणक *o.* °णिक *m.*, °णिका *f. dass.*

प्राह्ण *m.* Vormittag.

प्रिय lieb, teuer, erwünscht, angenehm (*Gen.*, *Loc.*, *Dat. o.* —°); gern habend, geneigt zu (*Loc. o.* —°). *Compar.* प्रियतर, *Superl.* प्रियतम. *m.* Freund, Geliebter, Gatte. *f.* प्रिया Geliebte, Gattin. *n.* etwas Liebes, Gefallen, Gunst; *auch adv.* auf angenehme Weise.

प्रियदर्श *u*

प्रियदर्शिका *f. T.*

प्रियनिवेदयितृ (°

प्रियनिवेदितृ *m.*

प्रियाप्रिय *n. Sgl. I*

2. प्री (—०) freundlich, froh an.
प्रीणन erfreuend, wohlthuend; *n.* das Ergötzen, Befriedigen.
प्रीतात्मन् frohen Herzens, wohlgemut.
प्रीति *f.* Freude, Befriedigung an *o.* über (*Loc. o.* —०), Freundschaft, Liebe. *Personif. als eine Gattin des Liebesgottes.*
प्रीतिकर Freude machend, erfreuend.
प्रीतिकर्मन् *n.* Liebeswerk.
प्रीतिदान *n.*, ०दाय *m.* Liebesgabe.
प्रीतिमन्त् erfreut, froh, liebevoll; befreundet mit, verliebt in (*Loc., Gen. o. Acc.*).
प्रीतिवचस् *n.* freundliche Rede.
प्रु, प्रवते fliefsen, springen. अति hinüberfliefsen *o.* springen.
प्रुथ्, प्रोथति pusten, schnauben.
प्रुष्, प्रुष्णोति, प्रुष्णुते (प्रुष्यति) spritzen, besprengen; *p.p.* प्रुषित bespritzt, benetzt.
प्रुषितप्सु gesprenkelt, bunt.
प्रेक्षक, *f.* प्रेक्षिका zusehend, ansehend, erwägend, Recht sprechend.
प्रेक्षण *n.* das Sehen, Schauen, Blick, Auge, Schauspiel.
प्रेक्षणक zuschauend. *m.* Zuschauer; *n* Schauspiel.
प्रेक्षणीय zu sehen, sichtbar, sehenswert, prächtig. *Comp.* ०तर, *Superl.* ०तम, *Abstr.* ०ता *f.*
प्रेक्षा *f.* Schau, Schauspiel; Umsicht, Überlegung.
प्रेक्षागृह *n.* Schaugebäude.
प्रेक्षावन्त् umsichtig, verständig.
प्रेक्षासमाज *n. Sgl.* Schauspiele und Versammlungen.
प्रेक्षित *s.* ईक्ष्.
प्रेक्षितृ *m.* Zuschauer.
प्रेक्षितव्य zu sehen, zu schauen.*
प्रेक्षिन् schauend, blickend auf *o.* nach (—०).
प्रेक्ष्य = प्रेक्षितव्य, *auch* sehens- *o.* beachtenswert.
प्रेङ्ख schwankend, schaukelnd; *m. u. f.* आ Schaukel.
प्रेङ्खण *n.* das Schaukeln.
प्रेङ्खोल sich schaukelnd, schwebend; *m* Schaukel.
प्रेङ्खोलन *n.* das Schaukeln, die Schaukel.
प्रेङ्खोलित geschaukelt, hin und herbewegt.
प्रेणा *Instr.* = प्रेम्णा, *s.* प्रेमन्.
प्रेत (*s.* 2. इ) verstorben; *m.* ein Toter, Gespenst.
प्रेतकर्मन् *n.* Totenceremonie (*r.*).
प्रेतकाय Leichnam; ०तस् aus dem L.
प्रेतकार्य *u.* ०कृत्य *n.* = प्रेतकर्मन्.
प्रेतगत zu den Toten gegangen, verstorben.
प्रेतनाथ *u.* ०पति *m.* Herr der Toten (*Yama*).
प्रेतपुरी *f.* die Totenstadt (*Yama's Wohnung*).
प्रेतभाव *m.* das Totsein.
प्रेतराज *m.* = प्रेतनाथ.

—०).

०) = *folg.*

प्रेरित *s.* ईर्.

[illegible]

[illegible]

**प्रोक्ष** *m.* Besprengung (*r.*).

**प्रोक्षण** *n. dass.*; *f.* **प्रोक्षणी** *Pl.* Spreng-, Weihwasser.

**प्रोक्षितव्य** zu besprengen.

**प्रोच्चैस्** (*Instr. adv.*) sehr laut, heftig.

**प्रोञ्छ्** *s.* **उञ्छ्**.

**प्रोञ्छन** *n.* das Abwischen.

**प्रोत** *s.* 2. **वा**.

**प्रोति** *m. Mannsname.*

**प्रोत्कट** sehr grofs.

**प्रोत्तुङ्ग** sehr hoch.

**प्रोत्फुल्ल** (*s.*1.**फल्**) ganz aufgeblüht *o.* geöffnet.

**प्रोत्साह** *m.* grofse Anstrengung.

**प्रोत्साहन** *n.* Ermunterung, Aufforderung, Anregung.

**प्रोथ** Nüstern, Schnauze.

**प्रोथथ** *m.* das Schnaufen.

**प्रोदक** nass, feucht.

**प्रोष** *m.* das Verbrennen.

**प्रोषित** *s.* 4. **वस्**.

**प्रोष्ठ** *m.* Bank, Schemel; *Pl. Volksname.*

**प्रोष्ण** brennend heifs.

**प्रोष्य** wandernd.

**प्रौढ** erwachsen, entwickelt, üppig, keck, frech (*bes. Weib*); grofs, stark, heftig; voll von (—°). *Abstr.* **°त्व** *n.*

**प्रौढाचार** von keckem Wesen, ungestüm.

**प्रौढि** *f.* Wachstum, Reife, Selbstbewusstsein, Keckheit.

**प्लक्ष** *m. N. eines Baumes; Abstr.* **प्लक्षत्व**.

**प्लति** *m. Mannsn.*

**प्लव** schwimmend, geneigt, vergänglich. *m.* Boot, Nachen (*auch n.*), ein best. Schwimmvogel; das Schwimmen, Überfliefsen, Flut; das Springen, Sprung.

**प्लवग** *m.* (im Schwimmen sich bewegend) Frosch, *o.* (im Springen sich bewegend) Affe.

**प्लवंग** (*s. vor.*) *m.* Affe; **°म** *m.* Frosch *o.* A

**प्लवन** geneigt nach (—°); *n.* das Schwimmen, Baden, Fliegen, Springen.

**प्लवितृ** *m.* Springer.

**प्लाक्ष** vom Plakshabaum kommend.

**प्लाव** *m.* das Überfliefsen, Springen.

**प्लावन** *n.* das Baden, [illegible]

**प्लावित** (*s.* **प्लु**) *n.* Überschwemmung [illegible]

**प्लाविन्** (—°) verbreitend (*eig.* fliefsen machend).

**प्लाशि** *m. Sgl. u. Pl.* best. Eingeweide.

**प्लाशुक** schnell wieder aufschiefsend.

**प्लिहन्** *u.* **प्लीहन्** *m.*, **प्लीहा** *f.* Milz.

**प्लु**, **प्लवते** (**°ति**) schwimmen, sich baden,

प्सरस् n. Schmaus, Genuss.

प्सा, प्साति kauen, essen; p.p. प्सात.

प्सु (—°) Aussehen.

प्सुरस् n. Nahrung.

## फ

फक्क्, फक्कति schwellen.

फञ्जी f. N. einer Pflanze.

फट् Interj. krach!

फटा f. Schlangenhaube.

फण्, फणति springen.

फण m. Rahm o. Schaum; Schlangenhaube (auch f. आ).

फणधर u. फणभृत् m. Haubenschlange.

फणवन्त् mit einer Haube versehen; m. = vor.

फणाभृत् u. फणावन्त् m. = vor. m.

फणिं m. Schlange.

फणिन् m. dass.; Bein. Râhu's o. Patañjali's.

फणिपति m. Schlangenkönig (grofse Schlange o. Çesha).

फणीन्द्र, फणीश u. फणीश्वर m. Schlangenkönig (Bein. Çesha's o. Patañjali's).

1. फल्, फलति bersten, platzen. उद् aufspringen, hervorbrechen (vgl. उत्फुल्ल). प्रोद् s. प्रोत्फुल्ल.

2. फल्, फलति (°ते) Früchte bringen, reifen, sich ergeben, eintreffen. p.p. फलित Früchte tragend o. getragen habend, in Erfüllung gegangen; n. impers. वि = Simpl.

3. फल् Interj. = फट्.

फल n. (adj. —° f. आ u. ई) Frucht, Erfolg, Wirkung, Vergeltung, Lohn, Ersatz; Brett, Spielbrett; Klinge, Pfeilspitze; Hode. f. आ N. einer Pflanze.

फलक (adj. —° f. °लिका) Erfolg, Gewinn. n. फलक Brett, Spielbrett, Tafel, hölzerne Bank; Schild, Pfeilspitze.

फलकोश m. Sgl. Du. Hodensack.

फलग्रहि u. °ग्रहिष्णु fruchtbringend, reifend.

फलता f., °त्व n. das Fruchtsein.

फलद Frucht o. Lohn gebend, vergeltend.

फलदर्भोदक n. Früchte, Darbhagras und Wasser.

फलपाक m. das Reifwerden der Früchte o. das Eintreten der Folgen.

फलप्रद Lohn bringend, vergeltend.

फलप्राप्ति f. Erfolg.

फलभृत् fruchttragend.

फलमिश्र mit Früchten versehen.*

फलयोग m. Belohnung, Lohn.

फलवन्त् fruchttragend, Erfolg o. Gewinn bringend.

फलसाधन n. Erlangung eines Resultats.

फलसिद्धि f. dass., Gelingen, Erfolg.

फलहक m. Planke, Brett.

फलागम m. der Herbst (eig. die Ankunft der Früchte).

फलार्थिन् nach Früchten o. Lohn begierig.

फलाशिन् u. फलाहार sich von Früchten nährend.

फलिग m. Tonne, Schlauch (bildl. für Wolke).

फलित s. 2. फल्.

फलिन् fruchttragend, Erwerb o. Lohn habend. m. Fruchtbaum; f. फलिनी N. einer Pflanze.

फली कर् reinigen (Körnerfrüchte).

फलीकरण n. das Reinigen; m. Pl. die Putzabfälle (der Körner).

फलोदय m. Vergeltung (eig. Eintritt der Frucht).

फलोद्गम m. Fruchtansatz.

फल्गु (f. फल्गु, °ल्गु u. ल्गी) rötlich; schwach. f. Du. N. eines Mondhauses.

फल्गुता Unbedeutsamkeit, Nichtigkeit.

फल्गुन rötlich, rot. m. Bein. Arjuna's. f. ई Sgl., Du. u. Pl. N. eines Doppelmondhauses.

फल्गु schwächlich, gering.

फाल m. Pflugschar, Art Schaufel.

फालकृष्ट (mit der Pflugschar) gepflügt; gepflügtes Land.

फाल्गुन, f. ई zum Mondhause Phalgunî gehörig. m. der Monat Phâlguna; Bein. Arjuna's. f. ई der Vollmondstag im Monat Ph.

फिट्सूत्र n. T. eines grammatischen Werkes.

, *p.p.* बाढ *s. bes. Caus.* बंहयते befestigen, stärken.

इष्ठ (*Superl.*) *u.* बंहीयंस् (*Compar.*) überaus stark *o.* dick.

*m.* eine Art Reiher; Heuchler, Betrüger; *männl. Name.*

र *m.* Trompete.

ल *m. N. einer Pflanze, n. der Blüte ders.*

लावलिका *f. Frauenname.*

ाट *m.* eine Art Reiher.

*Adv.* fürwahr.

*m.* Junge, *bes.* junger Brahmane, Bube, Schlingel.

ा *o.* बळ्का *Adv.* = बट्.

डश *m. n.* Angel, Haken.

ड्ड verstümmelt, verkrüppelt.

बत *Interj.* ach! wehe! (*oft mit anderen Interj. verbunden*).

बतं *m.* Schwächling.

र Judendorn. *f.* ई *dass.*; *N. einer Quelle der Gañgâ. n.* बंदर die Frucht des J.s, Brustbeere.

रिका *f.* = *vor. n.*

क *m.* ein Gefangener.

कदम्बक Gruppen bildend, in Scharen.

चित्त die Gedanken auf (*Loc.*) richtend.

दृष्टि den Blick auf (*Loc.*) heftend.

निच *dass.*

पल्लव Knospen angesetzt habend. *Abstr.* °ता *f.**

मूल Wurzel gefasst habend, wurzelnd. *Abstr.* °ता *f.*

वत् *Adv.* gleichsam gebunden.

बद्धाञ्जलि die Hände zusammenlegend (*vgl.* अञ्जलि).

बद्धाश die Hoffnung auf (—°) setzend.

बद्बधान *s.* बाध्.

बद्द *n.* (*m.*) Trupp, Menge.

बधिर taub. *Abstr.* बधिरिता *f.*

बधिरय्, °यति taub machen, betäuben; *p.p.* बधिरित.

बन्दिग्रह *m.* Gefangennahme.

बन्दिता *f. Abstr. zum folg.*

1. बन्दिन् *m.* Lobsänger eines Fürsten, Barde.

2. बन्दिन् *m.* Gefangener.

बन्दी *f. dass., auch* eine Gefangene, Raub.

बन्दीकृत gefangen genommen; *m.* ein Gefangener.

बन्ध्, बध्नाति, बध्नीते (बन्धति) binden, anbinden, an- *o.* umthun; fesseln (*bes. ein Opfertier*), darbringen, schlachten; verbinden, zusammenfügen, verfassen; bewirken, hervorrufen, machen; bekommen, äufsern; verschliefsen, abdämmen, hemmen, gefangen nehmen *o.* halten, festhalten, heften, richten (*Augen, Ohren, Sinn etc.*) auf (*Loc. o. Infin.*). *Pass.* बध्यते (बध्यति) gebunden, verbunden, gefesselt werden u. s. w. *p.p.* बद्ध gebunden, gefesselt, gefangen u. s. w., verbunden mit, gefasst in (*Instr. o.* — °), gehemmt; geheftet, gerichtet, hervorgerufen, bekommen, gezeigt, geäufsert (*bes.* —°, *wo oft zu übers.* — heftend, richtend u. s. w.). *Caus.* बन्धयति binden, festnehmen, fangen, zusammenfügen u. s. w. lassen. अनु anbinden, fesseln, verbinden, sich jemd. anhängen *d. i.* jemd. auf dem Fuſse folgen, nachlaufen, *gleichkommen, ähnlich sein; bewirken, herbeiführen, äuſsern, hegen, bekommen, haben; fortdauern, wirken, auf etwas bestehen, in jemd. (*Acc.*) dringen, jemd. ausfragen. *Pass.* angebunden werden u. s. w.; als stummer Buchstabe angehängt werden (*g.*). *p.p.* अनुबद्ध gebunden, gefesselt, verbunden, zusammenhängend. अव anbinden; *p.p.* अवबद्ध angebunden, gefesselt; befestigt, festsitzend in (—°), hängend an, besorgt um (*Loc.*). आ an-, umbinden, verbinden, zusammenfügen, anknüpfen, bewirken, hervorbringen, äuſsern. *p.p.* आबद्ध geheftet, gerichtet (*Augen, Geist*). उद् aufbinden, *Med.* sich erhängen. उप binden, anbinden. नि festbinden, fesseln, fangen, verbinden, zusammenfügen, niederschreiben, abfassen, bewirken, äuſsern, errichten, erbauen, festhalten, hemmen; setzen, heften, richten auf (*Loc.*). *p.p.* निबद्ध gebunden an (*Loc.*), abhängig von (*Instr.*), zusammengefügt, erbaut; versehen, belegt, verziert mit (—°), enthalten in (*Loc.* o. —°), bestehend aus (—°); geheftet, gerichtet auf (—°), angewandt, gebraucht. निस्, *p.p.* निर्बद्ध geheftet, gerichtet auf (*Loc.*). प्रति anbinden, verknüpfen, festhalten, (unterbrechen*); verbinden, heften, richten auf. *p.p.* प्रतिबद्ध angebunden u. s. w., abhängig von (—°). सम् zusammenbinden, verknüpfen. *Pass.* zusammenhängen, verbunden sein mit, gehören zu (*Instr.*), zu ergänzen sein (*g.*). *p.p.* संबद्ध zusammengebunden, verbunden mit (*Instr. o.* —°), bedeckt mit (*Instr.*), erfüllt von (—°), daseiend, vorhanden. *Caus.* anbinden (lassen) an (*Loc.*). अभिसम् zu etw. hinzufügen, *d. h* ergänzen, darunter verstehen (*g.*). *Pass.* zu ergänzen sein, gehören zu (*Instr.*).

बभ्रु (*f.* बभ्रु *u.* बभ्रू) rotbraun (*auch* बभ्रुक). *m.* Art Ichneumo (*auch* बभ्रुक); *Bein. mehrerer Götter u. Mannsn.*

बभ्रराालि *f.* Fliege.

बम्भारव *m.* Gebrüll (*der Kühe*).

बरासी *f.* Art Kleidungsstück.

बर्कर *m.* Zicklein.

बर्कु *m. Mannsn.*

बर्जह *m.* Euter.

बर्जह्य *n.* Brustwarze.

बर्बर stammelnd; kraus. *m.* die Barbaren (*Nichtarier*), gemeine Menschen.

बर्स *m. n.* Zipfel.

बर्स्व *m.* Zahnhöhlung, Zahnfach.

1. बर्ह् (वर्ह्) बृहति ausreifsen; *p.p.* बृढ. — आ losreifsen; *p.p.* आबृढ. — नि hinwerfen, *Caus.* निबर्हयति *dass.* वि zerreifsen, zerbrechen.

2. बर्ह्, बृंहति (*nur Partic.* बृहन्त्, *w. s.*) *u.* बृंहति, °ते, *Caus.* बृंहयति kräftigen, stärken. *p.p.* बृंहित (—°) vermehrt durch, versehen mit. उप = *Simpl.*; *Intens.* °बर्बृहि heftig andrücken. परि umschliefsen, befestigen; *p.p.* परिबृढ *u.* परिवृढ (*s. auch bes.*). *Caus.* kräftigen, stärken. सम् zusammenfügen, verbinden *Caus.* संवर्हयति *dass.*, संबृंहयति kräftigen, stärken.

3. बर्ह्, बृंहति brüllen, schreien.

बर्ह *m. n.* Schwanzfeder, Schwanz, Schweif (*bes. beim Pfau*).

बर्हण entwurzelnd; *n.* das Entwurzeln.

बर्हणा (*Instr. adv.*) dicht, fest, tüchtig.

बर्हणावन्त् nachdrücklich, ernstlich; *n.* °वत् *adv.*

बर्हभार *m.* Pfauenschweif.

बर्हापीड *m.* Kranz von Pfauenfedern.

बर्हि *n.* = बर्हिस्.

बर्हिण *u.* बर्हिन् *m.* Pfau.

बर्हिषद् auf der Opferstreu sitzend; *m.* eine Klasse von Manen.

बर्हिष्ठ (*Superl.*) der kräftigste, stärkste; *n. adv.*

बर्हिष्मन्त् mit der Opferstreu versehen, die O. bereitend; *m.* ein Opferer, ein Frommer.

बर्हिष्य zur Opferstreu gehörig.

बर्हिःष्ठ *u.* °ष्ठा auf der Opferstreu stehend.

बर्हिस् *n.* (*m.*) die Opferstreu (*oft personif.*).

1. बल *n.* Gewalt, Kraft, Macht, Heeresmacht, Heer, Truppen. बलेन, बलात् *u.* बलतस् *adv.* mit Gewalt, Kraft, vermöge, infolge von (*Gen. o.* —°).

2. बल kräftig, stark; krank. *m.* Krähe; *Götter-, Dämonen- u. Mannsn. f.* आ *N. einer Göttin; Frauenname.*

बलक्ष, *f.* बलक्षी weifs.

बलचक्र *n.* Herrschaft; Herr.

बलज *m.*, आ *f.* Getreidehaufen.

बलद *m.* Ochs.

बलदा *u.* °दावन् Kraft verleihend.

बलदेय *n.* Kraftverleihung.

बलदेव *m. N. des älteren Bruders Kṛshṇa's.*

बलपति *m.* Herr der Kraft o. Heerführer.

बलपुर *n.* die Burg Bala's.

बलप्रद Kraft verleihend.

बलभ *m.* Art Insekt.

बलभिद् der Balatöter (*Bein. Indra's*).

बलभृत् kräftig (*eig.* krafttragend).

बलमुख्य *m.* Heerführer.

बलयुक्त *u.* °युत kraftbegabt, stark.

बलराम *m.* = बलदेव.

बलवत्ता *f.*, °त्व *n. Abstr. zum folg.*

बलवन्त् stark, mächtig. *n.* °वत् stark, heftig, sehr. *Compar.* बलवत्तर, *Superl.* बलवत्तम.

बलवृत्रघ्न, °वृत्रनिषूदन *u.* °वृत्रहन् *m.* der Bala- und Vṛtratöter (*Bein. Indra's*).

बलसमूह *m.* Heeresmacht.

बलसेना *f.* Heer.

बलहीन kraftlos, schwach. *Abstr.* °ता *f.*

बलाक *m.*, बलाका *f.* Art Kranich.

बलात्कार *m.* Gewaltsamkeit; °— *u. Instr. adv.* gewaltsam, stark.

बलात्कृत vergewaltigt.

बलाधिक an Kraft überlegen.

बलाध्यक्ष Truppenaufseher, Kriegsminister.

1. बलाबल *n.* Kraft oder Schwäche; (relative) Wichtigkeit, Gröfse, Höhe.

2. बलाबल (bald) stark und (bald) schwach.

बलास *m.* Art Krankheit; बलासिन् daran leidend.

बलाहक m. Wolke; *männl. Name.*

बलि m. Abgabe, Geschenk, Huldigungsgabe, fromme Spende (*opp. rit. Opfer*); *Name eines Daitya.*

बलिकर्मन् *n.* Darbringung einer Spende.

बलिन् kräftig, stark

बलिपुष्ट *m.* Krähe (*eig.* von Gaben genährt).

बलिभुज् *u.* °भोजन *m. dass.* (*eig.* Gaben essend).

बलिमन्त् Abgaben empfangend.

बलिवर्द *m.* Stier.

बलिविधान *n.* = बलिकर्मन्.

बलिष्ठ (*Superl.*) der stärkste; stärker als (*Abl.*).

*बलिसुत Pfeil.

बलिहरण *n.*, °हार *m.* = बलिकर्मन्.

बलीयंस् (*Compar.*) stärker, sehr stark. *n.* बलीयस् *Adv.* stark, sehr. *Abstr.* बलीयस्त्व *n.*

बलीवर्द *m.* = बलिवर्द.

बल्कस *n.* Flocken (*durch Destillation ausgescchiedene Stoffe*).

बल्बज *m.* eine Art Gras.

बल्बूथ *m. Mannsname.*

बल्बूल *m. N. eines Schlangendämons.*

बल्य kräftig, kräftigend.

बल्लव *m.* Kuhhirt (*f.* ई). *Abstr.* °ता *f.*, °त्व *n.*

बल्हिक *m. Manns-, Pl. Volksname.*

बस्त *m.* Bock.

बस्ताजिन *n.* Bocksfell.

बस्ति *m. s.* वस्ति.

बस्रि *Adv.* schnell.

बहल dick, dicht, umfänglich, stark, vielfach; voll von, reich an (—°). *Abstr.* °ता *f.*

बहिर्गेहम् *Adv.* auſserhalb des Hauses.

बहिर्द्वार *n.* Auſsenthür *o.* Platz vor der Thür.

बहिर्धा *Adv.* drauſsen, auswärts, auſserhalb (*Abl.*)

बहिष्टात् *Adv.* auſserhalb.

बहिष्प्रज्ञ mit nach auſsen gerichteter Erkenntnis (*ph.*).

बहिस् drauſsen, auſserhalb (*Abl.*) *Mit* कर् herausjagen, verstoſsen, ausschlieſsen von (*Abl.*); बहिष्कृत verstoſsen, ausgeschlossen von (*Abl.*), ermangelnd, beraubt, sich enthaltend (*Instr. o.* —°).

बहु, *f.* बह्वी viel, zahlreich, reichlich, reich an (*Instr.*); *Compar.* बहुतर, *Superl.* बहुतम. *n. adv.* viel, oft, stark, sehr; mit मन् hochschätzen.

बहुकृत्वस् *Adv.* oftmals

बहुगु, *f.* °गू rinderreich.

बहुगुण vieldrähtig, vielfältig, reich an Vorzügen.

बहुतय *Pl.* vielfach.

बहुतराम् *Adv.* stark, sehr.

बहुता *f.* Vielheit, Menge.

बहुतिथ vielfach, viel (*mit* अहन्); *Adv.* stark, sehr.

बहुतृष्ण sehr durstig, nach (—°).

बहुत्रा *Adv.* unter *o.* zu vielen.

बहुत्व *n.* Vielheit, Menge; Plural (*g.*).

1. बहुदान *n.* eine reiche Gabe.

2. बहुदान reichlich gebend, freigebig.

बहुदोष *m.* groſser Schaden *o.* Nachteil; *Adj.* viel Übelstände habend.

बहुधन sehr reich; *Abstr.* °त्व *n.*

बहुधा *Adv.* vielfach, wiederholentlich.

बहुपत्नीक viel Weiber habend; °ता *f.* Vielweiberei.

बहुपद vielfüſsig

बहुपर्ण vielblätterig.

बहुपाद vielfüſsig *o.* -versig.

बहुपाय्य *n.* eine groſse Halle (*eig.* viele schützend, *vgl.* नृपाय्य).

बहुपुत्र viel Söhne *o.* Kinder habend.

बहुपुष्ट sehr wohlhabend (*eig.* wohlgenährt).

बहुप्रकार vielfach; *n. adv.*

बहुप्रज *u.* °प्रजस् kinderreich.

बहुप्रतिज्ञ mehrere Klagen enthaltend (*j.*).

बहुप्रत्यवाय viel Unannehmlichkeiten enthaltend.

बहुभुज् *u.* °भोजक viel essend.

बहुभोजिन् *dass., Abstr.* °जिता *f.*

बहुमध्यग vielen gehörig.

बहुमन्तव्य hochzuschätzen.

बहुमान *m.* Hochschätzung.

बहुमानिन् hochgeschätzt.

बहुमान्य = बहुमन्तव्य.

**बहुमुख** vielmündig; (vielseitig, sehr stark, aufserordentlich*).

1. **बहुमूल्य** *n.* eine grofse Summe Geldes.

2. **बहुमूल्य** kostbar, teuer.

**बहुरजस्** viel (Blüten-) Staub enthaltend.

**बहुरूप** vielfarbig, mannigfach; *m.* Art Harz.

**बहुल** = **बहल**; *Abstr.* **बहुलता** *f.*, **°त्व** *n.*

**बहुलित** vermehrt.

**बहुली कर्**, *nur pp.* **°कृत** verdichtet, erweitert, ausgebreitet. **°भू** sich vermehren; *pp.* **°भूत** stark geworden, verbreitet.

**बहुवचन** *n.* Mehrzahl, der Plural und seine Endungen (*g.*).

**बहुवल्लभ** viele Frauen habend*

**बहुवासर** *m. Pl.* viele Tage.

**बहुविध** vielfach, mannichfaltig.

**बहुविधाकार** vielartig.

**बहुवीर्य** *n.* kräftig.

**बहुव्रीहि** *m.* (*eig.* viel Reis habend) Possessivcompositum (*g.*).

**बहुशस्** *Adv.* vielfach, wiederholentlich.

**बहुश्रुत** sehr gelehrt, studiert.

**बहुसाहस्र** vieltausendfach; *f.* **ई** viele Tausende.

**बहूपमा** *f.* eine Art Gleichnis (*rh.*)

**बह्वन्न** speisenreich.

**बह्वश्व** rossereich.

**बह्वादिन्** viel essend, gefräfsig.

**बह्वाशिन्** *dass.*; *Abstr.* **°शित्व** *n.*

**बह्वृच्** versreich (*Bez. des Rigveda*).

**बह्वृच** *m. dass.*; *m.* Rigvedist.

**बाकुर** *mit* **दृति** *m.* Sackpfeife *o.* Dudelsack.

**बाढम्** (*s.* **बंह्**) *n. adv.* gewifs, sicherlich, gut, ja.

1. **बाण** *u.* **बाण** *m.* Pfeil; *männl. Name* **बाणवत्** *adv.* wie ein Pfeil.

2. **बाण** *s.* **वाण**.

**बाणधि** *m.* Köcher (*eig.* Pfeilbehälter).

**बाणपथ** *m.* Schufsweite (*eig.* Pfeilweg).

**बाणपात** *m.* Pfeilschufs *o.* -flug.

**बाणवन्त्** *m.* Pfeil, Köcher.

**बाणासन** *n.* Bogen *o.* Bogensehne.

**बाणिन्** mit einem Pfeil versehen.

**बादर** Judendorn; *n.* Brustbeere. *m. Pl.* *Volksn.*

**बादरायण** *patr. Name, bes. eines Philosophen; Adj.* von B. verfasst.

**बाध्**, **बाधते** (**°ति**) drängen, vertreiben,

*f.* **ई**.

**बान्धव्य** *n.* Verwandtschaft.

**बाभ्रव** *u.* **बाभ्रव्य** *m. patr. Mannsnamen.*

**बार** (—°) Öffnung.

**बार्ह** aus Pfauenfedern gemacht.

**बार्हत**, *f.* **ई** auf das Bṛhatîmetrum bezüglich.

**बार्हतक** *m. Mannsname.*

**बार्हस्पत**, *f.* **ई** auf Bṛhaspati bezüglich.

**बार्हस्पत्य** *dass.*

**बाल्** *Interj.* patsch!

1. **बाल** jung, kindlich; unausgewachsen, unreif, einfältig. *m.* Kind, Knabe, Thor; *f.* **आ** Mädchen, junge Frau.

2. **बाल** *m. s.* **वाल**.

**बालक**, *f.* **लिका** = 1. **बाल**.

**बालकेलि** *u.* **°केली** *f.* Kinderspiel.

**बालक्रीडन** *n.*, **°क्रीडा** *f. dass.*

**बालघ्न** *m.* Kindesmörder.

**बालचन्द्र** *m.* der zunehmende (*eig.* junge) Mond.

**बालता** *f.*, **°त्व** *n.* Kindheit.

**बालदेव** *m. Mannsn.*

**बालभारत** *n. T. eines epischen Gedichts u. eines Dramas.*

**बालभाव** *m.* Kindheit.

**बालरामायण** *m. T. eines Dramas.*

**बाललीला** *f.* Kinderspiel.

**बालवैधव्य** *n.* jugendliche Witwenschaft.

**बालसखि** *u.* **°सुहृद्** *m.* Jugendfreund.

**बालहन्**, *f.* **°घ्नी** Kinder tötend.

**बालापत्य** *n.* junge Nachkommenschaft; *Pl.* die Jungen.

**बालातप** *m.* die junge Hitze (*d. i. die Hitze von der eben aufgegangenen Sonne*).

**बालार्क** *m. dass.*

**बालिश** jung, kindisch; *m* Thor. *Abstr.* **°ता** *f.*, **°त्व** *u.* **बालिश्य** *n.*

**बालेय** zu einer Spende (*s.* **बलि**) passend *o.* von Bali stammend.

**बाल्बज**, *f.* **ई** aus Balbajagras gemacht.

**बाल्य** *o.* **बाल्य** *n.* Kindheit, Jugend, kindliches *o.* kindisches Wesen, Unreife, Einfalt, Thorheit.

**बाल्हि** *u.* **बाह्लि** *N. eines Landes.*

**बाल्हिक** *u.* **बाह्लिक** *m. Pl. Volksn.*

**बाल्हीक** *u.* **बाह्लीक** *m. Pl. dass. Adj.* zum Volke der Br. gehörig; *n.* Safran.

**बाष्प** *m.* Thränen, Dampf.

**बाष्पकण्ठ**, *f.* **ई** mit Thränen im Halse, das Weinen unterdrückend.

**बाष्पमोच** *m.* Thränenerguſs.

**बाष्पसलिल** *n.* Thränen (*eig.* -wasser).

**बाष्पाम्बु** *n. dass.*

**बाष्पाय्**, **°यते** Thränen vergieſsen.

**बाष्पासार** Thränenstrom.

**बास्त** vom Bock kommend.

**बास्तिक** *n.* eine Menge von Böcken.

**बाहव** *m.* Arm

**बाहीक** auſserhalb befindlich; *m. Pl. Volksn.*

**बाहु** *m.* Arm, *bes.* Vorderarm, *beim Tier* Vorderfuſs; *N. eines Daitya u. versch Fürsten.*

**बाहुक** (*adj.* —°) Arm; *m. Mannsn.*

**बाहुता** *Adv.* auf den Armen.

**बाहुदण्ड** *m.* ein langer Arm (*eig.* Armstange).

**बाहुपाश** *m.* Umschlingung (*eig.* Armfessel).

**बाहुबन्ध** Armfesseln (*eig.*) tragend.

**बाहुबन्धन** *n.* = **बाहुपाश**.

**बाहुबल** *n.* Armeskraft.

**बाहुबलिन्** armstark.

**बाहुमन्त्** *dass.*

1. **बाहुमात्र** *n.* Armeslänge.

2. **बाहुमात्र**, *f.* **ई** armeslang.

**बाहुमूल** *n.* Achsel.

**बाहुयुद्ध** *n.* Handgemenge (*eig.* Armkampf).

**बाहुयोध** *u.* **°योधिन्** *m.* Faustkämpfer.

**बाहुलक** *n.* Vielfältigkeit.

**बाहुलता** *f.* Armranke, schlanker Arm.

**बाहुल्य** *n.* Reichlichkeit, Häufigkeit, Vielheit, Menge. *Abl. adv.* meistenteils, gewöhnlich.

1. **बाहुवीर्य** *n.* Armeskraft.

2. **बाहुवीर्य** starkarmig.

**बाहुशालिन्** *dass.*, kriegerisch, tapfer.

**बाहुश्रुत्य** *n.* Gelehrsamkeit, Polyhistorie.

**बाहूत्क्षेपम्** *adv.* unter Armschwenkungen.

**बाहूबाहवि** *Adv.* Arm gegen Arm, im Handgemenge.

**बाह्य** drauſsen befindlich, äuſserlich, ausgestoſsen, fremd; *mit Abl. o.* —° auſserhalb befindlich, abweichend von, ungeeignet zu. *Mit* **कर्** hinausweisen, von sich fern halten. **बाह्य** (°—), **बाह्येन** *u.* **बाह्ये** drauſsen, auſserhalb; **बाह्यम्** hinaus, **बाह्यात्** von drauſsen (*Abl. o.* —°). *n.* das Äuſsere.

**बाह्यकरण** *n.* äuſseres Organ (*ph.*).

**बिडाल** *m.*, **आ** *f.* Katze.

**बिडालक**, *f.* **॰लिका** *dass.*

**बिडालाक्ष**, *f.* **ई** katzenäugig.

**बिदल** *s.* **विदल**.

**बिन्दु** *m.* Tropfen, Punkt, das Zeichen des Anusvâra (*g.*).

**बिन्दुक** *m.* Tropfen.

**बिन्दुकित** betropft.

**बिन्दुमन्त्** tropfig.

**बिन्दुसार** *u.* **बिन्दुसेन** *m. Fürstennamen.*

**बिभेत्यर्थ** fürchten bedeutend (*g.*).

**बिम्ब** *m. n.* Scheibe (*bes. der Sonne o. des Mondes*), Kugel, Halbkugel, Bild, Abbild. *m.* Eidechse. *f.* **ई** eine Art Cucurbitacee; *m.* die (rote) Frucht ders.

**बिम्बाधर** *m.* die rote (*s. vor.*) Lippe.

**बिम्बित** abgespiegelt.

**बिम्बिसार** *m. N. eines Fürsten.*

**बिल** *n.* Höhle, Loch, Öffnung, Rundung.

**बिलवास** *u.* **॰वासिन्** in Löchern wohnend; *m.* ein solches Tier.

**बिलशय**, **॰शायिन्** *u.* **बिलेशय** *dass.*

**बिलिश** Köder, Angel.

**बिलौकस्** = **बिलवास**.

**बिल्म** *n.* Span; ein durchbrochener Helm.

**बिल्मिन्** behelmt.

**बिल्व** *m.* eine Art Citracee; *n.* die Frucht ders.

1\. **बिल्वमात्र** das Gewicht der Bilvafrucht.

2\. **बिल्वमात्र** von der Gröfse *o.* Schwere der Bilvafrucht.

**बिल्हण** *m. N. eines Dichters.*

**बिष्कला** *f.* eine Gebärende.

**बिस** *n.* Wurzelschoofs *o.* Stengel einer Lotusblume.

**बिसतन्तु** *m.* Lotusstengelfaser.

**बिसप्रसून** *n.* Lotusblüte.

**बीजकोश** Samenk

**बीजगणित** *n.* Alg

**बीजद्रव्य** *n.* Grun

**बीजपूर** *u.* **॰क** *m.* C

**बीजकाण्डरुह** = बी

**बीजवन्त्** mit Sam

**बीजवाप** *m.* das (

**बीजाङ्कुर** *m.* Sam Keim.

**बीजाढ्य** *m.* = **बीज**

**बीजार्थ** nach Same

**बीजाश्व** *m.* Zucht

**बीजिन्** = **बीजवन्** zeuger.

**बीजोत्कृष्ट** *m.* herauszieht (*d* *oben legt*).

**बीभत्स्**, **॰त्सत** *s.*

**बीभत्स** ekelhaft, Abscheu.

**बीभत्सु** Ekel *o.*

**बुक** *m. N. einer*

**बुक्का** *f.* Herz.

**बुडिल** *m. Manns*

**बुद्ध** (*s.* 1. **बुध्**) leuchteter, *bes*

**बुद्धत्व** *n.* die Bu

**बुद्धधर्म** *m.* Buddh

**बुद्धमार्ग** *m.* Bud

**बुद्धरक्षित** *m. Ma*

**बुद्धागम** *m.* Bud

**बुद्धान्त** *m.* der Z

**बुद्धि** *f.* Einsicht, Meinung, A (*Loc.*), das Ha Sinnen auf (*l* (—॰) wegen,

**बुद्धिकृत** vernünftig gehandelt.

**बुद्धिपूर्व** u. °क bewusst, absichtlich; n. adv.

**बुद्धिमन्त्** verständig, klug. *Compar.* °मत्तर.

**बुद्धिमोह** m. Geistesverwirrung.

**बुद्धिवर्जित** der Vernunft bar, unvernünftig.

**बुद्धिशरीर** u. **बुद्धिसागर** m. *Mannsname.*

**बुद्धिशुद्धि** f. Läuterung des Geistes.

**बुद्धिहीन** = बुद्धिवर्जित. *Abstr.* °त्व n.

**बुद्धीन्द्रिय** n. Wahrnehmungsorgan (*ph*).

**बुद्ध्यधिक** an Geist überlegen.

**बुद्ध्यर्थ** merken bedeutend (*g.*).

**बुद्बुद** m. Wasserblase. *Abstr.* त्व n.

**बुध्**, बोधति, (°ते), बुध्यते (°ति) erwachen, wachen, merken, achten auf (*Gen.* o. *Acc.*), wahrnehmen, erfahren, wissen; erkennen als, halten für (2 *Acc.*); erwecken. *p.p.* बुद्ध erwacht, erleuchtet, klug, weise, erkannt, erfahren (*s. auch bes.*) *Caus.* बोधयति, °ते erwecken, wiederbeleben, erinnern, mahnen, anführen, andeuten; jemd. erinnern an, aufmerksam machen auf (2 *Acc.*). *Des.* बुभुत्सते kennen lernen wollen. *Intens.* बोबुधीति etwas verstehen. अनु erwachen, gewahren. *Caus.* erwecken, erinnern, mahnen. अव erwachen; inne werden, merken, wissen. *Caus.* wecken; etw. zur Erkenntnis bringen. नि auf etw. (*Acc.*) achten, merken. प्र aufwachen; *Caus.* aufwecken, überreden, überzeugen, jmd. etwas lehren o. mitteilen (2 *Acc.*). प्रति erwachen, sich entfalten, aufblühen; wahrnehmen, bemerken. *p.p.* प्रतिबुद्ध erwacht, wahrgenommen, erkannt. *Caus.* wecken, jemd. belehren; aufklären. वि erwachen; *Caus.* erwecken. सम् erwachen, wahrnehmen, erkennen. *p.p.* संबुद्ध aufgeweckt, verständig; erkannt. *Caus.* wecken, jemd. aufklären, belehren über (2 *Acc.*).

**बुध** erwachend (—°); klug, verständig. m. ein Weiser, ein Gott; *N. eines alten Königs.*

**बुध्न** (o. बुंध्न) m. n. Boden, Grund, Tiefe, Wurzel.

**बुध्न्य** auf dem Boden o. in der Tiefe befindlich. °अहि m. der Drache der Tiefe.

**बुभुक्षा** f. Esslust, Hunger.

**बुभुक्षित** u. **बुभुक्षु** essen wollend, hungrig.

**बुभुत्सा** f. Wissbegierde nach (*Acc.* o. —°).

**बुभुत्सु** kennen wollend, neugierig.

**बुभूर्षा** f. der Wunsch zu ernähren.

**बुभूर्षु** (—°) ernähren wollend.

**बुभूषा** f. der Wunsch zu sein o. zu leben.

**बुभूषु** zu sein wünschend, Geltung o. Macht wünschend.

**बुरुड** m. Korbmacher.

**बुल्ल** m. *Mannsname.*

**बुल्व** schief.

**बुस** n. Dunst, Nebel, Unreines, Abfall, Spreu.

**बृंहण** kräftigend, nährend, n. das Kräftigen, Nähren. *Abstr.* °त्व n.

**बृंहित** n. das Gebrüll.

**बृगल** n. Brocken, Stück (—°).

**बृबदुक्थ** *Bein. Indra's.*

**बृबु** m. *Mannsname.*

**बृसी** f. Wulst, Bausch, Polster.

**बृहच्छोक** hochbekümmert.

**बृहच्छ्रवस्** laut tönend o. hochberühmt.

**बृहच्छ्लोक** hochberühmt; m. *Mannsn.*

**बृहज्जातक** n. *N. eines Werks.*

**बृहज्ज्योतिस्** hellstrahlend.

**बृहत** m. *Mannsname.*

***बृहतिका** f. Überwurf, Mantel.

**बृहत्कथा** f. *T. zweier Werke.*

**बृहत्कीर्ति** hochberühmt.

**बृहत्तृण** n. starkes Gras.

**बृहत्त्व** n. Gröſse, Umfang.

**बृहत्पलाश** groſsblätterig.

**बृहत्पाद** groſsfüſsig o. -spurig.

**बृहत्संहिता** f. *T. eines Werks.*

**बृहत्सर्वानुक्रमणी** f. *desgl.*

**बृहत्सुम्न** von groſser Güte.

**बृहत्सेन** m. *Fürstenname;* आ f. *Frauenn.*

**बृहदश्व** m. *Mannsname.*

**बृहदारण्यक** n. *T. eines Upanishad.*

**बृहदारण्यकोपनिषद्** f. *desgl.*

**बृहदुक्थ** hochgepriesen; *Mannsn.*

**बृहदुच्** u. **बृहंदुच** laut ergieſsend

बृहदुक्षन् grofse Stiere habend.
बृहद्गिरि laut rufend; *Mannsn.*
बृहद्ग्रावन् einem grofsen Stein ähnlich.
1. बृहद्दिव aus himmlischen Höhen stammend. *m. Mannsname; n. Pl.* Himmelshöhen.
2. बृहद्दिव = *vor. Adj.; f.* °आ *N. einer Göttin.*
बृहद्देवता *f. T. eines Werkes.*
बृहद्द्युति hell glänzend.
बृहद्द्युम्न *m. N. eines Fürsten.*
बृहद्भानु hellglänzend; *m. Mannsn.*
बृहद्भास् = *vor. Adj.*
1. बृहद्रथ *m.* ein grofser Held.
2. बृहद्रथ *m. Mannsname.*
बृहद्रयि von reichem Besitz.
बृहद्रवस् laut dröhnend.
बृहद्रि = बृहद्रयि.
बृहद्वयस् hochkräftig.
बृहद्वसु *m. Mannsname.*
बृहद्व्रत *n.* das grofse Gelübde (der Keuschheit); *Adj.* dass. beobachtend.
बृहन्त्, *f.* बृहती (*s.* 2. बर्ह्) hoch, gewaltig, grofs, bedeutend, reichlich, viel; *n.* बृहत् hoch, weit, stark; hell, laut (*auch Instr.* बृहता). *f.* ई *N. eines Metrums. n.* Höhe
बृहन्त grofs.
बृहन्नल *m.* Art Schilf; *fingierter Name Arjuna's.*
बृहन्मति hochsinnig.
बृहन्मध्य in der Mitte gross.
बृहस्पति *m.* der Gebetsherr (*N. eines Gottes*).
बेकनाट *m.* Wucherer.
बेकुरा *f.* Stimme, Ton.
बैजिक vom Samen kommend, Samen-.
बैडाल der Katze eigen.
बैन्द *m.* ein best. verachteter Volksstamm
बैल in Höhlen wohnend; *m.* Höhlentier.
बैल्व vom Bilvabaum kommend, aus Bilvaholz gemacht.
बोद्धृ *m.* Wahrnehmer, Kenner. *Abstr.* बोद्धृत्व *n.*
बोद्धव्य zu beachten, zu erkennen, zu merken.
बोध wahrnehmend, erkennend. *m.* das Erwachen, Wachen, Aufblühen; Erkenntnis, Einsicht.
बोधक, *f.* °धिका weckend, (—°) lehrend, ichnend, angebend; zur Erkenntnis

entfaltend,
Erwachen,

ब्रह्मकृत् =
ब्रह्मकृति

ब्रह्मघातिन् *m. dass.*; *f.* °तिनी eine Frau am zweiten Tage der Reinigung.

ब्रह्मघ्न *m.* = *vor. m.*

ब्रह्मचर्य *n.* heiliges Studium (*die Lebensstufe des Brahmanenschülers*), Enthaltsamkeit, Keuschheit.

ब्रह्मचर्यवन्त् das heilige Studium betreibend (*s. vor.*), Keuschheit übend.

ब्रह्मचर्याश्रम *m.* der Stand des Brahmanenschülers.

ब्रह्मचारिन् = ब्रह्मचर्यवन्त्; *m.* Brahmanenschüler.

1. ब्रह्मजन्मन् *n.* Wiedergeburt durch heiliges Wissen.

2. ब्रह्मजन्मन् von Brahman stammend.

ब्रह्मजाया *f.* Brahmanenweib.

ब्रह्मजुष्ट durch Andacht erfreut.

ब्रह्मजूत durch Andacht erregt.

ब्रह्मज्ञ das heilige Wissen kennend.

ब्रह्मज्ञान *n.* die Kenntnis des heiligen Wissens.

ब्रह्मज्य Brahmanen plagend.

ब्रह्मज्येय *n.* das Plagen der Brahmanen.

ब्रह्मणस्पति *m.* = बृहस्पति.

ब्रह्मणस्पत्नी *f.* die Gattin des Brahmanpriesters.

ब्रह्मण्य्, *Partic.* ब्रह्मण्यन्त् betend, fromm.

ब्रह्मण्य fromm *o.* brahmanenfreundlich.

ब्रह्मण्यता *f.* Freundlichkeit gegen Brahmanen.

ब्रह्मण्वत् *Adv.* wie ein Brahmane.

ब्रह्मण्वन्त् *u.* ब्रह्मण्वन्त् andachtsvoll.

ब्रह्मता *f. Abstr. zu* ब्रह्मन् *n.* (der unpersönliche höchste Gott).

ब्रह्मत्व *n. dass.*; Oberpriesteramt, Brahmanentum.

ब्रह्मद das heilige Wissen überliefernd.

ब्रह्मदण्ड *n.* Brahman's Stab (*mythische Waffe*); des Brahmanen Strafe *d. i.* der Fluch.

ब्रह्मदत्त von Brahman gegeben; *Mannsn*

ब्रह्मदातर् = ब्रह्मद.

ब्रह्मदान *n.* das Mitteilen des heiligen Wissens.

ब्रह्मदेय *mit* विधि *m.* die brahmanische Form der Eheschliefsung; *f.* आ nach derselben verheiratet werdend. *n.* – ब्रह्मदान.

ब्रह्मपुराण

ब्रह्मप्रिय *u.*

ब्रह्मभूयंस् = *vo* =

ब्रह्ममय, *f.* ई a

**ब्रह्मराशि** *m.* der (ganze) Umfang des heiligen Wissens.

**ब्रह्मर्षि** *m.* ein priesterlicher Weiser. *Abstr.* °ता *f.*, °त्व *n.*

ब्रह्मलोक *m.* Brahman's Welt.

ब्रह्मवध *m.*, °वध्या *f.* Brahmanenmord.

ब्रह्मवनि brahmanenfreundlich.

ब्रह्मवन्त् heiliges Wissen besitzend.

ब्रह्मवर्चस *n.* Vorrang im heiligen Wissen, °वर्चसिन् dens. besitzend, °वर्चस्य zu dems. verhelfend.

ब्रह्मवाच् *f.* der heilige Text.

ब्रह्मवाद *m.* die Rede *o.* Lehre vom Heiligen; °वादिन् dass. kennend, heiliger Weisheit voll.

ब्रह्मवित्त्व *n.* *Abstr. zum folg.*

ब्रह्मविद् heiliger Weisheit *o.* des Zaubers kundig (*Superl.* °वित्तम); *m.* Theolog *o.* Philosoph.

ब्रह्मविद्या *f.* Kenntnis des Heiligen, heilige Weisheit.

ब्रह्मविद्वंस् Brahman kennend.

ब्रह्मविद्विष् = ब्रह्मद्विष्.

ब्रह्मवृद्ध durch Andacht gewachsen.

ब्रह्मवेद *m.* der Veda der Sprüche *o.* der Brahmanen, der Atharvaveda.

ब्रह्मवैवर्त *u.* °क *n.* *T. eines Purâna.*

ब्रह्मव्रत *n.* frommes Gelübde, *bes.* G. der Keuschheit.

ब्रह्मसत्त्र *n.* Andachtsopfer; °सत्त्रिन् ein A. vollziehend. 1

ब्रह्मसरस् *n.* Brahman's See (*N. eines heiligen Badeplatzes*).

ब्रह्मसव *m.* Andachtsklärung; eine best. Opferhandlung.

ब्रह्मसिद्धान्त *m.* *T. versch. Werke.*

ब्रह्मसूत्र *n.* die Brahmanenschnur; ein das B. behandelndes Sûtrawerk (*bes. das des Bâdarâyaṇa o. Vyâsa*).

ब्रह्मस्तेन *m.* ein Dieb am Heiligen (*s. folg.*).

ब्रह्मस्तेय *n.* Diebstahl am Heiligen (*d. i.* unrechtmäſsige Aneignung des Veda).

ब्रह्मस्थल *n.* *N. einer Stadt.*

ब्रह्मस्व *n.* Brahmanenbesitz.

ब्रह्महत्या *f.* Brahmanenmord.

ब्रह्महन् *m.* Brahmanenmörder.

**ब्रह्माञ्जलि** [illegible] der Hände (*vgl.* [illegible]) [illegible] Hände zum Vedastudium [illegible] legend.

**ब्रह्माणी** *f.* Brahman's Gattin *o.* Durgâ.

ब्राह्मणवर्चस n. Brahmanenrang.

ब्राह्मणसात् *mit* कर् an die Brahmanen verschenken.

ब्राह्मणस्पत्य dem Brahmaṇaspati geweiht.

ब्राह्मणस्व n. Brahmanenbesitz.

ब्राह्मणाच्छंसिन् *m.* ein best. Priester; °सीय *n.* dessen Amt; °स्य auf dens. bezüglich.

ब्राह्मणायन *m.* Nachkomme eines Brahmanen.

ब्राह्मण्य für Brahmanen geeignet; *n.* Brahmahnenstand *o.* eine Gesellschaft von Brahmanen.

ब्राह्मि heilig, göttlich.

ब्राह्मोढा *f.* eine in der Brahman-Ehe verheiratete Frau.

ब्राह्म्य auf Brahman *o.* die Brahmanen bezüglich.

ब्रुव (—°) sich — nennend, — nur dem Namen nach seiend.

ब्रुवि (*g.*) *s. folg.*

ब्रू, ब्रवीति, ब्रूते sagen, reden, sprechen, berichten, verkünden; sprechen zu (*Acc. o. Gen.*), — von (*Acc. mit o. ohne* प्रति *o.* अधिकृत्य); etwas zu jemd. sagen, jemd. — nennen, für — erklären (2 *Acc.*). *Med.* sich nennen *o.* ausgeben für (*Nom.*). *Mit* पुनर् antworten. अधि jemd. (*Dat.*) zusprechen *o.* Fürsprecher sein. अनु hersagen, aufsagen, rezitieren; jemd. (*Dat.*) etw. vorsagen, lehren; jemd. (*Dat.*) einladen zu (*Gen.*); sagen, sprechen, halten für, anerkennen. *Med.* nachsprechen, lernen. उप (*meist Med.*) zu jemd. (*Acc.*) sprechen. प्र aussagen, mitteilen, erzählen; rühmen, preisen; freundlich zu jemd. (*Dat.*) reden; *auch = Simpl.* प्रति jemd. (*Acc.*) antworten; etw. verweigern, abschlagen. वि sich äufsern, reden, eine Aussage machen. *Med.* sich streiten. सम् sich unterreden.

ब्लेष्क *m.* Schlinge, Strick.

# भ

भ (—°) *s.* 2. भा; *n.* Stern, Gestirn.

भंसस् *n.* ein best. Teil des Unterleibes.

भक्त (*s.* भज्) fromm (*Bez. einiger Sekten*); *n.* Teil, Portion, Speise, Nahrung.

भक्तद *u.* भक्तदायक Speise gebend.

भक्तदास *m.* ein um die Speise dienender Knecht.

भक्तद्वेष *m.* Widerwillen gegen Speise, Appetitlosigkeit.

भक्तरुचि *f.* Esslust, Appetit.

भक्तशरण *n.* Speisekammer, Küche.

भक्ति *f.* Teilung, Teil; Linie, Strich (*zur Teilung o. Verzierung*); Teilnahme, Hingabe, Demut, Treue, Liebe, Pietät (*Loc., Gen. o.* —°).

भक्तिच्छेद *m. Pl.* einzelne Striche (*eig.* Strichfragmente).

भक्तिनम्र demutsvoll gebeugt.

भक्तिभाज् hingebungsvoll.

भक्तिमन्त् ergeben, zugetan, treu (*Loc. o.* —°).

भक्तियोग *m.* Hingebung, Vertrauen.

भक्तिवंस् *u.* °वन् teilhaftig (*Gen.*).

भक्तिवाद *m.* Ergebenheitsversicherung.

भक्तिहीन pietätlos.

भक्ष्, भक्षति, °ते, *älter* भक्षयति, °ते geniefsen, verzehren, essen, fressen; trinken (*fast nur in der älteren Spr.*). *p.p.* भक्षित. *Caus.* भक्षयति = *Simpl.* (*s. o.*), *auch* *jemd. (*Instr.*) etw. (*Acc.*) geniefsen lassen. परि anfressen, auffressen, verzehren.

भक्ष *m.* Genuss, Trank, Speise; *adj.* —° sich nährend *o.* lebend von.

भक्षक geniefsend; *m.* Geniefser, Verspeiser, sich nährend von (*Gen. o.* —°).

भक्षण geniefsend (—°); *n.* das Geniefsen, Verzehren.

भक्षणीय zu verzehren; *Abstr.* °ता *f.*

भक्षयितव्य = *vor.*

भक्षि = भक्ष् (*g.*)

भक्षित (*s.* भक्ष्) *n.* das Gefressenwerden von (*Instr.*).

भक्षितर् *m.* Geniefser, Verzehrer.

भक्षितव्य = भक्षयितव्य.

भक्षिन् geniefsend, essend (*meist* —°).

भक्षिवंन् geniefsend.

भक्ष्य zu geniefsen, zu essen; geniefsbar, esshar; *n.* Speise, Nahrung.

भक्ष्यभोज्य (°—) Genüsse aller Art.

भंग *m.* Brot- *o.* Schutzherr (*eig.* Mitteiler), *N. eines Âditya*; Wohlstand, Glück, Hoheit, Schönheit, Liebeslust, Liebe; vulva.

भंगत्ति *f.* Glücksgabe.

भगदेवत Bhaga zum Gott habend.

भगदैवत *dass., n. N. eines Mondhauses.*

भगवद्गीत von Bhagavant *d. i.* Kṛshṇa verkündet; *f.* आ *Pl.* (*mit u. ohne* उपनिषद्) *N. eines philosophischen Gedichts.*

भंगवन्त् glückselig, herrlich, erhaben, heilig (*oft in der Anrede gebraucht, Voc. Sgl. m.* भगवन्, °वस् *o.* भगोस्; *f.* भगवति; *Pl. m.* भगवन्तस्). *m. Bein. Vishṇu-Kṛshṇa's u. Çiva's; f.* भगवती *Bein. der Lakshmî u. der Durgâ.*

भगिन् glücklich, herrlich; *f.* भगिनी Schwester.

भगीरथ *m. N. eines alten Königs.*

भगेश *m.* Herr des Glücks.

भगोल *m.* das Firmament (Sterngewölbe).

भगोस् *s.* भगवन्त्.

भग्न (*s.* भञ्ज्) *n.* Beinbruch.

भग्नता *f.* das Zerbrochensein, Bruch.

भग्नमनस् dessen Mut gebrochen ist.

भग्नव्रत der sein Gelübde gebrochen hat.

भग्नाश dessen Hoffnung getäuscht worden ist, enttäuscht.

भग्नास्थि dessen Knochen zerbrochen sind.*

भङ्क्तर् *m.* Brecher, Aufbrecher.

भंङ्ग brechend. *m.* das Brechen, Bruch, Biegung, Krümmung, Welle; Unterbrechung, Zerstörung, Vereitelung, Niederlage (*j.*), Untergang, Verfall. *f.* भङ्गा Hanf (*auch* भङ्ग).

भङ्गकारिन् (—°) brechend.

भङ्गि *u.* भङ्गी *f.* Brechung, Absatz, Stufe; Biegung, Krümmung, Welle; Umweg, Schein, Anschein von (—°), Art und Weise.

भङ्गिन् zusammenbrechend (—°); verlierend (*j.*).

भङ्गिमन्त् kraus.

भङ्गु *m. N. eines Dämons.*

भङ्गुर krumm, kraus; zerbrechlich, vergänglich. *Abstr.* °ता *f.*

भङ्गुरय्, °यति zerbrechen, krümmen.

भङ्गुरावन्त् ränkevoll, falsch.

भज्, भंजति, °ते austeilen, verteilen (*Med.* unter sich); jemd. (*Acc.*) etwas mitteilen, zukommen lassen; (*meist Med.*) als sein Teil empfangen *o.* erwählen, erlangen, geniefsen, vorziehen, betreiben, sich begeben zu, legen auf, wenden an, sich hingeben, verehren, lieben (*auch fleischl.*). *p.p.* भक्त zugeteilt, gehörig zu (—°); zugethan, anhänglich, ergeben (*Loc., Gen., Acc. o.* —°). *Caus.* भाजयति austeilen, erteilen, teilhaft machen. अप jemd. (*Dat.*) abgeben von (*Gen.*). आ jemd. (*Acc.*) an etw. (*Loc.*) teilnehmen lassen. *p.p.* आभक्त teilhaftig (*Loc.*). निस् nicht teilnehmen lassen an (*Abl.*), ausschliefsen (*auch Caus.*). वि verteilen, austeilen (*Med.* unter sich), einteilen; verehren. *p.p.* विभक्त verteilt, geteilt, geschieden, getrennt, verschieden, mannigfaltig. प्रवि verteilen; *p.p.* verteilt. संवि mit jemd. (*Instr. mit u. ohne* सह, *Dat. o. Gen.*) teilen; jemd. (*Acc.*) mit etw. (*Instr.*) beteilen *o.* beschenken. सम् verteilen, verschenken, jemd. mit etw. bedenken; *p.p.* संभक्त teilhaft, begabt mit (*Gen.*); anhänglich, ergeben.

भजक (—°) Verteiler.

भजन *n.* Verehrung.

भजनीय verehrungswürdig.

भजितव्य *u.* भजेन्य *dass.*

भञ्ज्, भनक्ति brechen, biegen, beugen, zerbrechen, zersprengen, schlagen, zerstören, vernichten. *p.p.* भग्न gebrochen u. s. w. अव abbrechen. परि, *p.p.* gebrochen, gehemmt. वि zerbrechen, vereiteln, täuschen. सम् zerbrechen, zerschmettern.

भञ्जक m. Brecher, Zerbrecher; f. °ञ्जिका das Abbrechen, Pflücken (—°).

भञ्जन zerbrechend, hemmend, vereitelnd (—°); n. das Zerbrechen, Verscheuchen, Zerstören, Vereiteln.

भञ्जिन् (—°) brechend, verscheuchend.

भट्, Caus. भाटयति mieten.

भट m. Söldling, Soldat; Diener.

भट्ट m. grofser Gelehrter (*meist* °— o. —°).

भट्टनारायण *m. N. eines Dichters.*

भट्टाचार्य m. grofser Lehrer (*meist Bein Kumârilabhaṭṭa's*).

भट्टारक m. hoher Herr (*Bein. von Göttern u. grofsen Männern*).

भट्टारकवार m. Sonntag.

भट्टि *m. N. eines Dichters.*

भट्टोजि u. °दीक्षित *m. N. eines Grammatikers.*

भड m. eine best. Kaste.

भण्, भणति reden, sprechen, schildern, nennen (2 *Acc.*). *p.p.* भणित gesagt, geschildert, *s. auch bes.*

भण (—°) m. das Sagen, Angeben.

भणन (—°) besprechend, schildernd.

भणनीय zu sagen.

भणित (*s.* भण्) n., भणिति f. Rede Schilderung.

भण्ड m. Spafsvogel, eine best. Kaste. f. ई *N. einer Pflanze.*

भण्डनीय zu verhöhnen.

भण्डि *m. Mannsname.*

भद्र gut, schön, glücklich, heilvoll, erfreulich. *Voc.* भद्र u. भद्रे Bester, Beste! भद्रम् u. भद्रया *adv.* glücklicherweise. n. Glück, Heil, Segen, *oft als Wunsch* भद्रं ते, °वाम् o. °वः (*auch nur explet.*).

भद्रक, f. भद्रिका gut.

भद्रकारक u. °कृत् Gutes erweisend, Glück bringend.

भद्रतस् *Adv.* zum Glück, zum Heil.

भद्रता f. Güte, Biederkeit.

भद्रत्व n. Glück, Heil.

भद्रपाप n. *Sgl.* Gutes und Böses.

भद्रपीठ n. reicher Sitz, Thron.

*भद्रश्री f.

भद्रसेन m.

bringen, holen, bereiten; erfüllen. **समा** zusammenbringen, herbeischaffen. **उप** herbeitragen. **नि**, *p.p.* **निभृत** erfüllt von (*Instr. o.* —°); *s. auch bes.* **परि** bringen; *Med.* (sich) verbreiten. **प्र** herbei-, darbringen, vorführen. **वि** auseinanderlegen; *Med.* verteilen. **सम्** zusammentragen, -legen, -fügen. *Med.* zurüsten, bereiten (*r.*), unterhalten, ernähren. *p.p.* **संभृत** zusammengetragen u. s. w., angehäuft, angesammelt, confertus; beladen, versehen mit (*Instr. o.* —°), unterhalten, ernährt.

**भर** tragend, erhaltend (*meist* —°); *m.* das Tragen, Erlangen; Bürde, Last, Gewinn, Raub; Kampf, Streit.

**भरण** *n.* das Tragen, Bringen, Unterhaltung, Ernährung, Pflege, Lohn; *f.* **ई** *N. eines Mondhauses.*

**भरणीय** zu unterhalten, zu nähren.

**भरत** *m. Bein. Agni's* (*eig.* Pflegling), *Mannsn., bes. eines alten Stammeshelden*; Schauspieler; *Pl. N. eines Stammes. f.* **आ** *u.* **ई** *Frauennamen.*

**भरतपुत्र** *m.* Schauspieler.

**भरतर्षभ** *m.* Edelster der Bharata.

**भरतवाक्य** *n.* Epilog (*d.*).

**भरतशार्दूल**, °**श्रेष्ठ** *u.* °**सत्तम** = **भरतर्षभ**.

**भरद्वाज** *m.* Feldlerche; *N. eines Rishi.*

**भरध्यै** *Dat. Inf. zu* **भृ**.

**भरस्** *n.* das Tragen, Halten.

**भरहूति** *f.* Kampfruf.

**भरित** voll, gefüllt mit (*Gen. o.* —°).

**भरित्र** *n.* Arm *o.* Hammer.

**भरिष** raublustig.

**भरीमन्** *m.* Unterhalt, Nahrung.

**भरु** *m. Bein. Vishnu's u. Çiva's.*

**भरुज** *m.* geröstete Gerste.

**भर्ग** *m.* Glanz; *Bein. Çiva's, Mannsn.*

**भर्गस्** *n.* Glanz, Majestät, Hoheit.

**भर्गस्वन्त्** majestätisch.

**भर्जन** röstend, bratend; *n.* das Rösten, Röstpfanne.

1. **भर्तृ** (**भर्तृ**) *m.* Träger, Erhalter, Herr, Gebieter; *f.* **भर्त्री** Erhalterin, Mutter.

2. **भर्तृ** *m.* Gatte.

**भर्तव्य** zu tragen, zu erhalten, zu besolden.

**भर्तृक** (*adj.* —°) = 2. **भर्तृ**.

**भर्तृघ्नी** *f.* Gattenmörderin.

**भर्तृचित्ता** *f.* an den Gatten denkend.

**भर्तृत्व** *n. Abstr. zu* 2. **भर्तृ**.

**भर्तृदारक** *m.* Prinz; *f.* °**रिका** Prinzessin.

**भर्तृप्रिय** *u.* °**भक्त** seinem Herrn ergeben.

**भर्तृमती** *f.* einen Mann habend, verheiratet.

**भर्तृरूप** die Gestalt des Gatten tragend.

**भर्तृवत्सल** zärtlich zum Gatten.

**भर्तृव्रत** *n.* Treue gegen den Gatten.

**भर्तृव्रता** *f.* dem Gatten treu. *Abstr.* °**त्व** *n.*

**भर्तृहरि** *m. N. eines Autors.*

**भर्त्स्** **भर्त्सति** **भर्त्सयति** °**ते** drohen, schelten. *p.p.* **भर्त्सित** *s. bes.* **निस्**, **परि** *u.* **सम्** *dass.*

**भर्त्सन** *n.*, °**ना** *f.* das Drohen, Schelten.

**भर्त्सित** (*s.* **भर्त्स्**) *n.* Drohung.

**भर्मन्** *n.* Unterhalt, Pflege.

**भर्व्**, **भर्वति** kauen, verschlingen.

**भल्**, **निभालयति**, °**ते** sehen, erblicken, betrachten; (**निस्** *dass.**).

**भल** *Adv.* gewiſs, fürwahr.

**भल्ल** *m.* Art Pfeil (*auch f.* **ई**); Bär. *Pl. Volksn. n.* Pfeilspitze.

**भल्लुक** *m.* Bär.

**भव** *m.* das Werden, Entstehung, Geburt, Ursprung (*oft* —° von — geboren, in *o.* aus — entstanden); Dasein, Welt, Existenz, Wohlfahrt, Heil; *N. eines Gottes. Du.* **भवौ** = Bhava und Bhavânî (*s. d.*).

**भवदीय** dein *o.* Euer (*vgl.* 2. **भवन्त्**).

**भवद्विध** deines- *o.* Euresgleichen.

**भवन** *n.* Wohnung, Haus, Palast, Tempel; das Werden, Entstehung, Ursprung.

**भवनद्वार** *n.* Palastthor.

**भवनीय** zu sein, zu geschehen.

1 **भवन्त्** (*Nom.* **भवन्**) seiend, gegenwärtig; *f.* **भवन्ती** Gegenwart (*g.*).

2. **भवन्त्** (*Nom. m.* **भवान्**, *f.* **भवती**) der Herr, die Herrin (*in höflicher Anrede*; *vgl.* **अत्र**° *u.* **तत्रभवन्त्**).

**भवभावन** Wohlfahrt verleihend.

**भवभूति** *f.* glückliches Dasein; *m. N. eines Dichters.*

**भवसागर** *m.* das Meer des Daseins.

(***भवादृच**), **भवादृश्** *u.* °**दृश** (*f.* **ई**) deines- *o.* Euresgleichen.

**भवानी** *f. N. einer Göttin (vgl.* **भव**), *sp.* = **पार्वती**.

**भवानीपति** *u.* °**वल्लभ** der Gemahl der Bhavânî *o.* Pârvatî, *d. i.* Çiva.

**भवान्तर** *n.* ein anderes Dasein.

**भवाब्धि** *m.* = **भवसागर**.

**भवारुद्र** *m. Du.* Bhava und Rudra.

**भवार्णव** *m.* = **भवसागर**.

**भवाशर्व** *m. Du.* Bhava und Çarva.

**भविक** wohlgesinnt, fromm.

**भवितृ**, *f.* °**त्री** futurus.

**भवितव्य** sein *o.* geschehen müssend; *n. impers. mit Instr. des Subj. u. Prädicats*

**भवितव्यता** *f.* Notwendigkeit, Unumgänglichkeit.

**भविन्** *m.* Lebewesen, *bes.* Mensch.

**भविष्णु** werdend (—°), gedeihend.

**भविष्य** sein werdend, bevorstehend; *n.* Zukunft.

**भविष्यत्काल** auf eine zukünftige Zeit bezüglich (*g.*).

**भविष्यत्ता** *f.*, °**त्त्व** *n.* Zukünftigkeit.

**भविष्यद्वाचिन्** die zukünftige Zeit ausdrückend (*g.*).

**भविष्यन्त्** zukünftig; *n.* das Zukünftige, Zukunft, Futurum.

**भविष्यत्पुराण** *n. T. eines Purâna.*

**भवीत्व** zukünftig.

**भवीयंस्** (*Compar.*) reichlicher.

**भवोदधि** *m.* = **भवसागर**.

**भव्य** gegenwärtig, zukünftig; gut, schön, angemessen, glücklich, fromm, tüchtig, wacker. *n.* Gegenwart, Dasein, Zukunft; Glück, Heil.

**भष्**, **भषति**, °**ते** bellen.

**भष** bellend.

**भषक** *m.* Hund.

1. **भस्**, **बभस्ति**, **बप्सति** kauen, verzehren

2. **भस्** (*nur Loc.* **भसि**) Asche.

**भसद्** *f.* Hinterteil, der Hintere, *auch* vulva

**भसद्य** am Hinterteil befindlich.

**भस्त्रा** *f.* Schlauch, Sack, Blasebalg.

**भस्त्रिका** *f.* Säckchen, Beutel.

1. भार्ग *m.* Teil, Anteil, Erbteil, Eigentum; Platz, Stelle, Seite.

2. भाग Bhaga betreffend.

भागदुघ *m.* Verteiler, Vorleger.

भागधेय *n.* Anteil, Gebühr, Los, Schicksal.

भागलक्षणा *f.* die den Teil mittelbar ausdrückende Bezeichnungsweise (*rh.*).

भागवत, *f.* ई Bhagavant betreffend; *m.* ein Anhänger dess.; *n. T. eines Purâṇa.*

भागशस् *Adv.* in Teile(n); Teil für Teil nach und nach

भागहर einen Anteil erhaltend; *m.* Erbe

भागहारिन् *u.* भागापहारिन् *dass.*

भागार्थिन् einen Anteil beanspruchend.

भागिन् Anteil habend, beteiligt an, verantwortlich für, berechtigt zu (*Loc., Gen. o.* —°); *Compar.* भागीयंस. *m* Beteiligter, Berechtigter, Besitzer.

भागिनेय *u.* °क *m.* Schwestersohn.

भागीरथ, *f.* ई zu Bhagîratha gehörig; *f.* ई *Bein. der Gañgâ.*

1. भाग्य zu Bhaga gehörig; *n. Bez. eines Mondhauses.*

2. भाग्य glücklich; *n.* Los, Schicksal, Glück.

भाग्यक्रम *m.* Schicksalslauf.

भाग्यरहित vom Glück verlassen, unglücklich.

भाग्यवत्ता *f. Abstr. zum folg.*

भाग्यवन्त् ein gutes Los habend, glücklich.

भाग्यवश *m.* Schicksalsmacht.

भाङ्गासुरि *m. patron. Name.*

भाज् (—°) beteiligt *o.* berechtigt an, gehörig zu, verbunden mit; einnehmend empfindend, geniefsend.

भाजन (*meist* —°) teilhabend an, gehörig zu, bezüglich auf, vertretend, gleichbedeutend mit. *n.* Stellvertretung, Gefäfs, Behälter, würdige Person (*vgl.* पात्र). *Abstr.* भाजनता *f.*, °त्व *n.*

भाजयु mitteilend, freigebig.

भाजिन् (—°) teilhabend an, verbunden mit.

भाज्य zu teilen.

भाट *u.* °क *n.* Mietsgeld, Pacht.

भाटि *f.* Lohn.

भाट्ट *m.* ein Anhänger des Kumârilabhaṭṭa; *n.* dessen Werk.

भाण *m.* Art Schauspiel.

भाणक (—°) Verkünder; *f.* भाणिका Art Schauspiel.

भाण्ड *n.* Topf, Gefäfs, Kasten (*auch* °क *n.*),

**भारवि** *m. N. eines Dichters.*

**भारसह** Schweres leistend, viel vermögend.

**भारसाधन** *u.* **°साधिन्** *dass.*

**भारिन्** tragend (—°), schwer, belastet tief (*Ton*); *m.* Lastträger.

**भारूप** lichtgestaltig, hell, glänzend.

**भार्ग** *m. Manns-, Pl. Volksname.*

**भार्गव**, *f.* **ई** von Bhṛgu stammend, Nachkomme des Bh

**भार्गायण** *m. Patron. von* **भर्ग**.

**भार्मन्** Tragbrett, Tisch.

**भार्य** zu tragen, zu unterhalten. *m.* Diener, Soldat; *f.* **भार्या** Gattin

**भार्यात्व** *Abstr. zum vor. f.*

**भार्याद्रोहिन्** feindlich gegen die Gattin.

**भार्यावन्त्** eine Gattin habend, beweibt.

**भाल** *n.* Stirn; **°पट्ट** *m.* -fläche.

**भाव** *m.* das Werden, Entstehen, Übergehen in (*Loc. o.* —°); das Dasein, —sein (—° *in Abstr.*), Zustand, Verhältnis; Art und Weise, Betragen; Gesinnung, Gefühl, Liebe, Neigung, Affekt (*rh.*), Herz, Gemüt, Denkart; Voraussetzung, Sinn; Ding, Wesen; kluger Mann, Herr (*d.*).

**भावक** veranlassend, bewirkend, fördernd, beglückend; sich einbildend, vorstellend (*Gen. o.* —°).

**भावकर्तृक** dessen Agens ein Abstractum ist (*g.*).

**भावन**, *f.* **ई** = **भावक**. *f.* **आ** *u. n.* das Bewirken, Vergegenwärtigung, Vorstellung, Voraussetzung, Vermutung, Einbildung, Phantasie.

**भावनीय** zu veranlassen, zu hegen und zu pflegen; sich vorzustellen (*n. impers.*).

**भावबन्धन** Herzen bindend.

**भावमिश्र** *m.* hoher Herr (*d.*).*

= *Simpl.*

**भाषक** sprechend, schwatzend über (—°).

**भाषण** *n.* das Reden, Schwatzen.

**भाषा** *f.* Rede, Sprache, *bes.* Volks- *o.* Dialektsprache; Beschreibung, Definition; Klage (*j.*).

**भाषाज्ञ** sprachenkundig.

**भाषिक** der Volkssprache angehörig; *f.* **आ** Sprache.

**भाषित** (*s.* **भाष्**) *n.* das Sprechen, Sprache.

**भाषितृ** redend (*Acc. o.* —°).

**भाषितव्य** anzureden.

**भाषिन्** (*meist* —°) sprechend, schwatzend.

**भाष्य** *n.* das Reden, Sprechen; Commentar *auch* = **महाभाष्य**.

**भाष्यकार** *u.* °**कृत्** *m.* Commentarverfasser, *Bein. Patañjali's.*

1\. **भास्** *n.*, (*älter als*) *f.* Glanz, Schein.

2\. **भास्**, **भासति**, °**ते** glänzen, leuchten, scheinen, videri (*mit Nom. o. Instr.*), einleuchten, klar werden. *p.p.* **भासित** leuchtend. *Caus.* **भासयति** (°**ते**) erleuchten, erhellen, erscheinen lassen. **अव** scheinen, videri (*Instr. o. Adv. auf* **वत्**). *p.p.* **अवभासित** beleuchtet, strahlend. **उद्** aufleuchten; *Caus.* erleuchten, erhellen. **प्रति** *Med.* scheinen, erscheinen wie (*Nom. o. Instr.*).

**भास** *m.* Licht, Glanz; Art Vogel. *f.* **भासी** die Urmutter dieser Vögel.

**भासक** erscheinen *o.* kenntlich machend (—°); *m. N. eines Dichters.*

**भासद्** *m.* Hinterbacke.

**भासन** *n.* das Scheinen, Glänzen, Hervortreten.

1\. **भासस्** *n.* Licht, Strahl.

2\. **भासस्** *n.* Futter, Frafs.

**भासिन्** (—°) scheinend, leuchtend.

**भासुर** leuchtend, glänzend durch (—°). *Abstr.* °**त्व** *n.*

**भास्कर** Licht machend, glänzend. *m.* Sonne, *Mannsname.*

**भास्मन** aus Asche gemacht.

**भास्य** zur Erscheinung zu bringen. *Abstr.* °**त्व** *n.* (*ph.*).

**भास्वन्त्** scheinend, glänzend. *m.* Sonne.

**भास्वर** *dass.*

**भिक्ष्**, **भिक्षते** (°**ति**) wünschen, erlangen, erstreben, (*Acc. o. Gen.*), etw. erbetteln *o.* jemd. anbetteln (*Acc.*); jemd. um etw. bitten (*2 Acc.*).

**भिक्षण** *n.* das Betteln.

**भिक्षा** *f. dass.*, Bettelbrot, Almosen. *Acc. mit einem Verb. des Gehens o. mit* **चर्** betteln gehen, betteln.

**भिक्षाचरण** *u.* °**चर्य** *n.*, °**चर्या** *f.* das Betteln-

**भिक्षावृत्ति**

**भिक्षाशित्व**

1.

teilen, lösen, vernichten, ändern. *p.p.* **विभिन्न** durchbohrt u. s. w., geöffnet, aufgeblüht, getrennt, uneins, verschieden. **सम्** zerspalten, verletzen, unterbrechen; zusammenbringen, vermengen. *p.p.* **संभिन्न** zerspalten u. s. w., zusammengezogen, verbunden.

2. **भिंद्** zerbrechend, durchbohrend, vertreibend, vernichtend (—°). *f.* Wand Spaltung; Unterschied, Art, Spezies.

**भिदा** *f.* das Zerreißen; Spaltung u. s. w (= *vor.*).

**भिदुर** spaltbar, leicht reißend; (—°) zersprengend, vernichtend, sich vermischend mit.

**भिद्य** *m.* reißender Fluss; *n.* das Zerbrechen (—°).

**भिन्दिपाल** *u.* °**क** *m.* eine Art Speer.

**भिन्दु** *m.* Spalter, Zersprenger.

**भिन्न** (*s.* **भिद्**) gespalten u. s. w., geteilt, geöffnet, offen; vernichtet, entzweit, verändert, verschieden von (*Abl.*), vermischt, verbunden mit (*Instr. o.* —°), hängend *o.* haftend an (*Loc. o.* —°) *n.* Stück, Teil.

**भिन्नगति** gebrochenen *o.* strauchelnden Ganges.

**भिन्नत्व** *n.* das Verschiedensein von (—°).

**भिन्नदेश** an verschiedenen Orten seiend· *Abstr.* °**त्व** *n.*

**भिन्नरुचि** verschiedenen Geschmack habend.

**भिन्नस्वर** mit gebrochener Stimme redend.

**भिन्नाञ्जन** *n.* (mit Öl) gemischte Augensalbe.

**भिन्नार्थ** deutlich, verständlich (*eig.* klaren Sinnes); *n. adv. Abstr.* °**ता** *f.*

**भियंस्** *m.* Furcht (*nur Acc.*; *Instr. u. Dat als Infin.*).

**भियंसान** furchtsam.

**भिल्ल** *m. Pl. Volksn.*; *m. Sgl.* ein Bh.-Fürst, *f.* **ई** ein Bh.-Weib.

**भिषक्तर** *u.* °**क्तम** *Compar. u. Superl. zum folg. Adj.*

1. **भिषज्** heilend; *m.* Artz, Heilmittel.

2. **भिषज्**, **भिषक्ति** heilen, Arzt sein.

**भिषज्य्**, °**ज्यति** *dass.*

**भिषज्य** heilkräftig; *f.* **आ** Heilung.

**भीषय्** *s*

**भीषा** *f.*

**भुक्तवन्त्** gegessen habend

**भुक्तशेष** *n.* Speiseüberrest.

**भुक्ति** *f.* das Essen, Speise, Genuss, Niefsbrauch.

**भुग्न** *s. folg.*

1. **भुज्**, **भुजति** biegen, beugen; *p.p.* **भुग्न** gebogen, gekrümmt, gebeugt (*auch übertr.*).

2. **भुज्**, **भुनक्ति**, **भुङ्क्ते**, **भुञ्जति**, **°ते** geniefsen (*bes. Speise*), benutzen (*Instr. u. Acc.*), geniefsen (*geschlechtl. u. a.*), beherrschen (*Acc. u. meist Med.*); für etwas (*Acc.*) den Lohn empfangen, büfsen (bei *Gen.*); jemd. (*Acc.*) nützlich sein, dienen (*meist Act.*). *Caus.* **भोजयति** (**°ते**) jemd. (*Acc.*) etw. (*Instr. o. Acc.*) essen oder geniefsen machen. *Desid.* **बुभुक्षते** (**°ति**) essen o geniefsen wollen; *p.p.* **बुभुक्षित** *s. bes.* **अनु** (*Acc.*) etw. geniefsen, den Lohn für etwas haben. **उप** (*Acc.*) geniefsen, verzehren, benutzen, gebrauchen; jemd. (*Acc.*) zu Nutze sein, dienen. **सम्** (zusammen) geniefsen; *Caus.* jemd. (*Acc.*) speisen mit (*Instr.*).

3. **भुज्** *f.* Genuss, Vorteil, Nutzen, das Frommen. *Adj.* geniefsend, verzehrend, benutzend, beherrschend; zu Gute kommend, frommend (—°).

**भुज** *m.* Arm, Rüssel (*des Elefanten*), Ast. *f.* **आ** Windung (*der Schlange*), Arm.

**भुजग** *m.* Schlange, Schlangendämon (*adj.* —° *f.* **आ**), *Abstr.* **°त्व** *n.*; *f.* **भुजगी** Schlangenweibchen.

**भुजगपति** *u.* **°राज** *m.* Schlangenfürst.

**भुजगेन्द्र** *u.* **°गेश्वर** *m. dass.*

**भुजंग** *m.* Schlange, Schlangendämon; Liebhaber einer Buhlerin. *f.* **ई** Schlangenweibchen.

**भुजंगप्रयात** *n.* Schlangengang; *N. eines Metrums.*

**भुजंगम** *m.* Schlange, Schlangendämon.

**भुजंगेन्द्र** *u.* **°गेश** *m.* Schlangenfürst.

**भुजच्छाया** *f.* Schatten der Arme (= sicherer Schutz).

**भुजमध्य** *n.* Brust (Mitte zw. den Armen).

**भुजमूल** *n.* Achsel (Armwurzel).

**भुजयष्टि** *f.* ein schlanker Arm (Armrute).

**भुजलता** *f. dass.* (Armwinde).

**भुजान्तर** *n.* Brust (Zwischenraum zw. den Armen).

**भुजान्तराल**

1. **भुजि**

2. **भुजि**

erzeugen, hegen, fördern, ausüben, äufsern, zeigen; sich vorstellen, denken, erkennen als (*2 Acc.*). *p.p.* भावित hervorgebracht u. s. w.; ganz erfüllt von, beschäftigt mit, gerichtet auf (*Instr.*, *Loc. o.* —°); parfümiert. *Desid.* बुभूषति (°ते) sein wollen, etwas sein *o.* gelten wollen, sich um etw. bemühen (*Acc.*). *Intens.* बोभवीति häufig sein, sich verwandeln in (*Acc.*). अनु hinter etw. her sein, jemd. (*Acc.*) helfen, dienlich sein; erreichen, gleichkommen; bewältigen, umfassen, einschliefsen; inne werden, erkennen, empfinden, geniefsen; erleiden, hüfsen. अन्तर्, *p.p.* अन्तर्भूत innerlich, enthalten in (—°). अभि herankommen, *freundl.* sich jemd. (*Acc.*) zuwenden, jemd. beschenken mit (*Instr.*); *feindl.* jemd. bedrängen, bezwingen, überwältigen, übertreffen. आ dasein, vorhandensein, bestehen, hersein von (*Abl.*). उद् hervorbringen, entstehen; *Caus.* erzeugen, hervorgehen, offenbaren. *p.p.* उद्भूत hervorgegangen, entstanden, erwachsen; प्रोद् *u.* समुद् *p.p. dass.* निस् fortkommen, sich bewegen. परा vergehen, unterliegen; *p.p.* पराभूत unterlegen, besiegt. परि umfangen, umgeben; begleiten, übertreffen; besiegen, zurücksetzen, erniedrigen, missachten, kränken, verspotten, schänden. प्र hervorkommen, entspringen, entstehen aus (*Abl.*); sich ausbreiten, mehr werden; zahlreich, tüchtig, stark sein (*gesteigert* प्रभवतितराम्), Macht haben, regieren, herrschen, verfügen über (*Gen.*, *Loc. o. Dat.*), vermögen, können (*Infin.*), helfen, nützen (*Dat.*). *Partic.* प्रभवन्त् mächtig; *p.p.* प्रभूत *s. bes* वि entstehen, erscheinen; gleichkommen, zureichen (*Dat. o. Acc.*), vermögen (*Infin.*). *Caus.* zur Erscheinung bringen, offenbaren, zeigen, entdecken, wahrnehmen; erkennen als, halten für (*2 Acc.*); sich vorstellen, überlegen, annehmen, voraussetzen, beweisen. *Pass.* ange-

देव m. Brahmane (eig. Erdengott).
धर die Erde tragend o. erhaltend; m. Berg (auch भूध्र m.).
ना s. 2. भूमन्.
प m. Fürst, König (Erdenschützer).
पति m. Wesen- o. Weltenherr; auch = vor.
पतित zur Erde gefallen.
पाल u. भूभर्तृ m. = भूप.
भार m. das Tragen o. die Last der Erde.
म (—°) = भूमि.
मण्डल n. Erdkreis.
भूमन् n. Erde, Land, Welt; Pl. die Wesen.
भूमन् m. Fülle, Menge. Instr. भूना in Fülle, reichlich; भूम्ना meistens, gewöhnlich.
महेन्द्र m. Erdengebieter, König.
मि (भूमी) f. Erde, Land, Boden, Platz, Ort, Stelle, Stellung, Amt; Rolle (d.), —° Boden für, Gegenstand o. würdig des, Ausbund von.
मिका f. Erdboden, Boden für (—°), Platz, Stelle; Rolle (d.).
मिगत = भूपतित.
मिज u. °जात erdentsprossen, irdisch.
मितल n. Erdboden.
मित्व n. Abstr. zu भूमि.
मिद Land schenkend.
मिदान n. Landschenkung.
मिदेव m. = भूदेव.
मिधर m. Berg o. König (eig. Erdenträger).

भूर
(v

भूरिधायस्
भूरिरेतस्
भूरिवर्पस्
भूरिवसु
भूरिवार
भूरिशृङ्ग
भूरिस्थाच vi wärtig.
भूरुह u. °रुह m. = भूर्म
भूर्ज m. Birke; n. Birke ben).

भूर्जद्रुम *m.* Birkenbaum.
भूर्णि eifrig, rührig, heftig, zornig, wild.
भूर्यक्ष vieläugig.
भूर्योजस् vielgewaltig.
भूशय = भूमिशय.
भूष्, भूषति thätig sein, sich bemühen um o. für (*Dat.*). *Caus.* भषयति (°ते) schmücken, versehen mit (*Instr.*); *p.p.* भूषित. उप sich nahen, berücksichtigen, befolgen (*Acc.*). परि bedienen, befolgen, verehren (*Acc.*). वि *Caus. p.p.* विभूषित geschmückt.
भूषण, *f.* ई schmückend, zierend (—°). *n.* (*m.*) Schmuck; *adj.* —° geschmückt mit (*f.* आ).
भूषयितव्य zu schmücken.
भषा *f.* Schmuck.
भूषाय्, °यति zum Schmucke dienen.
भूषिन् (—°) geschmückt mit.
भूष्णु wachsend, zu gedeihen wünschend.
भूष्य = भूषयितव्य.
भूसुर = भूमिदेव
भूस्थ auf der Erde lebend.
भृ *s.* भर्.
भृकुटि *u.* °टी *f.* verzogene Brauen.
भृगु *m. N. eines alten mythischen Rishi, Pl. eines Geschlechts von Halbgöttern.*
भृगुतुङ्ग *m. N. eines heiligen Berges.*
भृगुनन्दन *m.* Bhṛgusohn (*patron. Name*).
भृङ्ग *m.* eine Art Biene (*f.* भृङ्गा *u.* भृङ्गी).
भृङ्गसार्थ *m.* Bienenschwarm.
भृङ्गार *m. n.* Wasserkrug, Giefskanne.
भृङ्गालि *f.* = भृङ्गसार्थ.
भृज्ज् *s.* भ्रज्ज्.
भृज्जन *n.* Bratpfanne.
भृत् (—°) tragend, an sich habend, erhaltend, verschaffend.
भृत (*s.* भर्) *m.* Söldling, Diener (*auch* °क).
भृति *u.* भृति *f.* Herbeischaffung (—°), Unterhalt, Pflege, Kost, Lohn, Lohndienst.
भृत्य *m.* Diener, Untergebener, Minister; *f.* आ Pflege
भृत्यता, *f.*, °त्व *n.* Dienerstand.
भृत्यभाव *m. dass.*
भृत्यवात्सल्य *n.* Liebe zu Untergebenen.
भृथ Darbringung.
भृम *m.* Verirrung, Irrtum.
भृमल betäubt, starr.
1. भृमि regsam, beweglich; *m.* Wirbelwind.
2. भृमि *f.* Regsamkeit, Flinkheit.
भृश stark, heftig, reichlich; °— *u. n. adv.* höchst, sehr. *Abstr.* °ता *f.*
भृष्ट *s.* भ्रज्ज्.
भृष्टि *f.* Zacke, Spitze, Ecke.
भृष्टिमन्त् gezackt.
भेक *m.*, ई *f.* Frosch, -weibchen.
भेड *m.*, ई *f. Manns- u. Frauenname.*
भेतव्य zu fürchten; *n. impers.*
भेत्तर् *m.* Spalter, Zerbrecher, Zerstörer, Besieger.
भेद *m.* das Spalten, Durchbrechen; Bersten, Springen, Sicherschliefsen, Aufblühen; Bruch, Zerstörung, Verletzung, Verführung, Veruneinigung; Zwiespalt, Änderung, Wechsel, Unterschied; Art, Spezies; Spalte (*Du.* = vulva); *Mannsn.*
भेदक zerbrechend, zerstörend, verführend, unterscheidend. *f.* भेदिका das Spalten (*mit subj. u. obj. Gen.*).
भेदकर, *f.* ई zerbrechend, veruneinigend.
भेदकारिन् verunreinigend; zwiespältig, zweideutig, *n. adv.*
भेदन spaltend, zerbrechend, lösend. *n.* das Spalten u. s. w (= भेद *bis* Veruneinigung).
भेदनीय zu spalten.
भेदिन् spaltend, zerbrechend, öffnend, lösend, verletzend, trennend, veruneinigend.
भेद्य zu spalten, zu öffnen, zu verraten, widerlegbar, verführbar.
भेय zu fürchten; *n. impers.*
(भेरि *u.*) भेरी *f.* Pauke.
भेरुण्ड schrecklich, grausig. *m.* ein best. Vogel *o.* ein best. Tier.
भेषज, *f.* ई heilend; *n.* Heilmittel, Arzenei.
भेषजता *f.* Heilkraft.
भेषज्य heilkräftig.
भैक्ष vom Betteln lebend. *n.* das Betteln; Almosen, Bettelbrot. °वत् wie Bettelbrot.

भोस् s. 1. भो.

भो s. भोस्.

भोक्तर् m., °क्त्री f. Genieſser, -in.

भोक्तव्य zu genieſsen, zu speisen, zu benutzen, zu beherrschen.

भोक्तुकाम essen wollend, hungrig.

भोक्तृत्व n. *Abstr. zu* भोक्तर्.

1. भोग m Krümmung, Windung.

2. भोग m. Genuss, das Essen, Benutzung, Regierung, Herrschaft, Nutzen, Vorteil, Freude, Lust.

भोगपति m. Gouverneur, Statthalter.

1. भोगवन्त् gekrümmt, geringelt. m. Schlange. f. °वती Schlangenweibchen.

2. भोगवन्त् Genüsse habend, genussreich. f. °वती *Bein. der Stadt Ujjayinî.*

भोगाय्, °यते sich ringeln.

भोगायतन n. Genussstätte.

1. भोगिन् = 1. भोगवन्त् (*auch m. u. f.* °नी).

2. भोगिन् essend (—°), genieſsend, empfindend; wohlhabend, üppig.

भोगीन्द्र u. भोगीश m. Schlangenfürst.

भोग्य zu genieſsen, zu benutzen, brauchbar. *Abstr.* भोग्यता f., °त्व n.

भोज spendend, freigebig, üppig, reich. *m. Fürsten-, Pl. Volksname.*

भोजक essend (—°); *essen wollend (*Acc.*).

भोजदेव *m. N. eines Königs.*

भोजन speisend, nährend. n. das Genieſsen, Essen, Speisung, Ernährung, Mahlzeit, Speise, Habe, Besitz, Genuss; *adj.* —° sich nährend von — *o.* zur Speise von — dienend.

*Interj. der An*
= ach, ei! *Oft*

भौजंग, f. ई Schl

भौजिष्य n. Sklav

भौत die Wesen
Geistern bese

1. भौतिक = *vor.*

2. भौतिक *m. Bei*

भौम, f. ई auf di
erdig, irdisch.
Diele, Stockw

भौमक u. भौम्य

भौरिक m. Schat

भौर्ज birken.

भौवन zur Welt

भ्यस्, भ्यसते sich

भ्रंश्, भ्रंशते, भ्र
(*übertr.*), verl
gehen (*Abl.*),
einer Sache v
भ्रष्ट entfallen
men, verschw
*o.* getrennt vo
(*Abl.*). *Caus.*
verschwinden
jemd. (*Acc.*)
परि, *p.p.* परि
gefallen, gest
den, abhand
aus, befreit
(*Abl.*). प्र er
प्रभ्रष्ट entfall
(*Abl.*), verlor

(*Abl.*) gekommen. **वि** Unglück haben, scheitern in (*Loc.*), sich losmachen von (*Abl.*). *p.p.* **विभ्रष्ट** gefallen, gestürzt (*übertr.*), verschwunden; gescheitert in gekommen um (—°).

**भ्रंश** *m.* Fall, Sturz, Ruin, Verlust, das Verschwinden, Weichen, Verlustiggehen (*Abl.*), das Ablassen, Sichtrennen von (*Abl. o.* —°).

**भ्रंशन** stürzend; *n.* das Bringen *o.* Kommen um (*Abl.*).

**भ्रंशिन्** entfallend, heraus- *o.* abfallend (*Abl. o.* —°); zu Fall kommend *o.* bringend, stürzend (*trans. u. intr.*).

**भ्रंज्** *f.* Steifheit.

**भ्रज्ज्**, **भृज्जति** rösten; *p.p.* **भृष्ट** geröstet, gebraten.

**भ्रम्**, **भ्रमति** (°**ते**), **भ्राम्यति** schweifen, umherirren, sich hinundherbewegen; durchschweifen, durchwandern (*Acc.*); sich drehen, schwanken, irren. *p.p.* **भ्रान्त** schweifend, umherirrend, durchstrichen *o.* durchwandert (habend); verwirrt, betäubt, wirr, im Irrtum (*s. auch bes.*) *Caus.* **भ्रमयति** *u.* **भ्रामयति** (°**ते**) umherstreichen lassen, umhertreiben, verschlagen; drehen, schwenken; verwirren, irreleiten. *Intens.* **बम्भ्रमीति** *u* **बम्भ्रम्यते** umherirren. **उद्** auffahren, sich erheben; *p.p.* **उद्भ्रान्त** aufgefahren, erhoben, wild geworden, aufgereizt **परि** herumschweifen, durchstreichen, sich drehen, umkreisen; *p.p.* **परिभ्रान्त** herumgetrieben. **वि** umher streichen, schwanken, zucken; durchschweifen, durchirren; in Verwirrung kommen. *p.p.* **विभ्रान्त** hinundhergehend, rollend (*Augen*); verwirrt. **सम्** umherirren, verwirrt werden; *p.p.* **संभ्रान्त** verwirrt aufgeregt.

**भ्रम** *m.* das Umher- *o.* Durchschweifen; Drehung, Wirbel, Schwindel; Verwirrung, Irrtum, Wahn (*Abstr.* **भ्रमत्व** *n.*)

**भ्रमण** *n.* das Umher- *o.* Durchschweifen Unstätigkeit, Umdrehung, Schwindel.

**भ्रमणीय** zu durchschweifen.

2. **भ्राज्**

**भ्राज** glän

**भ्राजिष्णु**

**भ्राजिष्मन्त्** = *vor.*

**भ्रुकुटीमुख** *n.* ein Gesicht mit verzogenen Brauen; *Adj.* ein solches habend *o.* zeigend.

**भ्रुव** (*adj.* —°) = *folg.*

**भ्रू** *f.* Braue (*adj.* —° **भ्रू**, **भ्र** *u.* **भ्रूक**, *s. auch vor.*).

**भ्रूकुटीमुख** *n.* = **भ्रुकुटीमुख**.

**भ्रूक्षेप** *m.*, **°क्षेपण** *n.* das Verziehen der Brauen.

**भ्रूणहन्** *u.* **°हन्तर्** = **भ्रूणघ्न**.

**भ्रूभङ्ग** *u.* **भ्रूभेद** *m.* das Verziehen der Brauen.

**भ्रूलता** *f.* Brauenranke.

**भ्रूविकार** *u.* **°विक्षेप** *m.* = **भ्रूभङ्ग**.

**भ्रूविलास** *m.* das Spiel der Brauen.

**भ्रेष्**, **भ्रेषति**, **°ते** wanken, schwanken.

**भ्रेष** *m.* das Schwanken, Fehltritt, Sturz, Verlust.

## म

**म** *Pron.-St. der 1. Pers.*

**मंह्**, **मंहते**, **मंहयति** verleihen, spenden.

**मंहना** *f.* Gabe, Geschenk; *als Instr. adv* gern, leicht.

**मंहयु** freigebig.

**मंहिष्ठ** (*Superl.*) freigebigst, reichlich.

**मंहीयंस्** (*Compar.*) freigebiger als (*Abl.*)

**मकर** *m.*, **ई** *f.* Seeungeheuer, Delphin.

**मकरकेतन** *u.* **°केतु** *m.* der Liebesgott (Delphinenfahnenträger).

**मकरध्वज** *m. dass.*

**मकरन्द** *m.* Blumensaft, *Mannsn.*; *n.* = *folg.*

**मकरन्दोद्यान** *n. N. eines Lustgartens.*

**मकरालय** *m.* das Meer (Delphinenwohnung).

**मकार** *m.* der Laut m.

**मक्ष्** *u.* **मक्षा** *f.* Fliege.

(**मक्षिक** *m.*), **मक्षिका** *f. dass.*, Biene.

(**मक्षु**) *u.* **मक्षू** schnell, eilig; *Superl.* **मक्षूतम** *n.* **मक्षू** *adv.* rasch, bald.

**मक्षूयु** = *vor. Adj.*

**मख** munter, lustig. *m.* Freudenfest, Opfer, ein best. Unhold.

**मखद्विष्** *m.* Opferhasser, ein Rakshas.

**मखमथन** *n.* Störung des Opfers (*Daksha's*).

**मखस्य्**, **°स्यति**, **°ते** lustig sein, triumphieren.

**मखस्यु** lustig, ausgelassen.

**मखहन्** der Makhatöter (*Bein. versch. Götter*).

**मखांशभाज्** *m.* ein Gott (Opferteilgenießer).

**मग्न** *s.* **मज्ज्**.

**मङ्गलसमालम्भन** *n.* Glückssalbe.*
**मङ्गलवचस्** *n.*, °**शब्द** *m.* Glückwunsch.
**मङ्गलादेशवृत्त** *m.* Wahrsager.
**मङ्गलोय** glückbringend *o.* -verheifsend.
**मङ्गल्य** *dass.*; *m. u. f.* **आ** *Pflanzennamen; n.* glückverheifsendes Gebet *o.* Ding.
**मङ्गिनी** *f.* Bot, Schiff.
**मङ्गीर** *u.* **मङ्कु** *m. Mannsnamen.*
**मच्छ** *m.* Fisch.
**मज्ज्**, **मंज्जति** (°**ते**) untersinken, zu Grunde gehen, untertauchen, sich baden, sich hineinbegeben in (*Loc.*). *p.p.* **मग्न** untergesunken, versunken in (*Loc.*), untergegangen, untergetaucht, eingedrungen in (—°). *Caus.* **मज्जयति** untertauchen (*trans.*), ersäufen, hineinbringen in (*Loc.*), zu Fall bringen. **उद्** auf-, emportauchen. **नि** versinken, untertauchen, eindringen in (*Loc.*), verschwinden; zu Fall bringen. *p.p.* **निमग्न** = **मग्न** (*s. o.*).
**मज्जंन्** *m.* Mark.
**मज्जन** *n.* das Versinken, Untertauchen, Bad.
**मज्जयितंर्** zum Sinken bringend.
**मज्जस्** *n.*, **मज्जा** *f.* Mark.
**मज्मंन्** Gröfse, Macht, Fülle; *Instr.* **मज्मंना** mit Macht, gewaltig, insgesamt, überhaupt.
**मञ्च** *m.* Schaugerüste, Terrasse, Gestell.
**मञ्चक** *m. n. dass.*; *f.* **मञ्चिका** Sessel.
**मञ्जर** *n.* Blütenstraufs, Rispe.
**मञ्जरि** *u.* °**री** *f. dass.*, Blütenknospe.
**मञ्जीर** Fufsschmuck, Fufsring.
**मञ्जु** schön, lieblich.
**मञ्जुभाषिन्** lieblich redend; *f.* °**णी** *N. eines Metrums.*
**मञ्जुल** = **मञ्जु**.
**मञ्जुस्वन** schönstimmig.
**मञ्जूषा** (*u.* **मञ्जूषिका***) *f.* Korb, Kiste.
**मटक** Leichnam.
**मठ** *m.*, **ई** *f.* Hütte, Zelle, Klosterschule.
**मठर** bestehend auf (*Loc.*), *Mannsn.*
**मठायतन** *n.* Kloster.
**मठिका** *f.* Hütte, Zelle.
**मण** ein best. Gewicht.
**मणिं** *m.* Perle, Edelstein, Juwel, Magnet; Höcker (*des Kamels*), Wamme (*der Ziege*).
**मणिक** *m.* ein grofser Wassertopf.
**मणिकर्णिका** *f.* Ohrenschmuck aus Perlen.
**मणिकार** *m.* Juwelier; *f.* **ई**.
**मणित** *n.* Wollustgestöhn.
**मणिबन्ध** *m.* Anlegung von Juwelen; Handgelenk.
**मणिबन्धन** *n.* Einfassung eines Ringes; *auch* = *vor.*
**मणिभद्र** *m. N. eines Yakshafürsten.*
**मणिमन्त्** mit Juwelen verziert; *m. Mannsn.*
**मणिमय**, *f.* **ई** aus Juwelen *o.* Kristallen gebildet.
**मणिमाला** *u.* **मणियष्टि** *f.* Perlenschnur.
**मणिरत्न** *n.* Juwel.
**मणिरत्नमय**, *f.* **ई** = **मणिमय**.
**मणिल** mit einer Wamme versehen.
**मणिसूत्र** *n.* Perlenschnur.
**मणिस्तम्भ** *m.* Kristallpfosten.
**मणीन्द्र** *m.* Diamant (Juwelenfürst).
**मण्ड्**, **मण्डयति** schmücken; *p.p.* **मण्डित**.
**मण्ड** *m. n.* Reisschleim, Rahm; Schmuck.
**मण्डन** schmückend; *n.* Schmuck.
**मण्डप** Reisschleim *o.* Rahm schlürfend; Halle, Tempel, Laube.
**मंण्डल** rund; *m. n.* (**ई** *f.*) Scheibe (*bes.* Sonnen-), Kreis, Ring, Gruppe, Schar, Menge; Bezirk, Gebiet, Land (*nur f. u. n.*); Bahn eines Himmelskörpers, Hof um Sonne *o.* Mond, Spielball, ein rundes Mal, Kreis der Nachbaren eines Fürsten, Abteilung des Rigveda (*nur n.*).
**मण्डलन्यास** *m.* das Zeichnen eines Kreises.
**मण्डलित** geringelt.
**मण्डलिन्** einen Kreis bildend; *m.* Schlange.
**मण्डित** *s.* **मण्ड्**.
**मण्डितर्** *m.* Schmücker, Zierde.
**मण्डु** *m. N. eines Rishi.*
**मण्डूक** *m.* Frosch (*adj.* —° *f.* **आ**); *N. eines Rishi. f.* **मण्डकी** Froschweibchen.
**तण्डूकप्लुति** *f.* Froschsprung (*g.*).
**मण्डूकिका** *f.* Froschweibchen.
**मण्डूर** Eisenrost *o.* -schlacke.
**मंत्** *s.* 2. **मद्**.

**मताक्ष** würfelkundig.

**मति** u. **मति** f. das Denken, Gedanke, Meinung, Einsicht, Verstand; Absicht, Entschluss, Vorhaben, Verlangen (*Loc.*, *Dat. o. Inf.*); Andacht, Gebet, Verehrung, Lied, Spruch.

**मतिपूर्व** beabsichtigt. *n. adv.* absichtlich.

**मतिपूर्वकम्** = *vor. adv.*

**मतिभेद** *m.* Meinungswechsel, Zweifel.

**मतिभ्रम** *m.* Geistesverwirrung, Irrtum.

**मतिमन्त्** einsichtsvoll, klug.

**मतिहीन** einsichtslos, unverständig.

**मतुथ** *m.* ein Weiser.

**मत्क** mein.

**मत्कुण** *m.* Wanze.

**मत्कृत** von mir gethan.

**मत्त** *s.* 1. **मद्**.

**मत्तमयूर** *m.* ein ausgelassener Pfau; *n.* *N. eines Metrums.*

**मत्तस्** (= *Abl. von* **म**) von mir.

**मत्तहस्तिन्** *m.* ein brünstiger Elefant.*

**मत्य** *n.* Egge *o.* Walze.

**मत्सर** berauschend, ergötzend, lustig; selbstsüchtig, neidisch. *m.* Neid, Eifersucht auf (*Loc. o.* —°), Unwille.

**मत्सरवन्त्** berauschend.

**मत्सरिन्** *dass.*, neidisch auf (*Loc. o.* —°).

**मत्स्य** *m.*, **आ** *f.* Fisch; *m. Pl. Volksname.*

**मत्स्यण्डिका** *f.* Zuckersaft.

**मत्स्यपुराण** *n. T. eines Purâna.*

**मत्स्यबन्ध** *m.* Fischer.

***मत्स्यबन्धन** *n.* Angel, (das Fischfangen*).

1. **मथ्** *u.* **मन्थ्**, **मथति** (°**ते**), **मन्थति**, °**ते**, **मथ्नाति**, **मथ्नीते** umdrehen, umrühren, quirlen, rühren, reiben (*Feuer*), vermengen, schütteln, aufregen, beschädigen, zerstören. *p.p.* **मथित**. *Caus.* **मन्थयति** rühren lassen. **अभि** umdrehen. **आ** quirlen (*das Meer*). **उद्** aufrütteln, durchschütteln, aufregen, vermengen; abschlagen, entwurzeln, töten, veraufregen, losreissen, rauben, zu Grunde richten, zerstören. *Caus.* **प्रमाथयति** be-

, töten.

*m.* Rührstock,

**मद्** *u.* **मन्द्**,

**ममत्ति**, **मादयति** wall

मदकल im Liebesrausch leise klingend *o* singend.

मदखेल im Liebesrausch tändelnd.*

1\. मदच्युत् rauscherregend *o.* -erregt; erfreuend, begeisternd; lustig, taumelnd

2\. मदच्युत् Brunstsaft träufelnd.

मदच्युत im Rausche taumelnd.

मदन *m.* Liebe *o.* der Liebesgott.

मदनमह *m.* Fest zu Ehren des Liebesgottes.

मदनमहोत्सव *m. dass.*

(मदनलेख *m.**), आ *f.* Liebesbrief.

मदनसंदेश *m.* Liebesbotschaft.*

मदनावस्थ verliebt; *f.* स्था Verliebtheit.

मदनिका *f. Frauenname.*

मदन्ती *f. Pl.* wallendes *o.* kochendes Wasser.

मदपटु im Liebesrausch laut singend· brünstig.

मदयन्तिका *u.* °यन्ती *f. Frauennamen.*

मदयितृ *m.* Erfreuer, Berauscher.

मदान्ध blind vor Rausch *o.* Brunst.

मदामद stets aufgeregt.

मदाम्बु *u.* मदाम्भस् *n.* Brunstsaft (*des Elefanten*).

मदालस vom Rausch träge.

मदावन्त् berauschend.

मदावस्था *f.* Brunst.

मदि *u.* °का *f.* Art Egge *o.* Walze.

मदिन् erfreuend, berauschend.

मदिन्तम *u.* °न्तर *Superl. u. Compar. z. vor*

मदिर = मदिन्; *f.* मदिरा ein berauschendes Getränk (*rhet.* = *Wein*).

मदिरदृश् *u.* °नयन berauschende Augen habend.

मदिराक्ष (*f.* ई) *u.* मदिरेक्षण *dass.*

मदिष्ठ (*Superl.*) = मदिन्तम.

मदीय mein, der meinige.

मदुघ *m.* Art Honigpflanze *o.* Süſsholz.

मदोत्कट rausch- *o.* brunsterregt, wütend.

मदोदग्र sehr aufgeregt, wütend.

मदोद्धत von Hochmut aufgeblasen.

मदोन्मत्त brünstig *o.* hochmütig.

मद्गु *m.* Art Wasservogel *o.* Tier; *N. einer best. Kaste.*

मद्गुर *m.* Art Fisch; Taucher (*best. Kaste*).

मधुच्युत्

मधुजिह्व

मधुमद *m.*

मधुमन्त्

*Super*

**मधुमाधव** *m. Du.*, *n. Sgl.* die beiden Frühlingsmonate, der Frühling.

**मधुर** süſs, lieblich, reizend; *n. adv. Abstr.* °ता *f.*, °त्व *n.*

**मधुरप्रलापिन्** süſs rufend.*

**मधुरभाषिन्** freundlich redend.

**मधुररāविन्** lieblich hallend.

**मधुरस** *m.* Honigsaft, Süſsigkeit.

**मधुरस्वर** lieblich tönend *o.* singend.

**मधुरिमन्** *m.* Süſse (*auch übertr.*).

**मधुलं** süſs.

**मधुलिह्** Honig leckend; *m.* Biene.

**मधुवत्** *Adv.* wie Honig.

**मंधुव्रत** Süſsigkeit wirkend; Segen spendend. *m.* Biene.

**मधुश्चुत्** Süſsigkeit träufelnd.

**मधुश्च्युत** *dass.*

**मंधुस्** *n.* Süſsigkeit.

**मधुसूदन** *m.* der Madhutöter (*Bein. Kṛshṇa's*).

**मधूक** *m.* Biene, *N. eines Baumes.*

**मधूच्छिष्ट** *n.* Wachs (*eig.* Honigrest).

**मधूत्सव** *m.* das Frühlingsfest.

**मधूद्यान** *n.* Frühlingsgarten.

**मधूयु** nach Süſsigkeiten begierig.

**मधूलक** *n.* Honigseim *o.* Süſsigkeit *überh.*, *f.* **मधूलिका** eine Art Biene; *auch = folg.*

**मधूली** *f.* eine best. Körnerfrucht.

**मंध्य** der mittlere, Mittel-, mittelmäſsig, unbeteiligt, neutral. *n.* die Mitte, das Innere; Leibesmitte, Taille (*auch m.*). **मध्यम्** *adv.* hinein in, inmitten, zwischen, unter (*Gen. o.* —°); **मध्ये** *dass.* (*Gen. o.* —°, *im Adv.* °—).

**मध्यग** *u.* °गत in *o.* unter (*Gen. o.* —°) befindlich.

**मध्यचारिन्** wandelnd unter (*Gen.*).

**मध्यतस्** *Adv.* aus der Mitte, in der (die) Mitte (*Gen. o.* —°).

**मध्यता** *f.* Mittelmäſsigkeit.

**मध्यदेश** *m.* der mittlere Raum; das Mittelland (*in Ostindien*); *Pl.* die Bewohner dess.

**मध्यंदिन** *m.* Mittag, Mittagsfeier (*r.*).

**मध्यभाग** *m.* der mittlere Teil; Leibesmitte, Taille.

**मध्यमं** = (*eig. Superl. zu*) **मध्य** *Adj.*; *m. n.* Leibesmitte, Taille.

**मध्यमक**, *f.* °**मिका** gemeinsam; *n. adv.* hinein.

**मध्यमजात** ein in der Mitte (zw. dem

**geehrt, gewollt, beabsichtigt** (*s. auch bes.*). *Caus.* **मानयति** (°ते) ehren, beachten, berücksichtigen; *p.p.* **मानित.** *Desid.* **मीमांसते** (°ति) überlegen, prüfen, bezweifeln; *p.p.* **मीमांसित** erwogen. **अति** gering achten; sich überheben an (*Instr.*), über (*Acc.*). **अनु** zustimmen, billigen, gestatten, gutheifsen, anerkennen als (2 *Acc.*); jemd (*Acc.*) Erlaubnis geben zu (*Dat.*); jemd. (*Acc.*) nachgeben, verzeihen. *p.p.* **अनुमत** gestattet, gebilligt, erlaubt, die Erlaubnis habend von (*Instr.*); *m.* Geliebter. *Caus.* jemd. (*Acc.*) um Rat *o.* Erlaubnis bitten, sich verabschieden bei (*Acc.*). **अभि** es auf jemd. *o.* etw. abgesehen haben, *entw. freundl.* begehren, schätzen, lieb haben, *o. feindl.* nachstellen, bedrohen, schädigen, töten; zugeben, annehmen, wofür halten (2 *Acc.*, *Pass.* 2 *Nom.*). *p.p.* **अभिमत** gewünscht, angenehm, lieb, erlaubt. **अव** missachten, geringschätzen; *Caus. dass.* **वि** unterscheiden. *Caus.* entehren, beschimpfen. **सम्** meinen, halten für (2 *Acc.*), gedenken, beabsichtigen, billigen, schätzen, ehren. *p.p.* **संमत** gehalten für (*Nom.*), anerkannt, geschätzt, geehrt. *Caus.* schätzen, ehren, beachten.

**मन** *m. Du.* ein best. Schmuck.

**मनन** bedächtig; *n.* das Bedenken, Erwägen.

**मनना** (*Instr. adv.*) bedächtig.

(**मनःशिल** *m. n.*) *u.* **°शिला** *f.* roter Arsenik.

**मनस्** *n.* der innere Sinn, Geist, Seele, Verstand, Gedanke, Vorstellung, Wunsch, Absicht, Gesinnung, Stimmung; *adj.* —° den Wunsch *o.* die Absicht habend zu. *Instr.* **मनसा** mit dem Geiste, in Gedanken, gern. **मनः कर्** *o.* **धा** denken an, beabsichtigen *o.* im Begriff sein zu (*Loc.*, *Dat. o. Infin.*). **मनसि कर्** beherzigen, ins Herz schliefsen, **°निधा** im Geiste vorstellen.

**मनस** *m. Mannsname*; *n.* —° = *vor.*

**मनसिज** *m.* Liebe *o.* der Liebesgott (*eig.* der im Herzen Geborene).

**मनसिजतरु** *m.* der Liebesbaum (*poet.*).

**मनसिजरुज्** *f.* Liebesschmerz.

**मनस्क** *adj.* —° = **मनस्.**

**मनस्ताप** *m.* Herzeleid, Reue.

**मनस्मय** geistig (*opp. materiell*).

**मनस्य्**, **°स्यति**, **°ते** im Sinne haben, bedenken.

**मनस्यु** wünschend, eifrig.

**मनस्वन्त्** sinnig, verständig, klug, weise.

**मनस्विन्** *dass.*; *Comp.* **मनस्वितर.**

**मनःसंताप** *m.* Herzeleid, Kummer.

**मना** *f.* Eifer, Zorn.

**मनाक्** *Adv.* ein wenig, etwas, eben, nur, kaum. **न °** (*mit u. ohne* **अपि**) durchaus nicht. **° न** *mit p.p.* beinahe, fast, in einem Haar.

**मनाय्**, **°यति** eifrig sein.

**मनायी** *f.* Manu's Gattin.

**मनायु** eifrig, fromm.

**मनावी** *f.* = **मनायी.**

**मनीषा** *f.* Weisheit, Verstand; Andacht, Gebet.

**मनीषिका** *f.* Verstand, Einsicht.

**मनीषित** gewünscht; *n.* Wunsch, Verlangen.

**मनीषिता** *f.* Weisheit.

**मनीषिन्** weise, verständig, sinnig, andächtig.

**मनु** *m.* Mensch, *coll.* Menschheit (*auch* **मनु** *in* **मनावधि**); *N. mehrerer (in sp. Zeit 7) göttl. Wesen, bes. des Stammvaters der Menschen u. des Verf. eines berühmten Gesetzbuches.*

**मनुज** *u.* **मनुजात** von M. stammend; *m.* Mensch.

**मनुजाधिप** *u.* **°पति** *m.* Menschenherrscher König.

**मनुजेन्द्र** *u.* **°जेश्वर** *m. dass.*

**मनुर्हित** den Menschen heilsam *o.* zugethan.

**मनुष** *m.* Mensch.

**मनुष्य** menschlich, menschenfreundlich; *m.* Mensch, Mann (*opp. Weib*), Gatte.

**मनुष्यजा** von Menschen geboren.

**मनुष्यजात** *n.*, **°ति** *f.* das Menschengeschlecht.

**मनुष्यता** *f.* das Mensch- *o.* Mannsein

मनुष्यत्रा *Adv.* unter Menschen.
मनुष्यत्व *n.* = मनुष्यता.
मनुष्यदेव *m.* Brahmane *o.* Fürst (*eig.* Menschengott).
मनुष्यलोक *m.* Menschenwelt.
मनुष्वत् *Adv.* als Mensch, nach Menschenart; wie (bei) Manu.
मनुस् *m.* Mensch, Mann; *coll.* Menschheit
मनोगत im Herzen ruhend; *n.* Gedanke Wunsch.
मनोग्रहण *n.* Sinnberückung.
मनोग्राहिन् sinnberückend.
मनोज *u.* °जन्मन् *m.* = मनसिज.
1. मनोजव *m.* Gedankeneile.
2. मनोजव gedankenschnell; *Superl.* °जविष्ठ.
मनोजवस् *u.* मनोजविन् = *vor.*
मनोजात sinngeboren, geistentsprungen.
मनोजू = 2. मनोजव.
मनोज्ञ angenehm, reizend, schön. *Abstr.* °ता *f.*
मनोतर् *u.* मनोतर् *m.* Ersinner; Walter, Schalter.
मनोभव im Herzen entstanden; *m.* Liebe *o.* Liebesgott. °द्रुम *m.* Liebesbaum.
मनोऽभिराम herzerfreuend.
मनोभू *m.* = मनोभव *m.*
मनोमय, *f.* ई geistig (*opp. materiell*).
मनोमृग *m.* Herzgazelle (*poet.*).
मनोयुज् wunschgeschirrt.
मनोरथ *m.* Wunsch, Phantasie (*eig.* Herzensfreude).
मनोरम herzerfreuend, lieblich, schön.
मनोलौल्य *n.* Herzenswallung, Laune.
मनोवृत्ति *f.* Gemütsthätigkeit *o.* -stimmung.
मनोहर (*f.* आ *u.* ई) das Herz hinreifsend reizend, schön. *Compar.* °तर.
मनोहराकार von schöner Gestalt, reizend
मनोहारिन् = मनोहर.
मन्तर् *m.* Denker.
मन्तव्य *u.* मन्तव्य zu denken, anzunehmen (*n. impers.*); zu halten für (*Nom.*).
मन्तु *m.* Rat, Plan; Berater, Walter, Lenker (*auch f.*).
मन्तुमन्त् (*nur Voc.* °मस्) ratreich, weise
मन्त्र *m.* (*n.*) Spruch, Gebet, Lied, Hymne Zauberspruch; Rat, Beratung, Plan, Entschluss.
मन्त्रकृत् *m.* Liederdichter.
मन्त्रज्ञ spruch- *o.* ratskundig.
मन्त्रण *n.*, °णा *f.* Beratung.
मन्त्रतत्त्वविद् des Wesens der Beratung

**मन्थ** *m.* Quirlung, Tötung; Rührtrank, Rührlöffel, Butterstöſsel.

**मन्थन** ausreibend (*Feuer*). *m.* das Ausreiben (*des Feuers*); das Umschütteln, Quirlen.

**मन्थर** langsam, träge zu (—°), einfältig; °— *u. n. adv. Abstr.* °ता *f.*

**मन्था** *f.* Quirl, Rührtrank.

**मन्थान** *m.* Schüttler (*Çiva*); Werkzeug zum Feuerreiben, Butterstöſsel.

**मन्थितृ** *m.* Rührer, Schüttler.

**मन्थितव्य** zu reiben (*Feuer*).

**मन्थिन्** erschütternd, aufregend; *m.* Rühr soma (*auch Du.*).

**मन्थ्य** zu reiben (*Feuer*).

**मन्द्** *s.* 1. **मद्**.

**मन्द** langsam, träge, säumig in (*Loc. o.* °); schwach, einfältig, unglücklich, krank. °— *u. n.* (*auch doppelt*) *adv.* langsam, schwach, allmählich. *Abstr.* °ता *f.*, °त्व *n.*

**मन्दग** *u.* °गति sich langsam bewegend.

**मन्दचेतस्** trägen Geistes, stumpf, dumm

**मन्दधी** *dass.*

**मन्दन** lustig.

**मन्दपाल** *m. N. eines Rishi.*

**मन्दप्रज्ञ** von schwachem Verstande, einfältig.

**मन्दबुद्धि** *dass.*

**मन्दभागिन्** unglücklich.

**मन्दभाग्य** *dass.*; *n.* Missgeschick.

**मन्दभाज्** = *vor. Adj.*

**मन्दमति** = **मन्दबुद्धि**; *m. Mannsn.* (*in der Fabel*).

**मन्दमन्दम्** ganz langsam, allmählich.

*__मन्दमेधस्__* = **मन्दबुद्धि**.

**मन्दय्**, °यति schwächen

**मन्दयत्सख** die Freunde erheiternd.

**मन्दयु** lustig, heiter.

**मन्दर** *m.* eine Art Perlenschmuck; Paradiesbaum (*myth.*); *N. eines heiligen Berges*

**मन्दविचेष्टित** von träger Bewegung.

**मन्दसान** sich freuend, heiter, begeistert berauscht.

**मन्दाकिनी** *f. Flussname.*

**मन्दाक्रान्ता** *f. N. eines Metrums* (*eig.* langsam herwandelnd).

**मन्दात्मन्** = **मन्दबुद्धि**.

2. **मन्य** = *folg.*

मम्म u. °क m. *Mannsname.*

मम्मट m. *N. eines Schriftstellers.*

1. मय, *f.* ई gebildet aus (*nur als Suff.* — °); *m. N. eines Asura.*

2. मय m. Pferd; *f.* ई Stute

मयन्त u. मयन्द n. *N. eines Metrums.*

मयस् n. Labsal, Lust, Freude.

मयस्कर Freude machend.

मयु m. ein best. mythisches Wesen.

मयूख m. Pflock; Strahl (*auch n.*).

मयूखवन्त् u. °खिन् strahlenreich.

मयूर m., ई *f.* Pfau, Pfauhenne. *Abstr.* मयूरता *f.*, °त्व *n.*

मयूरपत्त्रिन् mit Pfauenfedern geschmückt (*Pfeil*).

मयोभव labend, erquickend; *m.* Labung, Erquickung.

मयोभु u. °भू (*f.* °भू) = *vor. Adj.*

मयोभुव *dass.*

मय्य m. *N. eines Brahmanen.*

1. मर्, मरति, मरते, *auch Pass.* म्रियते (°ति) sterben. *Partic.* ममृवंस् (*f.* मम्रुषी) sterbend; *p.p.* मृत verstorben, tot, geschwunden. *Caus.* मारयति (°ते) töten. *Desid.* मुमूर्षति sterben wollen. अनु nach jemd. (*Acc.*) sterben. परि um jemd. (*Acc.*) herum sterben.

2. मर्, मृणाति, मृणति zermalmen, zerstören; *p.p.* मूर्ण. परि, प्र u. वि *dass.*

मर m. das Sterben, Tod.

मरक m. Seuche.

मरकत n. Smaragd.

मरकतमय (*f.* ई) smaragden.

मरण n. = मर; °णं कर् (*Med.*) sterben.

मराय sterblich.

मराल m. Art Schwimm-vogel.

मरिच m. Pfefferstaude; *n.* Pfefferkorn.

मरीच *m. n. dass.*; *m. auch N. des Vaters des Kaçyapa.*

मरीचि *f.* (*m.*) Lichtstrahl (*auch* मरीची *f.*); *m. N. eines Prajâpati und eines der 7 Weisen, auch eines Sternbildes.*

मरीमृश betastend.

मरु m. Wüste (*oft Pl.*); Berg, Fels.

मरुत् m. Wind, Gott des Windes, Luft, Atem; *Pl.* die Sturmgötter.

मरुत्त m. *N. versch. Fürsten.*

मृक्त.

मर्ज्, मार्ष्टि, मृष्टे, मृजति

ich; मृजित abgewischt,

मर्जयति, °ते, मार्जयति,

सम् reiben, abwaschen, reinigen; läutern (*r.*), wegkehren, entfernen. *p.p.* संमृष्ट *u.* संमार्जित abgewaschen, gefegt, gereinigt.

**मर्ड्**, मृडति (मृळति), मृडयति (मृळयति, °ते) gnädig sein, sich erbarmen über (*Dat.*); jemd. (*Acc.*) erfreuen, etwas (*Acc.*) verzeihen. अभि *dass.*

**मर्डितृ** *m.* Erbarmer.

**मर्त** *m.* Sterblicher, Mensch.

**मर्तव्य** zu sterben (*n. impers.*).

**मर्त्य** sterblich; *m.* Mensch.

**मर्त्यता** *f.*, °त्व *n. Abstr. zum vor.*

**मर्त्यत्रा** *Adv.* unter Menschen.

**मर्त्यभुवन** *n.*, °लोक *m.* die Welt der Sterblichen, die Erde.

**मर्द्**, मृद्नाति, मृद्नीते, मर्दति (°ते) heftig drücken, reiben, aufreiben, abwischen, vernichten; *p.p.* मृदित. *Caus.* मर्दयति (°ते) zerdrücken (lassen), aufreiben, plagen; *p.p.* मर्दित. — अभि zerstampfen, zertreten, aufreiben, plagen. अव, परि, प्र *dass.* वि *u.* सम् zerdrücken, zermalmen.

**मर्द** zerdrückend, vernichtend (—°); *m.* heftiger Druck, Reibung.

**मर्दन**, *f.* ई zerdrückend, vernichtend, plagend (*Gen. o.* —°). *n.* das Zerdrücken, Zermalmen, Vernichten.

**मर्दनीय** zu zerdrücken, zu zerstören.

**मर्दल** *m.* Art Trommel.

**मर्दितव्य** = मर्दनीय.

**मर्दिन्** = मर्द (—°).

**मर्ध्**, मर्धति vernachlässigen, vergessen; *p.p.* मृद्ध verlassen, hilflos. परि nachlassen, aufhören.

**मर्मग** schmerzhaft (*eig.* ins Weiche dringend).

**मर्मच्छिद्** *dass.* (*eig.* ins Weiche schneidend).

**मर्मज्ञ** die schwachen Stellen kennend (*auch übertr.*); klug, vertraut mit (—°).

**मर्मन्** *n.* Gelenk, das Weiche, offene *o.* schwache Stelle, Blöfse (*auch übertr.*).

**मर्मभेदिन्** = मर्मच्छिद्, *m.* Pfeil.

**मर्ममय** aus den Blöfsen bestehend *o.* diese betreffend.

**मर्मर** rauschend; *m.* das Rauschen.

**मर्मविद्** *u.* °वेदिन् = मर्मज्ञ.

**मर्महन्** (*f.* °घ्नी) tief (*eig.* das Innere) verletzend).

**मर्य** *m.* Mann, Jüngling; Geliebter, Bräutigam; *Pl.* Leute.

**मर्यक** *m.* Männchen.

**मर्यतस्** *Adv.* von *o.* unter den Jünglingen.

**मर्यादा** *f.* Merkzeichen, Grenze, Schranke, Ordnung, Bestimmung.

**मर्यादाभेदक** *m.* Zerstörer der Grenzzeichen.

**मर्यादिन्** in den Schranken bleibend (*auch übertr.*); *m.* Grenznachbar.

**मर्श्**, मृशति (°ते) berühren, betrachten, überlegen. *p.p.* मृष्ट *u.* मृशित. — अभि *u.* आ berühren, antasten. परा *dass.*, entehren (*ein Weib*); überlegen, meinen. *Pass.* gemeint sein. परि betasten, anfassen; untersuchen, erwägen (*p.p.* परिमृष्ट erfasst, betroffen*). प्र berühren, betasten. अभिप्र ergreifen. वि anfassen, streicheln; untersuchen, prüfen, überlegen, bedenken. *Caus.* betrachten, erwägen. सम् anfassen, berühren.

**मर्श** *m.* ein best. Niesemittel.

**मर्शन** *n.* das Berühren; Prüfen, Untersuchen.

**मर्ष्**, मृष्यते (°ति) vergessen, vernachlässigen, sich aus etw. nichts machen, etw. ruhig hinnehmen, leiden, jemd. mögen, *mit* न nicht leiden können. *Caus.* मर्षयति, °ते jemd. etw. vergessen machen, um Verzeihung bitten; etw. dulden, ertragen, nachsehen, verzeihen; jemd. in Ruhe lassen, *mit* न behelligen. अपि vergessen, vernachlässigen. प्र *dass.*

**मर्षण** (—°) verzeihend; *n.* Nachsicht.

**मर्षणीय** zu verzeihen.

**मर्षिन्** nachsichtig, geduldig.

**मल** *n. m.* Schmutz, Unrat (*auch übertr.*); schmutziges Gewand (*nur n.*). *Abstr.* मलत्व *n.*

**मलग** *m.* Walker, Wäscher.

**मलपङ्क** Schmutz; °पङ्किन् schmutzig.

**मलय** *m. N. eines Gebirges* (*auch* °गिरि *m.*).

**मलयज** auf dem Malaya-Gebirge ge-

**मलिनी कर्** besudeln, beflecken, verdunkeln; **°भ्** schmutzig werden, vergehen.
**मलिनीकरण** *n.* Verunreinigung.
**मलिम्लु** *u.* **मलिम्लुं** *m.* Räuber.
**मलिम्लुच्** *u.* **°म्लुचं** *m. dass.*, ein best. Dämon.
**मलीमस** schmutzig, unrein (*auch übertr.*), schmutzig grau.
**मल्ल** *m.* Ringer, Athlet, eine best. Kaste; *Pl. N. eines Volkes.*
**मल्लघटी** *f.* eine Art Tanz.
**मल्लयुद्ध** *n.* Faustkampf.
**मल्लिका** *f.* eine Art Jasmin.
***मल्लिगन्धि** *n.* eine Art wohlriechendes Holz.
**मल्लिनाथ** *m. N. eines berühmten Scholiasten.*
**मल्ली** *f.* = **मल्लिका.**
**मल्वहं** *m.* mit einer Wamme versehen.
**मशक** *m.* Stechfliege, Mücke.
**मषि** *u.* **मषी** *f.* Pulver, Schwarz, Dinte, Augenschminke.
**मषीमय** pechschwarz.
**मसार** *m.* Sapphir *o.* Smaragd.
**मसि** *u.* **मसी** *s.* **मषि** *u.* **मषी.**
**मसूर** *m.* Linse.
**मसस्य** *n.* eine Art Getreide.
**मसृण** weich, zart, glatt. *Abstr.* **°त्व** *n.*
**मसृणय्**, **°यति** weich, glatt machen. *p.p.* **मसृणित.**
**मस्करिन्** *m.* Bettelmönch.

**महर्षभं** *m.* groſser Stier.
**महर्षि** *m.* groſser Rishi.
1. **मंहस्** *n.* Gröſse, Macht, Glanz, Licht, Fülle, Überfluss, Feier, Fest, Lust, Ergötzen. *Instr. Pl.* **मंहोभिस्** *adv.* mit Macht, gewaltig.
2. **महंस्** *Adv.* gern, willig, munter.
**मंहस्वन्त्** grofs, mächtig, glanzvoll, erfreulich.
**महस्विन्** strahlend, glänzend.
**महा** grofs (*nur Acc. Sgl.* **महाम्** *u.* °—).
**महाकल्प** *m.* eine groſse Weltperiode.
**महाकवि** *m.* ein groſser *o.* Kunstdichter.
**महाकाय** groſsleibig; *Abstr.* °त्व *n.*
**महाकाल** *m.* eine Form Çiva's; *f.* ई eine Form der Durgâ.
**महाकाव्य** *n.* groſses *o.* Kunstgedicht (*r.*).
1. **महाकुल** *n.* ein vornehmes Geschlecht.
2. **महाकुलं** aus vornehmem Geschlecht von guter Art.
**महाकुलीन** *dass.*; *Abstr.* °ता *f.*
**महाक्रतु** *m.* ein groſses Opfer.
**महाक्रोध** sehr zornig *o.* böse.
**महागणं** *m.* groſse Schar.
**महागद** *m.* groſse Krankheit *o.* eine Hauptmixtur.
**महागल** lang- *o.* starkhalsig.
**महागिरि** *m.* ein groſser Berg.
**महागुण** *m.* Haupttugend; *Adj.* solche besitzend, verdienstlich, ausgezeichnet. *Abstr.* °त्व *n.*
**महागुरु** *m.* eine sehr ehrwürdige Person.
**महाग्रामं** *m.* eine groſse Schar.
**महाग्रीव** langhalsig (*Çiva*).
**महाघोर** höchst grausig.
**महाघोष** laut schallend.
**महाचपला** *f. N. eines Metrums.*
**महाचल** *m.* ein groſser Berg.
**महाजं** *m.* ein groſser Bock.
**महाजन** *m.* ein groſser *o.* bedeutender Mann; groſse Menge, viele Menschen (*auch Pl.*). *Adj.* viele M. enthaltend.
**महाजव** sehr schnell, flink.
**महाजानु** *m. N. eines Brahmanen.*
**महाज्वर** *m.* groſse Trübsal.
**महाढ्य** sehr reich.

**महातपस्** sehr betrübt *o.* streng büſsend;

=

**महादेवकृत्या**
**नं**

=

महाप्राज्ञ sehr klug o. weise.

. महाफल *n.* grofse Frucht, grofser Lohn.

. महाफल grofsen Lohn bringend.

महाबल sehr stark, mächtig.

महाबाहु langarmig (*Bein. von Göttern u. Helden*).

महाबिल *n.* tiefe Höhle.

महाबुद्धि von grofsem Verstande, sehr klug.

महाबृहती *f. N. eines Metrums.*

महाब्राह्मण *m.* ein grofser Brahmane (*auch iron.*).

महाभय *n.* grofse Gefahr; *Adj.* höchst gefährlich *o.* furchtbar.

महाभाग *u.* °गिन् bevorzugt (*eig.* einen grofsen Teil habend), glücklich, herrlich, ausgezeichnet.

महाभारत (*mit u. ohne* आहव *o.* युद्ध) der grofse Kampf der Bharata; *n.* (*mit u. ohne* आख्यान) die Erzählung von dems. (*das grofse Epos*).

महाभाष्य *n.* der grofse Commentar (*Patañjali's zu Pânini's Grammatik*).

महाभिजन *m.* hoher Adel *o.* Edelmut.

महाभियोग *m.* grofse Anklage (*j.*).

महाभुज = महाबाहु.

महाभूत grofs (seiend). *m.* grofses Geschöpf, Wesen. *n.* Element.

महाभोग von grofsem Umfang.

महाभोग grofse Windungen machend (*auch* °वन्त् *u.* °भोगिन्); *m.* Schlange.

. महाभोग *m.* Hochgenuss; *Adj.* H. bietend.

महामख *m.* ein grofses Opfer.

महामणि *m.* ein kostbarer Edelstein.

महामति einsichtsvoll, klug.

महावीर m. ein grofser Held; *Bein. Vishṇu's, N. des Stifters der Jaina-Religion.*

महावीरचरित *n. T. eines Dramas.*

महावीर्य von starker Kraft, gewaltig.

महावेग grofse Eile habend, in heftiger Bewegung, schnell.

1. महाव्रत *n.* eine grofse Pflicht *o.* ein grofses Gelübde.

2. महाव्रत pflichteifrig, heilig, fromm.

महाशन viel essend, gefräfsig.

महाशनिध्वज *m.* ein Banner mit grofsem Donnerkeil.

महाशब्द *m.* lauter Ton; *Adj.* laut tönend.

1. महाशय *m.* das Meer (*eig.* der grofse Behälter).

2. महाशय hochgesinnt, edel.

महाशरीर grofsleibig.

महाशाल *m.* Herr eines grofsen Hauses.

महाशिव *m.* der grofse Çiva.

महाशैल *m.* ein grofser Fels o. Berg.

महाश्मन् *m.* Edelstein.

महाश्मशान *m.* ein grofser Begräbnisplatz.

महासती *f.* eine treffliche Gattin.

महासतोबृहती *f. N. eines Metrums.*

महासत्त्र *n.* eine grofse Somafeier.

1. महासत्त्व *m.* ein grofses Geschöpf, Lebewesen.

2. महासत्त्व grofs- *o.* hochsinnig, edel, charakterfest, mutig. *Abstr.* °ता *f.*

महासाधु sehr gut; *f.* °साध्वी = महासती.

महासार kraftvoll, kostbar, trefflich, edel.

महासेन ein grofses Heer habend; *m Fürstenname.*

महासेना *f.* ein grofses Heer.

महास्त्र *n.* eine grofse Waffe.

महास्य grofsmäulig.

महास्वन *m.* ein lauter Ton. *Adj.* laut tönend *o.* schallend, *n. adv.*

महास्वर = *vor. Adj.*

महाहव *m.* ein grofser Kampf.

महाहस्त *u.* °हस्तिन् grofshändig

महाहि *m.* eine grofse Schlange.

महाह्न *m.* hoher Tag *d. i.* Nachmittag.

महाह्रद *m.* grofser Teich, See.

महि (*nur Nom. Acc. Sgl. n.*) grofs; *adv* grofs, sehr, viel. *m. n.* Gröfse.

महित *s.* 1. मह्.

महिता *f.* Gröfse.

महित्व *n.* Gröfse, Herrlichkeit, Macht.

महित्वन *n. dass.*; *Instr.* °ना *auch adv.*

महिन् grofs, gewaltig; *Superl.* महिन्तम.

महिन *dass.*

महिना *Instr. z. folg.*

महीपृष्ठ *n.*

महीभर्तर्

*Fürstenn.*

glücklich.

**महोदर** *m.* dicker Bauch; *Adj.* (*f.* **ई**) dickbäuchig.

**महोरग** *m.* eine grofse Schlange.

**महोरस्क** starkbrüstig.

**महोल्का** *f.* grofser Feuerbrand, grofses Meteor.

**महौजस्** von grofser Kraft *o.* Macht.

**महौषध** *n.* Hauptmittel.

**मह्ना** *s.* **महन्**. — **मह्मन्** *m.* Gröfse.

1. **मा** nicht (*prohib.*), dafs *o.* damit nicht, *mit Imperat.*, (*meist augmentlosem*) *Prät.*, *bes. Aor.*, *Optat. o. zu ergänzendem Verb. Oft verst. durch* **उ** (**मो**) *u.* **स्म**. — **मैवम्** nicht so! **मा तावत्** nicht doch!

2. **मा** *f.* Mafs, Autorität.

3. **मा**, **मिमीते** (**मिमाति** *u.* **माति**), *Pass* **मीयते** messen, abmessen, durchmessen, ermessen, vergleichen mit (*Instr.*); *intr* dem Mafs entsprechen, Raum finden in (*Loc.*), *mit Neg.* aufser sich sein (*Präs.* **माति**); zuteilen, gewähren, bereiten, bilden, verfertigen, offenbaren, bethätigen. *p.p.* **मित** gemessen durch *d. i.* gleichkommend, betragend (*Instr. o.* —°), abgemessen, kärglich, klein, ermessen, erkannt. *Caus.* **मापयति** messen, bauen, herrichten (lassen). **अनु** weniger messen als (*Dat.*), an (*Acc.*); ermessen, erschliefsen, folgern; *p.p.* **अनुमित**. **उप** zuteilen, verleihen; vergleichen mit (*Instr.*). *p.p.* **उपमित** verglichen, gleich. **निस्** ausmessen, herstellen, ausführen, schaffen, machen aus (*Abl. o. Instr.*), gestalten, bilden, verfassen, an den Tag legen. *p.p.* **नि**

m. der Monat Mâgha, *N. eines Dichters; f.* ई der Vollmondstag im Monat M.

**माघकाव्य** *n.* das Gedicht des Mâgha (= शिशुपालवध).

**माघोन** *n.* Freigebigkeit.

**माङ्** = 1. मा (*g.*).

**माङ्गलिक** Glück verheifsend; *n.* ein glückbringender Gegenstand.

**माङ्गल्य** *dass., n. auch* Segensspruch.

**माचिरम्** *Adv.* schnell, sofort, *eig.* nicht lange (*gemacht*)!

**माञ्जिष्ठ** krapprot.

**माठव्य** *m. N. eines Brahmanen.*

**माणव** *m.* Junge, Bube, *bes.* Brahmanenknabe.

**माणवक** *m. dass.*; *f.* °विका Mädchen, Dirne.

**माणिक** *m.* Juwelenhändler.

**माणिक्य** *n.* Rubin; °मय aus R. gemacht.

**माण्डलिक** *m.* Kreisoberster, Statthalter.

**मातङ्ग** *m.* Elefant, grösster *o.* bester von (—°); *Mannsname.*

1. **मातर्** *f.* Mutter (*oft auf die Erde u. die Kuh übertr.*). *Du.* Vater und Mutter, Himmel und Erde. *Du. u. Pl.* die Reibhölzer zum Feuermachen. *Pl.* die (*7, 8, 9 o. 16*) göttlichen Mütter *o.* die (*8*) weiblichen Manen (*auch zur Bez. anderer weibl. Verwandten u. älterer Frauen überh.*).

2. **मातर्** messend, Messer (*mit Acc.*).

**मातरिश्वन्** *m. Bez. des Agni o. eines mit dems. in naher Beziehung gedachten göttlichen Wesens, sp.* Wind.

**मातलि** *m. N. des Wagenlenkers Indra's.*

**मातलिसारथि** *m.* den Mâtali (*s. vor.*) zum Wagenlenker habend (*Bein. Indra's*).

**मातली** *m. N. eines göttl. Wesens.*

**मातादुहितर्** *f. Du.* Mutter und Tochter.

**मातापितर्** *m. Du.* Vater und Mutter.

**मातामह** *m.*, ई *f.* der Grofsvater, die Grofsmutter; *m. Du.* die Grofseltern mütterlicherseits.

**मातुल** *u.* °क *m.* Mutterbruder, Onkel (*auch in vertraul. Anrede*).

**मातुलानी** *f.* die Frau des Mutterbruders.

**मातुलुङ्ग** *m.* Citronenbaum; *n.* Citrone.

**मातुलेय** *m.*, ई *f.* Sohn, Tochter des Mutterbruders.

**मातृक** mütterlich. *m.* Mutterbruder; *f.* आ Mutter (*auch göttliche, s.* मातर् 1.), Grofsmutter.

**मातृगुप्त** *m. N. eines Fürsten.*

**मातृतमा** (*Superl.*) *f.* mütterlichst, beste Mutter.

**मातृतस्** *Adv.* mütterlicherseits.

**मातृमन्त्** eine Mutter habend.

**मातृवत्** *Adv.* als Mutter.

**मातृवत्सल** die Mutter liebend.*

**मातृष्वसर्** *f.* Mutterschwester.

**मातृष्वसेय** *m.*, ई *f.* Sohn, Tochter der Mutterschwester.

**मातृहन्** *m.* Muttermörder.

**मात्रा** *f.* Mafs, Ausdehnung, Umfang, Menge, Dauer, More (*metr.*), Augenblick, Teilchen, Kleinigkeit; Element, Materie (*ph.*); Habe, Besitz, Geld. *n.* मात्र Mafs (*in Raum u. Zeit*). —° *im Subst. u. Adj.* (*f.* आ *u.* ई) nichts als, schlechthin, lauter —; nur, bloss — lang, grofs, hoch; nur — besitzend; *nach p.p.* kaum, eben, gerade.

**मात्रक**, *f.* त्रिका (—°) = *vor. n.*

**मात्रता** *f.*, °त्व *n. Abstr. zu* मात्र *n.*

**मात्राछन्दस्** *n.* Morenstrophe.

**मात्रावन्त्** das (richtige) Mafs habend.

**मात्रावृत्त** *n.* = मात्राछन्दस्.

**मात्राशिन्** mäfsig essend.

**मात्रीय्**, °यति für die Mutter halten.

**मात्सर्य** *n.* Neid, Unzufriedenheit.

**मात्स्य** *Adj.* Fisch-.

**माथ** *m.* das Aufreiben, Vernichten.

**माथक** *m.* Vernichter.

**माथव** *m. patron. Name* = माधव.

**माथुर**, *f.* ई aus Mathurâ stammend; *m.* ein Bewohner von M.

**मादक**, **मादन** *u.* **मादनीय** berauschend.

**मादयाध्यै** *s.* मद्.

**मादयितृ** *u.* **मादयिष्णु** berauschend.

**मादृश्** *u.* **मादृश** (*f.* ई) mir ähnlich.

**माङ्क्षिस्** *s.* 2. मास्.

माद्री *f.* eine Prinzessin der Madra (*die Gattin Pâṇḍu's, Kṛshṇa's u. a.*).

माधव, *f.* ई Frühlings-, vernus; *m.* der zweite Frühlingsmonat, der Frühling *überh.* (*vgl.* मधु); ein Nachkomme Madhu's, *bes.* Kṛshṇa, *Mannsn. überh. f.* माधवी eine best. Frühlingsblume, *Frauenname.*

माधविका *f.* = *vor. f.*

माधवसेन *m. Fürstenname.*

माधवाचार्य *m. N. eines berühmten Lehrers.*

माधवीय zu Mâdhava *o.* Mâdhavâcârya gehörig.

माधवीमण्डप Mâdhavîlaube.*

माधवीलता *f.* Mâdhavîranke (°गृह = *vor.**).

माधुरी *f. u.* °धुर्य *n.* Süfse, Lieblichkeit, Reiz, Anmut.

माध्य in der Mitte befindlich.

माध्यंदिन mittäglich; *m. Pl.* eine best. vedische Schule.

माध्यम *u.* °क (*f.* °मिका) zur Mitte gehörig.

माध्यमिक *dass.*; *m. N. eines Volkes im Mittellande.*

माध्यस्थ *n.*Gleichgültigkeit; *Adj.*G.zeigend.

माध्यस्थ्य *n.* = *vor. n.*

माध्याह्निक, *f.* ई mittäglich.

माध्वक *m.* Honigsammler.

माध्वी süfs, hold; *Du. Bez. der Açvin.*

माध्वीक *n.* ein best. berauschendes Getränk.

1. मान *m.* Meinung, Absicht, Wille, Gesinnung, Selbstgefühl, Stolz, Ansehen, Achtung, Ehre; Unmut, Groll, das Schmollen (*beim Weibe*).

2. मान *m.* Bau, Wohnung; *N. eines alten Rishi. n.* das Messen, Mafsstab, Mafs (*räuml. u. zeitl.*); Bild, Erscheinung, Ähnlichkeit; Beweis, Beweismittel.

मानग्रहण *n.* das Schmollen (*eig.* das zum Schm. Greifen).*

मानद् Ehre machend, Stolz einflöfsend; *in der Anr.* hoher Gebieter!

मानन *n.*, °ना *f.* Achtung, Ehrerbietung.

माननीय zu ehren, ehrenwert.

मानयितर् *m.* Huldiger, Verehrer.

मनयितव्य zu ehren, zu berücksichtigen.

मानयोग *m.* Anwendung des Mafses; *Pl.* die verschiedenen Ausmessungen.

मानव, *f.* ई menschlich *o.* von Manu stammend. *m.* Mensch, Mann, Nachkomme Manu's. *Pl.* die Menschen, Völkerstämme (*5—7*), Untertanen, eine best. vedische Schule. *f.* ई Menschentochter, Weib. *n.* Manu's Gesetzbuch.

मानवकल्पसूत्र *n. T. eines Werkes.*

मानवगृह्यसूत्र *n. desgl.*

मानवदेव *m.* Menschengott, König.

मानवधर्मशास्त्र *n.* Manu's Gesetzbuch.

मानवन्त् Ehre geniefsend.

मानवपति *m.* Menschenherr, König.

मानवर्जित ehrlos; *n. adv.*

मानवर्धन Ehre bringend (*eig.* vermehrend).

मानवेन्द्र *m.* Menschenherr, König.

1. मानस, *f.* ई (आ) geistig, seelisch, Geistes-, Gemüts-; *n.* (*adj.* — ° *f.* आ) Geist, Sinn, Herz, *N. eines Sees.*

2. मानस den See Mânasa (*s. vor.*) bewohnend.

मानसक (*adj.* —° *f.* °सिका) = 1. मानस *n.**

मानससंताप *m.* Herzeleid, Kummer.

मानाधिक übermäfsig.

मानापमान *n.* Ehre und Schande.

मानार्ह achtungswürdig.

मानिता *f.*, °त्व *n. Abstr. zum folg.*

मानिन् annehmend, (sich) haltend für, geltend als (—°); von sich eingenommen, hochmütig, stolz (*auch im guten Sinne*); geachtet, geehrt. *f.* °नी eine Schmollende.

मानुष *u.* मानुष, *f.* ई menschlich, menschenfreundlich. *m.* Mensch, *Pl.* Menschenstämme. *f.* °षी Weib. *m.* Menschheit, Menschenart.

मानुषता *f.*, °त्व *n. Abstr. zum vor.*

मानुषराक्षस, *f.* ई Teufel, -in von Mensch.

मानुष्य *n.* = मानुष *n.*

मानुष्यक menschlich; *n.* = *vor.*

मान्त्रिक *m.* Spruchhersager, Zauberer.

मान्थर्य *n.* Langsamkeit, Schlaffheit.

मान्थाल *m.* ein best. Tier.

मान्थालव *u.* मन्थीलव *m. dass.*

मान्द erfreuend (*das Wasser*).

मान्दार्य *m. Mannsname.*
मान्द्य *n.* Langsamkeit, Schwachheit, Schwäche.
मान्धातर् *m. N. eines alten Fürsten.*
मान्धाल *m.* = मान्थाल.
मान्मथ, *f.* ई Liebes-.
1. मान्य zu ehren, ehrenwert. *Abstr.* °त्व *n.*
2. मान्य *m. patron. Name.*
मापना *f.* Messung, Gestaltung.
माम *m.* Onkel (*nur Voc. als vertrauliche Anrede*).
मामक (*f.* मामिका *u.* मामकी) mein, der meinige.
मामकीन *dass.*
मामतेय *m. metron. Name.*
माया *f.* Wunderkraft *o.* -werk, Kunst; List, Trug, Täuschung, Gaukelei, Blendwerk; °— der falsche *o.* Pseudo-.
मायादेवी *f. N. der Mutter Çâkyamuni's.*
मायामय, *f.* ई auf Täuschung beruhend, unwirklich.
मायायोग *m.* Anwendung von Trug o. Zaubermitteln.
मायावन्त् zauberkräftig, trügerisch, schlau.
मायावाद *m.* die Lehre von der Täuschung (*ph.*).
मायाविद् zauberkundig.
मायाविन् = मायावन्त्; *m.* Zauberer, Gaukler.
मायिक in Täuschung bestehend, trügerisch.
मायिन् wunderkräftig, weise; zauberhaft, trügerisch. *m.* Zauberer; *n.* Zauberkunst.
मायु *m.* das Gebrüll, Geblök.
मायूर, *f.* ई *Adj.* Pfauen-.
मार tötend, verderbend (—°). *m.* Tod, Pestilenz; der Liebesgott *o.* die Liebe; der Teufel (*bei den Buddhisten*). *f.* ई Tötung, Pestilenz; *Bein. der Durgâ.*
मारक (—°) = *vor. Adj.*; *m. u. f.* °रिका Seuche, Pest.
मारकत, *f.* ई smaragden.
मारण *n.* Tötung, Mord; *N. einer mythischen Waffe.*
मारमोहित vom Liebesgott betört.
माररिपु *m. Bein. Çiva's.**
मारव, *f.* ई *Adj.* Wüsten-.
मारात्मक mordsüchtig.
मारिन् (—°) sterbend *o.* tötend.
मारिष ein ehrenwerter Mann, *oft im Voc.* Freund, Lieber; Kollege (*d.*).
मारीच *u.* °चि von Marîci stammend (*patron. N. Kaçyapa's*).
मारीय dem Liebesgott gehörig.
मारुक umkommend.
मारुत *u.* मारुत, *f.* ई auf die Maruts *o.* den Wind bezüglich. *m.* Wind, Luft, der Windgott (*adj.* —° *f.* आ).
मारुतसूनु *m. patron. N. Hanumant's.*
मारुति *m. dass.*
मारुतान्दोलित vom Wind geschaukelt.*
मारुतोद्वेल्लित *dass.**
मार्कट, *f.* ई äffisch, Affen-.
मार्कण्डेय *m. patron. N. eines alten Weisen.*
मार्कण्डेयपुराण *m. T. eines Purâna.*
मार्ग्, मार्गति, °ते (मार्गयति) suchen durchsuchen, trachten nach (*Acc.*). *p.p.* मार्गित. *Mit* परि *dass.*
मार्ग vom Wilde kommend; *m.* Weg (*eig.* Fährte des Wildes), Bahn, Reise, rechte Art und Weise, Sitte. मार्गेण *u.* मार्गैस् (—°) durch (*eig.* auf dem Wege des —).
मार्गण verlangend (—°). *m.* ein Bittender; Pfeil (*Abstr.* °ता *f.*). *n.* das Suchen, Durchforschen.
मार्गदर्शक *m.* Wegweiser.
मार्गव *m.* eine best. Kaste.
मार्गशीर्ष *m. N. eines Monats.*
मार्गस्थ auf dem (rechten) Wege bleibend.
मार्गावलोकिन् auf den Weg schauend, sehnsüchtig wartend.
मार्गितव्य zu suchen, zu erstreben.
मार्जन, *f.* ई abwischend, reinigend; Wäscher, -in. *f.* आ Waschung, Reinigung (*auch* ई); Trommellaut. *n.* das Abwischen, Tilgen.
मार्जार (*f.* ई) *u.* °क *m.* Katze.
मार्जालीय Reinigung liebend; *m.* ein best. Erdaufwurf (*r.*).

Menge. *n.* Kranz, Ring.

**मालति** *f.* Art Jasmin.

**मालती** *f. dass., Frauenname.*

**मालतीमाधव** *n. T. eines Dramas.*

**मालय** vom Gebirge Malaya kommend.

1. **मालव** *m. N. eines Landes, Pl. eines Volks.*

2. **मालव**, *f.* **ई** zu den Mâlava gehörig. *m.* ein Fürst, *f.* **ई** eine Prinzessin der M.

**मालवविषय** *m.* das Land der Mâlava.

**मालविका** *f. Frauenname.*

**मालविकाग्निमित्र** *n. T. eines Dramas.*

**मालाकार** *m.* **ई** *f.* Kranzwinder, -in.

**मालावन्त्** bekränzt.

**मालिक** *m.* Kranzwinder.

**मालिन्** = **मालावन्त्**; (*meist* —°) bekränzt, geziert mit. *m.* Kranzwinder; *f.* **°नी** -in; *N. eines Flusses u. eines Metrums, Frauenname.*

**मालिन्य** *n.* Unreinheit, Getrübtheit.

**मालोपमा** *f.* Art Gleichnis (*rh.*).

**माल्य** *n.* Kranz.

**माल्यवन्त्** bekränzt. *m. N. eines Râkshasa.*

**मा॑ल्व्य** *n.* Unbesonnenheit, Albernheit.

**मा॑वन्त्** einer wie ich.

**माविलम्बम्** *Adv.* unverzüglich (*vgl.* **मा-चिरम्**).

**मा॑ष** *m.* Bohne, ein best. Gewicht.

**माषतिलौ॑** *m. Du.* Sesam und Bohnen.

1. **मा॑स्** *n.* Fleisch.

2. **मा॑स्** *m.* Mond, Monat.

**मा॑स** *m.* (*adj.* —° *f.* **ई**) Monat.

**मासधा** *Adv.* monatweise.

**मा॑सर** *m.* ein best. gegorenes Getränk.

**मिताहार** *dass.*; *m.* mäſsiges Essen.

1. **मिति** *f.* Maſs, richtige Erkenntnis.

2. **मिति** *f.* Errichtung.

**मित्र** *m.* Freund (*auch n.*), die Sonne; *N. eines Âditya*, *Mannsn. n.* Freundschaft.

**मित्रकर्मन्** *u.* **°कार्य** *n.* Freundschaftsdienst.

**मित्रकृति** *f.*, **°कृत्य** *n. dass.*

**मित्रगुप्त** von Mitra gehütet, *Mannsn.*

**मित्रता** *f.*, **°त्व** *n.* Freundschaft.

**मित्रद्रुह्** (*Nom.* **°ध्रुक्**) Freundesverräter, treubrüchig.

**मित्रद्रोह** *m.* Freundesverrat; **°हिन्** = *vor.*

**मित्रधित** *n.* Freundschaftsbund.

**मित्रधिति** *f.*, **मित्रधेय** *n. dass.*

**मित्रभेद** *m.* Freundesentzweiung, Freundschaftsbruch.

**मित्रमहस्** reich an Freunden.

**मित्रलाभ** *m.* Freundesgewinnung.

**मित्रवत्** *Adv.* als Freund.

**मित्रवत्सल** zärtlich gegen Freunde.

**मित्रवन्त्** Freunde habend.

**मित्रसंप्राप्ति** *f.* Freundesgewinnung.

**मित्रसह** *m. N. eines Königs u. eines Brahmanen* (*eig.* nachsichtig gegen die Freunde).

**मित्रस्नेह** *m.* Freundesliebe.

**मित्रावरुण** *m. Du.* Mitra und Varuṇa.

**मित्रावसु** *m. Mannsname.*

**मित्रिन्** befreundet.

**मित्रिय** Freundes-, freundlich.

**मित्रीय्**, **°यति** als Freund behandeln *o.* zum Freunde machen.

**मित्र्य** = **मित्रिय**.

**मित्संज्ञा** *f.* die Benennung mit (*g.*).

**मिथ्**, **मेथति**, **°ते** *u.* **मिथति** zusammentreffen (*meist feindl.*), hadern, zanken, jemd. (*Acc.*) Vorwürfe machen. *Med.* in Streit geraten.

**मिथत्या** (*Instr. adv.*) abwechselnd *o.* wetteifernd.

**मिथस्** *Adv.* zusammen (mit *Instr.*), unter einander, gegenseitig, wechselweise.

**मिथःसमय** *u.* **°समवाय** *m.* gegenseitige Übereinkunft.

**मिथिल** *m. Pl. Volksname.*

**मिथु** *u.* **मिथू** *Adv.* abwechselnd; verwechselt, verkehrt, falsch.

**मिथुन** gepaart, ein Paar bildend. *m. n.* Paar (*Mann u. Weib*), Pärchen (*Zwillinge*), Paar *überh.*; *n.* Paarung, Begattung. *Abstr.* **मिथुनत्व** *n.*

**मिथुनी** *mit* **भू** sich paaren, sich begatten mit (*Instr.*).

**मिथुया** (*Instr. adv.*) verkehrt, falsch.

**मिथुस्** *Adv. dass.*

**मिथ्या** *Adv. dass.*; umsonst, vergeblich. *Mit einem Verbum des Sagens* lügen, *mit* **कृ** *u. Neg.* nicht Lügen strafen, halten (*ein gegebenes Wort*); *mit* **भू** sich als unwahr erweisen.

**मिथ्याज्ञान** *n.* falsche Einsicht, Irrtum.

**मिथ्याभियोगिन्** falsch anklagend (*j.*).

**मिथ्याभिशंसिन्** *dass.*; **°शस्त** f. angeklagt.

**मिथ्यावचन** *u.* **°वाक्य** *n.* unwahre Rede, Lüge.

1. **मिथ्यावाद** *m. dass.*

2. **मिथ्यावाद** unwahr redend, lügnerisch.

**मिथ्यावादिन्** *dass.*

**मिथ्यासाक्षिन्** *m.* falscher Zeuge.

**मिथ्योपचार** *m.* falsche Freundlichkeit.

**मिद्**, **मेद्यति**, **मेदते** fett werden. *Caus.* **मेदयति** *f.* machen.

**मिन्दा** *f.* körperlicher Fehler, Gebrest.

**मिमङ्क्षु** ins Wasser gehen wollend.

**मिमर्दयिषु** *u.* **मिमर्दिषु** zerdrücken wollend.

**मिमिक्ष** *u.* **°क्षु** gemischt.

**मियेध** *m.* Opfermahl.

**मियेध्य** am Opfermahl teilhabend.

**मिल्**, **मिलति** sich vereinigen, zusammenkommen mit (*Instr. mit u. ohne* **सह**, *Gen. o. Loc.*), sich einstellen, eintreten. *p.p.* **मिलित** zusammengekommen, vereinigt, eingetroffen. *Caus.* **मेलयति** zusammenkommen lassen, z. rufen, versammeln. **सम्** = *Simpl.*

**मिश्र** gemischt, vermengt, mannigfaltig; vermischt o. versehen mit, begleitet von (*Instr. mit u. ohne* **समम्**, *Gen. o.* —°). —° (*Pl.*) — und seine Genossen, — u. s. w., °— *u.* —° (*Sgl.*) *als Ehren-*

*titel in Personen-, bes. Gelehrtennamen, vgl.* भट्ट.

मिश्रक vermischt; mischend, fälschend.

मिश्रकेशी *f. N. einer Apsaras.*

मिश्रण *n.*, मिश्रता *f.* Mischung.

1\. मिश्रधान्य *n.* vermischte Körnerfrucht.

2\. मिश्रधान्य aus Körnern gemischt.

मिश्रय्, °यति mischen, vermengen mit (*Instr.*); *p.p.* मिश्रित gemischt. वि *u* सम् *dass.*

मिश्री कर् vermischen mit (*Instr.*); °भू sich vermischen (*auch geschlechtlich*).

मिश्र (—°) = मिश्र.

मिष्, मिषति (°ते) die Augen aufschlagen. उद् *dass.*, sich öffnen, sich entfalten, entstehen; *p.p.* उन्मिषित geöffnet, aufgeblüht. नि das Auge senken, sich schliefsen (*vom A. selbst*); einnicken, schlummern.

मिष *n.* Betrug, Schein, Vorwand (*meist* —°).

मिष्ट lecker, süfs (*auch übertr.*); *n.* Leckerbissen.

मिष्टान्न *n.* süfse Speise.

मिसि *f. Pflanzenname.*

1\. मिह्, मेहति (°ते) mingere, harnen, bewässern, überschütten; *p.p.* मीढ. मीढ्वंस् *s. bes.*

2\. मिह् *f.* Nebel, Dunst.

मिहिका *f.* Schnee.

मिहिर *m.* Sonne.

मिहे *Dat. Inf. zu* 1. मिह्.

मी, मिनाति, मिनोति mindern, schädigen, verfehlen, verletzen, vereiteln; *auch* = *Med. Pass.* मीयते, मीयते sich mindern, verloren gehen. आ stören, vereiteln, verdrängen. *Med.* sich entziehen, verschwinden, wechseln, vertauschen. उद् verschwinden. प्र vereiteln, verletzen, vernichten, ändern, verfehlen, vernachlässigen, beseitigen. *Med. Pass.* vergehen, sterben; *p.p.* प्रमीत gestorben.

मीढ *o.* मीळ्ह (*s.* 1. मिह्) *n.* Preis, Lohn Wettkampf.

मीढुषस् *o.* मीळ्हुषस् *s. folg.*

मीढ्वंस् (मीळ्हुष्) spendend, freigebig, huldreich, reichen Segen. *Superl.* मीळ्हुष्टम.

मीन *m.* Fisch.

मुक्ताफल n. Perle. *Abstr.* °ता f.
मुक्तामणि m. Perle.
मुक्तामय, f. ई aus Perlen bestehend.
मुक्तावलि u. °ली f. Perlenschnur.
मुक्तारुच् perlenglänzend; f. Perlenglanz.
मुक्तासन den Sitz verlassen habend, aufgestanden.
मुक्ताहार m. Perlenschnur.
मुक्ति f. Befreiung, Erlösung von (—°), Seligkeit (r.); das Abwerfen, Abschiefsen, Schleudern.
मुक्ते *Präp.* aufser (*Instr.*).
मुचीजा f. Schlinge, Netz.
मुख n. (*adj.* —° f. आ u. ई) Mund, Rachen, Schnabel, Gesicht (*adj.* —° im Munde u. s. w. habend); Richtung (—° *adj.* nach— gerichtet, sich zu neigend, n. *adv.* nach—hin); Öffnung, Eingang in (*Gen.* o. —°); Vorderteil, Spitze, Oberfläche, das Haupt, das Vorzüglichste, Beste von (—°); Anfang (*adj.* —° beginnend mit); Aufgang; Veranlassung, Mittel. *Instr.* मुखेन (—°) vermittelst, durch.
मुखगत im Munde o. Gesicht befindlich.
मुखचन्द्र u. °मस् m. Mondantlitz.
मुखचपल schwatzhaft (mundrührig); *Abstr.* °त्व u. °चापल्य n. f. °चपला *N. eines Metrums.*
मुखतस् *Adv.* vom Munde her, mit dem Munde, vorn an der Spitze.
मुखदोष m. Schwatzhaftigkeit (Mundfehler)
मुखपङ्कज n. Lotusgesicht.
मुखप्रसाधन n. das Putzen (Schminken) des Gesichts.
मुखभेद m. das Verziehen des Gesichts.
मुखमधु Honig im Munde führend, süfs redend.*
मुखमारुत m. Hauch des Mundes, Atem.
मुखर m. geschwätzig, schallend, lärmend. *Abstr.* °ता f.
मुखराग m. Gesichtsfarbe.
मुखवर्ण m. Gesichtsfarbe.
मुखविपुला f. *N. eines Metrums.*
मुखव्यादान n. das Mundaufsperren.
मुखशशिन् m. Mondgesicht.

मुग्धधी
मुग्धबुद्धि
मुग्धबोध

ablösen, befreien; *Med.* von sich abstreifen, ablegen. आ anlegen (*Schmuck o. Kleidung*); werfen, schleudern auf (*Loc.*). उद् auflösen, losmachen, befreien. निस् befreien, lösen von (*Abl.*). *Pass.* sich befreien, sich häuten (*Schlange*); verlustig gehen (*Instr.*). *p.p.* निर्मुक्त befreit, errettet, frei von (*Abl. o.* —°), abgelöst, verloren, geschleudert; ermangelnd, verlustig (—°). विनिस् fahren lassen, aufgeben; *Pass.* sich befreien, losmachen von (*Abl.*). परि befreien, lösen, fahren lassen, aufgeben. प्र frei lassen, befreien von (*Abl.*), auf-, ablösen; im Stich lassen, aufgeben, von sich geben, ausstoſsen, äuſsern, schleudern, abschlieſsen. *Pass.* frei werden von (*Abl.*); sich auflösen, abfallen, nachlassen, aufhören. विप्र befreien; *Pass.* sich befreien von (*Abl.*), frei ausgehen. प्रति induere (*Dat.*, *Loc. o. Gen.*). *Med.* indui (*Acc.*); befestigen, anbinden an (*Loc.*); frei lassen, werfen, schleudern. वि losmachen (*Med. Pass.* sich lösen); ausspannen, einkehren (*Act. u. Med.*), exuere, frei lassen, befreien, fahren lassen, aufgeben, vermeiden, verlieren, entlassen, von sich geben, äuſsern; schieſsen, werfen, schleudern auf (*Loc.*). *Pass.* frei werden von (*Abl.*); jemd. (*Gen.*) entkommen; erlöst werden, verlustig gehen (*Instr.*). *p.p.* विमुक्त aufgelöst, ausgespannt, befreit, frei von (*Abl.*, *Instr. o.* —°), frei, erlöst; im Stich gelassen, aufgegeben, gewichen

kronenlo
*m.* Kahlk
मुण्डकोपनि
मुण्डितशिर
मुतव
मुतिब
1. मुद्, मोद
sich freu
मुदित fr
2.
मुदिर
मुद्ग *m*
मुद्गल *m.* M
मुद्रय्, °यी
मुद्राङ्क *u.*
zeichnet

**मुद्राराक्षस** *n. T. eines Dramas.*
**मुद्रिका** *f.* Siegelring.
**मुद्रिताक्ष**, *f.* **ई** geschlossene Augen habend.
**मुधा** *Adv.* umsonst, vergebens.
**मुनि** *m.* Erregung, Drang; ein Verzückter, Begeisterter, *sp.* ein Weiser, Seher, Asket, Büſser, Mönch; *Pl.* die sieben Sterne des groſsen Bären.
**मुनिपत्नी** *f.* die Frau des Büſsers.
**मुनिपुत्र** *m.* der Sohn des Büſsers.
**मुनिवन** *n.* ein Büſserwald.
**मुनिवर** *m.* der Beste der Büſser *o.* der Weisen (*auch als Bein. Vasishṭha's Bez. eines Sternbildes*).
**मुनिवेष** *m.* Büſsergewand; *auch = folg.*
**मुनिवेषधर** ein Büſsergewand tragend.
**मुनिसुत** *m.* = **मुनिपुत्र.**
**मुनीन्द्र**, **मुनीश** *u.* **°श्वर** *m.* Fürst unter den Weisen, groſser Weiser (*Bein. von Göttern u. Heiligen*).
**मुमुक्षा** *f.* das Verlangen nach Befreiung.
**मुमुक्षु** loslassen *o.* befreien wollend (*Acc. o.* —°), frei zu werden wünschend, nach Erlösung trachtend.
**मुमुक्षुता** *f.*, **°त्व** *n.* das Trachten nach Erlösung.
**मुमूर्षा** *f.* der Wunsch zu sterben.
**मुमूर्षु** sterben wollend.
**मुमोचयिषु** *u.* **°चयिषु** zu befreien wünschend.
**मुर** *m. N. eines Dämons.*
**मुरज** *m.* Art Trommel *o.* Tambourin.
**मुरजित्** der Murabesieger (*Kṛshṇa*).
**मुरद्विष्** *u.* **°रिपु** der Murafeind (*ders.*).
**मुरल** *m.* ein best. Fisch; *Pl. Volksname.*
**मुरारि** *m.* = **मुरद्विष्**, *auch N. eines Dichters.*
**मुर्मुर** *m.* eine verglimmende Kohle, Hülsenfeuer.
1. **मुष्**, **मुष्णाति**, **मोषति** (**मुषति**) rauben, stehlen, plündern; bestehlen, berauben (2 *Acc.*), fortreiſsen (*auch übertr.*), übertreffen. *p.p.* **मुषित** geraubt, ausgeplündert, bestohlen (*auch* **मुष्ट**); hingerissen, hintergangen, zu kurz gekommen, angeführt. **आ** an sich reiſsen, wegnehmn. **प्र** rauben, entraffen, fortreiſsen.
2. **मुष्** (—°) raubend, vernichtend, übertreffend.
**मुषाय्**, **°यति** rauben, an sich reiſsen.
**मुषीवन्** *m.* Räuber, Dieb.
**मुष्क** *m.* Hode; *Du.* vulva
**मुष्कदेश** *m.* die Hodengegend.
**मुष्कभार** behodet.
**मुष्कर** *u.* **मुष्कवन्त्** *dass.*
**मुष्टि** *f.* Faust, Handvoll, Griff.
**मुष्टिहत्या** *f.* Faustkampf.
**मुष्टिहन्** *m.* Faustkämpfer.
**मुष्टी कर्** eine Faust machen.
**मुसल** *m. n.* Mörserkolben, Stoſser, Keule, Glockenklöppel.
**मुसलिन्** eine Keule tragend.
**मुस्त** *m. n.*, **आ** *f.* Art Gras.
**मुस्तक** *m. n.*, **आ** *f. dass.*
**मुह्**, **मुह्यति** (**°ते**) irre werden, sich verwirren, ohnmächtig werden, fehlschlagen, misraten. *p.p.* **मुग्ध** *s. bes.*; **मूढ** verirrt, verwirrt, unsicher in (*Loc. o.* —°), dumm, thöricht. *Caus.* **मोहयति** (**°ते**) verwirren, bethören; *p.p.* **मोहित. अति** in übergroſser Verwirrung sein; *p.p.* **अतिमुग्ध. परि** irre werden, fehlgehen; *p.p.* **परिमूढ** verwirrt. **प्र** verwirrt, bewusstlos, ohnmächtig werden. **वि** *u.* **सम्** *dass. p.p.* **संमुग्ध** verirrt, unklar, verworren; **संमूढ** verwirrt, gestört, thöricht, einfältig. *Caus.* verwirren, bethören; *p.p.* **संमोहित.**
**मुहु** *u.* **मुहू** *Adv.* plötzlich, im Nu.
**मुहुक** *n.* Augenblick.
**मुहुर्** = **मुहु**; *auch* ein Weilchen, einen Augenblick, wiederholt (*auch verd.*); wiederum, dagegen; **मुहुर्—मुहुर्** bald, bald.
**मुहूर्त** *m. n.* Augenblick; Stunde (= $\frac{1}{30}$ *Tag*). *Abl. u. Instr.* nach *o.* in einem A., sofort, alsbald.
**मुहूर्तक** *dass.*
**मूक** (**मूक्क**) stumm, schweigend.
**मूकता** *f.*, **°त्व** *n. Abstr. zum vor.*
**मूजवन्त्** *m. N. eines Berges, Pl. eines Volkes.*

मूढ (s. मुह्) n. Geistesverwirrung.
मूढचेतन u. °चेतस् verworrenen Geistes, thöricht.
मूढता f., °त्व n. = मूढ n., Dummheit.
मूढदृष्टि von dummem Blick, einfältig.
मूढधी, °बुद्धि u. °मति = मूढचेतन.
मूत m. n. ein geflochtener Korb.
मूतक n. Körbchen.
मूत्र n. Harn.
मूत्रय्, °यति, °ते harnen; p.p. मूत्रित act. u. pass., n. das Harnen.
मूत्र्य Adj. Harn-.
1. मूर stumpfsinnig, blöde.
2. मूर eilend, stürmisch.
3. मूर n. = मूल.
मूरु N. eines Landes.
मूर्ख stumpfsinnig, blöde, dumm; m. Thor, Dummkopf von (—°).
मूर्खता f., °त्व n. Stumpfsinn, Thorheit.
मूर्छ्, मूर्छति gerinnen, fest o. stark werden, erstarren, ohnmächtig werden. p.p. मूर्त geronnen, fest, körperlich, real; ohnmächtig, betäubt; मूर्छित ohnmächtig (n. auch impers.), stark, dicht, angewachsen; erfüllt von (—°). Caus. मूर्छयति (°ते) gerinnen o. fest werden lassen; gestalten, verstärken; betäuben. वि, p.p. विमूर्त geronnen, fest geworden; विमूर्छित dass., erfüllt von (—°). सम् gerinnen, erstarken; p.p. संमूर्छित betäubt, verstärkt, voll von (—°).
मूर्छन betäubend; kräftigend (—°). f. आ Ohnmacht; Ton (in der Tonleiter).
मूर्छा f. = vor. f.
मूर्ण s. 2. मृद्.
मूर्त s. मूर्छ्.
मूर्ति f. Körper, Gestalt, Person, Bild; adj. —° gebildet aus.
मूर्तिमन्त् körperlich, leibhaftig.
मूर्ध (—°) = मूर्धन्.
मूर्धग auf dem Kopfe befindlich.
मूर्धज m. Pl. Haar (eig. kopfentsprossen).
मूर्धतस् Adv. aus o. auf dem Kopfe.
मूर्धन् m. Stirn, Schädel, Kopf, Spitze, Gipfel. मूर्ध्नि धृ auf dem Kopfe tragen d. i. in Ehren halten; मूर्ध्नि वर्त् obenan stehen.
मूर्धन्य auf dem Kopfe befindlich, oberst, vorzüglichst; cerebral (g.).
मूर्वा f. Art Hanf; °मय daraus gemacht.
मूल (adj. —° f. आ u. ई) Wurzel, Fuſs, Basis, Grund, Boden, Ursprung, Anfang; Hauptstadt; Text (opp. Commentar), Kapital (opp. Zinsen); Inhaber einer Sache (j); N. eines Mondhauses. मूल (adj. —°) wurzelnd in; °— Haupt-, Ur-, auch = मूलात्, आ मूलात्, आ मूलतस् u. मूलादारभ्य von Grund aus, von Anfang an.
मूलक, f. °लिका wurzelnd, hervorgegangen aus.
मूलकर्मन् n. Zauberei mit Wurzeln.
मूलता f., °त्व n. das Wurzel-, Ausgang-, Quelle-Sein von (—°).
मूलदेव m. Mannsname.
मूलपुरुष m. Stammhalter (Hauptperson).
मूलप्रकृति f. Urmaterie (ph.).
मूलप्रणिहित von früher her durch Spione bekannt (Diebe).
मूलफल n. Sgl. Wurzeln und Früchte; die Zinsen eines Kapitals.
मूलभृत्य m. ein angestammter Diener.
मूलसाधन n. Hauptwerkzeug o. -hilfsmittel.
मूलहर von Grund aus vernichtend (eig. die Wurzeln ausreiſsend).
मूलायतन n. der ursprüngliche Sitz.
मूलाशिन् Wurzeln essend.
मूलिक ursprünglich.
मूलिन् eine Wurzel habend.
मूल्य an der Wurzel befindlich. n. Preis, Wert, Lohn, Verdienst, Kapital; °तस् = Abl.
मूष् Maus.
मूष m., ई f. dass.
मूषक m. Dieb, Räuber; Ratte, Maus.
मूषिक m. dass.; मूषिका f. dass. Art Blutegel.
मूषिकशावक m. junge Maus, Mäuschen.
मृ s. मर्.

मृच् *s.* म्रच्.
मृकण्ड *u.* °ण्डु *m. N. eines alten Weisen.*
मृर्च *m.* Striegel, Kamm.
मृचिणी *f.* Sturzbach
मृग *m.* Waldtier; jedes Wild, *bes.* Hirsch, Antilope, Gazelle, *auch* Vogel; *f.* मृगी Hirschkuh.
मृगजीवन *m,* Jäger (*eig.* von Wild lebend).
मृगयु Wild jagend.
मृगतृष्णा *u.* °तृष्णिका *f.* Luftspiegelung (*eig.* des Wildes Durst).
मृगदृश् *f.* eine Gazellenäugige.
मृगनाभि *m.* Moschus *o.* Moschustier.
मृगपति *m.* Herr des Wildes (Löwe, Tiger *o.* Rehbock).
मृगमद *m.* Moschus.
मृगय्, मृगयते (°ति) dem Wilde nachgehen, jagen; suchen, erstreben, erbitten.
मृगयस् *m.* Wild.
मृगया *f.* Jagd.
मृगयारण्य *u.* मृगयावन *n.* Jagdpark.
मृगयु *m.* Jäger.
मृगराज् *u.* °राज *m.* der König des Wildes (Löwe *o.* Tiger).
मृगराजधारिन् *m. Bein. Çiva's.*
मृगरोचना *f.* Gallenstein von der Gazelle* (*vgl.* गोरोचना).
*मृगरोमज wollen.
मृगलक्ष्मन् *u.* °लाञ्छन *m.* der Mond (*eig.* der das Zeichen der Gazelle trägt).
*मृगलोचना *f.* eine Gazellenäugige.
मृगवन *n.* Wildpark.
मृगव्य *n.* Jagd.
मृगव्याध *m.* Jäger.
मृगशाव *m.* eine junge Gazelle. °शावाक्षी *f.* die Augen einer j. G. habend.
मृगशिरस् *u.* मृगशीर्ष *n. N. eines Mondhauses.*
मृगहन् *m.* Wildtöter, Jäger.
मृगाक्षी *f.* eine Gazellenäugige.
मृगाङ्क *m.* = मृगलक्ष्मन्.
मृगाङ्गना *f.* Hirschkuh.
मृगाधिप *m.* der König des Wildes (Löwe).
मृगाराति *u.* मृगारि *m.* Gazellenfeind (Löwe).

मृगीदृश् *u.* मृगेक्षणा *f.* eine Gazellenäugige.
मृगेन्द्र *m.* = मृगाधिप.
मृगेभ *m.* Gazelle und (oder) Elefant.
मृगेश्वर *m.* = मृगाधिप.
मृग्य्, मृग्यति jagen, suchen.
मृग्य zu suchen, zu untersuchen, fraglich.
1. मृच् *s.* मर्च्.
2. मृच् *f.* Gefährdung.
मृचय hinfällig, vergänglich.
मृच्छकटी *f.* ein irdenes Wägelchen, *T. eines Dramas* (*auch n.* °टिक).
मृज् *s.* मर्ज्.
मृज abwischend, tilgend (—°); *f.* आ Reinigung, Reinlichkeit.
मृजावन्त् sauber, rein.
मृज्य wegzuwischen, zu entfernen.
मृड् *s.* मर्ड्.
मृड gnädig, sich erbarmend; *m. Bein. Agni's u. Çiva's.*
मृडन *n.* das Erbarmen, Beglücken.
मृळयाकु gnädig, huldvoll.
मृडानी *f.* die Gattin Çiva's.
मृडितर् *m.* = मर्डितर्.
मृडीक *o.* मृळीक *n.* Gnade, Huld.
मृण्, मृणाति zermalmen, zerschlagen.
मृणाल *m.*, ई *f.* Lotuswurzel *o.* -faser.
मृणालक, *f.* °लिका (*adj.* —°) *dass.*
मृणालवन्त् sammt der Lotuswurzel.
मृणालवलय *n.* Lotusarmband.*
मृणालसूत्र *n.* Lotusfaser(schnur).
मृणालिनी *f.* Lotusgruppe.
मृत (*s.* मर्) *m.* ein Verstorbener, Leichnam; *n.* Tod.
मृतक *dass.* (*m. u. n.*).
मृतकल्प scheintot.
मृतजात totgeboren.
मृतजीवन, *f.* ई Tote erweckend.
मृतदेह *m.* Leichnam.
मृतधार *o.* °क einen Leichnam tragend.
मृतपुरुषदेह *m.* ein menschlicher Leichnam.
मृतपुरुषशरीर *n. dass.*
मृतवत् *Adv.* wie tot.
मृतसंजीवन Tote belebend.
मृताङ्ग Leichnam.

मृताह m., °हन् n. Todestag.
मृति f. Tod. °मत् m. Sterblichkeit.
(मृत्तिक) u. मृत्तिका f. Lehm, Thon, Schiefer.
मृत्पात्र n. Thongefäſs.
मृत्पिण्ड m. Lehmkloſs.
मृत्पिण्डबुद्धि stumpfsinnig (*eig.* mit einem Verstand wie ein Lehmkloſs).*
मृत्यु m. Tod (durch —°); Todesgott.
मृत्युकाल m. Todesstunde.
मृत्युदूत m. Todesbote.
मृत्युपाश m. Fessel des Todes.
मृत्युभय n. Todesgefahr.
मृत्युमन्त् dem Tode unterworfen.
मृत्स्न Staub, Pulver.
1. मृद् s. मर्द् u. म्रद्.
2. मृद् f. Lehm, Thon, Erde.
मृदङ्ग m. Art Trommel.
मृदा f. = 2. मृद्.
मृदु (f. मृदु u. मृद्वी) weich, zart, sanft, mild, schwach, langsam. *m. n.* Milde *Abstr.* मृदुता f., °त्व n.
मृदुक weich, zart. *n. adv.*
मृदुगिर् sanftstimmig.
मृदुतीक्ष्ण sanft und scharf (zugleich). *Compar.* °तर.
मृदुभाषिन् sanft redend.
मृदुल weich, mild.
मृदुवाच् = मृदुभाषिन्.
मृदुसूर्य mildsonnig.
मृदुस्पर्श weich anzufassen.
मृदुहृदय weichherzig.
मृदू भू sanft o. weich werden.
मृद्भाण्ड n. Thongefäſs.
मृद्वङ्ग, f. ई zartgliederig; m. Kind.
मृद्वीका f. Weinstock, Weintraube.
1. मृध् s. मर्ध्.
2. मृध् f. Kampf, Gegner.
मृध m. n. Kampf; °भू f. Kampfplatz.
मृधस् *mit* कर् missachten, schmähen.
मृध्र n. Schmähung; Schmäher, Feind.
मृध्रवाच् Schmähreden führend.
मृन्मय, f. ई irden, Erden-; *mit* गृह Grab. n. irdenes Geschirr.
मृन्मयूर m. ein irdener Pfau.

मृश् u. मृष् s. मर्श् u. मर्ष्.
मृषा *Adv.* umsonst, vergebens, unrichtig, falsch; *mit* मन् o. ज्ञा für unwahr halten.
मृषाज्ञान n. falsches Wissen, Dummheit.
मृषाभाषिन् unwahr redend, Lügner.
मृषावचन n., °वाच् f. falsche Rede, Ironie.
मृषावाद m. *dass.*; *Adj.* = मृषाभाषिन्.
मृषावादिन् = *vor. Adj.*
मृषोद्य n. = मृषवचन.
मृष्ट s. मर्ज् u. मर्श्.

मेघनादिन् *dass.*
मेघनिर्घोष

मेघोदय
मेचक du

मेढ्र n. (
मेण्ढ m.

= मेदस्.

मेदिन् m. Genosse, Verbündeter; f. मेदिनी Erde, Land, Ort.
मेदिनीपति m. Erdenherr, König.
मेदिनीश m. *dass.*
मेदुर fett; dick, dicht wie, voll von (—°)
मेद्य fett, dick.
मेध m. Fleischsaft, Brühe, Opfertrank· Opfertier, Tieropfer.
मेधपति u. मेधपति m. Herr des Tieropfers
1. मेधस् n. Opfer.
2. मेधस् sinnig; *adj.* —° = मेधा.
मेधसाति f. Lohn o. Preisgewinn.
मेधा f. Weisheit, Verstand, Einsicht, Gedanke.
मेधाजनन n. Einsicht erzeugend; n. die Einsichtserzeugung (r.),
मेधातिथि m. *N. versch. Heiligen, Weisen u. Gelehrten.*
मेधाविन् weise, klug, verständig.
मेधिर *dass.*
मेध्य opferrein, rein *überh.*, heilig, weise.
मेध्यता f., °त्व n. Reinheit (r.).
मेनका f. *Frauenn., bes. einer Apsaras.*
मेना f. Weib, Tierweibchen; *Frauenname*
मेनि f. Wurfgeschoss.
मेय messbar, erkennbar, zu beweisen.
मेरु m. *N. eines heiligen Berges.*
मेरुकूट u. °पृष्ठ n. der Gipfel des Meru.
मेल m., आ f. Zusammenkunft, Verkehr.
मेलक m. *dass.*, आ f. *Frauenname.*
मेलन n. = *vor. m.*
मेष m. Schafbock, Widder; f. ई Mutterschaf.
मेषिका f. = *vor. f.*
मेषवृषण m. *Du.* Bockshoden; *Adj.* B. habend.
मेष्क m. ein best. Tier.
मेह m. Urin. मेहन n. *dass.*, penis.
मेहना (*Instr. adv.*) stromweise, reichlich
मेहनावन्त् reichlich spendend.
मेहिन् (—°) harnend.
मैघ, f. ई von der Wolke kommend.
मैत्र, f. ई vom Freunde kommend, Freundes-, freundschaftlich, wohlwollend. m. *Mannsn.* f. मैत्री Freundschaft, Wohlwollen, Ähnlichkeit mit (—°). n. Freundschaft; *Bez. eines Mondhauses.*

मैत्रायण m. *Pl.* eine best. Schule.
मैत्रायणीसंहिता f. *T. einer Saṃhitâ.*
zu Mitra und Varuṇa ge-

**मोघ** (**मोघं**) vergeblich, eitel, umsonst, unnütz. **मोघ** (°—) *u.* **मोघम्** *adv.*

**मोघता** *f. Abstr. zum vor.*

**मोघी कर्** vereiteln; °**भू** zwecklos machen.

**मोच** *m.*, **आ** *f. Pflanzennamen.*

**मोचक** befreiend, erlösend von (—°).

**मोचन**, *f.* **ई** *dass.*, schleudernd (—°); *n.* das Lösen, Befreien von (*Abl. o.* —°) das Abspannen, Entlassen.

**मोचनीय** *u.* **मोचयितव्य** zu befreien.

**मोच्य** *dass.*, heraus-, zurückzugeben.

**मोटक** *m. n.* Kügelchen, Pille.

**मोटन** zerknickend, brechend; *n.* das Knicken, Brechen, Töten.

**मोद** *m.* Lust, Freude; Wohlgeruch.

**मोदक** erfreuend (—°); *m. n.* Konfekt Leckerbissen.

**मोदन** erfreund; *n.* das Erfreuen.

**मोदनीय** erfreulich.

**मोदिन्** erfreuend (—°); froh, heiter.

**मोमुघ** irr, toll.

**मोरट** *m. N. einer Pflanze.*

**मोष** *m.* Räuber, Dieb; Raub, Diebstahl.

**मोषण** raubend (—°); *n.* das Rauben, Bestehlen.

**मोष्य** stehlbar.

**मोह** *m.* Verwirrung, Bethörung, Verblendung, Irrtum, Unverstand.

**मोहन**, *f.* **ई** verwirrend, bethörend; *n* = *vor.*

**मोहनीय** irrtümlich, verwirrend.

**मोहमय**, *f.* **ई** auf Verblendung *o.* Irrtum beruhend.

**मोहमुद्गर** *m. T. eines Gedichts.*

**मोहयितर्** *m.* Verwirrer.

**मोहवन्त्** im Irrtum befangen.

**मोहिन्** verwirrend.

**मोहुक** in Verwirrung geratend.

**मोहोपमा** *f.* Art Gleichnis (*rh.*).

**मौक्तिक** nach Erlösung trachtend; *n.* (*m.*) Perle.

**मौक्तिकावलि** *o.* °**ली** *f.* Perlenschnur.

**मौक्य** *n.* Stummheit.

**मौख** *Adj.* Mund-.

**मौखर्य** *n.* Geschwätzigkeit.

**मौग्ध्य** *n.* Einfalt, Unschuld.

**मौघ्य** *n.* Vergeblichkeit.

**मौच** *n.* Banane.

**मौजवत** vom Berge Mûjavant kommend.

**मौञ्ज**, *f.* **ई** aus Muñjagras gemacht, dems.

= *folg. Adj.*

ein

म्रुच्, म्रोचति, *mit* नि *u.* अभिनि untergehen (*Sonne*).

म्रेड्, आम्रेडयति wiederholen; *p.p.* आम्रेडित.

म्ला, म्लायति, °ते (म्लाति) welken, schlaff werden, hinschwinden. *p.p.* म्लातं weich gemacht (*durch Gerben*); म्लान verwelkt, erschlafft, matt, niedergeschlagen, geschwunden. *Caus.* म्लापयति welk machen, म्लपयति zerdrücken. परि dahin schwinden; *p.p.* verwelkt, erschöpft, geschwunden. प्र *u.* वि = *Simpl.*

verwelkend, hinschwindend.

## य

यं *St. des Pron. rel.* (*n.* यद् *s bes.*) welcher, e, es, *auch* wenn jemd. (*meist mit Opt.*). *Meist in Correl. mit einem Pron. dem.; verdoppelt o. mit* कश्च, कश्चन, कश्चिद्, को ऽपि wer, welcher auch immer. *Mit* स gleichviel wer *o.* welcher. यो ऽहम्, यस्त्वम्, यो ऽयम्, यो ऽसौ der ich, der du, welcher hier, welcher dort.

यकं = *vor.*

यकन् *u.* यकृत् *n.* Leber.

यकार *m.* der Laut y.

यकृद्वर्ण leberfarben.

यक्ष्, यक्षति, °ते *mit* प्र vordringen, eilen, streben.

यक्षं *n.* Geist, Spuk, Erscheinung; *m.* Art Halbgötter im Gefolge Kubera's, *f.* ई. *Abstr.* यक्षता *f.*, °त्व *n.*

यक्षकर्दम *u.* °धूप *m.* Arten von Räucherwerk.

यक्षपति, °राज् *u.* °राज *m.* Yakshafürst (*Kubera*).

यक्षाधिप *u.* °ति *m. dass.*

यक्षि *s.* यज्.

यक्षिन् eifrig, lebendig.

यंक्षु *m. N. eines Volksstammes.*

यक्षेन्द्र *u.* यक्षेश्वर *m.* = यक्षपति.

यंक्ष्म *n.*, यक्ष्मन् *m.* Krankheit, *bes.* Auszehrung.

यक्ष्मिन् schwindsüchtig.

यंक्ष्य rührig, lebendig.

यच्छति *s.* यम्.

यज्, यंजति, °ते opfern (*Act. oft* für einen

**यजुर्विद्** der Opfersprüche kundig.
**यजुर्वेद** *m.* der Yajurveda (V. der Opfersprüche).
**यजुष्टस्** von Seiten *o.* im Gebiete des Yajus.
**यजुष्मन्त्** von einem Opferspruch begleitet.
**यजुष्य** auf das Opferwesen bezüglich.
**यजुस्** *n.* Ehrfurcht, Verehrung; Opferspruch (*r.*), *auch* = **यजुर्वेद** (*Sgl. u. Pl.*).
**यज्ञ** *m.* Anbetung, Andacht, Verehrung, Gottesdienst, Opfer.
**यज्ञकर्मन्** *n.* Opferhandluug; *Adj.* damit beschäftigt.
**यज्ञकाम** andachts- *o.* opfereifrig.
**यज्ञकृत्** Opfer darbringend, fromm.
**यज्ञक्रतु** *m.* Opferfeier, Ritus.
**यज्ञक्रिया** *f.* Opferhandlung.
**यज्ञतुरंग** Opferross (*r.*).*
**यज्ञदत्त** *m. Mannsname.*
**यज्ञदीक्षा** *f.* Opferweihe.
**यज्ञधीर** andachts- *o.* opferkundig.
**यज्ञपति** *m.* Opferherr (*d. i.* -veranstalter *o.* -empfänger).
**यज्ञपशु** *m.* Opfertier
**यज्ञपात्र** *n.* Opfergerät.
**यज्ञप्रिय** *u.* °**प्री** sich des Opfers freuend.
**यज्ञभाग** *m.* Anteil am Opfer; *Adj.* A. a. O. habend (ein Gott).
**यज्ञभागेश्वर** *m.* Götterherr (*s. vor.*), *Bein. Indra's.*
**यज्ञभूमि** *f.* Opferstätte.
**यज्ञभृत्** *m.* Opferveranstalter (*eig.* -träger).
**यज्ञमन्मन्** opferwillig.
**यज्ञमुष्** *m.* Opferräuber (ein Dämon).
**यज्ञवनस्** Opfer liebend.
**यज्ञवन्त्** verehrend, andächtig.
**यज्ञवाट** *m.*, °**वास्तु** *n.* Opferstätte.
**यज्ञवाह** das Opfer geleitend.
**यज्ञवाहन** *dass., Bein. Vishnu's u. Çiva's.*
**यज्ञवाहस्** Verehrung darbringend *o.* empfangend.
**यज्ञविद्** opferkundig; °**विद्या** *f.* O.kunde.
**यज्ञवृध्** opferfroh.
**यज्ञशरण** *n.* Opferschuppen; °**शाला** *f.* -halle.
**यज्ञशिष्ट** *u.* °**शेष** *n.* Opferrest.
**यज्ञश्री** das Opfer fördernd.
**यज्ञसाध्** *u.* °**साधन** Opfer vollziehend.
**यज्ञसूत्र** *n.* die Opferschnur (*r.*).
**यज्ञसेन** *m. Mannsname.*

**यत** *s.* **यम्.**
**यतम** welcher (*von Vielen*).
**यतमथा** auf welche Weise (*von vielen*).
**यतर** welcher (*von Zweien*).
**यतरथा** auf welche Weise (*von zweien*).

**यतव्रत** heilig, fromm (*eig.* von festem Gelübde).

**य॑तस्** *Adv.* = *Abl. zu* **य**, von wem *o* welchem, woher, wovon, woraus, wo, wohin (*dopp.* je von wem *o.* von wem auch immer u. s. w.); warum, weshalb; da, weil; seitdem (*auch mit* **प्रभृति**), so bald als; auf dass, damit. *Oft zu Anf. einer Strophe:* denn. *Die Verb. mit* **ततस्** *s. d.*

**यतात्मन्** gezügelten Geistes, sich beherrschend.

1. **य॑ति** (*nur Pl.*) wieviele (*rel.*).

2. **य॑ति** *m.* Ordner, Lenker; Büſser, Asket.

3. **य॑ति** *f.* Lenkung; Pause, Cäsur.

**यतितव्य** zu sorgen (*n. impers.*).

**यतित्व** *n.* der Büſserstand.

**यतिथ॑**, *f.* **ई** der wievielste (*rel.*).

**यतिधा॑** in wieviel (*rel.*) Teilen.

**यतिन्** *m.* Asket.

**यतिवेष** ein Büſsergewand tragend.

**य॑त्काम** was wünschend.

**यत्काम्या॑** (*Instr. adv.*) in welcher Absicht

**यत्कारणम्** aus welchem Grunde.

**यत्कृते** weswegen.

**यत्न** *m.* Mühe, Sorge, Streben, Anstrengung; °—, *Instr.*, *Abl. u.* **यत्नतस्** mit Mühe, sorgfältig, eifrig. **यत्नं कर्** sich Mühe geben.

**यत्नवन्त्** sich Mühe gebend mit (*Loc.*).

**य॑त्र (य॑त्रा)** *Adv.* = *Loc. zu* **य**, wo, wohin; als, da, während, wann, wenn. **यत्र तत्रापि** wohin immer (*vgl.* **तत्र**). **यत्र कुत्र (कुत्रापि)** wo(hin) auch immer, überall. **यत्र क्व च(न)** *dass.*, irgendwann, zu jeder Zeit. **यत्र क्वापि** irgendwohin hierhin und dorthin.

**यत्रत्य** wo (*rel.*) seiend *o.* wohnend.

**यत्रसायंगृह** wo es einem Abend wird bleibend.

**यत्रोद्भूत** wo entstanden.

**य॑था** *Adv.* wie, gleichwie (*correl.* **तथा**, **एव** *o.* **एवम्**), wie z. B. (*auch* **तद्यथा**). *Conj.* dass, (*vor dir. Rede oft nicht zu übers.*); so dass, auf dass, damit; da, weil; wie wenn, als ob. *Oft* °— im

**यथादेशम्** *A*

**यथाधर्मम्** *Adv.*

**यथाभिवाञ्छित** beliebt, erwünscht.
**यथाभिलषित** *dass.*
**यथाभीष्ट** *dass.*, °— beliebig.
**यथाभ्यर्थित** wie *o.* vorher gebeten.
**यथामति** *Adv.* nach Gutdünken *o.* Einsicht.
**यथायथम्** *Adv.* nach Gebühr, entsprechend.
**यथायोगम्** *Adv.* je nach den Umständen.
**यथायोग्यम्** *Adv.* nach Gebühr, gehörig.
**यथारूप** wie beschaffen; *n.* °पम् *adv.* in rechter Weise, richtig, wahr.
**यथार्थ** der Sache, dem Zweck *o.* Bedürfnis entsprechend; angemessen, richtig, wahr; °— *u. n.* °र्थम् *adv.*
**यथार्थनामक** einen zutreffenden Namen führend.
**यथार्थनामन्** *n.* ein zutreffender Name; *Adj.* = *vor.*
**यथार्थित** = **यथाभ्यर्थित.**
**यथार्ह** dem Verdienst entsprechend, nach Wert *o.* Gebühr. °— *u. n. adv.*
**यथार्हणम्** *u.* °र्हतस् = *vor. adv.*
**यथालब्ध** was *o.* wie man etw. gerade findet.
**यथालाभ** (°—) *u.* °भम् *adv.* wie es sich trifft, gerade, zufällig.
**यथालिखितानुभाविन्** merkend, dass etw. gemalt sei.*
**यथालोकम्** *Adv.* je nach Raum *o.* Platz, an rechter *o.* an die rechte Stelle.
**यथावकाशम्** *Adv. dass.*
**यथावत्** *Adv.* nach Gebühr, ordentlich, gehörig, tüchtig; richtig; *auch* = **यथा** wie.
**यथावयस्** *u.* °वयसम् *Adv.* je nach dem Alter.
**यथावशम्** *Adv.* nach Belieben.
**यथावसरम्** *Adv.* bei jeder Gelegenheit.
**यथावस्तु** sachgemäſs, genau.
**यथावस्थितार्थकथन** *n.* Angabe des Sachverhalts (*j.*).
**यथाविद्यम्** *Adv.* je nach Wissen.
**यथाविध** wie beschaffen.
**यथाविधानम्** *u.* °धानेन *Adv.* vorschriftsmäſsig, gehörig.
**यथाविधि** *dass.*
**यथाविषयम्** je nach dem Gegenstande.
**यथावीर्य** von welcher Kraft.
**यथावृत्त** wie geschehen; *n. adv.*
**यथावेदित** wie ausgesagt (*j.*).
**यथाशक्ति** *Adv.* nach Vermögen.
**यथाशास्त्रम्** *Adv.* nach Vorschrift *o.* Regel.
**यथाश्रद्धम्** *Adv.* nach Vertrauen *o.* Neigung.
**यथाश्रुत** wie gehört *o.* überliefert; *n. adv.*
**यथाश्रुति** *Adv.* nach der heiligen Vorschrift.
**यथासंख्यम्** *Adv.* Zahl für Zahl, Stelle für Stelle.
**यथासङ्गम्** *Adv.* nach Bedarf, entsprechend.
**यथासन्नम्** *Adv.* bei jeder Annäherung.
**यथासमर्थितम्** *Adv.* wie beschlossen.
**यथासमीहित** wie erwünscht (*n. adv.**).
**यथासुखम्** *adv.* nach Lust, behaglich.
**यथास्थान** *n.* die rechte Stelle; *Adj.* an der r. St. befindlich; °नम् *adv.* an der (die) r. St.
**यथाहार** essend was sich trifft.
**यथेच्छ** wunschentsprechend; °—, *n. u.* °च्छया *adv* nach Wunsch *o.* Belieben.
**यथेप्सित** wunschgemäſs; *n.* = *vor. adv.*
**यथेष्ट** *dass.*; °— *u. n.* nach Wunsch.
**यथेष्टसंचारिन्** frei umherstreichend.
**यथेष्टाचरण** *n.* beliebiges Verfahren.
**यथोक्त** wie gesagt, schon erwähnt, °—, *n. u. Instr.* auf die angegebene *o.* vorgeschriebene Art.
**यथोक्तकारिन्** nach Geheiſs handelnd.
**यथोचित** angemessen, passend; °— *u n. adv.*
**यथोत्तर** der Reihe nach folgend; *n. adv.*
**यथोदित** wie *o.* schon angegeben; *n. adv.*
**यथोद्दिष्ट** wie angeführt; *n. adv.*
**यथोपपन्न** gerade vorhanden.
**यथोप्त** wie gesät, der Saat entsprechend.
**यद्** = *Pron.-St.* **य** (°—), *u. Nom. Acc. Sgl. von dems., als Conj.* dass, so dass, auf dass, damit, was das betrifft dass, weshalb, wann, als, wenn, weil, da. **यद्यपि** wenn auch, obgleich; **यद्वा** oder, jedoch, indessen.
**यदर्थ** welchen (*rel.*) Zweck habend.
**यदर्थम्** *u.* °र्थे *adv.* weshalb, weswegen (*rel.*).
**यदा** *Conj.* wann, als, wenn. *Oft verst.*

durch एव (यद्देव). *Im Nachs. bes.* आत्, अथ, तद्, तदा, तेन *u. s. w.* यदा कदा च so oft als; यदा कदा चिद् jederzeit. *Die Verb. mit* तदा *s. d.*

1. यदि (यदी) *Conj.* wenn (*im Nachs. oft* अथ, तद्, तदा, ततस्, तर्हि *u. s. w.*); so wahr als (*im Nachs.* तद्, तथा, तेन); ob (*in der Doppelfr. meist beide male o. einmal mit* वा, यदि—न वा ob—oder nicht); dass (*nach Neg.*); vielleicht dass, wie wenn? *In der Bed.* wenn *oft verst. durch* चिद्, चेद्, इद् (यदीद्), उ (यदु). यद्यपि *o.* अपि यदि—(तथापि *o.* तदपि) obgleich, wenn auch — (so doch).

2. यदि (*Loc.*) bei yad, wo yad steht (*g.*).

यदीय wem (*rel.*) gehörig.

यदु *m. N. eines alten Helden u. seines Stammes (sp. stets Pl.). Vgl.* तुर्वश.

यदृच्छ zufällig; *f.* आ Zufall, *meist* °— *u. Instr. adv.* zufällig, von ungefähr, unerwartet.

यद्भविष्य *m. N. eines Fisches in der Fabel* (Komme was kommen mag.)

यद्र्यञ्च् *u.* यद्र्यञ्च् nach welcher (*rel.*) Richtung gewandt.

यद्वत् *Adv.* wie (*vgl.* तद्वत्).

यद्वा *s.* यद्.

यद्विध wie beschaffen (*rel.*).

यद्वृत्त *n.* Begebenheit, Abenteuer.

यन्त् *s.* 2. इ.

यन्तर् *m.* Lenker, Wagenlenker, Ordner, Regierer.

यन्तव्य zu lenken, zu hemmen.

यन्त्र *n.* Werkzeug zum Halten, Geschirr, Maschine, Schranke.

यन्त्रण *n.*, आ *f.* Beschränkung, Zwang.

यन्त्रय्, °यति binden, fesseln; *p.p.* यन्त्रित gebunden, beschränkt, abhängig von (*Instr., Abl. o.* —°). नि zügeln, im Zaum halten. सम् anhalten.

यन्त्रिन् geschirrt; *m.* Quäler, Peiniger.

यन्धि *s.* यम्.

यन्निमित्त wodurch (*rel.*) veranlasst; *n. adv.* weshalb, warum.

यभ्, यभति, °ते futuere.

यम्, यच्छति, °ते, यमति, °ते halten, tragen, erheben, aufrichten; zusammen-, zurück-, ein-, anhalten, zügeln, bändigen; hinhalten, darreichen, gewähren; *Med.* sich stützen auf (*Loc.*), Stand halten, sich fügen, gehorsam sein (*Dat.*). *p.p.* यत gehalten u. s. w., *oft* °— (*auch* —°) mit eingehaltenem *o.* gezügeltem —. *Caus.* यमयति, °ते *u.* यामयति in Schranken halten, zügeln, ordnen. आ anspannen, ausstrecken; spannen (*Bogen*), anlegen (*Pfeil*), anhalten, zügeln. *p.p.* आयत (*s. auch bes.*). निरा ausstrecken. व्या auseinanderziehen, dehnen; *p.p.* व्यायत lang, kräftig. उद् aufheben, erheben (*auch übertr.*), fördern, hinhalten, darbieten; zügeln, lenken; sich anschicken, sich bemühen um (*Dat.*). *p.p.* उद्यत erhoben, dargeboten, übernommen; gerüstet, bereit, entschlossen zu, bedacht auf, bemüht um (*Inf., Dat., Loc.,* अर्थम् *o.* —°). अभ्युद्, *p.p.* अभ्युद्यत erhoben, im Begriff zu, bereit, bestrebt (*Inf., Loc. o.* —°). प्रोद् erheben, aufrütteln; *p.p.* प्रोद्यत erhoben, im Begriff zu (*Inf.*). समुद् erheben, zügeln, lenken; *p.p.* समुद्यत erhoben, dargeboten, begonnen; bereit, eifrig zu, beflissen um (*Inf., Dat. o.* अर्थम्), begriffen in (*Loc.*). उप ergreifen, fassen; *Med.* heiraten (ducere). नि anhalten, aufhalten, befestigen, zuwenden, verleihen, niederhalten, unterdrücken, bändigen, hemmen, beschränken, bestimmen. *p.p.* नियत angehalten u. s. w. (*s. auch bes.*). *Caus.* नियमयति, *p.p.* नियमित zurückhalten, bändigen, unterdrücken, hemmen, mildern; beschränken, bestimmen. विनि *u.* संनि festhalten, zügeln, hemmen, unterdrücken. प्र vorstrecken, hinhalten, darreichen, abliefern, abgeben (*eine Schuld*), hinweggehen (*zur Ehe*), gewähren, schenken. *p.p.* प्रयत vorgestreckt u. s. w.; ausgedehnt, weit; hingegeben an, gehörig vorbereitet zu (*Loc. o.* —°), rein (*r.*). संप्र (zusammen) über-

*ersten Mannes* (*f.* **यमी॑** *der ersten Frau*), *sowie des Todesgottes.* *n.* Paar.

**यमक** doppelt; *n.* Paronomasie (*rh.*).

**यमकिंकर** *m.* Yama's Diener.

**यमज**, **॰जात** *u.* **॰जातक** *m.* *Du.* Zwillinge.

**यमदण्ड** *m.* Yama's Keule.

**यमदूत॑** *m.* Yama's Bote.

**य॑मन**, *f.* **ई** bändigend; *n.* das Bändigen.

**यमपुरुष** *m.* = **यमकिंकर**.

**यम॑राजन्** Yama zum König habend.

**यमरा॑ज्य** *n.* Yama's Herrschaft.

**यमल** gepaart, doppelt; *Du.* Zwillinge.

**यमलोक** *m.* Yama's Welt.

**यमवन्त्** der sich beherrscht.

**यम॑विषय** *m.* Yama's Reich.

**यमश्व॑** *m.* Yama's Hund.

**यमसदन** *n.* Yama's Sitz *o.* Haus.

**यमसादन॑** *n.* *dass.*

**यमसू॑** *f.* Zwillinge gebärend.

**यमिन्** = **यमवन्त्**.

**यमि॑नी** *f.* Zwillinge werfend.

**य॑मिष्ठ** (*Superl.*) am besten zügelnd.

**यमु॑ना** *f.* *N. eines Flusses* (*mit* **यमी** *identif.*).

**यया॑ति** *m.* *N. eines alten Stammeshelden.*

**या॑य** laufend, eilend; *m.* **ययि॑** Wolke.

**ययी॑** *u.* **य॑यु** = *vor. Adj.*

**य॑र्हि** *Conj.* wann, da, weil (*correl.* **त॑र्हि**).

1. **य॑व** *m.* Getreide, *bes.* Gerste; *Pl.* Gerstenkörner.

2. **य॑व** *m.* *Pl.* die lichten Monatshälften.

यंष्टर् u. यष्टंर् m. Verehrer, Opferer.
यंष्टवे Dat. Inf. zu यज्.
यष्टव्य durch Opfer zu ehren; n. impers. zu opfern.
यष्टि f. Stock, Stengel, Perlenschnur.
यष्ट्युत्थान n. das Aufstehen an einem Stock.
यस्, यंस्यति, यसति heifs werden, sich anstrengen. आ sich abmühen; p.p. आयस्त angestrengt, ermüdet, beschäftigt mit (—°). Caus. आयासयति anstrengen, quälen. प्र überwallen, sich bemühen. p.p. प्रंयस्त überwallend, hitzig, eifrig.
यंस्मात् (Abl. von य) weil, da (s. तंस्मात्).
यह्व jugendlich, munter; m. Kind.
यह्वं, f. ई der jüngste, ewig jung o. munter (bes. von Agni, Gewässern u. dgl.).
यह्वंन्त्, f. यह्वंती dass.
या, यांति (°ते) gehen, ziehen, fahren mit (Instr.), aufbrechen, sich entfernen, entkommen, vergehen, zu nichte werden; von Statten gehen, gelingen; verfahren, sich benehmen; gelangen zu, kommen nach, geraten in (Acc. o. Loc.), angehen um (2 Acc.); erkennen, auch = inire (feminam). खण्डशस् in Stücke gehen. p.p. यातं gegangen u. s. w., auch pass., impers. mit Instr. (* u. Gen.) des Subj.; यातं मया पादयोः ich habe mich zu Füfsen geworfen. Caus. यापंयति jemd. gehen heifsen nach, gelangen lassen zu (2 Acc.); verstreichen lassen, herumbringen (die Zeit), wandern lassen, werfen (den Blick). Desid. यियासति gehen u. s. w. wollen. अच्छ herbeikommen, herantreten an (Acc.). अति vorübergehen, entkommen (Acc.). अनु hingehen zu, nachgehen, folgen, nachahmen, erreichen. p.p. अनुयात act. u. pass. अप fortgehen, sich entfernen, fliehen. अभि herbeikommen; hingehen zu, losgehen auf, sich hingeben an, teilhaft werden (Acc.). आ herantreten, kommen von (Abl.), nach o. in (Acc., selten Loc.); teilhaft werden, erlangen (Acc.); sich einstellen, zu Teil werden (Acc.). Mit पुनर् wiederkehren. अत्या

याचिष्णु bittend, bettelnd.
याञ्चा f. Bitte, Bettelei, Gesuch um (—°).
याञ्चय m., °या f. dass.
याच्य zu bitten, zu verlangen (*auch zur Ehe*); *n.* das Betteln.
याज् *m.* Opferer.
याज *m. dass.* (—°); Opfer.
याजक *m.* Opferpriester.
याजन *n.* das Opfern für (*Gen. o.* —
याजिन् opfernd; *m.* Opferer.
याज्ञवल्क्य *m. N. eines alten Lehrers.*
याज्ञिक, *f.* ई zum Opfer gehörig; *m.* Opferkenner.
याज्ञिक्य *n.* Opferkunde.
याज्ञिय = याज्ञिक (*auch m.*).
याज्य für den *o.* was geopfert wird; *m.* Opferherr. *Abstr.* °ता *f.*, °त्व *n.* *f.* याज्या Begleitspruch (*r.*).
याज्यावन्त् von einem Spruch begleitet (*s. vor.*).
यात् (*Abl. von* य) soweit als, so lange als, seit.
यात (*s.* या) *n.* Gang, Weg, Fahrt.
यातन *n.* Vergeltung. *f.* आ *dass.*, Strafe, Qual, Pein (*oft Pl.*).
यातयज्जन die Menschen lenkend.
यातयाम *u.* °मन् erschöpft, verbraucht, untauglich, unnütz (*eig.* seinen Gang gegangen seiend).
1. यातृ gehend, fahrend; *m.* Wagenfahrer *o.* -führer.
2. यातृ *m.* Heimsucher, Rächer.
3. यातृ *f.* die Frau des Mannesbruders.
यातवे *Dat. Inf. zu* या.
1. यातव्य gegen Spuk *o.* Hexerei dienend.
2. यातव्य anzugreifen, zu bekämpfen, feindlich; zu reisen, zu marschieren (*n. impers.*).
यातव्यपक्ष *m.* die feindliche (*eig.* anzugreifende) Seite; Partei der Feinde.
यातु *m.* Spuk, Hexerei, Gespenst, Art Dämonen.
यातुधान, *f.* ई Art Dämonen (= *vor.*).
यातुमन्त् *o.* °मावन्त् spukend, hexend.
यातुविद् des Spuks kundig.
यातुहन् Spuk vertreibend.
यात्रा *f.* Gang, Fahrt, Reise nach (—°); Zug, Kriegszug, Marsch, Prozession; das Thun u. Treiben, Lebensunterhalt; Festlichkeit, *bes.* eine Art dramatischer Unterhaltung.
यात्रिक zu einem Zuge *o.* zum Unterhalt

**याम्य** Yama gehörig, südlich.

**यायजूक** fleifsig opfernd.

**यायावर** umherwandernd, unstet. *m.* ein fahrender Bettler; *Pl. N. eines Brahmanengeschlechts.*

**यायिन्** gehend, laufend, fahrend, ziehend.

1. **याव** *m. Pl.* = 2. **यव**.

2. **याव** aus Gerste bestehend, Gersten-.

3. **याव** *m.* Lackfarbe.

1. **यावक** *m. n.* ein best. Gerstengericht.

2. **यावक** *m.* = 3. **याव**.

**यावच्छस्** *Adv.* wievielfach.

**यावज्जीवम्** *u.* °**वेन** *adv.* zeitlebens.

**यावत्** *s.* **यावन्त्**.

**यावतिथ** der wievielste (*rel.*).

**यावत्कालम्** *Adv.* wie lange es dauert eine Zeit lang.

**यावत्कृत्वस्** *Adv.* wie oft.

**यावत्स्वम्** *Adv.* wieviel man besitzt.

**यावदन्तम्** *u.* °**न्ताय** bis ans Ende.

**यावदर्थ** so viel wie nötig; °— *u. n. adv.*

**यावदह** *n.* der wievielste Tag.

**यावदायुषम्** *u.* °**युस्** *Adv.* zeitlebens.

**यावदुक्त** wie angegeben.

**यावद्धा** *Adv.* wie oft, wievielmal.

**यावद्बलम्** *Adv.* nach Kräften.

**यावन्** *m.* Angreifer, Verfolger.

1. **यावन** von den Yavana kommend; **m* Weihrauch.

2. **यावन** *n.* das Fernhalten.

**यावन्त्** wie grofs, wie lang (*Raum u Zeit*), wieviel; *Pl.* wieviele. *n.* wie weit, wieviel, wie oft, wie sehr (*correl* **तावत्**); bis, sobald als (*auch mit Neg.* **यावन्न**, *w. auch* = wenn o. ob nicht); mittlerweile, inzwischen, zunächst, gleich (*constr. wie* **तावत्**); *Präp.* (*nach o. vor Acc.*) während; bis (*auch vor Abl.*). **यावता** *u.* **यावति** wie weit, wie lange. **इति यावत्** soviel als (—°).

**यावन्मात्र** welches Mafs habend, wie grofs o. wie klein. *n. adv.*

**यावयद्द्वेषस्** Feinde abwehrend.

**याशु** *n.* Umarmung, Beischlaf.

**यास** *m. N. einer Pflanze.*

**यास्क** *m. N. eines alten Lehrers.*

**यियक्षु** o

**यियासा**

युगल m. n. Paar.

युगलक n. dass., Doppelstrophe.

युगशम्य n. Joch und Zapfen.

युगपंद्रम् Adv. zugleich mit (*Instr.*).

युगादि m. Welt(perioden)anfang.

युगान्त m. Welt(perioden)ende; *auch* Ende des Jahres.

युगान्तर n. der andere Abschnitt (*der Sonnenbahn*).

युग्म u. °क paar (= geradzahlig); *n.* Paar, Doppelstrophe.

युग्मंन् u. युग्मंन्त् = *vor. Adj.*

युग्य n. Wagen; Zugtier.

युग्यवाह m. Wagenlenker.

युङ्गिन् m. eine best. Kaste.

युछ्, युच्छति weichen, sich entfernen von (*Abl.*).

1. युज्, युनक्ति, युङ्क्ते, युजते u. युञ्जति, °ते jochen, schirren, in Thätigkeit setzen, ausrüsten, bereiten, anwenden, anbringen, auflegen, befestigen, anfügen, stellen (धुरि an die Spitze), anstellen *o.* anweisen zu (*Loc. o. Dat.*), auftragen, befehlen (*Acc.*), auf etw. (*Loc.*) richten *o.* lenken (*Geist*, *Sinn etc.* = sich vertiefen); zusammenfügen, verbinden mit (*Instr.*), jemd. mit etw. versehen *o.* jemd. etw. zu teil werden lassen (*Acc. der Pers. u. Instr. der Sache, auch Loc. der Pers. u. Acc. der S.*). *Med.* teilhaft werden (*Acc.*). *Pass. Med.* sich hängen an (*Loc.*); sich verbinden (*auch ehelich*). *Pass.* युज्यते jemd. (*Gen.*) zu teil werden, passen zu, sich schicken für (*Instr. o. Loc.*); recht *o.* richtig sein. *Partic.* युजान fahrend mit (*Instr.*); युज्यमान beschäftigt mit (*Loc.*); युञ्जान dem es wohl geht. *p.p.* युक्त geschirrt, angespannt, angestellt, beschäftigt mit (*Loc. o.* —°); gesammelt, aufmerksam, schirren, ausrüsten, gebrauchen, an-

stellen, anhalten zu (*Loc. o.* अर्थम्), einsetzen in (*Loc.*), als (*2 Acc.*); jemd. (*Loc.*) etw. (*Acc.*) übertragen; hinstellen, auflegen, anbringen, anwenden; jemd. (*Acc.*) mit etw. (*Instr.*) versehen. **संनि**, *p.p.* **संनियुक्त** angewiesen, bevollmächtigt; verbunden mit (—°). *Caus.*, *p.p.* **संनियोजित** angewiesen, angetrieben. **प्र** (*meist Med.*) anschirren, in Bewegung setzen, schleudern, richten, vorbringen, äufsern; beginnen, unternehmen, ausführen; anwenden, gebrauchen; jemd. antreiben, anstiften, anweisen zu (*Dat. o. Loc.*), erwählen als (*2 Acc.*); vollziehen, vollbringen, aufführen (*d.*). *Pass.* passend sein; *p.p.* **प्रयुक्त** angeschirrt u. s. w.; gebräuchlich, passend, recht. **विप्र** trennen von (*Instr.*), berauben; *p.p.* **विप्रयुक्त** getrennt von, verlustig des (*Instr. o.* —°). **संप्र**, *p.p.* **°युक्त** verbunden, vermischt mit (*Instr. o.* —°); angetrieben, gesammelt, vertieft **वि** losmachen, trennen, befreien von (*Instr.*). *Pass.* getrennt, beraubt, befreit werden von (*Instr.*); *p.p.* **वियुक्त**. *Caus.* = *vor. Act.*; *p.p.* **वियोजित** getrennt, gebracht um (*Instr.*). **सम्** verbinden, vereinigen, versehen, ausrüsten mit (*Instr.*). *Pass.* sich verbinden (*auch ehelich*), teilhaft werden (*Instr.*). *p.p.* **संयुक्त** verbunden (*auch ehelich*); versehen, ausgerüstet, begabt mit (*Instr. o.* —°). *Caus.* schirren, ausrüsten, auflegen (*Pfeil*), befestigen, richten auf (*Loc.*); jemd. anstellen, etw. übergeben, auftragen; verbinden, zusammenführen; versehen, beschenken mit (*Instr.*); thun, vollbringen.

2. **युज्** geschirrt; bespannt mit (—°); verbunden, versehen, begabt mit (*Instr. o.* —°); *m.* Gefährte, Genosse.

**युजे** *Dat. Inf.* zu **युज्**.

**युज्य** verbunden, passend, geeignet. *m.* Genosse; *n.* Bund, Verwandtschaft.

**युत** *s.* 1. 3. **यु**.

**युति** *f.* Vereinigung.

**युपित** ver-

**योपयति** *dass.*

=

**युष्मद्**).

**युष्मत्तस्**

**युष्मदीय**

**युष्मादृश्**

**युष्मानीत**

**युष्मावन्त्**

**यूयुवि** beseitigend.

**यूष** *m. n.*, **यूषन्** (*schw. Casus*) *u.* **यूस्** (*nur Nom.*) Brühe.

**येन** (*Instr. von* **य**) wohin, wo, wie, woher, warum, weshalb, dass, damit, weil, da.

**येष्**, **येषति** rollen, sprudeln.

**येष्ठ** (*Superl.*) am schnellsten gehend *o.* fahrend.

**योक्तर्** *m.* Anschirrer, Wagenlenker.

**योक्तव्य** zu vollziehen, anzuwenden; zu versehen mit (*Instr.*).

**योक्त्र** *n.* Strang, Gurt.

**योग** *m.* das Anschirren, Fahrt, Gespann, Geschirr; Ausrüstung, Anwendung, Mittel, Kniff, Zauber, Betrug, Unternehmung, That, Verbindung, Zusammenhang mit (*Instr. o* —°), Erwerb, Gewinn, Arbeit, Fleiſs, Aufmerksamkeit, Nachdenken, Concentration, *N. eines philosoph. Systems*; Etymologie, Rection, Regel (*g.*). **योगेन** *u.* **°गतस्** auf die rechte Weise, gehörig; vermittelst, gemäſs (—°).

**योगक्षेम** *m.* (*n.*) *Sgl.*, *m. Pl.* (*Du.*) Besitz des Erworbenen *o.* Erwerb und Besitz: Vermögen, Wohlfahrt. (**°क्षेमं वह्** für die Wohlfahrt jemds. – *Dat.* – sorgen.*)

**योगनिद्रा** *f.* Halbschlaf (*eig.* Gedankenschlaf), Schlummer (*bes. Vishnu's am Schluss einer Weltperiode*).

**योगमाया** *f.* Zauber.

**योगयात्रा** *f.* der Weg zum Yoga; *T. eines Werkes.*

**योगवन्त्** verbunden; dem Yoga obliegend.

**योगविद्** die rechten Mittel *o.* den Yoga kennend.

Zauberei, *Be*

**योगेश्वर** *m. das*

**योग्य** (ins Joch

passend, bra

(*Gen.*, *Loc.*,

tier; *f.* **योग**

Übung, Pra

**योग्यता**, *f.*, **°त्व**

**योजक** (—°) an

**योजन** *n.* das A

Bahn, ein

Anordnung,

(*Instr. o.*

**योजनीय** anzuw

**योजयितव्य** zu

mit (*Instr.*).

**योज्य** zu richte

**योत्त्र** *n.* Strick,

**योद्धर्** *m.* Käm

**योद्धव्य** zu käm

**योध** *m.* = **योद्ध**

**योधन** *n.* Kam

**योधनीय** zu b

**योधिन्** (—°)

**योधीयंस्** (*Com*

**योध्य** zu bekä

**योनि** *m.* (*f.*),

vulva, Hein

Geschlecht,

geboren in,

**योन्य** einen Sch

**योषणा** (**योषण**

**योषन्**, **योषा**

**योस्** (*nur verb*

**यौगंधरायण** *m*

**यौगपद्** *u.* **°पद**

**यौगिक**, *f.* **ई** etymologisch.

**यौतक** jemd. eigentümlich gehörend, privat; *n.* Privatbesitz, *bes.* die Mitgift der Frau.

**यौध** kriegerisch.

**यौधेय** *m. Pl. N. eines Kriegerstammes.*

**यौन** *n.* eheliche Verbindung, Heirat; *Adj.* auf H. beruhend, verschwägert.

## र

**र** (—°) besitzend, verleihend, bewirkend.

**रंसु** ergötzlich, lieblich.

**रंह्**, **रंहते**, **°ति** rinnen, eilen; *Act. u. Caus.* **रंहयति**, **°ते** *auch* rinnen machen, beschleunigen.

**रंहस्** *n.* Eile, Geschwindigkeit, Heftigkeit.

**रंहि** *f.* das Rinnen, Jagen; *auch = vor.*

**रकार** *m.* der Laut r.

**रक्त** (*s.* **रज्**) gefärbt, lieblich, schön, rot, aufgeregt, entzückt von (*Instr.*), eingenommen für (*Gen.*, *Loc. o.* —°); liebend, verliebt. *f.* **आ** Lack. *n.* Blut *Saffran.

**रक्तक** rot, blutig.

**रक्तकदम्ब** *m.* roter Kadamba.

**रक्तचन्दन** *n.* roter Sandel.

**रक्तता** *f.*, **°त्व** *n.* Röte.

**रक्तपाद** *m.* Rotfuſs (*Art Vogel*).

**रक्तपुष्प** *n.* eine rote Blüte; *Adj.* rotblühend.

**रक्तमोक्ष** *m.*, **°ण** *n.* Blutentziehung, Aderlass.

**रक्तवर्ण** *m.* die rote Farbe; *Adj.* rotfarbig.

**रक्तवासस्** *u.* **°वासिन्** rot gekleidet.

*__रक्तसंकोच__ *m.* Safflor.

**रक्ताक्ष**, *f.* **ई** rotäugig.

**रक्ताभ** rötlich aussehend.

**रक्ताम्बर** *n.* ein rotes Gewand; *Adj* in ein r. G. gekleidet.

**रक्ताशोक** *m.* roter Asoka.

**रक्तिमन्** *m.* Röte.

**रक्तिमन्त्** reizend, lieblich.

**रक्ष्**, **रक्षति**, **°ते** bewachen, hüten schützen vor (*Abl.*); in Acht nehmen, schonen, beobachten, halten (*Gesetz*); wehren

**रघुवीर** *u.* **°वर** *m. Bein. Râma's.*

**रघुष्यद्** eilig.

**रङ्क** *m.* Bettler.

**रङ्कु** *m.* Art Antilope.

**रङ्ग्**, **रङ्गति** schwanken.

**रङ्ग** *m.* Farbe; Bühne, Theater.

**रङ्गद्वार** *n.* Prolog (*d.*).

**रङ्गनाथ** *m. Mannsname.*

**रङ्गमण्डप** Schauspielhaus.

**रङ्गाङ्गण** *n.* Schauplatz.

**रङ्गावतारक** *u.* **°तारिन्** Schauspieler (*eig.* der die Bühne betritt).

**रङ्गिन्** hängend an (—°).

**रंह्**, **रंहते** eilen, rennen.

**रंहस्** *n.* Eile.

**रच्**, **रचयति** verfertigen, hervorbringen, machen, verfassen, machen zu (*2 Acc.*), anbringen an (*Loc.*), jemd. veranlassen *o.* bringen zu (*2 Acc.*). *p.p.* **रचित** verfertigt u. s. w., versehen mit (*Instr. o.* —°), beschäftigt mit (—°). **वि** verfertigen, bilden, verfassen; *p.p.* **विरचित** verfertigt, verfasst, zurechtgemacht, angebracht, versehen mit (*Instr.*).

**रचन** *n.* das Ordnen, Zurechtmachen, Verfassen; *f.* **आ** *dass.*, das Anbringen, Anlegen, Erzeugnis, Werk, Stil.

**रचयितृ** *m.* Verfasser.

**रज्** *u.* **रञ्ज्**, **रज्यति**, **°ते** sich färben, rot sein, aufgeregt werden, entzückt sein von (*Instr.*), verliebt sein in (*Loc.*). *p.p.* **रक्त** *s. bes. Caus.* (**रजयति**) *u.*

रजोमेघ *m.* Staubwolke.

रज्ज्वक्ष *n.* Strick- *o.* Seilzeug.

रज्जु (रज्जू) *f.* Strick, Seil.

रज्जुक (*adj.* —°) *dass.*

रज्जुपीठिका *f.* eine an Stricken hängende Bank, Art Strickleiter.

रज्जुमय aus Stricken bestehend.

रज्जुलम्ब *m.* Hängestrick.

रञ्ज्, ऋञ्जति, °ते, ऋज्यति, °ते sich strecken, verlangen nach (*Acc.*). *Partic.* ऋञ्जसान herbeieilend, erstrebend. अभि haschen nach (*Acc.*). नि erreichen, erwischen.

रञ्जक, *f.* रञ्जिका färbend; entzückend, erfreuend.

रञ्जन, *f.* ई (—°) *dass.*; *n.* das Färben, Entzücken, Zufriedenstellen; *roter Sandel.

रञ्जनीय zu erfreuen, zu befriedigen.

रट्, रटति heulen, brüllen, krächzen, schallen, rauschen. *Intens.* रारटीति *dass.*

रटन *n.* das Rufen, Jauchzen.

रटित (*s.* रट्) *n.* Geschrei, Geheul.

रण *m.* Lust, Freudigkeit; (*Laut, Ton); Kampf (*auch n.*).

रणकृत् Freude machend *o.* kämpfend.

रणचिति *f.*, °क्षेत्र *n.* Schlachtfeld.

रणत्कार *m.* Gerassel, Gesumme.

रणप्रिय kampflustig.

रणभू *u.* °भूमि *f.* Kampfplatz.

रणमुख *n.*, °मूर्धन् *m.*, °शिरस् *u.* °शीर्ष *n.* Vordertreffen (*eig.* Mund *u.* Spitze des Kampfes).

रणाङ्गण *u.* रणाङ्गन *n.* Schlachtfeld.

रणित (*s.* 2. रण्) *n.* Klingen, Summen.

रणितृ sich freuend an (*Loc.*).

रण्डा *f.* Vettel, Witwe.

रण्य erfreulich; *n.* Freude, Kampf.

रण्व्, रण्वति ergötzen.

रण्व erfreulich, angenehm, fröhlich.

रण्वित fröhlich, munter.

रत (*s.* रम्) *n.* Liebesgenuss, Wollust.

रति *f.* Ruhe, Lust, Freude, Gefallen an (*Loc. o.* —°), Liebesgenuss, Wollust (*personif. als Gattin des Liebesgottes*).

रतिकर, *f.* ई Freude machend *o.* der Liebe pflegend.

रतिज्ञ der Liebe *o.* Wollust kundig.

रतिप्रीति *f. Du.* Rati und Prîti (*zwei Gattinnen des Liebesgottes*).

रतिबन्धु *m.* Geliebter, Gatte.

रतिमन्त् fröhlich, verliebt, von Rati begleitet.

रतिरस *m.* Liebesgenuss; *Adj.* wie Liebe schmeckend.

रतिसर्वस्व *n.* der Inbegriff der Lust.

रतोत्सव *m.* Fest des Liebesgenusses.

रत्न *n.* Gabe, Besitz, Gut; Schutz, Juwel, Perle; *oft* —° eine Perle *o.* ein Schatz von; °— mit Edelsteinen besetzt *o.* verziert.

रत्नगर्भ Edelsteine bergend; *f.* आ die Erde.

रत्नच्छाया *f.* Glanz von Edelsteinen.

रत्नदीप *m.* Juwelenlampe (*d. i.* eine L. mit Juwelen statt der Flamme).

रत्नध *u.* °धा Gaben spendend; *Superl.* °धातम.

रत्नधेय *n.* das Gabenspenden.

रत्नप्रदीप *m.* = रत्नदीप.

रत्नप्रभ *m. Fürstenname* (*eig.* von Juwelen prangend); *f.* आ die Erde, *Frauenn.*

रत्नप्रासाद *m.* ein mit Edelsteinen geschmückter Palast.

रत्नभाज् Schätze verteilend *o.* besitzend.

रत्नभाजन *n.* Juwelenkästchen.*

रत्नभाण्ड *n. dass.**

रत्नभूत juwelengleich (ein J. seiend).

रत्नमय, *f.* ई aus Juwelen bestehend.

रत्नमाला *f.* Juwelenhalsband, Perlenschmuck.

रत्नरत्न *n.* die Perle der Perlen.

रत्नराशि *m.* Perlenhaufen *o.* -menge.

रत्नवन्त् gaben- *o.* juwelenreich.

रत्नवर्धन *u.* °वर्मन् *m. Mannsnamen.*

रत्नसू Schätze gebärend (*die Erde*).

रत्नहविस् *n.* eine best. Opferhandlung.

रत्नाकर *m.* Schatzgrube, das Meer.

रत्नाङ्गुरीयक *u.* °लीयक *n.* Juwelenring.

रत्नावली *f.* Perlenschnur; *Frauenname, T. eines Dramas.*

रथधुर् *f.* Wagendeichsel.

रथनाभि *f.* Nabe am Wagen.

रथनेमि *f.* Radkranz.

रथपथ *m.* Wagenbahn, Fahrweg..

रथप्रा Wagen füllend *o.* fördernd.

रथभङ्ग *m.* Wagenbruch.

रथमार्ग *m.* = रथपथ.

रथमुख *n.* Vorderwagen.

रथयान *n.* das Fahren zu Wagen.

रथयावन् zu Wagen fahrend.

रथयु nach Wagen begehrend.

रथयुज् an den Wagen schirrend *o.* geschirrt; *m.* Wagenlenker.

रथयुद्ध *n.* Wagenkampf.

रथयोग *m.* Wagengespann *o.* -lenkung.

रथयोध *m.* Wagenkämpfer.

रथरश्मि *m.* Wagenstrang.

रथर्य्, रथर्यति zu Wagen fahren.

रथवन्त् reich an Wagen; *n.* Wagenbesitz

रथवर्त्मन् *n.* Wagenweg.

रथवाह, *f.* ई einen Wagen ziehend; *m* Wagenpferd *o.* Wagenlenker.

रथवाहन *n.* Untergestell am Wagen.

रथविज्ञान *n.*, °विद्या *f.* Wagen- *o.* Fahrkunst.

रथशिक्षा *f. dass.*

रथशिरस् *u.* °शीर्ष *n.* Vorderwagen.

रथाक्ष *m.* Wagenachse.

रथाङ्ग *n.* Wagenteil, Wagenrad, Discus (*bes. Kṛshṇa's*); *N. eines Vogels* (*auch* °नामन् *m.*).

रथारथि *Adv.* Wagen gegen Wagen.

रथारोह *m.* das Besteigen des Wagens (*auch* °ण *n.*); Wagenkämfer.

रथाश्व *m.* Wagenpferd; *n.* Wagen u. Pferd.

*eines Metrums.*

**रन्धि** *f.* Unterwerfung; das Garwerden.

**रन्ध्र** *n.* (*m.*) Öffnung, Spalte, Loch; Blöfse, Schwäche, Mangel.

**रप्, रपति** schwatzen, flüstern, reden.

**रपस्** *n.* Gebrest, Schaden, Krankheit.

**रप्श्, रप्शते** *mit* **प्र** hinausreichen über (*Abl.*); *mit* **वि** übervoll sein, strotzen von (*Instr. o. Gen.*).

**रफ्**, *nur p.p.* **रफित** elend, krank.

**रब्धा** *f.* Speise.

**रभ्** *u.* **रम्भ्**, **रभते**, °ति (**रम्भति**, °ते) fassen, ergreifen. *Caus.* **रम्भयति** *dass.* **आ** anfassen, berühren, an etw. herangehen, etw. anfangen, unternehmen. *Pass.* beginnen (*intr.*). *Ger.* **आरभ्य** von—an (*Abl.*, *Acc. o.* —°). *p.p.* **आरब्ध** *act. u. pass.* angefangen (habend). **अन्वा** von hinten anfassen, berühren; *p.p.* **अन्वारब्ध** *act. u. pass.* **समन्वा** (sich) zusammen anfassen; *p.p.* **समन्वारब्ध** angefasst, *Pl.* sich gegenseitig anfassend. **प्रा** anfassen, unternehmen, beginnen; *p.p.* **प्रारब्ध** angefangen (*act u. pass.*). **समा** anfangen; *p.p.* = *vor.*, *Ger.* **समारभ्य** von—an (*Abl.*). **परि** umfangen, umfassen; *p.p.* **परिरब्ध** *act. u pass.* **सम्** anfassen, zugreifen; *Pass* gepackt, ergriffen, aufgeregt werden *p.p.* **संरब्ध** aufgeregt, zornig.

**रभ** *m. N. eines Affen.*

**रभस्** *n.* Heftigkeit, Gewalt; *Instr. adv.*

**रभस** heftig, ungestüm, wild. *m.* = *vor. n.* —° heftiges Verlangen nach. °—, *Instr. u. Abl.* heftig, ungestüm, schnell

**रभस्वन्त्** ungestüm, eifrig.

**रभि** *f.* ein best. Teil am Wagen.

**रभिष्ठ** (*Superl.*) sehr ungestüm, gewaltig.

**रभीयंस्** *u.* **रभ्यस्** (*Compar.*) *dass.*

**रम्**, **रमते**, °ति, **रम्णाति** (*Act. meist nur trans.*) zum Stehen bringen, aufhalten, befestigen; stehen bleiben, ruhen, zu frieden sein mit, sich erfreuen an (*Loc.*, *Instr. o. Inf.*); sich vergnügen, *bes.* der Liebe pflegen, buhlen mit (*Instr. mit u. ohne* **सह** *o.* **सार्धम्**). *p.p.* **रत** vergnügt, froh; Gefallen findend an

*p.p.* **विरमित**.

1. **रम्भ्** *s.* **रभ्**.

रयि m. (f.) Gut, Besitz, Reichtum.
रयिन्तम (Superl.) sehr reich.
रयिपति m. Herr der Reichthümer.
रयिमन्त् u. °वन्त् wohlhabend, reich.
ररते s. 1. रा.
ररांट n. Vorderkopf, Stirn (s. ललाट).
ररिमा, ररीध्वम् s. 1. रा.
रला f. ein best. Vogel.
रल्लक m. wollene Decke; Art Hirsch.
रव m. Gebrüll, Geschrei, Schall, Ton.
रवण brüllend, schreiend, tönend.
रवत u. रवथ m. = रव.
रवि m. Sonne o. Sonnengott.
रविकिरण m. Sonnenstrahl.
रवितनय m. *Patron. Yama's.*
रवितर् m. Schreier.
रविबिम्ब u. °मण्डल n. Sonnenscheibe.
रशना f. Strick, Strang, Zügel, Riemen; Gürtel (*bes. für Frauen*).
रश्मन् m. Zügel (*nur Instr.* रश्मा u. —°).
रश्मि m. (f.) Strang, Riemen, Zügel, Messschnur, Strahl, Glanz.
रश्मिजाल n. Strahlennetz o. -menge.
रश्मिपुञ्ज m. Strahlenhaufe o. -masse.
रश्मिमन्त् strahlenreich; m. Sonne.
रश्मिमय aus Strahlen bestehend.
रश्मिवन्त् = रश्मिमन्त्.
1. रस्, रसति, °ते brüllen, heulen, schreien, tönen. *p.p.* रसित ertönend, klingend. (*s. auch bes.*). आ brüllen, schreien; *p.p.* आरसित brüllend, schreiend.
2. रस्, रसति, रस्यति, रसयति, °ते schmecken, empfinden.
रस m. Saft, Flüssigkeit, Wasser; Essenz, die Blume (*einer Flüssigkeit*); Geschmack (*als Eigensch.*), Genuss (*concr.*); Geschmack, Genuss von, Verlangen nach (*Loc. o.* —°), Leidenschaft; Ton, Charakter, Grundstimmung (*eines Kunstwerks*). *f.* रसा Feuchtigkeit, *Flussn., bes. eines myth. Stromes.*
रसज्ञ geschmackskundig (*eig. u. übertr.*), vertraut mit (*Loc. o.* —°); *f.* आ u. n. Zunge. *Abstr.* °ता *f.*
1. रसन n. das Brüllen, Schreien, Tönen.
2. रसन m. Pflegma, Schleim; *f.* आ Zunge; *n.* Geschmack, Empfindung.
रसनीय zu schmecken.

*bes.* Drama.

रसमय, *f.* ई saftig, flüssig, geschmackvoll.

*p.p.* विरहित = रहित.
रहण n. Trennung.

**रहस्** *n.* Einsamkeit, Geheimnis; *adv.* im Geheimen, heimlich (*auch* **रहसि**).

**रहस्य** geheim; *n. adv.*, *auch* Geheimnis.

**रहस्यभेद** *m.*, **°भेदन** *n.* Verrat eines Geheimnisses.

**रहःस्थ** in der Einsamkeit weilend.

**रहूगण** *m. N. eines Rishi*, *Pl. seines Geschlechts.*

**रहोगत** in die Einsamkeit gegangen, allein, geheim.

1. **रा**, **राति**, **राते** geben, verleihen; *p.p.* **रात**.

2. **रा** (—°) verleihend.

3. **रा**, **रायति** bellen.

4. **रा** *s.* **रै**.

**राका** *f.* Vollmondstag *u.* die Genie dess.; *oft* °— Vollmonds-.

**राकाचन्द्र** *m.* Vollmond.

**राकानिशा** *f.* Vollmondsnacht.

**राक्षस**, *f.* **ई** den Rakshas eigen. *m.* ein Rakshas (*adj.* —° *f.* **आ**); *N. eines Ministers.*

**राक्षसता** *f.*, **°त्व** *n.*, **°भाव** *m.* der Zustand eines Rakshas.

**राक्षसेन्द्र** *m.* der Fürst der Rakshas (Râvaṇa).

*__राक्षा__ *f.* Lack (*vgl.* **लाक्षा**).

**राग** *m.* das Färben, Farbe, Röte, Leidenschaft, Verlangen; Neigung *o.* Liebe zu, Freude an (*Loc. o.* —°).

**रागबन्ध** *m.* Bethätigung der Leidenschaft, Ausdruck, Verve.

**रागमय** rot *o.* verliebt.

**रागलेखा** *f.* Farbenstrich.

**रागवन्त्** = **रागमय**.

**रागिता** *f.* Verlangen nach *(*Loc. o.* —°).

**रागिन्** gefärbt, rot, leidenschaftlich, verlangend; verliebt in, versessen auf (*Loc. o.* —°).

**राघव** *m.* Nachkomme Raghu's (*Bein. Daçaratha's*, *Râma's u. a.*).

**राघवपाण्डवीय** *n. T. eines Gedichts.*

**राङ्कव** von der Rañku-Antilope kommend, aus deren Haaren gemacht, wollen.

1. **राज्**, **राजति**, **°ते**, **राष्टि** herrschen, gebieten über (*Gen.*), regieren, lenken (*Acc.*); prangen, glänzen, erscheinen als (**इव**). *Caus.* **राजयति**, **°ते** herrschen, walten; *p.p.* **राजित** prangend, strahlend. **वि** = *Simpl.*, *auch* überragen (*Abl.*); durchleuchten, erhellen (*Acc.*). *Caus.* prangen machen, erleuchten; *p p* **विराजित** erleuchtet, glänzend. **अनुवि** nachlenken *o.* -folgen (*Acc.*).

2. **राज्** (*Nom.* **राट्**) *m.* Gebieter, König (*sp. nur* —°).

**राज** *m.* (*nur* —°) Fürst, König, erster von.

**राजक** *m.* regulus; —° *auch*=*vor. n.* eine Menge von Königen.

**राजकन्यका** *u.* **°कन्या** *f.* Königstochter.

**राजकर्मन्** *n.* Königspflicht, Staatsgeschäft; *auch* Pflicht gegen den K., königlicher Dienst.

**राजकार्य** *n. dass.*

**राजकिल्बिषिन्** der als König sündigt.

**राजकीय** königlich.

**राजकुल** *n.* Königsgeschlecht *o.* -haus.

**राजकृत्य** *n.* Königspflicht, Staatsgeschäft.

**राजक्रिया** *f. dass.*

**राजगृह** *n.* Königshaus, Palast; *n.* (*u. f.* **ई**) *N. einer Stadt.*

**राजजम्बू** *f.* ein best. Baum.

**राजत**, *f.* **ई** silbern; *n.* Silber.

**राजतनय**, *f.* **आ** Königssohn, -tochter.

**राजतरंगिणी** *f. T. versch. Werke.*

**राजता** *f.*, **°त्व** *n.* Königtum, Königswürde.

**राजदर्शन** *n.* Audienz beim König (*eig.* Anblick des Königs).

**राजदार** *m. Pl.* des Königs Gattin(nen).

**राजदारिका** *f.* Königstochter.*

**राजदुहितर्** *f. dass.*

**राजद्वार्** *f.*, **°द्वार** *n.* das fürstliche Thor.

**राजधर्म** *m.* Königspflicht; *Pl.* die Bestimmungen für einen König.

**राजधानी** *f.* Königsresidenz; **°तस्** = *Abl.*

1. **राजन्** *m.* König, Herrscher (*oft von Göttern gebr.*), ein Mann aus der Kriegerkaste. *f.* **राज्ञी** Königin.

2. **राजन्** Lenkung, Leitung.

**राजनय** *m.*, **°नीति** *f.* Staats- (*eig.* Königs-) klugheit, Politik.

**राजन्य** königlich; *m.* ein Mann aus der Kriegerkaste, ein Adeliger; *Abstr.* **राजन्यत्व** *n.*
**राजन्यक** *n.* eine Kriegerschar.
**राजन्यकुमार** *m.* Königssohn, Prinz.
**राजन्यबन्धु** *m.* Fürstengenosse.
**राजन्वन्त्** einen (guten) König habend.
**राजपति** *m.* Fürstenherr.
**राजपत्नी** *f.* Fürstengemahlin.
**राजपथ** *m.* Haupt- (*eig.* Königs-)strafse.
1. **राजपुत्र** *m.* Fürstensohn, Prinz (*f.*°**पुत्री**); ein Radschput.
2. **राजपुत्र** Fürsten zu Söhnen habend.
**राजपुत्रक** *m.* Fürstensohn, Prinz.
**राजपुंस्** *m.* Fürstendiener.
**राजपुरुष** *u.* °**पूरुष** *m. dass.*
**राजप्रिया** *f.* eine Königsgeliebte.
**राजप्रेष्य** *m.* Fürstendiener; *n.* -dienst.
**राजभट** *m.* Königssöldner, Soldat.
**राजभवन** *n.* Königspalast.
**राजभाव** *m.* die königliche Würde.
**राजभृत्य** *m.* Königsdiener.
**राजभ्रातृ** *m.* Königsbruder.
**राजमन्दिर** *n.* = **राजभवन**.
**राजमातृ** *f.* Königsmutter.
**राजमानत्व** *n.* das Glänzen, Prangen.
**राजमार्ग** *m.* = **राजपथ**.
**राजमुख** *n.* Königsantlitz.
**राजयक्ष्म** *u.* °**यक्ष्मन्** *m.* eine best. Krankheit.
**राजयज्ञ** *m.* Königsopfer.
**राजयोषित्** *f.* Königsgemahlin.
**राजराज्** *m.* Oberkönig.
**राजराज** *m. dass.*; *Abstr.* °**ता** *f.*, °**त्व** *n.*
**राजर्षि** *m.* ein königlicher Weiser.
**राजलक्षण** *n.* Königsmerkmal.
**राजलक्ष्मी** *f.* Fürstenherrlichkeit (*oft personif.*).
**राजलोक** *m.* Fürstengesellschaft.
**राजवंश** *m.* Fürstengeschlecht.
**राजवंश्य** von Fürsten stammend.
**राजवत्** *Adv.* wie ein(en) König.
**राजवन्त्** (einen) Fürsten habend.
**राजवल्लभ** *m.* Fürstengünstling; *Abstr.* °**ता** *f.*
**राजविद्या** *f.* Fürsten- *o.* Staatslehre.
**राजवीथी** *f.* = **राजपथ**.
**राजवेश्मन्** *n.* Königshaus.
**राजशेखर** *m.* *N. eines Dichters.*
**राजश्री** *f.* = **राजलक्ष्मी**.

*epischer Helden.* *f.* रामा॑ eine Dunkle (*von niedriger Herkunft*); eine Schöne, Geliebte, Frau. *f.* रामी॑ Dunkel, Nacht. *n.* Dunkel.

**रामगिरि** *m. N. eines Berges.*

**रामचन्द्र** *m. Bez. Râma's, des Sohnes des Daçaratha.*

**रामठ** *m. Pl. Volksname.*

**रामणीयक** *n.* Anmut, Schönheit.

**रामायण**, *f.* ई Râma betreffend; *n.* die Erzählung von Râma (*das grofse Epos*).

**रा॑म्या** *u.* **राम्या॑** *f.* Nacht.

**राय॑स्काम** nach Reichtum begierig.

**राव** *m.* Gebrüll, Schall, Ton.

**रावण** *m. N. eines Râkshasa* (*eig.* schreien machend).

1. **रा॑वन्** spendend.

2. **रावन्** (—°) schreiend, rufend.

**रावित** (*s.* रु) *n.* Laut, Ton.

**राविन्** brüllend, schreiend.

**राशि॑** *m.* Haufe, Menge, Schar.

**राशी कर्** häufen; ° भू sich häufen.

**रा॑ष्ट्र** *n.* (*m.*) Herrschaft, Reich, Land, Volk.

**राष्ट्रक**(—°) = *vor., auch* im Reiche wohnend.

**राष्ट्रभृ॑त्** *m.* ein abhängiger *o.* Tributärfürst (*eig.* Herrschaftsträger).

**राष्ट्रभेदिन्** *m.* Empörer (*eig.* Reichsverwüster).

**राष्ट्रि** *f.* Herrscherin, Gebieterin.

**राष्ट्रिक** *m.* Landesbewohner *o.* -beherrscher.

राष्ट्रिन् ein Reich habend.
राष्ट्रिय m. Thronfolger; Schwager des Königs (d.).
राष्ट्री f. Gebieterin, Verwalterin.
राष्ट्रीय m. = राष्ट्रिय.
रास्, रासति, °ते heulen, schreien.
रास m. Art Tanz o. Spiel.
रासन schmeckbar.
रासभ m., °भी f. Esel, -in.
रास्ना f. Gurt.
राहु m. der Ergreifer (*N. eines Dämons, der angebl. Sonne u. Mond verschluckt*).
राहुग्रह m. *dass.*
राहुग्रहण n. Sonnen- o. Mondfinsternis (*eig.* der Griff des Râhu).
राहूगण m. *patron. Name.*
रि u. री, रिणाति, रिणीते, रीयते los o. laufen lassen, *Med.* sich auflösen, in Fluss geraten. *p.p.* रीण aufgelöst, verschwunden. नि auflösen, frei machen, enthüllen. निस् ablösen. वि zertrennen, durchhauen. सम् zusammenfügen, her stellen.
रिक्त s. रिच्.
रिक्तपाणि u. °हस्त leere Hände habend ohne Geschenk.
रिक्थ n. Erbe, Besitz.
रिक्थग्राह, °भागिन्, °भाज् u. °हर erbend; m. Erbe.
रिक्थाद् erbend; m. Sohn.
रिक्थिन् = *vor. Adj.*; m. Erbe o. Erblasser
रिख्, रिखति = लिख्.
रिङ्ख्, रिङ्खति u. रिङ्ग्, रिङ्गति kriechen, sich langsam bewegen.
रिङ्खण u. रिङ्गण n. das Kriechen.
रिङ्गि f. Gang, Bewegung.
रिङ्गिन् kriechend.
रिच्, रिणक्ति räumen, freilassen, hin geben, überlassen für (*Instr.*); ver drängen, ablösen, an die Stelle von (*Acc.*) treten. *Med. Pass.* रिच्यते u. रिच्यते leer werden. *Pass.* verlustig gehen, etw. (*Instr.*) los werden; zu Schanden werden. *p.p.* रिक्त leer, hohl, wertlos, arm. *Caus.* रेचयति leer machen, verlassen, aufgeben. अति u. व्यति *Med. Pass.* hinausragen, vor-

री s. 1. रि.

रीढा f. Geringschätzung.

रीति f. Strom, Lauf, Art und Weise, Stil (rh.).

1. रु, रौति, रुवति, रवति brüllen, heulen, lärmen, summen, schreien; p.p. रुत tönend von (—°); n. Gebrüll, Geschrei, Gesang. Caus. रावयति zum Schreien bringen. p.p. रावित erklingen gemacht von (—°). Intens. रोरवीति, रोरूयते, °ति heftig brüllen u. s. w. अभि u. आ anbrüllen. वि = Simpl., auch p.p. विरुत u. विरावित.

2. रु zerschlagen; p.p. रुत zerschmettert, krank; n. Bruch, Gebrest.

रुंष्, p.p. रुंषित bestäubt, besudelt (vgl. रूष्).

रुक्म m. (n.) Goldschmuck, Geschmeide.

रुक्मन्त् glänzend.

रुक्ममय golden.

रुक्मरथ m. goldener Wagen; Adj. einen g. W. habend (Bein. Droṇa's).

रुक्मवक्षस् mit goldgeschmückter Brust.

रुक्मिन् goldgeschmückt; m. N. eines myth. Helden; f. रुक्मिणी N. der Schwester dess. (von Kṛshṇa geraubt).

रुच glänzend, strahlend.

रुग्ण (s. 1. रुज्) n. Riss, Spalte.

1 रुच्, रोचते (°ति) scheinen, leuchten, strahlen, prangen, jemd. (Gen. o. Dat.) gefallen; Gefallen finden an (Acc.). p.p. रुचित leuchtend, glänzend, gefallend, erwünscht. Caus. रोचयति, °ते scheinen, leuchten lassen (auch Perf. रुरोच); entflammen, erhellen; jemd. (Acc.) nach etw. (Dat.) Lust einflöſsen, Gefallen finden an (Acc.), gutheiſsen (auch Med.). अति weiter strahlen als (Abl.), überstrahlen (Acc.). अभि leuchten, prangen, jemd. (Dat. o. Gen.) gefallen; p.p. अभिरुचित erwünscht, angenehm, gefällig. Caus. Gefallen finden an, gern haben. प्र hervorleuchten, gefallen. Caus. Act. erleuchten, erhellen. प्रति jemd. (Acc.) gefallen. वि scheinen,

(*Acc.*); *p.p.* प्ररुदित weinend, verweint. वि laut jammern *o.* weinen.

रुदित (*s. vor.*) *n.* das Jammern, Weinen.

रुड *s.* रुध्.

रुद्र *m. N. des Sturmgotts* (*sp.* = *Çiva*); *Pl. dessen Söhne* (*meist mit den Marut identif.*).

रुद्रवन्त् (die) Rudra mit sich habend.

रुद्रवर्तनि *Bein. der Açvin.*

रुद्रशर्मन् *u.* °सोम *m. Mannsnamen.*

रुद्राणी *f.* Rudra's Gattin.

रुद्रिय dem *o.* den Rudra gehörig. *m. Sgl. u. Pl.* die Schar der Marut. *n.* Rudra's Macht.

1. रुध्, रोधति wachsen (*vgl.* रुह्).

2. रुध्, रुणद्धि, रुन्द्धे (रुन्धति, °ते, रोधति) zurückhalten, hemmen, einschliefsen, einsperren in (*Loc.*), belagern, verdecken, verstopfen, erfüllen; verhindern, wehren, verweigern; einbüfsen, verlieren. *p.p.* रुद्ध zurückgehalten u. s. w *Caus.* रोधयति (°ते) zurückhalten, einsperren lassen (*2 Acc.*), belagern lassen durch (*Instr.*). अनु versperren, fesseln; *Med. Pass.* °रुध्यते (°ति) sich anhängen, haften bleiben, jemd. (*Acc.*) auf dem Fufse folgen; auf jemd. (*Acc.*) Rücksicht nehmen, jemd. zugethan sein अव zurück-, abhalten, einschliefsen, einsperren in (*Loc. o. Acc.*), versperren, hemmen, belagern, verhüllen; sich anhängen, zugethan sein (*Acc.*). आ einschliefsen, belagern, abwehren. उप *dass.*, verhüllen, verdecken, hemmen, belästigen, plagen. नि zurück-, an-, aufhalten, abwehren, einschliefsen, belagern, versperren, hemmen, unterdrücken; *p.p.* निरुद्ध erfüllt von (*Instr. o.* —°). संनि zurückhalten, einsperren; *p.p.* = *vor. p.p.* परि *u.* प्र einschliefsen, hemmen. प्रति abhalten, verwehren, stören, hemmen, einschliefsen, verhüllen. वि hemmen, unterdrücken, belagern, verschliefsen. *Med. Pass.* °रुध्यते (°ति) Widerstand finden an, in Widerspruch stehen mit (*Instr.*), in Feindschaft leben *o.* kämpfen mit (*Instr. mit u. ohne* सह, *Loc. o. Acc. mit* प्रति). *p.p.* विरुद्ध in Widerspruch *o.* Streit

रुमखन्त् *m. desgl.*

रुरुत्सु zu

रुरुदिषा

अधि ersteigen (तुलाम् die Wage, *d. i.* sich messen können mit— *Instr.*), bespringen (= inire), erreichen, gelangen zu (*Acc.*). *p.p.* अधिरूढ *meist act.* erstiegen, betreten, erreicht habend (*Acc. o.* —°). *Caus.* besteigen machen, setzen auf (*Loc.o.Acc.*), hineinstecken, spannen (*Bogen*), aufziehen (तन्त्रे auf den Webstuhl), einsetzen, anlegen, übergeben, übertragen. अव herabsteigen von (*Abl.*), auf (*Acc.*), betreten. *p.p.* अवरूढ herabgestiegen. *Caus.* herabsteigen *o.* betreten lassen; herabnehmen von, bringen um (*Abl.*); herabsetzen, herunterbringen. आ besteigen, betreten (कक्षाम् die Wagschale, *d. i.* sich messen können mit— *Gen.*), sich begeben in, gelangen zu (*Acc.*), bespringen (= inire); aufsteigen, anwachsen, entstehen. *p.p.* आरूढ *pass.* bestiegen, geritten von (—°); erreicht, erlangt; *act.* emporgestiegen, reitend, sitzend, stehend auf (*Loc.*, *Acc. o.* —°); hervorgegangen, entstanden; geraten in, gelangt zu (*Acc o.* —°). *Caus.* aufsteigen *o.* betreten machen, setzen, legen, stellen, stecken, thun auf *o.* in (*Acc. o. Loc.*), bringen auf *o.* in (संशयतुलाम् gefährden, पत्त्रम् zu Papier bringen, niederschreiben*); beziehen (*den Bogen*); bewirken, hervorbringen; zuschreiben, übertragen auf (*Loc.*). अध्या besteigen, betreten *Caus.* besteigen lassen (*2 Acc.*), stellen an (*Loc.*), voraussetzen bei, falsch übertragen auf (*Loc.*). उपा heraufsteigen; *p.p.* उपारूढ aufgestiegen, entstanden; gelangt zu (*Acc.*). समा hinaufsteigen auf *o.* zu (*Acc. o. Loc.*), an etw. treten, zu etw. gelangen (*Acc.*). *p.p.* समारूढ *pass.* bestiegen, geritten von (*Instr.*); hinaufgestiegen, reitend auf (*Acc. o. Loc.*); gewachsen, stärker geworden. *Caus.* besteigen, hineinsteigen lassen (*2 Acc. o. Acc. u. Loc.*), stellen, setzen, versetzen in *o.* auf (*Acc.*), aufheben, errichten, beziehen (*Bogen*);

नि veranschaulichen, darstellen (*d.*), erblicken, beobachten, untersuchen, erwägen, festsetzen, erwählen zu (*2 Acc.*) bestimmen zu (*Loc., Dat. o. Inf.*).

रूपवन्त् (schöne) Gestalt habend, verkörpert, leibhaftig, schön; —° die Gestalt von—habend, als—erscheinend

रूपशस् *Adv.* je nach der Art.

रूपशालिन् schön, hübsch.

रूपसंपद् *f.* Schönheit.

रूपसंपन्न mit Schönheit begabt.

रूपाजीव von der Schönheit lebend; *f.* आ eine Prostituierte.

रूपायुधभृत् schön und bewaffnet.

रूपिन् = रूपवन्त्.

रूप्य *n.* Silber; °मय, *f.* ई silbern.

रूर hitzig, heifs.

रूष्, *p.p.* रूषित bestäubt, bestreut mit (—°).

रूषण *n.* das Bestreuen, Verunreinigung.

रे *Interj. der Anrede.*

रेकु leer, öde.

रेक्णस् *n.* Erbe, Gut, Reichtum.

रेक्णस्वन्त् reich.

रेखा *f.* Streifen, Linie, Strich (*auch* रेख *m.*) Zeichnung, Bild, Schein.

रेखान्यास *m.* Zeichnung (Strichhinwurf).

रेच *m.* Ausstofsen des Atems (*ph.*).

रेचक *m. dass., Mannsname.*

रेचन *n.* Entleerung, Schmälerung.

रेज्, रेजति erschüttern, in Bewegung bringen; *Med.* °ते schwanken, zittern, zucken. *Caus.* रेजयति = रेजति

रेणु *m.* Staub, Blütenstaub; *Mannsname.*

रेतज aus (eigenem) Samen erzeugt, leiblich (*Sohn*).

रेतस् *n.* Guss, Strom, Samenergiefsung, Same, Nachkommenschaft.

रेतस्य Samen führend.

रेतस्वन्त् *u.* °स्विन् samenreich.

रेतःसिच्य *n.*, °सेक *m.* Samenerguss.

रेतःस्कन्दन *u.* °स्खलन *n. dass.*

रेतिन् samenreich, fruchtbar.

रेतोधस् besamend, befruchtend; *m.* Erzeuger.

1. रेतोधा *dass.*

2. रेतोधा *f.* Besamung.

रेतोधेय *n. dass.*

रेपस् *n.* Fleck, Schmutz.

रोचिष्णु leuchtend, glänzend.
रोचिष्मन्त् *dass.*
रोचिस् *n.* Licht, Glanz, Schönheit.
रोचुक gefallend.
रोद *m.* Klagelaut, Gewinsel.
रोदन *n.* das Weinen.
रोदस् (*nur* °— *u. Gen. Du.* रोदसोस्) = *folg.*
1. रोदसी *f. Du.* Himmel und Erde.
2. रोदसी *f.* die Gattin Rudra's (*der Blitz*).
रोदितव्य *n. impers.* zu weinen.
रोद्धर् *m.* Dränger, Belagerer.
रोद्धव्य zu verschliefsen.
रोध *m.* das Zurückhalten, Versperrung, Einschliefsung, Belagerung, Hemmung, Unterdrückung, Befehdung; Damm Ufer.
रोधक (—°) einschliefsend, belagernd.
रोधन *n.* das Zurüekbalten, Einschliefsung, Hemmung, Unterdrückung.
रोधस् *n.* Damm, Wall, Hügel, hohes Ufer.
रोधिन् (—°) zurückhaltend, versperrend hindernd, störend, anfüllend.
रोध्र *m. N. einer Pflanze.*
रोप *m.* das Pflanzen; Pfeil.
रोपक *m.* Pflanzer; *f.* °पिका Same.
रोपण, *f.* ई auf-, ansetzend; *n.* das Aufrichten, Pflanzen, Heilen, Heilmittel.
रोपणीय aufzurichten, zu pflanzen.
रोपयितर् *m.* Aufsetzer, Pflanzer.
रोपि *f.* Reifsen, Leibschneiden.
रोपिन् (—°) pflanzend.
रोप्य zu pflanzen, zu säen.
रोम (—°) = रोमन्.
रोमक *m. Pl.* die Römer.
रोमखवन्त् behaart.
रोमन् *n.* Haar (*am Menschen- u. Tierkörper*).
रोमन्थ *m.* das Wiederkäuen.
रोमराजि *u.* °राजी *f.* Härchenreihe (*oberhalb des Nabels beim Weibe*).
रोमवन्त् behaart.
रोमश stark behaart; *m. Mannsn.*
रोमहर्ष *m.* das Sträuben der Körperhärchen (*im Affect*), Aufregung.

रोमहर्षण Haarsträuben (*s. vor.*) verursachend, aufregend.
रोमाञ्च *m.* = रोमहर्ष.

[illegible]

रौरव m. Pl. best. böse Geister. [illegible]

रौरव, f. ई von der Ruru-Gazelle kommend, Gazellen-.

[illegible]

m. N. eines Dämons. [illegible]

रौहिणेय m. Metron. Balarâma's, [illegible]

रौही f. Gazellenweibchen (vgl. रोहित्).

# ल

ल m. *Bez. aller Tempora u. Modi, auch einiger Kṛt-Suffixe (g.).*

लकार m. der Laut l.

लकुट m. Knüttel, °टिन् mit einem K. versehen.

लक्ष्, लक्षति, °ते bemerken, wahrnehmen.

लक्ष Zeichen, Mal, Zielpunkt, Marke (ausgesetzter) Preis; *auch = folg. n.*

लक्षक andeutend, *d. i.* mittelbar bezeichnend (*rh.*); *n.* hunderttausend.

लक्षण = *vor. Adj. f.* आ Andeutung, *d. i.* indirecte Bezeichnung (*rh.*). *n.* Merkmal, Zeichen, Attribut, Glücks- *o.* Vorzugsmerkmal, Geschlechtsmerkmal (*d. i.* -teile); Bezeichnung, Definition, Benennung, Art, Spezies, Ziel, Richtung, Veranlassung, Gelegenheit. —° *adj.* kenntlich an, versehen mit, bezüglich auf.

लक्षणवन्त् mit (guten) Zeichen versehen, gekennzeichnet durch (*Instr.*).

लक्षणसंनिपात *u.* °संनिवेश *m.* Brandmarkung.

लक्षणीय wahrnehmbar, deutlich, angedeutet (*d. i.* elliptisch *o.* metonymisch ausgedrückt).

लक्षण्य als Merkmal dienend, mit guten Zeichen versehen.

लक्षय्, °यति (°ते) bezeichnen, bestimmen, definieren, *d. i.* mittelbar bezeichnen (*rh.*); als Ziel nehmen, meinen; halten, ansehen für, erkennen als (2 *Acc.*); beachten, bemerken, erblicken. *Pass.* लक्ष्यते bezeichnet werden, gelten für (*Nom.*), gemeint sein, erblickt werden, aussehen, erscheinen, videri (*Nom. mit u. ohne* इव). *p.p.* लक्षित bezeichnet, kenntlich an (*Instr. o.* —°), gerichtet auf (—°); bemerkt, erblickt, wahrgenommen, verstanden; *s. auch bes.* अभि bezeichnen, beachten, bemerken, erblicken. आ, उपा *u.* समा erblicken, gewahr werden. उप bezeichnen, bestimmen, beachten, erblicken, wahrnehmen, bemerken, empfinden, erkennen. *Pass.* erblickt werden, sich zeigen, erscheinen. वि kennzeichnen; *p.p.* विलक्षित erkennbar an (*Instr. o.* —°); bestürzt, verlegen, ungehalten. सम् kennzeichnen, erblicken, wahrnehmen. *Pass.* erblickt werden, erscheinen; *p.p.* संलक्षित kenntlich an (—°).

लक्षवेधिन् das Ziel durchbohrend, treffend.*

लक्षान्तर *n.* eine Entfernung von hunderttausend (*Yojana's*).

लक्षित mittelbar ausgedrückt. *Abstr.* °त्व *n.*

लक्षितव्य zu definieren.

लक्षिन् mit Glückszeichen versehen.

लक्षी कर् zum Ziele machen; °भू -werden.

लक्ष्मण mit Merkmalen versehen. *m. Name eines jüngeren Bruders Râma's. n.* Mal, Zeichen.

लक्ष्मण्य als Zeichen dienend; *m. Mannsn.*

लक्ष्मन् *n.* Merkmal, Zeichen.

लक्ष्मी *f.* (*Nom.* लक्ष्मीस् *u.* लक्ष्मी) *dass.*, gutes Zeichen, Glück, Herrschaft, Reichtum, Schönheit, Pracht (*personif. als die Göttin der Herrschaft, des Glücks u. der Schönheit*).

लक्ष्मीक (*adj.* —°) = *vor.*

लक्ष्मीवन्त् glücklich *o.* schön.

लक्ष्य zu definieren, angedeutet *d. i.* mittelbar ausgedrückt (*rh.*), zu halten für (*Nom.*), zu betrachten, zu erkennen, sichtbar, wahrnehmbar. *n.* (ausgesetzter) Preis, Ziel, Schein, Verstellung.

लक्ष्यता *f.*, °त्व *n.* das Sichtbar- *o.* Zielsein.

लक्ष्यार्थ *m.* die mittelbar ausgedrückte Bedeutung.

**लक्ष्यालक्ष्य** sichtbar und nicht sichtbar.

**लक्ष्मी कर्** = **लक्षी कर्**.

**लग्**, **लगति** sich heften, haften, hängenbleiben an (*Loc.*), sich anschliefsen, folgen, erfolgen, hingeben (*Zeit*). *p.p.* **लग्न** hängen geblieben, steckend in *o.* an, geheftet auf (*Loc. o.* —°), sich anschliefsend, folgend, hingegangen (*Zeit*), *s. auch bes.* **अव** (hängen bleiben, haften*), verweilen. (**परि**, *p.p.* **परिलग्न** hängen geblieben an —°*). **वि** sich anhängen an (*Loc.*); *p.p.* **विलग्न** hängend an, festsitzend, steckend an *o.* in (*Loc. o.* —°). **सम्**, *p.p.* **संलग्न** = *vor. p.p.*

**लगनीय** *n. impers.* sich anzuhängen an (*Loc.*).

**लगुड** *m.* Knüttel, Stock; °**डिन्** damit versehen.

**लगुडप्रहार** *m.* Stockschlag.

**लगुडहस्त** einen Stock in der Hand haltend.

**लगुडिन्** mit einem Stock versehen.

**लग्न** (*s.* **लग्**) *m. n.* günstiger Zeitpunkt.

**लग्नकाल** *m.*, °**वेला** *f. dass.*

**लघय्**, °**यति** erleichtern, vermindern, schwächen.

**लघिमन्** *m.* Leichtigkeit (*auch als übernatürliche Kraft*), Leichtsinn, Unbedeutsamkeit.

**लघिष्ठ** *u.* **लघीयंस्** *Superl. u. Compar. zu* **लघु**.

**लघु** (*f.* **लघ्वी** *u.* **लघु**) leicht (*in allen Bedd.*), schnell, behende, kurz (*prosod.*), gering, schwach, unbedeutend, leise; jünger (°**भ्रातर्** ein jüngerer Bruder). *n. adv.*, *mit* **मन्** gering achten (*mit* **कर्** verhöhnen*).

**लघुकौमुदी** *f. T. einer Grammatik.*

**लघुगति** schnell wandelnd.

**लघुचित्त** leichtsinnig; *Abstr.* °**ता** *f.*

**लघुचेतस्** kleinlich gesinnt, engherzig.

**लघुता** *f.*, °**त्व** *n.* Leichtigkeit, Behendigkeit, Kürze (*pros.*), Leichtsinn; Unbedeutsamkeit, Mangel an Würde.

**लघुभाव** *m.* Leichtigkeit.

**लघुहस्त** von leichter Hand, geschickt.

**लघुहस्तता** *f.*, °**त्व** *n.* (*s. vor.*) Geschick.

**लघुहृदय** leichtherzig.

**लघू कर्** erleichtern, vermindern, erniedrigen.

**लघूय्**, °**यति** geringschätzen.

**लघ्वाशिन्** *u.* **लघ्वाहार** wenig essend.

**लङ्** das Imperfect und seine Endungen (*g.*).

**लङ्का** *f.* die Hauptstadt der Insel Ceylon u. diese selbst.

**लङ्ग** lahm.

**लङ्घ्**, **लङ्घति**, °**ते** überschreiten, überspringen. *Caus.* **लङ्घयति** (°**ते**) *dass.*, besteigen, betreten, berühren, packen, anfallen, bewältigen, übertreten, verletzen, kränken, übertreffen, verdunkeln. *p.p.* **लङ्घित** überschritten u. s. w. **अभि** (angreifen, anfallen*); *Caus.* überspringen, überschreiten, verletzen. **उद्** *Caus. dass.* **वि** *Caus. dass.*, erreichen, zurücklegen (*einen Weg*); übergehen, hinansetzen; widerstreben, sich entziehen (*Acc.*), vereiteln.

**लङ्घन** *n.* dss Hinübersetzen, Überspringen, Überschreiten (*Gen. o.* —°), das Ersteigen, Anfall, Einnahme, Eroberung; Übertretung, Beleidigung.

**लङ्घनीय** zu überschreiten, zu erreichen, zu übertreten, zu verletzen, zu beeinträchtigen. *Abstr.* °**ता** *f.*, °**त्व** *n.*

**लङ्घ्य** *dass.*

**लज्ज्**, **लज्जते** (°**ति**) verlegen werden, sich schämen vor (*Abl.*), wegen *o.* über (*Instr. o. Gen.*). *p.p.* **लज्जित** verlegen, beschämt, sich schämend wegen (*Instr. o.* —°). *Caus.* **लज्जयति** jemd. (*Acc.*) sich schämen machen, beschämen. **वि** = *Simpl.*

**लज्जा** *f.* Verlegenheit, Scham.

**लज्जाकर**, *f.* **ई** beschämend.

**लज्जापयितर्** (°**तृक**) *dass.**

**लज्जाय्**, *p.p.* °**यित** verlegen, *n.* Verlegenheit.

***लज्जालु** *u.* °**क** verschämt, verlegen.*

**लज्जावन्त्** *dass.*

**लज्जित** (*s.* **लज्ज्**) *n.* Scham, Schamgefühl.

**लञ्चा** *f.* Geschenk.

**लट्** das Präsens u. seine Endungen (*g.*).

**लटभ** hübsch, schön; *f.* **आ** eine Schöne.
**लड्डु** *u.* **°क** Art Gebäck.
**लण्ड** *n.* Exkremente.
**लता** *f.* Schlinggewächs, Liane, Ranke (*oft —° in Vergleichen*).
**लतागृह** *n.* Schlingpflanzenlaube.
**लतापाश** *m.* eine Schlinge aus einer Liane.
**लतामण्डप** *m.* = **लतागृह**.
**लतावलय** *dass.*, **°वन्त्** mit Schlingpflanzenlauben besetzt.
**लतावितान** Schlingpflanzennetz *o.* -dach.
**लतिका** *f.* eine kleine Liane.
**लप्**, **लपति** (**°ते**) schwatzen, flüstern, reden, klagen. *p.p.* **लपित** *s. bes.* *Caus.* **लापयति** zum Reden bringen. *Intens.* **लालपीति** Unsinn reden; **लालप्यते** (**°ति**) klagen, jammern. **आ** anreden (*Acc.*), sich unterhalten mit (**समम्** *o.* **सह**), reden, etw. zu jemd. sagen (*2 Acc.*). **उद्** *Caus.* liebkosen. **समुद्** die Stimme erheben, (klagen*). **प्र** schwatzen, faseln, plaudern, klagen. **वि** jammern, faseln, durcheinander reden. **सम्** sich unterhalten; *Caus.* anreden.
**लपन** *n.* Mund.
**लपित** *n.* Geschwätz, Gesumme; *f.* **आ** *N. eines Vogels.*
**लप्सुदिन्** bärtig (*Bock*).
**लब** *m.* ein best. Vogel.
**लब्ध्** *s.* 1. **लभ्**.
**लब्धनामन्** einen Namen erlangt habend, berühmt in *o.* durch (*Loc.*).*
**लब्धप्रत्यय** Vertrauen erlangt habend. *Abstr.* **°ता** *f.**
**लब्धप्रसर** freien Lauf erlangt habend, ungehemmt.*
**लब्धृ** *m.* Gewinner, Erlanger.
**लब्धव्य** zu erlangen, zu bekommen.
**लब्धान्तर** eine Gelegenheit gefunden habend. *Abstr.* **°त्व** *n.*
**लब्धावसर** *u.* **लब्धावकाश** *dass.*
**लब्धास्पद** eine Stelle gefunden habend, angestellt.
**लब्धि** *f.* Erlangung von (*Gen. o.* —°), Gewinn, Erhaltung, Wahrnehmung.
**लभ्**, **लभते** (**°ति** *u.* **लम्भते**) fassen, ergreifen, antreffen, finden (**अवकाशम्** Gelegenheit, **अवकाशम्** *o.* **पदम्** Platz, Eingang, **कालम्** die rechte Zeit); erlangen, gewinnen, besitzen, erfahren, wahrnehmen. *Pass. impers.* man kann, darf. *p.p.* **लब्ध** gefasst u. s. w. *Caus.* **लम्भयति** machen dass jemd. etw. bekommt, jemd. mit etw. versehen (*2 Acc. o. Acc. der P. u. Instr. der S.*). *Desid.* **लिप्सते** (**°ति**) zu erlangen wünschen. **आ** ergreifen, anfassen, opfern, schlachten; empfangen, erlangen, anfangen, unternehmen. **उपा** berühren; tadeln, schelten. **समा** anfassen, erlangen, berühren, salben. **उप** erfassen, erlangen, finden, antreffen; wahrnehmen, erkennen, erfahren, wissen. **प्रत्युप** wiedererlangen. **प्र** ergreifen, erlangen; anführen, täuschen. **विप्र** hintergehen, täuschen, betrügen. **प्रति** (wieder) erlangen, bekommen, erfahren; erwarten. **वि** auseinandernehmen, wegschaffen; verleihen, übergeben. **सम्** ringen mit (*Instr.*), *Du.* sich gegenseitig fassen; erlangen, teilhaft werden.
**लभन** *n.* das Finden, Erlangen.
**लभ्य** zu finden, zu erlangen, zu erfassen; verständlich, entsprechend, angemessen.
**लम्पट** gierig, lüstern nach (*Loc. o.* —°).
**लम्पा** *f. N. einer Stadt.*
**लम्ब्**, **लम्बते** (**°ति**) herabhängen, hängen *o.* sich halten an (*Loc.*, **रश्मिषु** die Zügel schießen lassen), herabsinken, sich senken, zurückbleiben, säumen. *p.p.* **लम्बित** herabhängend u. s. w., langsam, gemessen. *Caus.* **लम्बयति** herab(hängen) lassen, aufhängen. **अव** herabhängen, sich herablassen *o.* senken, sich halten an, sich stützen *o.* sich verlassen auf (*Acc., Loc. o. Instr.*); fassen, packen, halten, stützen; zu etwas greifen, etw. annehmen (*Acc.*), einschlagen (*eine Richtung*); abhängig sein von, beruhen auf (*Acc.*), zögern, säumen. *p.p.* **अवलम्बित** herabhängend u. s. w. *Caus.* herabhängen lassen, aufhängen, ergreifen, stützen. **आ** *u.* **समा** hängen, sich halten

an, stützen auf (*Acc.*), ergreifen, fassen, für sich nehmen; sich hingeben an, einlassen auf, abhängen von, beruhen in (*Acc.*). उद्, *p.p.* उल्लम्बित hängend, aufgehängt. प्र herabhängen. वि (auf beiden Seiten) hängen an (*Acc. o. Loc.*), sich senken; verweilen, säumen, zögern. *Ger.* विलम्ब्य ohne Verzug, sehnell; *p.p.* विलम्बित hängend u. s. w., säumig, langsam, *n. adv.*

**लम्ब** herabhängend, hängend an (—°).

**लम्बन** herabhängend; **n.* ein herabhängender Schmuck.

**लम्बिन्** = *vor. Adj.*

**लम्बोदर**, *f.* **ई** einen Hängebauch habend; *m. Bein. Ganeça's.*

**लम्भ** *m.*, **°न** *n.* das Erlangen, Wiederfinden

**लम्भनीय** zu erlangen.

**लम्भयितव्य** anzubringen (*eig.* empfangen zu machen).*

**लम्भुक** zu erhalten pflegend (*Acc.*).

**लय** *m.* das Haftenbleiben, Verschwinden, Untergang, Tod; Eingehen in (*Loc. o* —°), Rast, Ruhe; Takt, Tempo.

**लयन** *n.* Ruhe, Ruhestätte.

**लयमध्य** im Mitteltempo (*d. i.* Moderato) vorzutragen.

**लयशुद्ध** in richtigem (*eig.* reinem) Takt *o* Tempo vorzutragen.*

**लयस्थान** *n.* Auflösungsstätte (*ph.*).

**लल्**, **ललति** (**°ते**) scherzen, spielen. *p.p.* **ललित** *s. bes. Caus.* **लालयति** liebkosen, hätscheln, pflegen. **उद्** (fallen lassen, ausspeien*); *Caus.* in Aufregung versetzen. **उप** *Caus.* liebkosen, hegen und pflegen.

**ललन** spielend, schillernd; *f.* **आ** ein (tändelndes) Weib.

***ललन्तिका** *f.* Bammelage.

**ललाट** *n.* Stirn; *Loc.* vorn.

**ललाटक** *n. dass.*, *f.* **°टिका** Stirnzeichen (*r.*); *Stirnschmuck.

**ललाटिक** vorn befindlich.

**ललाम**, *f.* **°मी** eine Blässe *o.* einen hellen Fleck habend. *m. n.* Schmuck, Zierde.

***ललामक** *n.* Stirnkranz.

(*oft* —°).

= *vor. m.*

**लाघव** n. **Leichtigkeit, Schnelligkeit, Gewandtheit in (—°); Leichtsinn, Gering**heit, Knappheit, Kürze, Unbedeutendheit, Würdelosigkeit.

**लाङ्गल** n. Pflug.

**लाङ्गुल** u. **लाङ्गूल** n. Schweif, Schwanz.

**लाजं** m., **आ** f. Pl. geröstete Körner.

**लाञ्छ्**, Caus. **लाञ्छयति** kennzeichnen; p.p. **लाञ्छित** kenntlich an, versehen mit (Instr. o. —°).

**लाञ्छन** n. Kennzeichen; adj. —° kenntlich an, versehen mit, ähnlich.

**लाट** m. Pl. *Volksname.*

**लातव्य** m. *Mannsname.*

**लापिन्** sprechend, meldend (—°); jammernd.

**लापु** ein best. Geräte.

**लाब** m. Art Wachtel.

**लाभ** m. das Erlangen, Finden (Gen. o. °); Gewinn, Vorteil; Einnahme, Eroberung.

**लाभालाभ** m. Du., n. Sgl. Gewinn und Verlust.

**लाभिन्** (—°) findend, erlangend.

**लालक**, f. **°लिका** hätschelnd, schmeichelnd.

**लालन** n. das Liebkosen, Hätscheln.

**लालनीय** zu liebkosen, zu hätscheln.

**लालस** verlangend, lüstern, gierig nach (Loc. o. —°); m. u. **आ** f. Verlangen, Anhänglichkeit an (Loc.).

**लालसक**, f. **°सिका** = vor. Adj.*

**लाला** f. Speichel.

**लालाट** u. **°टिक** auf der Stirn befindlich.

**लालापान** n. das Speichelsaugen.

**लालिन्** (—°) hätschelnd.

**लाव**, f. **ई** (—°) schneidend, pflückend.

**लावक** m. Schnitter.

**लावण** salzig, gesalzen.

**लावणक** *Ortsname.*

**लावण्य** Salzigkeit, Reiz, Schönheit.

**लावण्यमय**, f. **ई** reizend, schön.

**लावण्यवन्त्** dass.; f. **°वती** *Frauenname.*

**लास** m. das Springen, Hüpfen.

**लासक** hinundher bewegend; m. Tänzer.

**लास्य** n. Tanz; m. = vor. m.

**(लिप u.) लिपा** f. [illegible]

**लिख्, लिखति (°ते) ritzen, kratzen, ein**reißen, zeichnen, schreiben, nieder-

u. s. w., mit **इव** wie gemalt d. i. un-

(*Loc.*). *Caus.* लेपयति *o.* लिम्पयति etw. (*Acc.*) mit etw. (*Instr.*) bestreichen. अनु bestreichen, beschmieren; *p.p.* अनुलिप्त bestrichen, gesalbt, überzogen mit (*Instr. o.* —°). अव *dass.*, *Pass.* hochmütig sein; *p.p.* अवलिप्त hochmütig, stolz. आ, उप, प्र, वि *u.* सम् bestreichen, beschmieren, salben (*auch Caus.*).

लिपि *f.* das Bestreichen; das Schreiben, Schrift.

लिपिकर *m.* Tüncher, Streicher, Schreiber.

लिपिन्यास *m.* Niederschrift.

लिप्त (*s.* लिप्), *f.* आ Minute (= $\frac{1}{60}$ Grad).

लिप्ति *f.* Salbe, Teig.

लिप्सा *f.* das Nehmen- *o.* Habenwollen, Verlangen, Begehren nach (*Loc. o.* —°).

लिप्सु haben wollend, verlangend nach (*Acc. o.* —°). *Abstr.* °ता *f.*

लिंबुजा *f.* Ranke, Winde, Liane.

लिम्पि *f.* Schrift.

लिश्, लिशंति *mit* आ auf die Weide gehen *mit* वि reifsen, brechen (*intr.*).

1. लिह्, लेढि, लोढे, लिहति lecken, belecken, schlürfen, geniefsen; *p.p.* लीढ beleckt, weggeleckt, vertilgt. *Caus.* लेहयति lecken lassen. *Intens* लेलिहते, °ति, *Partic.* लेलिहान beständig lecken, züngeln. अव belecken, mit dem Munde berühren; *p.p.* अवलीढ beleckt, berührt. आ *dass.*; *p.p.* आलीढ beleckt (*auch übertr.*), ergriffen, verzehrt von (—°). उप belecken. निस् nippen, ablecken वि *u.* सम् lecken, belecken.

2. लिह् (—°) leckend.

लिह *dass.*

1. ली, लीयते, °ति, (लयते *nur nach* नि) sich anschmiegen, sich ducken, kauern, hängen an, stecken, bleiben in, sich setzen *o.* legen auf, verschwinden, aufgehen in (*Loc.*). *p.p.* लीन liegend, steckend, sitzend auf *o.* in, hingegeben an (*Loc. o.* —°). अभि sich schmiegen an (*Acc.*); *p.p.* अभिलीन angeschmiegt, besetzt von (—°). अव sich niedersetzen. समव aufgeben, verschwinden in (*Loc.*). आ sich anschmiegen, sich verstecken,

लुङ् der Aorist und seine Endungen (*g.*).

लुञ्च्, लुञ्चति raufen, rupfen, abreifsen, enthülsen; *p.p.* लुञ्चित.

लुञ्चक *u.* लुञ्चन (—°) ausraufend.

1. लुठ्, लुठति, °ते sich wälzen, rollen, in Bewegung *o.* Aufregung versetzen. *p.p.* लुठित sich wälzend, rollend. *Caus.* लोठयति=*Simpl. trans.* उद् sich krampfhaft bewegen. *p.p.* उल्लुठित. परि hin- undher rollen. प्र *u.* वि= *Simpl. intrans.*

2. लुठ्, लुण्ठ्, लुण्ठति aufrühren, aufregen. *Caus.* लुण्ठयति *u.* लोठयति rauben, plündern. निस् *Caus.* लोटयति *dass.*

लुड्, लोडयति aufrühren, beunruhigen. आ *u.* समा *dass.*, rühren, umrühren, mengen. निस् durchwühlen, durchforschen. परि verwirren. वि umrühren, umstürzen, verwirren. सम् in Unordnung bringen. *Pass.* zu Schanden werden.

लुण्ठ् *s.* 2. लुठ्.

लुण्ठ eine Grasart.

लुण्ठक *m.* Plünderer.

लुण्ठन *n.* das Plündern (—°).

लुण्ठि *f.* Plünderung.

लुण्डी कर् zusammenrollen *o.* -ballen.

1. लुप्, लुम्पति (°ते) zerbrechen, beschädigen, rauben, plündern, zerstören, beseitigen, verthun, verschwenden. *Pass.* लुप्यते (लुप्यते, °ति) beschädigt werden u. s. w., reifsen, entzweigehen, verschwinden, abfallen, vergehen; *p.p.* लुप्त beschädigt, geraubt, gebracht um (—°), unterdrückt, verschwunden, vergangen, unvollständig. *Caus.* लोपयति unterlassen, verletzen, jemd. von etw. (*Abl.*) abbringen. अव abtrennen, entreifsen, unterdrücken. आ ausreifsen, entreifsen; *Pass.* unterbrochen werden. उद् herausgreifen; *p.p.* उल्लुप्त. प्र ausreifsen, rauben. विप्र entreifsen, rauben वि zerreifsen, zerpflücken, plündern, rauben, zerstören. *Med. Pass.* zerfallen, verschwinden. *p.p.* विलुप्त zerrissen u. s. w. *Caus.* vorenthalten, entziehen, vernachlässigen.

2. लुक् Abfall, Schwund (*g.*).

लुगन्त auf einen Schwund endigend, d. i. wo im Auslaut etwas ausgefallen ist (*g.*).

लुम्बी *f.*

लुल्, लोलति

लृट्

लेख

* लेखनीय zu schreiben.
लेखपत्त्र n., °पत्त्रिका f. Brief.
लेखसाधन n. Pl. Schreibmaterialien.*
लेखहार u. °क m. Briefträger.
लेखिन् (—°) ritzend, streifend, berührend
लेख्य zu ritzen, zu schreiben, zu malen. n. das Schreiben, Zeichnen, Malen, Brief, Dokument, Klageschrift (*j.*); Inschrift, Bild.
लेख्यगत gemalt.
लेट् der Conjunctiv u. seine Endungen (*g.*).
लेट m. eine best. Kaste.
लेण्ड n. Exkremente.
लेप m. das Bestreichen, Tünchen, Überzug (*auch* °न n.); Unreinigkeit, Schmutz Fleck (*auch übertr.*).
लेपिन् beschmierend, überziehend *o.* beschmiert, überzogen mit (—°).
लेप्य zu verunreinigen, zu beflecken.
लेलया (*Instr. adv.*) schwank, unruhig
लेलिह m. Schlange (*eig.* Lecker).
लेलिहान (*s.* 1. लिह्) m. *dass.*
लेश m. ein Teilchen, Bischen, eine Wenigkeit von (*Gen. o.* —°). °—, *Instr. u* लेशतस् *Adv.* in ganz geringem Maſse schwach, kaum.
लेश्य u. लेश्या f. Licht.
लेष्टु m. Erdkloſs.
लेह m. Lecker, Schlürfer.
लेहन n. das Lecken.
लेह्य zu lecken, zu genieſsen (*oft* —°).
लोक्, लोकते, *meist* लोकयति (°ते) erblicken, sehen, schauen, gewahren, erkennen अव sehen, hinschauen, betrachten, erblicken. समव hinschauen, erblicken. आ schauen auf *o.* nach, anblicken, betrachten, erfahren, erkennen. समा hinschauen, erblicken, gewahren. वि hinsehen, anblicken, beschauen, betrachten gewahren, beobachten, prüfen.
1. लोक m. Platz, Raum, Strecke, Weltraum, Welt (*meist 2, 3, o. 7 angen.*), Erde; Weltlichkeit, das gemeine Leben (*oft opp. Wissenschaft*); die Leute, die Menschen (*Sgl. u. Pl.*); eine Versammlung von (—°).

लोकपति m. = लोकनाथ.

**लोकाचार** *m.* das Treiben der Menschen, Herkommen, Gebrauch.

**लोकात्मन्** *m.* die Seele der Welt.

**लोकाधिप** *u.* °**ति** *m.* der Oberherr der Welt.

**लोकानुग्रह** *m.* das Heil der Welt.

**लोकान्तर** *n.* die andere Welt, das Jenseits

**लोकापवाद** *m.* der Tadel der Welt, böse Nachrede.

**लोकायत** materialistisch. *m.* ein Materialist · *n.* der Materialismus.

**लोकालोक** *n. Sgl., m. Du.* die Welt und die Nichtwelt; *m. N. eines myth. Gebirges.*

**लोकिन्** die (beste) Welt besitzend; *m. Pl* die Weltenbewohner.

**लोकेश** *u.* °**श्वर** *m.* Herr der Welt.

**लोकैषणा** *f.* das Verlangen nach dem Himmel.

**लोकोक्ति** *f.* das Gerede der Leute, Sprichwort.

**लोकोत्तर** über das Gewöhnliche hinausgehend, aufserordentlich.

**लोक्य** Welten gewinnend, weltverbreitet, üblich, ordentlich, richtig. *n.* freie Stellung.

**लोगं** *m.* Erdklofs, Scholle.

**लोच्** (*nur* —°), **लोचते** *u. Caus.* **लोचयति** (°**ते**) *mit* **आ** betrachten, erwägen. *Caus. dass. p.p.* **आलोचित** (*n. auch impers.*) **पर्या** *u.* **समा** *Caus.* sich vorstellen, bedenken, überlegen.

**लोचन** erhellend; *n.* Auge.

**लोचनगोचर** im Bereich der Augen liegend.

**लोचनपथ** *m.* Bereich der Augen, Gesichtskreis.

**लोट्** der Imperativ und seine Endungen (*g.*).

**लोठन** *n.* das Wackeln (*des Kopfes*).

**लोडन** *n.* das Belästigen.

**लोधं** *m.* ein best. Tier.

**लोध्र** *m.* ein best. Baum.

**लोप** *m.* Abfall, Schwund (*g.*); Mangel, Störung, Unterlassung.

**लोपन** *n.* Verletzung.

**लोपिन्** (—°) beeinträchtigend, beseitigend; abwerfend (*g.*).

**लोप्तृ** *m.* Störer, Unterbrecher.

**लोप्त्र** *n.* Raub, Beute.

**लोप्य** abzuwerfen (*g.*).

**लोमकूप** *m.*

**लोमगर्त** *m.*

*Königs.*

=

**लोहितकृष्ण** rötli

**लोहितग्रीव** roth

लोहितवन्त् Blut enthaltend.

लोहिताक्ष, *f.* ई rotäugig.

लोहिताङ्ग *m.* der Planet Mars (*eig.* der Rotleibige).

लोहिताय्, °यति *u.* °ते rot werden, sich röten.

लोहितायस aus rotem Metall gemacht, ein solches Schermesser; *n.* Kupfer.

लोहितोर्ण, *f.* ई rotwollig.

लोहिनी *s.* लोहित.

लौकिक, *f.* ई alltäglich, gemein. *m. Pl.* Alltags-, Allerweltsmenschen *o.* Weltmänner. *n.* das Welttreiben, allgemeiner Brauch.

# व

व *Indecl.* = इव.

वंश *m.* Rohr, *bes.* Bambus; Balken, Sparre, Rohrpfeife, Flöte; Stamm Geschlecht.

वंशक *m.* Art Zuckerrohr; **f.* वंशिका Flöte Agallochum.

वंशकर *u.* °कृत् *m.* Stammhalter.

वंशकृत्य *n.* Flötenspiel.

वंशगोप्तृ *m.* Stammhüter.

वंशज aus Rohr gemacht; aus dem Geschlechte von (—°) stammend.

वंशधर *m.* Stammhalter, Nachkomme.

वंशब्राह्मण *n. T. eines Werks.*

वंशभृत् *m.* Stammhalter.

वंशमय, *f.* ई aus Bambus gemacht.

वंशवर्धन das Geschlecht mehrend *o.* fortpflanzend (*auch* °वर्धिन्); *m.* Sohn.

वंशस्थ *n. N. eines Metrums.*

वंशीय zum Geschlechte von (*Gen.*) gehörig.

वंश्य *dass.*; *m.* Familienglied, Vorfahr *o* Nachkomme.

वंसग *m.* Stier.

वंकल *m.* Baumrinde, Bast.

वकुलावलिका *s.* बकुलावलिका.

वक्तृ sprechend, beredt; *m.* Sprecher, Verkünder (*mit Gen., Acc. o.* —°); Redner, Sänger, Lehrer, Meister.

वक्तव्य *o.* वक्तव्य zu sprechen, zu sagen, auszusagen, anzureden; hervorzuheben,

**वक्षणा** *f.* **Leib, Bauch (*auch übertr.*); Flussbett.**

**वक्षणि** **stärkend.**

वंक्षस् *n.* Brust.

वक्षी *f.* Flamme.

वक्षोज *u.* वक्षोरुह *m.* die weibliche Brust.

वग्नु *m.* Ton, Ruf.

वग्वन schwatzhaft.

वग्वनु *m.* = वग्नु.

वंघा *f.* ein best. Tier.

वङ्क *m.* Vagabund; *f.* आ Sattelknopf.

वङ्कु sich tummelnd, hurtig.

वंक्रि *f.* Rippe (*auch* ई).

वङ्क्षण *m.* Leisten, Weiche (*auch f.* आ).

वङ्ग *m.* Baum; *N. eines Landes*, *Pl. eines Volkes* (Bengalen).

वंगृद *m.* *N. eines Dämons.*

वङ्घ *m.* ein best. Baum.

वच्, विंवक्ति, वक्ति (*auch Med.*) sprechen, sagen, verkünden; zu jemd. (*Acc.*) reden, jemd. anreden; jemd. etw. sagen *o.* mitteilen (*2 Acc. o. Acc. der Pers., Dat. o. Gen. der S.*); nennen, bezeichnen als (*2 Acc.*), *Med.* sich ausgeben für (*Nom.*); jemd. schelten, tadeln (*Acc.*); *mit* पुनर् antworten. *Pass.* genannt werden, heifsen (*Nom.*), ertönen, erschallen. *p.p.* उक्त gesagt, erwähnt, angegeben (*n. impers.*); angeredet, aufgefordert von (—°). *Caus.* वाचयति sagen lassen (*2 Acc.*), lesen; zusagen, versprechen. *Desid.* विवक्षति (°ते) zu sprechen *o.* her zusagen beabsichtigen. *Pass.* gemeint sein; *p.p.* विवक्षित (herzusagen) beabsichtigt, gemeint. अच्छ herbeirufen, einladen. अधि Fürsprecher sein, hilfreich eintreten für, beistehen (*Dat.*). अनु aufsagen (*r.*), lehren, mitteilen. *Med.* lernen, studieren (*eig.* nachsprechen); *p.p.* अनूक्त studiert, gelernt. *Caus.* aufsagen lassen (*r.*), lesen. निस् aussprechen, erklären, herleiten (*g.*); *p.p.* निरुक्त *s. auch bes* प्र verkünden, erwähnen, lehren, rühmen, preisen; sprechen, sagen, nennen (*wie Simpl.*). *p.p.* प्रोक्त verkündet u. s. w., **gesagt, gesprochen, angekündigt, genannt, heifsend, sogenannt. प्रतिप्र anzeigen,** melden, **antworten. प्रति** ***Med.*** **melden, anpreisen, empfehlen, antworten, erwidern. वि kund thun, erklären, ent-**

वज्रवह् (°वाह्) den Donnerkeil führend.
वज्रसार Diamant; *Adj.* diamanten *o.* -hart.
वज्रसारी कर् diamantenhart machen.
वज्रहस्त = वज्रपाणि.
वज्रिन् den Donnerkeil führend, *Bein Indra's.*
वञ्च्, वञ्चति wanken, schleichen, krumm gehen. *Pass.* वच्यते sich schaukeln *o* tummeln. *Caus.* वञ्चयति, °ते ausweichen, entrinnen, entwischen; anführen, täuschen, hintergehen. *p.p.* वञ्चित angeführt, betrogen, gekommen um (*Instr. Abl. o.* —°).
वञ्चक *m.* Betrüger (°वचन Trugrede*).
वञ्चन *n.*, आ *f.* Betrug, Täuschung.
वञ्चनवचन = वञ्चकवचन*.
वञ्चनवन्त् trügerisch.
वञ्चनीय zu hintergehen, anzuführen.
वञ्चयितर् *m.* Betrüger.
वञ्चयितव्य = वञ्चनीय.
वञ्जुल *m. N. versch. Pflanzen.*
वट *m.* der indische Feigenbaum.
वटक *m.*, वटका *u.* वटिका *f.* Kügelchen, Pille, Klöfschen.
वठर dumm; *m.* Tölpel, Wicht.
वडब *m.* stutenähnliches männliches Pferd.
वडबा *f.* Stute; *Frauenname.*
वडबाग्नि *m.* Höllenfeuer (*am Südpol gedacht*).
वडबानल *m. dass.*
वडभि *u.* °भी *f.* Hauszinne, Söller.
वडिश *s.* बडिश.
वणिकपथ *m.* Handel (Kaufmannspfad).
वणिकपीडा *f.* des Kaufmanns Qual.
वणिकपुत्र *m.* Kaufmannssohn.
वणिक्सुत *m. dass.*, *f.* आ K.-tochter.
वणिक्सूनु *m.* = *vor. m.*
वणिज् *m.* Kaufmann.
वणिज्या *f.* Handel, Kram.
वण्ट ohne Schwanz.
वण्ठ *m.* Diener, Bursche.
वत्, वतति, *nur mit* अपि verstehen, begreifen. *Caus.* वातयति *mit* अपि verstehen machen, wecken (*übertr.*), einflöfsen.
वतंस *m.* Kranz, Diadem.

वत्सराज *m.* = वत्सपति.

jemd. (*Acc.*) reden, jemd. (*Acc.*) antworten, erwidern. वि (*meist Med.*) Widerspruch erheben, sich mit jemd. (*Instr.*) streiten über (*Loc*). *Caus.* einen Prozess einleiten (*j.*). सम् (*meist Med.*) sich unterreden, sich besprechen mit (*Instr.*), über (*Loc.*); übereinstimmen, zutreffen, (einen Sinn geben*). *Caus.* sich über etw. einigen; *p.p.* संवादित entschieden. विसम् widersprechen. *Caus. dass.*; *p.p.* विसंवादित bestritten (nicht eingehalten*).

वद् (—°) sprechend, Sprecher.

वदन *n.* das Reden, Sprechen; Mund, Gesicht.

वदनपङ्कज *n.* Lotusantlitz.

वदनपवन *m.* Atem (Mundwind).

वदनमारुत *m. dass.*

वदनोदर *n.* Mundhöhle, Rachen.

वदान्य freigebig; *Abstr.* °ता *f.*

वदितृ sprechend, Sprecher (*Gen. o. Acc.*).

वदितव्य zu sprechen, zu sagen.

वदिष्ठ (*Superl.*) am besten redend.

वद्मन् redend.

वध् (वधति), *Pass.* वध्यते (°ति) schlagen, töten, vernichten. *Caus.* वधयति *dass* अप abhauen, fällen. वि zerstören.

वध *m.* Töter, Mörder; Todeswaffe, Tötung, Mord, Todesstrafe, Schlag, Verletzung, Vernichtung, Vereitelung.

वधक *m.* Mörder, Henker.

वधकाम्या *f.* die Absicht zu töten.

वधजीविन् *m.* Fleischer *o.* Jäger (*eig.* vom Töten lebend).

1. वधत्र *n.* Todeswaffe, Geschoss.

2. वधत्र vor Verletzung schützend.

वधना *f.* tötliche Waffe.

वधनिग्रह *m.* Todesstrafe.

वधभूमि *f.* Richtplatz.

वधर्, वधस् *n.* Geschoss, Waffe.

वधर्य, *nur* वधर्यन्ती *f.* Geschoss schleudernd treffend (*der Blitz*).

वधस्न *u.* °स्नु (*nur Instr. Pl.*) Mordwaffe

वधीम् *s.* वध्.

(वधु) *u.* वधू *f.* Braut, junge Frau, Weib (*auch* Tierweibchen), Schwiegertochter.

वधूजन *m.* (*coll.*) Weibervolk.

वधूटिका *u.* वधूटी *f.* junges Weib.

वधूयु uxorius.

वधूवर *n. Sgl.* Braut und Bräutigam.

वनचरवृत्ति

*Adj.* °स्र u. °स्रिन् einen solchen tragend (*Kṛshṇa*).

वनराजि u. °जी f. Baumreihe.

वनर्गु im Walde wandelnd.

वनलता f. wilde (Wald-) Winde.

वनवास m. das Wohnen im Walde; *Adj.* i. W. wohnend; *m.* Wäldler.

वनवासिन् = *vor. Adj.*

वनश्वन् m. Schakal (Waldhund).

वनस् n. Verlangen o. Anmut.

वनस्थ im Walde befindlich, wild; *m* Wäldler.

वनस्पति *m.* (*eig.* Waldesfürst) Baum, Stamm, Pfahl, Opferpfosten, Holz. *Du.* Mörser und Keule.

वनान्त m. Waldgegend, Wald.

वनान्तर n. das Innere eines Waldes. °रम् in den Wald, °रे im W., °रात् aus dem W.

वनि f. Wunsch, Verlangen.

वनिका (—°) f. Wäldchen.

वनिता (s. 1. वन्) f. Geliebte, Gattin Weib.

वनितर् m. Inhaber, Besitzer (*mit Acc.*).

1. वनिन् begehrend; spendend.

2. वनिन् m. Baum.

वनिन n. *dass.*

वनिष्ठ (*Superl.*) u. वनीयंस् (*Compar.*) am meisten (mehr) erlangend o. mitteilend.

वनिष्ठु m. Eingeweide.

वनीवन् verlangend.

वनु eifrig; m. Feind.

वनुष्, वनुष्यति eifrig sein, angreifen, *mit* अति hinausstreben über (*Acc.*).

वनुस् verlangend, eifrig, anhänglich; *m.* Nachsteller, Feind.

वनेचर, f. ई im Walde schweifend; Waldbewohner, -in.

वनैकदेश m. eine Stelle im Walde.

वनोद्देश m. *dass.*

वनोद्भव m. waldgeboren, Wald-

वनोपप्लव m. Waldbrand (*eig.* -unfall).

वनोपेत in den Wald zurückgezogen.

वनौकस् im Walde wohnend. *m.* Waldbewohner o. Waldtier.

वनौषधि f. wildes (Wald-) Kraut.

वन्द्, वन्दते वन्दयति

वन्दिन् s. बन्दिन्.

वन्द्य = वन्दितव्य.

वप्तव्य zu säen (*n. impers.*).

वप्र *m. n.* Erdaufwurf, Erdwall, Ufer, Abhang. *f.* आ Beet.

वप्रक्रिया *u.* °क्रीडा *f.* das Erdhaufenmachen *o.* -spiel (*eines Elefanten*).

वप्सस् *n.* schöne Gestalt.

वम्, वमिति *u.* वमति erbrechen, von sich geben (वचस् bereuen); *p.p.* वान्त gebrochen (habend). *Caus.* वामयति *u.* वमयति brechen lassen. उद् = *Simpl.*, *p.p.* उद्वान्त ausgespieen, (herausgefallen aus —°*).

वमथु *m.* Erbrechen.

वमन *n. dass.*, das Ausstoſsen Entlassen.

वमि *u.* वमी *f.* Erbrechen, Übelkeit.

वम्र *m.*, ई *f.* Ameise.

वम्रक *m.* Ameischen.

1. वयस् *n.* Geflügel (*coll.*), Vogel.

2. वयस् *n.* Speise, Kraft, Jugend, Alter, Lebensalter *überh.*

3. वयस् *n.* Gewebe.

1. वयस *m* Vogel.

2. वयस *n.* (—°) = 2. वयस्.

वयसान्वित alt.

वयस्य *m.* Altersgenosse, Freund (*auch* °क). *f.* °स्या Freundin, Vertraute (*auch* वयस्यिका *f.**).

वयस्यक = *vor. m.*

निवारित. निस्, *p.p.* निर्वृत *s. bes.*

परि bedecken, verhüllen, umgeben; *p.p.* परीवृत *u.* परिवृत (*s. auch bes.*) bedeckt, umgeben, erfüllt, begleitet von (*Instr. o.* —°). *Caus.* umgeben, umringen; *p.p.* परिवारित umgeben von, bedeckt mit (*Instr. o.* —°). प्र abwehren (*auch Caus.*). प्रति *Caus.* zurückhalten, abwehren. वि aufdecken, öffnen, entfalten, zeigen, offenbaren, kundthun; *p.p.* विवृत aufgedeckt u. s. w. सम् zudecken, verhüllen, verschliefsen, zusammenlegen, in Ordnung bringen, hemmen, abwehren. *p.p.* संवृत zugedeckt, verborgen, verschlossen, versteckt; umgeben, erfüllt, begleitet von (*Instr. o.* —°).

2. वर्, वृणीते, वृणाति, वृणोति, वृणुते wählen; werben um—bei—, jemd. um etw. bitten (2 *Acc.*); vorziehen, lieber wollen als (*Abl.*); erbitten, wünschen, gern haben, lieben, annehmen; jemd (*Dat.*) etw. (*Acc.*) gewähren, zukommen lassen; *p.p.* वृत. *Caus.* वरयति, °ते erwählen, jemd. um etw. bitten (2 *Acc.*), werben um (*Acc.*, *auch mit* पतिम् *o* पत्नीम्). आ erwählen, wünschen; gewähren, erfüllen (*Wunsch*). निस् auswählen. परि *u.* प्र erwählen.

1. वर *m.* Umkreis, Raum; das Hemmen (*Dat. als Inf.*).

2. वर wählend (—°); *m.* Freier, Geliebter.

3. वर vorzüglichst, best, schönst (unter *Gen*, *Loc.*, *Abl. o.* —°), vorzüglicher, besser als (*Abl.*, *selten Gen.*). *n. adv* besonders, besser, lieber als (*Abl. mit o. ohne* आ; *auch* वरम्—नं, न च, न तु *o.* न पुनः *mit Nom.*, *selten Instr.*). *m.* (*n.*) Wunsch, Wahl, Gabe, Lohn, Gnade, Segen. *n.* Saffran.

वरक *m.* Brautwerber; Wunsch.

वरट *m.* eine best. Körnerfrucht; *f.* ई eine Art Wespe.

1. वरण *m.* ein best. Baum.

2. वरण *m. Pl.* die Sprüche bei der Priesterwahl; *n.* Wahl, Wunsch, Werbung.

वरतनु, *f.* ऊ schönleibig; *f.* eine Schöne

वरत्रा *f.* Riemen.

वरद Wünsche gewährend *o.* erfüllend; *m.* Segenspender; *f.* आ *N. eines Flusses.*

वरदान *n.* Wunscherfüllung, Gnadenverleihung.

वरप्रद = वरद *Adj.*

वरप्रार्थना

वरस्त्री *f.* = वरयोषित्.

वराङ्गना *f.* = वरयोषित्.

mend; zu Wagen sitzend. *m.* Kriegswagen; *f.* **वरूथिनी** Heer.

**वरूथ्य** schützend, schirmend.

**वरेण्य** wünschenswert, herrlich lieb, best von (*Gen.*)

**वरेय्**, **°यति** werben, freien.

**वरेयु** werbend, freiend.

**वरेश** *u.* **°श्वर** *m.* Wunschherr *o.* -erfüller.

**वरोरु** ein schöner Schenkel; *Adj.* (*f.* **उ** *u.* **ऊ**) schönschenkelig, vollhüftig.

**वर्ग** *m.* Abwehrer; Abschnitt, Abteilung, Klasse, Partei Schar; -schaft (—°); Gruppe, *bes.* Wort- *o.* Lautgruppe (*g.*).

**वर्गशस्** *Adv.* gruppenweise.

**वर्गस्थ** *u.* **वर्गिन्** zu einer Partei gehörig.

**वर्ग्य** *dass.*; *m.* Zunftgenosse, Kollege.

**वर्चस्** *n.* Kraft, Feuer, Glanz, Licht, Farbe; Kot, Mist.

**वर्चस** *n.* (—°) Glanz, Licht, Farbe.

**वर्चस्य** Kraft verleihend.

**वर्चस्वन्त्** *u.* **वर्चस्विन्** kräftig, frisch.

**वर्चिन्** *m. N. eines Dämons.*

**वर्ज्**, **वृणक्ति**, **वृङ्क्ते** wenden, abdrehen, ausraufen (*Gras zur Opferstreu*); ablenken, beseitigen, abwenden (*bes. Med.*). *p.p.* **वृक्त**. *Caus.* **वर्जयति** (**°ते**) beseitigen,

**वर्जक** (—°) meidend, vermeidend.

**वर्जन** *n.* das Vermeiden, Ausschliefsen, Ausnehmen.

**वर्जनीय** zu vermeiden.

**वर्जम्** mit Ausschuss von, ohne (*Acc. o.* —°).

**वर्जयितृ** *m.* Vermeider.

**वर्जयितव्य** zu vermeiden.

**वर्जिन्** (—°) vermeidend.

**वर्ज्य** zu vermeiden, aufzugeben; mit Ausschluss von (—°).

**वर्ण** *m.* Äufseres, Farbe (*auch zum Malen*), Kaste, Geschlecht, Art, Wesen, Form; Buchstabe, Laut, musikalischer Ton, Vokal, Silbe, Wort; Lob, Preis, Ruhm.

**वर्णक**, *f.* **वर्णिका** schildernd, darstellend; *f.* Farbe (*zum Malen*), Salbe, Schminke.

**वर्णकचित्रित** mit Farbe bemalt.*

**वर्णक्रम** *m.* Reihenfolge der Farben *o.* Kasten.

**वर्णचित्रित** = **वर्णकचित्रित**.*

**वर्णज्यायंस्** *u.* **°ज्येष्ठ** höher, höchst an Kaste.

**वर्णता** *f.*, **°त्व** *n. Abstr. zu* **वर्ण** Kaste.

**वर्णधर्म** *m. Sgl. u. Pl.* die Kastenbestimmungen.

**वर्णन** *n.*, **°ना** *f.* Beschreibung, Schilderung.

**वर्णनीय** zu beschreiben, zu schildern.

**वर्णपरिचय** *m.* Übung im Singen *o.* Musizieren.*

**वर्णमात्र** *n.* die blofse (= nur die) Farbe.

**वर्णय्**, **°यति** (**°ते**) bemalen, färben, beschreiben, schildern, erzählen, betrachten. **व्या** erzählen, schildern. **उप** *dass.* **निस्** hinsehen, betrachten, beschreiben, schildern.

**वर्णयितृ** Schilderer, Beschreiber (*mit Acc.*).

**वर्णयितव्य** zu beschreiben, zu schildern.

**वर्णवृत्त** *n.* Silbenmetrum.

**वर्णसंसर्ग** *u.* **°संकर** *m.* Vermischung der Kasten (*durch Zwischenheirat*).

**वर्णापेत** der Kaste verlustig gegangen.

**वर्णावर** geringer an Kaste.*

**वर्णाश्रम** *m. Pl.* die Kasten und die Lebensstufen des Brahmanen.

**वर्णिन्** eine best. Farbe habend; (—°) das Ansehen von— habend, zur -kaste gehörend. *m.* zu einer der 4 Kasten gehörig, Brahmanenschüler.

**वर्ण्य** zu beschreiben, zu schildern.

**वर्त्**, **वर्तते**, **°ति**, **ववर्त्ति**, **वर्त्ति** sich drehen, rollen, ablaufen (*Zeit*), erfolgen, geschehen, werden, sein (*auch als Cop.*), da sein, existieren, leben, bestehen; fortgelten, zu ergänzen sein (*g.*); wohnen, weilen; verfahren, zu Werke gehen, sich benehmen *o.* verhalten, gereichen zu (*Dat. o. Loc.*); stehen für *o.* im Sinne von (*Loc.*) = bedeuten (*g.*). **किं वर्तते** wie steht es mit (*Gen.*)? **मनसि**, **हृदये** im Sinn, im Herzen liegen. **वृत्तिम्** verfahren, sich benehmen gegen (*Loc.*). **वर्तमान** lebend, gegenwärtig, sich aufhaltend, vorschwebend, fortgeltend, zu ergänzen; *n.* Gegenwart (*g.*). *p p.* **वृत्त** gedreht, erfolgt, vergangen, verstorben, sich benommen habend gegen (*Loc.*), *s. auch bes. Caus.* **वर्तयति** (**°ते**) drehen, rollen lassen, vergiefsen (*Thränen*), hinbringen (*Zeit*, *Leben u. s. w.*), *ohne Obj.* leben, bestehen von (*Instr.*); beobachten, verrichten, äufsern, vorführen, lehren. *Intens.* **वर्वर्त्ति** (*Partic.* **वर्वृतान**), **वरीवर्त्ति**, **वरीवृत्यते** sich drehen, rollen, sich befinden, dasein, herrschen, walten. **अति** vorüberrollen, verstreichen (*Zeit*); *mit Acc.* vorübergehen lassen, hinwegkommen über, sich entziehen, unterlassen, versäumen, übertreten. **समति** vorüber-, davonlaufen. **अधि** hinrollen, sich wenden. **अनु** nachrollen, verfolgen, nachgehen, nachstreben, anhängen, beipflichten, sich richten nach, geraten in; erfolgen, fortdauern, weiter gelten *d. i.* zu ergänzen sein (*g.*). **अप** sich abwenden, entfernen, fortbegeben. **अभि** sich hinwenden, hinfliegen nach (*Adv. auf* **तस्**), herankommen; sich erheben, anbrechen, beginnen. **आ** sich drehen, sich wenden, *mit* **पुनर्** zurückkehren (*auch* = wiedergeboren werden); herrollen lassen, herbeiführen, -wenden, -lenken, -locken (*meist Act.*). *Caus.* sich wenden lassen, um-, herwenden, zurückführen, wiederholen. *Intens.* (**आवरीवर्**) sich schnell bewegen, sich regen. **अन्वा** nachrollen, folgen; *Intens. dass.* **उपा** sich herwenden, sich wenden an (*Acc.*), zurückkehren. **पर्या** sich um- *o.* abwenden. **प्रत्या** sich wenden gegen (*Acc.*), zurückkehren. **व्या** sich trennen, scheiden von (*Instr. o. Abl.*), sich teilen, auflösen, öffnen; umkehren, abziehen; aufhören, zu Nichte werden. *p.p.* **व्यावृत्त** abgekehrt, abgewandt von, unvereinbar mit (*Abl. o.* —°). *Caus.* trennen, sondern, befreien von (*Instr. o. Abl.*); umwenden, aufheben, beseitigen. **समा** heimkehren, zurückkommen, herantreten, sich wenden, vergehen; *p.p.* **समावृत्त** heimgekehrt (*bes. aus der Lehrzeit*), hergekommen von (—°); beendigt. *Caus.* heimtreiben, entlassen (*bes. den Schüler*). **उद्** abspringen, austreten, verschwinden. *Caus.* zersprengen, hinausdrängen, zerstören. **उप** darauf- *o.* herantreten. **नि** zurück-, umkehren, wiedergeboren werden; zurückgehen, sich abwenden, fliehen; sich losmachen, lossagen, befreien von (*Abl.*); aufhören, innehalten, weichen, schwinden, unterbleiben, fehlen. *p.p.* निवृत्त zurückgekehrt, abgekehrt, abgewandt *o.* losgekommen von (*Abl. o.* —°); gewichen, aufgehört, verschwunden, unterblieben, weggefallen, abgethan; nicht mehr geltend *o.* zu ergänzen (*g.*). *Caus.* nach unten drehen, umkehren machen, zurückführen *o.* -bringen, abwenden, abhalten von (*Abl.*), entfernen, beseitigen, rückgängig machen, negieren, abthun, vollenden, vollbringen. प्रतिनि umkehren, wiederkehren. *Caus.* zurückführen, abwenden. विनि zurückkehren, weichen, schwinden; *p.p.* विनिवृत्त zurückgekehrt, abgewandt *o.* befreit von (*Abl. o.* —°), gewichen, verschwunden. *Caus.* zurückziehen, abwenden, ablenken, aufgeben, beseitigen. संनि umkehren, abstehen von (*Abl.*). *Caus.* zurückführen, ablenken, abbringen von (*Abl.*), unterdrücken. निस् hervorkommen, erfolgen, geschehen. *p.p.* निर्वृत्त hervorgekommen, entstanden, erfolgt, vollbracht, vergangen. *Caus.* herausbringen, fortschaffen; hervorbringen, vollziehen, bewirken. विनिस्, *p.p.* विनिर्वृत्त hervorgetreten aus (*Abl.*), abgemacht, beendigt. परा sich umkehren, abwenden, abstehen von (*Abl.*); *p.p.* परावृत्त umgekehrt, abgewandt. परि sich drehen, sich wälzen, sich herumbewegen (*im Kopfe, im Herzen etc.*), verweilen, sich befinden in (*Loc.*), umwandeln (*Acc.*); zurückkehren, wiedergeboren werden, sich wenden, sich anders gestalten (*mit u. ohne* अन्यथा), verfahren, sich benehmen. *p.p.* परिवृत्त rollend, ablaufend, dauernd, umgewandt, abgelaufen, verschwunden. *Caus.* umdrehen, umwenden; vertauschen, umwechseln gegen, umwandeln in (*Instr.*); zu Grunde richten, vernichten. प्र in Gang *o.* in Lauf kommen, aufbrechen, hervorkommen, entstehen, sich erheben, vor sich gehen, beginnen, anfangen zu (*Infin.*), sich machen an, legen auf (*Dat.*

**वर्तक** *m.*, **वर्तिका** *f.* Wachtel.

**वर्तन** *n.* Umdrehung, das Umherschweifen, Aufenthalt in (*Loc.*), Beschäftigung, Lebensunterhalt, Erwerb, Lohn, Verkehr, Verfahren, Anwendung von (—°).

**वर्तनार्थिन्** Beschäftigung suchend.

**वर्तनि** *f.* Radschiene, Geleise, Bahn.

**वर्तमानकाल** *m.* Gegenwart.

**वर्तृ** *m.* Abhalter, Abwehrer.

**वर्तवे** *Dat. Inf. zu* 1. **वृ**.

**वर्ति** *u.* **वर्ती** *f.* Stengel, Paste, Pille, Docht, Schminke, Augensalbe.

1. **वर्तिका** *s.* **वर्तक**.

2. **वर्तिका** *f.* Stengel, Paste, Docht, Farbenpinsel.

**वर्तितव्य** zu verweilen, zu betreiben, obzuliegen (*pers. u. impers.*), zu verfahren (*impers.*).

**वर्तिन्** sich aufhaltend, befindend, gelegen in, weilend auf, obliegend, begriffen in (*meist* —°); verfahrend, sich benehmend wie (*Adv. o.* —°).

**वर्तिस्** *n.* Einkehr, Herberge.

**वर्तीर** *m.* Art Vogel.

**वर्तुल** rund; *n.* Kreis.

**वर्त्मन्** *n.* Rad-, Wegspur, Bahn, Pfad (*auch bildl.*); Rand, Augenlid.

**वर्त्र**, *f.* **ई** abwehrend; *n.* Deich, Damm.

1. **वर्ध्**, **वर्धति**, **°ते** *trans.* (*Act.*) stärken, wachsen *o.* gedeihen machen, ernähren, erheben, erregen, begeistern; *intr.* (*meist Med.*) wachsen, stark *o.* grofs werden, zunehmen, steigen, gedeihen, Erfolg haben; erregt, ergötzt werden, sich freuen an, sich begeistern durch (*Instr., Loc. o. Gen.*); glücklich sein durch *o.* über (*Instr., bes.* **दिष्ट्या वर्धसे** Glück auf!). *p.p.* **वृद्ध** gewachsen, grofs, hoch, stark, alt, hervorragend durch (—°), wichtig; ergötzt, freudig; doppelt gesteigert *o.* vriddhirt (*g.*). *Caus.* **वर्धयति** (**°ते**) = *Simpl. trans.*, *auch* grofs ziehen, in die Höhe bringen; *Med.* sich erregen, sich erquicken an (*Instr.*). *p.p.* **वर्धित** aufgewachsen, grofsgezogen, vermehrt, gestärkt. **अति** hinauswachsen

**वर्य** wählbar (*f.* **आ** *zur Frau*); trefflich, vorzüglich; best unter (*Gen. o.* —°).

**वर्वर** kraus (*vgl.* **बर्बर**).

**वर्ष्**, **वर्षति** (°ते), **वृषते** regnen, (*pers. u. impers.*) beregnen, überschütten mit (*Instr.*); *p.p.* **वृष्ट**. *Caus.* **वर्षयति** regnen lassen, beregnen mit (*Instr.*). **अभि** (*auch Caus.*) beregnen, überschütten, segnen mit (*Instr.*); *p.p.* **अभिवृष्ट** beregnet, überschüttet mit (*Instr.*). **प्र** (anfangen zu) regnen, ausschütten, beschütten. **अभिप्र** beregnen, regnen.

**वर्ष** regnend (—°); *n. m.* Regen (*auch übertr.*), *Pl.* Regenzeit (*beides auch f.* **आ**); Jahr; Weltteil (*7—9 angen.*).

**वर्षण**, *f.* **ई** regnend (*meist* —°); *n.* das Regnen, Ausschütten, Erguss.

**वर्षधर** *m.* Eunuch (*eig.* Regen- *d. i.* Samenverhalter).

**वर्षन्त्** regnend; *m.* Regen.

**वर्षपात** *m. Pl.* Regenguss.

**वर्षपूग** *m. n. Sgl. u. Pl.* Regenmenge, Reihe von Jahren.

**वर्षवर** *m.* = **वर्षधर**.

**वर्षवृद्ध** im Regen gewachsen.

**वर्षशतवृत्त** vor hundert Jahren geschehen.

**वर्षशतिन्** hundertjährig.

**वर्षसहस्रवृत्त** vor tausend Jahren geschehen.

**वर्षाकाल** *m.* Regenzeit.

**वर्षारात्र** *m.*, **रात्रि** *f. dass.* (*eig.* R.nacht).

**वर्षार्ध** Halbjahr.

**वर्षाशरद्** *f. Du.* Regenzeit und Herbst.

**वर्षासमय** *m.* Regenzeit.

**वर्षाह्व** *m.* Frosch (*eig.* Rufer im Regen).

**वर्षिक** (—°) -jährig.

**वर्षितर्** *m.* Regner.

**वर्षिता** *f. Abstr. zum folg.*

**वर्षिन्** (—°) regnend, spendend; -jährig.

**वर्षिमन्** *m.* Weite, Breite.

**वर्षिष्ठ** (*Superl.*) oberst, höchst, gröſst.

**वर्षीय** (—°) -jährig.

**वर्षीयंस्** (*Compar.*) höher, gröſser als (*Abl.*) · sehr grofs *o.* alt.

**वर्षुक** regnerisch, regnend; ausschüttend (*Acc.*).

**वर्षोपल** *m* Hagel (*eig.* Regenstein).

**वर्षौघ** *m.* Regenstrom, Platzregen.

**वर्ष्टर्** *m.* Regner.

1. **वर्ष्मन्** *m.* Höhe, Oberstes, Scheitel.

2. **वर्ष्मन्** *n.* Höhe, Spitze, Gröſse, Um-

**वल्गक** *m.* Springer, Tänzer.*
**वल्गन** *n.* das Springen, Galoppieren.
**वल्गा** *f.* Zaum, Zügel.
**वल्गित** (*s.* **वल्ग्**) *n.* das Hüpfen, Springen.
**वल्गितभ्रू** mit beweglichen Brauen.
**वल्गु** zierlich, lieblich; schön. *n. adv.*
**वल्गुली** *f.* Art Nachtvogel.
**वल्गूय्**, **°यति** artig behandeln.
**वल्भ्**, **वल्भते** essen, geniefsen
**वल्मीक** *m.* Ameisenhaufe.
**वल्ल** *m.* eine Weizenart.
**वल्लकी** (**°कि**) *f.* Art Laute.
**वल्लभ** liebst, lieber als (*Abl.*), beliebt bei (*Loc. o. Gen.*). *m.* Liebling, Günstling. *f.* **आ** Geliebte, Favoritin.
**वल्लभजन** *m.* Geliebte.
**वल्लभता** *f.* (**°त्व** *n.**) das Beliebtsein, Gunst.
**वल्लरि** *u* **°री** *f.* Ranke (*auch übertr.*).
**वल्लि** *u.* **वल्ली** *f. dass.*
**वल्लूर** *n.* getrocknetes Fleisch.
**वल्श** *m.* Schössling, Zweig.
**वल्ह्**, **वल्हति**, **°ते** herausfordern.
**वव्र** versteckt; *m.* Höhle, Tiefe.
**वव्रि** *m.* Versteck, Hülle; Leib.
**वश्**, **वष्टि**, **विवष्टि**, **ववष्टि**, **वशति** verlangen, wünschen, gern haben. *Partic.* **उशमान** verfügend über (*Acc.*); **उशन्त्**, **उशान** *u.* **वावशान** willig, bereit; freudig. *Caus.* **वशयति** unterwerfen.

1. **वश** *m.* Wille, Wunsch, Befehl, Herrschaft, *adj.* —° in der Gewalt von— stehend, —unterthan. **वशेन**, **°शात्** *u.* **°शतस्** auf Befehl oder Wunsch von, infolge von, kraft, mittels, wegen (*Gen. o.* —°).
2. **वश** *n.* flüssiges Fett.

**वशंवद** jemds. Willen anerkennend, folgsam, ergeben (*meist* —°). *Abstr.* **°त्व** *n.*
**वशकर**, *f.* **ई** unterwerfend. 3
**वशग** in der Gewalt von— befindlich, abhängig von, unterthänig (*Gen. o.* —°). *Abstr.* **°त्व** *n.*
**वशगत** *dass.*
**वशगमन** *n.* das Unterthanwerden.
**वशगामिन्** in die Gewalt jemds. kommend.
**वशता** *f.*, **°त्व** *n.* das Unterthansein, Abhängigkeit.
**वशवर्तिन्** in jemds. Gewalt befindlich, °).

4. वस्, वंसति, °ते wohnen, übernachten (*mit u. ohne* रात्रिम्), weilen, sich befinden (सुखम् sich behaglich fühlen); einer S. obliegen, sich widmen (*Acc.*). *Pass.* उष्यते. *p.p.* उषित zugebracht, verweilt (*n. impers.*); *act.* gewohnt, übernachtet, verweilt habend; jemd. (सह) beigewohnt habend; gefastet habend. *Caus.* वासयति, °ते wohnen lassen, beherbergen; warten lassen, hinhalten. अधि bewohnen, beziehen (*Acc.*). अनु jemd. (*Acc.*) nachziehen, folgen (*Partic.* अनूषिवंस्); wohnen, verweilen (*Loc.*). आ beziehen, zum Aufenthalt wählen, antreten, zubringen (*Acc.*), verweilen, wohnen (*Loc.*). *Caus.* beherbergen, Halt machen, sich lagern. समा Halt machen, sich lagern *o.* niederlassen. *Caus. dass.* उप verweilen, warten; antreten, beziehen, sich widmen, obliegen (*Acc.*); fasten. *p.p.* उपोषित gefastet habend, nüchtern. नि verweilen, sich aufhalten, wohnen (*Loc.*); bewohnen, inne haben (*Acc.*). *Caus.* beherbergen, aufnehmen; bewohnt machen, bevölkern. निस् ausleben, vollenden; *Caus.* vertreiben, verbannen, entlassen. परि verweilen, übernachten; *p.p.* पर्युषित *s. bes.* प्र aufbrechen, fortziehen, verreisen, sich entfernen, verschwinden; *p.p.* प्रोषित verreist, verschwunden, heimgegangen. *Caus.* entfernen, verbannen. विप्र verreisen, wegziehen; *p.p.* विप्रोषित verreist, weggezogen; verbannt aus (—°). *Caus.* verbannen. प्रति verweilen, ansässig sein. *Caus.* ansässig machen, beherbergen. वि sich fortbegeben von (*Abl.*), zubringen, verleben (*Acc.*). *Caus.* verjagen, verbannen. सम् zusammen wohnen, verkehren mit (*Instr. mit u. ohne* सह), sich aufhalten, leben in (*Loc.*). *Caus.* zusammenbringen; beherbergen.

वसति *f.* das Wohnen, Übernachten, Verweilen; Aufenthalt, Nest, Wohnung, Haus.

1. वंसन *n.* Gewand, Kleid; *Du.* Ober- u. Unterkleid; *adj.* —° gehüllt in.

2. वसन *n.* das Verweilen, Aufenthalt.

वसनवन्त् bekleidet.

वसन्त *m.* Frühling (*oft personif. als Freund des Liebesgottes*).

वसन्तक *m. dass.*, *Mannsname.*

वसन्ततिलक *n.* die Zierde des Frühlings; *N. eines Metrums* (*auch f.* आ).

वसन्तबन्धु *m.* der Liebesgott (*eig.* Freund des Frühlings).

वसन्तश्री *f.* Frühlingspracht.

वसन्तसमय *m.* Frühlingszeit.

वसंन्ता *u.* वसन्ता *Adv.* im Frühling.

वसन्तोत्सव *m.* Frühlingsfest.

वसव्य reich; *n.* Reichtum.

वंसा *u.* वसा *f.* Speck, Fett.

वसामय, *f.* ई aus Fett bestehend.

वसाय्, °यते sich kleiden in (*Instr.*).

वसाहोम *m.* Fettspende (*r.*).

वंसिष्ठ (*Superl.*) der trefflichste, beste, reichste; *N. eines alten Rishi u. Gesetzgebers* (*auch Sternbildes*).

वंसीयंस् (*Compar.*) besser als (*Abl.*), angesehener, reicher.

वंसु, *f.* वंस्वी (*u.* वसु) gut, heilsam. *m. Bez. einer Klasse von Göttern sowie der Götter überh.*, *auch Mannsn.* *n.* Gut, Reichtum, Besitz.

वसुजित् Güter gewinnend.

वसुता *u.* वसुताति *f.* Reichtum *o.* Güte.

वंसुत्ति *f.* Bereicherung.

वसुत्व *u.* वसुत्वन *n.* Reichtum.

वसुद Gut verleihend, freigebig.

वसुदत्त *m.*, आ *f. Manns- u. Frauenname.*

वसुदा, °दान *u.* °दावन् = वसुद.

वसुदेय *n.* Gutverleihung, Freigebigkeit.

वसुदेव *m. Manns-, bes. Fürstenname.*

वसुधा Güter schaffend, freigebig. *f.* Erde, Reich, Land, Gegend.

वसुधातल *n.* Erdoberfläche, Erdboden.

वसुधाधर die Erde tragend *o.* erhaltend; *m.* Berg, König.

वसुधाधिप *u.* °ति *m.* Erdenherr, König.

वसुधान, *f.* ई Güter enthaltend.

वसुधापति *m.* Erdenherr, König.

**वसुधार** Reichtümer bergend.
**वसुधारिणी** *f.* die Erde (Schatzträgerin).
**वसुधिति** Güter besitzend; *f.* Güterspende.
**वसुधेय** *n.* = *vor. f.*
**वसुंधर** Schätze enthaltend; *f.* **आ** Erde, Land, Reich.
**वसुपति** *m.* Herr der Güter *o.* der Götter.
**वसुभूति** *m. Mannsname.*
**वसुमत्ता** *f.* Reichtum.
**वसुमन्त्** Schätze enthaltend, reich; von den Vasu begleitet. *m. Mannsn. f.* **वसुमती** Erde, Land, Reich; *Frauenname.*
**वसुमय**, *f.* **ई** aus Gütern bestehend.
**वसुमित्र** *m. Mannsname.*
**वसुर** wertvoll, reich.
**वसुरेतस्** *m.* Feuer *o.* der Gott des Feuers (*eig.* Same der Güter *o.* der Vasu).
**वसुलक्ष्मी** *f. Frauenname.**
**वसुवन्त्** mit den Vasu verbunden.
**वसुविद्** Güter verschaffend.
**वसुषेण** *m. Bein. Kṛshṇa's u. Karṇa's.*
**वसूय्**, **°यति** Güter verlangen.
**वसूया** (*Instr. adv.*) aus Gier nach Gaben.
**वसूयु** Gut begehrend.
**वस्त** *s.* **बस्त.**
**वस्तर्** erhellend, anziehend, wohnend.
**वस्तवे** *Dat. Inf. zu* 2. **वस्.**
**वस्तव्य** zu verweilen (*n. impers.*), zu wohnen, zuzubringen. *Abstr.* **°ता** *f.* Aufenthalt.
**वस्ति** *m. f.* Blase; *Franse.
1. **वस्तु** *f.* das Hellwerden, Tagen. *Gen.* **वस्तोस्** am Morgen; **प्रति °** gegen M.
2. **वस्तु** *n.* Sitz, Ort, rechte Stelle; (tauglicher) Gegenstand, Ding, Einzelheit; Reales (*ph.*); Sache, Umstand, Inhalt, Stoff (*opp. Form*). *Abstr.* **°ता** *f.*, **°त्व** *n.*
**वस्तुक** (*adj.* —°) zum Inhalt habend.
**वस्तुतस्** *Adv.* in Wirklichkeit.
**वस्तुरचना** *f.* Bearbeitung eines Stoffs.
**वस्तूपमा** *f.* sachlicher Vergleich (*rh.*).
**वस्त्र** *n.* Kleid, Gewand, Zeug.
**वस्त्रवन्त्** (schön) gekleidet.
***वस्त्रयोनि** *f.* Zeugstoff.
***वस्त्रवेश्मन्** *n.* Zelt.
**वस्त्राञ्चल** *m.* Gewandsaum *o.* -zipfel.
**वस्त्रान्त** *m. dass.*
**वस्त्रान्तर** *n.* Obergewand.
**वस्त्राय्**, **°यते** als Kleid erscheinen.
**वस्न** *n.* Kaufpreis, Wert.
**वस्न्य** wertvoll, verkäuflich.
1. **वस्मन्** *n.* Decke.
2. **वस्मन्** *n.* Nest.
**वस्यइष्टि** *f.* das Streben nach Heil.
**वस्यंस्** (*Compar.*) besser, trefflicher, reicher als (*Abl.*); *n.* das Bessere, Glück, Heil.
**वस्वस्** *s.* **वसु.**
1. **वह्**, **वहति**, **°ते** fahren, *entw. trans.* etwas mit einem Gefährt (*Instr.*) befördern *o. intr.* sich mit einem Gefährt (*Instr.*) bewegen, *auch* = dahinfahren, wehen, fliefsen u. s. w.; ziehen (*vom Pferd*), lenken (*vom Kutscher*); zuführen, verschaffen, bringen, darbringen; wegführen, rauben; heimführen, heiraten (*meist vom Manne*); mit sich führen, tragen, auf sich nehmen, erdulden, empfinden. *Pass.* **उह्यते** gefahren werden u. s. w.; *p.p.* **ऊढ** weggeführt, geraubt, heimgeführt, geheiratet; getragen auf (—°); herangekommen, gebracht zu (*Acc.*); geäufsert, entstanden; *s. auch bes. Caus.* **वाहयति** (**°ते**) fahren, laufen, ziehen lassen; führen, lenken; zurücklegen (*einen Weg*); *p.p.* **वाहित.** *Intens.* **वनीवाह्यते** hinundherführen. **अति** hinüberführen über (*Acc.*). *Caus.* vorübergehen lassen, verbringen (*Zeit*); an etw. (*Acc.*) vorbeikommen.* **अप** wegfahren, wegführen, vertreiben, abwerfen, fahren lassen. *Caus.* wegführen, vertreiben, verjagen. **आ** *u.* **उदा** herbeiführen, bringen. **उदा** davonführen, heimführen, heiraten (*ein Weib*). **उपा** herbeiführen. **समा** (zusammen) herbeiführen, versammeln. **उद्** hinaufführen, herausziehen, heimführen, heiraten (*p.p.* **उदूढ**); tragen, an sich haben, führen, äufsern. **समुद्** hinaus-, forttragen, heimführen, tragen, erdulden (an sich tragen, besitzen*). **उप** herbeiführen, bringen, jemd. zu etw. verleiten (2 *Acc.*). *p.p.* **उपोढ** herbeigeführt, ge-

wegführen (*die Braut*), heiraten; *Med.* Hochzeit halten. *p.p.* व्यूढा verheiratet. उद्वि (*p.p.* उद्व्यूढ herausgefallen*). सम् (zusammen) führen, ziehen, treiben, beladen; fahren über *d. i.* streicheln; äufsern, bethätigen. *Pass.* समुह्यते getragen werden von, reiten auf (*Instr.*). *Caus.* zusammenführen, sammeln; fahren, lenken, heimführen, fahren über *d. i.* streichen, reiben.

2. वह् (वाह्, उह् *u.* ऊह्) fahrend, ziehend, tragend, haltend (—°).

व॑ह fahrend, führend, fliefsend nach *o.* durch, bringend, bewirkend, habend, versehen mit (—°). *m.* Schulter des Jochtieres *o.* Schulterstück des Jochs.

वह॑त् *f.* Fahrzeug *o.* Fluss.

वहतु॑ *m.* Brautzug, Hochzeit.

वहन fahrend, führend, tragend (—°); *n.* das Fahren, Tragen, Fliefsen, Schiff.

वहनभङ्ग *m.* Schiffbruch.

वहनीय zu fahren, zu führen, zu tragen.

व॑हन्ती *f. Pl.* fliefsendes Wasser.

वहल॑ im Joch gehend, Joch-.

वहि॑न् *dass.*

व॑हिष्ठ (*Superl.*) am besten fahrend *o.* ziehend.

व॑हीयंस् (*Compar.*) besser *o.* am besten fahrend.

व॑ह्नि *m.* Zugtier; Zuführer, Darbringer (*bes. Agni*), der Fahrende, Reitende (*versch. Götter*), der Fliefsende (*Soma*); *sp. meist* Feuer *o.* Feuergott.

वह्निगृह *n.* Feuergemach.

व॑ह्नितम (*Superl.*) am besten fahrend *o.* darbringend.

wohl, etwa (*na*
*rel.*); *oft nur ex*
—oder; वा—न
nicht, vielleicht
ob— oder nich
nicht—oder; य
यदि वा—यदि
nicht. न(वा)—
*u.* अथ, अपि, उ

2. वा, व॑यति, °ते w
menfügen (*auch*
ऊत geflochten, g
einreihen. परि
weben, anknüpf
auf, gesteckt *o.*
—°), durchzogen
sammenheften.

3. वा, वा॑ति, वा॑यति
riechen (*intr.*), sic
müde werden (*m*
heftig wehen.
उप anwehen, a
verwehen, erlös
loschen, unterg
löst (*r.*). परि
zu Ende gehen.
löschen, tilgen;
wehen; *p.p.* प्रव
anderwehen.

4. वा = 1. वन्; *p.*
erwünscht. *Desi*
locken, zu gewi
*u.* आ *dass.*

5. वा॑ *vor* उ = वै.

**वाक** *m.* Spruch, Formel (*r.*); *Pl.* Geschwätz, Gesumme.

**वाकोवाक्य** *n.* Dialog, Unterredung, *bes.* Gespräche aus dem Veda.

**वाक्क्षत** *n.* Verletzung durch Worte.

**वाक्पटु** redegewandt. *Abstr.* °ता *f.*

**वाक्पति** *m.* Herr der Rede.

**वाक्पथ** *m.* Zeit (*eig.* Weg) zum Reden.

**वाक्य** *n.* Ausspruch, Aussage (*j*); Rede, Satz.

**वाक्यपदीय** *n. T. eines Werkes.*

**वाक्यार्थ** *m.* Satzinhalt.

**वाक्यार्थोपमा** *f.* Art Gleichnis (*rh.*)

**वाक्संयम** *u.* °संवर Zügelung der Rede.

**वागीश** der Rede mächtig (*oft* —° *in Gelehrtennamen*).

**वागीश्वर** *m.* ein Meister der Rede.

**वागुरा** *f.* Fangstrick, Netz, Garn.

**वागुरिक** *m.* Wildfänger, Jäger

**वागृषभ** *m.* ein Meister (*eig.* Stier) in der Rede. *Abstr.* °त्व *n.*

**वाग्गुद** *m.* Art Vogel *o.* Fledermaus.

**वाग्दण्ड** *m.* Verweis; *Du.* Wort u. Stock.

**वाग्दुष्ट** grob; *m.* Grobian.

**वाग्देवता** *u.* **वाग्देवी** *f.* die Göttin der Rede (*Sarasvatî*).

**वाग्बन्धन** *n.* Hemmung der Rede, das Schweigen.

**वाग्भट** *m. N. versch. Gelehrten.*

**वाग्मिता** *f.*, °त्व *n.* Beredsamkeit.

**वाग्मिन्** beredt.

**वाग्यत** die Rede hemmend, schweigend.

**वाग्वन्त्** mit der Rede verbunden.

**वाग्विद्** redekundig.

**वाग्विदग्ध** redegewandt; *Abstr.* °ता *f.*

**वाग्विन्** beredt.

**वाग्वीर** *m.* ein Held der Rede.

**वाग्वीर्य** stimmkräftig.

**वाघत्** *m.* Opferveranstalter.

**वाङ्मधु** *n.* süfse Worte (Redehonig)

**वाङ्मधुर** süfs in der Rede.

**वाङ्मनस्** *n. Du.*, °मनस *n. Sgl.* Rede und Geist.

**वाङ्मय**, *f.* **ई** aus Rede *o.* Worten bestehend, Rede-, Wort-. *n.* Redekunst, Redeweise, Rede.

**वाङ्मात्र** *n.* das blofse Wort.*

**वाच्** *f.* Sprache, Stimme, Laut, Rede, Wort, Aussage, Gebet, Lied; die Rede *personif., auch = Sarasvatî*

**वाचंयम** die Rede einhaltend, schweigend. *Abstr.* °त्व *n.*

**वाचक**, *f.* °चिका sprechend, handelnd über, aussagend, bezeichnend (*Gen. o.* —°); *m.* Sprecher, Hersager. *Abstr.* °ता *f.*, °त्व *n.*

1. **वाचन** *n.* das Hersagen (lassen), Lesen, Ausdrücken. *f.* **आ** Lektion, Kapitel.

2. **वाचन** *u.* °क *n.* Kuchen, Leckerbissen, Näscherei.*

**वाचयितर्** *m.* der etw. hersagen lässt.

**वाचयीत** *s.* वच्.

**वाचस्पति** *m.* Herr der Rede, *Bein. mehrerer Götter, bes. des Bṛhaspati, auch Mannsn.*

**वाचा** *f.* Rede, Wort, Göttin der Rede.

**वाचामात्र** *u.* °क = **वाङ्मात्र**.*

**वाचाट** geschwätzig, grofssprecherisch.

**वाचारम्भण** *n.* Notbehelf der Rede, Redensart (*ph.*).

**वाचाल** = **वाचाट**; geräuschvoll, ertönend von (—°). *Abstr.* °ता *f.*, °त्व *n.*

**वाचालय्**, °यति geschwätzig machen.

**वाचिक** aus Worten bestehend, Wort-; *n.* (mündlicher) Auftrag.

**वाचिन्** (—°) behauptend, ausdrückend.

**वाच्य** zu sprechen, zu sagen (*n. impers.*); zu besprechen, anzuführen; anzureden, anzuweisen; zu benennen; bezeichnet, ausdrücklich gemeint mit (*Gen. o.* —°); zu tadeln. *n.* Tadel, Fehler. *Abstr.* °ता *f.*, °त्व *n.*

**वाच्यार्थ** *m.* die unmittelbar ausgedrückte Bedeutung.

**वाज** *m.* Raschheit, Wettlauf *o.* -kampf, *überh.* Kampf, Kampfpreis, Beute, Gewinn, Lohn, Gut; Opferspeise; Renner, Ross; *N. eines Ṛbhu, Pl. aller 3 Ṛbhus.*

**वाजजित्** im Kampfe *o.* Gut gewinnend.

**वाजदा** *u.* °दावन् Gut verleihend.

**वाजपति** *m.*, °पत्नी *f.* Herr, Herrin der Güter.

**वाजपेय** *m. n.* Kampf- *o.* Krafttrunk (*r.*).

**वाजंभर** den Preis davontragend.

**वाजय्**, **वाजयति** *u.* **वाजयति**, **°ते** wettlaufen, kämpfen, eilen; anspornen, fördern.

**वाजयु** wettlaufend, eifrig, kampflustig, kräftig, güterreich

**वाजवन्त्** güter- *o.* rossereich, kräftig; von den Vâjas (*d. i. Ṛbhus*) begleitet.

**वाजसनि** Gut, Beute, Kraft gewinnend *o.* verleihend; siegreich.

**वाजसनेय** *m. patron. N. des Yâjñavalkya, Pl. N. einer Schule.*

**वाजसनेयिन्** zur Schule des Vâjasaneya gehörig.

**वाजसनेयिप्रातिशाख्य**, **°ब्राह्मण** *n.*, **°संहिता** *f. T. von Werken.*

**वाजसा** = **वाजसनि**.

**वाजसात** *n.*, **°साति** *f.* Preis- *o.* Gütergewinn, Kampf, Sieg.

**वाजसृत्** wettlaufend; *m.* Wettläufer.

**वाजिन्** rasch, mutig, tapfer, männlich (*Superl.* **वाजिन्तम**). *m.* Held, Krieger; Ross, Hengst. *Pl.* die Götterrosse, *auch* die Schule des Vâjasaneya.

**वाजिन** *n.* Wettkampf, Heldenkraft.

**वाजिनीवन्त्** reich an Gaben *o.* an Rossen.

**वाजिनीवसु** *dass.*

**वाजिरूपधर** die Gestalt eines Rosses tragend.

**वाञ्छ्**, **वाञ्छति** begehren, wünschen. *p.p.* **वाञ्छित** begehrt, erwünscht; *n.* Wunsch.
**अभि** = *Simpl.*

**वाञ्छा** *f.* Begehren, Wunsch nach (*Loc., Gen., Acc. mit* **प्रति** *o.* —°).

**वाट्** *ein Opferruf.*

1. **वाट** aus dem Holz des heil. Feigenbaumes gemacht.

2. **वाट** *m.* eingehegter Platz, Garten (*auch* **ई** *f.*); Bezirk, Weg.

**वाटक** *m.*, **°टिका** *f.* Einzäunung, Garten.

**वाटधान** *m. Pl. N. eines Volks.*

1. **वाट्य** = 1. **वाट**.

2. **वाट्य** *m.* geröstete Gerste.

**वाडव** *Adj.* Stuten-; *m.* = *folg.*, *auch* Brahmane.

**वाडवाग्नि** *m.* = **वडवाग्नि**.

**वाडव** = **वाडव**.

1. **वाण** *m.* Instrumentalmusik; eine Harfe mit hundert Saiten.

2. **वाण** *s.* **बाण**.

**वाणशब्द** *m.* Lautenklang.

**वाणिज** *m.* Handelsmann.

**वाणिज्य** *n.* (**°ज्या** *f.*) Handel, Kaufmannsgeschäfte.

1. **वाणी** *f.* Rohr; *Du.* die Wagenschwengel.

2. **वाणी** *f.* Musik (*Pl.* -chor), Ton, Stimme; Rede, Worte, Beredtsamkeit und die Göttin ders. (*Sarasvatî*).

**वाणीची** *f.* ein best. Musikinstrument.

**वाणीवन्त्** wortreich.

**वात** (*s.* 3. **वा**) *m.* Wind *o.* der Gott des Windes, Luft; Wind (*als Krankheitssymptom*)

**वातजूत** windbeschwingt.

**वातभक्ष** vom Winde sich nährend.

**वातरंहस्** windesschnell.

**वातल** windig, luftig.

**वातवर्ष** *m. Sgl. u. Pl.* Regen und Wind.

**वातव्य** zu weben.

**वातव्याधि** *m.* Windkrankheit.

**वातात्मज** *m.* der Sohn des Windgottes (*Hanumant*).

**वातापि** windschwellend, gährend; *m. N. eines Asura.*

1. **वातायन** *m. patron. Mannsname.*

2. **वातायन** im Winde sich bewegend; *n.* Luftloch (*eig.* -weg), Fenster, Balkon, Söller.

**वाताली** *f.* Wirbelwind.

**वातावन्त्** windig, luftig.

**वातावली** *f.* = **वाताली**.*

**वाताश** *u.* **°शिन्** *m.* Schlange (Windesser).

**वाताश्व** *m.* windschnelles Pferd, Renner.

**वाताहति** *f.* Windstoſs.

**वातिक** *m.* Windmacher, Schwätzer.

**वातुल** windig, verrückt.

**वातूल** verrückt, versessen auf (—°).

**वातोपसृष्ट** mit Winden behaftet.

**वातोर्मी** *f. N. eines Metrums* (Windwelle).

**वात्या** *f.* Sturm, Wirbelwind.

**वात्सल्य** *n.* Zärtlichkeit, Liebe zu (*Loc. Gen. o.* —°). *Abstr.* °ता *f. dass.*

**वात्स्य** von Vatsa handelnd *o.* stammend.

**वात्स्यायन** *m. patron. N. eines Autors.*

**वाद्** sprechend, tönen lassend, spielend (—°). *m.* Rede, Laut, Ruf; Erwähnung, Nennung (—°); Rat, Ausspruch, These, Disputation, Streit, Verabredung über (—°); Klang, Spiel.

**वादन** *n.* Instrumentalmusik, Spiel auf (—°); Spielwerkzeug, Plektrum.

**वादयुद्ध** *n.* Wortkampf, Disputation.

**वादिक** (—°) redend, behauptend.

**वादित** *u.* °व्य *n.* Instrumentalmusik.

**वादित्र** *n.* Instrument, Musik, musikalische Aufführung.

**वादिन्** redend, verkündend, ausdrückend (—°). *m.* Lehrer, Kenner, Disputant; Kläger, *Du.* Kläger u. Verklagter (*j.*).

**वाद्य** zu reden, zu spielen. *n.* Rede, Instrumentalmusik, Spiel auf dem (—°).

**वाधूय** hochzeitlich; *n.* Hochzeitskleid.

**वाध्रीणस** *m.* Nashorn.

1. **वान** *n.* das Weben, Nähen.

2. **वान** *n.* ein dichter Wald.

1. **वानप्रस्थ** *m.* Einsiedler, Brahmane im dritten Lebensstadium.

2. **वानप्रस्थ** Einsiedler-; *m.* das Waldleben (als drittes Lebensstadium des Brahmanen).

1. **वानर** (*adj.* —° *f.* आ) Affe; *f.* ई Äffin.

2. **वानर,** *f.* ई Affen-, äffisch.

**वानस्पत्य** Baum-, hölzern. *m.* Baum, Gewächs; *n.* Baumfrucht.

**वानायु** *m. Pl. N. eines Volkes.*

**वानीर** *m.* Art Rohr.

**वानेय** *Adj.* Wald-, wild.

**वान्त** *s.* **वम्.**

**वान्तान्न** *n.* ausgebrochene Speise.

**वान्ति** *f.* Erbrechen.

**वान्या** *f.* Kuh, deren Kalb tot ist.

1. **वाप** *m.* das Scheren.

2. **वाप** *m.* Säer; Saat.

1. **वापन** *n.* das Scheren (lassen).

2. **वापन** *n.* das Säen.

**वापिका** *u.* **वापी** *f.* ein länglicher Teich.

वायुमन्त् mit Wind verbunden.

वायुमय die Natur des Windes habend.

वायुर windig.

वायुवेग *m.* die Schnelligkeit des Windes.

वायुवेगक *u.* °वेगिन् windesschnell.

वायुसम windähnlich.

वायुसूनु *m.* = वायुपुत्र.

वाय्य *m. patron. Mannsname.*

वाय्वश्व Winde zu Rossen habend.

वार् *n.* Wasser.

1. वार *m.* Schweifhaar, Rossschweif, Haarsieb.

2. वार *m.* Abwehr (—°).

3. वार *m.* Gut, Schatz; Wechsel, Reihe, Mal (वारं वारम् *adv.* oft, häufig); Wochentag. *f.* वारा Buhlerin.

4. वार *m.* Menge.

वारकन्यका *f.* Buhldirne (*s.* 3. वार).

वारङ्ग *m.* Heft, Griff.

वारण, *f.* ई abwehrend, hemmend, feindlich, gefährlich, ungestüm, wild, kräftig, stark. *m.* Elefant. *n.* Abhaltung, Abwehr.

वारणावत *n. N. einer Stadt.*

1. वारणीय abzuhalten.

2. वारणीय *Adj.* Elefanten-

वारनारी *f.* Buhlerin.

वारमुख्य *m.* Tänzer, Sänger; *f.* आ = *vor.*

वारयितव्य abzuhalten von (*Abl.*).

वारयुवति *u.* °योषित् *f.* = वारनारी.

वारवधू *u.* °वनिता *f. dass.*

वारवन्त् langschweifig (*Pferd*).

वारविलासिनी *u.* वाराङ्गना *f.* = वारनारी.

वाराणसी *f.* die Stadt Benares.

वाराह, *f.* ई Eber-, Schweins-.

1. वारि *n.* Wasser.

2. वारि *u.* °री *f.* Elefantenplatz.

वारिगर्भोदर regenschwanger (*Wolke*).

वारिज (wassergeboren). *m.* Muschel; *n.* Wasserrose, Lotus.

वारितरंग *m.* Wasserwelle.

वारितस् *Adv.* durch Wasser (*u.* gehemmt).

वारिद Wasser gebend; *m.* Regenwolke.

वारिधर Wasser gebend; *m.* = *vor. m.*

वारिधारा *f. Sgl. u. Pl.* Wasserstrom.

वारिधि *u.* °निधि *m.* Meer (Wasserbehälter).

वारिपथ *m.* Wasserweg, Seefahrt.

वारिपथोपजीविन् von Seefahrt lebend, seefahrend.

वारिबिन्दु *m.* Wassertropfen

वारिमन्त् wasserreich.

वारिमय, *f.* ई aus Wasser bestehend

वारिमुच् Wasser entlassend; *m.* Regenwolke.

वारियन्त्र *n.* Wasserrad *o.* -werk.

वारिराज *m.* Wasserkönig (*Bein. Varuṇa's*).

वारिराशि *m.* Wassermenge, das Meer.

वारिवह Wasser führend.

वारिवाह *dass.*; *m.* Regenwolke.

वारिवाहिन् = *vor. Adj.*

वारिविहार *m.* Belustigung im Wasser.

वारिसंभव wassererzeugt.

वारिस्थ im Wasser sich spiegelnd (*eig.* stehend).

वारीय्, °यते dem Wasser gleichen.

वारुण, *f.* ई Varuṇa gehörig *o.* geweiht, Wasser-, westlich. *m.* Wassertier, Fisch. *f.* ई der Westen; Palmbranntwein. *n. Bez. eines Mondhauses.*

वारुणि *m. patron. Mannsname.*

वारेवृत gewählt.

वार्क्ष, *f.* ई aus Bäumen bestehend, Baum-, hölzern.

वार्त्त richtig, in Ordnung, gesund; gewöhnlich, mittelmäſsig. *m. Mannsn.* *f.* आ Unterhalt, Erwerb (*adj.* —° lebend von); Kunde, Nachricht, Sage, Geschichte.

वार्त्ताहर *m.* Bote (Kundebringer).

वार्त्ताहर्तृ *u.* °हार *m. dass.*

वार्त्तिक *m.* Gewerbtreibender; Kundschafter, Bote. *n.* Ergänzung zu einem Sûtra (*g.*).

वार्त्रघ्न, *f.* ई auf den Vṛtratöter bezüglich.

वार्त्रहत्य zum Schlagen des Vṛtra dienend; *n.* die Vṛtraschlacht.

वार्द *m.* = वारिद *m.*

वार्द्धक *m.* alter Mann; *n.* Greisenalter.

वार्द्धक्य *n.* = *vor. n.*

वार्द्धुष, °षि, °षिक *u.* °षिन् *m.* Wucherer.

वार्द्धुषी *f.*, °ष्य *n.* Wucher.

वार्धनी f. Wasserkrug.

वार्धि u. वार्मुच् m. = वारिधि u. °मुच् m.

1. वार्य zurückzuhalten, abzuwehren; m. Wall.

2. वार्य zu wählen; n. Kostbarkeit, Gut, Gabe.

वार्योकस् Blutegel.

वार्वाह m. = वारिवाह m.

वार्ष, f. ई zur Regenzeit gehörig.

वार्षिक, f. ई dass., jährlich.

वार्षिक्य jährlich; n. die Regenzeit.

वार्ष्णेय m. patr. N., auch Kṛshṇa's; Adj. K. betreffend.

वाल m. Schweif, Borste, Haar, Haarsieb. f. वाली Pfosten.

वालखिल्य Bez. gew. Rigvedahymnen.

वालधान n. Schweif, Schwanz.

वालधि m. dass.

*वालपाश्या f. Art Perlenschnur.

वालवासस् n. Haargewand.

वालव्यजन n. Wedel aus Schweifhaaren.

वालिन् m. N. eines Daitya und eines myth. Affen.

वालुक aus Sand gemacht. f. आ Sgl. u. Pl. Sand.

वालुकामय, f. ई = vor. Adj.

वाल्क aus Bast gemacht; n. Bastgewand.

वाल्गुद m. Art Fledermaus.

वाल्मीक von Vâlmîki verfasst.

वाल्मीकि m. N. des Verfassers des Râmâyaṇa.

वाल्लभ्य n. Beliebtheit, Zärtlichkeit.

वाव Adv. gewiss, eben.

वावचन n. das ins Beliebenstellen, für fakultativ Erklären (g.).

वावात geliebt, beliebt; f. आ Favoritin.

वावातृ m. der Anhängliche, Getreue.

वाश्, वाशति, °ते, वाश्यते, °ति blöken, brüllen, krächzen, ächzen, dröhnen. Caus. वाशयति blöken u. s. w. machen. Intens. वावश्यते (Partic. auch वावशत्) laut brüllen u. s. w. अनु nachbrüllen. अभि anblöken o. -brüllen. सम् zusammen blöken o. brüllen.

वाश u. वाश्र rauschend.

वाशक u. वाशन krächzend.

वाशित (s. वाश्) n. Geheul, Gekrächze.

वाशिता f. eine rindernde Kuh, überh. brünstiges Tierweibchen.

वाशिन् heulend, krächzend.

वाशी f. Schnitzmesser, Axt.

वाशीमन्त् ein Messer tragend.

वाश्र blökend, brüllend, dröhnend; f. आ eine (brüllende) Kuh.

1. वास m. Gewand, Kleid.

2. वास m. das Wohnen, Verweilen in (Loc. o. —°), Übernachten; Wohnung, Aufenthalt, Stätte.

3. वास m. Wohlgeruch.

वासक (—°) = 1. 2. 3. वास; n. Schlafgemach.

वासःखण्ड n. Lumpen.

वासगृह u. °गेह n. Schlafgemach.

वासतेय Obdach gewährend; f. ई Nacht.

1. वासन n. Gewand, Kleid, Hülle, Behälter, Kästchen.

2. वासन n. das Wohnenlassen. f. आ Gedanke, Verlangen nach (Loc.), Eindruck von (—°), Vorstellung, Idee.

वासनामय aus Vorstellung o. Eindrücken von (—°) bestehend. Abstr. °त्व n. (ph.).

वासनीय herauszuklügeln (rh.).

वासन्त, f. ई Frühlings-; f. Pflanzenn.

वासन्तिक, f. ई = vor. Adj.; m. Frühlingsfest.

वासभवन n. Schlafgemach.

वासभूमि f. Wohnort.

वासय्, °यति (°ते) wohlriechend machen; p.p. वासित parfümiert. अधि dass., p.p. अधिवासित wohlriechend von (—°).

वासयितव्य zu beherbergen.

*वासयोग m. Art wohlriechendes Pulver.

वासर, f. ई morgendlich, frisch; m. Tag, Wochentag.

1. वासव, f. ई von den Vasu stammend; m. Bein. Indra's.

2. वासव, f. ई Indra gehörig; f. (mit u. ohne दिश्) der Osten.

वासवदत्ता f. Frauenn., auch T. eines Romans.

वासवदिश् u. वासवाशा f. der Osten.

वासवेश्मन् n. Schlafgemach.

Mannsn. überh.

2. वासुदेव auf Krsbṇa (*s. vor.*) bezüglich.

वासू *f.* Mädchen.

वासोद *u.* °दा ein Gewand schenkend.

वास्तव, *f.* ई wirklich, real.

वास्तव्य (am Platze) übrig geblieben; ansässig in (—°); *m.* Einwohner.

वा॑स्तु *n.* (*m.*) Stätte, Haus und Hof, Gemach.

वास्तुकर्मन् *n.* Hausbau.

वास्तुज्ञान *n.* Baukunst.

वास्तुदेव *m.*, °देवता *f.* Hausgottheit.

वास्तुविद्या *f.* Baukunst.

वास्तुविधान *n.* Hausbau.

वा॑स्तोष्प॑ति *m.* der Genius der Hofstätte.

वास्त्व übrig geblieben; *n.* Überreste.

1. वाह् *s.* 2. वह्.

2. वाह्, वाहते drängen, drücken.

वाह॑ fahrend, ziehend, fließend (—°). *m.* Zugtier, Pferd, Wagen (*adj.* —° reitend auf, fahrend in); das Ziehen, Fahren, Reiten.

वाहक Träger (*f.* °हिका -in); Kutscher.

वाहतक *s.* बार्हतक.

वा॑हन fahrend, tragend, bringend (—°). *n.* Zugtier, Wagen, Schiff, Heerestross (*adj.* —° fahrend, reitend u. s. w. auf); das Ziehen, Fahren, Reiten. *f.* आ Heer.

वा॑हस् *n.* Darbringung (*r.*).

वाह॑स *m.* Boa.

वाहितर् *m.* Führer.

वाहिता (—°) das Fließen.

वाहिन् fahrend, ziehend, fließend nach, zuführend, bringend (—°); dahinfahrend

**विकर्ष** *m.* das Anziehen; Auseinanderziehung, Zerlegung (*g.*); Entfernung.

**विकर्षण** auseinanderziehend, spannend, fortnehmend (—°); *n.* das Auseinanderziehen, Spannen.

**विकल** unvollständig, mangelhaft, verkrüppelt, kümmerlich, schwach; frei von, -los (*Instr. o.* —°); unwohl, elend *Abstr.* °ता, *f.*, °त्व *n.*

**विकलय्**, °यति hart mitnehmen.

**विकली कर्** *dass*

**विकल्प** *m.* Wechsel, Alternative (*Instr. adv.* fakultativ, arbiträr), Verschiedenheit, Möglichkeit, Combination, Unschlüssigkeit, Zweifel, Wahl.

**विकल्पन** *m.* Verfertiger, Bildner (*auch* °ल्पक). *n. u. f.* आ das Anheimstellen, Unterscheidung, Annahme.

**विकल्पवन्त्** zweifelhaft, unschlüssig.

**विकल्पिन्** (—°) zum Verwechseln ähnlich.

**विकसि** *f.* das Bersten.

**विकस्वर** geöffnet, aufgeblüht.

**विकार** *m.* Umwandlung, Veränderung, Krankheit, Gebrechen, Fratze, Grimasse, Aufregung, Leidenschaft; Verfeindung Abfall.

**विकारिन्** wandelbar, veränderlich, abnorm, leidenschaftlich, feindlich; entstellend (—°).

1. **विकाश** *m.* Glanz, Schein.

2. **विकाश** *s.* **विकास**.

**विकाशयितर्** *s.* **विकासयितर्**.

1. **विकाशिन्** glänzend; erhellend (—°).

2. **विकाशिन्** *s.* **विकासिन्**.

**विकास** *m.* das Sichöffnen, Sichentfalten Erblühen, Ausbreitung.*

**विकासक** (—°) öffnend.

**विकासन** zum Aufblühen bringend; *n.* Entfaltung.

**विकासयितर्** (°तृक) = *vor. Adj.**

**विकासिन्** blühend, offen, sich entfaltend *o.* ausbreitend.

**विकिर** *m.* Körnerspende (*eig.* = *folg.*).

**विकिरण** *n.* das Ausstreuen.

**विकुक्षि** dickbäuchig; *m.* *Mannsname.*

**विकुण्ठ** scharf, durchdringend.

विक्षोभ m. heftige Bewegung, Aufregung, Verwirrung.

विखादं m. das Verzehren.

विखेद frei von Schlaffheit, munter.

विख्याति f. Berühmtheit.

विख्यापन n. Bekanntmachung.

1. विगदं m. Geschrei, Durcheinanderrufen.

2. विगद gesund.

विगन्ध übelriechend (*auch* °न्धि); geruchlos.

विगम m. das Fortgehen, Schwinden, Abwesenheit.

विगर्हण n., °णा f. Tadel.

विगर्हिन् (—°) tadelnd.

विगाथा f. *N. eines Metrums.*

विंगामन् n. Schritt.

विगाह्य sich eintauchend.

विगीति f. *N. eines Metrums.*

विगुण ohne Sehne o. Vorzüge, mangelhaft, schlecht. *Abstr.* °ता f.

विगृहीत s. ग्रभ्.

विंग्र o. विग्रं mächtig, stark.

विग्रह m. Trennung, Auflösung, Analyse (*g.*); Feindschaft, Krieg; Form, Körper.

विग्रंहण n. das Ausbreiten, Ergreifen, Packen.

विग्रहवन्त् verkörpert, leibhaftig.

विग्रहिन् Krieg führend; m. Kriegsminister.

विघटन n. Trennung, Zerstreuung.

विघट्टन öffnend (—°); n. das Rütteln, Erschüttern, Zersprengen, Aufbinden.

1. विघनं schlagend, verletzend; m. Keule.

2. विघन wolkenlos; *Loc.* bei heiterem Himmel.

विघसं m. n. Frafs, Speisereste.

विघात m. Schlag, Abwehr, das Zurückschlagen, Hemmung, Störung, Vernichtung, Verderben.

विघ्नपति m. Herr der Hindern

विघ्नय्, °यति hindern; *p.p.* वि

विघ्नराज् u. °राज = m. विघ्नप

विघ्नवन्त् mit Hindernissen ve

विघ्नेश u. °श्वर m. = विघ्नपति.

विच्, विनक्ति u. विवेक्ति würf sichten, sondern, trennen v prüfen, erwägen. अप sonder अध्यप hineinsondern. वि dur sondern, trennen; entschei suchen, erwägen. *p.p.* विविक्त unterschieden, abgesonder frei von (*Instr.* o. —°); re klar, s. *auch bes. Caus.* विवे dern, prüfen. प्रवि untersuc *p.p.* प्रविविक्त einsam; scharf,

विचकिल m. Art Jasmin.

विचक्र radlos.

विचक्षणं deutlich, klar; einsich erfahren.

विचक्षुस् augenlos, blind.

विचंक्षे *Dat. Inf. zu* चक्ष्.

1. विचय m. Sichtung.

2. विचय m. das Suchen, Nach

विचरणीय n. *impers.* zu hande

विचरित (s. चर्) das Wandern,

विचर्चिका u. °चर्ची f. Räude,

विंचर्षणि rührig, rüstig.

विचार m. Verfahren, Unte Überlegung, Prüfung, Bede

विचारण n., °णा f. Überlegung, Anstand; Unterscheidung, A

विचारणीय der Überlegung b

विचारवन्त् besonnen, bedächti

विचारिन् weitpfadig, geräumig durchlaufend, verfahrend; erwägend, prüfend.

**विचार्य** = **विचारणीय**.
**विचिकित्सन** *n.* Zweifel, Ungewissheit.
**विचिकित्सा** *f. dass.*
**विचित्** sondernd, sichtend.
**विचिति** *f.* = 2. **विचय**.
**विचित्त** besinnungslos. *Abstr.* °ता *f.*
**विचित्र** mannigfaltig, bunt; seltsam, wunderbar, prächtig, schön; *n. adv. Abstr.* °ता *f.*
**विचित्रवीर्य** *m. N. eines alten Königs.*
**विचित्रित** bunt gemacht; verziert mit (*Instr. o.* —°).
**विचिन्तन** *n.* das Denken, Sinnen.
**विचिन्तनीय** zu betrachten *o.* bedenken.
**विचिन्ता** *f.* Gedanke, Sage.
**विचिन्त्य** = **विचिन्तनीय**.
**विचृत्** *f.* Lösung.
**विचेतन** bewusstlos (machend, *f.* **ई**), geistesabwesend, tot; einfältig, dumm.
**विचेतृ** *m.* Sichter (*mit Gen.*).
**विचेतस्** ins Auge fallend; verständig, klug; einfältig, dumm.
1. **विचेय** zu sichten, zu zählen.
2. **विचेय** zu suchen; *n.* Untersuchung.
**विचेष्ट** regungslos.
**विचेष्टन** *n.* Regung, Rührigkeit.
**विचेष्टा** *f. dass.*, Gebahren, Treiben.
**विचेष्टित** (*s.* **चेष्ट्**) *n. dass.*
**विच्छाय** farb- *o.* glanzlos. *Abstr.* °ता *f.*
**विच्छित्ति** *f.* Unterbrechung, Störung, Hemmung; Schminke.
**विच्छेद** *m.* Durchbohrung, Vernichtung, Trennung, Unterbrechung, Hemmung, Beeinträchtigung.
**विच्छेदकारिन्** Unterbrechung bewirkend.
**विच्छेदन** trennend, unterbrechend; *n.* das Abhauen, Beseitigung, Aufhebung.
**विच्छेदिन्** störend, vernichtend.
**विच्युति** *f.* Abfall, Trennung von (*Abl.*).
1. **विज्**, **विजते** (°ति *u.* **वेजते**) auf- *o.* zurückfahren, wanken, weichen vor (*Abl.*). *p.p.* **विग्न** aufgeregt, bestürzt. *Caus.* **वेजयति** schnellen, aufregen. **आ** *u.* **समा**, *p.p.* **आविग्न** *u.* **समाविग्न** = **विग्न**. **उद्** aufschnellen, schaudern, sich scheuen vor (*Abl.*, *Gen. o. Instr.*), abstehen von (*Abl.*), müde werden zu (*Partic.*). *p.p.* **उद्विग्न** bestürzt, erschrocken vor (*Abl.*, *Gen.*, *Instr. o.* —°); ermüdet, überdrüssig (*Instr.*), blasiert. *Caus.* erschrecken, quälen; *p.p.* überdrüssig an (*Instr. o.* —°).* **प्र**, *p.p.* **प्रविक्त** erschüttert, zitternd. **सम्** erschrecken, entfliehen; *p.p.* **संविग्न** aufgeregt, bestürzt.
2. **विज्** Spieleinsatz.
**विजन** menschenleer. *n.* Einsamkeit; °नं *o.* °नो **कृ** E. machen *d. i.* alle Zeugen entfernen.
**विजय** *m.* Streit, Kampf, Sieg, Gewinn, Beute. *m. Mannsn.*, *f.* **आ** *Frauenn.*
**विजयदण्ड** *m.* Siegesstab, (Siegesheer*).
**विजयप्रत्यर्थिन्**, *f.* °णी Sieg wünschend *
**विजयवन्त्** siegreich.
**विजयवर्मन्** siegreich; *m.* Sieger, Eroberer.
**विजर** nicht alternd.
**विजल्प** *m.* (Gerede*), ungerechter Vorwurf.
**विजाति** *u.* °तीय verschiedenartig.
**विजामन्** verwandt, entsprechend.
**विजामातृ** *m.* Schwiegersohn.
**विजामि** blutsverwandt.
**विजावन्** leiblich, eigen.
**विविगीषा** *f.* die Lust zu siegen *o.* zu erobern.
**विजिगीषु** siegen *o.* erobern wollend. *Abstr.* °ता *f.*, °त्व *n.*
**विजित** (*s.* **जि**) ein erobertes Land; *n.* Sieg.
**विजिति** *f.* Kampf, Sieg.
**विजितिन्** siegreich.
**विजितेन्द्रिय** seine Sinne zügelnd.
**विजित्वर** siegreich. *Abstr.* °त्व *n.*
**विजिह्म** krumm, gebogen.
**विजिह्व** zungenlos.
**विजु** *m.* best. Teil am Vogelleib.
**विजृम्भ** *m.* Ausreckung.
**विजृम्भण** *n.* das Gähnen, Sichöffnen, Aufblühen, Hervorbrechen.
**विजृम्भित** (*s.* **जृम्भ्**) *n. dass.*
**विजृम्भिन्** hervorbrechend.
**विजेतृ** *m.* Sieger, Eroberer.
**विजेतव्य** zu besiegen. *

विज्ञानमय aus Erkenntnis bestehend.

विज्ञानवन्त् reich an Erkenntnis.

विज्ञानिन् *dass.*, kunstverständig, gelehrt.

विज्ञानेश्वर *m. Mannsn.* (*eig.* Herr der Erkenntnis).

विज्ञापन *n*, °ना *f.* = विज्ञप्ति.

विज्ञापनीय *u.* °ज्ञाप्य mitzuteilen; zu benachrichtigen.

विज्ञेय zu erkennen, zu wissen, zu halten für (*Nom.*).

विज्य nicht besehnt (*Bogen*).

विज्वर frei von Fieber *o.* von Schmerz, wohlgemut, heiter.

विट *m.* Schwindler, Lebemann; Bonvivant (*d.*).

विटङ्क Krone, Gipfel, Spitze; *Adj.* schmuck, schön.

विटप *m.* Ast, Ranke, Strauch.

विटपिन् Äste habend; *m.* Baum.

विट्पण्य *n.* die Waare eines Vaiçya.

विट्पति *m.* Haupt des Volkes (= König) *o.* der Vaiçya; Schwiegersohn.

विड *m.* Art Salz.

विडम्ब nachahmend (—°); *m.* Verspottung.

विडम्बक (—°) = *vor. Adj.*

विडम्बन (—°) *dass. n. u. f.* आ das Nachahmen, Schein, Maske; Hohn, Spott, Entweihung, Missbrauch.

विडम्बिन् (—°) nachahmend, ähnlich, verspottend, entweihend.

विडोजस् *u.* विडौजस् *m. Bein. Indra's.*

विड्ज auf Mist wachsend.

विड्भुज् Mist fressend.

विड्वराह *m.* Haus- (*eig.* Mist-)schwein.

विण्मूत्र *n. Sgl. Du.* Kot und Urin.

वितत *s.* तन्; *Abstr.* °त्व *n.* grofser Umfang.

विततरम् *u.* °राम् *Adv*

वितर्क *m.* Vermutung,

वितर्क्य zu erwägen.

वितर्दि *u.* °का *f.* Hoft

वितल *n.* eine best. H

वितस्ता *f. N. eines Fl*

वितस्ति *f.* Spanne (*als*

वितान niedergeschlage
Umfang, Menge, l
Opferhandlung; Tra
Decke; *m.* die A
heiligen Feuer und

वितानवन्त् mit einem
sehen.

वितामस frei von Fins

वितार sternenlos.

वितिमिर = वितामस.

वितुष enthülst; °षी क

वितृण graslos.

वितृष् *u.* °ष frei von l

वितृष्ण *dass.*, ohne Ve
gehrend nach (—°).

वितृष्णता *f.* Wunschlos
heit.

वितृष्णा *f. dass.*, heftig

वितोय wasserlos.

1. वित्त *s.* 1. विद्.

2. वित्त (*s.* 3. विद्) *n.* F
Vermögen.

वित्तकाम habsüchtig; °ट

वित्तनाथ *m.* Herr der

वित्तप, °पति *u.* °पाल *m*

वित्तपपुरी *f. N. einer S*

वित्तमय, *f.* ई in Reich

वित्तवन्त् bemittelt, reic

वित्तहीन mittellos, arm.

वित्तागम m., वित्ताप्ति f. Gelderwerb.
1. वित्ति f. Bewusstsein.
2. विँत्ति (वित्तिँ) f. das Finden, Fund, Erwerb.
वित्तेश u. °श्वर m. = वित्तनाथ.
वित्रास schreckend (—°); m. Schreck.
वित्रासन, f. ई = vor. Adj.; n. das Schrecken.
विथुरँ schwankend, taumelnd, hinfällig, unsicher.
1. विद्, वेत्ति (auch Perf. वेँद mit Praes.-Bed.) wissen, erkennen, begreifen, wahrnehmen, erfahren, empfinden, denken an (Acc. o. Gen.), verstehen zu (Inf.), kennen als, erklären o. halten für, nennen (2 Acc.). p.p. विदितँ erkannt (auch वित्त), bekannt als (Nom.); n. impers., auch adv. mit Wissen von (Gen.). Caus. वेदँयते (°ति) mitteilen, melden, anzeigen; jemd. etw. erklären, lehren (2 Acc.), erkennen als, halten für (2 Acc.). Desid. विविदिषति wissen wollen, sich erkundigen nach (Acc.). आ genau kennen, wissen. Caus. ankündigen, melden, anzeigen (j.); p.p. आवेदित angemeldet, angezeigt. नि (bes. Caus.) kundthun, mitteilen, anzeigen, berichten (mit Dat., Gen. o. Loc. der Pers. u. Acc. der S.), darbringen, überantworten; nennen (2 Acc.). प्र kennen, wissen. प्रति merken, erkennen; Caus. verkünden, melden, jemd. etw. (2 Acc.) mitteilen. सम् (zusammen) wissen, kennen. p.p. संविदित erkannt, bekannt; n. adv. im Einverständnis mit (Gen.).
2. विद् (meist —°) kennend, wissend.
3. विद्, विन्दँति, °ते (वित्तेँ) finden, treffen, erreichen, erfassen, heimsuchen; bewirken, erwerben, jemd. (Dat.) etw. verschaffen, verleihen; gewinnen, besitzen, aufsuchen, sich zuwenden, heiraten (von Mann u. Weib). Pass. विद्यँते (°ति) gefunden werden, vorhanden sein. विद्यमान vorhanden, befindlich; विँदान u. विदानँ gefunden, erfunden als (Nom.), bestehend, wirklich, gewöhnlich. p.p. वित्तँ erhalten, erworben; विन्न gefunden; f. आ verheiratet (Weib). अधि zurücksetzen (eig. überheiraten, vom Manne u. der neuen Frau ges.); p.p. अधिविन्ना f. eine (durch eine neue Heirat) zurückgesetzte Frau. अनु auffinden, habhaft werden (Acc.); p.p. अनुवित्त aufgefunden, vorhanden. आ antreffen, geraten in, erlangen. निस् herausfinden. Pass. überdrüssig werden; p.p. निर्विण्ण einer Sache überdrüssig, satt (Abl., Instr., Gen. Loc. o. —°); verdriefslich. परि früher (d i. vor dem älteren Bruder) heiraten. सम् finden, habhaft werden; संविदानँ vereint, einträchtig. Pass. sich finden, da sein.
4. विद् (—°) findend, gewinnend, verschaffend.
विद (—°) = 2. विद्.
विदग्ध s. दह्.
विदग्धचूडामणि m. N. eines Papageien.
विदग्धता f. Klugheit, Gewandtheit.
विदँथ n. Weisung, Anordnung, Einrichtung; Versammlung, (Opfer-) Genossenschaft, Gemeinde, Feier.
विदरण n. das Bersten, Spalten.
विदर्भ m. N. eines Landes, Pl. eines Volks.
विदल gespalten, geborsten, aufgeblüht; n. Span, Schnitzel, gespaltenes Rohr.
विदलन n. das Bersten, Spalten.
1. विँदान u. विदानँ s. 3. विद्.
2. विदान n. das Zerteilen.
विदार m. das Zerreifsen, Zerspalten.
विदारक (—°) zerreifsend, zerspaltend.
विदारण, f. ई dass., zerbrechend, verwundend; n. das Zerreifsen, Zerschmettern, Verwunden, Verwüsten.
विदारिन् = vor. Adj.
विदितधर्मन् der Pflichten kundig.
विदितभक्ति der Pietät kundig.
विदिश् f. Zwischengegend (Nordost etc.).
विदिशा f. dass.; Fluss- u. Stadtname.
विदुर klug, verständig; m. N. eines alten Weisen.
विदुष्टर s. विद्वंस्.
विदुँस् achtsam.

1. विदेह *m. N. eines Landes, Pl. e. Volks.*

2. विदेह körperlos. *Abstr.* °त्व *n.*

विद्ध (*s.* व्यध्) *n.* Wunde.

विद्मन् *n.* Aufmerksamkeit, Wissen, Kenntnis (*Dat. als Inf.*).

विद्य (*adj.* —°) = *folg. Abstr.* °ता *f.*

विद्या *f.* Wissen, Kunde, Lehre (*bes. die vedische*), Zauberkunst.

विद्याग्रहण *n.* Erlernung der Wissenschaften.

विद्याधन *n.* der Schatz des Wissens.

विद्याधर *m.* Art Genien (*eig.* Wissensträger.

विद्याधरमहाचक्रवर्तिन् Oberherr der Vidyâdhara. *Abstr.* °र्तिता *f.*

विद्याधरेन्द्र = *vor. Abstr.* °ता *f.*, °त्व *n.*

विद्यानुपालिन् die Wissenschaft hütend.

विद्याबल *n.* Zaubermacht.

विद्यामय aus Wissen bestehend.

विद्यार्थ *u.* °र्थिन् Verlangen nach Wissen habend, lernbegierig.

विद्यावन्त् gelehrt.

विद्याविद् *dass.* (wissenskundig).

विद्याहीन ungelehrt, ungebildet.

विद्युत् blinkend, glänzend; *f.* eine glänzende Waffe, Blitz.

विद्युत्य *Adj.* Blitz-.

विद्युत्वन्त् blitzreich; *m.* Gewitterwolke.

विद्युद्दामन् *n.* Blitzstrahl (*eig.* -band).

विद्युन्मन्त् blinkend, blitzend.

विद्युन्माला *f.* Kranz von Blitzen.

विद्युन्मालिन् blitzbekränzt.

विद्युल्लता *f.* Blitzstrahl (*eig.* -ranke).

विद्युल्लेखा *f. dass.* (*eig.* Blitzstreifen).

विद्योत blinkend, blitzend; *m.* Glanz, das Blitzen.

विद्वंस् (विदुस्) acht
kundig, gelehrt
*Loc. o.* —°). C
विद्वत्तम.

विद्वज्जन *m.* ein gel

विद्वत्ता *f.*, °त्व *n.* G

विद्वल klug, wissend

विद्विष् *m.* Feind.

विद्विष्टता *u.* °ष्टि *f.*

विद्वेष *m. dass.*, Abn
*Gen.*), das Verba

विद्वेषक (—°) hasser

विद्वेषण verfeindend;
gegen (*Gen. o.* —

विद्वेषिता *f.* Hass, F

विद्वेषिन् hassend, a

विद्वेष्य verhasst.

1. विध्, विधति (°
verehren (*Dat.*,
hold sein.

2. विध्, विन्धते leer

3. विध्, विध्यति *s.*

विधन habelos, arm.

विधर्तर् *m.* Ordner,

1. विधर्म *m.* Verteilu
recht, Ungesetzlich

2. विधर्म ungesetzlich

1. विधर्मन् *m.* = विध
Umfang; Verteilu

2. विधर्मन् = 2. विध

विधर्मिक *u.* °र्मिन् *da*

विधवता *f.* Witwenst

विधवा *f.* Witwe.

विधा *f.* Teil, Art un
-artig, -fach.

विधातर् *m.* Verteiler

Schöpfer (= Brahman), Lenker (= Schicksal); *N. eines bes. Gottes neben Brahman o. eines Sohnes dess.* *f.* विधात्री festsetzend, bestimmend; Urheberin, Schöpferin.

**विधातव्य** zu bestimmen, zu besorgen, anzuwenden; einzurichten, bedacht zu sein (*n. impers.*).

**विधान**, *f.* ई regelnd, bestimmend. *n.* Ordnung, Vorschrift, Regel, Bestimmung, Art und Weise, Verfahren, Ausführung; Bildung, Schöpfung (*auch concr.*).

**विधायक** *u.* °यिन् regelnd, vorschreibend, ausführend; *m.* Gründer, Stifter.

**विधारण**, *f.* ई trennend, scheidend; *n* das Anhalten, Unterdrücken.

**विधारिन्** hemmend, unterdrückend.

1. **विधि** *m.* Anordnung, Vorschrift, Regel, Gesetz, Gebrauch, Verfahren, Art und Weise, Möglichkeit, Mittel, Weg zu (*Dat.*, *Loc. o.* —°), Handlung, Geschäft, Werk (*oft pleon.* —°), Ceremonie, Schöpfung, Schöpfer (= Brahman) Schicksal.

2. **विधि** *m.* Huldiger.

**विधिदृष्ट** vorschriftsmäfsig.

**विधिपूर्वम्** *Adv. dass.*

**विधिमन्त्रपुरस्कृतम्** *Adv.* vorschriftsmäfsig und unter Sprüchen.

**विधियोग** *m.* Beachtung einer Vorschrift *o.* Fügung des Schicksals.

**विधिवत्** *Adv.* vorschriftsmäfsig, nach Gebühr.

**विधिवश** *m.* Schicksalsmacht.

**विधिविपर्यय** *m.* Umschlag des Schicksals Widerwärtigkeit, Unglück.

1. **विधु** *m.* Schlag (*des Herzens*).

2. **विधु** einsam; *m.* Mond.

**विधुति** *f.* das Schütteln, Rühren.

**विधुंतुद** *m.* der Mondquäler (*Bein. Râhu's*).

**विधुर** beschädigt, beraubt, allein; entfernt *o.* getrennt von (—°); gedrückt, traurig; mangelhaft, widrig, ungünstig. *n.* Widerwärtigkeit, Unglück, Gefahr.

**विधुरता** *f.*, °त्व *n.* Ermangelung.

**विधुरय्**, °यति niederdrücken; *p.p.* विधुरित.

**विधृति** *f.* = विधुति.

... Schaden, Untergang, Tod.

**विनिमय** *m.* Tausch, Reciprocität.

**विनिमीलन** *n.* das Sichschliefsen, Zugehen.

**विनिमेष** *m.* das Schliefsen (*der Augen*).

**विनियोग** *m.* Verteilung, Anlegung, Anstellung an (*Loc.*), Übertragung, Anwendung, Gebrauch.

**विनिर्गम** *m.* das Hinaus-, Fortgehen.

**विनिर्जय** *m.* Besiegung.

**विनिर्णय** *m.* Entscheidung, Bestimmung über (*Gen. o.* —°).

**विनिर्माण** *m.* Ausmessung, Bau.

**विनिर्याण** *n.* das Hinausgehen, Aufbruch.

**विनिवर्तन** *n.* Rückkehr.

**विनिवारण** *n.* das Zurück-, Abhalten.

**विनिवृत्ति** *f.* das Weichen, Aufhören.

**विनिवेश** *m.* das Hinsetzen, Auflegen; der Abdruck von (—°).

**विनिश्चय** *m.* Entscheidung, Bestimmung, Entschluss über (*Gen. o.* —°).

**विनिश्चल** unbeweglich.

**विनीत** (*s.* **नी**) gezähmt, unterrichtet, wohlerzogen, gesittet, bescheiden. *Abstr.* **°ता** *f.*, **°त्व** *n.*

**विनीति** *f.* Bescheidenheit, Demut.

**विनुत्ति** *f.* Verstofsung, Vertreibung.

**विनुद्** *f.* Stofs.

**विनेतृ** *m.* Erzieher, Lehrer.

1. **विनेत्र** *m. dass.*

2. **विनेत्र** augenlos, blind.

**विनेय** zu vertreiben; zu erziehen, zu züchtigen, zu strafen.

**विनोद** *m.* Vertreibung, *bes.* der Sorgen;

übrg

**विन्ध्यव**

**विन्ध्यव**

**विन्ध्या**

**विन्न** *s.*

**विन्यास**

brin

Ano

1. **विप्**

**वेपं**

erzit

**प्र** e

ersch

2. **विप्**

Gert

**विपक्क** g

1. **विपञ्च**

2. **विपञ्च**

**विपञ्चभ**

**विपञ्चय्**

**विपञ्चीर**

**विपञ्ची**

**विपण** *m*

laden

**विपणि**

**विपणिग**

Mark

**विपत्ति**

Schad

**विपद्** *f.*

**विपन्या**

wund

**विपन्यु** b

**विपरिण**

schung

**विपरीत** (*s.* 2. **इ**) umgekehrt (*bes. vom Coitus*); **°कारिन्** u. verfahrend; **°रत** *n* umgekehrte Wollust (*Weib oben*).

**विपर्यय** verkehrt (zu Werke gehend). *m* Umlauf, Ablauf, Wechsel, Veränderung, Gegenteil; Unfall, Elend; Verkehrtheit, Irrtum.

**विपर्यस्त** *s.* 2. **अस्**.

**विपर्यास** *m.* das Umwerfen, Umstellung, Umkehr, Vertauschung, Wechsel, Gegenteil, Verkehrtheit, Irrtum.

**विपर्यासोपमा** *f.* eine Art Gleichnis (*rh.*).

**विपश्चित्** begeistert, weise; klug, erfahren in (—°).

**विपस्** (*nur* °—) Erregung, Begeisterung.

**विपाक** reif. *m.* das Reifen, Fruchttragen, Folgenhaben, Lohn, Resultat; Verdauung.

**विपाकिन्** reifend, Früchte *o.* Folgen tragend.

**विपाटल** hochrot.

**विपाठ** *m.* Art Pfeil.

**विपाण्डु** weifslich, bleich. *Abstr.* **°ता** *f.*

**विपाण्डुर** = *vor. Adj.*

**विपान** *n.* das Wegtrinken.

**विपाप** fehlerfrei, sündenlos.

**विपाप्मन्** *dass.*

**विपाश्** *f. N. eines Flusses.*

**विपाश** schlingen- *o.* fessellos.

**विपाशिन्** ohne Strang.

**विपिन** *n.* Wald; *Adj.* dicht.

**विपुल** umfänglich, weit, grofs, stark, zahlreich, bedeutend. *f.* **आ** *N. eines Metrums.*

**विपुलता** *f.*, **°त्व** *n.* Umfang, Breite.

**विपुष्प** blütenlos.

**विपृच्छम्** *Acc. Inf. zu* **प्रछ्**.

**विप्र** erregt, begeistert, weise, gelehrt, klug; *m.* Sänger, Dichter, Priester Brahmane.

**विप्रकर्ष** *m.* Wegschleppung, Entfernung, Trennung, Abstand, Unterschied von (*Abl.*).

**विप्रकार** *m.* Beleidigung.

**विप्रकृति** *f.* Abänderung.

**विप्रकृष्ट** (*s.* **कर्ष्**) entfernt, weit. *Abstr.* **°त्व** *n.*

**विप्रत्व** *n.* = **विप्रता**.

**विप्रपुच** *m.*

**विप्रयोग** *m*

**विबाली** *f. N. eines Flusses.*
**विबुद्धि** unvernünftig.
**विबुध** klug; *m.* ein Weiser, ein Gott.
**विबुधस्त्री** *f.* Götterweib, Apsaras.
**विबुधराज** *m.* der Götterkönig (*Indra*)
**विबुधाधिप** *u.* °**ति** *m. dass.*
**विबोध** *m.* das Erwachen, Erkennen.
**विबोधन** *m.* Erwecker; *n.* das Erwachen *o.* Erwecken.
**विभक्त** (*s.* **भज्**) *n.* Trennung, Absonderung, Einsamkeit.
**विभक्तृ** *u.* **विभक्तृ** *m.* Verteiler, Ordner.
**विभक्ति** *f. dass.*, Flexion, Casus (*g.*).
**विभङ्ग** *m.* Verziehung (*bes. des Gesichts*), Unterbrechung, Störung, Täuschung.
**विभजनीय** *u.* **विभज्य** zu verteilen.
**विभय** *n.* Gefahrlosigkeit; *Adj.* sicher.
**विभव** vermögend, reich. *m.* Reichtum, Würde, Macht, Stellung, Herrschaft, Allgegenwart. °**तस्** *Adv.* nach dem Range.
**विभवन्त्** *u.* °**विन्** vermögend, wohlhabend.
**विभा** glänzend; *f.* Glanz, Pracht.
**विभाग** *m.* Verteilung, Erbteilung, Anteil, Trennung, Unterscheidung, Verschiedenheit.
**विभागशस्** *Adv.* Teil für Teil, einzeln.
**विभाज्य** zu verteilen.
**विभात** (*s.* 1. **भा**) *n.* Tagesanbruch.
**विभानु** scheinend, glänzend.
**विभाव** *u.* **विभावन्** *dass.*
**विभावन** entfaltend, offenbarend; *n.* das Entfalten, Offenbaren, Erkennen, Unterscheiden.
**विभावनीय** wahrzunehmen, zu erkennen.
**विभावरी** *f.* die (sternhelle) Nacht.
**विभावसु** glanzreich; *m.* Feuer *o.* Gott des Feuers.
**विभाविन्** mächtig; *auch* = °**वन** *Adj.*
**विभाव्य** wahrzunehmen, zu beachten.
**विभाषा** *f.* Beliebigkeit, Willkür, Alternative (*g.*).
**विभिन्दु** spaltend; *m. Mannsname.*
**विभी** furchtlos.
**विभीत, विभीतक** *u.* **विभीदक** *m.* ein best. Baum. *n.* die als Würfel gebrauchte Nuss dess.
**विभीषण** schrecklich, fürchterlich. *m. N. eines Râkshasa. n.* Schrecken, Einschüchterung.
**विभीषिका** *f.* = *vor. n.*
**विभु** *u.* **विभू**, *f.* **विभू** *u.* **विभ्वी** ausgebreitet, durchdringend, gewaltig, kräftig, mächtig, vermögend zu (*Inf.*). *m.* Herr, Gebieter, Fürst (*auch von Göttern*).
**विभुत्व** *n.* Allgegenwart, Allmacht.
**विभूति** durchdringend, reichlich, herrlich. *f.* Entfaltung, Offenbarung, Macht, Herrlichkeit, Glück, Reichtum.
**विभूतिमन्त्** kräftig, stark.
**विभूमन्** *m.* Ausbreitung, Macht.
**विभूवस्** mächtig.
**विभूषण** schmückend; *n.* Schmuck, Schönheit.
**विभूषणवन्त्** geschmückt.
**विभूषा** *f.* Schmuck, Putz.
**विभेत्तृ** *m.* Durchbrecher.
**विभेद** *m.* Durchbohrung, Spaltung, Verziehung (*des Gesichts*), Veränderung, Störung, Zwietracht, Verschiedenheit.
**विभेदन** durchbohrend, spaltend; *n.* das Spalten, Zerbrechen, Veruneinigen.
**विभेदिन्** durchbohrend, vertreibend.
**विभ्रंश** *m.* Verfall, Schwund, Sturz, Verlust.
**विभ्रंशिन्** zerfallend, herabfallend von (—°).
**विभ्रम** *m.* das Herumirren, Zucken, *bes.* der Augen, Koketterie, Verwirrung, Störung, Irrtum, Wahn, Trugbild, Schein.
**विभ्राज्** glänzend.
**विभ्रातृव्य** *n.* Feindschaft (Entbrüderung).
**विभ्रान्त** *s.* **भ्रम्.**
**विभ्रान्ति** *f.* Aufregung, Wahn.
1. **विभ्वन्** durchdringend; *m. N. eines Ṛbhu.*
2. **विभ्वन्** tüchtig, geschickt; *m.* Künstler.
1. **विमति** *f.* Meinungsverschiedenheit, Abneigung.
2. **विमति** beschränkt, dumm. *Abstr.* °**ता** *f.*
**विमत्सर** frei von Selbstsucht *o.* Neid.

विमद ohne Rausch o. Brunst; *m.* °द *N. eines alten Sängers.*

विमनस् sehr verständig; unverständig, thöricht, bestürzt, verstört; abgeneigt.

1. विमन्यु *m.* Verlangen, Wunsch.

2. विमन्यु frei von Groll.

विमर्द *m.* Zerdrückung, Gestampf, Balgerei, Kampf, Tumult, Vernichtung, Störung, Unterbrechung.

विमर्दक aufreibend, zerstörend.

विमर्दन zerdrückend, *auch = vor.*; *n.* Zerdrückung, Kampf, Vernichtung.

विमर्दिन् (—°) zerdrückend, vernichtend, entfernend.

विमर्श *m.*, °न *n.* Prüfung, Erwägung, Bedenken.

विमर्शच्छेदिन् Bedenken tilgend, unzweideutig.

विमर्शिन् (—°) prüfend, untersuchend.

विमर्ष, °र्षण u. s. w. = विमर्श u. s. w.

विमल fleckenlos, rein (*auch übertr.*). *Abstr* °ता *f.*, °त्व *n.*

विमलमति rein gesinnt.

विमलय्, °यति rein, klar machen.

विमलानन von heiterem Angesicht.

विमलिमन् *m.* Reinheit, Klarheit.

विमहन्त् übergrofs.

विमहस् sehr herrlich o. lustig.

विमांस *n.* schlechtes Fleisch.

विमाथ *m.* das Schütteln, Balgen.

विमाथिन् niederschmetternd.

1. विमान, *f.* ई durchmessend. *m. n.* Wagen, *bes.* Götterwagen (*Abstr.* विमानता *f.*, °त्व *n.*); Palast, Art Kapelle. *n.* Ausdehnung, Mafs, Mafsstab.

2. विमान *m.* Missachtung.

3. विमान ehrlos, beschimpft.

विमानन *n.*, °ना *f.* = 2. विमान.

विमानयितव्य *u.* विमान्य zu beschimpfen.

1. विमार्ग *m.* das Abwischen.

2. विमार्ग *m.* Abweg; *Adj.* sich auf Abwegen befindend.

विमार्जन *n.* = 1. विमार्ग.

विमिश्र vermischt, ungleichartig; verbunden mit (*Instr.* o. —°).

विमुक्त s. 1. मुच्.

विमुग्ध

विमुच्

विमृध्

विमृश

विमृश्य

विमेघ

वियुक्त

वियोग

**विरप्शिन्** = *vor. Adj.*

**विरम** *m.*, **°ण** *n.* das Aufhören, Nachlassen, Sichenthalten von (—°).

**विरल** auseinanderstehend, weitläufig, selten, wenig, gering. *Abstr.* **°ता** *f.*

**विरव** *m.* das Brüllen, Dröhnen.

**विरश्मि** strahlenlos.

**विरस** saftlos, geschmacklos, gefühllos gegen (*Loc.*), widerwärtig. *Abstr.* **°त्व** *n.*

**विरह** *m.* Verlassenheit, Trennung von (*Instr. o.* —°), Abwesenheit, Ermangelung.

**विरहिन्** verlassen, getrennt von (—°); abwesend.

1. **विराग** *m.* Verfärbung, Aufregung, Abneigung, Gleichgültigkeit gegen (*Loc., Abl. o.* —°).

2. **विराग** gefärbt, bunt; leidenschaftslos, gleichgültig.

**विरागवन्त्** *u.* **°गिन्** gleichgültig.

**विराज्** herrschend, strahlend. *f.* (*m.*) *N. eines mythol. Urwesens, sp.* der durch das Gesamtding bedingte Intellekt (*ph.*). *f. N. mehrerer Metra.*

**विराज** *u.* **°जिन्** glänzend, prangend.

**विराट** *m. N. eines alten Königs.*

**विराम** *m.* das Aufhören, Nachlassen; Schluss, Ende; Wort- *o.* Satzende, Pause, Pausenzeichen (*g.*).

**विराव** *m.* Gebrüll, Getön, Gesumm.

**विरावण** schreiend, heulend, tönend.

**विराविन्** *dass.*, ertönend von (*Instr.*).

**विरुक्मन्त्** glänzend. *m.* glänzende Waffe *o.* Schmuck.

1. **विरुज** schmerzend.

2. **विरुज** schmerzlos, gesund.

**विरुत** (*s.* 1. **रु**) *n.* Geschrei, Gesang, Gesumm.

**पित.**

**विरूपाक्ष**, *f.* **ई** häss

*m. Mannsn., bes.*

**विरोक** *m.* das Glän

**विरोकिन्** glänzend,

**विरोग** gesund; *m.* (

**विरोचन** erleuchtend

**विरोचिष्णु** strahlend.

**विरोध** *m.* Streit,
Unvereinbarkeit,

**विरोधक** verfeindend

**विरोधकृत्** *dass.*

**विरोधन** bekämpfen
spruch, Beeinträch

**विरोधिन्** (*meist* —°
vertreibend, in V
(*o.* *wetteifernd) n
feindlich. *m.* Gegn

**विरोधोपमा** *f.* Art G

**विरोपण** *u.* **°रोहण**
heilend.

**विरोह** *m.*, **°हण** *n.* d
Pflanzen.

**विलक्ष** ziellos *o.* das
schämt, verlegen.

**विलक्षण** ungleichartig
schieden von (*Abl.*
**°त्व** *n.*

**विलङ्घन** *n.* das Hinü
langen (*auch* **आ**
Kränkung.

**विलङ्घिन्** hinüberspring
anstoſsend an, drin

**विलज्ज** schamlos.

**विलपन** *u.* **°पित** *n.* Kl

**विलम्ब** herabhängend, l
Zögerung.

**विलम्बन** *n.*, **°ना** *f.* = *vor. n.*
**विलम्बिन्** herabhängend, hängend *o.* sich lehnend an (*Loc. o.* —°); zögernd, säumend.
**विलय** *m.* das Verschwinden, Vergehen.
**विलयन** auflösend; *n.* Auflösung, *auch* = *vor.*
**विलसन** *n.* das Zucken, Rührigkeit, Lebhaftigkeit, Scherz, Spiel.
**विलसित** (*s.* **लस्**) *n.* das Erscheinen, *auch* = *vor.*
**विलाप** *m.* Wehklage.
1. **विलापन** Klagen erregend.
2. **विलापन**, *f.* **ई** verschwinden machend, auflösend. *n.* das Schmelzen, Auflösen; Untergang, Tod.
**विलापिन्** klagend, jammernd.
**विलास** *m.* das Ausbrechen, Erscheinen, Spiel, Scherz, Tändelei, Munterkeit, Verliebtheit, Anmut, Reiz. *Oft* ° Lust-, Vergnügungs-.
**विलासवती** *f.* eine Tändelnde; *Frauenn.*
**विलासिन्** glänzend, strahlend, munter, lustig, tändelnd, verliebt. *m.* Geliebter, Gatte. *f.* **°नी** ein (reizendes) Weib Geliebte, Gattin.
**विलुण्ठन** *n.* das Plündern, Rauben.
**विलुम्पक** *m.* Räuber, Zerstörer.
**विलेप** *m.*, **°न** *n.* Einreibung, Salbe.
**विलेपिन्** salbend.
**विलोकन** *u.* **°कित** *n.* das Schauen, Blick Betrachtung.
**विलोकिन्** (—°) hinschauend, erblickend.
**विलोचन** sehen machend *o.* sehend; *n* Auge.
**विलोठिन्** baumelnd.
**विलोडन** *n.* das Umrühren, Quirlen, Plätschern.
**विलोप** *m.* Verlust, Störung, Beeinträchtigung, Raub.
**विलोपन** *n.* Vernichtung, Tilgung.
**विलोपिन्** (—°) vernichtend.
**विलोभन** *n.* Verlockung.
**विलोम** *u.* **विलोमन्** widerhaarig, entgegengesetzt, verkehrt.
**विलोल** sich rührend, unruhig, unstet.
**विल्व** *s.* **बिल्व**.

वास m. Auswanderung, Verbannung.
सन n. das Vertreiben, Verbannen.
सस् unbekleidet, nackt.
स्य zu verbannen.
हं m. Heimführung, Heirat, Ehe-
ıliefsung mit (*Instr. mit u. ohne* सह).
हनपथ्य n. Hochzeitsputz.*
हवेष m. Hochzeitsanzug.
ह्य zu heiraten, verschwägert; m.
hwiegersohn.
क्त (s. विच्) n. Einsamkeit. *Abstr.*
I n. *dass.*
क्ति f. Scheidung, Trennung.
क्षु eintreten wollend (*Acc.*).
ध verschiedenartig, mannigfach; n.
v.
धायुध verschiedenartige Waffen
bend.
[ s. 1. वर्.
त f. Eröffnung, Erklärung.
१ s. वर्त्.
ाक्ष die Augen verdrehend.
ाङ्ग die Glieder krümmend, sich
ndend (*im Todeskampf*).
त्त f. Entfaltung; Hiatus (*g.*).
द्ध f. Wachstum, Zunahme, Ver-
brung, Gedeihen.
द्धद् Gedeihen gebend.
; m. Scheidung, Trennung, Unter-
eidung, Untersuchung, Prüfung;
ısicht, Verstand.
ज्ञ Einsicht habend (*eig.* kennend).
वन्त् einsichtig, verständig.
विश्रान्त der Einsicht bar, unver-
ndig.

वि
विव्रत
1.

nach (*Loc.*). समुप sich (zusammen) setzen (*Loc.*). नि (*meist Med.*) hineingehen, eindringen, anbeifsen (*Blutegel*); Halt machen, sich lagern, zur Ruhe gehen, sich setzen auf (*Loc.*); sich niederlassen, heiraten (*vom Manne*), sich wenden auf, obliegen (*Loc.*). *p.p.* निविष्ट hineingegangen, eingedrungen, versteckt, gelagert, zur Ruhe gegangen; gegründet, eingerichtet, angelegt, bezogen, angebaut; liegend, ruhend, verweilend, steckend, sitzend; gerichtet, bedacht auf (*Loc. o.* —°). *Caus.* sich lagern lassen, aufstellen, zur Ruhe bringen, verheiraten (*einen Mann*), hineinwerfen, -legen, -stellen; anstecken, anbringen, eintragen, auftragen (*Loc.*). पत्त्रे niederschreiben, चित्रे malen. *p.p.* निवेशित angebracht, versteckt in (—°). अभिनि (*Med.*) eintreten, eindringen, sich vertiefen in (*Acc.*), jemd. (*Loc.*) zukommen, eignen. *p.p.* अभिनिविष्ट durchdrungen, erfüllt von (*Instr.*), gerichtet *o.* versessen auf (*Loc. o. Acc mit* प्रति). *Caus.* hineingehen lassen, einführen in, richten *o.* lenken auf (*Loc.*). विनि, *p.p.* विनिविष्ट wohnend in (—°), befindlich in, aufgetragen auf (*Loc.*). *Caus.* niedersetzen, stellen, setzen, legen, richten auf, anbringen, anstellen bei (*Loc.*). संनि (*Med.*) verkehren mit (*Instr.*). *p.p.* संनिविष्ट gelagert, ruhend, sitzend; enthalten in, befindlich auf, abhängig von (*Loc.*) *Caus.* einführen, hinstellen, niederlegen, sich lagern lassen; anlegen, gründen; setzen, stellen, legen, richten an *o.* auf (*Loc.*). निस् sich hineinbegeben in (*Acc. u. Loc.*), heiraten (*vom Manne*), geniefsen, sich freuen an (*Acc.*). प्र eingehen, eintreten, eindringen, sich begeben zu, geraten in (*Acc. o. Loc.*); herantreten, auftreten (*d.*); an etwas gehen, sich einer S. hingeben (*Acc.*, *selten Loc.*); *etw. annehmen, geniefsen (*Acc.*). *p.p.* प्रविष्ट *act.* eingegangen u.s.w.;

**विशाल** ausgedehnt, weit, stark, mächtig. *f.* **आ** *Bein. der Stadt Ujjayinî.*
**विशालता** *f.* Umfang, Weite.
**विशालाक्ष**, *f.* **ई** grofsäugig.
**विशिख** *u.* **विंशिख** ohne Haarschopf; kahl, unbefiedert, stumpf (*Pfeil*). *m.* ein (stumpfer) Pfeil.
**विशिरस्** ohne Kopf (*auch* **°स्क**) *o.* Spitze.
**विशिशासिषु** schlachten wollend.
**विशिष्ट** (*s.* **शिष्**) unterschieden, gekennzeichnet, charakterisiert, hervorragend, ausgezeichnet (*mit Instr. o.* —°); verschieden, besonders; herrlich, vorzüglich (*n. adv.*); der beste unter (*Gen.*), besser (*auch* **°तर**) *o.* schlimmer als (*Abl. o.* —°). *Abstr.* **°ता** *f.* Vorzüglichkeit; *n.* **°त्व** Unterschiedenheit.
**विशिष्टवर्ण** besondere *o.* von besonderer Farbe.
**विशीर्ण** *s.* 1. **शर्**; *Abstr.* **°ता** *f.* das Zerbröckeltsein.
**विंशीर्षन्**, *f.* **°र्ष्णी** kopflos.
**विशील** schlecht geartet.
**विशुद्ध** *s.* **शुध्**; *Abstr.* **°ता** *f.*, **°त्व** *n.* Reinheit.
**विंशुद्धात्मन्** reinen Wesens *o.* Herzens.
**विशुद्धि** *f.* Reinigung, Reinheit (*auch übertr.*).
**विशुष्क** vertrocknet, dürr. *Abstr.* **°त्व** *n.*
**विशून्य** ganz leer.
**विशूल** ohne Spiefs.
**विशृङ्खल** entfesselt, zügellos; *n. adv.*
**विशृङ्ग** ohne Horn *o.* Gipfel.
**विशेष** *m.* (*n.*) Unterschied, Besonderheit, Eigentümlichkeit; Art, Individuum; Vorrang, Vorzüglichkeit; etwas Besonderes von, Haupt- (°— *o.* —°). *Instr. u. Abl.* vorzüglich, besonders, zumal. *Abstr.* **°ता** *f.*, **°त्व** *n.*
**विशेषक** unterscheidend, charakterisierend; *m. n.* Stirnzeichen.
**विशेषकरण** *n.* das Bessermachen.
**विशेषज्ञ** urteilsfähig (unterschiedskundig).
**विशेषण** unterscheidend, näher bestimmend; *n.* Unterscheidung, Spezialisierung, Art; das Bessermachen, Übertreffen; nähere Bestimmung *o.* Bestimmungswort (*g.*).
**विशेषतस्** *Adv.* je nach Verschiedenheit des (—°); im Einzelnen, besonders, zumal.
**विशेषमण्डन** *n.* ein besonderer Schmuck.
**विशेषवन्त्** etwas Besonderes habend; vorzüglicher, besser.
**विशेषविद्** = **विशेषज्ञ**.
**विशेषिन्** spezifisch, individuell.
**विशेष्य** was unterschieden *o.* näher bestimmt wird; *n.* Grundwort, Substantiv *o.* Subject (*g.*). *Abstr.* **°ता** *f.*, **°त्व** *n.*
**विशोक** kummerlos, Kummer tilgend; *m. u.* **°ता** *f.* Kummerlosigkeit.
**विशोधन**, *f.* **ई** reinigend; *n.* Reinigung.
**विशोष** *m.* Trockenheit.
**विशोषण** trocknend (*trans.*); *n.* das Trocknen.
**विशोषिन्** trocknend (*trans. u. intr.*).
**विश्पति** *m.* Gemeinde- *o.* Stammeshaupt (*auch Agni u. Indra*); *Du.* Hausherr u. Hausfrau.
**विश्पला** *f. mythol. Frauenname.*
**विश्य** Gemeinde-; *m.* ein Mann der dritten Kaste.
**विश्रब्ध** *s.* **श्रम्भ्**.
**विश्रब्धकार्य** ein unverfängliches Geschäft habend.*
**विश्रब्धप्रलापिन्** unbefangen plaudernd.*
**विश्रम** *m.*, **°ण** *n.* Ruhe, Erholung.
**विश्रम्भ** *m.* Vertrauen zu (*Gen.*, *Loc. o.* —°), Zutraulichkeit, Unbefangenheit.
**विश्रम्भकथा** *f.*, **°कथित** *n.* vertrauliche Rede.
**विश्रम्भण** *n.*, **°म्भता** *f.* Vertrauen.
**विश्रम्भालाप** *m.* vertrauliches Gespräch.
**विश्रम्भिन्** vertrauend auf (—°); vertraulich.
1. **विश्रवस्** *n.* grofser Ruhm.
2. **विंश्रवस्** berühmt.
**विश्रान्त** *s.* **श्रम्**.
**विश्रान्ति** *f.* Ruhe, das Aufhören, Ende.
**विश्राम** *m. dass., auch* tiefes Aufatmen.
**विश्रामस्थान** *n.* Erholungsstätte (*übertr.*).
**विश्रुति** *f.* Berühmtheit.
**विश्लथ** schlaff.
**विश्लेष** *m.*, **°ण** *n.* Auflösung, Trennung.
**विश्लेषिन्** sich lösend; getrennt, verlassen.

विश्व jeder, ganz; alles durchdringend (*Vishṇu*); *Pl.* alle, विश्वे (देवास्) alle Götter *o.* die Allgötter (*eine best. Klasse der G.*). *m.* der durch das Einzelding bedingte Intellekt (*ph.*). *n.* alles, das All, die Welt.

विश्वकर्मन् allwirkend. *m. N. eines weltbildenden Genius, sp. des göttlichen Baumeisters.*

विश्वकृत् *dass.*

विश्वकृष्टि Allerwelts-, allgemein, allbeliebt.

विश्वगूर्त *u.* विश्वगूर्ति allwillkommen.

विश्वचक्षण *u.* °चक्षस् allsehend.

विश्वचक्षुस् *dass., n.* Allauge.

विश्वचर्षणि *u.* विश्वजन्य = विश्वकृष्टि.

विश्वजित् allgewinnend.

विश्वजू allerregend.

विश्वतस् *Adv.* von allen Seiten, rings.

विश्वतुर् *u.* °तूर्ति allsiegend.

विश्वतोमुख (mit dem Gesicht) überallhin gewandt; *n. adv.* nach allen Seiten.

विश्वत्र *Adv.* überall.

विश्वथा *Adv.* auf alle Weise, stets.

विश्वदर्शत allsichtbar.

विश्वदानीम् *Adv.* jederzeit.

विश्वदृश् allsehend.

विश्वदृष्ट allsichtbar.

विश्वदेव allgöttlich; *Pl.* die Allgötter (*vgl.* विश्वे देवास्).

विश्वदेव्य = *vor. Adj.*

विश्वध (°धा) *Adv.* = विश्वथा.

विश्वधायस् allnährend.

विश्वधेन alltränkend.

विश्वनाथ *m.* Allherrscher; *Bein Çiva's u. Mannsname.*

विश्वपिश् *u.* विश्वपेशस् allgeschmückt.

विश्वप्सु allgestaltig.

विश्वप्स्न्य *dass. o.* allgenieſsbar.

विश्वभरस् allerhaltend *o.* -nährend.

विश्वभानु allglänzend.

विश्वभुज् allgenieſsend *o.* -verzehrend.

विश्वभृत् = विश्वभरस्.

विश्वभेषज, *f.* ई allheilend.

विश्वभोजस् allnährend *o.* -spendend.

विश्वमनस् allmerkend.

विश्वमिन्व allbewegend *o.* -waltend.

1. विश्वविद् allwissend

2. विश्वविद् allbesitzend.

विश्वविदस् = 1. 2. विश्वविद्.

विश्वव्यचस् all

विश्वानर = विश्वकृष्टि.

विश्वास्य = विश्वसनीय.

विश्वाहा *Adv.* = विश्वहा.

विश्वेश *u.* °श्वर *m.* Herr des Weltalls (*Götterbein. u. Mannsn.*).

1. विष m. Diener, Aufwärter.

2. विष n. Gift; *Adj.* giftig. *Adv.* विषवत् wie Gift.

विषकुम्भ m. Giftkrug.

विषक्त s. सञ्ज्.

विषज aus Gift entstanden.

विषजिह्व giftzüngig.

विषण्ण s. 1. सद्.

विषण्णरूप von verstörtem Aussehen.

विषण्णवदन ein bestürztes Gesicht machend.

विषता *f.*, °त्व *n.* das Giftsein.

विषदिग्ध giftgesalbt *o.* -getränkt.

विषधर *m.* Giftschlange (*eig.* -träger).

विषम uneben, ungleich, verschieden, unpaar, ungerade; schwierig, schlimm, feindlich, schlecht, gemein, unpassend, falsch, unehrlich. *n. adv.*, *auch* Unebenheit, Not, Elend; Inkongruenz, Unvereinbarkeit (*rh.*). *Instr.* ungleichmäfsig.

विषमय, *f.* ई aus Gift bestehend, giftig.

विषमवृत्त *n.* ungleiches Metrum (*mit verschiedenen Pâdas*).

विषमस्थ in Gefahr *o.* Not befindlich.

विषमायुध *u.* विषमेषु der Liebesgott (*eig.* der Unpaarpfeilige, *vgl.* पञ्चेषु).

विषमी कर् ungleich machen; °भू -werden.

विषय *m.* Gebiet, Reich, Land; Bereich, Feld, Sphäre; Gegenstand, Objekt, *bes.* Sinnesobjekt; *Pl.* (*selten Sgl.*) die Sinnenwelt *o.* Sinnengenüsse. अत्र विषये in Bezug darauf. छन्दसि विषये nur im Veda (*g.*). *Adj.* —° sich äufsernd als, gehörend zu, sich beziehend auf. *Abstr.* °ता *f.*, °त्व *n.*

विषयपराङ्मुख dem Weltgetriebe abgekehrt.*

विषविद्या *f.* Giftkun

विषवेग *m.* die Wirk

विषवैद्य *m.* Giftarzt

विषहर, *f.* ई Gift be

विषह्य ausführbar, b

विषाण (*alt auch* आ *f.* आ *u.* ई), Hau Schere (*des Kr* Spitze, Schlachtn

विषाणवन्त् gehörnt, *m.* Eber.

विषाणिन् = *vor. Adj*

विषाद् Gift essend.

विषाद *m.* Erschlaffu

विषादन bestürzt mac machen.

विषादवन्त् bestürzt,

1. विषादिन् *dass.*

2. विषादिन् Gift ess

विषान्न *n.* vergiftete S

विषापह Gift tilgend.

विषाय्, °यते (°ति) z

विषित s. 2. सा.

विषिन् vergiftet.

विषु (°—) *Adv.* nach auseinander.

विषुण verschiedenarti

विषुरूप verschiedenfa

विषुवन्त् *u.* विषूवन्त् i lich (*eig.* zu beiden

विषूची s. विष्वञ्च्.

विषूचीन auseinander teilend

विषोल्बण reich an Gi

विष्कम्भ *m.* Stütze; ein schenspiel (*d.*).

विष्कम्भक stützend; *m.*

**विष्ट्**, *mit* **आ** *p.p.* **आविष्टित** gehüllt, gekleidet in (*Instr.*).

**विष्ट** *s.* 1. **विश्** *u.* 1. **विष्**.

**विष्टप्** *f.*, **विष्टप** *n.* (*m.*) höchste Stelle, Oberfläche (*bes. des Himmels*).

**विष्टम्भ** *m.* das Stützen, Stütze, Halt, Hemmung, Unterdrückung.

**विष्टम्भन**, *f.* **ई** stützend; *n.* Hemmung, Unterdrückung.

**विष्टम्भिन्** stützend, hemmend.

**विष्टर** *m.* Polster (*eig.* Streu), Sessel.

**विष्टार** *m.* (Opfer-)Streu.

**विष्टारपङ्क्ति** *f. N. eines Metrums.*

**विष्टारिन्** ausgebreitet.

**विष्टि** *f.* Arbeit, Thätigkeit.

**विष्टिर्** *f.* Ausbreitung, Weite.

1\. **विष्ठा** *f.* Form, Erscheinung.

2\. **विष्ठा** *f.* = 2. **विष्**.

**विष्णु** *m. N. eines Gottes.*

**विष्णुक्रम** *m. Pl.* Vishṇu's Schritte (*r.*).

**विष्णुपत्नी** *f.* Vishṇu's Gattin (*Aditi*).

**विष्णुपद** *n.* Vishṇu's Gebiet, *d. i.* Luftraum, Himmel; Zenith, Scheitelpunkt.

**विष्णुपुराण** *n. T. eines Purâṇa.*

**विष्णुमित्र** *m. Mannsname.*

**विष्णुरूप** Vishṇu's Gestalt tragend.

**विष्णुवन्त्** von Vishṇu begleitet.

**विष्णुशर्मन्** *m. N. eines Autors.*

**विष्फुलिङ्ग** *m.* Funke.

**विष्वक्सेन** *m. Bein. Vishṇu-Kṛshṇa's.*

**विष्वग्गमनवन्त्** überallhin gehend.

**विष्वञ्च्**, *f.* **विषूची** nach beiden *o.* allen Seiten gewandt, auseinander gehend, sich verbreitend, allgemein. *n.* **विष्वक्** *adv.* seitwärts, umher.

**विष्वद्र्यञ्च्** überallhin gehend. *n.* **°द्र्यक्** *adv.*

**विसंवाद** *m.* Widerspruch, Gegenteil.

**विसंवादिन्** widersprechend, unzutreffend.

**विसंष्ठुल** *o.* **°स्थुल** locker, schwankend.

**विसंज्ञ** bewusstlos.

**विसदृश**, *f.* **आ** *u.* **ई** ungleich, unebenbürtig, verschieden.

**विसंधि** ohne Gelenke; ohne Samdhi (*g.*).

**विसर** *m.* Ausbreitung (*auch* **°रण** *n.*); Fülle, Menge.

**विसर्ग** *m.* das Aufhören, Ende; das Loslassen, Vonsichgeben, Schenkung, Spende; Schöpfung, Erzeugung; Entlassung, Entleerung, Befreiung, Erlösung; der End- *o.* Hauchlaut (*g.*).

**विसर्जन** *n.* das Aufhören u. s. w. = *vor. bis* Entleerung.

**विसर्जनीय** *m.* = **विसर्ग** (*g.*).

**विसर्प** *m.* das Umsichgreifen (*auch* **°रण** *n.*); Rose, Rotlauf (*auch* **°र्पि** *m.*, **°र्पिका** *f.*).

**विसर्पण** sich ausbreitend; *n. s. vor.*

**विसर्पिन्** = *vor.*, *Adj.* hervorkommend aus (—°).

**विसार** *m.* das Zerfließen; Ausbreitung.

**विसारिन्** sich erstreckend *o.* verbreitend.

**विसूरण** *n.* Kummer.*

**विसृत्** *f.* das Auseinanderfließen.

**विसृत्वर** = **विसारिन्**.

**विसृपस्** *Abl. Inf. zu* **सर्प्**

**विसृष्टि** *f.* Loslassung, Schöpfung.

**विसोढ** *s.* 1. **सह्**.

**विस्त** *m.* ein best. Gewicht.

**विस्तर** ausgedehnt; *m.* Ausdehnung, Umfang, Menge, Ausführlichkeit, Weitläufigkeit. **°तस्** *u.* **°शस्** *Adv.* ausführlich.

**विस्तार** *m.* Ausbreitung, Umfang; Ausführung, Aufzählung.

**विस्तारिन्** sich ausbreitend, weit.

**विस्तीर्ण** *s.* **स्तर्**; *Abstr.* **°ता** *f.* Geräumigkeit.

**विस्पर्धा** *f.* Wetteifer.

**विस्पर्धिन्** wetteifernd mit (—°).

**विस्पष्ट** (*s.* **स्पश्**) offenbar, deutlich.

**विस्फार** *m.* das Klaffen, Aufspringen; Schnellen (*des Bogens*)

**विस्फूर्ज** *m.*, **°र्जित** *n.* das Tosen, Rollen.

**विस्फोट** *m.* das Krachen; Blase, Beule.

**विस्मय** *m.* das Erstaunen (*auch* **°न** *n.*); Stolz, Dünkel.

**विस्मयनीय** erstaunlich, wunderbar.

**विस्मयान्वित** *u.* (**°याक्षिप्त***) erstaunt (*eig.* von Erstaunen ergriffen *o.* betroffen).

**विस्मरण** *n.* das Vergessen.

**विस्मापक** *u.* **°पन** (*f.* **ई**) erstaunlich.

**विस्मापित** *s.* **स्मि**.

**विस्मृति** *f.* das Vergessen, Vergesslichkeit.

**विहंगम** die Luft durchziehend; *m.* Vogel *o.* Sonne.

**विहति** *f.* Schlag, Hieb, Abwehr.

**विहन्तर्** *m.* Zerstörer, Vernichter.

**विहर** *m.* das Versetzen, Wechseln.

**विहरण** *n. dass.*; das Schwingen, Bewegung (*trans. u. intr.*).

**विहर्तर्** *m.* Entführer, Räuber.

**विहव** *m.* Anrufung.

**विहव्य** *u.* **विहव्य** herbeizurufen.

**विहस्त** hand- *o.* rüssellos; verwirrt, befangen; vertieft *o.* geschickt in, beschäftigt mit (—∘).

1. **विहायस्** gewaltig, stark.

2. **विहायस्** *n.* die Luft, das Freie. *Instr.* durch die Luft.

**विहार** *m.* (*n.*) Versetzung, Umstellung, Aufstellung (*bes. der heil. Feuer*); das Umherwandeln, Spaziergang, Erholung, Vergnügen, Erholungs- *o.* Lustort; Kloster, Heiligtum.

**विहारवन्त्** sich vergnügend an (—∘).

**विहारिन्** *dass.*, spazierend, lustwandelnd.

**विहास** *m.* Gelächter.

**विहि** *s.* 1. **वी**.

**विहिंसक** schädigend, kränkend.

**विहिंसता** *f.*, **∘सन** *n.*, **∘सा** *f.* Schädigung, Kränkung.

**विहित** *s.* 1. **धा**.

**विहिति** *f.* das Verfahren, Bewirken.

**विहीन** *s.* 2. **हा**.

**विहृत** *s.* **हृ**.

**विहृति** *f.* Ausdehnung, Zuwachs; Belustigung, Vergnügen.

... eindringen gegen ... geistern.

2. **वी** (*Nom.* **वीस्**) *m.*

3. **वी**, *Intens.* **वेवीय**

**वीक्षण** *n.* das Schaue Auge.

**वीक्षा** *f.* Anschauung sicht.

**वीक्षित** (*s.* **ईक्ष्**) *n.* I

1. **वीचि** *f.* Betrug, V

2. **वीचि** *u.* **वीची** *f.*

**वीज्**, **वीजति**, **∘ते** *Caus.* **वीजयति** (*c* **सम्**) *dass.*

**वीजन** *n.* das Fächeln

**वीटा** *f.* ein runder K

**वीड्**, **वीडयति** (**वीळ्** *Med.* f. sein. *p.p.*

**वीडु** *o.* **वीळु**, *f.* **वीड्वी**

**वीड्वङ्ग** festgliederig.

**वीणा** *f.* Laute.

**वीणागाथिन्** *m.* Laut

**वीणावाद** *m.* Lautens

1. **वीत** *s.* 1. **वी**.

2. **वीत** *s.* 2. **इ**.

3. **वीत** *s.* **व्या**.

4. **वीत** schlicht, gerad

**वीतचिन्त** sorglos um

**वीतभय**, **∘भी** *u.* **∘भीति**

**वीतमन्यु** grimm- *o.* ku

**वीतराग** leidenschaftsl

**वीतव्रीड** schamlos

**वीतशोक** kummerlos;

**वीतहव्य** begehrte Spen

1. वीति f. Genuss, Opfermahl, Labetrunk.
2. वीति f. Scheidung.
वीतिहोत्र zum Mahle ladend; m. Feuer.
वीथि u. वीथी f. Reihe, Strafse, Gallerie.
वीथिका f. dass.
वीध्र nur Loc. bei heiterem Himmel.
वीप्सा f. das Distributivverhältnis (g.).
वीर m. Mann, Held (auch gest. वीरतर u. °तम), Gatte, Sohn, coll. Nachkommenschaft; Pl. Männer o. Mannen.
वीरघ्नी s. वीरहन्.
वीरचर्या f. männliches Thun, Gang nach Abenteuern.
वीरण n. Art Gras.
वीरणस्तम्ब u. °क m. Grasbüschel.
वीरता f., वीरत्व n. Männlichkeit, Heldenmut.
वीरदेव m. Mannsname.
वीरपत्नी f. Heldengattin.
वीरपुर n. N. einer Stadt.
वीरप्रसविनी u. °प्रसू f. Heldenmutter.
वीरबाहु m. N. eines Königs (Heldenarm).
वीरमानिन् sich für einen Mann o. Helden haltend.
वीरय्, वीरयते sich männlich erweisen.
वीरवन्त् männer- o. söhnereich (Superl. °वत्तम); männlich, heldenhaft. n. Reichtum an Söhnen o. Männern.
वीरवर m. trefflicher Held, Mannsn.
वीरशय m. Heldenlager o. -bahre.
वीरशयन n., °शय्या f. dass.
वीरसू Männer gebärend; f. Mutter eines Sohnes.
वीरसेन m. N. mehrerer Fürsten.
वीरहन्, f. °घ्नी o. °हणी Männer tötend.
वीरासन n. ein best. Art zu sitzen.
वीरिण m. n. = वीरण.
वीरिणी f. Mutter von Söhnen.
वीरुध् f. (m.) Gewächs, Kraut, Pflanze, Strauch.
वीरुध n., वीरुधि dass.
वीरेन्द्र m. erster der Helden.
वीर्य n. Männlichkeit, Kraft, Tapferkeit, Heldenthat; Manneskraft, Same.
वीर्यवत्ता f., °त्त्व n. Abstr. zum folg.
वीर्यवन्त् kräftig, mächtig; Compar. वीर्यवत्तर, Superl. °वत्तम.
1. वीर्यशुल्क n. Mannhaftigkeit als Kaufpreis.
2. वीर्यशुल्क durch Mannhaftigkeit erkauft o. zu erkaufen.
वुर्य (—°) n. Wahl.
वृ s. 1. 2. वर्.
वृक m. Wolf; f. वृकी Wölfin.
वृकति m. Räuber, Mörder.
*वृकधूप m. Weihrauch.
वृकल m. Bastgewand; f. आ ein best. Eingeweide.
वृकायु raub- o. mordlustig.
वृकोदर m. Wolfsbauch (Bein. Bhîmasena's).
वृक्क m. Du. die Nieren.
वृकण (s. व्रश्च्) n. Schnitt.
वृक्त s. वर्ज्.
वृक्तबर्हिस् opferbereit o. opferliebend (eig. der die Opferstreu ausgerupft o. bereitet hat).
वृक्य m. Du. = वृक्क.
वृक्ष m. Baum.
वृक्षक m. Bäumchen.
वृक्षच्छाया f. Baumschatten.
वृक्षदेवता f. Baumgottheit.
वृक्षनिर्यास m. Baumharz, Gummi.
वृक्षमय, f. ई Baum-, hölzern.
वृक्षमूल n. Baumwurzel.
वृक्षवाटिका f. Baumgarten o. -laube.
वृक्षशाखा f. Baumzweig.
वृक्षाग्र n. Baumgipfel.
वृक्षादन m. Zimmermannsmeifsel (eig. Baumfresser); f. ई Pflanzenn.
वृक्षौकस् m. Affe (eig. Baumbewohner).
वृक्ष्य n. Baumfrucht.
वृज् s. वर्ज्.
वृजन (वृजन) n. Umhegung, Gemarkung Gemeinde, Einwohnerschaft, Volk.
1. वृजनी f. Hürde.
2. वृजनी f. böse That, Tücke.
वृजि m. Pl. Volksname.
वृजिन krumm, falsch, ränkevoll. f. आ Hinterlist, Trug. n. dass., Unrecht, Sünde, Elend.
1. वृत् s. वर्त्.

2. **वृत्** einschliefsend (—°); *f.* Schar, Heer.

3. **वृत्** (—°) sich drehend, verhaltend; -fach, fältig; Schluss, Ende (*g.*).

**वृत** *s.* 1. 2. **वर्**.

**वृता** *f.* Rührigkeit, Arbeit.

1. **वृति** *f.* Gehege, Zaun.

2. **वृति** *f.* Wahl.

**वृत्त** (*s.* **वर्त्**) *n.* das Vorkommen, Erscheinung, Ereignis, Angelegenheit, Wandel, (gutes) Betragen; Metrum.

**वृत्तकाय** rundleibig.

**वृत्तवन्त्** rund *o.* = *folg.*

**वृत्तसंपन्न** einen guten Wandel führend, tugendhaft.

**वृत्तान्त** *m.* Vorgang, Begebenheit, Abenteuer, Geschichte.

**वृत्ति** *f.* das Rollen (*von Thränen*), Geschehen, Vorkommen; Hingegebensein an, Eifer in (*Loc. o. adj.* —° eifrig, hingegeben), Erwerb, Lebensunterhalt (**वृत्तिं वर्तय्** das Leben fristen, ° **कर्** *o.* **कल्पय्** *mit Instr.* leben von); Thätigkeit, Funktion, Stimmung; Handlungsweise, Lebenswandel, (rechtes) Benehmen gegen (*Gen.*, *Loc. o.* —°); Brauch, Regel, Wesen, Natur, Zustand; Bedeutung (*g.*); Stil, Charakter (*d.*); Commentar zu einem Sûtra. *Abstr* **°ता** *f.*, **°त्व** *n.*

**वृत्तिन्** (*adj.* —°) eifrig in, lebend von.

**वृत्तिमन्त्** *dass.*, *auch* verfahrend wie.

**वृत्तौजस्** Kraft entfaltend.

**वृत्र** *n.* (*m.*) Bedränger, Feind *o.* Feindesheer (*meist Pl.*). *m. N. eines Dämons.*

**वृत्रतुर्** *u.* **°तूर्** die Feinde *o.* Vṛtra besiegend.

**वृत्रतूर्य** *n.* Besiegung der Feinde *o.* Vṛtra's

**वृत्रशत्रु** *m.* der Vṛtrafeind (*Indra*).

**वृत्रहं** Feinde schlagend.

**वृत्रहत्य** *n.*, **वृत्रहथ** *m.* der Kampf mit den Feinden *o.* mit Vṛtra.

**वृत्रहन्**, *f.* **°घ्नी** Feinde *o.* Vṛtra tötend, *Superl.* **°हन्तम**; *m. Bein. Indra's.*

**वृत्रहन्तर्** = *vor. m.*

**वृथक्** *Adv.* = *folg.*

**वृथा** *Adv.* nach Belieben, zufällig, umsonst, verkehrt, fälschlich, mit Unrecht.

**वृथोत्पन्न** umsonst erzeugt.

**वृद्ध** (*s.* 1. **वर्ध्**) *m.*, **आ** *f.* Greis, Greisin; älterer Nachkomme (*g.*).

**वृद्धगर्ग** *m.* Garga der Ältere.

**वृद्धचाणक्य** *m.* Câṇakya der Ältere.

**वृद्धता**, *f.*, **°त्व** *n.* Alter, Greisenalter.

**वृद्धभाव** *m.* *dass.*

**वृद्धयोषित्** *f.*

**वृद्धवयस्** *u*

**वृद्धसृगाल**

**वृद्धसेवा** *f.*

**वृद्धसेविन्**

fördernd.

**वृद्धिद** Ge

**वृद्धिमन्त्**

**वृद्धोक्ष**

Stier (*alt nur —°*), *mit* गवाम् Hauptwürfel; bester unter (—°); *Bein. versch. Götter.*

वृषण *m.* Hodensack; *Du.* die Hoden.

वृषण्य्, °ण्यति brünstig sein.

वृषण्वन्त् mit Hengsten bespannt.

वृषण्वसु reiches Gut besitzend.

वृषत्व *u.* वृषत्वन *n.* Mannheit.

वृषदंश *m.* Katze (*eig.* = *folg.*).

वृषदन्त्, *f.* °दती starkzahnig.

1. वृषध्वज *m.* Stierbanner.

2. वृषध्वज ein Stierbanner führend; *Bein. Çiva's.*

वृषन् männlich, kräftig; *Superl.* वृषन्तम. *m.* Mann, Hengst, Stier; *Bein. versch. Götter.*

वृषपर्वन् starkgelenkig; *m. Bein. versch. Götter, N. eines Dämons.*

वृषपाणि starkhufig.

वृषभ männlich, stark, tüchtig; *m.* Stier, gröfster, bester unter (*Gen. o.* —°).

वृषभध्वज *m.* = 2. वृषध्वज.

वृषभानुजा *f. Patron. der Râdhâ, T. eines Drama's.*

वृषमनस् *u.* °मन्यु männlich gesinnt, mutig.

वृषयु brünstig.

वृषल *u.* वृषल *m.* Männlein, Wicht, Kerl, *sp.* = Çûdra; *f.* वृषली gemeines *o.* Çûdra-Weib.

वृषव्रत Männer- *o.* starke Herrschaft führend.

वृषस्य्, °स्यति brünstig sein (*vom Weibe*).

वृषाकपि *m.* Mannaffe (*mythol. Wesen*); *Bein. versch. Götter.*

वृषाङ्क einen Stier zum Zeichen habend. *m. Bein. Çiva's.*

वृषान्न *n.* kräftige Speise.

1. वृषाय्, °यति regnen lassen.

2. वृषाय्, °यते brünstig werden, losgehen auf (*Acc., Dat. o. Loc.*).

वृषारव *m.* ein best. Tier (*eig.* wie ein Stier brüllend).

वृष्ट *s.* वर्ष्.

वृष्टि *u.* वृष्टि *f.* Regen (*auch übertr.*).

वृष्टिपात *m.* Regensturz.

वृष्टिमन्त् *u.* वृष्टिमन्त् regnerisch, regnend.

वृष्टिवनि *u.* °सनि Regen erlangend *o.* bringend.

वृष्णि *u.* वृष्णि mannhaft, stark; *m.* Schafbock, Widder.

वृष्ण्य = *vor. Adj.*; *n.* Manneskraft, Mut.

वृष्ण्यावन्त् manneskräftig.

वृष्य der Manneskraft (Potenz) zuträglich.

वे *m.* (*Nom.* वेस्) = 1. वि.

वेकण *n.* = अवेकण.

वेग *m.* Ruck, Anprall, Schwall, Drang, Ungestüm, Hast, Kraft, Wirkung.

वेगवन्त् wogend, hastig, schnell.

वेगित *u.* वेगिन् *dass.*

वेगोदग्र heftig von Wirkung.

वेङ्क *m. Pl. N. eines Volks.*

वेङ्कट *m. N. eines Berges.*

वेट् *ein Opferausruf.*

वेट्कार *m.* der Ruf Veṭ (*r.*).

वेण *m.* Rohrarbeiter, eine best. Kaste.

वेणि *u.* वेणी *f.* Haarflechte.

वेणीसंहार *m. T. eines Dramas.*

वेणु *u.* वेणु *m.* Rohr, *bes.* Bambusrohr, Rohrstock *o.* -pfeife; *Mannsn.*

वेणुक *m.* Rohrpfeife, Flöte; *Pl. Volksn.*

वेणुमन्त् mit einem Bambusrohr versehen.

वेणुमय, *f.* ई aus Bambusrohr gemacht.

वेणुयव *m. Pl.* Bambussame.

वेणुयष्टि *f.* Bambusstock.

वेणुविदल *n.* gespaltenes Bambusrohr; °वैदल daraus gemacht.

वेतण्ड *m.* Elefant.

वेतन *n.* Lohn, Preis.

वेतस *m.*, ई *f.* Rotang (Art Rohr), Rute, Stecken.

वेतसवृत्ति wie Rohr verfahrend, geschmeidig.

वेताल *m.* Art Dämonen (*die in Leichen hausen*).

वेतालपञ्चविंशति *u.* °का *f.* die 25 Erzählungen vom Vetâla (*T. versch. Sammlungen*).

1. वेत्तृ *m.* Kenner, Zeuge.

2. वेत्तृ *m.* Heirater, Gatte.

वेत्तवे *u.* वेत्तवै *Dat. Inf. zu* 3. विद्.

वेत्र *m. n.* Art Rohr.

2. वेद m. das Finden (—°), Habe, Besitz.
3. वेद m. Grasbüschel.
4. वेद m. *Mannsname.*
वेदज्ञ vedakundig.
वेदता f. Reichtum.
वेददर्शिन् den Veda kennend.
1. वेदन verkündend (—°); n. (f. आ) Kenntnis, Wissen, das Kundthun; f. आ (n.) Empfindung, Schmerz.
2. वेदन findend, verschaffend (—°); n. das Finden, Verschaffen, Heiraten, Hab und Gut.
वेदपारग mit dem (Studium des) Veda zu Ende gekommen.
वेदफल n. der (aus dem Studium des) Veda. (sich ergebende) Lohn.
वेदब्रह्मचर्य n. Lehrzeit für den Veda.
वेदयज्ञ m. ein im Veda gebotenes Opfer.
वेदयितर् m. Erkenner, Kenner.
वेदरहस्य n. Vedageheimnis (= Upanishad).
वेदवन्त् den Veda besitzend o. kennend.
वेदविद् vedakundig.
वेदविद्या f. Vedakunde.
वेदविद्वंस् = वेदविद्.
वेदवेदाङ्गपारग mit dem (Studium des) Veda und (der) Vedâṅga zu Ende gekommen.
वेदवेदाङ्गविद् den Veda und die Vedâṅga kennend.
वेदशास्त्र n. die Vedalehre.
1. वेदस् n. Erkenntnis.
2. वेदस् n. Habe, Gut.
वेदाङ्ग n. ein Glied o. Hilfsbuch des Veda (6 *angen.*).
वेदाध्ययन n. das Vedastudium.
वेदानध्ययन n. das Nichtstudieren des Veda.
वेदानुवचन n. das Hersagen des Veda.

वेदि u. वेदी f. Opferbett, Alt[...]
वेदिका f. = *vor.*
वेदितर् u. वेदितर् m. Wisser,
वेदितव्य o. °तव्य zu kennen, z[...] als.
1. वेदिन् (—°) kennend, empf[...] kündend.
2. वेदिन् (—°) heiratend.
वेदिष्ठ (*Superl.*) am meisten v[...]
वेदीयंस् (*Compar.*) besser [...] findend.
वेदुक erlangend.
वेदोक्त im Veda erwähnt o. ge[...]
वेदोदित *dass.*
वेदोपकरण n. Hilfsmittel o. -v[...] des Veda.
वेद्धर् m. Durchbohrer o. Treff[...]
1. वेद्य zu wissen, zu erkennen[...] o. —°).
2. वेद्य zu erwerben, zu gewin[...]
वेद्या f. Erkenntnis; *als Instr*[...] offenbar o. von selbst, unge[...]
वेध m. Durchbohrung, Öffnung
वेधक m. Durchbohrer.
वेधन n. das Durchbohren, Tre[...]
वेधस् fromm, weise; m. de[...] Schöpfer (*Bein. Brahman's u*[...]
वेधस्या (*Instr.*) f. Verehrung.
वेधित s. व्यध्.
वेधिन् (—°) durchbohrend, tre[...]
वेध्य zu durchbohren.
वेन्, वेनति Verlangen haben [...] sein. अनु sich bekümmern u[...] hinter (*Acc.*).
वेन, f. ई verlangend, liebend. [...] sucht (*auch f.* आ); m. *Man*[...]
वेन्य begehrenswert; m. *Mannsn.*
वेप् s. 1. विप्.

वेप, *f.* ई zuckend, bebend; *m.* das Zucken, Beben.

वेपथु *m.* = *vor. m.*

वेपथुभृत् *u.* °मन्त् = *folg. Adj.*

वेपन zitternd, bebend; *n.* das Zittern, Beben.

वेपस् = *vor. n.*, Erregung.

वेपिष्ठ (*Superl.*) sehr erregt.

वेम *m.* Webstuhl.

वेमक *m.*, ई *f.* Weber, -in.

वेमन् *n.* Webstuhl *o.* -schiff.

वेला *f.* Endpunkt, Grenze; Ufer, Küste; Zeitraum, (rechte) Stunde, Gelegenheit; Meereszeit *d. i.* Flut (*opp.* Ebbe).

वेलाजल *u.* वेलाम्भस् *n.* Flutwasser, Flut.

वेलासलिल *n. dass.**

वेलाहीन vor- *o.* unzeitig.

वेल्ल्, वेल्लति schwanken, taumeln. *Partic.* वेल्लन्त् *u.* वेल्लित (*auch mit* उद्) schwankend, sich hin und her bewegend, geschaukelt.

वेल्लन *n.* das Wogen, Sichwälzen.

वेविज aufgeregt, hastig.

1\. वेश *m.* Anbauer, Sasse, Nachbar; Wohnung, Zelt, Haus, *sp. bes.* Hurenhaus.

2\. वेश *s.* 1. वेष.

वेशत्व *n.* Nachbarschaft, Sassenschaft.

वेशन *n.* Eintritt.

वेशन्त *m.*, वेशन्ता *u.* वेशन्ती *f.* Teich.

वेशवधू *u.* °वनिता *f.* Buhldirne.

वेशस् *m.* Sasse, Nachbar

वेशिन् (—°) betretend.

वेशी *f.* Nadel.

वेश्मन् *n.* Haus, Hof, Wohnung.

वेश्य *n.* Nachbarschaft, Hörigkeit; *f.* वेश्या Hure (*eig.* intranda).

वेश्यस्त्री *u.* वेश्याङ्गना *f.* = *vor. f.*

1\. वेष *m.* das Wirken, Besorgen, Dienst, Aufwartung; Tracht, Gewand, Aussehen.

2\. वेष wirkend, besorgend.

वेषण *u.* वेषण *n.*, वेषणा *f.* Besorgung, Aufwartung, Bedienung.

वेषधारिन् die Tracht von (—°) habend.

वेषान्यत्व *n.* Veränderung der Tracht.

वेष्क *m.* Schlinge (*zum Erwürgen*).

वेष्ट्, वेष्टते (*vgl.* विष्ट्) sich winden *o.* sich hängen an (*Loc.*). *Caus.* वेष्टयति, °ते umwinden, umringen, umhüllen, überziehen; *p.p.* वेष्टित. आ sich ausbreiten über (*Loc.*). *Caus.* umhüllen, bekleiden, bedecken, einschliefsen. उद् sich auf- *o.* loswinden. *Caus.* aufdrehen, eröffnen. परि *Caus.* umhüllen, umwinden, umringen. सम् sich zusammenrollen; *Caus.* = *vor. Caus.*

वेष्ट *m.* Schlinge, Binde.

वेष्टन *n.* das Umwinden, Einschliefsen; Einfassung, Zaun, Hecke; Tuch, Binde, Schlinge.

वेष्टुक hängen bleibend, festsitzend.

वेष्य (—°) Arbeit, Thätigkeit.

वेसर *m.* Maultier.

वेहत् *f.* eine schlecht *o.* gar nicht kalbende Kuh.

वै *hervorhebende Partikel, oft nur explet.*

वैकक्ष *n.* Obergewand, *auch* = *folg.*

वैकक्षक *n.* Art Blumenkranz.

वैकर्ण *m. Du. N. zweier Volksstämme.*

वैकर्त *m.* best. Teil des Opfertieres.

वैकर्तन Sonnen-; *m. Bein. Karna's.*

वैकल्पिक, *f.* ई beliebig, arbiträr.

वैकल्य *n.* Gebrechlichkeit, Kärglichkeit, Schwäche.

वैकार्य *n.* Umwandlung.

वैकालिक *n.* Abendandacht *o.* -malzeit.

वैकुण्ठ *m. Bein. Indra's o. Vishnu's.*

वैकृत auf Umwandlung beruhend, sekundär, unnatürlich, entstellt, hässlich. *n.* Umwandlung, Entstellung, Wundererscheinung, Aufregung, Feindschaft.

वैकृत्य *n.* = *vor. n.*

वैक्लव *n.* Bestürztheit, Kleinmut.

वैक्लव्य *n. dass.*, Gedrücktheit, Schwäche.

1\. वैखानस *m.* Art Rishi, Einsiedler.

2\. वैखानस *Adj.* Einsiedler-, Büfser-.

वैगुण्य Fehler- *o.* Mangelhaftigkeit, Schlechtigkeit.

वैचित्त्य *n.* Geistesverwirrung.

वैचित्र्य *n.* Buntheit, Mannigkfaltigkeit.

वैजयन्त *m.* (Indra's) Banner; *f.* ई Fahne, *T. eines Wörterbuchs*

**वैण** *m.* Rohrarbeiter (best. Kaste).
**वैणव**, *f.* **ई** Rohr-, Bambus-; *m.* Flöte.
**वैतस**, *f.* **ई** aus Rohr bestehend *o.* gemacht, Rohr-.
**वैतान** *u.* **°निक** auf die drei heiligen Feuer bezüglich; heilig, Opfer-.
**वैतालिक** *m.* Lobsänger eines Fürsten.
**वैतालीय** die Vetâla betreffend; *n. N. eines Metrums.*
**वैदग्ध्य** *n.* Scharfsinn, Schlauheit, Gewandtheit.
**वैदर्भ**, *f.* **ई** vidarbhisch. *m. f.* Fürst, Fürstin der Vidarbha.
**वैदिक**, *f.* **ई** vedisch; *n.* eine Vedastelle *o.* -vorschrift.
**वैदिश** *m.* Fürst. *Pl.* die Bewohner von Vidiçâ.
**वैदूर्य** = **वैडूर्य**.
**वैदेशिक** (*f.* **ई**) *u.* **°श्य** aus der Fremde stammend, Fremdling.
**वैदेह** von Videha stammend (*f.* **ई** *Bein der Sîtâ, auch* eine Kuh aus V.). *m* **वैदेह** ein Fürst von V. *Pl. N. eines Volks u. einer best. Kaste* (*auch* **वैदेहक**).
**वैद्य** wissenschaftlich gebildet; *m.* Arzt.
**वैद्यनाथ** *m.* ein Meister von Arzt; *Mannsn*
**वैद्यराज** *m.* der Fürst der Ärzte (*Dhanvantari*)
**वैद्याधर**, *f.* **ई** den Vidyâdhara gehörig
**वैद्युत** *Adj.* Blitz-, blitzend, flimmernd.
**वैद्रुम** korallen.
**वैधर्म्य** *n.* Ungesetzlichkeit, Ungleichartigkeit.
**वैधव** *m. patron. N. Buddha's.*
**वैधवेय** *m.* Witwensohn.
**वैधव्य** *n.* Witwenstand.
**वैधस**, *f.* **ई** Schicksals-; *m. patron. Mannsn*
**वैधुर्य** *n.* das Verlassensein, Fehlen Mangeln.
**वैधेय** dumm; *m.* Dummkopf.
**वैनतेय** von Vinatâ stammend, *Bez. Garuḍa's u. Aruṇa's.*
**वैनयिक**, *f.* **ई** gesittet.
**वैन्ध्य** zum Vindhya gehörig.
**वैपश्वमिक** *u.* **°श्विक** *m.* Zeichendeuter.
**वैपरीत्य** *n.* Umgekehrtheit, Gegenteil.
**वैपुल्य** *n.* Dicke, Breite, Umfang.
**वैफल्य** *n.* Erfolg- *o.* Nutzlosigkeit.
**वैमुख्य** —°).
**वैमल्य**

**वैरूप्य** *n.* Verschiedenheit, Mannigfaltigkeit; Missgestalt, Hässlichkeit. *Abstr.* °ता *f.*

**वैरोचन** von der Sonne kommend, Sonnen-; *m. Götter- u. Mannsname.*

**वैलक्षण्य** *n.* Verschiedenheit, Ungleichheit.

**वैलक्ष्य** *n.* Schamgefühl, Verlegenheit.

**वैवर्ण्य** *n.* Entfärbung.

**वैवश्य** *n.* Willenlosigkeit, Abhängigkeit.

**वैवस्वत**, *f.* ई von der Sonne kommend; auf (Yama *o.* Manu) Vaivasvata bezüglich. *m. Patr. Yama's o. Manu's.*

**वैवाह** hochzeitlich.

**वैवाहिक**, *f.* ई *dass.*; *n.* Hochzeitsfest.

**वैवाह्य** *dass.* (*auch n.*)

**वैशद्य** *n.* Klarheit, Helle, Deutlichkeit.

**वैशन्त**, *f.* teichartig, Teich-.

**वैशंपायन** *n. N. eines alten Dichters.*

**वैशस** totbringend; *n.* Metzelei, Mord, Tod, Verderben.

**वैशाख** *m.* ein best. Sommermonat; *f.* ई der Vollmondstag in dems.

**वैशारद**, *f.* ई erfahren, gelehrt; *n.* = *folg.*

**वैशारद्य** *n.* Erfahrenheit, Gelehrsamkeit.

**वैशिक**, *f.* ई Hetären-; *n.* Buhlerei.

**वैशिष्ट्य** *n.* Besonderheit, Vorzüglichkeit.

**वैशेषिक** eigentümlich, besonders, spezifisch. *m.* ein Anhänger des Vaiçeshika-Systems. *n.* Besonderheit; das V.-System (*ph.*).

**वैशेष्य** *n.* Besonderheit, Verschiedenheit, Vorzüglichkeit.

**वैश्य** *m.* ein Angehöriger der dritten Kaste, Mann des Volkes (*f.* आ). *n.* Unterthänigkeit, Abhängigkeit. *Adj.* einem V. eigentümlich.

**वैश्यता** *f.*, °त्व *n.* der Stand eines Vaiçya.

**वैश्याज** *f.* der Sohn einer Vaiçyâ.

**वैश्रवण** *m. Patron. Kubera's.*

**वैश्व** unter den Viçve devâs stehend; *n. Bez. eines Mondhauses.*

**वैश्वकर्मण**, *f.* ई Viçvakarman gehörig *o.* geweiht.

**वैश्वदेव**, *f.* ई den Allgöttern geweiht.

**वैश्वदेविक** *dass.*

**वैश्वरूप** mannigfaltig, verschiedenartig; *n.* das Weltall.

**वैश्वरूप्य** = *vor. Adj.*; *n.* Mannigfaltigkeit, Verschiedenartigkeit.

**वैश्वानर**, *f.* ई allen Männern *o.* Menschen gehörig; allgemein, allverehrt, allbeliebt. *m.* Agni *o.* das Feuer, Sonne; der durch das Gesamtding bedingte Intellekt (*ph.*).

**वैश्वामित्र**, *f.* ई von Viçvâmitra stammend *o.* ihm gehörig.

**वैषम्य** *n.* Unebenheit, Ungleichheit, Schwierigkeit, Not, Unbilligkeit, Unrichtigkeit.

**वैषुवत** *Adj.* Mittel-, central.

**वैष्णव**, *f.* ई auf Vishṇu bezüglich, V. gehörig *o.* ergeben. *m.* ein Verehrer V's.

**वैष्णव्य** Vishṇu gehörig, Vishṇu's.

**वैसादृश्य** *n.* Unähnlichkeit.

**वैस्पष्ट्य** *n.* Klarheit, Deutlichkeit.

**वैस्वर्य** die Stimme benehmend; *n.* Stimm- *o.* Sprachlosigkeit.

**वैहग** (*f.* ई) *u.* **वैहंग** *Adj.* Vogel-

**वैहायस**, *f.* ई in freier Luft befindlich *o.* sich bewegend. *m.* Luft-, Himmelsbewohner. *n.* der Luftraum.

**वैक्लव्य** *n.* Erschöpfung, Schwäche.

**वोडु** *m.* eine Schlangenart.

**वोढर्** *u.* **वोढर्** fahrend, führend, bringend. *m.* Zugtier (*Pferd u. Stier*), Träger, Führer, Wagenlenker, Bringer, Darbringer; Heimführer, Gatte.

**वोढव्य** zu fahren, zu führen, zu tragen, auszuführen; *f.* आ heimzuführen, zu heiraten.

**वोपदेव** *m. N. eines Schriftstellers.*

**वौषट्** (*Indecl.*) *ein Opferruf.*

**व्यंस** breitschulterig; *m. N. eines Dämons.*

**व्यंसन** *n.* Betrug.

**व्यंसयितव्य** zu betrügen.

**व्यक्त** *s.* अञ्ज्; *Abstr.* °ता *f.* Deutlichkeit, Klarheit.

**व्यक्ति** *f. dass.*, °क्तिं गम् *o.* भज् deutlich werden.

**व्यग्र** zerstreut, fahrig (*opp.* एकाग्र) abgelenkt (*von anderem, d. i.*) beschäftigt mit, in Anspruch genommen von (*Instr.*, *Loc. o.* —°). *Abstr.* °ता *f.*, °त्व *n.*

1. **व्यङ्ग** fleckig; *m.* Fleck, Schandfleck.

**व्य॑चिष्ठ** (*Superl.*) umfangreichst.

**व्यजन** *n.* das Fächeln; Fächer (*auch* **°क** *n.*).

**व्यञ्जक** offenbarend, ausdrückend (*Gen. o.* —°).

**व्य॑ञ्जन** *dass., f.* **आ** indirekte Aussage (*rh.*). *n.* Schmuck; das Offenbaren, Bekunden, Deutlichkeit; Kennzeichen, *bes.* Pubertätszeichen, Merkmal; Brühe, Zukost; Consonant, Silbe; *auch* = *f.* **आ**.

**व्य॑ति** *m.* Ross.

**व्यतिकर** *m.* Mischung, Berührung, Vereinigung; Unfall, Vernichtung, Untergang.

**व्यतिक्रम** *m.* das Vorübergehen; Überschreitung, Übertretung, Verletzung; Vergehen, Unrecht gegen (*Gen. o.* —°).

**व्यतिक्रमण** *n.*, **°क्रान्ति** *f.* Unrecht gegen (—°).

**व्यतिरेक** Ausgeschlossenheit, Negation Gegensatz, Kontrast.

**व्यतिहार** *m.* Vertauschung, Gegenseitigkeit.

**व्यत्यय** *m.* Wechsel, Umkehr.

**व्यत्यास** *m. dass.*

**व्यथ्**, **व्य॑थते** (**°ति**) schwanken, taumeln, fehlgehen, weichen, bestürzt werden, verzagen. *p.p.* **व्यथित** schwankend, bestürzt, aufgeregt. *Caus.* **व्यथ॑यति** (*gest.* **व्यथयतितराम्**) schwanken machen aufregen, bestürzen, betrüben.

**व्यथन** aufregend. *n.* das Schwanken, Taumeln, Schmerzempfindung.

**व्यथा॑** *f.* Fehlschlag, Schaden, Verlust, Unruhe, Bestürzung, Not, Qual.

**व्यथित॑** (*s.* **व्यथ्**) *n.* Schaden *o.* das Zagen.

**व्य॑थिस्** schwankend, schief, heimlich heimtückisch.

bohren lassen. **अनु** hinte

व्यपेक्षा *f.* Rücksicht, Voraussetzung, Erwartung.

व्यपोह *m.* Vertreibung, Beseitigung.

व्यभिचार *m.* das Auseinander- *o.* Fehlgehen; Fehltritt (*bes. des Weibes*), Vergehen, Übertretung.

व्यभिचारवन्त् sich herumtreibend.

व्यभिचारिन् auseinander- *o.* fehlgehend, ausschweifend, untreu (*bes. vom Weibe*); übertretend, verletzend (—°).

व्यभ्र wolkenlos, unbewölkt.

व्यय्, °यति, °ते verausgaben.

व्यय vergänglich. *m.* Untergang, Verlust, Hingabe, Verausgabung, Aufwand Kosten für (—°), Geld.

व्ययन *n.* Weggang, Trennung.

व्यर्थ zweck-, sinn-, nutz- *o.* hablos.

व्यर्थता *f.*, °त्व *n.* Zweck- *o.* Sinnlosigkeit

व्यर्धुक verlustig gehend (*Instr.*).

व्यलीक unwahr, falsch; *n. adv., auch* Unwahrheit, Lüge, Betrug, Übelthat, Verdruss.

व्यल्कशा *f. N. einer Pflanze.*

व्यवच्छेद *m.* das Loskommen von (—°); Trennung, Sonderung, Ausschliessung.

व्यवधान *n.* das Dazwischentreten, Verbergen, Decke, Hülle, Scheidung, Unterbrechung.

व्यवसाय *m.* Anstrengung, Entschlossenheit Beschluss, Vorsatz.

व्यवसायवन्त् *u.* °सायिन् entschlossen, energisch, unternehmend.

व्यवसित (*s.* 2. सा) *n.*, °सिति *f.* Entschluss, Vorhaben.

व्यवस्था *f.* Besonderheit, Bestimmung; Orts- *o.* Zeitverhältnis (*g.*); Zustand, Lage.

व्यवस्थान verharrend; *n.* das Verharren in (*Loc. o.* —°), Zustand, Lage.

व्यवस्थित *s.* स्था.

व्यवस्थिति *f.* das Verharren in, Besonderheit (*Loc.*), Bestimmung.

व्यवहर्तर् sich abgebend mit (*Instr.*); *m.* Richter.

व्यवहर्तव्य zu gebrauchen, zu verfahren (*n. impers.*).

व्याकुलीभू dass., °भू aufgeregt werden, außer sich geraten.
व्याकृति f. Sonderung, Auseinandersetzung.
व्याक्षेप m. Schmähung; Zerstreutheit.
व्याख्या f. Erklärung, Commentar.
व्याख्यातर् m. Erklärer.
व्याख्यातव्य zu erklären.
व्याख्यान, f. ई erklärend; n. Erklärung, Auseinandersetzung, Erzählung.
व्याघात m. Schlag, Hieb, Niederlage, Erschütterung, Beunruhigung, Hindernis, Widerspruch.
व्याघारण n. das Besprengen (r.).
व्याघ्र m. Tiger (f. ई -in); herrlichster, bester von (—°). *Abstr.* व्याघ्रता f., °त्व n.
व्याघ्रचर्मन् n. Tigerfell.
व्याघ्र्य Adj. Tiger-.
व्याज m. (n.) Betrug, Hinterlist, Schein, Vorwand. °— u. *Instr. adv.* fälschlich, scheinbar, angeblich; व्याजेन u. व्याजम् unter dem Vorwande von (—°).
व्याजमय, f. ई verstellt, erheuchelt.
व्याड m. Raubtier (s. व्याल).
व्याडि u. व्याळि m. *Mannsname.*
व्यात्त (s. 1. दा) n. Rachen.
व्यादान n. das Aufsperren.
व्यादेश m. Andeutung, Vorschrift.
व्याध m. Jäger (*eig.* Treffer).
व्याधि m. Krankheit; °त krank.
व्याधिन् durchbohrend.
व्याधी f. Sorge.
व्यान m. Atem, Hauch; Durchhauch (*best. Wind im menschl. Körper*).
व्यानशि durchdringend.
व्यापक dass., ausgebreitet. *Abstr.* °ता f., °त्व n.
व्यापत्ति f. Unfall, Misslingen, Schaden, Not, Verderben, Untergang, Tod.

fassend, verbreitet übe bis (—°).
व्यापृत s. 3. पर्.
व्यापृति f. Beschäftigung,
व्याप्त s. आप्.
व्याप्ति f. Erreichung, Er dringung, Erfüllung, Allgemeinheit.
व्याप्तिमन्त् sich erstrecke
व्याप्य worin etwas enthal *Abstr.* °त्व n. (*ph.*).
व्याम m. Klafter (*als Ma*
व्यामिश्र vermischt, vern mit (*Instr. o.* —°); vi fach.
व्यायत s. यम्; *Abstr.* °
व्यायाम m. Anstrengung ( Körperübung; Kampf,
व्यायुक weglaufend
व्यायुध waffenlos.
व्यायोग m. eine Art Dra
व्याल boshaft, hinterlistig. Elefant, Raubtier; Sch
व्यालग्राह u. °ग्राहिन् m. Sc
व्यालमृग m. Raubtier.
व्यालम्ब u. °लम्बिन् herab
व्यालोल schwankend, wog
व्यावर्तक, f. °तिका beseiti fsend. *Abstr.* °ता f., °
व्यावर्तन, f. ई dass., abwe dung.
व्यावहारिक, f. ई wirklich
व्यावृत् f. Unterscheidung,
व्यावृत्ति f. Abwendung, S schluss, Aufgehobenhei
व्यास m. Auseinanderlegu Weitläufigkeit, Ausfül *eines myth. Dichters.*

व्यासङ्ग *m.* das Anhangen; Hang zu, Lust an (*Loc. o.* —°).

व्यासेध *m.* Verhinderung, Unterbrechung.

व्याहरण *n.* das Aussprechen.

व्याहार *m.* Äufserung, Gespräch, Unterhaltung, (Vogel-) Gesang.

व्याहारिन् (—°) sprechend, singend, ertönend von.

व्याहित *s.* 1. धा.

व्याहृत (*s.* हृ) *n.* Rede, (Vogel-)Gesang.

व्याहृति *f.* Äufserung, Wort; (*auch* °ती) Ausruf, Spruch (*r.*).

व्युच्छित्ति *f.*, °च्छेद *m.* Unterbrechung, Störung.

व्युद्य *n. impers.* dreinzureden, zu streiten.

व्युत्क्रम *m.* Fehltritt, verkehrte Ordnung.

व्युत्थान *n.* das Aufstehen, Erwachen.

व्युत्पत्ति *f.* Entstehung; Ableitung (*g.*)

व्युद् *u.* °क wasserlos, trocken.

व्युदास *m.* das Fahrenlassen, Beseitigung, Vernichtung.

व्युन्दन *n.* das Benetzen.

व्युपरम *m.* das Ruhigwerden, Aufhören.

व्युपशम *m.* das Aufhören, Weichen.

व्युष् *f.* das Hellwerden, Tagen.

व्युषित *u.* व्युष्ट *s.* 2. वस्.

व्युष्टि *f.* = व्युष्; *auch* Glanz, Schönheit· Lohn, Vergeltung.

व्यूढ (*s.* 1. ऊह् *u.* 1. वह्) auseinandergerückt weit, ausgedehnt.

व्यूढोरस्क breitbrüstig.

व्यूह *m.* Verschiebung, Zerlegung (*g.*), Darstellung, Beschreibung; Verteilung, Aufstellung, Schlachtordnung; Gesamtheit, Schar, Menge.

व्यूहन verschiebend, auseinander rückend; *n.* Verschiedenheit, Sonderung, Entfaltung.

व्यृद्धि *f.* Misslingen, Unfall, Verlust, Mangel.

व्योमग luftwandelnd, fliegend.

व्योमगामिन्, °चर *u.* °चारिन् *dass.*

व्योमन् *n.* Himmel, Luftraum. *Instr.* durch die Luft.

व्योमसद् im Himmel wohnend.

व्योष glühend, brennend.

**व्रतसंपादन** *n.* **Erfüllung eines Gelübdes.**
**व्रतस्थ einem Gelübde obliegend.**
व्रतस्नात mit den Gelübden fertig.
व्रतादान *n.* = व्रतग्रहण.
व्रतादेशन *n.* Auflegung *o.* Übernahme eines Gelübdes.
व्रतिन् = व्रतवन्त्, *auch* sich benehmend wie (—°); *m.* Büſser.
1. व्रत्य gehorsam, treu (*Gen.*).
2. व्रत्य einem religiösen Brauch angemessen dazu gehörig.
व्रद्, व्रदते weich, mürbe werden.
व्रन्दिन् mürbe werdend.
व्रयस् *n.* Übermacht.
व्रश्च्, वृश्चति abhauen, fällen; *p.p.* वृक्ण. अपि abhauen, zerhauen. आ abtrennen, entfremden (*Dat. o. Loc.*). वि zerspalten; *p.p.* विवृक्ण. सम् zerstückeln.
व्रश्चन abhauend, fällend.
व्रा *f.* Schar, Trupp.
व्राज *m.* Haufe; °जम् in Haufen.
व्रात *m.* Schar, Haufen, Trupp, Menge, Genossenschaft.

**व्रातीन zu einer Bande gehörig, vagabundierend.**

*p.p.* व्रीडित.

व्रुडित
अभि

# श

शंयु heilbringend, wohlthätig.
शंयोस् = शं योस (*vgl.* 5. शंम्).
शंवन्त् heilvoll.
शंस्, शंसति (°ते) hersagen, recitieren (*r.*), rühmen, preisen, verkünden, mitteilen, verheiſsen. *p.p.* शस्त hergesagt, gelobt, für gut befunden, herrlich, schön; शंसित gepriesen, preisenswert. *Caus* शंसयति hersagen lassen, ankündigen. अभि beschuldigen, anklagen; *p.p.* अभिशस्त bescholten. आ (*meist Med.*) hoffen, rechnen auf (*Acc., Dat., Loc. o. Infin.*), erstreben, jemd. (*Acc.*) zu bemeistern suchen; wünschen, loben, hersagen, verkünden. प्र laut verkünden, rühmen, preisen. *p.p.* प्रशस्त gepriesen, gelobt, angeordnet, für gut befunden; herrlich, Glücks-.
शंस *m.* Spruch, Segen, Verwünschung; *f.* शंसा das Rühmen, Preisen, Ausspruch, Meldung.
शंसथ *m.* Unterhaltung.
शंसन *n.* Hersagung, Mitteilung.
शंसितर् *m.* Recitierer (*r.*).
शंसिन् (—°) recitierend, aussagend, verkündend, verheiſsend.
शंस्तर् *m.* = शंसितर्.

शक्रदिश् *f.* Indra's Himmelsgegend, der Osten.

शक्रभक्ष Hanf (Indra's Essen).

शक्रलोक *m.* Indra's Welt.

शक्रायुध *n.* Indra's Waffe, der Regenbogen.

शक्रावतार Indra's Herabkunft (*N. eines heil. Badeplatzes*).

शक्राशन *n.* = शक्रभक्ष.

शंक्वन्, *f.* शंक्वरी stark vermögend. *f. Bez. best. Verse* (*r.*) *u. Metra.*

शक्वर *m.* Bull.

शग्म stark, hilfreich, gütig, fromm.

शङ्क्, शङ्कते (°ति) ängstlich sein, sorgen, bedenklich sein, zweifeln, befürchten, beargwöhnen, beanstanden, vermuten, annehmen. *p p.* शङ्कित besorgt, ängstlich vor (*Abl.*, *Gen. o.* —°), argwöhnend, vermutend; beanstandet, bezweifelt, verdächtig. *Caus.* शङ्कयति besorgt machen um (*Loc.*). अभि sorgen, bangen, misstrauen (*Acc.*). आ *dass.*, befürchten, vermuten, halten für (2 *Acc.*). परि sorgen, beargwöhnen (*Acc.*), annehmen, glauben (2 *Acc.*). *p.p.* परिशङ्कित besorgt, misstrauisch gegen (*Abl. o.* —°); beargwöhnt, verdächtig. वि sorgen, befürchten, beanstanden; *mit* अन्यथा falsch beurteilen. *p.p.* विशङ्कित unruhig, besorgt um (*Acc. mit* प्रति *o.* —°).

शङ्कनीय verdächtig, zu befürchten, anzunehmen; *n. impers.*

शंकर, *f.* ई heilbringend. *m. Bein. Rudra-Çiva's; Mannsn., bes. versch. Gelehrten.*

शंकरविजय *m. T. eines Werkes.*

शंकराचार्य *m. N. eines Gelehrten.*

शङ्का *f.* Sorge, Angst vor (*Abl.*, *Loc. o.* —°), Argwohn, Zweifel; Vermutung, Annahme.

Vishṇu's); Schläfe, Schläfenbein (*nur m.*).

शङ्खचक्रपाणि Muschel und Discus in der Hand haltend (*Vishṇu*).

शङ्खध्म *m.* Muschelbläser.

शङ्खमेखल *m. N. eines alten Weisen.*

शङ्खान्तर *n.* Stirn (*eig.* Raum zwischen den Schläfen).

शङ्खिन् eine Muschel *o.* Muscheln habend. *m. Bein. Vishnu's. f.* ०नी Perlmuschel, Perlmutter.

शंग *s.* शंगु.

शंगय, *f.* शंगयी dem Hausstande Heil bringend.

शंगवी (*f.*) *u.* शंगु dem Viehstande Heil bringend.

शचिष्ठ (*Superl.*) **stärkst**, hilfreichst.

शची *f.* Kraft, Tüchtigkeit, Hilfe, Gunst; *N. der Gattin Indra's.*

शचीतीर्थ *n. N. eines heiligen Badeplatzes.*

शचीपति *m.* Herr der Hilfe *o.* Gatte der Çacî (*Indra*).

शचीवन्त् *u.* शचीवसु hilfreich.

शठ falsch, tückisch. *Abstr.* ०ता *f.*, ०त्व *n.*

शठधी, ०बुद्धि *o.* ०मति boshaft gesinnt, falsch, hinterlistig.

शण *m.* Art Hanf.

शणतान्तव, *f.* ई aus Hanffäden gemacht.

शणमय, *f.* ई hänfen.

शणसूत्र *n.* Hanffaden; ०मय, *f.* ई daraus gemacht.

शण्ड *m. N. eines Asura.*

शण्डामर्क *m. Du.* Çaṇḍa und Marka.

शण्डिल *m. N. eines Mannes, Pl. seiner Nachkommen.*

शत्, शातयति, ०ते zerschneiden, zerteilen, abbrechen, ablösen, niederwerfen, ver

शतकृत्वस् *Adv.* hu

शतकोटि (*eig.* hun Donnerkeil.

शतक्रतु hundertkrä

शतगु hundert Kühe

शतगुण *u.* ०गुणित

शतग्विन् *dass.*

शतघ्नी *s.* शतहन्.

शतचक्र hunderträd

शतचर्मन् aus hund

शतजित् hundert be *ṇu's, Mannsname*

शततम, *f.* ०आ *u.* ई

शतद् *u.* शतदा hun

शतदन्त् hundertzäh

शतदल *n.* = शतपत्त्र

शतदातु hundertteili

शतदास *u.* शतदाय

शतदावन् *dass.*

शतद्रु *u.* ०द्रू *f. N. e*

शतद्वार hundertthor

शतधन्व hundert we

शतधा *Adv.* hundert

शतनीथ hundertlisti

शतपति *m.* Herr übe

शतपत्त्र hundertfede Specht, Pfau. *n.*

शतपथ hundertpfadi *eines Brâhmaṇa* (

शतपद् (०पाद्), *f.* श

शतपर्वन्

शतभुजि

शतमन्यु

**शतंमान** hundertfach.
**शतंमूति** hundert Hilfen leistend.
**शतमूर्धन्** hundertköpfig.
**शतंमूल** hundertwurzelig.
**शतयज्ञ** *m. Bein. Indra's* (*eig.* der hundert Opfer empfängt).
***शतयष्टिक** *m.* 100drähtige Perlenschnur.
**शतरात्र** *m. n.* hunderttägige Feier.
**शतंवन्त्** hundert enthaltend, hundertfach.
**शतवर्ष** *u.* **°वर्षिन्** hundertjährig.
**शतंवाज** hundert Kräfte gebend.
**शतंविचक्षण** hundertfach aussehend.
**शतंवीर्य** hundertkräftig.
**शतशंस्** *Adv.* hundertweis *o.* -mal.
**शतशाख**, *f.* **आ** *u.* **ई** hundertästig (*auch übertr.*).
**शतंशारद** hundert Herbste (Jahre) zählend *o.* gebend; *n.* ein Alter von h. Jahren.
**शतशीर्ष** *u.* **शतंशीर्षन्** hundertköpfig.
**शतशृङ्ग** hundertgipfelig; *m. N. eines Berges.*
**शतसंख्य** hundert zählend.
**शतसनि** hundertfaches verschaffend *o.* gewinnend.
**शतसहस्र** *n. Sgl. u. Pl.* hunderttausend.
**शतसहस्रधा** *Adv.* in hunderttausend Stücke.
**शतसां** = **शतसनि**.
**शतसाहस्र**, *f.* **ई** hunderttausendfach.
**शतसुख** *n.* hundertfaches Glück.
**शतंसेय** *n.* hundertfacher Gewinn
**शतस्विंन्** hundert besitzend.
**शतहंन्**, *f.* **°घ्नी** hundert tötend. *f.* **शतघ्नी** eine best. Waffe.
**शतंहिम** hundert Winter *o.* Jahre zählend.
**शतह्रद** *m. N. eines Asura; f.* **आ** Blitz.
**शताङ्ग** hunderterlei (*eig.* -gliederig).
**शतात्मन्** hundertfaches Leben habend *o.* gewährend.
**शताधिक** hundert und eins (mehr als h.).
**शतानीक** hundertspitzig.
**शतायु** hundert Jahre lebend.
**शतायुध** hundert Waffen führend.
**शतायुस्**, *f.* **शतायुषी** = **शतायु**.
**शतार्घ** hundert wert.
**शतार्ध** *n.* ein halbes Hundert, funfzig.
**शतार्ह** = **शतार्घ**.
**शतांश्रि** hundertkantig *o.* -schneidig.
**शतांश्व** aus hundert Rossen bestehend.
**शतिक** hundert betragend *o.* der hundertste.
**शतिंन्** hundertfach *o.* hundert besitzend.
**शतृ** das Partic.-Suffix **अत्** *o.* **अन्त्** (*g.*).
**शतेश** *m.* das Haupt von hundert (*Dörfern*).
**शतोति** hundert Hilfen gewährend.
**शतोदना** *f.* eine best. Ceremonie (*r.*).
**शत्य** aus hundert bestehend.
**शंचि** *m. Mannsname.*
**शत्रु** *m.* Gegner, Feind, *bes.* Grenzfeind.
**शत्रुघ्न** Feinde schlagend; *m. Mannsname.*
**शत्रुजित्** *u.* **शत्रुंजय** Feinde besiegend.
**शत्रुता** *f.*, **°त्व** *n.* Gegnerschaft, Feindschaft.
**शत्रुतूर्य** *n.* Feindesbewältigung.
**शत्रुनन्दन** Feinde erfreuend.
**शत्रुंतप** Feinde quälend.
**शत्रुंदम** Feinde bändigend.
**शत्रुमर्दन** Feinde vernichtend.
**शत्रुसाह** Feinde bezwingend.
**शत्रुहं** *u.* **शत्रुहंन्** = **शत्रुघ्न**.
**शत्रूय्**, *Partic.* **शत्रूयंन्त्** feind sein.
**शत्रुषंह** (**°षाह**) Feinde bewältigend.
1. **शद्**, *Intens. Partic.* **शांशदान** hervorragend, glänzend.
2. **शद्**, *Perf.* **शशाद**, *p.p.* **शन्न** abfallen, ausfallen.
**शद** *m.* Abfall (—°); Ertrag.
**शद्वला** *f. N. eines Flusses.*
**शनकैस्** *Adv.* langsam, allmählich.
**शनि** *m.* der Planet Saturn.
**शनैश्चर** langsam wandelnd; *m.* = *vor.*
**शंनैस्** *u.* **शनैंस्** (*Instr. adv.*) = **शनकैस्**, *oft verd.*; *Compar.* **शनैस्तराम्**.
**शंतनु** der Person heilsam (*Abstr.* **°त्व** *n.*); *m. N. eines alten Königs.*
**शंन्तम** (*Superl.*) heilsamst, erfreulichst.
**शंन्ताति** wohlthuend; *f.* Wohlthat, Segen.
**शन्तिव** freundlich, friedlich.
**शम्त्व** *n.* Wohlthätigkeit.
**शन्न** (*s.* 2. **शद्**) *n.* Abfall.
**शप्**, **शंपति**, **°ते** (**शप्यति**) fluchen, schmähen schelten (*Acc.*, *Med. meist Dat.*); *Med.* jemd. (*Dat.*) etw. beteuern, geloben; schwören bei (*Instr.*), **यदि** dass nicht; jemd. (*Acc.*) beschwören, um etw. (*Acc.*)

शपन *n.* Fluch.

शप्त (*s.* शप्) *n.* Fluch, Schwur.

शप्तर् *m.* Flucher.

शफ *m.* Huf, Klaue, Kralle.

शफर *m.*, ई *f.* eine kleine Karpfenart.

शफवन्त् behuft, bekrallt.

शबर *m. Pl. N. eines Volks.*

शबल scheckig, bunt; gemischt, versehen mit (—°); *f.* °ली die Wunderkuh.

शब्द *m.* Laut, Ton, Lärm, Stimme, Rede, Ausspruch, Wort, Name, Titel. शब्देन ausdrücklich. शब्दं कर् *o.* दा die Stimme erheben, schreien, rufen u. s. w.

शब्दकर्मक *u.* °कर्मन् tönen bedeutend (*g.*).

शब्दकल्पद्रुम *m. T. eines Wörterbuchs.*

शब्दत्व *n. Abstr. zu* शब्द Laut.

शब्दपति *m.* nur dem Namen nach Herr.

शब्दब्रह्मन् *n.* die heilige Schrift (*eig.* das Wort-Brahman).

शब्दभाज् (—°) den Titel—führend.

शब्दमय, *f.* ई aus Schall *o.* Lauten bestehend.

शब्दय्, °यति Geräusch machen, rufen, schwatzen, verkünden. *Pass.* genannt werden, heifsen, gerufen werden. *p.p.* शब्दित gerufen, mitgeteilt, genannt.

शब्दवन्त् tönend; *n.* °वत् *adv.* laut.

शब्दविद्या *f.* Grammatik (*eig.* Wortlehre).

शब्दशासन *u.* °शास्त्र *n. dass.*

शब्दापय्, °यति *u.* °ते herbeirufen, nennen. *Pass.* gerufen werden, (heifsen*).

शब्दाय्, °यते *u.* °ति tönen, schreien.

शब्दार्थ *m.* Wortbedeutung; *Du.* Wort u. Bedeutung.

शब्दित (*s.* शब्दय्) *n.* Geschrei.

शब्दिन् geräuschvoll, ertönend von (—°).

1. शम्, शमति, शम्यति (*Imperat.* शमीष्व) sich mühen; zurichten, bereiten (*r.*).

schwichtigen, gu
löschen, vernich
überwinden. उप
beruhigt, erlosc
beruhigen, stiller
löschen. प्र = *Si*
ruhigt, zufriede
loschen, aufgeh
*Caus.* beruhigen
सम् vollständig z
löschen, aufhöre
gestorben, tot.
schwichtigen, a
bringen, vernicht

3. शम् (शम्नीते) ein

4. शम्, शमयति *u.*
wahr werden, hö

5. शंम् *Indecl.* wohlt
Heil, Wohl. शं
Glück und Segen.

1. शम zahm *o.* arbei

2. शम *m.* Ruhe, *bes.*
gültigkeit; Besänf
Erlöschen.

शमथ *m.* Gemüts-, S

शमन, *f.* ई beruhig
nichtend. *n.* Beru
Aufhören; Töten,

शमपर ganz auf Gem
G. als höchstes ha

शमप्रधान *dass.*

शमप्राप्त zur Ruhe ge

शमयितर् *m.* Beru
Töter.

शमल *n.* Fleck, Mal,

शमवन्त् ruhig, friedli

1. शमाय्, °यते thätig

2. शमाय्, °यति auf

sein; *Med.* शमायते zur Ruhe bringen, töten.

1. शमि *n.* Mühe, Fleifs.

2. शमि *m. Mannsname.*

1. शमितर् *m.* Zerleger, Schlächter.

2. शमितर् = *folg.*

शमिन् ruhig, gelassen.

शमिष्ठ (*Superl.*) thätigst, eifrigst.

1. शमी *f.* Mühe, Fleifs.

2. शमी *f. N. eines Baumes.*

शमीक *m. Mannsname.*

शमीधान्य *n.* Çamî-Körner.

शमीमय, *f.* ई aus Çamî-Holz gemacht.

शम्ब *m.* eine best. Waffe Indra's.

शम्बर *m. N. eines Indra u. dem Liebesgott feindlichen Dämons.*

शम्बरसिद्धि *m. Mannsname.**

शम्बल *n.* Wegekost (*vgl.* संवल).

शम्बा कर् hin und her pflügen.

शम्बिन् *m.* Ruderer, Fährmann.

शम्बु *m. Mannsname.*

शम्बूक *m.* Muschel, Schnecke; ein best. Tier

शम्भल *m. Ortsname; f.* ई Kupplerin.

शंभविष्ठ *Superl. z. folg. Adj.*

शंभु *u.* शम्भ wohltätig, hilfreich; *m.* शंभु *Bein. Çiva's u. Brahman's.*

शंम्या *f.* Stock, Zapfen, Stützholz (*r.*); ein best. Längenmafs.

शय liegend, befindlich in (—°); *m.* Schlaf, Lagerstätte (*auch* शया *f.*).

शयथ *m.* Lager, Aufenthalt.

शयध्यै *Dat. Inf. zu* 2. शी.

शयन ruhend. *n.* das Liegen, Ruhen Schlafen; Lager, Ruhestätte.

शयनीय zum Liegen dienend; *n.* zu liegen, zu ruhen (*impers.*), Lager, Bettstelle.

शयान *s.* 2. शी.

शयालु schläfrig, verschlafen.

शयित *s.* 2. शी; **n.* der Ort, wo jemand (*Gen.*) gelegen hat.

शयितव्य *n. impers.* zu liegen, zu ruhen.

शयु liegend, ruhend; *m. mythol. Mannsn*

शयुत्रा *Adv.* auf *o.* zu dem Lager.

शय्य (*adj.* —°) = *folg.*

शय्या *f.* Lager, Ruhebett; das Liegen, Ruhen. शय्यार्थम् zum Lager.

शर्, शृणाति (शृणति) zerbrechen, zer-

शरावाप m. Bogen (Pfeilstreuer).

शरासन n. Bogen (Pfeilschleuderer).

शरिन् mit Pfeilen versehen.

श॑रीर n. (m.) Leib, Körper, Person. *Abstr.* शरीरता f., °त्व n.

शरीरक n. *dass.*, *auch* elender, erbärmlicher Körper.

शरीरकर्तृ o. °कृत् m. Vater (*eig.* Körper macher).

शरीरग्रहण n. Körperannahme.

शरीरज vom Körper stammend, körperlich. m. Leibesfrucht, Sohn; der Liebesgott (*vgl.* मनसिज).

शरीरत्याग m. Hingabe des Leibes.

शरीरयात्रा f. Unterhalt des Leibes.

शरीरवन्त् einen Leib habend, körperlich. m. lebendes Wesen, Mensch.

शरीरवृत्ति f. = शरीरयात्रा.

शरीरशुश्रूषा f. Leibesdienst.

शरीरसाद m. Erschlaffung des Körpers.

शरीरस्थ im Körper befindlich.

शरीरिन् = शरीरवन्त्.

श॑रु f. (m.) Geschoss.

श॑रुमन्त् mit Geschossen bewaffnet.

श॑र्कर aus Gries o. Kies bestehend. m. Kiesel, Stein, *auch* = f. श॑र्करा Gries, Kies, Sandzucker.

शर्कराम्बु n. Zuckerwasser.

शर्करिल griesig, kiesig.

शर्करोदक n. = शर्कराम्बु.

श॑र्कु m. *N. eines Unholds.*

श॑र्कोट m. eine best. Schlange.

1. शर्ध्, श॑र्धति keck, trotzig sein.

2. शर्ध्, शर्धते farzen (*nur mit* अव *u.* वि)

1. श॑र्ध keck, trotzig.

2. श॑र्ध m. Herde, Schar (*bes. der Marut*).

शर्धन n. das Farzen.

1. श॑र्धस् (*nur Compar.* श॑र्धस्तर) = 1. शर्ध.

2. श॑र्धस् n. = 2. शर्ध.

शर्धिन् (*nur* —°) trotzend.

श॑र्ध्य n. best. Teil am Wagen.

शर्मक m. *Pl. Volksname.*

शर्मकारिन् u. °कृत् beglückend.

शर्मण्य schirmend.

श॑र्मन् n. Schirm, Schutz, Hut, Heil, Rettung, Freude, Glück.

शर्मिन् glückselig.

शर्मिष्ठा f. *Frauenn., bes. der Gattin Yayâti's.*

श॑र्य m. Pfeil. f. आ *dass.*; *Pl.* Rohrgeflecht (*auch n. Sgl.*).

शर्यणावन्त् m. Teich (*eig.* mit Röhricht be-

m. = *folg.*

**शंवस् n. Kraft, Übermacht.** *Instr.* mit **Macht, stark, sehr.**
**शवसानं übermächtig, kraftthätig.**
**शवसावन्त् u.** शवसिन् machtvoll.
**शवसी** *f. dass.*
शवाग्नि *m.* Leichenfeuer.
शवान्नं *n.* Totenspeise.
शविष्ठ (*Superl.*) mächtigst.
शवीर mächtig.
शव्य *n.* Leichenbegängnis.
शश्, शशति springen.
शशं *m.* Hase (*auch im Monde gesehen*).
शशक *m.* Häschen.
शशकविषाण *n.* Hasenhorn (= *Unding*).
शशधर *m.* der Mond (*eig.* Hasenträger).
शशबिन्दु *m. N. eines Fürsten.*
शशभृत् *m.* = शशधर.
शशयं unerschöpflich, unversieglich.
शशयानं *s.* 2. शी.
शशयुं Hasen begehrend *o.* verfolgend.
शशलक्षण *m.* der Mond (*eig.* der mit dem Hasenzeichen).
शशलक्ष्मन् *n.* das Hasenzeichen; *m.* = *vor.*
शशलाञ्छन *m.* = *vor. m.*
शशविषाण *n.* = शशकविषाण.
शशशृङ्ग *n. dass.*
शशाङ्क *m.* = शशलक्षण.
शशाङ्कलेखा *f.* die Mondscheibe.
शशाङ्कवदना *f.* eine Mondantlitzige.
शशिकला *f.* Mondsichel, Mond.
शशिन् *m.* der Mond (der Hasenbehaftete).
शशिप्रभ mondähnlich.
शशिमुखी *f.* eine Mondantlitzige.
शशिलेखा *f.* Mondsichel.
शशिवदना *f.* = शशिमुखी.
शशिशेखर *m.* Çiva (der mit dem Mond-diadem).
शंशीयंस् (*Compar.*) häufiger, zahlreicher.
शश्वचं *s.* श्वच्.
शंश्वत् *s.* शश्वन्त्.
शश्वत्तमं *Superl. zu dems.*
शश्वधा *Adv.* immer wieder.
शंश्वन्त्, *f.* शंश्वती (शश्वती) stets wiederkehrend, sich wiederholend, fortlaufend, beständig, zahlreich, alljeder. *n.* **शंश्वत् *adv.* immer wieder, fort und** fort, stets (*Superl.* शश्वत्तमम्); alsbald, darauf.
शष्कुलि *u.* °ली *f.* Gehörgang; *auch* ein best. Backwerk.
शंष्प *n.* junges Gras.
शष्पवन्त् junges Gras enthaltend.
शंष्प्य grasig.
शस्, शंसति, शस्ति *u.* शास्ति schneiden, schlachten; *p.p.* शस्त. वि *dass.*, zerschneiden, zerlegen.
शंसन *n.*, शंसा *f.* Schlachtung.
1. शस्त (*s.* शंस्) *n.* Lob, Preis.
2. शस्त *s.* शस्.
3. शस्त *s.* शास्.
4. शस्त *n.* Art Gürtel.
शंस्तृ *m.* Zerschneider, Schlächter.
शस्तिं *f.* Preis, Lob; Lobsänger.
1. शस्त्रं *n.* Anruf, Lob (*r.*).
2. शंस्त्र *n.* Messer, Dolch (*auch f.* शस्त्री *u.* शस्त्रिका); Schwert, Waffe.
शस्त्रकलि *m.* Schwert- *o.* Zweikampf.
शस्त्रन्यास *m.* Waffenstillstand (*eig.* -niederlegung).
शस्त्रपत्त्र *n.* Messer- *o.* Schwertklinge.
शस्त्रपद *n.* Messerschnitt (*eig.* -spur).
शस्त्रपाणि *u.* °पाणिन् eine Waffe in der Hand haltend, bewaffnet.
शस्त्रभृत् ein Schwert tragend; *m.* Krieger.
शस्त्रवन्त् mit einem Schwerte bewaffnet.
शस्त्रिका *u.* शस्त्री *s.* 2. शस्त्र.
शस्त्रिन् = शस्त्रवन्त्.
शंस्मन् *n.* Lob, Prei
शस्य zu recitieren (*r.*); zu loben, zu preisen. *n.* Recitation.
शा, शिशाति, शिंशीते, श्यंति (—°) schärfen, wetzen, stärken, erregen, fördern; verhelfen zu, beschenken mit (*Acc. der Pers.*; *Instr.*, *Dat. o. Gen. der S.*). *p.p.* शात geschärft, gewetzt, dünn; शितं *dass.*, erregt, gestärkt, bewirtet. आ verhelfen zu (*Loc.*). नि wetzen, schärfen (*Med.* für sich), darbringen, bewirken; hinlegen, hinbreiten. *p.p.* निशात geschärft; निंशित *dass.*, dargebracht, be-

शाकटायन *m. patron. N. eines Grammatikers.*

शाकपूणि *m. desgl.*

शाकल zu den Çâkala gehörend. *m. Pl.* die Anhänger Çâkalya's. *n.* das Lehrbuch dess.

शाकल्य *m. N. eines alten Lehrers.*

शाकवाट *m.*, °वाटिका *f.* Gemüsegarten.

शाकिन् *u.* शाकिन stark, hilfreich.

शाकुन, *f.* ई Vogel-; *m.* Vogelsteller.

शाकुनि *u.* °क *m. = vor. m.*

शाकुनिकलुब्धक *m. dass.**

शाकुन्तल *n.* das Drama *o.* die Erzählung von der Çakuntalâ.

शाक्त *m.* Lehrer; Verehrer der Çakti (Çiva's).

शाक्तीक *m.* Lanzenträger.

शाक्मन् *n.* Hilfe.

शाक्य *m. N. eines Kriegergeschlechts*, *auch = folg.*

शाक्यमुनि *m.* der Muni der Çâkya, *d. i* Buddha.

शाक्र, *f.* ई Indra gehörig, Indra's.

शाक्वर, *f.* ई stark; *m.* Stier.

शाखा *f.* (*adj.* —° *f.* आ *u.* ई) Ast, Zweig (*übertr. auch* Hand *u.* Fuſs); Abart, Unterabteilung, Branche, Fach, vedische Schule.

शाखाङ्ग *n.* Glied des Körpers.

शाखाबाहु *m.* Arm- (ähnlicher) Zweig.

शाखाभेद *m. Pl.* Arten und Unterarten.

शाखामय (*f.* ई*) aus Zweigen bestehend.

शाखामृग *m.* Affe (*eig.* Asttier).

शाखिन् geästet; verzweigt, *auch übertr* in Schulen zerfallend; *m.* Baum.

शाखीय zur Schule des (—°) gehörig.

शाङ्खायन *m. patron. N. eines alten Lehrers.*

*Pl.* die Anhänger

शाठ्य *n.* Falschheit, I

शाठ्यवन्त् falsch, hint

**शारिक** *m.* = **शारि** *m.*; *f.* **आ** Predigerkrähe.

**शारीर**, *f.* **ई** körperlich, Körper-; *n.* Körperbeschaffenheit.

**शारीरकमीमांसा** *f.*, **॰सूत्र** *n. T. philosophischer Werke.*

**शार्ग** *m.* ein best. Vogel.

**शार्ङ्ग** hörnern. *m.* ein best. Vogel (*f.* **ई**); *n.* Bogen.

**शार्ङ्गक** *m.*, **॰ङ्गिका** *f.* = *vor. m. f.*

**शार्ङ्गधनुर्धर** *m. Bein. Vishṇu-Kṛshṇa's (eig.* den Bogen Çârṅga tragend).

**शार्ङ्गधन्वन्** *u.* **॰धन्विन्** *m. dass.*

**शार्ङ्गधर**, **॰पाणि** *u.* **॰भृत्** *m. dass.*

**शार्ङ्गरव** *m. Mannsname.*

**शार्ङ्गिन्** *m.* = **शार्ङ्गधर**.

**शार्दूल** *m.* Tiger (*f.* **ई**); bester von (—॰).

**शार्दूलविक्रीडित** *n.* Tigerspiel, *N. eines Metrums.*

**शार्यात** *m.*, **ई** *f. patron. Namen.*

**शार्व**, *f.* **ई** Çiva gehörig, Çiva's.

**शार्वर** nächtlich; *f.* **ई** Nacht.

**शार्वरिक** = *vor. Adj.*

1. **शाल** in der Hütte *o.* Halle befindlich; **शालम्** *adv.* zu Hause.

2. **शाल** *m. N. eines Baumes,* Baum *überh.*, Wall, Einfriedigung. *f.* **शाला** *s. bes.*

3. **शाल** *m.* ein best. Fisch.

**शालग्राम** *m. N. eines heiligen Dorfes.*

**शालङ्कायन** *m. N. eines Rishi, Pl. seines Geschlechts.*

शालभ *Adj.* Heuschrecken-.

शालभञ्जिका *u.* °भञ्जी *f.* Statue.

शाला *f.* Hütte, Haus; Halle, Stube, Stall (*oft* —°).

शालार्क *m.* Reisigbüschel *o.* -feuer.

शालाग्नि *m.* Hausfeuer (*r.*).

शालातुरीय aus Çalâtura stammend; *m. Bein. Pâṇini's.*

शालापति *m.* Hausherr.

शालि *m. Sgl. u. Pl.* Reis, Kornfrucht (*bester Art*).

शालिक्षेत्र *n.* Reisfeld.

शालिन् (—°) voll von, versehen *o.* begabt mit, tüchtig in *o.* durch. *f.* °नी Reisfeld, *N. eines Metrums.*

शालिभवन *n.*, °भू *f.* Reisfeld.

शालिवाहन *m. N. eines Königs.*

शालीन eine Wohnung habend, ansässig (*Abstr.* °त्व *n.*); gesetzt, bescheiden, verschämt (*Abstr.* °ता *f.*).

शालु *n.* eine best. Frucht.

शालुड *m. N. eines Unholds.*

शालूक *n.* essbare Lotuswurzel.

शालूर *m.* Frosch.

शालेय, *f.* ई mit Reis bestanden.

शाल्मल *m.* = *folg.*

शाल्मलि *m. f.*, °ली *f.* Wollbaum.

शाल्यन्न *n.* Reisspeise.

शाल्योदन *m. n.* Reisbrei.

शाल्व *m. Pl. N. eines Volkes.*

1. शाव *m.* Tierjunges.

2. शाव von einer Leiche kommend, Leichen-.

शावक *m.* = 1. शाव.

शाश *u.* शाशक *Adj.* Hasen-.

शाश्वत, *f.* ई dauernd, ununterbrochen, ewig. *n.* Beständigkeit, Ewigkeit.

1. शास्, शास्ति, शास्ते (शासति, °ते); *Pass.* शास्यते *u.* शिष्यते strafen, züchtigen, herrschen, regieren, beherrschen, befehlen, jemd. (*Acc.*) anweisen, unterrichten, belehren; berichten, verkünden. *p.p.* शास्त beherrscht. शासित gestraft, angewiesen, belehrt in (*Loc.*). शिष्ट richtet, gesittet; ausgezeichnet, vorzüglich. अनु unterrichten, belehren, jemd. etw. lehren *o.* anbefehlen (*2 Acc.*); herrschen, beherrschen, befehlen. *p.p.* अनुशास्त *u.* अनुशासित belehrt; अनुशिष्ट *dass.*, angewiesen, iussus (*Pers.*), gelehrt, mitgeteilt. समनु lehren (*2 Acc.*), herrschen, *mit* राज्यम् regieren. आ *Med.* erwünschen, erhoffen, begehren, erflehen (आशिषम् einen Wunsch); *Act.* anweisen, befehlen. प्र unterweisen, bestrafen, beherrschen, lenken, regieren (*auch mit* राज्यम्). सम् anweisen, auffordern.

2. शास् *f.* Gebot *o.* Gebieter.

1. शास *m.* Anweisung, Befehl.

2. शास *m.* Herrscher, Gebieter.

3. शास *m.* Schlachtmesser.

शासन, *f.* ई strafend, züchtigend, unterweisend. *n.* Strafe, Herrschaft über (—°), Gebot, Befehl, Vorschrift an (—°), Lehre.

शासनधर *m.* Bote (Auftragträger).

शासनवाहक, °हारक *u.* °हारिन् *m. dass.*

शासनीय zu belehren.

शासहस्त ein Schlachtmesser in der Hand haltend.

शासितर् *m.* Strafer, Gebieter, Unterweiser.

शासितव्य zu lehren.

शासिन् (—°) strafend, gebietend, lehrend.

शासुस् *n.* Anweisung, Befehl.

शास्तर् *m.* = शासितर्.

शास्ति *f.* Bestrafung, Befehl.

शास्त्र *n.* Anweisung, Belehrung, Regel, Theorie, Lehrbuch, Gelehrsamkeit.

शास्त्रकार *u.* °कृत् *m.* Verfasser eines Lehrbuches.

शास्त्रतस् *Adv.* nach Regel *o.* Vorschrift.

शास्त्रदृष्ट in den Lehrbüchern erwähnt, wissenschaftlich, vorschriftsmäſsig, korrekt.

शास्त्रिन् gelehrt; *m.* ein Gelehrter.

शास्त्रीय wissenschaftlich, theoretisch.

शास्य zu züchtigen, zu regieren.

शि s. शा.
शिंशु m. ein best. Baum.
शिंशप m., शिंशपा f. desgl.
शिंशुमार m. Meerschwein.
शिक्य n. Tragschlinge o. -band; Hängegefäſs o. -wagschale.
शिक्व u. शिक्वन् tüchtig, geschickt
शिक्वस् mächtig, stark.
शिक्ष्, शिक्षति, °ते (s. शक्) eig. können wollen; versuchen, unternehmen (Act.); lernen, einüben (meist Med., शिक्षमाण Schüler); helfen wollen, günstig o. dienstbar sein, schenken, beschenken (meist Act.). Caus. शिक्षयति (°ते) unterrichten, lehren (2 Acc.). p.p. शिक्षित erlernt; unterrichtet, gelehrt in (Acc., Loc. o. —°).
शिक्षक unterweisend; m. Lehrer.
शिक्षण n. Unterweisung, Lehre.
शिक्षणीय zu unterweisen, zu lehren.
शिक्षा f. Unterweisung, Lehre (bes. die Lehre von den grammatischen Elementen), Kenntnis, Kunst, Geschicklichkeit in (Loc. o. —°).
शिक्षानर Männern hold.
शिक्षावन्त् gelehrt o. belehrend.
शिक्षित (s. शिक्ष्) n. = शिक्षण.
शिक्षु hilfreich, freigebig.
शिक्षेण्य lehrreich.
शिखण्ड m. Haarbusch o. Pfauenschwanz
शिखण्डक m. dass.
शिखण्डिन् einen Haarbusch tragend (Götterbein.). m. Pfau; N. eines alten aus einem Mädchen (शिखण्डिनी) zum Mann gewordenen Helden. f. °नी auch Pfauhenne.
शिखर spitzig. m. n. Spitze, Gipfel.
शिखरिन् spitzig, zackig. m. Berg; f. °णी N. eines Metrums.
शिखा f. Haarbusch, Pfauenkamm; Spitze, Saum (eines Kleides); Flamme, Strahl
शिखाजट einen Haarschopf tragend.
शिखाभरण n. Kopfschmuck.
शिखामणि m. Scheiteljuwel, Diadem; Kleinod von (—°).
शिखालम्बिन् vom Scheitel herabhängend.

शिप्रिणीवन्त् u. शिप्रिन् = शिप्रवन्त्.
शिंफा f. dünne Wurzel, Rute, Rutenstreich; N. eines Flusses.
शिबि m. N. eines Königs, Pl. eines Volkes.

शिबिक m. dass.; f. आ Sänfte, Waffe Kubera's.

शिबिर n. fürstliches o. Heerlager, Zelt.

शिभ्र geil.

शिम्, शिम्यति = 1. शम्.

शिम m. Zurichter, Zerleger.

शिमी f. Fleiſs, Mühe (vgl. शमी).

शिमीवन्त् regsam, kräftig.

शिम्ब m. Schote; °ल m. Schötchen.

शिम्बि f. = शिम्ब.

शिम्यु u. शिम्यु m. N. eines Volkes.

शिरःकम्प m. das Kopfschütteln.

शिरश्छेद m., °न n. das Kopfabschlagen.

शिरःशूल n. Kopfschmerz.

शिरस् n. Kopf, Spitze, Anfang; der Oberste, Erste.

शिरसिज u. °रुह m. Kopfhaar (eig. auf dem K. gewachsenes).

शिरस्क (adj. —°) = शिरस्.

शिरस्तस् Adv. aus o. vom Kopfe her, zu Häupten.

शिरस्त्र n. Helm (Kopfschutz).

शिरस्त्राण n. dass.

शिरीष m. N. einer Blume.

शिरोग्रीव n. Sgl. Kopf und Hals.

शिरोज n. Pl. Kopfhaare.

शिरोदामन् n. Kopfbinde.

शिरोदुःख n. Kopfschmerz.

शिरोधर m., आ f. Hals (Kopfträger).

शिरोधरणीय u. °धार्य auf dem Kopfe zu tragen (hoch zu halten).

शिरोभाग m. Kopfende, Gipfel.

शिरोभूषण n. Kopfschmuck.

शिरोमणि m. Kopfjuwel, Diadem; Krone, höchster, erster von (—°); T. mehrerer Werke.

शिरोमुख n. Sgl. Kopf und Gesicht.

शिरोरत्न n. Kopfschmuck (eig. -juwel).

शिरोरुज् u. °रुजा f. Kopfschmerz.

शिरोरुह m. Haar o. Horn (vgl. शिरसिज).

शिरोविदना f. Kopfschmerz.

शिरोहृत्कमल n. Du. Kopf u. Herzlotus (poet.).

शिल m. Ähre u. Ährenlesen.

शिलवृत्ति vom Ährenlesen lebend.

शिला f. Fels, Stein.

शिलागृह n. Felsgemach.

शिलाचय m. Steinmasse, Berg.

शिलापट्ट u.

शिलामय, f.

शिलीपद = श्लीपद.

शिलीमुख m. Pfeil o. Biene.

शिलोच्चय m. = शिलाचय.

शिलोञ्छ m., °न n. das Ährenlesen.

शिलोञ्छिन् vom Ährenlesen lebend.

1. शिल्प bunt.

2. शिल्प n. Buntheit, Schmuck, Kunstwerk, Kunst, Geschick, Handwerk. f. शिल्पी Künstlerin.

शिल्पकारिका u. °कारी f. = vor. f.

शिल्पवन्त् kunstverständig; m. Künstler.

शिल्पिदारिका f. Künstlerin.*

शिल्पिन् kunstverständig; m. Künstler, Handwerker (f. °नी).

शिल्पोपजीविन् = vor. m. (eig. von der Kunst lebend).

शिव freundlich, hold, günstig, heilsam lieb. m. N. eines Gottes (zuerst euphem. Bein. Rudra's); Schakal (meist f. आ). f. आ Çiva's Energie o. Gattin. n. (m.) Heil, Glück शिवम्, शिवेन u. शिवेभिस् adv. freundlich, heilsam, zum Glück.

शिवचेच n. Ortsname.

शिवताति heilbringend; f. Wohlfahrt.

शिवदत्त u. शिवदास m. Mannsnamen.

शिवदिश् f. der Nordosten (Ç.'s Himmelsgegend).

शिवपुर n., °पुरी f. Stadtnamen.

शिवपुराण n. T. eines Purâna.

शिवभक्त m. Çivaverehrer.

शिवभक्ति f. Çivaverehrung.

शिवमार्ग m. Erlösung (Çiva's Pfad).

शिवलिङ्ग n. Çivaphallus.

lehrung.

2. शिष्ट (s. शिष्) n. Überbleibsel, Rest.

शिष्टता f., °त्व n. Gelehrsamkeit.

शिष्टादिष्ट von Gebildeten empfohlen.

शिष्टि f. Bestrafung, Anweisung.

शिष्य zu lehren o. zu belehren; m., f. आ Schüler, -in.

शिष्यरूपिन् das Aussehen eines Schülers habend.

1. शी, शीयते fallen, schwinden.

2. शी, शेते u शयते liegen, sich legen, schlafen, einschlafen. *p.p.* शयित liegend (auf —°*), gelegen (habend); schlafend, geschlafen habend, eingeschlafen. *Caus.* शाययति (°ते) legen; liegen gehen heifsen; *p.p.* शायित zu Bette geschickt. अति früher als (*Acc.*) schlafen gehen; übertreffen. *p.p.* अतिशयित übertreffend o. übertroffen. अधि liegen in, ruhen auf (*Acc.*), bewohnen, beziehen. आ liegen in o. auf (*Acc.* o. *Loc.*). प्रत्या hingestreckt liegen über (*Acc.*). उप liegen bei o. neben (*Acc.*), auf (*Loc.*). परि herumliegen um, umlagern (*Acc.*). सम् unschlüssig sein, zweifeln, verzweifeln an (*Loc.*), verschiedener Meinung sein über (*Acc.*). *p.p.* संशयित unschlüssig, ungewiss, zweifelhaft.

3. शी (—°) liegend.

शीक्, शीकते tröpfeln; *p.p.* शीकित.

शीकर m. feiner Regen, Getröpfel. °कण m. Tropfen.

शीकरिन् tröpfelnd, sprühend.

शीघ्र schnell; n. शीघ्रम् *adv.*

शीघ्रग u. °गामिन् schnell laufend, eilend, geschwind.

शीघ्रचार *dass.*, मण्डल° herumwirbelnd.

शीघ्रता *f.*, °त्व *n.* Raschheit, Schnelligkeit.
शीघ्रपातिन् schnell fliegend.
शीघ्रपायिन् schnell trinkend *o.* saugend.
शीघ्रयान *n.* rascher Gang; *Adj.* (*auch* °यायिन्) rasch gehend, eilig.
शीघ्रवाहिन् schnell fahrend.
शीघ्र्य hastig.
शीङ् = 2. शी (*g.*).
शीत kalt, kühl; *n.* Kälte, Frost.
शीतक, *f.* शीतिका = *vor. Adj.*
शीतकर kühlend; *m.* = *folg.*
शीतकिरण *m.* der Mond (d. Kaltstrahlige).
शीतक्रिया *f.* Abkühlung.
शीतता *f.*, °त्व *n.* Kälte.
शीतदीधिति *u.* °द्युति *m.* = शीतकिरण.
शीतपाणि *u.* °भानु *m. dass.*
शीतमय kalt, kühl.
शीतमयूख *u.* °मरीचि *m.* = शीतकिरण.
शीतय्, °यति abkühlen.
शीतरश्मि kaltstrahlig (*Abstr.* °त्व *n.*); *m.* der Mond.
शीतरुच्, °रुचि *u.* °रोचिस् *m.* = *vor. m.*
शीतल kühl, kalt (*auch übertr.*); *n.* Kälte.
शीतलता *f.*, °त्व *n.* = *vor. n.*
शीतलय्, °यति abkühlen.
शीतलस्पर्श kalt anzufühlen.
शीतली कर् abkühlen; °भू kalt werden (*auch übertr.*).
शीतसंस्पर्श = शीतलस्पर्श.
शीतस्पर्श *m.* das Gefühl der Kälte.
शीतांशु kaltstrahlig; *m.* Mond (*auch* °मन्त् *m.*).
शीतार्त von Kälte gequält.
शीतालु frostig, frierend.
शीतेषु *m.* der kalte Pfeil (*myth.*).
शीतोष्ण kalt und warm. °किरण *m. Du.* der Kalt- u. der Warmstrahlige (Sonne und Mond).
शीत्कर् çît machen (*s. folg.*).
शीत्कार *m.* der Laut çît, *auch* = *folg.*
शीत्कृत *n.*, °ति *f.* das Ausstoſsen des Lautes çît (*vor Wollust*).
शीन *s.* श्या.
शीपाल *N. einer Pflanze.*
शीभम् *Adv.* schnell.
शीभ्य schnell fahrend.

शीर scharf, spitz; *m.* Boa.
शीरि *o.* शीरी *f.* Ader.
शीर्ण *s.* शर्; शीर्णत्व *n.* Morschheit.
शीर्ति *f.* das Brechen.
शीर्य zerbrechlich.
शीर्ष *n.* (*adj.* —° *f.* आ *u.* ई) Kopf.
शीर्षणी *f.* Kopfende eines Lagers.
शीर्षण्य am Kopf *o.* an der Spitze befindlich; *n.* = *vor.*
शीर्षण्वन्त् ein Haupt habend.
शीर्षतस् *Adv.* vom Kopf an, auf dem K., vorn.
शीर्षन् *n.* Kopf.
शीर्षवेदना *f.* Kopfweh.*
शीर्षशोक *u.* शीर्षामय *m. dass.*
शीर्षहार्य auf dem Kopfe tragbar.
शील *n.* Charakter (*bes. im guten Sinne*), Gewohnheit, Wesen, Natur, guter Wandel, Ehrenhaftigkeit; *adj.* —° geneigt, gewohnt *o.* fähig zu. *Abstr.* °ता *f.*, °त्व *n.*
शीलतस् *Adv.* dem Charakter nach, von Natur.
शीलन *n.* das Üben, Pflegen.
शीलय्, °यति üben, pflegen, besorgen; *p.p.* शीलित.
शीलवन्त् charaktervoll, ehrenhaft.
शीलादित्य *m. N. versch. Fürsten.*
शीलिन् = शीलवन्त्, *auch* = शील (—°).
शीवन् liegend, ruhend (—°).
शुक *m.* Papagei, *Mannsn. f.* शुकी Papageienweibchen, die Urmutter der Papageien.
शुकता *f.*, °त्व *n. Abstr. zu* शुक Papagei.
शुकसप्तति *f. T. eines Werkes.*
शुक्त versauert; barsch, roh.
शुक्ति *f.* Muschel, *bes.* Perlmuschel.
शुक्तिज *n.* Perle (die Muschelgeborne).
शुक्र klar, hell, rein. *m.* Feuer *o.* der Gott des Feuers, ein best. Sommermonat, der Planet Venus, *Mannsn.*; *n.* Helle, Licht, Wasser, Saft, der männliche Same.
शुक्रवन्त् klaren Saft enthaltend.
शुक्रवर्ण hellfarbig, licht.
शुक्रवासस् hell gekleidet.

शुक्रिय = शुक्रवन्त्; *n.* Glanz.

शुक्ल licht, hell, weiſs, lauter. *m.* = शुक्लपक्ष; *n.* Helle, Licht, weiſse Farbe (*auch* शुक्लता *f.*).

शुक्लदन्त् weiſszahnig.

शुक्लपक्ष *m.* der lichte Halbmonat (*von Neumond bis Halbmond*).

शुक्लवस्त्र *u.* °वासस् ein weiſses Kleid tragend.

शुक्लवृत्त *u.* शुक्लाचार reinen Wandels.

शुक्लापाङ्ग *m.* Pfau (*eig.* weiſse Augen winkel habend).

शुक्लिमन् *m.* helle Farbe, Weiſse.

शुक्ली कर् weiſs machen; °भू w. werden.

शुङ्ग *m.* *N. einer Dynastie; n. u. f.* शुङ्गा Knospendecke.

1\. शुच्, शोचति, °ते (शुच्यति *u.* शोचिति) flammen, brennen, Schmerz empfinden, trauern, betrauern. *Caus.* शोचयति entzünden, betrüben; traurig sein, be klagen. अनु trauern um, sich sehnen nach, bedauern (*Acc.*). *Caus.* betrauern. अभि verbrennen, quälen (*auch Caus.*), trauern. परि trauern, beklagen. *Caus* quälen, bedauern.

2\. शुच् flammend (—°); *f.* Flamme, Glut Qual, Sorge, Kummer, Trauer.

शुच klar, rein; *f.* शुचा Kummer, Trauer.

शुचय्, *Partic.* शुचयन्त् flammend

शुचि leuchtend, glänzend, blank, rein, ehrlich, redlich. *m.* Reinheit, Ehrlich keit; Feuer; ein best. Sommermonat Sommer *überh.*; *Mannsn.*

शुचिचरित reinen Wandels.

शुचिजन्मन् lichtgeboren.

शुचिता *f.*, °त्व *n.* Klarheit, Lauterkeit; Reinheit (*r.*).

शुचिदन्त् hellzahnig.

शुचिपा Klares (*d. i. Soma*) trinkend.

शुचिप्रतीक von strahlendem Antlitz.

शुचिवर्ण hellfarbig.

शुचिव्रत strahlende Herrschaft übend, reinen Wandels.

शुचिष्मन्त् strahlend.

शुचिस्मित von heiterem Lächeln (begleitet).

शुची कर् reinigen; °भू r. werden (*r.*).

शुच्यक्ष, *f.* ई reinäugig.

शुज्, *nur* शूशुजान sich brüstend.

शुण्ठ weiſs *o.* klein (*vgl. folg.*).

शुण्ठाकर्ण kurzo

= शुद्धपक्ष.

शुद्धपक्ष *m.* = शुक्लपक्ष.

=

geprüft, untersucht. *Caus.* reinigen, bezahlen, prüfen, untersuchen.

शुनं *n.* Erfolg, Gedeihen; °नम् *adv.* zum Heil, zum Segen.

शुनःपुच्छ, शुनःशेप *u.* शुनोलाङ्गूल *m. Mannsnamen (eig.* Hundeschwanz).

शुनक *m.* Hündchen; *Mannsn.*

शुनासीर *m. Du. Bez. zweier Ackergenien.*

शुनी *s.* श्वन्.

शुन्ध् *s.* शुध्.

शुन्धन, *f.* ई reinigend; *n.* Reinigung, Wegschaffung.

शुन्ध्यु *u.* शुन्ध्यू (*f.* ऊ) rein, glänzend, schmuck.

शुप्ति *f.* Schulter.

1. शुभ् *o.* शुम्भ् (शुम्भते) hingleiten, vorübersausen. प्र *dass.*

2. शुभ् *f.* Dahinfahrt, das Vorübersausen.

3. शुभ् *o.* शुम्भ्, शोभते (°ति); शुम्भति, शुम्भते (*die schwachen Formen vorzugsw. vedisch, die starken später*) *Act.* schmükken, putzen, zurichten, bereiten; *Med.* sich schmücken, schön sein, prangen, erscheinen als *o.* wie (इव *o.* यथा), *mit* न missfallen, sich übel ausnehmen. *Caus.* शोभयति schmücken, zieren; *p.p.* शोभित geschmückt, prangend mit (*Instr. o.* —°). परि, वि *u.* सम्, *Caus. p.p.* = शोभित.

4. शुभ् *f.* Schönheit, Schmuck.

शुभ schön, schmuck, angenehm, erfreulich, gut, günstig, Glücks-; tüchtig, recht, wahr. *n.* Schönheit, Anmut, Heil, Glück, Tugend.

शुभंया *u.* °यावन् dahineilend.

शुभंयु Schmuck liebend.

शुभकर *u.* शुभंकर Glück bringend.

शुभलक्षण mit Glückszeichen versehen.

शुभलग्न *n.* Glücksmoment.

शुभव्रत auf das Gute bedacht.

शुभशंसिन् Glück verheissend.

शुभस्पति *m. Du.* die beiden Herren des Schmuckes *o.* der Eilfahrt (*die Açvin*).

शुभाङ्ग schönleibig; *f.* ई *Frauenname.*

शुभाचार von gutem Wandel.

शुभाय्, °यते glänzen, prangen.

शुभार्थिन् Heil begehrend.

शुभावह Heil bringend.

शुभाशिस् *f.* Glücks-, Segenswunsch.

शुभाशुभ lieb und (oder) unlieb, gut und (oder) schlecht. *n.* Glück und (oder) Unglück; Gutes und (oder) Böses.

शुभे *Dat. Inf. zu* 1. *o.* 3. शुभ्.

शुभ्र schön, schmuck, glänzend, klar, weifs.

शुभ्रता *f.*, °त्व *n.* die Weifse.

शुभ्रदन्त, *f.* ई weifszahnig.

शुभ्रावन्त् *u.* शुभ्रि schmuck, schön.

शुम्भन् flüchtig.

शुम्बल *n. Pl.* Stroh *o.* Werg.

शुम्भ् *s.* 1. *u.* 3. शुभ्.

शुम्भ *m. N. eines Asura.*

शुम्भन, *f.* ई reinigend.

शुरुध् *f.* Stärkungstrank (*nur Pl.*).

शुल्क *m.* Preis, Kaufgeld (*auch für ein Mädchen*), Zoll, Steuer.

शुल्कद *m.* Käufer (Kaufgeldgeber).

शुल्ब *n.* Schnur; °सूत्र *n. T. eines Werkes.*

शुशुक्वन *u.* °क्वनि glänzend, strahlend.

शुशुलूक *m.*, °लूका *f.* best. Vögel.

शुश्रुवस् *s.* श्रु.

शुश्रूषक gehorchend, dienend (*Gen. o.* —°).

शुश्रूषण *n.* das Hörenwollen, Gehorsam, Dienst, Gefälligkeit gegen (*Gen., Dat., Loc. o.* —°).

शुश्रूषा *f.* = शुश्रूषण.
शुश्रूषित *s.* श्रु.
शुश्रूषिन् (—°) gehorchend, dienend.
शुश्रूषु hör- *o.* lernbegierig; gehorsam folgsam (*Gen. o.* —°).
शुश्रूषेण्य gern zu hören.
1. शुष्, शुष्यति (°ते) trocknen, dörren, welken. *Caus.* शोषयति (°ते) trocknen, dörren (*trans.*), welken machen, ververnichten. उद्, परि, वि *u.* सम् ein trocknen (*intr.*). *Caus.* ausdörren.
2. शुष्, शुषति zischen, pfeifen. आ *dass.*, *nur* आशुषाणं.
शुष्क trocken, dürr; eitel, unnütz.
शुष्ककाष्ठ *n. Pl.* dürres Holz.
शुष्कता *f.*, °त्व *n.* Trockenheit.
शुष्कवन्त् trocken, dürr.
शुष्ण *m. N. eines Dämons.*
शुष्णहत्य *n.* der Kampf (*Indra's*) gegen Çushṇa.
शुष्म zischend, sprühend, ungestüm, mutig; *n. adv. m.* das Zischen, Sprühen, der Gischt, Duft, Odem; Ungestüm, Mut Kraft.
शुष्मन् *m.* Feuer; *n.* Kraft, Mut.
शुष्मय stärkend, ermutigend
शुष्मवन्त् brünstig.
शुष्मिन् sprühend, schnaubend, feurig, ungestüm, stark, mutig.
1. शू (शूशु) stark, siegreich sein; *Partic* शूशुवंस् *u.* शूशुवान.
2. शू *s.* श्वा.
शूक *m. n.* Granne am Getreide. *m.* eine best. Getreideart; *n.*(Insekten-)Stachel
शूकर *m.* = सूकर.
शूकार *m.* das Scheuchen, Hetzen (*eig.* das Çû-Machen).
शूकृत *n. dass.*; *Adj.* gescheucht, gehetzt.
शूघन schnell.
शूद्र *m.* ein Mann der vierten Kaste (*f.* शूद्रा *u.* शूद्री).
शूद्रक *m. Mannsn., bes. eines Königs u. angebl. Dichters.*
शूद्रजन्मन् von einem Çûdra stammend.
शूद्रता *f.*, °त्व *n.* der Çûdra-Stand.

शना *s.* सना.
शूरता *f.*,
शूरदेव *m.*
शूरपत्नी *f.*
शूरपुत्रा *f.*
° शर्पवत्.
शूलभृत् = शूलधर.
शूलहस्त = शूलपाणि.
शूलिन् ei
शूल्य *Adj.*

शृङ्गवेर *m. N. eines Schlangendämons; n.* Ingwer. °पुर *n. N. einer Stadt.*

शृङ्गाट u. °क *m. n.* Dreieck; Platz, auf dem mehrere Wege münden.

शृङ्गान्तर *n.* Zwischenraum zwischen den Hörnern, Stirn (*eines Tieres*).

शृङ्गाय्, °यते mit den Hörnern stofsen.

शृङ्गार schmuck; *m.* Schmuck, Putz, die Geschlechtsliebe.

शृङ्गारतिलक *n. T. versch. Werke.*

शृङ्गारित geputzt, schön.

शृङ्गारिन् *dass.*, verliebt.

शृङ्गारीय्, °यति nach Liebe verlangen.

शृङ्गिन् = शृङ्गवन्त्; *m.* Horntier *o.* Berg.

शृङ्गेरिपुर *n. N. einer Stadt.*

शृणाति = श्रु (*g.*).

शृतं (*s.* 1. श्रा) *n.* Gekochtes, *bes.* gekochte Milch. शृतं कर् kochen. *Abstr.* शृतत्वं *n.* das Gekochtsein.

शृतपा Gekochtes trinkend.

शृध्या *f.* Frechheit, Trotz.

शेखर *m.* Scheitel, Gipfel; Scheitelkranz, Diadem; das Höchste, Beste von (—°).

शेप *m.* penis *o.* cauda.

शेपस् *n.* penis.

शेफ *m. dass.*, Hodensack; *Du.* die Hoden.

शेफस् *n.* penis.

शेमुषी *f.* Verstand; Vorsatz, Entschluss.

शेरे *s.* शी.

शेलु *m. N. einer Pflanze.*

शेव lieb, hold, wert, teuer.

शेवधि *m.* Kleinod, Schatz (-Kammer)

शेवल schleimig.

शेवार *m.* Schatzkammer.

शेवृध (शेवृध) lieb, wert; *m.* eine Art Schlange (*auch* शेवृधक *m.*).

übrig gebliebene Opferblu (*auch* शेष) ein Kranz von

शेषण *n. ein Spielausdruck.*

शेषतस् *Adv.* übrigens, sonst.

शेषत्व *n.* das Rest- *o.* Übrigsei

शेषभाव *m. dass.*

शेषभुज् die Reste geniefsend.

शेषभूत übrig geblieben.

शेषभोजिन् = शेषभुज्.

शेषवन्त् übrig geblieben.

शेषस् *n.* Nachkommenschaft.

शेषिन् eine Ergänzung haben Hauptsache (bildend).

शेषी भू übrig bleiben.

शेष्य bei Seite zu lassen.

शैक्य damasciert; *m.* Art Schle

शैक्यायस *u.* °मय von damascie

शैक्ष regelrecht, korrekt.

शैख *m.* Nachkomme eines ausg Brahmanen.

शैखिन *Adj.* Pfauen-.

शैघ्र *u.* शैघ्र्य *n.* Schnelligkeit.

शैत्य *n.* Kälte; °मय in K. bestel

शैथिल्य *n.* Losheit, Schlaffhei lässigkeit, Indolenz in Bezug

शैब्य zu den Çibi gehörig; *m.* der Ç. oder ein Nachkomme

शैल, *f.* ई steinern. *m.* (*adj.* — Fels, Berg; *Abstr.* °ता *f.*, °त्व

शैलकन्या *f.* die Bergtochter (*Pâ*

शैलगुरु schwer wie ein Berg; *m.* vater (*Himâlaya*).

शैलतनया *f.* = शैलकन्या.

शैलदुहितर् *u.* °पुत्री *f. dass.*

शैलपुर *n. N. einer Stadt.*

शैलमय, *f.* ई steinern.

शैलमृग *m.* Steinbock.

शैलराज् *u.* °राज *m.* Bergkönig (*H*

शैलशिखर n., °शेखर m., °शृङ्ग n. Berggipfel.
शैलसुता f. = शैलकन्या.
शैलालि m. patr. N. eines Lehrers.
शैलिन u. शैलिनि m. desgl.
शैली f. Sitte, Art.
शैलूष m. Schauspieler, Tänzer.
शैलेन्द्र m. = शैलराज्.
शैलेय m. n. Erdharz.
शैव, f. ई Çiva gehörig o. geweiht.
शैवल eine best. Wasserpflanze.
शैवलवन्त्, °लिन् u. °ल्य mit Çaivala's (s. vor.) besetzt.
शैवाल n. = शैवल.
शैशव kindlich; n. Kindheit, Einfalt.
शैशिर, f. ई Frühlings- (s. शिशिर).
1. शोक glühend.
2. शोक m. Glut, Flamme, Schmerz, Kummer. शोकतस् Adv. aus Kummer.
शोकज schmerzerzeugt.
शोकतर stärker als Schmerz, den Schmerz überwindend.
शोकपरायण ganz dem Kummer hingegeben.
शोकपात्रात्मन् dass. (eig. dessen Seele ein Gefäß für den Kummer ist).*
शोकवर्तव्य vom Kummer zu verdüstern.*
शोकातुर vom Kummer krank o. verstört.
शोकान्तर kummerlos.
शोकार्त von Schmerz gequält.
शोकावेश m. der Andrang des Schmerzes.
शोचनीय zu klagen (n. impers.), beklagenswert; Abstr. °ता f.
शोचि f. Glut, Flamme.
शोचितव्य = शोचनीय.
शोचिष्ठ (Superl.) stark flammend.
शोचिष्मन्त् flammend, glühend.
शोचिस् n. Glut, Flamme, Glanz, Pracht. Adj. = vor.
शोच्य = शोचनीय.
शोण rot. m. Röte, Flussname.
शोणता f. Röte.
शोणित n. Blut.
शोणिमन् m. Röte.
शोथ m. Anschwellung (als Krankheit).
शोधक reinigend.
शोधन dass.; n. das Reinigen, Wegräumen, Reinigungsmittel; Rechtfertigung, Aufklärung, Untersuchung, Prüfung.
शोधनीय zu reinigen, zu rechtfertigen; abzutragen, zu bezahlen.
शोधिन् reinigend.
शोध्य zu reinigen, zu verbessern.
शोफ m. Geschwulst, Beule.
शोभ m. Mannsn. f. शोभा Pracht, Schönheit, Glanz, Farbe.
शोभक, f. °भिका prächtig. m. Mannsn.
शोभथ m. Glanz.
शोभन, f. आ (u. ई) prächtig, schön, trefflich durch (Instr. o. —°), herrlich, edel, gut; n. adv. f. आ eine Schöne. n. Schmuck (—°), Glück, Heil, Tugend.
शोभनीय herrlich, schön.
शोभिन् dass., prangend mit, trefflich durch (—°).
1. शोष trocknend, ausdörrend, zerstörend (—°); m. das Austrocknen, Verdorren, Trockenheit.
2. शोष m. Hauch, Odem, Kraft.
शोषण, f. ई = शोष Adj.; n. das Trocknen, Ausdörren.
शोषिन् vertrocknend, hinsiechend; austrocknend, dörrend.
शौक्ल्य n. Weiße.
शौङ्गेय m. Metron. des Garuḍa; Habicht o. Falke.
शौच n. Reinheit, Läuterung durch (—°); Lauterkeit, Ehrlichkeit.
शौचवन्त् rein (auch übertr.).
शौटीर männlich, stolz, selbstbewusst. n. (auch °र्य) als Abstr.
शौण्ड dem Branntwein ergeben; hängend an, versessen auf, geschickt in (—°).
शौण्डिक m. Branntweinbrenner.
शौण्डिकागार u. °कापण (Branntwein-) Schenke, Kneipe.*
शौद्र dem Çûdra eigen, Çûdra-; von einer Çûdrâ geboren.
शौन, f. ई einem Hunde eigen.
शौनक m. patr. N., bes. eines berühmten Grammatikers.
शौरसेन den Çûrasena eigen; f. ई die Sprache ders.

träufeln (*intr. u. trans.*). *Caus.* श्चोतयति träufeln lassen. अभि *Caus.* beträufeln. अव herabträufeln *o.* -fallen. प्र hervortriefen, *p.p.* प्रश्च्युतित.

2. श्चुत् *u.* श्च्युत् (—°) träufelnd.

श्नथ् (श्नथिति) durchbohren, durchstofsen *Caus. dass.*; *p.p.* श्नथित. नि niederstofsen.

श्नथन durchbohrend.

श्नथितर् *m.* Durchbohrer.

श्नप्त्र *n.* Mundwinkel.

श्नुष्टि *f.* Häufchen, Bischen.

श्मशा *f.* Graben, Rinne.

श्मशान *n.* Leichenplatz.

श्मशानपाल *m.* Wächter eines Leichenplatzes.

श्मश्रु *n.* Bart, *bes.* Schnurrbart.

श्मश्रुकर *m.* Bartscherer.

श्मश्रुकर्मन् *n.* das Bartscheren.

श्मश्रुण bärtig (Bock).

श्मश्रुधर *u.* °धारिन् einen Bart tragend.

श्मश्रुल *u.* श्मश्रुवन्त् bärtig.

श्मश्रुवर्धक *m.* Bartscherer.

श्या, श्यायति gefrieren *o.* gerinnen machen. *Pass.* शीयते gefrieren, gerinnen. *p.p.* शीत *s. bes.*; शीन geronnen, gefroren; श्यान trocken geworden.

श्यापर्ण *m. N. eines Mannes*, *Pl. seines Geschlechts.*

श्याम schwarz, dunkelfarbig. *m.* ein schwarzer Stier, *Mannsn.* *f.* आ ein junges Weib mit best. Merkmalen; *Pflanzenname.*

श्यामक dunkelfarbig. *f.* श्यामिका Schwärze, Unreinheit.

werden.

श्याल *s.* स्याल.

1. श्याव schwar
*m.* ein Brau

2. श्याव *m.* *Ma*

श्याव्या

श्येत, *f.*

श्येनी *s.* श्येत *u.*

श्रथ्, श्रथ्नाति,
lockern *o.* lös
(*Med.*). *Caus.*
lösen, erlass
werden, nac
*Med.* von sich
auflösen, verr

श्रथाय्, *nur Im*
उद् *u.* वि löse

श्रद् *Indecl. mit* क
*u. Med.*) vertra
*sp. auch Gen.*
halten (*Acc.*),
billigen. श्रद्ध

voll. *p.p.* श्रद्धित Vertrauen habend, gut *o.* willkommen geheifsen; *n.* श्रद्धित *impers.* man hat vertraut auf (*Dat.*).

श्रद्धानता *f.* Glaube; °धानवन्त् gläubig.

श्रद्धा vertrauend, treu (*Dat.*); *f.* Vertrauen, Treue; Glaube an, Lust, Verlangen, Appetit nach (*Loc. o.* —°).

श्रद्धादेव Gott vertrauend, gläubig.

श्रद्धालु, श्रद्धावन्त् *u.* श्रद्धिन् gläubig.

श्रद्धिव glaubwürdig.

श्रद्धेय *dass. Abstr.* श्रद्धेयत्व *n.*

श्रपण *n.* Kochfeuer (*r.*); *n.* das Kochen.

श्रपय् *s.* श्रा.

श्रभ् *s.* श्रम्भ्.

श्रम्, श्राम्यति, श्रमति, °ते (*nur* —°) müde werden, sich abmühen *o.* kasteien. *p.p* श्रान्त ermüdet, *s. auch bes. Caus.* श्रामयति *u.* श्रमयति müde machen, bewältigen. परि sich abmatten; *p.p.* परिश्रान्त erschöpft. वि sich ausruhen, erholen; aufhören, nachlassen; sich beruhigen bei, verlassen auf (*Loc.*). *p.p.* विश्रान्त ausgeruht, erholt; aufgehört, nachgelassen; abgefallen von *d. i.* bar, ermangelnd des (—°). *Caus.* ausruhen lassen, zur Ruhe bringen. परिवि, *p.p.* परिविश्रान्त ganz ausgeruht.

श्रम *m.* Ermüdung, Anstrengung, Arbeit, Bemühung um (*Loc. o.* —°).

श्रमजल *n.* Schweifs (Müdigkeitswasser).

श्रमण *m.*, आ *u.* ई *f.* Bettelmönch, -nonne; *n.* Mühe, Anstrengung.

श्रमयु sich abmühend.

श्रमवारि *u.* श्रमाम्बु *n.* = श्रमजल.

श्रम्भ्, श्रम्भते *mit* वि vertrauen, sich verlassen auf (*Loc.*). *p.p.* विश्रब्ध vertrauend, getrost, ruhig; arglos; °— *u. n. adv Caus.* विश्रम्भयति auflösen, aufknüpfen; vertraulich machen, ermutigen; *p.p.* विश्रम्भित.

श्रयण *n.* das Sichanlehnen an, Zufluchtsuchen bei (—°).

श्रव tönend; *m.* das Hören, Ohr.

1. श्रवण *n.* das Hören, Lernen; Ruf, Leumund; Ohr (*öfter m.*).

2. श्रवण lahm; *m.* (*f.*) *N. eines Mondhauses*

श्रव्य = श्रवणीय.

*m.* Hörer,

**श्रावितर्** *m.* Hörer.
**श्राविन्** (—°) hörend *o.* hörbar.
**श्राव्य** hörbar, *auch* = **श्रावयितव्य**.
**श्रि, श्रयति, °ते** *Act.* lehnen an, stützen auf, bringen *o.* verbreiten in (*Loc.*); *meist Med.* sich lehnen an (*Acc.*), sich befinden in (*Loc. o. Acc.*); sich begeben in, gelangen zu, jemd. (*Acc.*) angehen, jemd. (*Acc. o. Loc.*) zu Teil werden, zufallen, treffen. *p.p.* **श्रित** *act.* haftend an, beruhend auf (*Loc.*), gegangen *o.* geflüchtet zu, geraten in (*Acc.*); *pass.* angegangen (*bes. um Schutz*), eingenommen, ergriffen, erwählt. **अधि** *Act.* verbreiten über (*Acc. o. Loc.*), setzen auf (*Loc.*), sich begeben auf (*Acc.*). *p.p.* **अधिश्रित** haftend an, ruhend in *o.* auf (*Loc. o. Acc.*), gesetzt auf (*Loc.*), besetzt mit (*Instr.*), gegangen *o.* geflüchtet zu (*Acc.*). **समधि** aufs Feuer setzen. **अभि** *Act.* herbeibringen, sich flüchten zu (*Acc.*). **आ** *Act.* anbringen an (*Loc*); haften an, beruhen auf, jemd. treffen, zu Teil werden (*Acc.*). *Act. Med.* sich lehnen an, stützen auf, begeben *o.* flüchten zu, kommen nach; greifen zu, annehmen (*Acc.*). *p.p.* **आश्रित** *act.* sich lehnend, haltend *o.* schliefsend an, sich stützend auf, haftend an, eigen, bezüglich, betreffend, gegangen *o.* gelangt zu, sich hingegeben habend an (*Acc. o.* —°); beruhend auf, abhängig von, weilend *o.* befindlich in, an, auf (*Acc.*, *Loc. o.* —°); *pass* angegangen, aufgesucht, erwählt, ein genommen, betreten; unterstützt von (*Instr.*). **अपा** *Act.* lehnen an (*Loc.*); *Med.* sich lehnen *o.* hingeben an, Zuflucht suchen bei (*Acc.*). *p.p.* **अपाश्रित** *act.* gelehnt an, geflüchtet zu *o.* in (*Acc. o.* —°); *pass.* woran man sich lehnt, besetzt, bewohnt. **उपा** sich lehnen an, beruhen auf; sich begeben zu, hingeben an (*Acc.*). *p.p.* **उपाश्रित** *act.* sich lehnend an, stützend auf, geflüchtet zu (*Acc.*), angelangt bei, weilend in (*Acc.*,

*selten Loc*); gekommen auf, gegriffen

**श्रिष्**,
1. **श्री**,

*namen:* der herrliche, erhabene, ehrwürdige; Pracht-, Ehren-, Haupt-.

श्रीक *(adj.* —°) Pracht, Hoheit.

श्रीकण्ठ *m* ein best. Vogel; *Bein. Çiva's, Mannsn. (eig.* Prachthals).

श्रीकर *u.* °करण Herrlichkeit bewirkend.

श्रीकाम begierig nach Herrlichkeit.

श्रीखण्ड Sandelbaum, Sandel.

श्रीखण्डचर्चा *f.* Sandeleinreibung.

श्रीखण्डदास *m. Mannsname.**

श्रीद Glück verleihend, *m. Bein. Kubera's.*

श्रीदत्त *m. Mannsname.*

श्रीधर *m. Bein. Vishṇu's* (Glücksträger).

श्रीनगर *n. N. einer Stadt* (Glückstadt).

श्रीनाथ *m. Bein. Vishṇu's* (Herr der Çrî).

श्रीनिवास *u.* °निधि *m. dass.* (Wohnstätte *o.* Behälter der Çrî).

श्रीपति *m.* = श्रीनाथ.

श्रीपर्ण *n. N. einer Pflanze, auch* *Lotusblüte.

श्रीपर्वत *m. N. versch. Berge.*

श्रीफल *m. N. einer Pflanze, n. der Frucht ders. (eig.* Prachtfrucht).

श्रीभक्ष *m.* Glücksspeise.

श्रीभर्तृ *m.* = श्रीनाथ.

श्रीमत्ता *f.* Pracht, Schönheit.

श्रीमनस् gut gestimmt.

श्रीमन्त् prächtig, schön, vornehm, glückbringend. *m.* ein grofser Herr.

श्रील schön, berühmt; *Abstr.* °ता *f.*

श्रीवत्स *m.* ein Haarwirbel auf Vishṇu's Brust von best. Form.

श्रीवास *m.* eine Art Harz.

श्रीवृक्ष *m.* Glücksbaum *d. i.* der heilige Feigenbaum.

*श्रीवेष्ट *m.* eine Art Harz.

श्रीश *m.* = श्रीनाथ.

*श्रीसंज्ञ *n.* Gewürznelke.

श्रीहर्ष *u.* °देव *m. N. eines Dichters und Königs.*

श्रु, शृणोति, शृणुते hören, vernehmen etw. *o.* über etw. (*Acc.*), von (*Gen., Abl. o. Instr.*), achten auf etw. (*Acc.*) *o.* jemd. (*Gen.*); lernen, studieren. *Med. Pass.* gehört werden, bekannt sein als (*Nom.*); studiert, gelesen, gebraucht werden (*Wort*); श्रूयते man hört *o.* liest. शुश्रु-

श्रुतितस् *Adv.* nach der heiligen Lehre.
श्रुतिद्वैध *n.* Zwiespalt in der heiligen Lehre.
श्रुतिपथ *m.* Weg *o.* Bereich des Gehörs.
श्रुतिमन्त् Ohren habend.
श्रुतिमहन्त् grofs in der Wissenschaft, hochgelehrt.
श्रुतिमार्ग *m.* = श्रुतिपथ.
श्रुत्कर्ण lauschohrig.
श्रुत्य hörenswert, rühmlich.
श्रुष् (श्रोषति, °ते) hören; *Partic.* श्रोषमाण willfährig.
श्रुष्टि *u.* श्रुष्टि *f.* Gehorsam, Willfährigkeit; *Adj.* gehorsam, willig.
श्रुष्टिमन्त् *u.* श्रुष्टीवन् (*f.* °वरी) = *vor. Adj.*
श्रूयमाणत्व *n.* das Gehörtwerden.
श्रेणि *u.* श्रेणी *f.* Reihe, Schar, Menge Genossenschaft, Zunft, Gilde.
श्रेणिमन्त् von einer Schar begleitet.
श्रेणिशस् *Adv.* reihenweise.
श्रेणीबन्ध *m.* das Bilden einer Reihe.
श्रेणीभूत *Pl.* eine Reihe bildend.
श्रेमन् *m.* Vorrang, Herrlichkeit.
श्रेयंस् (*Compar.*) schöner, höher, besser (als न); herrlich, vorzüglich, heilsam, glückbringend, glücklich. *n.* das Bessere, gröfseres Glück; das Gute, Glück, Heil.
श्रेयस्काम nach Glück trachtend.
श्रेयोमय vorzüglich.
श्रेयोऽर्थिन् = श्रेयस्काम.
श्रेष्ठ (*Superl.*) der schönste, höchste, beste, erste von (*Gen.*, *Loc. o.* —°); besser, vorzüglicher als (*Abl.*). *n.* das Beste.
श्रेष्ठतम *u.* श्रेष्ठतर *Superl. u. Compar. zum vor.*
श्रेष्ठता *f.*, °त्व *n.* Vorrang, Herrlichkeit.
श्रेष्ठिन् *m.* ein angesehener Mann; Innungsvorsteher, Gildemeister.
श्रैष्ठ्य *n.* Vorrang, erste Stelle.
श्रोण lahm.
श्रोणि *u.* श्रोणी *f.* (*adj.* —° *f.* ई) Hinterbacke, Hüfte. श्रोणिमन्त् starke H. habend.
श्रोतृ *u.* श्रोतृ hörend; *m.* Hörer.
श्रोतव्य zu hören, hörenswert.
श्रोत्र *n.* Ohr, Gehör.

श्रोत्रतस् *Adv.* am Ohre.
श्रोत्रपरंपरा *f.* Hörensagen.
श्रोत्रपेय hörenswert (*eig.* mit dem Ohre

el.

श्रोत्रसूत्र
Sûtra.

श्रौषट् *ein Opferruf.*
श्रौष्टि folgsam.

sammenfügen, schliefsen; *p.p.* श्लेषित verbunden mit (*Instr.*). आ hängen, haften, dicht herantreten an (*Acc.*), umarmen. *p.p.* आश्लिष्ट hängend an (*Loc. o.* —°), umfangen (haltend). उप näher rücken, sich anschmiegen an (*Acc.*); *p.p.* उपश्लिष्ट haftend an (*Loc.*). *Caus.* dicht heranbringen. वि sich lösen *o.* abtrennen, vorbeigehen, sein Ziel verfehlen. *p.p.* विश्लिष्ट gelöst, getrennt. *Caus.* trennen von (*Abl.*), berauben, bringen um (*Instr.*). *p.p.* विश्लेषित getrennt, zerrissen. सम् sich anschmiegen, sich heften an (*Acc.*), umarmen. *p.p.* संश्लिष्ट angeschmiegt, vereinigt, zusammenhängend, verbunden mit (*Instr. mit u. ohne* सह, *Acc. o.*—°). *Caus.* zusammenbringen, vereinigen.

श्लिष्टरूपक *n.* Art Metapher (*rh.*).

श्लीपद *n.* Elefantiasis.

श्लेष *m.* das Haften *o.* Hängen an (*Loc.*), Vereinigung, Umarmung; (wohlklingende) Wortverbindung, Doppelsinnigkeit (*rh.*).

श्लेषोपमा *f.* Art Gleichnis (*rh.*).

श्लेष्मणं klebrig, schleimig.

श्लेष्मन् *m.* Kleber, Schleim; Band, Nestel.

श्लोक *m.* Ruf, Schall, Ruhm, Strophe, *bes.* der epische Çloka.

श्लोकबद्ध im Çloka verfasst.

श्लोकिन् *u.* श्लोक्य lärmend *o.* rühmlich.

श्लोणं lahm; श्लोण्य *n.* Lahmheit.

श्वःकाल *m.* der morgende Tag.

श्वघ्निन् *m.* Würfelspieler.

श्वच्, श्वञ्चते sich öffnen *o.* ausbreiten. *Caus.* श्वञ्चयति öffnen. उद् sich aufthun.

श्वदृति *m.* Hundebalg.

श्वन् *m.*, शुनी *f.* Hund, Hündin.

श्वनिन् Hunde haltend.

श्वनी *m.* Hundeführer.

श्वपच *m.* eine best. Menschenklasse (*eig.* Hundekocher).

श्वपति *m.* Hundebesitzer.

श्वपद *m.* Raubtier.

श्वपद *n.* Hundepfote (*als Brandmal*).

श्वपुच्छ *n.* Hundeschwanz.

1. श्ववृत्ति

2. श्ववृत्ति

श्ववृत्तिन्

श्वशुर *m*

Schwi

श्वसन blasend, zischend, schnaufend. *m.* Wind *o.* Windgott. *n.* das Zischen, (heftiges) Atmen, Seufzen.
श्वसित (*s.* 1. श्वस्) *n.* das Atmen.
श्वस्तन morgend, crastinus; *f.* ई Morgen, folgender Tag.
श्वःसुत्या *f.* Vortag der Sutyâfeier (*r.*).
श्वा, श्वयति anschwellen. *Pass.* शूयते *dass.*; *p.p.* शून geschwollen. उद् *dass.*; *p.p.* उच्छून aufgeschwollen, gewachsen, verstärkt.
श्वाग्र *n.* Hundeschwanz.
श्वाजिन *n.* Hundefell.
श्वात्र schmackhaft; *n.* schmackhafte Speise.
श्वात्र्य = *vor. Adj.*
श्वान *m.*, ई *f.* Hund, Hündin.
श्वान्त ruhig, friedlich.
श्वापद् *u.* °पद *m.* reifsendes Tier.
श्वाविध् *f.* (*Nom.* °वित्) Stachelschwein
श्वाशुर, *f.* ई dem Schwiegervater gehörig.
श्वास *m.* Gezisch, Hauch, Atem, Seufzer
श्वासिन् zischend, keuchend.
श्वि *s.* श्वा.
श्विक्न *m. Pl. N. eines Volks.*
श्वित् (श्वेतते) weifs *o.* hell sein.
श्वितीचि, श्वित्न *u.* श्वित्न्य weifslich.
श्वित्यञ्च्, *f.* श्वितीची *dass.*
श्वित्र *dass.*; *m.* ein best. Tier, der weifse Aussatz.
श्वित्रिन् den weifsen Aussatz habend.
श्वेत weifs, hell, glänzend. *m.* weifses Pferd, Schimmel, *mythol. N., Mannsn. überh.*
श्वेतकाक *m.* eine weifse Krähe, *d. i.* etwas ganz Aufserordentliches. °काकीय *g.* aufserordentlich.
श्वेतकेतु *m. Mannsname.*
श्वेतच्छत्र *n.* weifser Sonnenschirm. °त्रिन्
श्वेतपुष्प,
श्वेतभानु
श्वेतवत्सा
श्वेतांशु *m.* = श्वेतभानु.
श्वेताम्बर
श्वेताय, °यते
श्वेतार्चिस् *m.* =

# ष

ष (—°) = षष्.
षट्क aus sechs bestehend; *n.* Hektade.
षट्कर्ण sechsohrig (= von sechsen gehört).
षट्कर्मन् *n.* die sechs (erlaubten) Beschäftigungen (eines Brahmanen); *Adj.* dens. nachgehend; *m.* ein Brahmane.
षट्कर्मवन्त् *m.* = *vor. m.*
षट्कृत्वस् *Adv.* sechsmal.
षट्चरण sechsfüfsig. *m.* Biene.
षट्तय sechserlei.
षट्त्रिंश, *f.* ई aus 36 bestehend.
षट्त्रिंशत् *f.* sechsunddreifsig.
षट्त्व *n.* die Sechszahl.
षट्पञ्चाशत् *f.* sechsundfunfzig
षट्पत्त्र sechsblätterig.
षट्पद्(°पाद्), *f.* षट्पदी sechfüfsig *o.* -versig.

षट्पद dass.; m. Insekt, Biene.
षट्पाद् sechsfüſsig; m. Biene.
षट्शत n. hundertsechs; f. षट्शती 600.
षट्शस् Adv. sechsfach.
षड्सप्त Pl. sechs oder sieben.
षड्सहस्र sechstausend zählend.
षडंश m. Sechstel; Adj. sechsteilig.
षडंह्रि m. = षडङ्घ्रि.
षडक्ष sechsäugig.
षडक्षर, f. ई sechssilbig.
षडङ्ग n. die sechs (Veda-) Glieder, d. i. die sechs Vedânga; Adj. sechsgliederig o. sechs V. habend.
षडङ्घ्रि m. Biene (eig. Sechsfuſs).
षडर (षळर) sechsspeichig.
षडर्च n. die Zahl von sechs Versen.
षडश्व sechsspännig (eig. -pferdig).
षडह (षळह) m. Zeit von sechs Tagen.
षडहोरात्र sechs Tage und Nächte.
षडानन sechs Münder (—°); Adj. s. M. habend (Skanda).
षडुत्तर um sechs gröſser.
षडून um sechs weniger.
षडृच m. n. = षडर्च.
षड्गव m. n. sechs Stiere o. Kühe.
षड्गुण sechsfältig o. sechs Vorzüge habend; m. Pl. das sechsfache Verfahren eines Fürsten in der Politik.
षड्गुरुशिष्य m. N. eines Metrikers.
षड्गुणा Adv. sechsfach.
षड्दर्शन n. die sechs Systeme (ph.); Adj. mit dens. vertraut.
षड्धा Adv. = षड्गुणा.
षड्भाग m. ein Sechstel (bes. das Abgaben-Sechstel).
षड्भुज sechsarmig.
षड्रात्र m. eine Zeit o. Feier von sechs Tagen (eig. Nächten).
षड्वक्त्र = षडानन Adj.
षड्वर्ग m. Sechsgruppe (ph.).
षड्विंश, f. ई der sechsundzwanzigste.
षड्विंशत् u. षड्विंशति f. sechsundzwanzig.
षड्विंशब्राह्मण n. T. eines Brâhmaṇa.
षड्विध sechsfach.
षड्विधान eine sechsfache Ordnung bildend.
षण्ड m. n. Baumgruppe, Menge, Haufe.
षण्डिक m. Mannsname.
षण्ढ, f. ई impotent; m. Eunuch o. Zwitter.
षण्ढय्, °यति kastrieren
षण्णवति sechsundneunzig.
षण्मास u. °सी f. sechs Monate.
षण्मासिक sechsmonatlich.
षण्मास्य dass.; n. Semester.
षण्मुख sechsmündig o. -antlitzig (Çiva o. Skanda).
षत्व n. der Übergang von s in sh (g.).
षष् Pl. (Nom. षट्) sechs.
षष्टि f. sechzig.
षष्टिक n. Sechzigzahl, sechzig.
षष्टिधा Adv. sechzigfach.
षष्टिवर्षिन् sechzigjährig.
षष्टिहायन dass.
षष्ठ, f. ई der sechste; °काल m. die sechste Stunde des Tages. f. षष्ठी der sechste Tag einer Monatshälfte; der sechste Casus (Genetiv).
षष्ठम, f. ई der, die sechste.
षष्ठांश m. = षड्भाग.
षष्ठांशवृत्ति vom Sechstel lebend (König).
षष्ठ्य m. ein Sechstel.
षाडव m. Zuckerwerk; °विक m. -häcker.
षाड्गुण्य n. die sechs Vorzüge o. das sechsfache Verfahren eines Fürsten in der Politik.
षाण्मासिक, f. ई sechsmonatlich.
षाण्मास्य dass.
षिड्ग m. Wüstling, Bonvivant.
षोडश, f. ई der sechzehnte; n. ein Sechzehntel.
षोडशधा Adv. sechzehnfach.
षोडशन् sechzehn.
षोडशम der sechzehnte.
षोडशांश m. ein Sechzehntel.
षोडशिन् aus sechzehn bestehend, sechzehnteilig.
षोढा Adv. sechsfach.
ष्ठिव् o. ष्ठीव्, ष्ठीवति spucken, ausspeien.
निस् ausspucken, von sich geben; p.p. निःष्ठ्यूत.

**ष्ठीव** (—∘) speiend.

**ष्ठीवन** (viel) spuckend; *n.* das Spucken, Speichel.

**ष्ठाव** *u.* **ष्ठावन्** (—∘) speiend.

# स

1. **स** (*Pron. der 3. Pers., nur noch f.* **सा** *u. Loc.* **सस्मिन्**, *vgl.* **त**) der, dieser; er, sie. *Oft verb. mit einem anderen Pron. der 3. Pers. o. einem Rel.; mit* **अहम्**, **त्वम्** ich, du hier.

2. **स** (∘— *in Adj. u. Adv., opp.* **अ** *priv.*) versehen, begleitet, begabt mit; samt, zugleich mit; gleich an.

**संयत्** zusammenhängend. *f.* Verabredung, Stelldichein, Vertrag; Kampf, Schlacht.

**संयतेन्द्रिय** gezügelte Sinne habend, sich selbst beherrschend. *Abstr.* **∘ता** *f.*

**संयन्तर्** *m.* Zusammenhalter, Lenker.

**संयम** *m.* das Zusammenhalten *o.* -binden, Zügelung, Bändigung, Selbstbeherrschung.

**संयमधन** reich an Selbstbeherrschung.

**संयमन**, *f.* **ई** zügelnd, bändigend; *n.* = **संयम**.

**संयमिन्** aufgebunden (*Haar*); sich zügelnd *o.* selbstbeherrschend.

**संयाज्य** *n.* das Mitopfern; *f.* **∘ज्या** *Du. Bez. zweier best. Verse (r.).*

**संयान** *n.* das (Zusammen-) Gehen, Fahren, Reiten; Reise, Fuhrwerk.

**संयास** *m.* Anstrengung.

**संयुग** *n.* Verbindung; Kampf, Schlacht.

**संयुज्** verwandt *o.* befreundet.

**संयुत** (*s.* 1. **यु**) *auch* gehäuft, allerlei.

**संयोग** *m.* Verbindung, Zusammenhang; Contact (*ph.*); Freundschaftsverhältnis, Verschwägerung, Ehe; Consonantengruppe (*g.*).

**संयोगिन्** verbunden mit (*Instr. o.* —∘).

**संयोजन** *n.* das Verbinden.

**संरक्ष** hütend. *m.* Hüter; *f.* **आ** Schutz, Wache.

**संरक्षक** *m.*, **∘क्षिका** *f.* Hüter, -in.

**संरक्षण** *n.* das Hüten, Bewahren.

**संरक्षणीय** *u.* **संरक्ष्य** zu hüten *o.* wovor man sich zu hüten hat.

**संरम्भ** *m.* das Anpacken; Eifer, Wallung, Zorn, Heftigkeit, Streit.

**संरम्भिन्** eifrig in (—∘), zornig.

**संराग** *m.* Röte, Leidenschaft.

**संराधन**, *f.* **ई** zufrieden stellend.

**संराध्य** zu gewinnen *o.* zu erlangen.

**संरोध** *m.* das Zurückhalten, Unterdrücken (*auch* **∘न** *n.*); Einschliefsung, Belagerung, Beeinträchtigung

**संरोपण** *n.* das Pflanzen.

**संरोह** *m.*, **∘हण** *n.* das Zuwachsen, Verheilen

**संलक्ष्य** wahrnehmbar.

**संलपन** *n.* das Schwatzen.

**संलय** *m.*, **संलयन** *n.* das Niederhocken, Kauern.

**संलाप** *m.* Unterredung, Gespräch.

1. **संवत्** *f.* Seite, Strecke.

2. **संवत्** = **संवत्सरे** im Jahre (*der Ära des Vikrama*).

**संवत्सम्** *Adv.* ein Jahr lang.

**संवत्सर** *m.* Jahr.

**संवत्सरतम**, *f.* **ई** (heute) über's Jahr kommend.

**संवत्सरभृत** ein Jahr lang getragen *o.* gepflegt (*r.*).

**संवत्सरसहस्र** *n.* Jahrtausend.

**संवत्सरीण** *o.* **∘रीय** jährig, jährlich.

**संवनन**, *f.* **ई** gewinnend, versöhnend; *n.* Gewinn, Vereinigungsmittel.

**संवर** abwehrend; *m.* Wehr, Damm.

1. **संवरण**, *f.* **ई** verschliefsend, entfaltend. *n.* das Verschliefsen, Verbergen, Umbegung, Hülle.

2. **संवरण** *n.* das Wählen (*zum Gatten*).

**संवर्ग** zusammenraffend; *m.* das Zusammenraffen.

**संवर्णन** *n.* Schilderung, Erzählung.

**संवर्त** *m.* (*eig.* Zusammenrollung), Ballen, Haufe, Masse, schwere Wolke, *bes.*

Weltuntergangswolke, Weltende; *Mannsname.*

**संवर्तक** aufrollend *d. i.* vernichtend (*Feuer*); *m.* Weltuntergang.

**संवर्धन** mehrend, fördernd. *n.* das Gedeihen, Erfolg; das Heranwachsen, Großziehen, Fördern.

**संवल** Wegekost (*vgl.* **शम्बल**).

**संवलन** *n.*, **°ना** *f.* Zusammentreffen (*freundl. u. feindl.*), Vereinigung.

**संवसन** *n.* Versammlungs- *o.* Wohnort.

**संवसु** zusammenwohnend mit (*Loc.*).

**संवाच्** *f.* gemeinsame Rede

**संवाद** *m.* Unterredung, Verabredung, Übereinkunft, Übereinstimmung.

**सवादन** *n. dass.*

**संवादिन्** sich unterhaltend; übereinstimmend mit (*Gen. o.* —°).

**संवास** *m.* das Zusammenwohnen *o.* -leben, (gemeinsamer) Wohnplatz.

**संवासिन्** zusammenwohnend, wohnend in (—°); *m.* Wohnungsgenosse.

**संवाह** *m.* Fahrpark; das Herüberfahren (*mit der Hand*), Streichen.

**संवाहक**, *f.* **°हिका** streichend, massierend; *m.* Gliederstreicher.

**संवाहन** *n.* das Fahren; Streichen, Massieren.

**संविज्ञान** *n.* das Mitverstehen, Begreifen; Erkenntnis, Wahrnehmung.

**संविचि** *f.* Erkenntnis, Empfindung.

1\. **संविद्** *f. dass.*, Einverständnis, Verabredung, Vertrag (*j.*), Stelldichein, Plan, Anschlag.

2\. **संविद्** *f.* Besitz.

**संविद्य** *n. dass.*

**संविध्** *u.* **°धा** *f.* Anordnung, Einrichtung.

**संविधान** *n.*, **संविधि** *m. dass.*

**संविभाग** *m.* das Teilnehmenlassen an, Beschenken mit (—°).

**संवीत** (*s.* **व्या**) *n.* Kleidung.

**संवृज** an sich reißend, Beute machend.

1\. **संवृत्** bedeckend.

2\. **संवृत्** *f.* das Herankommen.

**संवृति** *f.* Verhüllung, Hemmung.

**संवृद्धि** *f.* Wachstum, Gedeihen, Macht.

**संवेग** *m.* Aufregung, Heftigkeit, Gewalt.

**संवेद** *m.* Erkenntnis, Empfindung.

**संवेदन** *n. dass.*, Meldung, Verkündigung.

**संवेश** *m.* Eintritt; das Niederliegen, Schlafen.

**संवेशन**, *f.* **ई** zum Liegen bringend; *n.* = *vor.*

**संव्यवहार** *m.* Verkehr, Beschäftigung mit (*Instr. o.* —°).

**संव्याध** *m.* Kampf.

**संव्यान** *n.* Umhüllung, Mantel.

**संव्रश्चम्** (*Ger.*) zerstückelnd, stückweise.

**संशप्तक** *m. Pl.* Verschworene, Eidgenossen.

**संशब्दन** *n.* Erwähnung.

**संशम** *m.* Beruhigung.

**संशमन**, *f.* **ई** beruhigend; *n.* Beruhigung- *o.* Beruhigungsmittel.

**संशय** *m.* Zweifel, Ungewissheit über (*Loc. o.* —°), Gefahr.

**संशयकर**, *f.* **ई** gefährdend (—°).

**संशयित** (*s.* 2. **शी**) *n.* Zweifel, Ungewissheit.

**संशयोपमा** *f.* Art Gleichnis (*rh.*).

**संशित** *s.* **शा**; **°वाच्** scharfe Reden führend.

**संशितव्रत** von strenger Frömmigkeit.

**संशिति** *f.* Schärfung.

**संशिस्** *f.* Aufforderung.

**संशीलन** *n.* Übung, Verkehr mit (*Instr.*).

**संशुद्धि** *f.* Reinheit.

**संशुष्क** trocken dürr.

**संशोधन**, *f.* **ई** reinigend; *n.* Reinigung.

**संशोष** *m.* das Trocknen (*intrans.*).

**संशोषण** trocknend (*trans.*); *n.* = *vor.*

**संशोषिन्** = *vor. Adj.*

**संश्रय** *m.* Verbindung, Bündnis, Anschluss an (*Gen. o.* —°); Zuflucht, Schutz, Wohnung, Aufenthalt; Bezug, Betreff; *adj.* —° verbunden mit, befindlich in bezüglich auf. **संश्रयात्** (—°) infolge *o.* mit Hilfe von, mittels.

**संश्रयिन्** befindlich in *o.* an (—°).

**संश्रव** *m.*, **°ण** *n.* das Hören.

**संश्लिष्** (*Nom.* **°श्लिट्**) zusammenhängend.

**संश्लेष** *m.* Verbindung, Berührung mit (*Instr. o.* —°), Umarmung; Riemen, Band.

**संश्लेषण**, *f.* **ई** verbindend; *n.* Vereinigung, Band, Kitt.

**संश्लेषिन्** verbindend.

**संसक्ति** *f.* Berührung.

**संसक्त** *m.* Zusammenhang; °क्लिष्ट in Berührung kommend mit (—°).
**संसद्** *f.* Versammlung, Gemeinde, Gesellschaft, Verein.
**संसरण** *n.* das Umhergehen, Wandern, Wiedergeburt, *Heereszug.
**संसर्ग** zusammeneilend. *m.* das Zusammentreffen, Verbindung, Vereinigung, Berührung, *bes.* mit der Aufsenwelt *d. i.* Sinnengenuss; Umgang, Verkehr; Gütergemeinschaft (*j.*).
**संसर्जन** *n.* Zusammenkunft, Vereinigung.
**संसर्प** *u.* **संसर्प** schleichend.
**संसर्पण** *n.* das Schleichen, Beschleichen, Besteigen.
**संसर्पिन्** hinschleichend, sich erstreckend bis (—°).
**संसाधन** *n.* das Bereiten, Vollbringen.
**संसार** wandernd, *bes.* durch die verschiedenen Geburten; *m.* die Wanderung durch d. v. G., Lebenslauf, Dasein, Existenz, Welt.
**संसारान्त** *m.* das Ende des Lebens.
**संसारार्णव** *m.* das Meer des Lebens.
**संसारिन्** weit reichend; ans Leben gebunden. *m.* Lebewesen, Mensch.
**संसिद्धि** *f.* das Gelingen, Erfolg, Resultat, Vollkommenheit.
**संसृज्** *f.* das Zusammentreffen.
**संसृप्** *f. Pl. Bez. gewisser Gottheiten.*
**संसृष्ट** (*s.* सर्ज्) *n.* Verkehr, Freundschaft, Beziehung zu (*Loc.*).
**संसृष्टि** *f.* Vereinigung.
**संसेवन** *n.* (—°) das Anwenden, Gebrauchen, Aufsichnehmen; Dienst, Verehrung.
**संसेवा** *f. dass.*, Neigung, Vorliebe.
**संसेव्य** zu besuchen, zu bedienen, zu verehren, zu gebrauchen, zu betreiben.
**संस्करण** *n.* Zubereitung
**संस्कर्तृ** *m.* Zubereiter, Einweiher (*r.*).
**संस्कार** *m.* Zubereitung, Herstellung, Bearbeitung, Verzierung, Schliff, Pflege, Bildung; Richtigkeit, Korrektheit, Vollkommenheit; Ceremonie, Weihe, Sakrament (*r.*), Eindruck, Nachwirkung (*ph.*).
**संस्कार्य** zu weihen (*r.*).
**संस्कृत** (*s.* 1. कर्) *n.* Zurüstung, Vorbereitung; das Sanskrit.
**संस्कृति** *f.* Zurichtung, Weihe.
**संस्क्रिया** *f. dass.*
**संस्तम्भ** *m.* Hartnäckigkeit (*eig.* Anstemmung).
**संस्तम्भन** *n.* das Aufhalten.
**संस्तम्भयितृ** *u* °म्भिन् aufhaltend.
**संस्तर** *m.* Streu, das Bestreuen (*auch* °रण *n.*); Lager, Decke.
**संस्तव** *m.*, °वन *n.* (gemeinsame) Lobpreisung.
**संस्तुति** *f.* Preis, Lob.
**संस्थ** stehend, bestehend, dauernd; weilend *o.* befindlich in, an, auf (*Loc. o.* —°), beruhend auf, teilhaftig des (—°). *m.* **संस्थं** Anwesenheit, Gegenwart, *Loc.* inmitten des *o.* in Gegenwart von (*Gen.*). *f.* **संस्था** das Verweilen bei (—°); Gestalt, Form, *bes.* die Grundform eines Opfers; Ordnung, Natur, Wesen; Abschluss, Vollendung, Ende.
**संस्थान** *n.* das Stillestehen, Dasein, Existenz, das Verharren *o.* Sichbefinden in (—°); Aufenthaltsort, Wohnung; (schöne) Gestalt, Form, Natur u. s. w. = संस्था.
**संस्थापन** *n.* das Festsetzen, Bestimmen; *f.* आ das Aufrichten, Ermutigung.
**संस्थित** (*s.* स्था) *n.* das Verhalten.
**संस्थिति** *f.* das Stehen *o.* Sitzen auf (*Loc. o.* —°), Verweilen bei, Vereinigung mit (—°); das Bestehen, Verharren, Ausdauer, Dasein, Möglichkeit, Ordnung, Natur u. s. w. = संस्था.
**संस्पर्धा** *f.* Wettstreit, Eifer.
**संस्पर्धिन्** wetteifernd mit (—°), eifersüchtig.
**संस्पर्श** *m.* Berührung.
**संस्पर्शन** berührend (—°); *n.* = *vor.*
**संस्पर्शिन्** *u.* **संस्पृश्** (—°) = *vor. Adj.*
**संस्मरण** *n.* Erinnerung, das Denken an (*Gen.*).
**संस्मरणीय** *u.* °स्मर्तव्य in der Erinnerung zu behalten.
**संस्मृति** *f.* = संस्मरण.
**संस्रव** *m.* Zusammenfluss (*auch concr.*).

**संस्राव** *m.* = *vor.*
**संहत्** *f.* Schicht.
**संहत** *s.* 1. **हन्**; *Abstr.* **°ता** *f.*, **°त्व** *n.* enger Anschluss.
**संहति** *f.* das Zusammenschlagen, Gedrungenheit, Festigkeit, Verbindung, Vereinigung, Masse, Fülle.
**संहनन** gedrungen, fest; *n.* = *vor. bis* Vereinigung; *auch* Körper, Leib.
**संहरण** das Packen, Sammeln, Ordnen, Einziehung *d. i.* Vernichtung *(der Welt)*.
**संहर्तृ** *m.* Vertilger.
**संहर्ष** *m.* Körperschauer, (wollüstige) Erregung, Freude, Eifer, Eifersucht.
**संहर्षण**, *f.* **ई** sträubend *(die Körperhärchen)*, erfreuend. *n.* Wetteifer, Eifersucht.
**संहर्षिन्** (—°) erfreuend.
**संहार** *m.* das Sammeln, Ordnen; Zusammenziehung, Einziehung *d. i.* Vernichtung *(bes. der Welt)*, Ende, Schluss
**संहारिन्** (—°) vernichtend.
**संहार्य** zu sammeln, zu vermeiden *o.* zu beseitigen.
**संहित** *s.* 1. **धा**; *f.* **आ** Verbindung *(bes.* euphonische), Sammelwerk, *auch* = *folg*
**संहितापाठ** *m.* die euphonische Recitationsweise *o.* Textform des Veda *(opp.* **पदपाठ**).
**संहृति** *f.* Vernichtung *(der Welt)*, Ende.
**संहोत्र** *n.* Opfergemeinschaft.
**संह्राद** *m.* lauter Ruf, Geschrei; *N. eines Dämons.*
**संह्लादिन्** erquickend.
**संह्वयन** *n.* das Zusammenrufen.
**सक** *Demin. zu* 1. **स.**
**सकण्टक** mit Dornen *o.* mit gesträubten Härchen versehen.
**सकम्प** zitternd; *n. adv.*
**सकरुण** kläglich, wehmütig; *n. adv.*
**सकर्ण** *u.* **°क** Ohren habend.
**सकर्मक** wirksam, transitiv (*g.*).
**सकल** vollständig, ganz, all; *n. Sgl.* alles
**सकलकलुष** *m. N. einer Waldgegend.**
**सकलजन** *m.* jedermann.
**सकलरूपक** *n.* Art Gleichnis (*rh.*).
**सकललोक** *m.* = **सकलजन.**

सखीजन m. Freundin (auch coll.).
सखीस्नेह m. Liebe zur Freundin.*
सखेदम् Adv. betrübt.
सख्य n. Genossenschaft, Freundschaft.
संगण geschart o. umschart.
सगद्गद stammelnd; n. adv.
सगद्गदगिर् mit stammelnder Rede.
सगन्ध riechend wie o. nach (Instr. o. — *verwandt.*
सगन्धिन् riechend wie (—°).
संगर m. das Luftmeer; N. eines myth Königs.
सगर्भ schwanger.
सगर्व hochmütig, stolz auf (Loc. o. —°) · n. adv.
सगुण mit einem Strick o. mit einer Sehne versehen, mit den Qualitäten (ph.) o mit Vorzügen begabt. Abstr. °त्व n.
सगोत्र aus demselben Geschlecht, verwandt mit (Gen. o. —°).
सगौरवम् Adv. würdevoll.
संग्धि f. gemeinsames Mahl.
सग्रह Krokodile enthaltend; mit einem Bechervoll d. i. wobei ein B. geschöpft wird.
सघ्, सघ्नोति auf sich nehmen, gewachsen sein (vgl. सह्).
संघन् m. Geier.
सघन dicht o. bewölkt.
संकट eng, schmal, winzig, klein; schwierig, gefährlich; gefährdet durch, voller (—°). n. Enge, Klemme, Schwierigkeit, Gefahr.
संकथन n., °कथा f. Unterredung, Gespräch mit (Instr. mit u. ohne सह o. —°).
संकर m. Mischung, Vermengung, Mischheirat (der versch. Kasten); ein Mischling, Unebenbürtiger.
संकर्तम् (Ger.) zerschneidend.
संकर्ष m. Nähe (eig. Zusammenrückung).
संकर्षण m. der Pflüger (Bein. Halâyudha's).
संकल्प m. Entschluss, Entscheidung (opp. विकल्प), Vorsatz, Absicht, Wunsch, Wille, Verlangen.
संकल्पज aus dem Willen hervorgegangen; m. = folg.

संकल्पजन्मन् u. °योनि m. der Liebesgott

संकल्पवन्त् entschieden, entschlossen (Pers.).

संक्षेपक *u.* °प्तृ *m.* Zusammenwerfer, Vernichter.

संक्षोभ *m.* Stofs, Erschütterung (*auch übertr.*).

संख्या *f.* Zahl; Zahlwort (*g.*); *adj.* —° zu—gerechnet, —an Zahl betragend (*auch* संख्यक *u.* संख्याक).

संख्यान *n.* Zusammenzählung.

संख्येय zählbar.

1. सङ्ग *m.* (*adj.* —° *f.* आ *u.* ई) das Anhaften, Berührung mit (*Loc. o.* —°), Anschluss, Umgang, Verkehr (*Gen.*, *Instr. mit u. ohne* सह, *Loc. o.* —°); Anhänglichkeit, Hang, Lust, Neigung zu (*Loc. o.* —°).

2. संग *m.* Zusammenstofs, Treffen.

संगत (*s.* गम्) *n.* Zusammenkunft, Verkehr mit (*Instr.*, *Gen. o.* —°), Vereinigung.

संगतार्थ einen treffenden Sinn gebend, verständlich.

संगति *f.* Zusammenkunft, Verkehr (*auch geschlechtl.*), Umgang mit (*Instr. mit u. ohne* सह, *Loc.*, *Gen. o.* —°); das Zutreffen, Ereignis, Zufall, Übereinstimmung, Zusammenhang, Beziehung zu (*Instr. o.* —°).

संगथ *m.* Zusammenhang, Vereinigung.

संगम *m.* das Zusammentreffen (*auch feindl.*), Vereinigung, Umgang (*auch geschlechtl.*), Verkehr mit (*Instr. mit u. ohne* सह, *Gen. o.* —°), Verbindung, Berührung mit (*Instr. o.* —°).

संगमन, *f.* ई versammelnd, Versammler, -in; *n.* das Zusammentreffen, Vereinigung mit (—°).

संगमनीय zur Vereinigung dienend, *mit* मणि *m.* Vereinigungsstein.

संगममणि *m.* = *vor. m.*

संगर *m.* Übereinkunft, Vertrag; Zusammentreffen, Kampf, Schlacht.

संगव *m.* Melkzeit *d. i.* Morgen, Vormittag, *eig.* die Zeit der Zusammentreibung der Kühe; संगविनी *f.* der Ort ders.

सङ्गिन् hängend an, sitzend auf, sich berührend mit (—°); hingegeben an, obliegend (*Loc.*, *Gen. o.* —°).

संगिर् *f.* Übereinkunft, Zusage.

संगिर verschlingend.

संगीत *u.* °क *n.* (vielstimmiger) Gesang, Konzert.

संगीतकगृह *n.* Konzertsaal.

संगीतकपद *n* Anstellung beim Konzert *o.*

संगुप्ति *f.*

संगृभीतृ

संगृहीतृ

संगोपन v

संघट्ट *m.*, °न *n.*

संघर्ष *m.* Reibu

sammenstofs, Verbindung, Schar, Masse; Wortmasse *d. i.* das ganze ungetrennte Compositum (*g.*).

**सच्**, **सचते** (°ति), **सिषक्ति**, **सश्चति** (°ते) nachgehen, folgen, geleiten zu (*Dat.*), verfolgen, treffen, zu teil werden (*Acc.*); jemd. (*Acc.*) anhängen, ergeben sein; zusammenhängen, vertraut sein, zu thun haben mit, festhalten an (*Instr.*), zusammen sein, verkehren. **अनु** *u.* **अभि** aufsuchen, sich jemd. (*Acc.*) zuwenden. **प्र** vorangehen, geleiten. **प्रति** rächend verfolgen, jemd. (*Acc.*) vergelten.

**सचकितम्** *Adv.* ängstlich.

**सचक्षुष** *u.* **सचक्षुस्** mit Augen begabt, sehend.

**सचथ** *m.* Gemeinschaft, Beistand.

**सचथ्य** hilfreich; *n.* = *vor.*

**सचन** = *vor. Adj.*

**सचनस्** einträchtig mit (*Instr.*); *Superl.* **सचनस्तम**.

**सचा** *Adv.* zusammen, dabei, zur Hand· in Gemeinschaft mit, bei, in (*Loc.*).

**सचाभू** begleitet von (*Instr.*); *m.* Genosse, Freund.

**सचि** *Adv.* zugleich.

**सचित्** denkend, weise.

**सचित्त** einmütig.

**सचिन्त** gedankenvoll; *n. adv.*

**सचिन्ताकुलम्** *Adv.* = *vor. adv.*

**सचिव** *m.* Begleiter, Beistand; *bes.* Fürstendiener, Minister. *Abstr.* **°ता** *f.*, **°त्व** *n.* Ministeramt.

**सचिविद्** vertraut, treu gesinnt.

**सचेतन** vernünftig, verständig.

**सचेतस्** einmütig, einträchtig; *auch* = *vor*

**सचेल** *u.* **सचैल** bekleidet.

**सच्चरित** *n.* ein guter Wandel; *Adj.* einen g. W. führend.

**सच्चित्तशंसिन्** ein gutes Herz verkündend *o.* gute Gedanken eingebend.*

**सच्चिदानन्द** *m. Pl.* Sein, Denken und Wonne; *Adj.* aus S., D. u. W. bestehend (*ph.*).

**सच्छाय** Schatten bietend; farbig, gleichfarbig mit (—°).

**सजन** Menschen enthaltend; *Loc.* unter M.

**संजन्य** dem Freunde *o.* Verwandten gehörig.

**सजल** wasserreich, nass.

**संभूति** *f.* Verbindung, Zusammenschluss.

**सञ्ज्** *o.* **सज्**, **संजति**, **°ते** hängen, haften; *Med.* sich hängen an (*Acc.*), hängen bleiben an, beschäftigt sein mit (*Loc.*). *Pass.* **सज्यते** hängen an (*Loc.*); **सज्जते** (**°ति**) *dass.*, sich hingeben an, sich beschäftigen mit (*Loc.*), anstehen, zögern. *p.p.* **सक्त** hängend, haftend an, steckend in, gerichtet auf, hingegeben an, beschäftigt mit (*Loc. o.* —°). *Caus.* **सञ्जयति** *u.* **सज्जयति** anheften. **व्यति** verschränken, verschlingen, verflechten, durchmischen, *p.p.* **व्यतिषक्त**. **अनु** behängen, behaften mit. *Pass.* **अनुषज्यते** *u.* **°षज्जते** hängen bleiben, sich anschlieſsen; *p.p.* **अनुषक्त** hängend *o.* haftend an (*Loc.*), behaftet mit (*Instr. o.* —°). **अव** an- *o.* umhängen (*Loc.*). *p.p.* **अवसक्त** angehängt; hängend an *o.* behängt mit (—°). **आ** an- *o.* aufhängen an; jemd. (*Loc.*) etw. aufbürden. *Med. Pass.* sich anhängen; *p.p.* **आसक्त** angehängt, hängend an, gerichtet *o.* bedacht auf, beschäftigt mit (*Loc. o.* —°). **व्या**, *p.p.* **व्यासक्त** = *vor. p.p.* — **समा** an- *o.* umhängen, übertragen auf (*Loc.*); *p.p.* **समासक्त** = *vor. p.p.* — **नि**, *p.p.* **निषक्त** angehängt; geheftet an, sitzend in, gerichtet auf (*Loc. o.* —°). **प्र** (sich) anhängen an (*Loc.*), auf etw. folgen; eintreten, stattfinden. *Med. Pass.* sich heften an, sich beschäftigen mit (*Loc.*). *p.p.* **प्रसक्त** angehängt, anhaftend, gerichtet auf, beschäftigt mit (*Loc. o.* —°); behaftet, versehen mit (—°); sich herausstellend *o.* ergebend, vorliegend, geltend, herrschend. **वि** aufhängen; *p.p.* **विषक्त** aufgehängt, hängend an *o.* in (*Loc.*), geheftet *o.* gerichtet auf (*Loc. o.* —°), abhängig von (—°). **सम्**, *Pass.* **संसज्जते** (**°ति**) hängen bleiben an (*Loc.*), zusammenhängen, sich verbinden. *p.p.* **संसक्त** geheftet *o.* gerichtet auf, beschäftigt mit, obliegend, ergeben (*Loc. o.* —°); verbunden, vereinigt, versehen mit (—°); zusammenhängend, anhaltend, ununterbrochen.

**सञ्जन** *n.* das Anheften, Zusammenfügen.

**संजनन**, *f.* **ई** erzeugend, bewirkend (—°); *n.* das Erzeugen, Entstehen.

**संजय** siegreich; *m.* Sieg, *Mannsn.*

**संजल्प** *m.* Gespräch, Unterhaltung.

**संजात** *s.* **जन्**; **°लज्ज** verlegen geworden.

**संजित्** *m.* Gewinner.

**संजिति** *f.* Gewinn, Sieg.

**संजीव** belebend; *m.* das Aufleben.

**संजीवक**, *f.* **°विका** = *Adj.*

**संजीवन**, *f.* **ई** *dass.*; *n.* das Aufleben, Leben.

**संजीविन्** belebend.

**संज्ञ** *u.* **संज्ञक**, *f.* **°इका** (*adj.* —°) benannt (*vgl.* **संज्ञा**).

**संज्ञता** *f.* Bewusstsein.

**संज्ञपन** *n.*, **संज्ञप्ति** *f.* das Töten des Opfertiers durch Ersticken.

**संज्ञा** *f.* Einverständnis, Zeichen (des Einverständnisses) mit (—°); Bewusstsein; Bezeichnung, Name, *bes.* terminus technicus (*vgl.* **संज्ञ**); *N. einer Tochter Tvashṭar's.*

**संज्ञान** einigend; *n.* Einverständnis, Eintracht.

**संज्ञित** mitgeteilt; genannt, heiſsend (*meist* —°).

**संज्ञिन्** einen best. Namen habend.

**संज्वर** *m.* Glut, Hitze.

**संज्वलन** *n.* Brennholz.

**सटा** *f.* Flechte, Mähne, Menge.

**सटाल** bemähnt.

**सडिण्डिमम्** *Adv.* unter Trommelschlag.

**सत्** *s.* **संन्त्**.

**सत** *m. n.* eine Art Gefäſs.

**सतत** (°—) *u.* **°म्** *Adv.* fortwährend, immer; *mit Neg.* niemals.

**सततगत** *u.* **°गति** *m.* Wind (*eig.* = *folg.*).

**सततयायिन्** immer gehend.

**सतति** zusammenhängend.

**सतत्त्व** *n.* das wahre Wesen; **°तस्** in Wirklichkeit.

**संतनु** bekörpert.

**सतंस्** *u.* **सती** *s.* **सन्त्.**

1. **सतीन** (°—) wirklich.

2. **सतीन** *m.* eine Art Erbse.

**सतृष्णम्** *Adv.* mit Verlangen.

**सतोबृहन्त्** gleich grofs; *f.* °**हती** *N. eines Metrums.*

**सतोमघवन्** gleich freigebig.

**सतोमहन्त्** gleich grofs.

**सत्करण** *n.* Leichenverbrennung (*eig.* Gutthat).

**सत्कर्तृ** *m.* Wohlthäter.

**सत्कर्मन्** *n.* ein gutes Werk; *Adj.* ein g. W. vollbringend.

**सत्कवि** *m.* ein guter Dichter.

**सत्कार** *m.* gute Behandlung, Freundlichkeit, Beehrung, Bewirtung, *auch* = **सत्करण.**

**सत्कुल** *n.* ein edles Geschlecht, *Adj.* einem solchen angehörig. *Abstr.* °**ता** *f.*

**सत्कृति** *f.* = **सत्कार.**

**सत्क्रिया** *f.* Herstellung, Zurechtbringung, *auch* = *vor.*

**सत्तम** *s.* **सन्त्.**

**सत्तृ** *m.* der Sitzende (*bes. beim Opfer*).

**सत्ता** *f.* das Dasein, Sein.

**सत्ति** *f.* Eintritt, Anfang.

**सत्त्र** *n.* eine grofse Somafeier (*eig.* Sitzung).

**सत्त्रायण** *n.* ein mehrjähriges Sattra (*s. vor.*).

**सत्त्रिन्** *m.* Vollzieher des Sattra *o.* Teilnehmer an dems.

**सत्त्व** *n.* Sein, Dasein, Wesen, (fester) Charakter, Entschlossenheit, Mut; das absolut gute Wesen (*ph.*); geistiges Wesen, Geist; reales Wesen, Ding; (*auch m.*) Lebewesen, Tier, *seltener* Mensch; böser Geist, Gespenst.

**सत्त्वधामन्** *n.* der Glanz des Sattva (*ph.*); °**धामधर** *m.* der Träger dess., *d. i.* Vishṇu.

**सत्त्वलक्षणा** *f.* schwanger, *eig.* das Merkmal eines (empfangenen) Lebewesens tragend (*vgl.* **आपन्नसत्त्वा**).

**सत्त्ववन्त्** *u.* **सत्त्वशालिन्** von festem Charakter, entschlossen, mutig.

**सत्त्वशब्द** *m.* Dingwort, Concretum (*g.*).

**सत्त्वस्थ** standhaft, beherzt (*eig.* in der Festigkeit verharrend).

**सत्त्वोत्कर्ष** *m.* Übermafs von Edelmut.

**सत्पति** *m.* starker *o.* guter Herr; Held, Gebieter; guter Gatte.

**सत्पुत्र** *m.* ein guter Sohn; *Adj.* einen Sohn habend.

**सत्पुरुष** *m.* ein guter Mensch.

**सत्प्रतिग्रह** *m.* Empfang (einer Gabe) von guten Menschen.

**सत्य** wirklich, wahr, echt, giltig, wirksam, zuverlässig, treu. *m. Bein. Kṛshṇa's, Mannsn., f.* **आ** *N. einer Gattin Kṛshṇa's, Frauenn. überh. n. adv.* in Wahrheit, wirklich, gewiss, freilich, zwar (*auch* **यत्सत्यम्**); *auch* Wirklichkeit, Wahrheit, Gelöbnis, Eid, Schwur. *Instr.* in Wahrheit; **तेन सत्येन** auf Grund hiervon *o.* so wahr dies ist.

**सत्यकर्मन्** *n.* wahres Thun; *Adj.* dessen Thun wahr ist.

**सत्यकाम** wahrheitsliebend; *m. Mannsn.*

**सत्यगिर्** dessen Wort wahr ist.

**सत्यंकार** *m.* Versprechen; Handgeld (*j.*).

**सत्यजित्** wahrhaft siegreich.

**सत्यज्ञ** der Wahrheit kundig.

**सत्यतस्** *Adv.* in Wahrheit.

**सत्यता** *f.* Wirklichkeit, Wahrheit.

**सत्यतात्** *u.* °**ताति** *f.*, **सत्यत्व** *n. dass.*

**सत्यदर्शिन्** *u.* °**दृश्** das Richtige sehend.

**सत्यधर्म** *m.* das Gesetz der Wahrheit; *Adj.* dessen Gesetze wahrhaftig sind.

**सत्यधर्मन्** = *vor. Adj. u.* = *folg.*

**सत्यधृति** fest am Wahren haltend.

**सत्यनामन्**, *f.* °**म्नी** den richtigen Namen führend.

**सत्यप्रतिज्ञ** von wahrer Zusage, worthaltend, zuverlässig.

**सत्यभामा** *f. N. einer Gattin Kṛshṇa's.*

**सत्यमन्त्र** dessen Reden wahr sind.

**सत्यमय**, *f.* **ई** aus Wahrheit bestehend.

**सत्यमुग्र** wahrhaft gewaltig.

**सत्यमूल** die Wahrheit zur Grundlage habend.

**सत्ययोनि** eine sichere Stätte habend.

**सत्यराधस्** sichere Gaben schenkend.

**सत्यलोक** *m.* die Welt der Wahrheit.

**सत्यवचन** *n.* das Sprechen der Wahrheit; *Adj.* die W. redend.
**सत्यवदन** *n.* = *vor. n.*; °**शील** = *vor. Adj.*
**सत्यवन्त्** wahr, wahrhaftig; *m. u. f.* °**वती** *Manns- u. Frauenname.*
**सत्यवाक्य** *n. u. Adj.* = **सत्यवचन.**
**सत्यवाच्** *f. u. Adj. dass.*
**सत्यवादिन्** die Wahrheit redend, wahrhaft. *Abstr.* °**दिता** *f.*, °**दित्व** *n.*
**सत्यविक्रम** von wahrer Kraft.
**सत्यव्रत** *n.* das Gelübde der Wahrheit; *Adj.* dass. befolgend, wahrhaft, *Mannsn.*
**सत्यशवस्** wahrhaft kräftig.
**सत्यशील** *u.* °**शीलिन्** der Wahrheit beflissen.
**सत्यशुष्म** wahrhaft mutig o. ungestüm.
**सत्यश्रवस्** *n.* wahrer Ruhm; *m. Mannsn.*
**सत्यसंकल्प** dessen Wille gilt.
**सत्यसंगर** zuverlässig (*eig.* dessen Versprechen wahr ist).
**सत्यसंध** *dass.*
**सत्यसव** dessen Befehle giltig sind.
**सत्यानृत** *n. Du.* Wahrheit und Lüge.
**सत्योक्ति** *f.* eine wahre Rede.
**सत्रा** *Adv.* insgesamt; zugleich mit (*Instr.*), ganz und gar, durchaus.
**सत्राजित्** ganz und gar siegreich.
**सत्राच्** (*f.* **सत्राची**) vereint, gemeinsam.
**सत्रासह** (°**साह**) allüberwältigend.
**सत्राहं** *u.* °**हन्** alles niederwerfend.
**सत्वन्** *u.* **सत्वन** *m.* Held, Krieger.
**सत्वर** eilend, schnell; *n. adv.*
**सत्संग** *m.* der Umgang mit Guten.
1. **सद्, सीदति** (°**ते**) sitzen, sich niederlassen, zusammensinken, matt werden, unterliegen, hinschwinden, verfallen. *p.p.* **सत्त** sitzend; **सन्न** *dass.*, gesunken, erschlafft, ruhend, matt, erloschen, aufgehört. *Caus.* **सादयति** setzen, sich setzen lassen; zu Grunde richten, verderben. **अव** niedersinken, in Not geraten, erschlaffen, nachlassen, unterliegen; *p.p.* **अवसन्न.** *Caus.* niederdrücken, vernichten, beschwichtigen. **आ** sitzen, sich setzen auf (*Acc.* o. *Loc.*), zu jemd. *o.* etw. (*Acc.*) gelangen; finden, treffen, erreichen. *p.p.* **आसन्न** hingesetzt, nahe gekommen, erlangt; *s. auch bes. Caus.* hinsetzen, versetzen in (*Acc.*); sich jemd. (*Acc.*) nähern, geraten in (*Acc.*), treffen, erlangen, annehmen. *Ger.* **आसाद्य** *oft* = an, in, mit, zu, nach, gemäfs. **प्रत्या** in der Nähe sein; *p.p.* **प्रत्यासन्न** nahe, benachbart, nahe bevorstehend. **समा** gelangen zu, treffen, erreichen, losgehen auf (*feind.*). *Caus. dass., bes. Ger.* **समासाद्य** (*auch wie* **आसाद्य** *zu übers.*, *s. o.*). **उद्** sich bei Seite machen, verschwinden; *p.p.* **उत्सन्न** verloren, abhanden gekommen. *Caus.* bei Seite schaffen, vernichten. **उप** sitzen auf, sich setzen zu, herantreten zu *d. i.* verehren (*Acc.*); *p.p.* **उपसन्न** herangetreten, genaht, in die Lehre gekommen. *Caus.* hinsetzen, zuführen; finden, erlangen. **नि** (**षीदति**) niedersitzen, sich setzen o. sitzen auf (*Loc.*), durch Sitzen vollziehen *d. i.* feiern (*r.*), sich setzen *d. i.* einfallen, versinken, untergehen; *auch* = *Caus.* — *p.p.* **निषत्त** *u.* **निषत्त** eingesetzt, sitzend; **निषण्ण** sitzend, liegend auf, gelehnt an (*Loc.* o. —°). *Caus.* (*auch Med.*) niedersetzen, einsetzen als (*Acc.*). **परि** (**षीदति**) umsitzen, umlagern. **प्र** sich setzen *d. i.* klar, hell werden (*Wasser*); heiter, ruhig, freundlich werden, sich freuen, gnädig sein, verzeihen, geruhen; von Statten gehen, gelingen. *p.p.* **प्रसत्त** befriedigt; **प्रसन्न** klar, rein, deutlich, ruhig, heiter, freundlich, gnädig. *Caus.* (*auch Med.*) klar machen, heiter stimmen, besänftigen, beruhigen, um Verzeihung bitten, anflehen. **अभिप्र** sich niederlassen. *Caus.* besänftigen, freundlich stimmen. **वि** (**षीदति**) bestürzt werden, verzagen, traurig sein, leiden, untergehen. *p.p.* **विषण्ण** bestürzt, betrübt. *Caus.* bestürzt machen, entmutigen, betrüben. **सम्** zusammensitzen (*Med.* sich niederlassen), zusammenbrechen, verzagen, vergehen. *Caus.* (zusammen) hinsetzen.

2. सद् (—°) sitzend o. wohnend in.
सद् dass. (—°); m. Frucht.
सदंदि Adv. gewöhnlich (vgl. सदंदि).
सदन, f. ई zum Sitzen o. Verweilen bringend. n. das Niedersitzen, zur Ruhe Kommen, Erschlaffung; Sitz, Stätte, Heimat; adj. —° wohnend in.
सदंदि beständig; eig. immer fesselnd (Krankheit).
सदम् Adv. immer, stets; jemals, irgend.
सदय mitleids- o. rücksichtsvoll, sanft; n. adv.
सदर्प übermütig, keck; n. adv.
1. सदश्व m. ein gutes Pferd.
2. सदश्व gute Pferde habend.
सदस् n. Sitz, Ort, Stelle; Sitzung, Versammlung.
सदसत्फल (°—) gute und üble Folgen.
सदसदात्मक, f. °त्मिका die Natur des Seienden und Nichtseienden habend.
सदसन्त् seiend und nicht seiend o. gut und böse.
सदसस्पति u. सदस्पति m. Herr des (heiligen) Sitzes.
सदस्य m. Teilnehmer an einer Versammlung, bes. am Sattra-Opfer.
सदा Adv. allzeit, stets; mit Neg. niemals.
सदागति sich immer bewegend; m. Wind o. Windgott.
सदाचार m. gute Sitte; Adj. gut gesittet (auch °चारिन्).
1. सदान Gaben habend.
2. सदान Brunstsaft habend (Elefant).
सदानीरा f. N. eines Flusses.
सदान्वा f. N. einer Unholdin.
सदामत्त u. सदामद stets ausgelassen; stets brünstig (Elefant).
सदावृध immer erfreuend.
सदाशिव stets gütig; m. Bein. Çiva's.
सदासा stets gewinnend.
सदिवस् Adv. sogleich.
सदीनम् Adv. kläglich.
सदुःख betrübt, traurig.
सदृंच, सदृंश् (Nom. सदृंङ् u. सदृक्) u. सदृंश, f. ई (आ) gleich, ähnlich, entsprechend angemessen. Abstr. सदृशत्व n.
सदृशक्षम von ähnlicher Geduld.
सदृशविनिमय m. Verwechselung ähnlicher Gegenstände.
सदृष्टिक्षेपम् o. °विक्षेपम् Adv. um sich blickend (eig. mit einem Augenwurf).
सदेव von Göttern begleitet o. besucht.
सदोगत zur Versammlung gegangen.

**सधन** reich (*Abstr.* °ता *f.*) o. samt den Reichtümern.

**सधमंद्** (°माद्) *m.* (Fest-) Genosse.

**सधमाद** *m.* Trinkgelage, Gastmahl, Schmaus; Genossenschaft.

**सधमाद्य** festlich; *n.* Festgelage.

**सधर्म** *m.* dasselbe Wesen; *Adj.* d. W. habend, gleichartig, ähnlich (*auch* °र्मन् *u.* °र्मिन्), gerecht, tugendhaft.

**सधर्मत्व** *n.* Gleichartigkeit.

1. **सधंस्तुति** *f.* gemeinsamer Preis.

2. **सधस्तुति** gemeinsam gepriesen.

**सधंस्तुत्य** *n.* = 1. *vor.*

**सधंस्थ** *n.* (gemeinsamer) Ort, Stelle, Raum, Sitz, Heimat.

**संधिस्** *n.* Ziel, Ort, Sitz.

**संधी** verständig.

**संधूम** rauchig.

**सध्री** *Adv.* nach einem Ziele hin.

**सध्रीचीन** auf ein Ziel gerichtet, vereinigt.

**सध्र्यञ्च्**, *f.* **सध्रीची** *dass.*, zum Ziele führend, richtig. *m.* Gefährte, *f.* -in. *n.* **सध्र्यक्** zusammen, recht, richtig.

**सन्**, **सनोति** (**संनति**) erlangen, gewinnen, besitzen; verleihen, schenken. *Partic.* **ससवंस्** gewonnen habend, besitzend, zum Ziele gelangt, froh des (*Instr.* o. *Loc.*); **सात** gewonnen, erworben. *Desid.* **सिषासति** erlangen o. verleihen (wollen).

1. **संन** alt (vetus *u.* senex).

2. **सन** *m.* (—°) Erlangung, Darbringung.

**सनक** ehemalig, alt; *Abl.* von Alters her.

**संनग** *m. N. eines Lehrers.*

**सनंज** alt.

**सनज** *u.* °जा *dass.*

**सनंता** *Adv.* von jeher, fort und fort.

**सनत्कुमार** *m.* der ewige Knabe (*N. eines Rishi*).

**सनंत्न**, *f.* **ई** = **सनातन**.

**सनंद्रयि** Reichtum spendend.

**सनंद्वाज** Besitz erwerbend o. verleihend.

**सनंय** alt.

**संना** *Adv.* von jeher.

**सनाजुर** altersschwach.

**सनात्** *Adv.* von jeher, stets.

**सनातन**, *f.* **ई** ewig, unvergänglich.

**सनाथ** einen Schutz habend, in guten Händen; gut aufgehoben bei, versehen mit (*Instr.* o. —°).

**सनाथी कर्** in Schutz nehmen.

**संनाभि** von einer Nabe *o.* einem Nabel ausgehend; verwandt, leiblich (*auch* **सनाभ्य**).

**सनाम** gleichnamig.

**संनामन्**, *f.* °म्नी *dass.*, gleichartig.

**सनायु** Gewinn wünschend.

**सनि** *m. f.* Gewinn, Erwerb, Gabe.

**संनितर्** *u.* **सनितर्** gewinnend *o.* verleihend.

**संनिति** *f.* Gewinn.

**सनितुर्** *Adv.* neben, aufser, ohne (*nach Acc.*).

**सनित्र** *n.* Spende, Gabe.

**संनित्व** zu gewinnen.

**सनित्वन्** *m.* Spender o. Spende.

**सनिद्र** schlafend.

**सनिन्द** tadelnd; *n. adv.*

**सनियम** durch ein Gelübde gebunden.

**सनिश्वासम्** *u.* **सनिःश्वासम्** *Adv.* seufzend.

**संनिष्ठ** (*Superl.*) am meisten gewinnend.

**सनिष्यु** gewinn- o. beutelustig.

**संनीड** (**संनीळ**) in o. aus einem Nest, verschwistert, gesellt.

**संनीयंस्** (*Compar*) = **संन्यंस्**.

1. **सनुतर्** (*nur f.* **संनुत्री**) erlangend.

2. **सनुतर्** *Adv.* abseits, weg, fern von (*Abl.*).

**सनूपुर** mit Fufsglöckchen geschmückt.*

1. **संनेमि** mit einem Radkranz versehen.

2. **संनेमि** *Adv.* von jeher, stets.

**संन्त्**, *f.* **सती** daseiend, vorhanden, stattfindend, sich befindend, seiend (*als Cop., oft nicht zu übers.*); wirklich, echt, gut, brav (*oft —° in Subst. u. Adj.*); *Superl.* **संत्तम** der beste, erste von (*Gen. o.* —°). *m. Pl.* die Lebenden *o.* die Guten. *f.* **सती** ein treues Weib, *auch* = **भवती**. *n.* **संत्** das Seiende o. das Sein; die (reale) Welt, Ding; Gut, Vorteil; *adv. mit* **कर्** in Ordnung bringen, zurechtmachen, ehren, bewirten, jemd. (*Acc.*) die letzte Ehre erweisen (*vgl.* **सत्करण**).

**संतत** (*s.* 1. **तन्**) zusammenhängend, stetig, ununterbrochen; °— *u. n. adv.*

schlecht, Nachkommenschaft.

**संताप॑** *m.* Hitze, Glut; Kummer, Schmerz über (*Loc.*).

**संतापन** schmerzend, quälend.

**संतापहर** (*u.* **°हारक***) glut- o. schmerztilgend.

**संतार** *m.* das Hinübersetzen über (*Gen.* o. —°).

**संतुष्टि** *f.* Zufriedenheit, Genüge.

**संतृप्ति** *f.* Sättigung.

**संतो॑ष** *m.* = **संतुष्टि**; *Acc. mit* **कर्** sich begnügen.

**संतोषण** *n.* das Befriedigen, Erfreuen.

**सन्त्य** *Bein. Agni's.*

**संत्याग** *m.* das Aufgeben, Fahrenlassen.

**संत्रास** *m.* Angst, Schrecken.

**संदंश॑** *m.* das Zusammenkneifen (*eig.*-beifsen), Verbindung, Klammer, Zange.

**संदर्दि॑** fassend, greifend.

**संदर्प** *m.* Übermut, Trotz auf (—°).

**संदर्भ** *m.* Verflechtung, Verkettung, Gefüge von (—°).

**संदर्श॑** *m.* Anblick; *adj.* —° Aussehen.

**संदर्शन** *n.* das Erblicken, Blick, Anblick, Erscheinung, Aussehen; das Sehenlassen, Zeigen.

**संदान** *n.* Band, Fessel; die Kniegegend (*beim Elefanten*).

**संदानित** gebunden, gefesselt.

**संदिग्ध** (*s.* **दिह्**) *Abstr.* **°त्व** *n.* Zweifelhaftigkeit, Unsicherheit.

**संदिग्धबुद्धि** von schwankender Meinung, zweifelhaft.

**संदि॑ह्** *f.* Aufschüttung, Wall.

**संदीपन** anzündend, entfachend.

**संदूषण**, *f.* **ई** schändend; *n.* Schändung.

**संदृ॑श्** *f.* Anblick, Aussehen; *Dat. Inf.* zu schauen.

heit, Gefahr, Unge
*Loc.* o. —°).

**संदेहपद** dem Zweife
gewiss.

**संदो॑ह** *m.* das Melken

**संधि॑** *n.* Vereinigung.

**संधय्**, **°यति** zusam
en
अ

un
V
= **संधि** (*g.*).
alt
T

संध्य Adj. Übergangs-, Sandhi-; f. संध्या Übergangszeit, Zwielicht, Morgen- o. Abenddämmerung (*auch* -andacht), Anfang o. Ende einer Weltperiode, *Flussname*.
संध्यक्षर n. Sandhi-Vokal d. i. Diphthong.
संध्याकार्य n. Morgen- o. Abendandacht.
संध्याकाल m. Dämmerungszeit, Zwielicht.
संध्यापयोद m. Dämmerungswolke.
संध्याबलि m. Dämmerungsspende.
संध्याभ्र n. = संध्यापयोद.
संध्याय्, °यते der Dämmerung gleichen.
संध्यावन्दन n. Anbetung der Dämmerung, Morgen- o. Abendandacht.
संध्यासमय m. = संध्याकाल.
सन्न s. 1. सद्.
संनति f. Geneigtheit, Tiefe; Unterwerfung, Demut; Zuneigung, Gunst.
संनद्ध s. नह्.
संनय zusammenführend; m. Versammlung.
संनहन n. das Zusammenbinden; Band, Schnur, Rüstung (*auch abstr.*).
संनाद m. Getön, Geschrei.
संनादन durchtönend.
संनाह m. = संनहन; *auch* Kriegstüchtigkeit, waffenfähiges Alter.
संनिकर्ष m. Zusammenrückung, Nähe, Beziehung zu (—°).
संनिकाश m. Schein, Aussehen (*stets adj.* —°).
संनिकृष्ट (s. 1. कर्ष्) n. Nähe.
संनिधातर् m. Berger, Hehler (*eig.* Niederleger).
संनिधान n. Behälter, Nähe, Anwesenheit, das Vorhandensein.
संनिधि m. Nebeneinanderstellung, Nähe u. s. w. (= *vor.*). *Loc.* in der Nähe von, coram (*Gen.* o. —°).
संनिपात m. Zusammentreffen, Verbindung (*auch* = coitus), Fall, Tod.
संनिपात्य zu schleudern auf (*Loc.*).
संनिभ (—°) gleich, ähnlich.
सन्निमित्त n. ein gutes Vorzeichen; *adv.* aus gutem Grunde.
संनियन्तर् m. Bändiger, Strafer.
संनियोग m. Geheifs, Auftrag.
संनिरोध m. Hemmung, Einsperrung.
संनिवेश m. Niederlassung, Festsetzung, Gründung, Einrichtung, Stellung, Lage; Gestalt, Aussehen (*oft adj.* —°); Aufenthaltsort, Wohnung (*auch* °न n.).
संनिहित s. 1. धा.
संन्यास m. das Niederlegen, Aufgeben, Entsagung, *bes.* der Welt; das Niedergelegte, Depositum, anvertrautes Gut, Einsatz beim Spiel.
संन्यासिन् entsagend, aufgebend (—°); m. der Welt entsagt habend, Mönch.
सन्मङ्गल n. eine richtige Ceremonie (r.).
सन्मणि m. ein echtes Juwel.
सन्मन्त्र m. ein guter Spruch.
सन्मार्ग m. der rechte Weg (*übertr.*).
सन्मित्र n. ein guter Freund.
संन्यंस् (*Compar.*) älter; *vgl.* संनीयंस्.
सप्, सपति, °ते nachfolgen, dienen, huldigen. अभि *Med. dass.*
सप m. das männliche Glied.
1. सपक्ष m. Parteigenosse, Freund, Gefährte. *Abstr.* °ता f., °त्व n.
2. सपक्ष u. °क geflügelt.
सपङ्कज mit Lotus geschmückt.
सपत्न m. Nebenbuhler, Feind.
सपत्नक्षयण, f. ई Feinde verderbend.
सपत्नता f., °त्व n. Feindschaft.
सपत्नसाह, f. ई Feinde bezwingend.
सपत्नहन्, f. °घ्नी Feinde schlagend.
सपत्नी f. denselben Herrn o. Gemahl habend; Mitgemahlin, Nebenbuhlerin.
सपत्नीक nebst Frau(en).
सपत्नीजन m. die Mit- o. Nebenfrauen.
सपदि *Adv.* sogleich, alsbald.
सपद्म u. °क voller Lotusblüten.
सपरिच्छद nebst Gerät o. Gefolge.
सपरिजन mit Gefolge.
सपरितोषम् *Adv.* mit Befriedigung.
सपरिबाध behindert, eingeschränkt.*
सपरिवाह überfliefsend.*
सपरिहारम् *Adv.* mit Zurückhaltung, zögernd.*
सपरिषत्क samt Anhang.
सपर्य्, °र्यति dienen, huldigen, ehren.
सपर्या f. Huldigung, Verehrung.

1. संपीति f. Trinkgemeinschaft.

2. संपीति m. Trinkgenosse.

सपुत्र einen Sohn habend o. samt dem Sohne (*auch* °क).

सपुत्रिका *f.* samt der Tochter.

सपुरुष samt den Leuten.

सपुलक bei dem *o.* wobei sich die Härchen vor Aufregung sträuben; *n. adv.*

सपुष्प mit Blumen geschmückt.

सप्तक aus sieben bestehend. *m. n.* Woche; *n.* Siebenzahl, Septade. **f.* ई Frauengürtel.

सप्तकृत्वस् *Adv.* siebenmal.

सप्तगु sieben Rinder habend.

सप्तगुण siebenfach.

सप्तचक्र siebenräderig.

सप्तचत्वारिंशत् siebenundvierzig.

सप्तच्छद *m.* Siebenblatt (*N. einer Pflanze*).

सप्तजिह्व siebenzüngig; °जिह्वानन mit sieben Zungen im Munde (*Feuer*).

सप्ततन्तु siebenfädig.

सप्ततय, *f.* ई siebenteilig.

सप्तति *f.* siebzig.

सप्तथ, *f.* ई der siebente.

सप्तदश, *f.* ई der siebzehnte *o.* aus siebzehn bestehend.

सप्तदशधा *Adv.* siebzehnfach.

सप्तदशन् siebzehn.

1. सप्तद्वीप (°—) die sieben Inseln, *d. i* die Erde.

2. सप्तद्वीप aus sieben Inseln bestehend; *f.* आ die Erde.

सप्तद्वीपवन्त् = *vor. Adj.*; *f.* °वती = *vor. f.*

सप्तधा *Adv.* in sieben Teile(n), siebenfach o. -mal.

सप्तन् sieben, *auch* = sehr viel.

सप्तपत्त्र siebenblätterig; *m.* = सप्तच्छद *m.*

सफलय्, °यति gewinnreich machen, zur Geltung bringen, benutzen, geniefsen.
सफली कर् dass.; °भू Erfolg haben.
संबन्धु gleichen Stammes, verwandt; Verwandte o. Freunde habend.
सबर्दुघ, f. आ leicht Milch gebend.
सबर्दुह् (Nom. °धुक्) u. सबर्धु f. dass.
संबल kräftig, stark; samt dem Heere.
सबलवाहन mit Heer und Tross.
सबलात्कारम् Adv. mit Gewalt.*
सबहुमानम् Adv. voll Hochachtung,
सबाधस् Adj. bedrängt; Adv. dringend, eifrig.
सबाष्प voll Thränen; n. adv.
सबाह्यान्तःकरण mit seinen äufseren und inneren Organen (das Selbst).
सब्रह्मचारिन् m., °णी f. Mitschüler, -in.
सभय erschrocken; n. adv.
सभस्मन् mit Asche vermischt, erdig.
सभा f. Versammlungs-, bes. Spielhaus, Fürstenhof, Gerichtshalle, Einkehr für Reisende; Versammlung, Gesellschaft von (—°).
सभागत vor Gericht erschienen (j.).
सभाजन n. Ehrerbietung, Freundlichkeit.
सभाजय्, °यति, °ते beehren, erfreuen.
सभापति m. Vorsteher einer Versammlung.
सभापाल m. dass.
सभार्य samt der Frau.
सभासद् m. Mitglied einer Gesellschaft, Beisitzer, Richter.
सभासाह die Versammlung beherrschend.
सभिक m. Spielhausbesitzer.
सभेय in eine (gute) Gesellschaft passend, gewandt, anständig, fein.
सभ्य dass., in einer Gesellschaft befindlich. m. Hofmann, Beisitzer, Richter, Mitspieler,
सभ्रूभङ्ग mit verzogenen Brauen; n. adv.
सभ्रूभेदम् adv. = vor. adv.
सम् zusammen, zugleich (meist —° im Nomen u. Verb.).
1. सम irgend ein, jeder.
2. सम eben, gleich, ähnlich dem (Instr., Gen. o. —°) an (Instr., Loc., Adv. auf तस् o. —°); gleichmäfsig, unverändert; gerade, paar (Zahlen); normal, mittelmäfsig; harmlos, ehrlich. n. समम् adv. gleich, gleichzeitig, gerade, ganz (auch सम °—), zugleich mit (Instr. o. —°); auch Ebene, Gleichmäfsigkeit, Gleichmut. Instr. समेन adv. gleichmäfsig.
समकाल (°—) u. समकालम् adv. gleichzeitig.
समक्ष vor Augen liegend, sichtbar; °क्षम्, °क्षात्, °क्षतस् u. °क्षे öffentlich, Angesichts, in Gegenwart von (Dat., Gen. o. —°).
समग्र, f. समग्रा vollständig, ganz; n. alles.
समग्रवर्तिन् ganz gewendet auf (Loc.).
समङ्ग vollständig (eig. -gliederig).
समचित्त gleichmütig. Abstr. °त्व n.
समचेतस् = vor. Adj.
समञ्जस richtig, in Ordnung, trefflich.
समता f., समत्व n. Gleichheit, Ähnlichkeit mit (Instr., Gen. o. —°); Gleichmut, Gleichmäfsigkeit, Ordnung.
समत्सर unwillig, missgünstig.
समद् f. Streit, Kampf.
समद aufgeregt, brünstig.
1. समदन n. = समद्.
2. समदन verliebt.
समदर्शन auf alles mit gleichen Augen schauend (auch °दर्शिन्) o. gleich aussehend wie (—°).
समदुःख denselben Schmerz habend, mitleidig.
समदुःखसुख dieselben Leiden und Freuden habend.
समदेश m. ebener Boden.
समद्युति von gleichem Glanze mit (—°).
समद्वन् kampflustig.
समधा Adv. auf gleiche Weise wie (Instr.).
समधिक überschüssig, gesteigert, höher, stärker, mehr.
समन n. Zusammentreffen, Begegnung (freundl. u. feindl).
समनगा zur Versammlung gehend.
समनन्तर unmittelbar daneben befindlich o. darauf folgend (mit Abl. o. Gen.); n. adv. unmittelbar hinter o. darauf (Abl., Gen. o. —°).

**संमनस्** einmütig.
**समना** *Adv.* auf einmal, zusammen.
**समनुव्रत** gehorsam, ergeben (*Acc.*).
**संमन्त** zusammenhängend, benachbart, zusammengenommen, vollständig. *n.* **संमन्तम्** in der Nähe von (*Instr.*); **समन्तम्**, **समन्त** (°—), °**न्तात्**, °**न्ततस्** *u.* °**न्तेन** allerseits, ringsum.
**संमन्तिकम्** *Adv.* zusammengrenzend.
**समन्मथ** verliebt.
**समन्व** festlich.
**संमन्यु** (**समन्यु**) gleichgesinnt.
**समन्वय** *m.* unmittelbarer Zusammenhang.
**समभितस्** hin zu (*Acc.*).
**समभिधा** *f.* (*nur adj.* —°) Benennung.
**समभूमि** *f.* = **समदेश**.
**सममति** gleichmütig.
**समय** *m.* das Zusammenkommen, Verkehr mit (*Instr.*); Vereinbarung, Vertrag, Kontrakt, Gelöbnis, Verpflichtung, Bedingung, Termin, Frist, Gelegenheit, Umstände; Brauch, Regel, Satzung, Lehre.
**समयधर्म** *m.* vertragsmäſsige Verpflichtung, Stipulation (*j.*).
**समयपूर्वम्** *adv.* durch ein Gelöbnis.*
**समयभेदिन्** *u.* °**व्यभिचारिन्** einen Vertrag brechend.
**समया** (*Instr. adv.*) mitten durch, mitten in (*Acc.*, *selten Instr.*); halb, zur Hälfte (°—); *mit* **भू** dazwischen liegen.
**समयाचार** *m.* ein guter (*eig.* den Regeln entsprechender) Wandel.
**समयोचित** den Umständen angemessen; *n. adv.*
**समर** *m.* Zusammentreffen, Kampf.
**समरण** *n. dass.*
**समरभू** *u.* °**मि** *f.* Schlachtfeld.
**समरमूर्धन्** *m.*, °**शिरस्** *n.* Vordertreffen.
**समराङ्गण** *o.* °**ङ्गन** *n.* Schlachtfeld.
**समरेख** geradlinig, gerade.
**समर्थ** gleichbedeutend o. gleichwertig; jemd. gewachsen, etwas vermögend über (*Gen.*); entsprechend, angemessen (*Gen.* o. —°), tauglich, gut zu (—°), im Stande *o.* fähig zu (*Infin.*, *Loc.*, *Dat. o.* —°).
**समर्थता** *f.*, °**त्व** *n.* Fähigkeit, Vermögen.
**समर्थन** *n.* Betrachtung, Erwägung, Bestätigung, Begründung.
**समर्धन**, *f.* **ई** gelingen machend.
**समर्धुक** gelingend, geratend.
**समर्पण** *n.* das Auflegen, Hingeben, Verabreichung, Verleihung, Mitteilung.
**समर्य्**, *nur Partic.* **समर्यन्त्** kampflustig.
1. **समर्य** *n.* Versammlung, Gedränge, Kampf.
2. **समर्य** gedrängt voll, umringt, festlich.
**समर्यजित्** im Kampfe siegend.
**समर्याद** begrenzt, bestimmt; *n. adv.*
**समल** fleckig, schmutzig.
**समवतार** *m.* ein heiliger Badeplatz.
**समवर्ण** gleich an Kaste.
**समवस्था** *f.* Lage, Zustand, Verhältnis.
**समवस्रव** *m.* Abfluss.
**समवाय** *m.* Zusammenkunft, Versammlung, Verbindung, Gemeinschaft; Zusammenhang, Inhärenz (*ph.*).
**समवृत्त** gleichmäſsig rund; *n.* ein Metrum mit lauter gleichen Pâdas.
**समवृत्ति** (stets) gleichmäſsig handelnd.
**समवेक्षण** *n.* Besichtigung.
**समशस्** *Adv.* zugleich, gleichzeitig.
**समशील** *u.* °**लिन्** gleich an Gewohnheiten *o.* Charakter.
**समश्नुव**, *f.* **ई** erreichend.
**संमष्टि** *f.* das Erreichen; Aggregat, Gesamtding. *Abstr.* °**ता** *f.* (*ph.*).
**समसर्वगुण** gleichmäſsig alle Tugenden besitzend.
**समस्त** *s.* 2. **अस्**.
**समस्तधातृ** *m.* der Allerhalter.
**समस्तव्यस्तरूपक** *n.* Art Metapher (*rh.*).
**समस्थ** in glücklichen (*eig.* ebenen) Verhältnissen lebend (*opp.* **विषमस्थ**).
**समस्था** *f.* Vereinigung.
**समह** *Adv.* irgendwie, so oder so.
**समा** *f.* Jahr.
**समांश** *m.* gleicher Anteil; *Adj.* einen gleichen A. erhaltend, *auch* °**शक** (*f.* °**शिका**) *u.* °**शिन्**.

समांस fleischig, Fleisch-.
समाकुल erfüllt, voll von (*Instr.* o. —°), verwirrt, bestürzt.
समाक्रमण *n.* das Betreten.
समाख्या *f.* Benennung, Name.
समाख्यान *n.* *dass.*, Mitteilung, Bericht.
समागम *m.*, °न *n.* Zusammenkunft, Vereinigung (*auch geschl.*), Versammlung, Begegnung.
समाचार *m.* das Verfahren, Herkommen Brauch, Sitte, Art und Weise.
समाज *m.* Versammlung, Gesellschaft Menge.
समादान *n.* das Empfangen, Aufsichnehmen
समादेय zu empfangen.
समादेश *m.* Anweisung, Geheiſs.
समाधान *n.* das Anlegen (*des Feuers*), das Zurechtbringen, Gutmachen; Aufmerksamkeit, Andacht.
समाधानरूपक *n.* Art Metapher (*rh.*).
समाधि *m.* Zusammensetzung, Verbindung, Vollbringung, Beilegung, Gutmachung, Rechtfertigung; Aufmerksamkeit, Vertiefung, Andacht.
समाधिमन्त् aufmerksam, andächtig.
समान, *f.* ई *u.* आ gleich, identisch, übereinstimmend mit (*Instr.*, *Gen.* o —°); gemeinsam, gesamt. *m.* Standes- o. Altersgenosse. समान (°—) *u. n. adv.*
2. समान *m.* einer der Winde im menschlichen Körper.
समानकाल gleichzeitig, von gleicher Dauer
समानगुण gleiche Vorzüge habend.
समानगोत्र zu demselben Geschlechte gehörig.
समानजन *m.* Standesgenosse.
समानजन्मन् gleichen Ursprungs *o.* Alters
समानजाति *u.* °जातीय gleichartig.
समानतस् *Adv.* gleichmäſsig *o.* gemeinschaftlich.
समानता *f.* Gleichheit.
समानत्र *Adv.* auf derselben Stelle.
समानत्व *n.* = समानता.
समानप्रतिपत्ति von gleicher Einsicht, gleich vernünftig.

= समापिन्.

**समालभन** *n.* Salbe; **°हस्त** mit Salbe in der Hand, S. tragend.
**समालम्भ** *m.* das Ergreifen, Schlachten.
**समालम्भन** *u.* **°हस्त** = **समालभन** *u.* **°हस्त**.
**समालाप** *m.* Unterredung.
**समालिङ्गन** *n.* Umarmung.
**समालोक** *m.*, **°न** *n.* Anblick.
**समावच्छस्** *Adv.* gleichmäſsig.
**समावन्त्** gleich groſs, gleich viel; *n.* **°वत्** *adv.*
**समावर्त** *m.*, **°न** *n.* Heimkehr.
**समावह** (—°) herbeiführend, bringend.
**समावाय** *m.* = **समवाय**.
**समावेश** *m.* das Hineintreten, Zusammen fallen, Zusammenbestehen.
**समाशिर्** gemischt.
**समाश्रय** *m.* Anschluss, Verbindung, Zu flucht, Wohnsitz, Aufenthalt, Beziehung.
**समाश्लेष** *m.*, **°ण** *n.* Umarmung.
**समाश्वास** *m.* das Aufatmen, Ruhigwerden Trost; **°न** *n.* Tröstung.
**समास** *m.* Zusammenfassung, Verbindung; Compositum (*g.*). *Instr.* insgesamt, *auch* = *Abl. u.* **°तस्** gedrängt, in Kürze.
**समासान्त** *m.* ein an Composita tretendes Suffix (*g.*).
**समासोक्ति** *f.* kurze Ausdrucksweise (*rh.*)
**समाहार** *m.* Ergreifung, Zusammenfassung, Menge.
**समाहित** *s.* 1. **धा**.
**समाहितमति** aufmerksamen Geistes.
**समाहितिका** *f. Frauenname.**
**समाह्वय** *m.* Herausforderung, Wette beim Tierkampf.
**समाह्वान** *n.* das Herbeirufen, *auch* = *vor*
**समित्** *f.* Zusammenstoſs, Kampf.
**समित** gemessen; gleich viel messend gleichkommend (*Instr.* o. —°).
**समिति** *f.* Zusammenkunft, Versammlung, Beratung, *auch* = **समित्**.
**समितिंजय** siegreich im Kampfe.
**समितिशोभन** herrlich im Kampfe.
**समित्पाणि** Brennholz in den Händen haltend.
**समिथ** *n.* Zusammenstoſs, Schlacht.
**समिद्ध** *s.* **इध्**.
**समिद्धि** *f.* das Brennen.
**समिद्वन्त्** reich an Brennholz *o.* das Wort **समिध्** enthaltend.
**समिध्** flammend. *f.* Brennholz, Brand;

**समिष्** *f.*
**समिष्टि** *f.*

**समुच्छ्रय** aufschiefsend, lebendig. *m.* Aufrichtung, Steigung, Erhebung, Höhe; Steigerung, Erregung.

**समुच्छ्वसित** (*s.* **श्वस्**) *n.* das Atemholen.

**समुज्ज्वल** glänzend, strahlend von (—°).

**समुत्क** sehnsüchtig nach (—°).

**समुत्कर्ष** *m.* Vorrang.

**समुत्थ** entstanden, herstammend aus, sich zeigend in o. an (—°).

**समुत्थान** *n.* das Aufstehen, Entstehung, Erhebung, Unternehmung, Steigerung, Vermehrung, Heilung. *Mit* **संभूय** gemeinschaftliche Unternehmung, Association (*j.*).

**समुत्पत्ति** *f.* Entstehung, Ursprung.

**समुत्सर्ग** *m.* Ausstofsung, Entlassung.

**समुत्सारण** *n.* das Verscheuchen, Vertreiben.

**समुत्सुक** aufgeregt, sehnsüchtig, verlangend zu o. nach (*Inf.* o. —°). *Abstr.* **°ता** *f.*, **°त्व** *n.*

**समुदय** *m.* (*n.*) Vereinigung, Ansammlung, Einkommen, Einkünfte, Erfolg, Gelingen.

**समुदाचार** *m.* Darbringung, Bewirtung, Aufwartung, Huldigung, Anrede.

**समुदाय** *m.* Vereinigung, ein Ganzes.

**समुद्ग** *u.* **°क** *m.* runde Dose, Schachtel.

**समुद्गम** *m.* Aufgang, das Hervorkommen Aufsteigen.

**समुद्देश** *m.* Anweisung, Lehre; Ort, Gegend.

**समुद्धत** *s.* 1. **हन्**.

**समुद्धरण** *n.* das Herausziehen, Wegschaffen; *ausgebrochene Speise.

**समुद्धार** *m.* das Herausziehen, Wegschaffen Errettung.

**समुद्भव** *m.* Entstehung, Ursprung; *adj.* —° entstanden aus.

**समुद्यम** *m.* Erhebung; Bemühung, Eifer in (*Loc.*, *Dat.* o. —°).

**समुद्योग** *m.* Gebrauch, Vorbereitung, Anstrengung.

1. **समुद्र॑** *m.* Wassermasse, *entw.* die Flut in der Höhe *o.* See, Meer (*4*, *auch 3* o. *7 angen.*).

2. **समुद्र** versiegelt.

*समुद्रगृह

समुद्रग॑ m

समुद्रज्येष्ठ

समुद्रतस

समुद्रतीर

समुद्रार्थ

समुद्रिय

समुन्मूलन

समुपार्जन

संमल Wu

संमृति *f.*

संमृद्ध *s.*

संमृद्धि *f.*

संपराय *m.* Tod; Kampf, Schlacht.

संपर्क *m.* Verbindung, Berührung.

संपा *f.* das Zusammentrinken.

संपात *m.* Flug, Fall, Sturz, Zusammenstoſs; Erscheinung, Eintritt.

संपाति *m. N. eines fabelhaften Vogels.*

संपातिन् zusammenfliegend, herabfallend.

संपादक verschaffend, bewirkend.

संपादन, *f.* ई *dass.*, *n.* das Verschaffen, Ausführen, Hervorbringen, Besorgen.

संपादयितृ, *f.* °त्री Verschaffer, -in.

संपादितत्व *n.* die Ausführung von Seiten des (—°).

संपारण bis ans Ende reichend o. zum Ziele führend. *n.* das Vollenden.

संपारिन् hinüberführend.

संपीड *m.* Druck (*auch* °न *n.*); *f.* आ Qual, Pein.

संपुट *u.* °क *m.* runde Dose.

संपुटिका *f. dass.*

संपुष्टि *f.* Gedeihen.

संपूजन *n.*, °पूजा *f.* Verehrung.

संपूज्य zu ehren.

संपूर्ण *s.* 1. पृ; *Abstr.* °ता *f.* Vollständigkeit.

संप्रणेतृ *m.* Führer.

संप्रतापन *n.* das Erhitzen, eine best. Hölle.

संप्रति *Adv.* gerade gegenüber (*Acc.*), richtig, genau, eben jetzt.

संप्रतिपत्ति *f.* Erlangung, Erfassung; Einverständnis mit (—°).

संप्रतीक्ष्य zu erwarten.

संप्रत्यय *m.* Übereinkunft, Vertrauen auf (—°), Verständnis.

संप्रदातृ *m.* Geber, Spender.

संप्रदान *n.* das Geben, Ausgeben (*der Tochter*); Gabe, Geschenk; die beteiligte Person (*g.*).

संप्रसारण *n.* das A
lösung eines Ha
und dieser selbs

संप्रहार *m.* Kampf

संप्रहास *m.* Gelächt

संप्राप्ति *f.* Ankunft
Teilhaftwerdung

संप्रिय einander liel

संप्रीति *f.* Freude,
Liebe.

संप्रेप्सु anstrebend, r

संप्रेरण *n.* Aufforder

संप्रेषण *n.* Abschick

संप्रैष *m.* Aufforderu

संप्रोक्षण *n.* Bespreng

संप्लव *m.* Zusamme
Getümmel; Unte
Ende.

संफुल्ल aufgeblüht.

संफेट *m.* Wortgefec

संबन्ध *m.* Verbind
Beziehung, Rela
schaft o. Freund
*u. ohne* सह, *Loc*
Verwandter, Fre

संबन्धिता *f.*, °त्व *n.*

संबन्धिन् zusammen
verwandt mit, gel

संबन्धु *m.* ein Angeh

संबल *s.* शम्बल *u.* सं

संबाध *m.* Gedränge,

संबुद्धि *f.* Zuruf; der V
Endungen (*g.*).

संबोध *m.* Erkenntni

संबोधन erweckend;

संबोध्य aufzuklären,

संभर zusammenbring

**संभरण** *n.* Zusammenbringung, Sammlung.
**संभर्त** *m.* Freiwerber.
**संभव** (**संभव**) *m.* Vereinigung, Beiwohnung; das Enthaltensein in (*Loc.*); Entstehung, Ursprung; Grund, Ursache; Erscheinung, Eintritt, Dasein, Möglichkeit. *Oft adj.* —° enthalten in, entstanden, geworden, bereitet aus, bewirkt durch.
**संभवन** *n.* das Entstehen, Werden.
**संभविन्** möglich.
**संभार** *m.* Herbeischaffung, Zurüstung, Zubehör; Fülle, Menge, Stärke, Macht, Vermögen, Besitz.
**संभार्य** zusammenzutragen, zuzurüsten.
**संभावना** *f.* (°**न** *n.*) das Versammeln, Herbeischaffen, Antreffen, Finden; Berührung, Ehrenerweisung, Hochachtung, Annahme, Voraussetzung.
**संभावनागुण** *m.* eine ganz besondere Ehrenerweisung.
**संभावनीय** zu beehren, mitzumachen; zu erschliefsen, vorauszusetzen, wahrscheinlich.
**संभावयितव्य** *dass.*
**संभावित** (*s.* **भू**) *n.* Vermutung.
**संभाव्य** zu ehren; anzunehmen, vorauszusetzen, wahrscheinlich; angemessen, passend.
**संभाष** *m.*, °**ण** *n.* Unterredung, Unterhaltung mit (*Instr. mit u. ohne* **सह**, *Gen. o.* —°).
**संभाषिन्** sich unterhaltend.
**संभाष्य** zur Unterhaltung geeignet.
**संभूति** *f.* Entstehung (*adj.* —° stammend von), Wachstum, Gedeihen.
**संभृत** *s.* **भृ**.
**संभृति** *f.* Zurüstung, Vorbereitung.
**संभृत्य** = **संभार्य**.
**संभेद** *m.* Trennung, Entzweiung; Vereinigung, Verbindung, Gemisch.
**संभोग** *m.* Genuss; das Pflegen der Liebe mit (—°).
**संभोगवन्त्** Genüsse habend.
**संभोगिन्** sich gegenseitig geniefsend.
**संभोग्य** zu geniefsen.
**संभोज** *m.* Nahrung.
**संभोजन** *n.*, **ई** *f.* ein gemeinsames Mahl.
**संभोज्य** was man essen o. mit dem man zusammen essen darf.
**संभ्रम** *m.* Verwirrung, Aufregung, Hast, Eifer (*auch* °**भ्रान्ति** *f.*); Irrtum, Wahn.
**संमत** (*s.* **मन्**) *n.* Meinung, Ansicht.
**संमति** *f. dass.*, Einwilligung, Zustimmung, Ehrerweisung.
**संमद्** *m.* Freude.
**संमदिन्** erfreuend.
**संमनस्** einig.
**संमर्द** *m.* Druck, Gestampf, Anprall, Zusammenstofs, Kampf.
**संमर्शन** *n.* das Bestreichen.
**संमा** *f.* Gleichmafs, Gleichzahl.
**संमातर्** (**संमातर्**) dieselbe Mutter habend.
**संमान** *m.* das Ehren.
**संमानन** *n.*, °**ना** *f. dass.*
**संमाननीय** *u.* °**मान्य** zu ehren, ehrenwert.
**संमार्ग** *m.* das Wischen, Reinigung; Wisch. Grasbüschel.
**संमार्जन** *n. dass.*; *f.* **ई** Besen.
**संमित** *s.* 3. **मा**.
**संमिश्र** gemischt, behaftet, versehen mit (*Instr. o.* —°).
**संमिश्ल** *dass.* (*Instr. o. Loc.*).
**संमीलन** *n.* das Schliefsen (der Augen).
**संमुख**, *f.* **ई** (**आ**) das Gesicht zuwendend; zugekehrt, zugeneigt (*Gen. o.* —°). *n.* **संमुखम्** *adv.* entgegen, gegenüber, ins Gesicht, coram (*Gen.*); **संमुख** (°—) *u. Loc. dass.*
**संमुखी कर्** gegenüber stellen; °**भू** g. treten.
**संमुखीन** zugekehrt, zugeneigt.
**संमूढ** *s.* **मुह्**; *Abstr.* °**ता** *f.*, °**त्व** *n.* = **संमोह**.
**संमेघ** *m.* die Wolkenzeit.
**संमेलन** *n.* Zusammenkunft, Vereinigung.
**संमोह** *m.* Besinnungslosigkeit, Unklarheit, Verblendung, Bethörung.
**संमोहन**, *f.* **ई** verwirrend, bethörend; *n.* das Irreführen, Bethören.
**सम्यक्** *s.* **सम्यञ्च्**.
**सम्यक्ता** *f.*, °**त्व** *n.* Richtigkeit.
**सम्यक्पालन** *n.* rechter Schutz.

ständig, durchaus.

**सम्राज्** (*Nom.* **सम्राट्**) *m.* Allherrscher (*Bein. versch. Götter*), Oberherr, König. *f.* **सम्राज्ञी** Oberherrin.

**सयत्न** bemüht, bestrebt zu (*Infin.*).

**सयत्व** *n.* Verbindung, Befestigung.

**सयन** *n.* das Binden.

**सयावक** mit Lack bestrichen.

**सयावन्**, *f.* °**वरी** mitgehend, begleitend.

**सयुत्क** *n.* Verbundenheit.

**सयुग्वन्** verbunden; *m.* Begleiter.

**सयुज्** *dass.*

**सयोनि** eines Ursprungs mit (*Instr.*). *Abstr.* **सयोनिता** *f.*, °**त्व** *n.*

**सयौवन** jugendlich.

**सृ**, **सिसर्ति**, **सरति** (°**ते**) rennen, fliefsen, eilen (**वाजम्** *u.* **आजिम्** wettlaufen); sich begeben zu, losgehen auf, setzen über (*Acc.*). *p.p.* **सृत**. *Caus.* **सारयति** laufen lassen, *Med.* **सरयते** ins Fliefsen kommen. *Desid.* **सिसीर्षति** laufen wollen. *Intens.* **सरीसर्ति** hinundherschreiten. **अनु** zu- *o.* nachlaufen, folgen, verfolgen, sich richten nach, gelangen zu (*Acc.*). *p.p.* **अनुसृत** *act. u. pass.*; *auch* begleitet von (*Instr. o.* —°). **अप** herabgleiten von (*Abl.*), sich entfernen, zurückweichen, vergehen. *p.p.* **अपसृत** sich entfernt habend, losgekommen von (*Abl.*). *Caus.* fortschaffen, entfernen, hinauswerfen. **अधि** herbeieilen, hinzutreten, losgehen auf (*Acc.*), jemd. (*Acc.*) einen Liebesbesuch machen. **समव** herabsteigen; zurücktreten vor (*Abl.*)*. **आ** herbeieilen, losgehen auf (*Acc.*). **उद्** sich entfernen; *Caus.* fort-

he
vo
sic
wä
üb
प्र
ve
lau
au
bre
ein
(A
sei
sicl
auf
geb
वि
aus
her
*Geb*
*d. i*
hine
**सर** flü
fall.
**सरक** *n*
**सरघ्** (
**सरङ्ग** f
**सरजस**
sehe
**सरट्** *s.*
**सरट** *m*
**सरण** la
**सरणि** *j*
**सरण्यु** fl
*Toch*
1. **संरथ**

संरेतस् samt dem Samen.
सरोग krank. *Abstr.* °ता *f.*
सरोज = सरसिज (*auch n.*).
सरोजनेत्र lotusäugig.
सरोजिनी *f.* Lotuspflanze, -gruppe o. -teich.
सरोरुह *n.* = सरसिरुह.
सरोरुहिणी = सरोजिनी.
सरोष zornig; *n. adv.*
सर्ग *m.* Schuss, Guss, Strahl, Strom, Schwarm, Schar, Herde; Entlassung, die (primäre) Schöpfung, Geschöpf Wesen, Natur; Vorsatz, Entschluss, Wille; Kapitel (*im Kunstepos*).
सर्गतक्त *o.* °प्रतक्त im Schuss dahinfahrend, hinschiefsend.
1. सर्ज्, सर्जति knarren.
2. सर्ज्, सृजति, °ते, सर्जति loslassen, schleudern, werfen, ergiefsen, senden; aus sich entlassen *d. i.* erschaffen, hervorbringen; herbeischaffen, verleihen; anwenden, gebrauchen. *p.p.* सृष्ट losgelassen u. s. w., verbunden mit (—°), voll von (*Instr.*), entschlossen zu (*Loc. o. Dat.*). *Caus.* सर्जयति, °ते. *Desid.* सिसृक्षति, °ते schleudern *o.* erschaffen wollen. अति fortschleudern, loslassen; *Med.* darüber hinaus *d. i.* als etwas Höheres erschaffen. अनु entlassen, entsenden, hinterher schaffen *o.* schaffen nach (*Acc.*). अभि schleudern, ausgiefsen, loslassen, gewähren lassen. *p.p.* अभिसृष्ट losgelassen, hineilend· gestattet, erlaubt *o.* der die Erlaubnis bekommen hat. अव schleudern, entsenden, strömen lassen, freigeben, gewähren; *Med.* sich entlassen *d. i.* zurücktreten, abdanken. *p.p.* अवसृष्ट geschleudert, abgeschossen u. s. w. आ her-

schiefsen, giefsen auf (*Loc.*), ° zulassen, herbeischaffen. उद् schleudern, ausgiefsen, auslassen (*den Zorn*), entlassen, verabschieden, freigeben, fortwerfen, verstofsen, verschmähen; aufgeben, überlassen, spenden. समुद् schleudern, von sich geben, ausstofsen, hinwerfen, verlassen. उप schleudern, ergiefsen, aussenden; zulassen, anfügen; behaften, heimsuchen, plagen. *p.p.* उपसृष्ट geschleudert u. s. w., heimgesucht, geplagt, besessen von (*Instr. o.* —°), verfinstert (*Gestirn*); mit einer Präposition versehen (*g.*). नि, निसृष्ट geschleudert, geworfen, freigelassen, verabschiedet, ermächtigt, verliehen. निस् ausgiefsen, entlassen, befreien, wegschaffen. प्र loslassen, ausschütten, aufgeben. वि fortschleudern, hinwerfen, entlassen, entsenden, ausschicken, von sich geben, loslassen, freimachen (*Med. auch refl.*), verlassen, verstofsen, aufgeben; überlassen, übergeben, verleihen, gewähren; schaffen, hervorbringen. *Caus.* schleudern, richten (*den Blick*), entlassen, schicken; verstofsen, fahren lassen, freigeben, verschonen, aufgeben u. s. w. (= *Simpl.*). सम् zusammenbringen, vereinigen; *Med. Pass.* sich verbinden (*auch* = coire) mit (*Instr.*), begaben, teilhaft machen. *p.p.* संसृष्ट gesammelt, verbunden (*bes.* zu Gütergemeinschaft), gemischt mit (*Instr.* o. —°).

सर्ज *m.* Dreher (—°); *N. eines Baumes u. seines Harzes.*

सर्जन *n.* das Überlassen, Abtretung; Schöpfung.

सर्जरस *m.* ein best. Harz (*vgl.* सर्ज).

सर्णीक *n.* Wasser.

सर्तर् *m.* Läufer.

सर्तवे *u.* सर्तवै *Dat. Inf. zu* सर्.

सर्प्, सर्पति (°ते) schleichen, gleiten, schlüpfen, kriechen; *p.p.* सृप्त· अति *u.* अधि hingleiten über (*Acc.*). अनु nach o. entlang schleichen. अप zurücktreten, weichen, अभि heranschleichen (*Acc.*). अव hinuntergleiten, zurückweichen. अन्वव nachgleiten, folgen. आ herbeischleichen. उपोद् hervorkriechen. उद् *dass.*, sich erheben, hervorgehen aus (*Abl.*); *p.p.* उत्सृप्त gestiegen, aufgegangen (*Sonne*). उप heranschleichen, herbeikommen, sich nähern (*auch geschl.*), sich hinbegeben zu, geraten in, stofsen auf (*Acc.*), an etwas gehen, anfangen zu (*Infin.*). निस् *u.* विनिस् hinausschleichen. परि umherschleichen, umwandeln (*Acc.*). प्र hinschleichen, beschleichen (*Acc.*), hervorbrechen, sich verbreiten. वि einherschleichen, auseinander gehen, sich zerstreuen, sich ausbreiten. सम् sich hinschleichen, herantreten zu (*Acc.*).

सर्प, *f.* ई schleichend, kriechend. *m.* Schlange, Schlangendämon; *f.* ई. *Abstr.* सर्पता *f.*, °त्व *n.*

सर्पण *n.* das Schleichen; Leisegehen (*r.*).

सर्पदष्ट *n.* Schlangenbiss.

सर्पमुद्रक *n.* Ring mit einem Schlangensiegel.*

सर्पराज *m.* Schlangenkönig.

सर्पराज्ञी *f.* Schlangenkönigin.

सर्परूपिन् wie eine Schlange gestaltet.*

सर्पविद् schlangenkundig.

सर्पविद्या *f.*, °वेद *m.* Schlangenkunde.

सर्पविनाशन *n.* Vernichtung der Schlangen.

सर्पविवर *m. n.* Schlangenhöhle.

सर्पसत्त्र *n.* Schlangenopfer.

सर्पि *m. Mannsname.*

सर्पिन् (—°) schleichend, streichend.

सर्पिरन्न Schmalz essend.

सर्पिरासुति Schmalz schlürfend.

सर्पिस् *n.* zerlassene Butter, Schmalz.

सर्पी *s.* सर्प.

सर्पेश्वर *m.* Schlangenfürst.

सर्म *m.* das Fliefsen.

सर्व ganz, vollständig, all, jeder; *Pl.* alle, सर्वेऽपि alle insgesamt (*vgl. u.* अपि); *n.* Alles, das All.

सर्वसह alles ertragend, geduldig; *f.* आ die Erde.

1. सर्वकाम *m. Pl.* alle Wünsche.

2. सर्वकाम alles wünschend o. alle Wünsche erfüllend. *m. Mannsname.*

**सर्वकामिक** *u.* **°कामिन्** alle Wünsche erfüllend *o.* aller Wünsche teilhaftig.

**सर्वकाल** (°—) *u.* **सर्वकालम्** *adv.* zu jeder Zeit, stets.

**सर्वग** *u.* **°गत** überall befindlich, allgegenwärtig, allseitig.

**सर्वंकष** hart, grausam (*eig.* jedermann schindend).

**सर्वचरु** *m. N. eines Mannes.*

**सर्वजन** *m.* jedermann.

**सर्वजन्मन्** von jeder Art.

**सर्वजित्** allsiegend.

**सर्वज्ञ** allwissend. *Abstr.* **°ता** *f.*, **°त्व** *n.*

**सर्वज्ञातर्** *dass., Abstr.* **°ज्ञातृत्व** *n.*

**सर्वज्ञानमय** alles Wissen enthaltend.

**सर्वत्** allseitig.

**सर्वतनु** *u.* **°तनू** ganz an Leib *o.* Person.

**सर्वतस्** *Adv.* von, auf *o.* nach allen Seiten, überall, vollständig, ganz und gar; *ringsum (*mit Acc.*).

**सर्वताति** *f.* Ganzheit, Vollkommenheit; *Loc.* **°ताता** insgesamt, durchaus.

**सर्वतोदिशम्** *Adv.* nach allen Richtungen *o.* von a. R. her.

**सर्वतोभद्र** durchweg lieblich.

**सर्वतोमुख**, *f.* **ई** (mit dem Gesicht) nach allen Seiten gekehrt; allseitig, vollständig.

**सर्वत्र** *Adv.* überall, jederzeit.

**सर्वत्व** *n.* Ganzheit, Vollständigkeit.

**सर्वथा** *Adv.* jedenfalls, unter allen Umständen, durchaus, ganz und gar.

**सर्वद** allspendend.

**सर्वदमन** *m.* Allbändiger, *Bein. des Bharata.*

**सर्वदर्शन** *u.* **°दर्शिन्** allsehend.

**सर्वदा** *Adv.* allzeit, immer.

**सर्वदेवमय**, *f.* **ई** alle Götter in sich enthaltend *o.* bedeutend, hochheilig.

**सर्वद्रग** *u.* **°गत** = **सर्वग** *u.* **°गत.**

**सर्वधर्ममय** alle Gesetze in sich fassend.

**सर्वधर्मविद्** alle Gesetze kennend.

**सर्वधा** alllabend.

**सर्वनर** *m.* jedermann.

**सर्वनामन्** *n.* Pronomen (*g.*).

**सर्वनाश** *m.* vollständiger Mangel *o.* Untergang.

**सर्वनियन्तर्** *m.* Allbändiger. *Abstr.* **°न्तृत्व** *n.*

**सर्वपति** *u.* **°प्रभु** *m.* Allherr.

**सर्वप्रायश्चित्त**, *f.* **ई** alles gut machend; *n.* = *folg.*

— *o. Pl.*);

**सर्वविद्**

**सर्वविद्य**

सर्वहुत् u. सर्वहुत ganz geopfert.

सर्वहृद् n. das ganze Herz; *Instr.* °हृदा von ganzem Herzen.

1. सर्वाङ्ग n. (*adj.* —° *f.* ई) der ganze Körper; *Pl.* alle Glieder.

2. सर्वाङ्ग, *f.* ई alle Glieder habend, vollständig.

सर्वाङ्गीण den ganzen Körper durchdringend *o.* erfreuend.

1. सर्वात्मन् *m.* die ganze Person, das ganze Wesen; die Seele von allem, die Weltseele (*ph.*). *Instr.* mit ganzer Seele, ganz und gar.

2. सर्वात्मन् *u.* सर्वात्मन् vollständig an Person *o.* Wesen.

सर्वानवद्याङ्ग, *f.* ई von ganz tadellosem Körper.

सर्वानुक्रम *m.* vollständiges Verzeichnis.

सर्वानुक्रमणिका *u.* °क्रमणी *f. dass.*

सर्वाभाव *m.* das Fehlen jedermanns, *Loc.* wenn niemand da ist.

सर्वायु alles Leben habend *o.* gebend.

सर्वायुष *u.* सर्वायुस् *n.* das ganze Leben.

1. सर्वार्थ *m. Pl.* alle Dinge.

2. सर्वार्थ zu allem dienlich.

सर्वार्थसाधक alles zu Stande bringend.

सर्वार्थसिद्ध = सर्वसिद्धार्थ.

सर्वावन्त् alles enthaltend.

सर्वावास *u.* °सिन् überall wohnend (*Çiva*).

सर्वाशिन् alles geniefsend. *Abstr.* °श्नि *n.*

सर्वाह्ण *m.* der ganze Tag.

सर्वेश *m.* der Allgebieter.

सर्वेश्वर *m. dass., Abstr.* °त्व *n.*

सर्वोपरम *m.* das Aufhören von allem; *Abstr.* °त्व *n.*

सर्वौषध aus allerlei Kräutern bestehend; *n.* alle Kräuter.

सर्वौषधि *f. Sgl. Pl.* = *vor. n.*

सलिलकर्मन् *n.*, °ग

(*eig.* Wasserwerk

सलिलज wassererzeu

सलिलधर *m.* Wolke

सलिलनिधि *m.* Meer

सलिलपति *m. Bein.*

gebieter).

सलिलसरक Napf mi

सलिलाशय *m.* Wass

सलील spielend, tänd

सलोक denselben V

mit (*Gen. o. Instr*

सलोकता *f. Abstr. z.*

सलोभ habgierig.

सलोमन् mit dem Str

लोमन्).

सश्लोक *m. Pl.* gute M

1. सव *m.* Kelterung,

2. सव *m.* Anreger;

Belebung; Einwei

1. सवन *n.* Somakel

*Tage*), Somafest, (

drei Tageszeiten.

2. सवन *n.* das Antre

3. सवन samt den Wä

सवनकर्मन् *n.* = 1. सव

सवनीय zur Somaspe

सवयस् gleiche Kra

habend; *m.* Alters

सवयस *u.* °यस्क gleic

सवर्ण von gleicher F

Kaste, gleichartig,

—°); homogen (*g.*

सवासस् bekleidet, mi

सवासिन् zusammen w

सविकल्प *u.* °क Vers

differenziert (*ph.*).

सविक्लवम् *Adv.* bestü

**सवितृ** *m.* Erreger, Beleber; *N. eines Gottes, sp.* der Sonnengott.
**सवितर्क** nachdenklich; *n. adv.*
**सवित्त** samt der Habe.
**सविची** *f.* Hervorbringerin, Mutter.
**सविद्युत्** von Blitzen begleitet (*Wolke*).
**सविद्युत** *n.* Donnerwetter.
**सविध** von derselben Art; *n.* Nähe.
**सविधी कृ** in die Nähe bringen; °**भू**—kommen.
**सविनय** gebildet, bescheiden; *n. adv.*
**सविमर्श** überlegend; *n. adv.*
**सविलक्षम्** *adv.* beschämt, verlegen.
**सविशेष** Besonderheiten habend, aufserordentlich, ungewöhnlich; °— *u. n. adv.* ganz besonders, vorzugsweise.
**सविशेषकौतूहलम्** *Adv.* besonders festlich.*
**सविशेषण** mit näheren Bestimmungen *o.* Attributen versehen, °**रूपक** *n.* eine solche Metapher (*rh.*).
**सविश्रम्भ** vertraulich *o.* vertraut.
**सविष** giftig, vergiftet.
**सविषाद** bestürzt; *n. adv.*
**सविस्तर** ausführlich, umständlich; *n. adv.*
**सविस्मय** erstaunt; *n. adv.*
**सवीमन्** *n.* Antrieb, Geheifs (*nur Loc.*).
**सवीर्य** gleiche Kraft habend.
**सवृषण** behodet.
**सवेग** heftig, ungestüm; *n. adv.*
**सवेताल** von einem Vetâla besessen.
**सवेदस्** von gleicher Habe.
**सवेपथु** zitternd.
**सवैलक्ष्य** beschämt, verlegen; *n. adv.*
**सवैलक्ष्यस्मितम्** *adv.* mit verlegenem Lächeln.
**सव्य** link. **सव्य** (°—), **सव्यम्**, **सव्येन**, **सव्या** *u.* **सव्ये** *adv.* links. *m.* der linke Arm, die l. Hand *o.* der l. Fufs. *n.* die heilige Schnur (*über der linken Schulter getragen*).
**सव्यतस्** *Adv.* links, auf der unrechten Seite.
**सव्यथ** bekümmert, betrübt.
**सव्यसाचिन्** auch mit der linken Hand geschickt (*Vishṇu-Kṛshṇa o. Arjuna*).
**सव्याज** falsch, verstellt; *n. adv.*
**सव्यापार** beschäftigt.
**सव्यावृत्** sich nach links wendend.
**सव्येतर** recht (anders als link).
**सव्रण** wund, schadhaft.
**सव्रत** dasselbe Gesetz habend.
**सव्रीड** schamhaft, verlegen; *n. adv.*
**सशङ्क** besorgt, ängstlich; *n. adv.*
**सशब्द** geräuschvoll, laut; *n. adv.*
**सशर** bepfeilt (*Bogen*), samt dem Pfeile.
**सशरचापहस्त** den Bogen mit dem Pfeile in der Hand haltend.
**सशल्य** (durch eine Pfeilspitze) verwundet, gequält.
**सशिरःकम्पम्** *Adv.* unter Kopfschütteln.
**सशिरस्** *o.* °**स्क** samt dem Kopfe.
**सशिष्य** samt den Schülern.
**सशेष** einen Rest lassend, unvollständig; *Abstr.* °**त्व** *n.*
**सशोक** betrübt, traurig; *n. adv.*
**सश्च्**, **सश्चति** (*s.* **सच्**); *Partic.* **सश्चत्** *m.* Verfolger, Feind.
**सश्रद्ध** vertrauensvoll.
**सश्रीक** prachtvoll, schön. *Abstr.* °**ता** *f.*, (°**त्व** *n.**).
**सश्लाघम्** *Adv.* prahlend.
**सश्वास** atmend, lebend.
**सस्**, **सस्ति**, **ससस्ति** *o.* **सस्स्ति** schlafen, daliegen, unthätig sein.
**सस** Kraut, Gras.
**ससंरम्भ** zornig; *n. adv.*
**ससंशय** zweifelhaft (*act. u. pass.*).
**ससखीजना** *f.* samt den Freundinnen.
**ससंकेत** mit dem man etwas verabredet hat, mitwissend, eingeweht.
**ससचिव** samt dem Minister.
**ससत्त्व** mutig; Lebewesen enthaltend, voll von Tieren (*Grube*), *f.* **आ** schwanger.
**ससंतान** samt der Nachkommenschaft.
**ससभ्य** samt den Richtern.
**ससंभ्रम** aufgeregt, ungestüm; *n. adv.*
**ससाक्षिक** vor Zeugen geschehend; *n. adv.*
**ससागर** samt dem Meere.
**ससाध्वस** bestürzt; *n. adv.*
**ससाध्वीक** samt der Arundhatî (*eig.* dem guten Weibe).
**ससितोत्पलमालिन्** mit weissen Lotusblüten bekränzt.

**ससुत nebst den Söhnen *o.* Kindern.**

**सस्त्रीक** mit Frauen; samt der Gattin *o.* verheiratet.

**सस्नि** verschaffend, erwerbend, spendend (*Superl.* **°तम**).

**सस्नेह** ölhaltig *o.* liebevoll; *n. adv.* zärtlich

**सस्पृह** verlangend, begehrlich; *n. adv.*

**सस्मित** lächelnd; *n. adv.*

**सस्यं** *n. Sgl. u. Pl.* Saat, Feldfrucht, Getreide.

**सस्यक्षेत्र** *n.* Saatfeld.

**सस्यपूर्ण** reich an Saaten; *mit* **क्षेत्र** *n.* = *vor*

**सस्यरक्षक** *m.* Feldhüter.

**सस्यावाप** *m.* Saatbestellung.

**सस्रं**, **संस्रि**, **सस्रुत्** *u.* **संस्रोतस्** fliefsend.

**सस्वन** geräuschvoll, laut; *n. adv.*

**सस्वर्** *Adv.* unvermerkt, heimlich.

**सस्वर** gleichlautend; *n. adv.* laut.

**सस्वाहाकार** von dem Zuruf Svâhâ begleitet.

**सस्वेद** schwitzend.

1. **सह्**, **संहते** (**°ति**) bewältigen, siegreich sein, vermögen zu (*Infin.*); aushalten, ertragen, dulden, sich gefallen lassen. *Partic.* **संहमान**, **साह्वंस्** *u.* **सासह्वंस्** bewältigend, siegreich. *p.p.* **साढ** *u.* **सोढ** *Caus.* **साहयति** (erträglich machen*), *sonst nur* —°. *Desid.* **सीक्षति**, **°ते** bezwingen wollen. **अभि** bewältigen, ertragen, verzeihen. **उद्** aushalten, ertragen, über sich gewinnen, vermögen, im Stande sein zu (*Inf.*). *Caus.* jemd (*Acc.*) zu etw. (*Loc.*) vermögen *o.* antreiben. **प्रोद्** *Caus.* = *vor. Caus.*; aufmuntern, reizen. **प्र** besiegen, fertig werden mit (*Acc.*); aushalten, ertragen; vermögen, können (*Inf.*). *Ger.* **प्रसह्य** mit Gewalt, gar sehr, jedenfalls, durchaus, *mit Neg.* durchaus nicht. **वि** (**विषहते**; *p.p.* **विषोढ**, *Inf.* **विषोढुम्**) überwältigen, bezwingen; ertragen, leiden, verzeihen; vermögen, können (*Infin.*).

2. **सह्** (*st.* **साह्**) bewältigend, tragend (—°)

1. **सहं** *Adv.* zusammen, zugleich (*oft* °— *in Subst. u. Adj.*); *Präp.* mit, samt nebst (*Instr.*).

2. **सहं** gewaltig, stark; bezwingend, aushaltend, **ertragend (*Gen. o.* —°), vermögend, im Stande zu (*Inf. o.* —°).**

**सहकर्तृ** *m.* **Gehilfe.**

**सहकार** *m.* Beistand; eine Art Mango. *Abstr.* **°ता** *f.*

**सहकारिता** *f.*, **°त्व** *n. Abstr. zum folg.*

**सहदण्ड**

**सहदेव**

**सहयुक्त** *mit* **सह** verbunden (*g.*).

**सहर्ष** erfreut, fröhlich; *n. adv.*

t Wagen.
t Männern *o.* Helden.
nsame Gelübde habend; *f.* °आ

las Zusammenliegen.
*ass.*
tig, stark. *n.* Gewalt, Kraft,
*str. Sgl. u. Pl.* mit Gewalt,
t; plötzlich, sofort (*nur Sgl.*).
altig, mächtig.
सहसिन् (*nur Voc.*) *dass.*
ıft verleihend.
räftigt, angeregt.
: habend.
श्रुत dabei stehend, anwesend,
rte.
tig.
) tausend; *auch* = sehr viele,

. *dass.*; *adj.* —° (*f.* °स्रिका)
ıetragend.
ıusendköpfig.
die Sonne (tausendstrahlig).
*m. dass.*
*Adv.* tausendmal.
ıend Kühe besitzend; *auch* =

°गुणित tausendfach.
tausendäugig.
°चक्षुस् *dass.*
usend besiegend *o.* gewinnend.
Führer von Tausend(en).
.ausend Wege habend.
ıusend Weisen kennend.
ई der tausendste.
end (Kühe) gebend.
tausend (Kühe) als Opferlohn
. schenkend.
ाहस्रद्.
°दावन् tausendgabig.
त = सहस्रकर.
.usendthorig.

सहस्रधार tausendströmig.
सहस्रनयन tausendäugig. *m. Bein. Indra's.*
सहस्रनामन्, *f.* °नाम्नी tausendnam

स N.

सहस्र

सहस्र
सहस्र
सह

स

स
स स
ह

**सहायता** f., °त्व n. Genossenschaft, Beistand.

**सहायवन्त्** einen Gefährten habend, begleitet o. begünstigt von (—°).

**सहायिन्** m. = **सहाय**; f. °नी Gefährtin.

**सहावन्** gewaltig, stark.

**संहावन्त्** u. **सहावन्त्** *dass.*

**सहास** lachend; *n. adv.*

**सहासन** *n.*, **सहास्था** *f.* das Zusammensitzen.

**सहित** verbunden, vereinigt, zusammen mit (*Instr. o.* —°). *Pl.* alle zusammen. *Abstr.* °त्व *n.*

**सहिष्ठ** (*Superl.*) gewaltigst.

**सहिष्णु** ertragend, aushaltend (*Acc.*, *Gen. o.* —°), geduldig, nachsichtig. *Abstr.* °ता *f.*

**सहीयंस्** (*Compar.*) gewaltiger, stärker.

**संहूरि** überlegen, gewaltig.

**संहूति** *f.* gemeinsame Anrufung.

**संहृदय** samt dem Herzen, Herzens- (*Freund*); herzlich, gefühlvoll.

**सहोक्ति** *f.* das Zusammensprechen; eine Art Gleichnis (*rh.*).

**सहोजा** krafterzeugt.

**सहोजित्** durch Kraft siegend.

**सहोढ** (*vgl.* **ऊढ**) den Raub bei sich habend (*Dieb*); in die Ehe mitgebracht (*Sohn*); *f.* zu gleicher Zeit verheiratet.

**सहोदर**, *f.* **आ** *u.* **ई** demselben Leibe entsprossen, leiblich.

**सहोदा** Macht verleihend.

**सहोभरि** Kraft nährend.

**संहोवन्** gewaltig, mächtig.

**सहोवृध्** machtfroh.

**सहौजस्** kraftbegabt.

**सह्य** zu ertragen, auszuhalten; *m. N. einer Gegend.*

**संह्यंस्** = **संहीयंस्**.

**सह्यता** *f.* Erträglichkeit.

**संह्यु** *u.* **संह्वन्** gewaltig.

1. **सा** *s.* **सन्**.

2. **सा**, **स्यति**, °**ते** (*nur* —°), **सिनाति** (**सिनाति**) binden; *p.p.* **सित** gebunden, verbunden mit, begleitet von (*Instr. o.* —°). *Caus.* **साययति** (*nur* —°). **अव** ab- (*Loc.*); bestehen auf, Gewissheit erlangen über (*nur Pass.* **अवसीयते**). *p.p.* **अवसित** *act.* der ausgespannt o. **Halt** gemacht hat, der von etw. abgelassen o. etw. aufgegeben hat (*Abl. o.* —°);

**उद्व** au

**पर्यव**, *p.p.* **पर्यव**-

**साकंयुज्**

**साकंवृध्**

**साकंजं** zu

**साकूत** bedeutsam; *n. adv.*

**साकेत** *n.* die Stadt Ayodhyâ; *m. Pl.* die Bewohner von A.

**साक्षर** Buchstaben enthaltend.

**साक्षात्** *Adv.* mit Augen, deutlich, offenbar, wirklich, leibhaftig, unmittelbar. *Mit* **कर्** sich vergegenwärtigen.

**साक्षात्कार** *m.* Vergegenwärtigung, Wahrnehmung.

**साक्षात्कृति** *u.* **°क्रिया** *f. dass.*

**साक्षिक** (*adj.* —°) = **साक्षिन्**; *n.* vor, coram (—°).

**साक्षिता** *f.*, **°त्व** *n. Abstr. z. folg.*

**साक्षिन्** Zuschauer, Zeuge bei *o.* von (*Gen. Loc. o.* —°).

**साक्षिमन्त्** Zeugen habend (*j.*).

**साक्षी कर्** zum Zeugen anrufen; **°भू** - werden

**साक्षेप** vorwurfsvoll, schmähend; *n. adv.*

**साक्ष्य** sichtbar für (—°); *n.* Zeugenschaft Zeugnis, Aussage (*j.*).

**साख्य** *n.* Genossenschaft, Partei, Freundschaft.

**सागर** *m.* das Meer; *m. Pl.* die Söhne Sagara's (*angebl. die Gründer des Meeres*)

**सागरक** *m. Pl. Volksname* (*eig.* Meeresanwohner); *f.* **°रिका** *Frauenname.*

**सागरग** ins Meer gehend; *f.* **आ** Fluss *bes.* die Gaṅgâ.

**सागरगामिन्** = *vor. Adj.*

**सागरपर्यन्त** meerumgrenzt; *f.* **आ** die Erde

**सागरवासिन्** am Meer wohnend.

**सागरशुक्ति** *f.* Meermuschel

1. **सागरान्त** *m.* Meeresküste.

2. **सागरान्त** meerumgrenzt; *f.* **आ** die Erde.

**सागराम्बर** meerumkleidet, *f.* **आ** = *vor. f.*

**सागरिकामय** voll von Sâgarikâs.*

**सागस्** schuldig, böse.

**साग्नि** mit dem Feuer.

**साग्निक** mit Agni.

**साग्र** mit der Spitze; *auch* = **समग्र**.

**सांकाश्य** *m. N. eines Mannes; n. einer Stadt*

**सांख्य** den Numerus betreffend (*g.*). *m.* Anhänger des Sâṃkhya-Systems (*ph.*); *m.* das S.-System (*eig.* die Zählmethode).

**साङ्ग** *u.* **साङ्ग** mit den Gliedern, Teilen *o.* Anhängen, vollständig.

**साद्य** zum Reiten dienlich; *m.* Reitpferd.

**साध्**, **साधति**, **°ते** zum Ziele kommen *o.* führen. *Caus.* **साधयति** (**°ते**) in Ordnung bringen, schlichten, jemd. bearbeiten *d. i.* sich dienstbar machen; ausführen, zubereiten, besorgen, verschaffen, erlangen, gewinnen, eintreiben (*Geld*); aufbrechen, gehen. **उप** *Caus.* sich dienstbar machen, zubereiten. **परि** *Caus. dass.*, eintreiben (*Geld*). **प्र** *Caus.* zurechtmachen, schmücken, putzen, ausführen, vollenden, erwerben, gewinnen, in seine Gewalt bringen. **सम्** *Caus.* bezwingen, ausrichten, vollbringen, verschaffen, erlangen, eintreiben (*Geld*).

**साध** *m.* Ausführung.

**साधक**, *f.* **°धिका** zu Stande bringend, ausführend (*Gen. o.* —°), wirksam (*Superl.* **°तम**), zweckmäfsig. *m.* Verrichter, Gehilfe, Zauberer.

**साधन**, *f.* **ई** *u.* **आ** zum Ziele führend, hervorbringend, verschaffend, bewirkend (*Gen. o.*—°) *n.* Vollendung, Ausführung, Bewältigung, Gewinnung, Eintreibung (*einer Schuld*), Beweis, Mittel, Werkzeug, Erfordernis, Requisit.

**साधनक्षम** beweisfähig.

**साधनता** *f.*, **°त्व** *n.* das Mittel- *o.* Beweissein.

**साधनीय** auszuführen, zu beweisen.

**साधर्म्य** *n.* Gemeinsamkeit, Gleichartigkeit, Übereinstimmung mit (*Gen. o.* —°).

**साधारण**, *f.* **ई** *u.* **आ** gemeinsam, gemein mit, teilhabend an (*Gen.*, *Dat.*, *Instr. o.* — °); allgemein, gleich (*Instr. o.* —°). *n.* Gemeingut, Gemeinschaft mit (— °).

**साधिष्ठ** *u.* **साधीयंस्** *Superl. u Compar. z. folg.*

**साधु**, *f.* **साध्वी** gerade, richtig, heilsam, tüchtig, brav, trefflich, edel, gut. *m.* Biedermann. *f.* **साध्वी** ein braves Weib. *n.* das Gerade, Rechte, Gute; *adv.* geradeaus, richtig, ordentlich, gut, recht, bravo (*als Ausruf*), *mit* **मन्** gut heifsen, billigen.

**साधुजन** *m.* guter Mann (gutes Mädchen*).

**साधुता** *f.*, **°त्व** *n.* **Richtigkeit, Güte.**

**साधुभाव** *m.* **Gutmütigkeit.**

**साधुया** *Adv.* geradeswegs, richtig, ordentlich, gut.

**साधुवाद** *m.* Bravoruf *o.* richtige Rede.

**साधुवादिन्** Beifall rufend *o.* richtig redend.

**साधुवृत्त** schön rund *o.* wohlgesittet.

**साधुशब्द** *m.* Beifallsruf.

**साधुशील** von gutem Charakter.

**साधुसंस्कृत** ordentlich zurechtgemacht.

**साध्य** zu bewältigen, zu gewinnen, gut zu machen, wiederherzustellen, zu heilen; zu erreichen, auszuführen; ausgeführt werdend *d. i.* stattfindend, geschehend; zu erschliefsen, zu beweisen. *m. Pl.* eine best. Götterklasse.

**साध्यप्रमाणसंख्यावन्त्** die Anzahl der zu erweisenden Sachen und der Beweise enthaltend (*j.*).

**साध्यवन्त्** das zu Beweisende enthaltend.

**साध्या** *Adv.* = **साधुया**.

**साध्वस** *n.* Bestürzung, Scheu, Angst vor (*Gen. o.* —°).

**साध्वसाधु** gut oder (und) schlecht.

**साध्वसारंभ** *n.* ängstliches Beginnen.

**साध्वाचार** *m.* ein guter Wandel; *Adj.* einen g. W. führend, redlich.

**साध्वीक** (*adj.* —°) = **साध्वी**; *s.* **साधु**.

**सानन्द** froh, erfreut über (—°); *n. adv.*

**सानसि** gewinnreich.

**सानाथ्य** *n.* Beistand, Schutz, Hilfe.

**सानु** *m. n.* Oberfläche, Rücken; *bes.* Bergrücken.

**सानुक** beutegierig.

**सानुकम्प** mitleidsvoll; *n. adv.*

**सानुक्रोश** *dass.*, *Abstr.* **°ता** *f.*

**सानुग** *u.* **सानुचर** (*f.* **ई**) mit Gefolge.

**सानुताप** reuevoll.

**सानुनय** freundlich; *n. adv.*

**सानुबन्ध** Folgen habend; fortwährend, ununterbrochen.

**सानुमन्त्** mit einem (Berg-) Rücken versehen. *m.* Berg; *f.* **°मती** *N. einer Apsaras.*

**सानुराग** leidenschaftlich, verliebt.

**सानुशय** reuevoll; *n. adv.*

**सानुशयविघटित** reuig und zerrissen.

**सांतपन** wärmend, warm (*die Marut*).
**सान्तर्दीप** innen ein Licht habend.
**सान्तर्हास** innerlich lachend; *n. adv.*
**सान्त्व** *n. Sgl. u. Pl.* freundliche Worte °तस् mit f. Worten.
**सान्त्वन** *n.*, °ना *f.* freundliches Zureden.
**सान्त्वय्**, °यति *u.* °यते jemd. (*Acc.*) freundlich zureden; besänftigen, trösten अभि, उप *u.* परि *dass.*
**सान्द्र** dick, zäh, dicht, stark, heftig, voll von (*Instr. o.* —°); weich, zart. *Abstr.* °ता *f.*
**सान्द्रस्पर्श** weich anzufühlen.
**सांध्य** Dämmerungs-, abendlich.
**सांनाय्य** *n.* eine aus süſser und saurer Milch gemischte Spende (*r.*).
**सांनाहिक** *o.* °ह्नक waffenfähig.
**सांनिध्य** *n.* Nähe, Anwesenheit, Gegenwart.
**सान्वय** nebst Familie *o.* zu derselben F. gehörig, verwandt, einander nahestehend.
**सापत्न** nebenbuhlerisch.
**सापत्नक** *n.* Nebenbuhlerschaft, Feindschaft
**सापत्न** nebenbuhlerisch; *n.* = *vor.*
**सापराध** schuldig, fehlerhaft.
**सापिण्ड्य** *n.* das Sapiṇḍa-Verhältnis.
**सापेक्ष** rücksichtsvoll; erfordernd, voraussetzend, abhängig von (—°). *Abstr* °ता *f.*, °त्व *n.*
**सांप्त** *u.* **साप्त** *n.* Siebenzahl.
**साप्तपद** (*vgl.* सप्त°) aufrichtig, wahr.
**साप्तपदीन** *dass.*, *n.* Freundschaft.
**साफल्य** *n.* Nutzen, Vorteil, Gewinn.
**साबाध** leidend, krank.
**साभिकाम** liebend, verliebt.
**साभिप्राय** eine bestimmte Absicht habend.
**साभिमान** hochmütig, stolz; *n. adv.*
**साभिलाष** begehrlich, lüstern; *n. adv.*
**साभ्र** bewölkt.
**साम** *n.* Gleichheit.
**सामक** *n.* die ursprüngliche Schuld (*j.*).
**सामग** *o.* °गा *m.* Sâman-Sänger.
**सामगान** *n.* Sâman-Gesang.
**सामगाय** *m.*, °गीत *n. dass.*
**सामग्री** *f.* Gesamtheit, ganze Habe.
**सामग्र्य** *n. dass.*
**सामतस्** *Adv.* von Seiten der Sâman.
1. **सामन्** *n.* Erwerb, Besitz.

**सांपरायिक**, *f.* **ई** *u.* **आ** auf das Jenseits bezüglich; in der Not dienlich, den Kampf betreffend.

**सांप्रत** treffend, richtig; gegenwärtig. *n.* Gegenwart, *adv.* jetzt, augenblicklich.

**साम्ब** *m. N. eines Sohnes des Kṛshṇa.*

**सांबन्धिक** *n.* Verschwägerung, Gevatterschaft.

**सांमनस्य** *n.* Einmütigkeit.

**सांमुख्य** *n.* das Hingewandtsein an, Bedachtsein auf (—°)

**सांमेघ्य** *n.* die Wolkenzeit.

**साम्य** *n.* Gleichheit, Ähnlichkeit, Übereinstimmung mit (*Instr. mit u. ohne* **सह**, *Gen., Loc. o.* —°); Gleichmut, Harmonie. *Adj.* sich gleich bleibend, gewöhnlich, normal.

**साम्यता** *f.* Gleichheit mit (*Gen. o.* —°).

1. **साम्राज्य** *n.* All- *o.* Oberherrschaft.

2. **साम्राज्य** *m.* All- *o.* Oberherrscher.

**सायं** *n.* Einkehr; Abend. **सायम्** *adv.* Abends, *dopp.* jeden Abend.

**सायक** zum Schleudern tauglich. *m. n* Geschoss, Pfeil.

**सायंकाल** *m.* Abendzeit.

**सायंकालिक** *u.* **°कालीन** abendlich.

**सायण** *m. N. eines berühmten Commentators.*

**सायणमाधव** *u.* **सायणाचार्य** *m. dass.*

**सायन्तन**, *f.* **ई** abendlich.

**सायंनिवास** *m.* Abendwohnung.

**सायमाश** *m.*, **°न** *n.* Abendessen.

**सायंप्रातर्** *Adv.* Abends und Morgens.

**सायास** mühevoll, beschwerlich.

**सायाह्न्** *n.* (*nur* **°ह्नि**) *u.* **सायाह्न** *m.* Abend

**सायुज्य** *n.* Gemeinschaft, Vereinigung, *bes* die V. mit einer Gottheit (*Gen., Loc., Instr. o.* —°) nach dem Tode.

**सायुज्यता** *f.*, **°त्व** *n. dass.*

**सायुध** bewaffnet.

1. **सार** verscheuchend (—°); *m.* Lauf Gang

2. **सार** *m. n.* der innere feste Kern eines Körpers; Mark, Kraft, Wert, Vermögen, Reichtum; das Beste, die Hauptsache, Quintessenz von (—°). *Adj.* hart, fest, stark, kostbar, best.

**सारघ** von der Biene kommend. *m.* Biene; *n.* Honig.

**सारङ्ग** *u.* **सारङ्ग**, *f.* **सारङ्गी** bunt, gefleckt. *m.* eine Antilopenart (*adj.* —° *f.* **आ**); *Bez. versch. Vögel.*

**सारङ्गलोचना** *f.* eine Gazellenäugige.

**सारिस**
**साह्रप्य**

voll. m. Handelsgesellschaft, Karawane, Gesellschaft, Schar, Menge *überh.*

**सार्थक** Gewinn bringend *o.* bedeutungsvoll. *Abstr.* °ता *f.*, °त्व *n.*

**सार्थपति** *m.* Karawanenführer, Handelsherr.

**सार्थपाल** *u.* °वाह *m. dass.*

**सार्थिक** mit (einer Karawane) -reisend; *m.* Reisender, Kaufmann.

**सार्द्र** feucht, nass.

**सार्ध** nebst der Hälfte *o.* plus ein halb. *n.* **सार्धम्** *adv.* zusammen, nebst, mit (*Instr. o.* —°).

**सार्प** *Adj.* Schlangen-; *n. Bez. eines Mondhauses.*

**सार्व** allen heilsam.

**सार्वकामिक,** *f.* **ई** alle Wünsche gewährend.

**सार्वकाल** *u.* °**कालिक** für alle Zeiten geltend.

**सार्वधातुक** an die ganze (erweiterte) Wurzel tretend (*g.*).

**सार्वभौम** über die ganze Erde verbreitet *o.* herrschend.

**सार्वलौकिक** in der ganzen Welt verbreitet, allbekannt.

**सार्ष्ट** gleichwertig.

**सार्ष्टि** *dass.*; *f. u.* °ता *f. Abstr.*

**साल** *m.*=2. **शाल** *m.*

**सालक** gelockt, lockig.

**सालकानन** *n.* Sâlawald *u.* Lockenantlitz.

**सालक्तक** mit Lack bemalt.

**सालस** matt, träge.

**सालावृक** *m.* Wolf *o.* ein anderes Raubtier.

**साव** *m.* Somaspende.

**सावचारण** samt der Anwendung.

**सावज्ञ** geringschätzig, verächtlich, absprechend gegen (*Loc.*); *n. adv.*

**सावद्य** tadelhaft

**सावधान** aufmerksam; *n. adv.*

**सावधि** begrenzt.

**सावमान** geringschätzig.

**सावयव** aus Teilen bestehend. *Abstr.* °त्व *n.*

**सावरण** verschlossen, versteckt, heimlich.

**सावलेप** hochmütig, stolz.

**सावशेष** einen Rest lassend, unvollständig.

**सावष्टम्भ** entschlossen, keck; *n. adv.*

**साविक** auf die Somakelterung bezüglich.

**साशङ्क** besorgt, ängstlich;

**साश्चर्य** verwunderungsvoll

—°).

**सास्र** = **साश्रु**.

2. सि schleudern; *nur* प्र, *p.p.* प्रसित dahinschiefsend.

सिंह *m.* Löwe; Fürst, Beherrscher von, Bester unter (—°); *Mannsn. f.* सिंही Löwin. *Abstr.* सिंहता *f.*, °त्व *n.*

सिंहग्रीव löwennackig.

सिंहचर्मन् *n.* Löwenfell.

सिंहद्वार् *f.*, °द्वार *n.* Löwen-, *d. i.* Palastthor.

सिंहध्वनि *u.* सिंहनाद *m.* Löwengebrüll, Schlachtgeschrei, Herausforderung.

सिंहपराक्रम *m. Mannsname.*

सिंहपुर *n. N. einer Stadt.*

सिंहरव *m.* = सिंहध्वनि.

सिंहल *m. Pl.* die Bewohner von Ceylon; *Sgl.* die Insel C. selbst.

सिंहशाव *u.* °शिशु *m.* Löwenjunges.

सिंहाय्, °यते sich wie ein Löwe benehmen.

सिंहासन *n.* Löwensitz, Thron.

सिंहिका *f. N. einer Pflanze, auch Frauenn. (mythol.).*

सिंही कर् zum Löwen machen; °भू — werden.

सिकता *f.* Kies, Sand.

सिक्त *s.* 1. सिच्.

सिक्ति *f.* das Giefsen, Erguss.

सिक्थ *m. n.* gekochter Reis; *n.* Wachs.

1. सिच्, सिञ्चति, °ते ausgiefsen, ergiefsen (*bes. den Samen*), begiefsen, besprengen; giefsen (*aus Metall u. s. w.*). *p.p.* सिक्त. *Caus.* सेचयति begiefsen. अभि hingiefen, begiefsen, besprengen, weihen. *Med. Pass.* sich baden, sich weihen (lassen); *p.p.* अभिषिक्त begossen, gebadet, geweiht. *Caus.* begiefsen, weihen; *Med.* (*mit u. ohne* आत्मानम्) sich weihen lassen. अव ergiefsen, begiefsen. *Caus.* begiefsen, besprengen, Blut entziehen. आ eingiefsen, einfüllen, ab- *o.* aus- übermütig, stolz. उप begiefsen, aufgiefsen. नि niedergiefsen, einträufeln, begiefsen. निस् ab- *o.* weggiefsen. परा *dass.*, entfernen, beseitigen. परि umgiefsen (*d. h. in ein anderes Gefäfs bringen*), übergiefsen, begiefsen. *Caus.* benetzen, besprengen. प्र ausgiefsen *o.* begiefsen; *Pass.* ausfliefsen, sich ergiefsen. सम् zusammengiefsen; begiefsen *o.* besprengen.

2. सिच् *f.* Saum, Zipfel, Ende; Flügel (*eines Heeres*).

सिचय *m.* Tuch, Kleid.

सिञ्ज्, सिञ्जा, सिञ्जित *s.* शिञ्ज् u. s. w.

1. सित *s.* सा *u.* सि.

2. सित weifs, hell; rein, lauter.

सितकमल *n.* weifse Lotusblüte.

सितकर *m.* der Mond (Weifsstrahlige).

सिततेजस् von weifsem Licht.

सितदीधिति *m.* = सितकर.

सितपक्ष *m.* die lichte Monatshälfte.

सितपीत weifs und gelb.

सितमणि *m.* Krystall.

सितमनस् reinen Herzens.

सितरक्त weifs und rot.

सितांशु *m.* = सितकर.

सितातपत्र *n.* weifser Sonnenschirm.

सितातपवारण *n. dass.*

*सितापाङ्ग *m.* Pfau.*

सिताभ्र *m.* eine weifse Wolke; Kampher.

सिताम्बर weifs gekleidet.

सितासित weifs und schwarz.

सितिमन् *m.* Weifse.

सितेतर schwarz (anders als weifs).

सितोत्पल *n.* weifse Lotusblüte.

1. सिद्ध *s.* 1. सिध्.

2. सिद्ध (*s.* 2. सिध्) vollkommen, wunderkräftig, Meister in (—°). *m.* ein Vollendeter, Seliger, Seher, Zauberer; *Pl. Volksname. n.* Zauberkraft.

**सिद्धक्षेत्र** *n.* das Land der Siddhas *o.* der Seligen.

**सिद्धभूमि** *f.* Zauberland.

**सिद्धमन्त्र** *m.* Zauberspruch.

**सिद्धयोग** *m.* Zaubermittel. **°योगिनी** *f.* Zauberin, Hexe.

**सिद्धलक्ष** das Ziel treffend.

**सिद्धाञ्जन** *n.* Zaubersalbe.

1. **सिद्धादेश** *m.* Aussage eines Sehers.

2. **सिद्धादेश** *m.* Seher, Wahrsager.

**सिद्धान्त** *m.* letztes Ziel; endgültiger Satz; astronomisches Lehrbuch.

**सिद्धान्तकौमुदी** *f.*, **°शिरोमणि** *m. T. von Werken.*

**सिद्धाभीष्ट** das Erwünschte erreicht habend, zufrieden.

**सिद्धार्थ** der seinen Zweck erreicht hat. *m.* weiſser Senf; *weltl. N. Buddha's.*

**सिद्धार्थमानिन्** seinen Zweck erreicht zu haben meinend.

**सिद्धाश्रम** *m.* die Einsiedelei der Seligen.

**सिद्धि** *f.* das ans Ziel Gelangen, Zustandekommen, Gelingen; Vollendung, Erfolg, Glück, Vollkommenheit, Zaubermacht; das Sichergehen, Folgen, Bewiesensein.

**सिद्धिकर** *o.* **°कारक** Glück *o.* Vollendung bringend.

**सिद्धिक्षेत्र** *n.* Vollendungsstätte; Ort des Heils.

**सिद्धिदर्शिन्** die Vollendung schauend prophetisch.

**सिद्धिमन्त्** vollkommen, glücklich, zaubermächtig.

**सिद्धिमन्त्र** *m.* Zauberspruch.

**सिद्धियोग** *m.* Anwendung von Zaubermacht.

**सिद्धीश्वर** *m.* Herr der Zauberkraft (*Çiva*).

**सिद्धौषध** *n.* Zauberkraut.

1. **सिध्**, **सेधति**, **°ते** scheuchen, vertreiben. *p.p.* **सिद्ध**. *Caus.* **सेधयति** (—°). **अप** wegtreiben, verjagen, abwehren. **आ**, *p.p.* **आसिद्ध** verhaftet; *Caus.* verhaften lassen (*j.*). **नि** (**षेधति**) hemmen, vertreiben, abwehren, verbieten. *Caus* abwehren, zurückhalten. **प्रति** vertreiben, abhalten von (*Abl.*), zurückhalten, ver-

सिन्दूर
सिन्धु *m.*

सिषासनि u. सिषासु dass.
सिष्णु zu spenden bereit.
सिसृक्षा f. Schaffenslust.
सिसृक्षु schaffen wollend.
सीता f. Furche; *N. der angebl. aus einer F. entstandenen Tochter Janaka's u. Gattin Râma's.*
सीताद्रव्य n. Ackerwerkzeug, Pflug.
सीधु m. Rum, *übertr.* = Nektar.
सीधुपान n. das Rumtrinken
सीम् *(encl.) verallgemeinernd u. explet., meist nach einer Präpos. oder einem Pron., auch als Acc. geltend.*
सीमन् m. Scheitel. *f.* Grenze, Streifen (*auch n. u.* सीमन्त *m.*); Hodensack.
सीमन्तक, *f.* °न्तिका gescheitelt.
सीमन्तय्, °यति scheiteln, durchschneiden.
सीमन्तवन्त् gescheitelt, durchschnitten.
सीमन्तिन् *dass., f.* °नी Weib.
सीमन्तोन्नयन *n.* das Scheitelziehen *(r.)*.
सीमलिङ्ग *n.* Grenzzeichen.
सीमा *f.* Scheitel, Grenze.
सीमाधिप *m.* Grenzwächter.
सीमान्त *m.* Grenze, Schranken.
सीमालिङ्ग *n.* = सीमलिङ्ग.
सीमाविवाद *m.* Grenzstreit.
सीमावृक्ष *m.* Grenzbaum.
सीर *n. m.* Pflug.
सीरवाह den Pflug ziehend.
सीरा *f.* Strom.
सीरिन् pflügend; *m.* Pflüger.
सीवन *n.* das Nähen.
सीस *u.* सीसक *n.* Blei.
1. सु, सुनोति, सुनुते auspressen, keltern (*den Soma*). *Partic.* सुन्वन्त् *m.* Kelterer, Opferer. *p.p.* सुत *s. bes.* अभि (षुणोति) = *Simpl.* प्र fortkeltern. सम् gleichzeitig keltern.
2. सु, सू *Adv.* gut, wohl, recht; *oft* °— *in Adj., Adv. u. Subst.* (*opp.* दुस्).
सुकर leicht ausführbar, leicht zu *(Inf.)*.
1. सुकर्मन् *n.* ein gutes Werk.
2. सुकर्मन् geschickt; *m.* Werkmeister.
सुकलत्र *n.* eine gute Gattin.
सुकल्प leicht zu machen.
सुकवि *m.* ein guter Dichter.
सुकविता *f.* gute Poesie.
सुकान्त sehr schön, reizend.
1. सुकीर्ति *f.* schöner Preis.
2. सुकीर्ति schön zu preisen, preislich.
सुकुचा *f.* gut gebrüstet *(Weib)*.
सुकुमार, *f.* ई zart. *Abstr.* °ता *f.*, °त्व *n.*
1. सुकुल *n.* ein edles Geschlecht.
2. सुकुल aus edlem Geschlecht.
सुकृत् Gutes thuend, redlich, fromm.
1. सुकृत *n.* Gutthat, Tugend, Verdienst; Dienst, Gefälligkeit.
2. सुकृत recht gemacht, wohlbestellt, schmuck.
सुकृतकर्मन् *n.* gutes Werk; *Adj.* einem g. W. obliegend, tugendhaft.
सुकृतकृत् = *vor. Adj.*
सुकृति *f. u. Adj.* = सुकृतकर्मन् *n. u. Adj.*
सुकृतिन् gut handelnd, tugendhaft, glücklich, gebildet.
सुकृत्य *n.* gutes Werk, Pflicht.
सुकृत्या *f.* rechtes Thun, Geschick.
सुकृत्वन् recht thuend *o.* geschickt.
सुकेत wohlmeinend.
सुकेतु sehr hell.
सुकेश, *f.* ई schöne Haare habend.
सुकेशान्त *dass.*
सुक्रतु einsichtsvoll, geschickt.
सुक्रतूया *f.* Einsicht.
सुक्षत्र wohl waltend.
सुक्षिति *f.* guter Sitz, Sicherheit.
1. सुक्षेत्र *n.* ein schönes Gefilde.
2. सुक्षेत्र schöne Gefilde habend *o.* gewährend.

**सुषेम** *n.* Friede, Sicherheit.

**सुख** bequem, leicht, *im Rigveda nur Beiwort des Wagens, oft Superl.* **सुखतम**; *sp. überh.* angenehm, behaglich, leicht zu (*Loc.*). *n.* Behagen, Lust, Glück; *auch impers.* leicht zu (*Inf.*) *u.* = **सुख** (°—) *u.* **सुखेन** *adv.* behaglich, angenehm, bequem, ohne Mühe. *Abstr.* **सुखता** *f.*, °**त्व** *n.*

**सुखग्राह्य** leicht zu fassen (*auch übertr.*).

**सुखघात्य** leicht zu töten.

**सुखद** Lust gewährend.

**सुखदुःख** *n. Sgl.* Freude und Leid.

**सुखप्रतिबन्धिता** *f.* Feindschaft gegen das Glück.

**सुखप्रत्यर्थिता** *f. dass.*

1. **सुखप्रसव** *m.* glückliche Niederkunft.

2. **सुखप्रसवा** *f.* glücklich gebärend.*

**सुखमार्जन** *n.* ein glückliches Bad.*

**सुखय्**, °**यति** erfreuen, beglücken; *p.p.* **सुखित** froh, glücklich.

**सुखयितर्** (*u.* °**तृक***) erfreuend, beglückend.

**सुखवास** *m.* glücklicher Aufenthalt.

**सुखशयित** angenehm ruhend.

**सुखशयित** *n.* angenehme Ruhe; °**प्रच्छक**, *f.* °**प्रच्छिका** sich danach erkundigend.*

**सुखशय्या** *f.* bequemes Lager *o.* Liegen.

**सुखश्रव** *u.* °**श्रव्य** lieblich zu hören.

**सुखसंस्थ** sich behaglich fühlend.

**सुखसाध्य** leicht zu bezwingen *o.* zu erlangen.

**सुखसुप्त** süſs schlafend.

**सुखसुप्ति** *f.* ein süſser Schlaf.

***सुखसुप्तिका** *f. dass.*; °**प्रश्न** *m.* die Erkundigung danach.*

**सुखस्थ** = **सुखसंस्थ**.

**सुखस्पर्श** lieblich anzufühlen (*Abstr.* °**ता** *f.**).

**सुखाभ्युदयिक** Glück bringend.

**सुखाय्**, °**यते** Lust emfinden, glücklich sein; behaglich *o.* angenehm sein, gut bekommen.

**सुखार्थ** *m.* Annehmlichkeit, Behagen; °**र्थिन्** danach strebend.

**सुखालोक** lieblich anzuschauen.

**सुखावह** Glück bringend, erfreulich.

**सुखासीन** behaglich *o.* gemütlich dasitzend

**सुखित** *s.* **सुखय्**.

**सुखिता** *f.*, °**त्व** *n. Abstr. z. folg.*

**सुखिन्** behaglich, gedeihlich, froh, glücklich.

**सुखोदय** Glück im Gefolge habend *o.* verheiſsend.

**सुखोदर्क** *dass.*

**सुखोपविष्ट** = **सुखासीन**.

**सुखोषित** gut gewohnt *o.* genächtigt habend.

**सुग** wegsam, zugänglich. *n.* Wegsamkeit, guter Pfad.

**सुगत** gut gehend *o.* dem es gut gegangen ist. *m.* ein Buddha *o.* Buddhist.

**सुगति** *f.* Wohlfahrt, Glück.

1. **सुगन्ध** *m.* Wohlgeruch (*auch concr.*).

2. **सुगन्ध** wohlriechend.

**सुगन्धि** *u.* **सुगन्धि** *das*

**सुगन्धिक** *u.* **सुगन्धिन्** *dass.*

**सुगम** leicht gangbar *o.* zugänglich.

**सुगव** *m.* ein guter Stier.

**सुगव** gute Rinder habend.

**सुगव्य** *n.* Reichtum an Rindern.

**सुगातु** *m.* Wohlergehen.

**सुगात्र**, *f.* **ई** schöngliederig.

**सुगीत** *n.* ein schöner Gesang.

**सुगीति** *f. N. eines Metrums.*

**सुगु** *Adj.* gute Rinder habend.

**सुगुण** tugendhaft.

**सुगुणिन्** vorzüglich.

**सुगुप्त** wohl bewacht *o.* versteckt; *n. adv.*

**सुगृहीत** festgehalten; (gut aufgenommen, geehrt*).

1. **सुगोपा** *m.* ein guter Hüter.

2. **सुगोपा** wohlbehütet.

**सुगम्य** fortschreitend, zunehmend.

**सुग्रह** leicht zu erlangen.

**सुग्रीव** *m.*, **ई** *f. myth. Manns- u. Frauenn.*

**सुघोर** sehr schaurig *o.* grausig.

**सुघोष** laut- *o.* wohltönend.

**सुघ्न** *m.* leichtes Erschlagen.

**सुचक्र** schönräderig; *m.* ein sch. Wagen.

**सुचक्षस्** scharfsichtig.

**सुचक्षुस्** *dass.*, schönäugig.

1. **सुचरित** gut gethan; *n.* guter Wandel, gutes Werk, Tugend.

2. **सुचरित** von gutem Wandel, gesittet, tugendhaft.

सुचिर sehr lang (*Zeit*); °— u. n. *adv.*
सुचेतस् verständig *o.* wohlgesinnt.
सुचेतु, *nur Instr.* °तुना huldvoll, gnädig.
सुचेल gut gekleidet.
*सुचेलक *m.* ein schönes Gewand.
सुजन *m.* ein guter Mensch.
सुजनता *f.*, °त्व *n.* Leutseligkeit, Güte.
सुजनिमन् wohl schaffend *o.* bildend.
सुजन्मन् *dass. o.* edel geboren.
1. सुजय *m.* grofser Sieg, Triumph.
2. सुजय leicht zu besiegen.
सुजल gutes Wasser habend.
सुजात *u.* सुजात wohl geboren *o.* -gesittet, edel gebildet, schön, gut.
सुजिह्व schönzüngig *o.* -stimmig.
सुजीर्ण stark abgenutzt *o.* wohlverdaut.
सुजीव *n. impers.* leicht zu leben.
1. सुजीवित *n.* ein schönes Leben.
2. सुजीवित glücklich lebend.
सुजुष्ट beliebt, willkommen.
सुजूर्णि glühend, erhitzt.
सुज्जक *u.* सुज्जि *m. Mannsnamen.*
सुज्ञ wohl kundig.
1. सुज्ञान *n.* leichtes Verständnis *o.* gute Kenntnisse.
2. सुज्ञान kenntnisreich *o.* leicht zu erkennen.
सुज्योतिस् *u.* सुज्योतिस् schön glänzend.
सुत् (—°) auspressend, kelternd.
1. सुत (*s.* 1. सु) *m.* Somasaft, Somaopfer (*auch n.*).
2. सुत (*s.* सू) *m.*, आ *f.* Sohn, Tochter.
1. सुतनु sehr schlank.
2. सुतनु schöngliederig; *f.* (*Voc.* °नु) eine Schöne.
सुतपस् wärmend, sich kasteiend; *m. N. versch. Rishi.*
सुतपा Soma trinkend; °पेय *n.* -trank.
सुतप्त sehr heifs *o.* geglüht; stark gequält, gut gebüfst.
सुतर leicht zu überschreiten *o.* hinzubringen.
सुतरण leicht zu durchfahren.
सुतराम् *Adv.* in höherem *o.* in höchstem Grade; noch mehr, gar sehr.
सुतर्मन् gut hinübersetzend.
सुतल *n.* eine best. Hölle.
सुतष्ट wohl gefertigt.
सुतसोम der den Soma bereitet hat (*Opferer*), *o.* wobei der S. b. ist (*Opferfest*).
सुतार sehr hell *o.* laut.
सुतावन्त् = सुतसोम (*vom Opferer*).
सुतीक्ष्ण sehr scharf (*auch übertr.*).
सुतीय्, °यति als Sohn behandeln
1. सुतीर्थ *n.* gute Strafse, sehr heiliger Badeplatz.
2. सुतीर्थ gut fördernd; *Mannsn.*
सुतुक eilend, flüchtig.
सुतेकर beim Soma geschäftig.
सुतेजस् sehr scharf *o.* glänzend.
सुतेजित wohlgeschärft.
सुत्य *n.* (*mit u. ohne* अहन्) Kelterungstag; *f.* सुत्या Kelterung (*r.*)
सुत्रात wohlbeschützt.
सुत्रात्र *dass. o.* wohl schützend.
सुत्रामन् wohl beschützend; *m. Bein. Indra's.*
सुत्रावन् = *vor. Adj.*
सुत्वन् Soma kelternd; *m. Mannsn.*
सुदंसस् wunderthätig.
सुदक्ष wohlgeschickt, tüchtig.
सुदक्षिण *dass.*, freundlich; *f.* आ *Frauenn.*
सुदत्र schöne Gaben verleihend.
1. सुदन्त् *m.* ein schöner Zahn.
2. सुदन्त्, *f.* सुदती schönzahnig.
सुदन्त = *vor.* 2.
सुदर्श leicht *o.* schön zu schauen.
सुदर्शन *dass.*; *m. u. f.* आ *Manns- u. Frauenn.*; *n.* Vishṇu's Discus (*auch m.*).
सुदा reich spendend.
सुदान *n.* eine reiche Gabe.
सुदानु reichlich träufelnd *o.* spendend.
सुदामन् reichlich gebend; *m.* *Wolke, *Mannsname.*
सुदारुण sehr heftig *o.* schrecklich.
सुदावन् = सुदामन् *Adj.*
सुदास् treu verehrend; *m. N. eines Königs.*
सुदास *m. Pl. Volksname.*
सुदिन klar, heiter; *n.* ein heiterer *o.* Glückstag; *Abstr.* सुदिनता *f.*, °त्व *n.*
सुदिव् schön leuchtend.
सुदिव *n.* ein schöner Tag.

सुदिवस *n.* = *vor.*
सुदिह् wohlgeglättet, blank.
1. सुदीति *f.* heller Glanz.
2. सुदीति hell glänzend.
सुदीदिति *u.* सुदीप्त *dass.*
सुदीर्घ sehr lang (*räuml. u. zeitl.*).
सुदुःख sehr beschwerlich, schwierig zu (*Inf.*); *n. adv., auch* grofses Leid.
सुदुःखित tiefbetrübt, unglücklich.
सुदुघ gut milchend *o.* gabenreich; *f.* आ eine gute Milchkuh.
सुदुर्जय sehr schwer zu besiegen.
सुदुर्बल sehr schwach.
सुदुर्बुद्धि sehr dumm.
सुदुर्मनस् sehr traurig
सुदुर्लभ sehr schwer zu erlangen.
सुदुष्कर sehr schwer auszuführen.
सुदुष्ट sehr böse *o.* schlimm.
सुदुस्तर sehr schwer zu überschreiten.
सुदुःसह ganz unerträglich.
सुदूर sehr weit; °— *u. n. adv.*
सुदृढ sehr fest *o.* stark; *n. adv.*
सुदृश्, *f.* सुदृशी scharfsichtig *o.* schönäugig
सुदृशीक schön zu schauen.
सुदृश्य leicht zu sehen; *auch* = *vor.*
1. सुदेव *m.* ein rechter Gott.
2. सुदेव die rechten Götter habend; *m* Götterfreund, *Mannsn.*
सुदेव्य *n.* die Schar der guten Götter.
सुदोघ = सुदुघ *Adj.*
सुदोह *u.* सुदोहन sich gut melken lassend
सुद्युत् schön glänzend.
सुद्युम्न *u.* सुद्योत्मन् *dass.*
सुद्रविणस् reich an Habe.
सुद्रु *m.* gutes Holz.
सुद्विज schönzähnig; °जानन einen Mund mit schönen Zähnen habend.
सुधन sehr reich.
सुधन्वन् einen guten Bogen führend.
सुधर्म *m.* Gerechtigkeit.
सुधर्मन् Gerechtigkeit übend, redlich.
1. सुधा *f.* Wohlbefinden.
2. सुधा *f.* Nektar (*eig.* guter Trunk), Milch; Kalk.
सुधांशु *m.* der Mond (*eig.* der Nektarstrahlige).

सुधाकर
सुधातु w

सुधामय,
सुधार reichlich

सुनीति सुनीति
सुनीति *u.* सुनीति

, *f.* ई eine

सुपङ्क
सुपति
सुपत्नी *f.*
habend.
सुपथ् *m.* guter Pfad.

सुपक्ष n. (sp. m.) u. सुपक्ष्म n. = vor.
सुपद्, f. सुपदी schnellfüfsig.
सुपरिश्रान्त sehr erschöpft.
सुपरीक्षित wohlgeprüft o. untersucht.
सुपर्ण, f. ई schön geflügelt. m. grofser Vogel, Adler, Geier, bes. ein best. myth. Vogel (öfter mit Garuḍa identif.).
सुपर्याप्त wohl zureichend, geräumig.
सुपर्वन् schönknotig (Pfeil).
सुपलाश schön belaubt.
सुपाणि schönhändig, geschickt.
सुपार leicht überschreitbar o. überwindlich; leicht hinüberbringend, helfend, fördernd.
सुपारक्षत्र hilfreiche Gewalt besitzend.
सुपिश् schön geschmückt.
सुपु o. सुपू gut läuternd.
1. सुपुत्र m. ein trefflicher Sohn.
2. सुपुत्र treffliche Söhne habend.
सुपुष्प u. सुपुष्पित schöne Blüten habend.
सुपूजित hochgeehrt.
सुपूत wohlgeklärt.
सुपूर leicht zu füllen.
सुपूर्ण ganz voll.
सुपृच् labungsreich.
सुपेशस् schön verziert, schmuck.
सुप्त (s. स्वप्) n. Schlaf.
सुप्तक n., °इका f. dass.
सुप्तप्रबुद्ध vom Schlaf erwacht.
सुप्ति f. Schlaf.
सुप्तोत्थित vom Schlaf aufgestanden.
1. सुप्रकेत sehr bemerkbar; auch = folg.
2. सुप्रकेत sehr aufmerksam.
सुप्रज u. °जस् viele o. gute Kinder habend.
सुप्रजस्त्व u. °जास्त्व n. Kinderreichtum.
सुप्रज्ञ hochverständig.
1. सुप्रणीति f. sichere Führung.
2. सुप्रणीति sicher führend.
सुप्रतिगृहीत wohl ergriffen.
सुप्रतिष्ठ fest stehend, gute Füfse habend; f. आ feste Stellung.
सुप्रतिष्ठित = vor. Adj.; (°यशस् wohlbegründeten Ruhm habend*).
सुप्रतीक wohlansehnlich, schön.
सुप्रतुर् siegreich vordringend.
सुप्रतूर्ति dass.

1. सुप्रपाण n. eine gute Tränke.
2. सुप्रपाण gut zu trinken.
सुप्रभ gut aussehend, schön.
सुप्रभात n. eine schöne Morgendämmerung; Adj. eine solche bringend (Nacht).
सुप्रयस् schöne Labungen empfangend.
सुप्रवाचन schönen Preises wert.
सुप्रसन्न ganz klar o. freundlich.
सुप्रसाद leicht zu besänftigen.
सुप्रसू leicht gebärend.
सुप्राञ्च् gut nach vorne gewandt.
सुप्राप u. °प्य leicht zu erlangen.
सुप्रायण gut zu beschreiten.
सुप्रावी sehr eifrig o. hilfreich.
सुप्रिय sehr lieb.
सुप्रीत sehr erfreut, zufrieden mit (Loc.).
सुप्रैतु wohl gangbar.
सुप्सन् m. Mannsname.
सुफल u. सुफल schöne Frucht bringend.
सुबन्धु (सुबन्धु) nahe verbunden, verwandt; m. guter Freund, N. eines Dichters.
सुबल m. mythol. Mannsname.
सुबहु sehr viel; °शस् adv. s. oft
सुबाल sehr thöricht.
सुबाहु schönarmig; m. Mannsn.
सुबीज n. guter Same; Adj. solchen habend.
सुबुद्धि f. guter Verstand; Adj. klug.
सुबोध u. °न (f. ई) leicht verständlich.
सुब्रह्मण्य brahmanenfreundlich. m. eine Art Hilfspriester. f. आ ein best. Gebet (auch °ण्य n.).
1. सुब्रह्मन् m. ein guter Brahmane.
2. सुब्रह्मन् mit guten Gebeten verbunden.
सुभग glücklich, liebenswürdig, reizend, schön. Abstr. सुभगता f., °त्व n.
सुभट m. ein (guter) Soldat.
सुभद्र herrlich, trefflich; m. u. f. आ Manns- u. Frauenname.
सुभर wuchtig, tüchtig, reichlich.
सुभाग vermögend, reich.
सुभाषित schön gesprochen o. wohlredend; n. eine schöne Rede.
सुभिक्ष reiche Nahrung habend; n. gute Zeit.
सुभुज schönarmig.

**सुभू** gut geartet, kräftig, gewaltig.
**सुभूत** gut geraten; *n.* Wohlstand, Glück.
**सुभूति** *f.* = *vor. n.*
**सुभृत** wohl gehalten, gehegt, gepflegt.
**सुभृश** sehr heftig; *n. adv.* gar sehr.
**सुभ्रू** *f.* schönbrauig.
**सुमख** kampfesfreudig.
**सुमङ्गल**, *f.* °ङ्गली *o.* °ङ्गला Glück bringend.
**सुमज्जन** *n.* ein gutes Bad.*
**सुमत्** *Adv.* zusammen, zugleich mit (*Instr.*).
1. **सुमति** *f.* Wohlwollen, Huld; Andacht, Gebet.
2. **सुमति** wohlweise, verständig.
**सुमधुर** sehr süfs *o.* lieblich.
**सुमध्य** *u.* °म eine schöne Mitte *o.* Taille habend, schlank.
**सुमनस्** wohlgesinnt, hold; wohlgemut, froh. *f.* (*nur Pl.*) *u. n.* Blume.
**सुमनस्य्**, *nur* °स्यमान = *vor. Adj.*
**सुमन्तु** wohl kenntlich *o.* bekannt.
**सुमन्त्र** wohlberaten. *m. Mannsn.*
1. **सुमन्मन्** *n. Pl.* gute Wünsche.
2. **सुमन्मन्** wohlgesinnt.
**सुमहन्त्** sehr grofs, herrlich.
**सुमहस्** *dass.*
**सुमहाकच** von sehr hohen Mauern eingeschlossen.
**सुमहातेजस्** herrlich an Glanz *o.* Kraft.
**सुमहामनस्** sehr hochherzig.
**सुमहामुनि** *m.* ein herrlicher Weiser.
1. **सुमित** wohlgemessen.
2. **सुमित** wohlbefestigt.
**सुमित्र** wohlbefreundet; *m. u. f.* आ *Manns- u. Frauenname.*
**सुमित्र्य** = *vor. Adj.*
1. **सुमुख** *n.* ein schöner Mund.
2. **सुमुख**, *f.* ई (आ) schön von Gesicht, hold, günstig, geneigt zu (—°).
**सुमृडीक** (°ळीक) erbarmungsvoll, gnädig.
**सुमेक** wohlgegründet, fest.
**सुमेध** saftig, üppig.
**सुमेधस्** einsichtsvoll, weise.
**सुमेरु** *m. N. eines Berges.*
**सुम्न** wohlwollend, hold. *n.* Huld, Gunst; Andacht, Gebet, Lied.

**सुम्नय्** *u.* **सुम्नाय्**, *nur Partic.* °यन्त् huldvoll, günstig.
**सुम्नयु** *u.* **सुम्नायु** andachtsvoll, fromm.
**सुम्नावन्**, *f.* °वरी huldreich.
**सुम्निन्** *dass.*
**सुह्म** *m. Pl. Volksname.*
**सुयज्** schön opfernd; *f.* ein schönes O.
1. **सुयज्ञ** *m.* ein schönes Opfer.
2. **सुयज्ञ** ein schönes Opfer darbringend *o.* empfangend; *m. Mannsname.*
**सुयत** wohlgezügelt.
**सुयन्तु** leicht zu lenken
**सुयम** *dass.*, wohlgeordnet, geregelt.
**सुयवस** weidereich; *n.* gute Weide.
**सुयशस्** hochherrlich.
**सुयाम** gut lenkend.
**सुयुज्** wohlgeschirrt (*Wagen o. Pferde*).
**सुयुद्ध** *n.* ein rechter Kampf.
**सुयोधन** *m. älterer N. des Duryodhana.*
**सुर** *m.*, ई *f.* Gott, Göttin.
**सुरकार्मुक** *n.* Götter- *d. i.* Regenbogen.
**सुरकुल** *n.* Götterhaus, Tempel.
**सुरक्षित** wohlgehütet.
**सुरक्षिन्** *m.* ein guter Hüter.
**सुरगज** *m.* Götterelefant.
**सुरगृह** *n.* = **सुरकुल**.
**सुरङ्ग** *m.* Orangenbaum; *f.* आ unterirdischer Gang (*vgl.* **सुरुङ्गा**).
**सुरचाप** *m.* = **सुरकार्मुक**.
**सुरण** munter; *n.* Freude, Lust.
**सुरत** (*s.* **रम्**) *n.* Wollust, Liebesgenuss.
**सुरत्न** schätzereich.
1. **सुरथ** *m.* ein schöner Wagen.
2. **सुरथ** einen schönen Wagen habend; *m.* Wagenkämpfer, *Mannsname.*
**सुरद्विप** *m.* = **सुरगज**.
**सुरद्विष्** *m.* Götterfeind, Dämon.
**सुरधनुस्** *n.* = **सुरकार्मुक**
**सुरपति** *m.* der Götterherr (*Indra*).
**सुरभय्**, °यति wohlriechend machen; *p.p.* **सुरभित**.
**सुरभि** (*f.* इ *u.* ई) wohlriechend, duftig. *m.* der Frühling; *f. N. einer myth. Kuh*; *n.* ein wohlriechender Stoff, Parfüm.
**सुरभिकन्दर** *m. N. eines Berges.*
**सुरभिगन्ध** *m.* Wohlgeruch.

सुरर्षि *m.* ein göttlicher Weiser.

सुरलोक *m.* Götterwelt, Himmel.

सुरवधू *u.* °वनिता *f.* = सुरयुवति.

सुररश्मि schönstrahlig.

सुरश्रेष्ठ *m.* der Beste unter den Göttern (*Indra*, *Vishṇu*, *Çiva u. a.*).

सुरस wohlschmeckend; *f.* आ *myth. Frauenn.*

सुरसख *m.* Götterfreund.

सुरसरित् *f.* der Götterstrom (*die Gañgâ*).

सुरसुत *m.* Göttersohn.

सुरसुन्दरी *f.* eine Götterschöne, Apsaras.

सुरस्त्री *f.* = सुरयुवति.

सुरा *f.* geistiges Getränk, Branntwein (*rhet. oft* = Wein).

सुराङ्गना *f.* = सुरयुवति.

सुराजीविन् vom Branntwein lebend; *m.* Schenkwirth.

सुराति gute Gaben spendend.

सुराधस् *dass.*, freigebig, wohlhabend.

सुराधिप *m.* der Götterfürst (*Indra*).

सुराध्वज *m.* Schild eines Schenkwirts.

सुराप *m.*, आ *u.* ई *f.* Branntweintrinker, -trinkerin.

1. सुरापाण (*o.* न) *m.* = *vor. m.*

2. सुरापाण (*o.* न) *n.* das Branntweintrinken.

सुरामत्त von Branntwein berauscht.

सुरामूल्य *n.* Trink (*eig.* Branntwein-) geld.*

सुरारि *m.* = सुरद्विष्.

सुरालय *m.* Götterwohnung, Himmel *o.* Tempel.

सुरावन्त् mit Branntwein versehen.

सुराष्ट्र gute Herrschaft habend; *m. Landes-*, *Pl. Volksname.*

सुरासुर *m. Pl.* die Götter und Asuras.

सुरुक्म schön prangend.

सुरेश *u.* °श्वर *m.*

सुरोत्तम höchste

सुरोमन् schöne *N. eines Schl*

सुरोष leicht in

सुलक्षण Glücksz

सुलक्षित genau u

सुलभ leicht zu e mend. *Abstr.*

सुलभकोप leicht

सुलभावकाश lei (—°).

सुलभेतर schwer erlangen.

सुललित anmutig,

सुलोचन schönäu

सुवंज्र einen schön

सुवदन schön vor Schöne, *N. ein*

सुवर्चस् kraftvoll,

सुवर्चस *o.* °सिन्

सुवर्ण schönfarbig. ein best Gewi

सुवर्णकर्तृ *u.* °का

सुवर्णमय, *f.* ई go

1. सुवर्मन् *n.* eine

2. सुवर्मन् gut ger

सुवर्ष *m.* ein guter I

1. सुवसन *n.* schön

2. सुवसन schön g

सुवस्त्र *dass.*

सुवाच् *u.* सुवाचस

सुवान्त der gut aus

सुवासस् schön gel

सुवास्तु *f. N. eines* *Anwohner.*

सुवित gut gehend o. gangbar; n. guter Weg, Glück.

1. सुवित्त n. gute Habe.

2. सुवित्त wohlhabend.

सुविदग्ध wohlgewitzigt, durchtrieben.*

सुविदत्र gabenreich o. wohlwollend; n. Gunst, Huld, Milde.

सुविदत्रिय = vor. Adj.

सुविदित wohlbekannt.

सुविद्या f. gutes Wissen.

सुविद्वंस् wohl kundig.

सुविध von guter Art.

सुविधि m. eine gute Art.

सुविपुल sehr grofs.

सुविभक्त gut verteilt, regelmäfsig.

1. सुविस्तर m. grofser Umfang, Ausführlichkeit.

2. सुविस्तर sehr umfangreich o. ausführlich, stark, mächtig; n. adv.

सुविहित gut ausgeführt o. angeordnet; wohl ausgestattet mit (Instr.).

सुविहितप्रयोग m. eine gut eingerichtete Aufführung (d.); Abstr. °ता f.*

सुवीर mannhaft o. männerreich.

सुवीर्य n. Mannhaftigkeit, Männerreichtum, Heldenschar.

सुवृक्ति f. herrlicher Preis; Adj. herrlichen P. habend o. darbringend.

सुवृक्ष m. ein schöner Baum.

सुवृत् gut rollend (Wagen).

सुवृत्त schön rund o. wohlgesittet.

सुवृत्ति f. gutes Betragen.

सुवृध् gedeihlich, fröhlich.

सुवृष्ट n., सुवृष्टि f. ein guter Regen.

1. सुवेद kenntnisreich.

2. सुवेद leicht zu gewinnen.

सुवेदन dass.

सुवेन sehnsuchtsvoll.

सुवेम an einem schönen Webstuhl befindlich.

सुवेष m. eine schöne Tracht; Adj. schön gekleidet.

सुव्यक्त sehr klar, augenscheinlich; n. adv.

सुव्रत recht waltend, pflichttreu, brav, fromm; m. u. f. आ Manns- u. Frauenn.

सुशंस Gutes wünschend, wohlgesinnt.

सुशमि o. °मी Adv. sorgfältig, gehörig.

सुशरण gute Zuflucht gewährend.

सुशर्मन् dass.; n. gute Zuflucht.

सुशस्ति preiswürdig; f. guter Preis.

सुशान्त sehr ruhig o. friedlich.

सुशिक्षित gut gelernt.

सुशिप्र u. सुशिप्र schönwangig.

सुशिश्वि schön wachsend (im Mutterleibe).

सुशिष्य m. ein guter Schüler.*

सुशीत sehr kalt.

सुशीतल dass.; n. grofse Kälte.

सुशील n. ein guter Charakter; Adj. von gutem Ch.

सुशीलवन्त् u. °लिन् = vor. Adj.

सुशेव hold, freundlich, Glück bringend.

सुशेवस् dass.

सुश्रवस् gern hörend o. hochberühmt.

सुश्री u. सश्रीक prächtig, schön.

सुश्रुत् gut hörend.

सुश्रुत gern gehört o. vielberühmt; m. N. eines alten Arztes.

सुश्रुति f. ein gutes Gehör.

सुश्रोणि, f. ई schönhüftig.

सुश्रोतु gern erhörend.

सुश्लक्ष्ण sehr zart.

सुश्लोक wohl tönend o. berühmt.

सुश्लोक्य n. Wohlredenheit o. Ruhm.

सुषखि gut befreundet

सुषण u. सषणन leicht zu erwerben.

सुषद bequem zum Sitzen o. Wohnen.

सुषम n. ein gutes Jahr.

सुषह leicht zu bewältigen.

सुषा leicht erwerbend.

सुषिर hohl; n. Höhlung, Loch.

सुषिरता f., °त्व n. das Hohlsein.

सुषुत gut gekeltert.

सुषुति f. gute Geburt o. Zeugung.

सुषुप्त tief schlafend; n. = folg. f.

सुषुप्ति f. tiefer Schlaf, °वत् wie im tiefen Schlafe.

सुषुप्सा f. Schlaflust, Schläfrigkeit.

सुषुप्सु schlaflustig, schläfrig.

सुषुम्ण (म्न) gnädig, huldreich; f. आ die Kopfader.

1. सुषू sehr erregend.

सुष्टु॰ = सुष्टुत hochgepriesen.

**सुष्टुति** *f.* rechter *o.* hoher Preis.

**सुष्टुभ्** gellend, jubelnd.

**सुष्ठु** *Adv.* gut, schön, ordentlich, richtig. (*Mit* **तावत्** nun wohl, wohlan!*)

**सुष्वय्** (**सुष्वयति, °ते**) laufen, rinnen.

**सुष्वि** Soma pressend, freigebig.

**सुसंयत** gut gelenkt *o.* beherrscht; sich selbst gut beherrschend.

**सुसंरब्ध** sich fest haltend; sehr aufgebracht, ergrimmt.

**सुसंवृत** gut verhüllt *o.* gekleidet.

**सुसंशित** gut geschärft.

**सुसंस्कृत** gut zurechtgemacht, geschmückt.

**सुसंगता** *f. Frauenname.*

**सुसंगृहीत** gut festgehalten *o.* gelenkt

**सुसत्कृत** = **सुसंस्कृत**, *auch* hochgeehrt, gastlich aufgenommen.

**सुसत्त्व** entschlossen, beherzt.

**सुसदृश**, *f.* **ई** sehr ähnlich.

**सुसंदृश्** schön anzuschauen.

**सुसमाहित** wohl beladen *o.* wohlbedacht.

**सुसमिद्ध** wohl entzündet.

**सुसमृद्ध** vollkommen, reichlich; reich, wohlhabend.

**सुसंपिष्ट** ganz zerschmettert.

**सुसंभ्रान्त** ganz verwirrt.

**सुसर्तु** *f. N. eines Flusses.*

**सुसर्व** ganz vollständig.

**सुसायं** *n.* ein guter Abend.

**सुसित** ganz weiſs.

**सुसीम** schön gescheitelt.

**सुसुख** sehr angenehm; *n. adv.*

**सुस्त्री** *f.* ein gutes *o.* treues Weib.

**सुस्थ** sich wohl befindend, gesund, frisch.

**सुस्थकल्प** fast munter.*

**सुस्थित** feststehend; *auch* = **सुस्थ**.

**सुस्थिति** *f.* eine schöne Stelle.

Anrufung.

**सुहव्य** = *vor. Adj.*

**सुहस्त** schöne *o.* gesc

**सुहस्त्य** *dass.*

**सुहित** sehr passend, ganz befriedigt, s

**सुहुत** richtig geopfert Opfer.

**सुहृज्जन** *m.* Freund.

**सुहृत्ता** *f.*, **°त्त्व** *n.* Fr

**सुहृद्** *m. f.* befreund *auch* Verbündeter

**सुहृदय** gutherzig; *S*

**सुहोतर्** *u.* **सुहोतृ** *m*

**सुहोत्र** *m. Mannsname*

**सुह्म** *m. Pl. Volksnam*

1. **सू, सूते, सौति, सुव** **सवति**) zeugen, geb antreiben, beleben geboren habend; *bes.*), belebt, ang herbeischaffen, **निस्** *u.* **परा** forts **प्र** erzeugen, gebär erregen, in Bewegu *p.p.* **प्रसूत** geboren, entsandt (*Pfeil*), geheiſsen. *f.* **आ** habend, niedergeko gebären. **वि** *u.* **सम**

2. **सू** *m. f.* Erzeuger,

**सूकर** *m.* Schwein, Eb

**सूक्त** schön gesprochen Hymne, Lied (*auch*

**सूक्तवाक** *m.* das Hersa

**सूक्तवाच्** einen Spr. he

**सूक्ति** *f.* schöner Aussp

**सूक्ष्म** fein, dünn, klein, unbedeutend. *Abstr.*

सूक्ष्मदर्शिता f. Abstr. z. folg.
सूक्ष्मदर्शिन् scharfsichtig (übertr.).
सूक्ष्मपाद् kleine Füfse habend. Abstr. °त्व n.
सूक्ष्मभूत n. feines Element (ph.).
सूक्ष्मविषय m. feines Objekt (ph.).
सूक्ष्मशरीर n. feiner (vorbildlicher) Körper (ph.).
सूचक, f. सूचिका andeutend, ausdrückend (Gen. o. —°); m. Angeber, Denunziant, Mannsname.
सूचन, f. ई verkündend (—°); f. आ u. n Andeutung, Verkündigung.
सूचय्, °यति andeuten, verkünden, entdecken, kenntlich machen; zu verstehen geben, vorstellen (d.); p.p. सूचित. सम् dass.
सूचि u. सूची f. Nadel, Stachel, Staubfaden, spitzer Gegenstand überh., eine best. Heeresaufstellung.
सूचिभेद्य u. सूचीभेद्य ganz dicht, eig. mit einer Nadel anzustechen (Finsternis).
सूचिन् m. Angeber, Denunziant.
सूचीक m. ein stechendes Insekt.
1. सूचीमुख n. Nadelspitze.
2. सूचीमुख, f. ई einen Mund o. eine Spitze wie eine Nadel habend. m. ein best. Vogel o. ein Insekt.
सूच्य anzudeuten.
सूच्यग्र n. Nadelspitze; Adj. nadelspitz.
सूत (s. 1. सु) Wagenlenker, Stallmeister.
सूतक n. Geburt, Unreinheit der Eltern infolge einer Geburt (r.); f. सूतिका Wöchnerin.
सूतता f., °त्व n. Wagenlenkerkunst.
1. सूति f. Kelterung des Soma.
2. सूति f. Geburt, Niederkunft.
सूतु f. Schwangerschaft
सूत्र n. Faden, Schnur, Messschnur, Faser, Linie, kurze Regel, Lehrsatz o. Lehrbuch.
सूत्रकर्तृ m. Verfasser eines Lehrbuchs.
सूत्रकार u. °कृत् m. dass.
सूत्रधार m. Zimmermann (eig. Schnurhalter), Schauspieldirektor.
सूत्रय्, °यति aneinander reihen, zusammen-

(सूनृतावन्)
सूनृतावन्त्

सूपरस m.
सूपवञ्चन z
सूपायन le

सूयवस = सयवस.

सूर्द,
सूर्द्ध

1. सूर्यरश्मि m. Sonnenstrahl.
2. सूर्यरश्मि sonnenstrahlig.
सूर्यवंश m. das Sonnengeschlecht, °वंश्य dazu gehörig.
सूर्यवन्त् sonnig.
सूर्यवर्चस् sonnenherrlich o. -hell.
सूर्यवार m. Sonntag.
सूर्यसिद्धान्त *m. T. eines astron. Lehrbuchs.*
सूर्याचन्द्रमस् *m. Du.* Sonne und Mond.
सूर्यातप *m.* Sonnenglut.
सूर्यामास् *m. Du.* Sonne und Mond.
सूर्योदय *m.*, °न *n.* Sonnenaufgang.
(सूवन्), *f.* सूवरी gebärend (—°).
सृ *s.* सर्.
सृक *m.* Geschoss, Lanze.
सृक्क *u.* सृक्कन् *m. n.* Mundwinkel.
सृक्कि *n.*, सृक्किणी *f. dass.*
सृगाल *m.* Schakal; *f.* °ली *u.* °लिका Schakalweibchen.
1. सृज् *s.* सर्ज्.
2. सृज् (—°) entlassend, erschaffend.
सृजय *m.* ein best. Vogel.
सृञ्जय *m. Mannsname.*
सृणि *m.* Haken; *f.* सृणी *u.* सृणी Sichel.
सृण्य mit einer Sichel versehen.
सृति *f.* Weg, Gang, Wanderung.
सृत्वन्, *f.* सृत्वरी rennend, eilend.
सृप् *s.* सर्प्.
सृप्र glatt, fett.
सृबिन्द *m. N. eines Dämons.*
सृमर *m.* ein best. Tier.
सृष्ट *s.* सर्ज्.
सृष्टि *f.* Schöpfung, Wesen, Natur; Spende.
सृष्टिकृत् schöpferisch, Schöpfer.
सेक *m.* Erguss, Begiefsung, Besprengung.
सेक्तर् *m.* der Ausgiefser.
सेचन *n.* das Ausgiefsen, Besprengen.

सेध verjagend (—°); *m.* Verbot.
सेधा *f.* Igel *o.* Stachelschwein.
सेनजित् Heere besiegend; *m. Ma*
सेना *f.* Geschoss, Heer.
सेनाग्र *n.* Heeresspitze.
सेनाजू speergeschwind.
सेनानी *m.* Heerführer.
सेनापति *m. dass.*; *Abstr.* °त्व *n.*
सेनामुख *n.* Heeresspitze.
सेन्द्र *Adj.* zusammen mit Indra.
सेन्द्रिय *Adj.* samt den Sinnesorga
सेन्य *Adj.* Speeres-; *m.* Speerwerfe
सेर्ष्य neidisch, eifersüchtig; *n. adv.*
सेलग *m.* Räuber, Wegelagerer.
सेव्, सेवते (°ति) weilen bei (*Acc.* c bewohnen, besuchen, sich begeb (*Acc.*), dienen, bedienen, sich be gen um, aufwarten, verehren pflegen, üben, gebrauchen, g (*auch geschl.*). *p.p.* सेवित besuc wohnt, beschützt. *Caus.* सेवयति hegen, pflegen. आ besuchen, bev bedienen, verehren, hegen und p üben, gebrauchen, geniefsen. उ नि (षेवते) wohnen bei, Umgang mit (*Loc.*), bewohnen, besuchen = *Simpl. p.p.* निषेवित bewohnt, b besetzt. सम् bewohnen u. s. w. =
सेवक bewohnend, dienend, ehrend, b übend (—°); *m.* Diener, Verehr
1. सेवन *n.* das Nähen; *f.* ई Naht.
2. सेवन *n.* das Besuchen, Bediener ehren, Üben, Gebrauchen, Ge (*meist* —°).
सेवा *f.* Besuch, Dienst, Verehrung, sicht, Hingabe, Ausübung, Geb Genuss.
सेवादक्ष geschickt im Dienst.

**सेवाधर्म** *m.* Dienstpflicht.
**सेवितर्** *m.* Diener, Verehrer, Pfleger.
**सेविन्** (—°) aufsuchend, bewohnend, dienend, verehrend, betreibend, gebrauchend, geniefsend.
**सेव्य** aufzusuchen u. s. w. (*s. vor.*).
**सैज्र** *m.* ein best. Stoff.
**सैंह**, *f.* **ई** Löwen-.
**सैकत**, *f.* **ई** sandig, Sand-; *n.* Sandbank Ufersand.
**सैकतिन्** Sandbänke *o.* sandige Ufer habend
**सैनान्य** *u.* **सैनापत्य** *n.* Feldherrnschaft.
**सैनिक** *Adj.* Heeres-; *m.* Soldat.
**सैन्दूरी कर्** mennigfarben *o.* rot machen
**सैन्धव**, *f.* **ई** vom Meere *o.* vom Indus kommend; *m. Pl.* die Anwohner des I., *m. n.* Steinsalz.
**सैन्धवखिल्य** *m.* Salzklumpen.
**सैन्य** *Adj.* Heeres-; *m.* Soldat, Heer (*meist n.*).
**सैरन्ध्र** *m.*, **ई** *f.* Kammerdiener, -zofe.
**सैरावन्त्** proviantreich.
**सैर्य** *m.* eine best. Pflanze.
(***सैस**) *u.* **सैसक** bleiern.
**सोच्छ्वास** aufatmend; *n. adv.*
**सोढ** *s.* 1. **सह्**.
**सोढर्** ertragend, widerstehend (*mit Gen.*).
**सोढव्य** zu ertragen, hinzunehmen.
**सोतर्** *u.* **सोतर्** *m.* Somakelterer.
**सोतु** *m.* Somakelterung.
**सोत्क** sehnsuchtsvoll, verlangend; *n. adv*
**सोत्कण्ठ** *dass.*
**सोत्व** zu keltern.
**सोत्सव** festlich.
**सोत्साह** entschlossen, energisch; *n. adv*
**सोत्सुक** sehnsüchtig, verlangend; *n. adv.*
**सोत्सेक** hochmütig, stolz.
**सोत्सेध** hoch; *n. adv.* auf einen Ruck.
**सोदक** Wasser enthaltend.
**सोदर** *m.*, **ई** *f.* leiblicher Bruder, leibliche Schwester (*eig.* aus demselben Mutterleib kommend).
**सोदरस्नेह** *m.* Geschwisterliebe.*
**सोदर्य**, *f.* **आ** = **सोदर**, *f.* **ई**.
**सोदर्यस्नेह** *m.* = **सोदरस्नेह**.
**सोद्योग** strebsam.
**सोद्वेग** aufgeregt; *n. adv.*

**सोमदेव** *m.* d
**सोमधान** So
**सोमसुत्** S
**सोमसुति**

सोमारुद्र m. Du. Soma und Rudra.
सोमावन्त्, f. ॰वती = सोमवन्त्.
सोमाहुति f. Somaopfer.
सोमिन् Soma enthaltend, Soma-; m. der Somabereiter.
सोम्य dass., *auch* von Soma begeistert.
सौकर, f. ई Eber-.
सौकर्य n. Leichtigkeit (facilitas).
(सौकुमार* u.) सौकुमार्य n. Zartheit.
सौकृत्य n. Wohlthat.
सौक्ष्म्य n. Feinheit.
सौख्य n. Behagen, Lust, Glück.
सौगत, f. ई buddhistisch; m. Buddhist.
सौगन्धिक wohlriechend; n. weiſse Wasserlilie.
सौगन्ध्य n. Wohlgeruch.
सौजन्य n. Leutseligkeit, Güte.
सौति m. *Patron. von* सूत.
1\. सौत्य aus Kelterungstagen bestehend.
2\. सौत्य n. Wagenlenkeramt.
सौत्र (nur) im Sûtra vorkommend (*g.*).
सौत्रामणी f. eine best. Ceremonie (*r.*).
सौदर्य geschwisterlich.
सौदामनी u. ॰मिनी wolkengeboren; f. Blitz.
सौध m. n. Palast.
सौधन्वन m. *Pl. patron. Bez. der Ribhus.*
सौन m. Fleischer; n. frisches Fleisch.
सौनिक m. = *vor. m.*
सौन्दर्य n. Schönheit, Pracht.
सौपर्ण, f. ई Falken-.
सौप्तिक im Schlaf erfolgend, nächtlich; n. nächtlicher Überfall.
सौबल m., ई f. Sohn, Tochter Subala's.
सौबलेय m., ई f. *dass.*
सौभ n. *N. einer myth. Stadt.*
सौभग n. Wohlfahrt, Glück.
सौभगत्व n. *dass.*
सौभाग्य n. *dass.*, Gunst, Ruhm, Herrlichkeit, Schönheit.
सौभाग्यदेवता f. Glücks- o. Schutzgottheit.*
सौभ्रात्र n. Brüderfreundschaft.

सौमित्र m. *Metron. Lakshmaṇa's*; n. Freundschaft.
सौमित्रि m. = *vor. m.*
सौमिल्ल m. *N. eines Dichters.*
सौमुख्य n. heitere Miene, Frohsinn.
सौम्य dem ..

सौम्यदर्शन
सौम्यरूप von lieblicher
सौम्याकृति *dass.*
सौयवसि m. *patron. Mannsname.*
1\. सौर aus Branntwein bestehend.
2\. सौर, f. ई zur Sonne gehörig, Sonnen-; m. Sonnenanbeter.
सौरभ wohlriechend. f. ई Kuh (*eig.* Tochter der Surabhi); n. Wohlgeruch.
सौरभेय m., ई f. Stier, Kuh (*s. vor.*).
सौरभ्य n. Wohlgeruch.
सौराज्य n. gute Herrschaft.
सौराष्ट्र u. ॰क von Surâshṭra kommend; m. *Pl.* die Bewohner von S.
सौरिक Branntweins-.
सौर्य zur Sonne gehörig, Sonnen-.
सौव himmlisch.
सौवर im Tone bestehend, Ton-.
सौवर्ण, f. ई u. आ golden.
सौवश्व्य n. Pferderennen.
सौविद u. ॰दल्ल m. Haremswächter.
सौविष्टकृत, f. ई für den Agni Svishṭakṛt bestimmt.
सौवीर m. *Pl. Volksname.*
सौशील्य n. Edelmut, Güte.
सौश्रवस n. Lobpreisung, Verherrlichung; Wettlauf, Wettkampf; *adj.* ruhmreich, löblich.
सौषुम्ण n. Huld, Gnade.
सौष्ठव n. guter Zustand, Tüchtigkeit, Wohlbefinden, Munterkeit, Kraft.
सौहार्द u. सौहार्द्य n. Freundschaft.
सौहित्य n. Befriedigung, Sättigung, Labung.

**सौहृद** *Adj.* Freundes-; *m.* Freund; *n* Freundschaft.

**सौहृद्य** *n.* = *vor. n.*

**स्कन्द्**, **स्कन्दति**, °ते springen, hüpfen, spritzen, herausfallen; bespringen, begatten. *p.p.* **स्कन्न**. *Caus.* **स्कन्दयति** verschütten, vergiefsen; überspringen, versäumen. *p.p.* **स्कन्दित** *s. bes.* **अति** bespringen, überspringen. **अधि** bespringen. **अव** herabspritzen *o.* -springen; herbeispringen, anfallen. **आ** hüpfen, sich hängen an (*Acc.*), anfallen. **परि**, *p.p.* **परिस्कन्न** vergossen. **प्र** hervorspringen *o.* -spritzen; herab- *o.* heranspringen, angreifen.

**स्कन्द** *m.* das Verspritzen (*intr.*); der Überfaller (*N. des Kriegsgottes*).

**स्कन्दन** *n.* das Verschüttetwerden, Missraten

**स्कन्दपुराण** *n. T. eines Purâna.*

**स्कन्दित** *n.* das Bespringen.

**स्कन्ध** *m.* Schulter, Baumstamm, Abteilung (*bes. eines Heeres*), Menge, Gesamtheit.

**स्कन्धदेश** *m.* Schultergegend.

**स्कन्धवन्त्** einen Stamm *o.* Stämme habend.

**स्कन्धस्** *n.* Verästung (*eines Baumes*).

**स्कन्धावार** *m.* Hauptquartier (*eig.* Stammes- *d. i.* Fürstenschutz).

**स्कन्धिन्** stämmig.

**स्कन्ध्य** *Adj.* Schulter-.

**स्कभाय्**, °यति *s. folg.*

**स्कम्भ्** *o.* **स्कभ्**, **स्कभ्नाति** *o.* **स्कभ्नोति** stützen, befestigen, hemmen. *Caus.* **स्कम्भायति** *dass.*, *p.p.* **स्कभित** **प्रति** sich entgegenstemmen. **वि** befestigen; *Caus. dass.*, zurückdrängen, *p.p.* **विष्कम्भित**

**स्कम्भ** *m.*, **स्कम्भन** *n.* Stütze, Pfeiler.

**स्कु**, **स्कौति**, **स्कुनोति**, **स्कुनाति** stochern, in etwas herumfahren. *Intens.* **चोष्कूयते** an sich raffen.

**स्खल्**, **स्खलति**, °ते wanken, taumeln, stolpern, straucheln, irren, fehlgehen. *p.p.* **स्खलित** wankend, taumelnd, unsicher, gehemmt, unterbrochen, fehlgegangen; *s. auch bes.* **प्र** straucheln, taumeln, stolpern.

**स्खल** *m.* das Straucheln.

स्तनपायिन् = स्तनंधय.

hemmen. वि(ष्टभ्नोति) auseinanderhalten, feststellen, aufrichten, stützen (*Med. refl.*), steif machen, hemmen, unterdrücken. *p.p.* विष्टभित *u.* विष्टब्ध. *Caus.* anhalten, hemmen. सम् (*auch Caus.*) befestigen, kräftigen, aufrichten, ermuntern; fest *d. i.* starr machen, hemmen, unterdrücken, stillen. *p.p.* संस्तब्ध starr, unbeweglich.

स्तम्भ *m.* Pfosten, Säule; Befestigung, Unterstützung, Festhaltung, Hemmung, Starrheit, Hochmut.

स्तम्भक hemmend.

स्तम्भन *dass.*; *n.* Befestigung, Festhaltung, Hemmung.

स्तम्भिन् hemmend; steif, aufgeblasen, hochmütig.

1\. स्तर्, स्तृणाति, स्तृणीते, स्तृणोति, स्तृणुते (स्तरति) streuen, hinstreuen, hinwerfen, niederwerfen, bestreuen, bedecken. *p.p.* स्तीर्ण *u.* स्तृत gestreut u. s. w. अव streuen, bestreuen, bedecken, erfüllen. आ hinstreuen, ausbreiten, bedecken उप bedecken, umlegen, hinstreuen, ausbreiten; aufgiefsen (*r.*). परि rings bestreuen *o.* umlegen, bedecken, ausbreiten. प्र hinstreuen, ausbreiten. वि *dass. p.p.* विस्तीर्ण *u.* विस्तृत bestreut; ausgebreitet, weit, umfangreich; *n. adv. Caus.* विस्तारयति ausbreiten, entfalten, zur Schau tragen. सम् hinstreuen, ausbreiten, bedecken.

2\. स्तर् (*nur Instr. Pl.* स्तृभिस्) Stern.

स्तरी (*Nom.* °रीस्) *f.* unfruchtbar, *bes.* eine u. Kuh, Stärke.

स्तरीमन् das Ausstreuen; *Loc.* °मणि *als Inf.*

स्तर्ह्, स्तृहति zermalmen.

स्तव *u.* स्तवथ *m.* Lob, Loblied.

स्तवन *n.* das Loben, Preisen.

स्तवान् (*Nom. Sgl.*) der Gewaltige, Starke.

स्तव्य zu loben, zu preisen.

स्तावक *m.* Lobsänger.

स्ति *m. Pl.* Hörige, Gesinde.

स्तिघ्, स्तिघ्नोति vorgehen, losschreiten angreifen. प्र vorrücken.

स्तिपा die Hörigen schützend.

स्तिम्, *nur p.p.* स्तिमित schwerfällig, träge, unthätig, still; *n. u.* °त्व *n. Abstr.*

स्तीर्ण *s.* 1. स्तर्.

. s. w. अभि

स्तूप *m.*

स्तृति *f.*

स्तेयकृत्

स्तेयिन्

Baumeister.

**स्थपुट** höckerig; *n.* Höcker.

**स्थल** *n.*, **ई** (**आ**) *f.* Anhöhe, Hochebene, trockenes *o.* Festland, Erdboden, Ort, Stelle.

**स्थलज** auf trockenem Lande erzeugt *o.* lebend.

**स्थलीय्**, °**यति** für festes Land halten.

**स्थलीशायिन्** auf dem Erdboden liegend.

**स्थविमन्** *n.* das dicke Ende, die breite Seite.

**स्थविर**, *f.* **ई** *u.* **आ** fest, derb, massig, stark, vollwüchsig, alt.

**स्थविष्ठ** (*Superl.*) der dickste, gröbste, dichteste.

**स्थवीयंस्** (*Compar.*) dicker u. s. w (*s. vor.*).

**स्थशंस्** *Adj.* je nach der Stelle.

1. **स्था**, **तिष्ठति**, °**ते** stehen, hintreten; treten auf, betreten, sich begeben nach (*Acc.*); stehen bleiben, Halt machen, Stand halten bei etw. (*Dat.*), ausharren (*Med.*), sich zu jemd. (*Dat.*) halten (*Med.*); bestehen, bleiben, verweilen; etw. dauernd thun, sich beschäftigen mit *o.* sich-verhalten (*mit Adj., Partic., Ger., Adv., Instr. o. Loc.*); vorhanden *o.* gegenwärtig sein, sich befinden, sein, jemd. (*Gen. o. Dat.*) gehören; beruhen auf, gegründet sein in (*Loc.*); sich fügen in, dienen zu (*1. o. 2. Dat.*); entstehen aus (*Abl. o. Gen.*). *Imper.* **तिष्ठतु** -bleibe dahingestellt, davon hier ganz zu schweigen! *Partic.* **तस्थिवंस्** stehend, unbeweglich, fest (*opp.* **जगत्**); sich befindend in, beschäftigt mit (*Loc.*). *p.p.* **स्थित** *s. bes. Caus.* **स्थापयति**, °**ते** zum Stehen bringen, anhalten, hemmen; auf- *o.* hinstellen, setzen, legen auf (*Loc.*); ein-

wollen. — अति sich erheben über (*Acc.*), bemeistern, übertreffen. अधि stehen *o.* sich setzen auf, betreten, besteigen, eintreten in, bewohnen (*Loc. o. Acc.*); übertreffen, beherrschen, lenken, regieren. *p.p.* अधिष्ठित *o.* धिष्ठित *act.* stehend, steckend, sich befindend in (*Loc. o.* —°), wohnend in *o.* auf (*Acc.*), beruhend auf (*Loc.*), obenan stehend, den Vorrang habend; *pass.* besetzt, bewohnt, erfüllt, besessen, verwaltet, geleitet, beherrscht, bewacht von (*Instr. o.* —°). अनु nach jemd. (*Acc. o. Loc.*) stehen bleiben; jemd. (*Acc.*) folgen, nachahmen, gehorchen, sich beigesellen; einer S. (*Acc.*) nachgeben, etw. betreiben, verfolgen, besorgen, ausführen (*auch Med.*). *p.p.* अनुष्ठित *act.* befolgend, nachahmend, betreibend, obliegend (*Acc.*); *pass.* begleitet, betrieben, geübt, ausgerichtet. अभि herauftreten auf (*Acc.*), widerstehen, bemeistern. अव (*öfter Med.*) sich fern halten, einer S. (*Abl.*) verlustig gehen *o.* entraten; hinabsteigen in (*Acc.*); stehen bleiben, sich aufhalten, dasein; verharren in *o.* mit (*Adj., Ger. o. Instr., vgl. Simpl.*); anheimfallen (*Dat.*), eingehen in (*Loc.*), gelangen *o.* werden zu (*Acc.*); anfangen, beginnen, beschliefsen (*Pass.* अवस्थीयते). *p.p.* अवस्थित dastehend, befindlich, verbleibend bei *o.* in, begriffen in, bedacht auf (*Loc. o.* —°, *auch mit Partic. o. Instr., vgl. Simpl.*); feststehend, beschlossen; beständig, zuverlässig; *mit* एवम् sich verhaltend. *Caus.* zum Stehen bringen, anhalten, einstellen (*Pferde*), hinstellen *o.* -legen, hinthun in *o.* auf (*Loc.*); einsetzen, einrichten. पर्यव (*Med.*) sich hinstellen, aufrichten, kräftigen; *p.p.* stehend, befindlich; begriffen

auf, beharrend in *o.* bei, abhängig von

bestimmt; daseiend,

vorhanden. *Caus.* hinstellen, richten

n. अनूद्

अनूत्थित

stehen vor (*Acc.*), entgegengehen. व्युद् auseinanderfahren, sich zerstreuen, sich abwenden von (*Abl.*), sich vergessen (*Med.*). *p.p.* व्युत्थित uneinig, zerfahren. समुद् aufstehen, sich erheben, hervorgehen, entspringen; *p.p.* समुत्थित erstanden, hervorgegangen *o.* eingekommen aus (*Abl. o.* —°). उप dabei stehen, stehen bleiben; herantreten, gegenübertreten, sich begeben zu, sich nähern (*Acc.*), jemd. (*Acc.*) angehen, aufwarten, verehren, zu Willen sein; sich einstellen, zu teil werden (*Gen.*). *p.p. act.* herangetreten, genaht, bevorstehend, erschienen, gekommen, zu teil geworden (*Acc. o. Gen.*); *pass.* aufgesucht, beehrt. *Caus.* jemd. sich stellen heifsen neben *o.* gegen (*2 Acc.*); herbeischaffen, holen, darbieten. पर्युप jemd. (*Acc.*) umstehen; *p.p.* umstehend, gekommen, genaht. प्रत्युप gegenübertreten, jemd. aufwarten; *p.p.* herangetreten, genaht, anwesend. समुप dabei stehen, an jemd. (*Acc.*) herantreten, jemd. aufwarten, erfreuen, beglücken; jemd. (*Acc.*) zu teil werden. *p.p.* herangekommen, genaht, bevorstehend, eingetreten, zu teil geworden. नि, *p.p.* निष्ठित befindlich an *o.* auf, erfahren in (*Loc.*). निस् hervorwachsen, sich erheben aus (*Abl.*); zustande bringen, bereiten. *p.p.* निष्ठित hervorgewachsen; fertig, vollendet. परिनिस्, *p.p.* परिनिष्ठित ganz fertig *o.* vollendet परि umstehen, hemmen, hindern; übrig bleiben. *p.p.* परिष्ठित umstellt, gehemmt, gehindert; परिस्थित verharrend in (*Loc.*). प्र (*öfter Med.*) sich erheben, sich aufstellen, vortreten, aufbrechen, abreisen. *p.p.* प्रस्थित aufgestellt, (bereit) dastehend; aufgebrochen, abgereist nach (*Dat.*); sich begeben habend auf, gezogen nach, gelangt zu (—°). *Caus.* wegstellen, fortschicken, entlassen, verbannen. अनुप्र hinter jemd. auf brechen, folgen. अभिप्र

*m.*

culationsstelle, Organ (*g.*); eintretender Fall, Gelegenheit; Veranlassung, Mittel, Grund zu (*Gen. o.* —°).

**स्थानक** *n.* Stellung; Ort, Platz.

**स्थानपति** *m.* Herr eines Orts.

**स्थानयोग** *m.* die verschiedenen Stellen *o.* Mittel zur Aufbewahrung von Waren.

**स्थानविद्** ortskundig.

**स्थानान्तर** *n.* eine andere Stelle.

**स्थानासेध** *m.* Internierung (Ortshaft).

**स्थानिन्** eine (hohe) Stellung einnehmend; ursprünglich dastehend, primitiv (*g.*).

**स्थानीय** (—°) seinen Platz habend in, die Stelle von— vertretend.

**स्थानेश्वर** *m.* = **स्थानपति**.

**स्थापक** *m.* Aufsteller, Begründer; Anordner (*d.*).

**स्थापत्य** *n.* Statthalterposten; Baukunst, Architektur.

**स्थापन** feststellend, bestimmend. *f.* **आ** *u.* *n.* Aufstellung, Bestimmung, Begründung.

**स्थापनीय** festzuhalten.

**स्थाप्य** *dass.*, aufzustellen, zu versetzen in (*Acc.*).

**स्थामन्** *n.* Standort.

**स्थायिता** *f.*, °**त्व** *n.* Dauer.

**स्थायिन्** stehend, weilend, befindlich in *o.* an (—°); dauernd, beständig, geduldig.

**स्थायुक** ständig, dauernd.

**स्थाल** *n.* Schale, Topf; Zahnfach. *f.* **ई** Topf, Kessel.

**स्थालीपाक** *m.* Topfspeise (*r.*).

**स्थावर** stehend, unbeweglich (*bes. von Pflanzen*), fest, beständig.

**स्थावरजङ्गम** stehend und gehend.

**स्थावरता** *f.* Zustand einer Pflanze.

**स्थावरत्व** *f.* Unbeweglichkeit.

**स्थाविर** *u.* °**विर्य** *n.* Greisenalter.

***स्थासक** Einsalbung des Körpers.

**स्थास्नु** unbeweglich, dauernd, geduldig.

lich auf (*Loc. o.* —°); feststehend, geltend, beschlossen, entschlossen; daseiend, vorhanden, gegenwärtig, übrig geblieben. *n.* das Stehen, Verweilen.

**स्थिति** (**स्थिति**) *f.* das Stehen, Verweilen, Aufenthalt, Sichbefinden in (*Loc.o.*—°); Stellung, Rang; das Fortbestehen, Beharrlichkeit, Dauer, Beständigkeit, Tugend; das Bedachtsein *o.* Bestehen auf (*Loc.*); Zustand, Lage, Verfahren, Benehmen, Art und Weise, Ordnung, Einrichtung, Satzung, Regel.

**स्थितिमन्त्** feststehend, in seinen Schranken bleibend, beständig, tugendhaft.

**स्थिर** fest, unbeweglich, hart, stark, dauerhaft, beständig, standhaft, besonnen, sicher, zuverlässig.

**स्थिरचित्त** standhaften Geistes.

**स्थिरता** *f.*, °**त्व** *n.* Festigkeit, Härte, Bestand, Standhaftigkeit.

**स्थिरधन्वन्** einen festen Bogen führend.

**स्थिरपीत** starken Schutz geniefsend.

**स्थिरप्रतिबन्ध** festen Widerstand bietend.

**स्थिरबुद्धि** festen Sinnes, standhaft.

**स्थिरमति** *dass.*; *f.* Standhaftigkeit.

**स्थिरयौवन** *n.* unvergängliche Jugend; *Adj.* ewig jung.

**स्थिरसौहृद** beständig in der Freundschaft.*

**स्थिरी कर्** befestigen, stärken, trösten.

**स्थिरीकरण** *n.* Befestigung, Bekräftigung.

**स्थूण** *m. Mannsn.*; *f.* **स्थूणा** Pfosten, Pfeiler, Säule.

**स्थूर** dick, fest, stark.

**स्थूरि** einspännig.

**स्थूल** = **स्थूर**, *auch* grob, materiell (*opp.* **सूक्ष्म**); *n.* der grobe Körper (*ph.*).

**स्थूलकेश** *m. N. eines Rishi.*

**स्थूलता** *f.*, °**त्व** *n. Abstr. zu* **स्थूल**.

**स्थूलप्रपञ्च** *m.* die grobe Welt (*ph.*).

**स्थूलभूत** *n.* grobes Element (*ph.*).

**स्थूलभोग** *n.* der Genuss von Grobem (*ph.*).

**स्थूलमध्य** dick in der Mitte.

**स्थूललक्ष** u. °लक्ष्य freigebig.

**स्थूलशरीर** n. grober Körper (*ph.*).

***स्थूलशाट** u. °क m. grober Stoff.

**स्थूलहस्त** m. Elefantenrüssel.

**स्थूलान्त्र** n. Mastdarm.

**स्थेमन्** m. Festigkeit, Ruhe, Dauer.

**स्थेय** n. *imp.* zu stehen, zu bleiben, zu verharren in (*Instr.*, *Ger. o. Adv.*).

**स्थेयंस्** (*Compar.*) sehr fest o. standhaft.

**स्थैर्य** n. Härte, Festigkeit, Bestand, Ausdauer.

**स्थौल्य** n. Dicke, Stärke, Gröfse.

**स्नपन**, *f.* **ई** zum Bade dienend: *n.* das Baden.

**स्ना, स्नाति (स्नायते)** sich baden, sich reinigen, *bes. nach Abschluss der Lehrzeit* (*r.*). *p.p.* **स्नात** gebadet, gereinigt (*r.*); vertieft, erfahren in (*Loc. o.* —°). *Caus.* **स्नापयति** *u.* **स्नपयति** baden, schwemmen. **उद्** aus dem Wasser treten. **नि** sich vertiefen in (*Loc.*), *p.p.* **निष्णात** *s. bes.* **प्र** ins Wasser treten; *Caus.* sich baden in (*Acc.*).

**स्नातक** m. eine Brahmane, der seine Lehrzeit beendigt, *eig.* das Schlussbad genommen hat.

**स्नानगृह** n. Badehaus.

**स्नातानुलिप्त** gebadet und gesalbt.

**स्नात्व** zum Baden dienlich.

**स्नानवस्त्र** n. Badehemd.

**स्नानवेश्मन्** n., °**शाला** f. Badestube.

**स्नानशाटी** f. Badehose.

**स्नानशील** des Badens beflissen (*r.*).

**स्नानिन्** sich badend.

**स्नानीय** zum Baden dienlich; °**वस्त्र** n. Badehemd.

**स्नानोत्तीर्ण** aus dem Bade gestiegen.

**स्नापक** m. Bader.

**स्नापन** n. das Baden, Waschen.

**स्नायिन्** sich badend o. waschend.

**स्नायु** f. n. Sehne (*am Körper u. Bogen*).

**स्नायुबन्ध** m. Bogensehne (*eig.* Sehnenband)

**स्नायुमय**, *f.* **ई** aus Sehnen bestehend.

**स्नावन्** n. Band, Sehne.

**स्निग्ध** (*s.* **स्निह्**) klebrig, feucht, glatt,

**स्नुही**

**स्नेय**

= *Simpl.*

—°).

berührt u. s. w.; betroffen, behaftet mit (*Instr. o.* —°). *Caus.* स्पर्शयति, °ते jemd. etw. berühren lassen (2 *Acc., auch Acc. der Pers., Instr. o. Loc. der S.*); jemd. etwas zukommen lassen, hingeben (*Dat. der Pers. u. Acc. der S.*). उप berühren, reichen bis (*Acc.*); *mit o. ohne* अपस्, उदकम् *u. s. w.* Wasser berühren, sich durch Waschen *o.* Mundausspülen reinigen, *auch mit Instr. des Wassers u. Acc. der Körperteile* berühren, benetzen (*r.*). सम् *dass., auch* treffen, heimsuchen *Caus.* in Berührung bringen.

स्पर्श *m.* Berührung (*auch adj.* —°), Gefühl, Fühlbarkeit. °तस् von Seiten des Gefühls *o.* für das Gefühl.

स्पर्शक्षम die Berührung aushaltend.

स्पर्शता *f.*, °त्व *n. Abstr. zu* स्पर्श.

स्पर्शन *n.* das Berühren, Fühlen.

स्पर्शनीय *u.* स्पर्शयितव्य zu berühren, fühlbar.

स्पर्शवन्त् fühlbar, tastbar.

स्पर्शानुकूल angenehm zu berühren.

स्पर्शिन् berührend, reichend bis (—°).

स्पर्ह्, स्पृहयति (°ते) eifern um, begehren nach, beneiden (*Dat.*).

1. स्पश् (*vgl.* पश्) sehen, erblicken. *p.p.* स्पष्ट sichtbar, deutlich, klar, offen. *n. adv.* अनु erspähen, erschliefsen. वि, *p.p.* विस्पष्ट *s. bes.*

2. स्पश् (*Nom.* स्पट्) *m.* Späher, Wächter.

स्पश *m. dass.*

स्पष्ट *s.* 1. स्पश्.

स्पष्टार्थ einen klaren Sinn enthaltend, verständlich, deutlich; *n. adv.*

स्पार्ह begehrenswert, trefflich.

स्पूर्ध् = स्पर्ध्, *Dat. Inf.* स्पर्धसे.

स्पृ *s.* स्पर्.

स्पृध् *f.* Nebenbuhler, Feind.

स्पृश् (*Nom.* स्पृक्) *u.* स्पृश berührend (—°).

स्पृश्य zu berühren, tastbar, fühlbar

स्पृष्टि *u.* स्पृष्टिका *f.* Berührung.

स्पृह् *s.* स्पर्ह्.

*Abstr.* °ता *f.*, °त्व *n.*

स्पृहयाय्य erstrebenswert.

स्पृहयालु begehrend nach (*Instr., Loc. o.*

स्पृहावन्त्

स्फटिक *m*

einanderfahren, zittern, zucken, funkeln, zum Vorschein kommen.

स्फुर zuckend; *m.* das Zucken.

स्फुरण blinkend, funkelnd; *n.* das Zucken, Funkeln, Erscheinen, Offenbarwerden.

स्फुल्, (*vgl.* स्फुर्) *p.p.* स्फुलित erschienen

स्फुलिङ्ग *u.* ॰क *m.* Funke.

स्फूर्ज्, स्फूर्जति dröhnen, prasseln, hervor brechen; *p.p.* स्फूर्जित *n.* das Getöse *Caus.* स्फूर्जयति *dass.* वि schnauben, dröhnen; hervorbrechen, zum Vorschein kommen. *p.p.* विस्फूर्जित *s. bes.*

स्फर्ड *u.* स्फर्जक *m. N. einer Pflanze.*

स्फूर्ति *f.* Offenbarwerdung, Erscheinung.

स्फोट *m.* das Platzen, Bersten, Krachen.

स्फोटन spaltend, zermalmend; *n.* das Spalten, Aufreifsen.

स्फोटायन *m. N. eines Grammatikers.*

स्फ्य *m.* Holzspahn, Spachtel (*r.*).

स्म (*encl.*) eben, gerade, ja, *oft nur explet., steht nach anderen Partikeln* (*bes.* ह *u.* हि), *Präp., Pron. o. Verben, und zwar meist bei einem Präs., dem es die Bed. der Vergangenheit giebt.*

स्मत् *Adv.* zusammen, zugleich; mit, samt (*Instr.*); *oft* ०— versehen mit.

स्मदिष्ट mit einem Auftrag versehen, beauftragt.

स्मद्दिष्टि geschult, eingeübt (*eig.* mit Lenkung versehen).

स्मय *m.* Staunen, Verwunderung, Hochmut Stolz.

स्मर्, स्मरति, ॰ते sich erinnern, sich sehnen (*Acc. u. Gen.*); gedenken, überliefern, *bes. Pass.* स्मर्यते gelehrt werden. स्मृत in Erinnerung gebracht *o.* gehalten, gelehrt, überliefert, geltend als, erklärt für, heifsend (*Nom. mit u. ohne* इति). *Caus.* स्मारयति *u.* स्मरयति jemd. (*Acc.*) gedenken lassen; jemd. erinnern *o.* mahnen an (*Acc. o. Gen.*); jemd. erinnern an (*2 Acc. o. Gen. der Pers. u. Acc. der S.*). अनु sich erinnern, gedenken an (*Acc.*). अप vergessen. वि *dass.*, *p.p.* विस्मृत *act.* vergessen habend (*Acc. o.* —०), *pass.* vergessen von (*Instr. o. Gen.*).

स्येदु m. Schleim.
स्योन sanft, zart, angenehm; n. weiches Lager.
स्योनकृत् ein weiches Lager bereitend.
स्योनशी auf weichem Lager ruhend.
स्रंस्, स्रंसते, ॰ति abfallen, auseinandergehen, sich senken, erschlaffen, hinschwinden; *p.p.* स्रस्त. *Caus.* स्रंसयति abfallen machen, lösen. वि auseinander fallen, los *o.* schlaff werden. *p.p.* विस्रस्त. *Caus.* zerfallen machen, auflösen, losbinden.
स्रंस (—॰) brechend; *m.* Bruch.
स्रंसन zerfallen machend, auflösend. *m.* das Lösen.
स्रंसिन् zerfallend *o.* herabfallend, sich lösend.
स्रक्ति *f.* Zacke, Ecke. स्रक्त्य kantig.
स्रक्क *m.* Mundwinkel.
स्रग्धर einen Kranz tragend; *f.* आ *N. eines Metrums.*
स्रग्विन् = *vor. Adj.*
स्रज् *f.* Kranz (—॰ *auch* स्रज *u.* स्रजस्).
स्रव *m.* (—॰) Ausfluss von; *adj.* strömend, ergiefsend.
स्रवण *n.* das Fliefsen.
स्रवत् *u.* स्रवन्ती *f.* Fluss.
स्रवितवे *u.* स्रवितवै *Dat. Inf. zu* स्रु.
स्रवथ *m.* das Fliefsen.
स्रष्टर् *u.* स्रष्टार *m.* Entlasser, Schöpfer.
स्रस्त *s.* स्रंस्.
स्रस्तमुक्त schlaff herabhängend.
स्रस्तर *m.* Streu.
स्राक्त्य = स्रक्त्य.
1. स्राम lahm.
2. स्राम *m.* Seuche, Krankheit.
स्राव *m.* Ausfluss, das Abfliefsen von (—॰).

zerrinnen, missra
geflossen, ausgela
स्रावयति *u.* स्र
fliefsen, leck wer
निस् ausfliefsen,
(ringsum) fliefsen
laufen, zerrinne
ausströmen (*auch*
fliefsen, sich ergi
aus sich entlasser
sammenlaufen *o.*
स्रुघ्न *m. N. einer Sta*
स्रुच् *f.* ein grofser C
स्रुत् (—॰) fliefsend v
स्रुति *f.* Ausfluss; Ba
स्रुत्य zum Wege gehö
स्रुव *m.* ein kleiner C
स्रोत (*adj.* —॰) Strö
स्रोतस् *n.* Strömung,
*o.* Öffnung am Le
स्रोतस्थ in Strömen fl
स्रोतोवह *u.* ॰वहा *f.*
स्रोत्या *f.* Flut, Welle
स्रौतोवह *Adj.* Strom
स्व (*poss. refl.*) eigen; m
*m.* ein Eigener, An
Person, das Sel
*n.* das Eigentum, 
स्वक (*poss. refl.*) = *vo*
Angehöriger; *n.* d
स्वकर्मन् *n.* die eigene
स्वकाल *m.* die eigene Z
स्वकीय eigen (*wie* स्व);
Freunde.
स्वकृत selbst gethan.
1. स्वक्ष eine schöne Ac
2. स्वक्ष, *f.* ई schönäug

स्वंचच selbständig, frei.

स्वगत zum Selbst gehörig, eigen; *n. adv.* für sich, bei Seite (*d.*).

स्वगा (*indecl.*) *eine Opferformel.*

स्वगुण *m.* eigene Tugend; °तस् durch e. T.

स्वंगूर्त (an sich) willkommen *o.* erfreulich.

स्वग्नि gutes Feuer *o.* einen guten Agni habend.

स्वङ्ग schöngliederig.

स्वङ्गुरि schönfingerig.

स्वच्छ sehr klar, hell, durchsichtig, lauter. *Abstr.* °ता *f.*, °त्व *n.*

स्वच्छन्द *m.* eigener *o.* freier Wille; *adj.* nach eigenem Willen verfahrend, unabhängig, frei. °—, *Instr. Abl.* (*auch auf* तस्) *u. n. adv.* nach eigenem Gefallen, aus eigenem Antrieb, von selbst.

स्वच्छन्दचारिन् sich frei bewegend.

स्वज्, स्वंजते, °ति umarmen; *p.p.* स्वक्त. — अभि, परि *u.* संपरि (ष्वजते) *dass.*

स्वजं eigen, angehörig; *m.* Art Schlange.

स्वजन *m.* Angehöriger, Verwandter (*auch coll*).

स्वंजन्मन् *u.* स्वजात selbsterzeugt, leiblich.

स्वजाति *f.* die eigene Art *o.* Kaste, *Adj.* einer von ders.

स्वजातीय *u.* °जात्य = *vor. Adj.*

स्वज्ञाति *m.* ein (eigener) Verwandter.

स्वंच्च *u.* स्वंच्चस् sich leicht wendend, gewandt.

1. स्वतन्त्र *n.* Selbständigkeit, Freiheit, Unabhängigkeit (*auch* °ता *f.*).

2. स्वतन्त्र selbständig, frei, willkürlich.

स्वतन्त्रय्, °यति sich zu Willen machen.

स्वंतवस् (*Nom.* °वान्) selbststark, urkräftig.

स्वतस् *Adv.* aus sich selbst heraus, von selbst; vom Eigenen.

स्वता *f.*, °त्व *n.* die Zugehörigkeit zum Selbst; Eigentum, Besitz.

स्वद्, स्वंदति, °ते (स्वादते) schmackhaft machen, würzen, angenehm machen; *Med.* schmecken, munden; kosten, genieſsen (*Acc.*), Gefallen finden an (*Loc.*). *p.p.* स्वात्त schmackhaft gemacht *o.* gekostet. *Caus.* स्वदंयति, °ते (*p.p.* स्वदित) schmackhaft, genieſsbar, annehmbar machen; स्वादयति kosten, genieſsen. आ essen, verzehren; *Caus.* आस्वादयति sichs schmecken lassen, genieſsen, empfinden.

स्वदेश *m.* eigene Stelle *o.* Wohnung, Heimat.

स्वधर्म *m.* das eigene Recht *o.* die eigene Pflicht.

स्वधन *n.* die eigene Habe.

1. स्वधा *f.* Eigenart (*eig.* Selbstsetzung), gewohnter Zustand *o.* Aufenthalt, Heimstätte; Wohlgefallen, Behagen, Lust. *Instr. Sgl. u. Pl.*, *auch* स्वधामनु nach Lust *o.* Gewohnheit, von selbst, frei, ungehindert.

2. स्वधा *f.* süſser Trank (*vgl.* सुधा), *bes.* die Manenspende, *auch der dabei übliche Ausruf* Svadhâ.

स्वधाकर die Manenspende darbringend *o.* Svadhâ rufend.

स्वधाकारं *m.* der Ruf Svadhâ.

स्वधावन्, *f.* °वरी = *folg.*

1. स्वधावन्त् an der Eigenart festhaltend, selbstherrlich *o.* beständig, treu.

2. स्वधावन्त् Labung enthaltend.

स्वधाविन् *dass.*

स्वंधिति *m. f.* Hackmesser, Beil.

स्वधीत *n.* gut Erlerntes *o.* gutes Lernen.

स्वध्वरं schön opfernd; *n.* (*m.*) schönes Opfer.

स्वन्, स्वनति, °ते schallen, tosen, dröhnen, rauschen, brummen, summen. परि klingen. वि schallen, heulen.

स्वनं *m.* Schall, Ton, Geräusch, Gebrause, Gebrumme, Geheul, Gesang.

स्वनवन्त् schallend, laut; *n. adv.*

स्वनीक schön von Ansehen.

स्वनुगुप्त wohl versteckt.

स्वन्त gut endend, glücklich.

स्वप्, स्वपिति *u.* स्वंपति, °ते schlafen, einschlafen, sich niederlegen. *Partic.* सुषुप्वंस्, सुषुपाणं *u.* सुप्तं eingeschlafen, schlafend, ruhend. *Caus.* स्वापंयति (स्वपयति) einschläfern, töten. अव, *p.p.* अवसुप्त schlafend. नि einschlafen.

स्वपन schläfrig; *n.* das Schlafen.
स्वपराह्णे (*Loc.*) spät am Tage.
स्वपस् geschickt im Werke; *m.* Künstler, Wunderthäter.
स्वपस्य्, °स्यते geschickt *o.* thätig sein.
स्वपस्यु thätig, fleiſsig.
स्वपस्या *f.* Thätigkeit, Fleiſs, Geschick.
स्वपिवात wohlbegehrt.
स्वप्तव्य *n. impers.* zu schlafen.
स्वप्न *m.* Schlaf, Traum.
स्वप्नज् schläfrig.
स्वप्नभाज् Schlaf genieſsend.
स्वप्नया *Adv.* im Traum.
स्वप्नस् wohlhabend, reich.
स्वप्नान्त *m.* Schlafes- *o.* Traumeszustand.
स्वप्नाय्, °यते schläfrig sein, träumen.
स्वप्न्य *n.* Traumgesicht.
स्वप्रधान vorherrschend; *Abstr.* °ता *f.*
स्वभानु selbstleuchtend.
स्वभाव *m.* eigenes Wesen, Natur, Anlage, Charakter. ° , *Instr. Abl.* (*auch auf* तस्) von Natur, von Anlage, von Haus aus.
स्वभिष्टि günstig *o.* begünstigt.
स्वभू *u.* °ति von selbst entstehend.
स्वभूमि *f.* eigenes Land, Heimat.
स्वमहिमन् *m.* eigene Gröſse.
स्वमांस *n.* das eigene Fleisch.
स्वमातृतस् von Seiten der (eigenen) Mutter.
स्वयंवर selbst wählend, *bes. f.* आ den Gatten. *m.* Selbstwahl, *bes.* Gattenwahl (*auch* °रा *n.*).
स्वयंवरवधू *f.* eine Gattin nach eigener Wahl.*
स्वयंवृत selbstgewählt (*Gatte*).

स्वयंप्रकाश
°त्व *n.*
स्वयंप्रभ = *v*
स्वयंभग vo
gefallen.
स्वयंभु *u.* °
स्वयंभू durch
*Brahman*
स्वयंमृत von
स्वयशस् sel
स्वयु selbstä
स्वयुक्ति *f.* eig
liche Wei
verständl
स्वयुग्वन् *o.* °
1. स्वयोनि
Mutterleil
2. स्वयोनि (
1. स्वर्, स्वर
*Caus.* स्वर
sprechen (
*s. bes.* —
सम् *u.* आ
besingen,
2. स्वर् *n.* S
Glanz, H
(*vgl.* भुवस्
स्वर *o.* स्वर
Accent (*au*
Ton, Note
स्वरंकृत recht
स्वरण hellkli
स्वरभक्ति *f.* T
स्वरयोग *m.* L
स्वरवन्त् kling

स्वरसंयोग *m.* = स्वरयोग; (*auch* Gesang *o.* Lautenspiel*).

स्वराज् selbstherrschend; *m.* Selbstherr.

स्वराजन् *dass.*

स्वराज्य *n.* Selbstherrschaft, eigenes Reich.

स्वरि lärmend, tosend.

स्वरित tönen gemacht, betont, *bes.* mit dem Svarita-Accent versehen; *m. n.* der Svarita-Accent (*g.*).

स्वरु *m.* Opferpfosten.

स्वरुचि *f.* Eigenwille, Lust; *Adj.* danach handelnd.

स्वरूप *n.* eigene Gestalt, Beschaffenheit, Wesen, Natur, Charakter; (nur) das betr. Wort selbst (*g.*).

1. स्वरोचिस् *n.* eigenes Licht.

2. स्वरोचिस् selbstleuchtend.

स्वर्क schön singend.

स्वर्ग zum Himmel gehend *o.* führend, himmlisch; *m.* Himmel, Aufenthalt der Seligen.

स्वर्गकाम den Himmel wünschend.

स्वर्गगति *f.* der Gang in den Himmel.

स्वर्गगामिन् in den Himmel kommend.

स्वर्गत im Himmel befindlich, gestorben.

स्वर्गतरंगिणी *f.* der Himmelsstrom, die Gaṅgâ.

स्वर्गति *f.* der Eingang in den Himmel.

स्वर्गमन *n. dass.*, = Tod.

स्वर्गमार्ग *m.* der Weg zum Himmel.

स्वर्गराज्य *n.* die Himmelsherrschaft.

1. स्वर्गलोक *m.* die Himmelswelt.

2. स्वर्गलोक zur Himmelswelt gehörig.

स्वर्गस्त्री *f.* Himmelsweib, Apsaras.

स्वर्गस्थ = स्वर्गगत.

स्वर्गस्थित *dass.*; *m.* ein Gott.

स्वर्गामिन् in den Himmel gehend (gegangen) *o.* sterbend (gestorben).

स्वर्गिन् des Himmels teilhaftig, tot *o.* ein Gott.

स्वर्गीय himmlisch.

स्वर्गौकस् *m.* Himmelsbewohner, ein Gott.

स्वर्ग्य himmlisch, die Seligkeit bringend.

स्वर्जित् Licht *o.* den Himmel gewinnend.

स्वर्ण (= सुवर्ण) *n.* Gold (*auch* °क *n.*); ein best. Gewicht an Gold (*auch m.*).

स्वर्णकार *m.* Goldschmied.

स्वर्णदी *f.* der Himmelsfluss, die Gaṅgâ.

स्वर्णर licht, himmlisch; *n.* Lichtraum, Äther.

स्वर्थ das rechte Ziel verfolgend.

स्वर्दृश् die Sonne *o.* den Himmel schauend; *Pl.* die Lebenden *o.* die Götter.

स्वर्पति *m.* Glanzesherr (*Indra*).

स्वर्भानु *m. N. eines Dämons* (*sp.* = राहु).

स्वर्मीळ्ह *n.* Kampf um Licht; *Adj.* auf dens. bezüglich.

स्वर्य (*f. ved.* स्वरी) lärmend, tosend, brüllend, schwirrend, rauschend.

स्वर्यात in den Himmel gegangen, tot.

स्वर्यु nach Licht verlangend.

स्वर्लोक *m.* die Himmelswelt; *Adj.* ders. teilhaftig, ein Seliger.

स्वर्वधू *f.* Himmelsweib, Apsaras.

स्वर्वन्त् licht, himmlisch.

स्वर्विद् Licht *o.* den Himmel gewinnend, himmlisch.

स्वर्षा *dass.*

स्वर्षाति *f.* Gewinnung des Lichts *o.* des Himmels.

स्वलंकृत schön geschmückt.

स्वलज्जा *f.* (eigene) Scham; *Instr.* aus Scham.

स्वल्प (sehr) klein, gering, kurz; *Instr. adv.* in kurzer Zeit.

स्वल्पक, *f.* स्वल्पिका = *vor. Adj.*

स्वल्पतस् *Adv.* nach und nach.

स्वल्पवयस् jung (von kurzem Alter).

स्ववश dem eigenen Willen folgend, selbstständig, frei. *Abstr.* °ता *f.*

स्ववस् (*Nom.* °वान्) guten Schutz habend *o.* gewährend.

स्वविषय *m.* das eigene Land, Heimat.

स्ववृत्ति *f.* der eigene Lebensunterhalt Selbständigkeit, Unabhängigkeit.

स्वश्व gute Rosse habend.

स्वश्व्य *n.* Reichtum an Rossen.

स्वसर् *f.* Schwester.

स्वसर *n.* Hürde, Stall, Nest, Wohnort.

स्वसृत्व *n.* Schwesterschaft.

स्वस्तर *m.* eigene, selbstbereitete Streu.

स्वस्ति *f.* Wohlsein, Glück, Heil; *dieselbe Form als Instr. adv.* mit Glück, mit

Hände auf der Brust; *n.* eine best. Art zu sitzen.

**स्वस्तिकार** *m.* der Heilrufer *o.* der Ruf Heil.

**स्वस्तिगा** zum Glück führend.

**स्वस्तिता** *f.* Zustand des Wohlseins.

**स्वस्तिद** *u.* **॰दा** Wohlsein verleihend.

**स्वस्तिमन्त्** wohlbehalten, glücklich.

**स्वस्तिवाच्** *f.* Segensspruch.

1. **स्वस्तिवाचन** *n.* Aufforderung an einen Brahmanen zum Segensspruch; **॰वाच्य** dazu aufzufordern.

2. **स्वस्तिवाचन** *n.* eine Gabe von Blumen, Früchten und Süſsigkeiten; **॰वाचनक**, *f.* **॰वाचनिका** solche darbringend.*

**स्वस्त्ययन** *n.* Segen *o.* Segenswunsch; *Adj.* (*f.* **ई**) Segen bringend *o.* verheiſsend.

**स्वस्त्यात्रेय** *m. N. eines alten Weisen.*

**स्वस्थ** in Ordnung (*eig.* bei sich) seiend, normal, gesund, wohl, frisch, heiter. *Abstr.* **॰ता** *f.*

**स्वस्थमानस** frischen Mutes, getrost.

**स्वस्थान** *n.* der eigene Ort, Heimat.

**स्वस्रीय** *m.* Schwestersohn.

**स्वस्वरूप** *n.* der eigene *o.* wahre Charakter.

**स्वःस्त्री** *f.* Himmelsweib, Apsaras.

**स्वहस्त** *m.* die eigene Hand.

**स्वांशतस्** *Adv.* aus einem eigenen Teil *o.* Stück.

**स्वाकृति** wohlgestaltet.

**स्वागत** willkommen; *n.* das W., der Willkommensgruſs.

**स्वाङ्क** *m.* der eigene Schoſs.

**स्वाङ्ग** *n.* der eigene Körper.

**स्वाच्छन्द्य** *n.* eigener Antrieb.

**स्वाजीव** *u.* **॰व्य** guten Lebensunterhalt gewährend.

**स्वातन्त्र्य** Selbstbestimmung, Unabhängigkeit, Freiheit, Willkür.

**स्वाति** *u.* **॰ती** *f. N. eines Sternbildes.*

**स्वात्मन्** *m.* das eigene Selbst (*refl. wie* **आत्मन्**).

*folg.*

**स्वादु**, *f.* **॰द्वी** schmackhaft, süſs, lieblich.

**स्वादुता** *f.* Wohlgeschmack, Süſsigkeit.

**स्वाद्मन्** *m.*, **स्वाद्मन्** *n. dass.*

**स्वाधी** sinnend, achtsam.

**स्वाधीन** von sich selbst abhängig *d. h.* unabhängig, *o.* was von einem selbst a. ist, in der eigenen Gewalt steht. *Abstr.* **॰ता** *f.*

**स्वाधीनकुशल** sein Wohl in der eigenen Macht habend.

**स्वाधीनोपाय** ein Mittel in der eigenen Macht habend.

**स्वाध्याय** *m.* das Lesen für sich, Vedastudium.

**स्वाध्यायवन्त्** *o.* **॰यिन्** dem Vedastudium obliegend.

**स्वान** schallend, tönend; *m.* Schall, Ton.

**स्वानिन्** = *vor. Adj.*

**स्वान्त** das eigene Ende *o.* Gebiet; *n.* das Herz (Gebiet des Selbst *o.* der Gefühle).

**स्वाप** *m.* Schlaf, Traum.

**स्वापतेय** *n.* eigener Besitz, Reichtum.

**स्वापन** einschläfernd.

**स्वापि** *m.* guter Verwandter *o.* Freund.

**स्वाभाविक**, *f.* **ई** eigenartig, ursprünglich, angeboren, natürlich. *Abstr.* **॰भाव्य** *n.*

**स्वाभ** reichlich vorhanden, zu Gebote stehend.

**स्वामिक** *adj.* —॰ = **स्वामिन्**.

**स्वामिता** *f.*, **॰त्व** *n. Abstr. z. folg.*

**स्वामिन्** *m.* Eigentümer, Besitzer, Herr, Gebieter; *f.* **॰नी**.

**स्वामिपाल** *m. Du.* Herr und Hirt.

**स्वामिसेवा** *f.* Herrendienst.

**स्वाम्य** *n.* Eigentumsrecht, Herrschaft, Besitz.

**स्वायत्त** vom eigenen Selbst abhängig, worüber man selbst verfügen kann.

**स्वायंभुव** zu Svayaṃbhû *d. i.* Brahman gehörig; *m. Patron. eines Manu.*

habend.

स्वासस्थ guten Sitz habend *o.* bietend.

स्वास्थ्य *n.* Wohlsein, Behagen.

स्वाहा (*indecl.*) Heil, Segen! (*als Ausruf beim Opfer*). *Mit* कर् den Ruf Svâhâ aussprechen über (*Acc.*); स्वाहाकृत mit diesem Rufe dargebracht.

स्वाहाकार *m* der Ruf Svâhâ (*s. vor.*).

स्वाहाकृति *f.* Weihe mit dem Ruf Svâhâ

स्वाहुत dem richtig geopfert ist.

1. स्विद्, स्वेदते, स्विद्यति, °ते schwitzen. *Partic.* सिष्विदान *u.* स्विन्न schwitzend. प्र in Schweifs kommen; *p.p.* प्रस्विन्न.

2. स्विद् (*encl.*) wohl, irgend, etwa, *fragend u. verallgemeinernd, meist nach* क *u. anderen Fragewörtern* (*vgl. unter* आहो *u.* उत). स्विद्—स्विद् ob wohl—oder.

स्विन्न *s.* 1. स्विद्.

स्विषु gute Pfeile habend.

1. स्विष्ट sehr begehrt *o.* geliebt.

2. स्विष्ट gut geopfert, recht verehrt; *n.* ein richtiges Opfer.

# ह

1. ह (*encl.*) eben, gerade, ja, gewiss (*leicht hervorhebend o. versichernd, meist nach Pron., Präp. o. anderen Partikeln, bes.* इति *u.* स्म, *auch nur explet.*).

2. ह (—°) tötend, vernichtend.

हंस, *f.* ई Gans, Schwan, Flamingo; Seele (*ph.*).

हंसक *m. dass.* (*f.* हंसिका); *Fufsring.

हंसगति* *u.* °गामिनी *f.* den Gang einer Gans habend, langsam einhergehend.

हंसतूल Gänseflaum.

हंसपद *n.* Gänsefufs; *m. Pl. Volksname.*

हंसपदिका *f. Frauenname.*

हंसमाला *f.* Zug von Gänsen *o.* Schwänen.

हंसराज *m.* edler Schwan (*eig.* Schwanenkönig).

हंसावली *f.* = हंसमाला.

हंहो *Interj. des Anrufens.*

हञ्जे *Zuruf an eine Dienerin.**

हट्ट *m.* Markt.

हठ *m.* Gewalt, Zwang, Notwendigkeit. °—, *Instr. u. Abl.* gewaltsam, notgedrungen.

हठकामुक *m.* ein gewaltsamer Bewerber um (—°).

हत (*s.* 1. हन्) geschlagen, getroffen, aufgewirbelt, erregt (*Staub*); getötet, vernichtet, verloren, dahin (*oft adj.* °—); wertlos, nutzlos, verwünscht, unselig (*oft* —°).

हतक geschlagen, getroffen, unglückselig, verwünscht, verflucht (*oft* —°).

हताश für den *o.* an dem die Hoffnung verloren ist, unglückselig, verwünscht, nichtsnutzig.

हति *f.* Schlag, Tötung, Vernichtung.

हत्नु tötlich.

हत्य *n.* das Erschlagen (—°).

हत्या *f.* Tötung; Kampf, Schlacht.

हथ *m.* Schlag, Wurf.

हद्, हदति cacare.

1. हन्, हन्ति, हते, जिघ्नते, °ति (हनति) schlagen, treffen, verletzen, töten, vernichten, zerstören, vertilgen, beseitigen. *p.p.* हत *s. bes. Caus.* घातयति *s. bes Desid.* जिघांसति töten *o.* vernichten wollen. *Intens.* जङ्घन्ति (जङ्घन्यते) schlagen, treffen, zerschmettern, vertilgen. अप abschlagen, weghauen, vertreiben, verscheuchen, abwehren, tilgen. अभि schlagen, stofsen, treffen, befallen, heimsuchen, berühren. अव niederschlagen, erschlagen, verscheuchen, ab wehren. आ (*auch Med.*) schlagen, stofsen an *o.* auf (*Acc. o. Loc.*), treffen, angreifen, heimsuchen. अभ्या *u.* व्या schlagen, treffen, schädigen, heimsuchen, hemmen, hindern. समा anschlagen, zu sammenschlagen, treffen, erlegen. उद् hinauf- *o.* hinaustreiben, aufwerfen, उप schlagen, stofsen, treffen, berühren; schädigen, beeinträchtigen, hemmen, stören, quälen. नि einschlagen, losschlagen auf (*Acc. o.* **Gen.*), werfen, schleudern, stofsen, treffen, niedermachen, fällen, töten, vernichten. प्रणि

हम्भा *f.* Rindergebrüll.
हम्भाय्, °यते brüllen (*Kuh*).
हय *m.* Ross; *f.* आ Stute.
हयग्रीव einen Pferdehals habend; *m. Mannsname.*
हयज्ञता *f.* Pferdekenntnis.
हयमेध *m.* Rossopfer.
हयशिरस् *n.* Pferdekopf, eine best. mystische Waffe; *Adj.* einen Pf. habend (*Sonne o. Vishṇu*).
हयशीर्ष = *vor. Adj.*
हयहर्तर् *m.* Pferderäuber.
हयारोह *m.* Reiter (Pferdebesteiger).
हयिन् *m. dass.* (Pferdebesitzer).
हये *Interj.* ei, heda!
1. हर्, हरति, °ते (हर्ति, जिहर्ति) nehmen, halten, tragen; herbeischaffen, holen, darbringen; wegnehmen, entreifsen, rauben, beseitigen, vertilgen; in Empfang nehmen, sich aneignen (कन्याम् heiraten), gewinnen, hinreifsen, entzücken. *p.p.* हृत genommen u. s. w.; *oft* °— des— beraubt, um—gebracht. *Caus.* हारयति, °ते jemd. etw. nehmen, tragen, bringen lassen (*2 Acc. o. Instr. der Pers. u. Acc. der S.*), entreifsen, rauben (lassen); sich etw. entreifsen lassen, verlieren (*bes. im Spiel*). *p.p.* हारित gebracht, geraubt; eingebüfst, verloren (habend). *Desid.* जिहीर्षति nehmen, besitzen, gewinnen wollen. अति darüber hinaus halten, herüberstehen lassen. अनु nachahmen, erreichen, gleichen, ähnlich sein (*Acc.*). अप wegnehmen, entwenden, fortreifsen, rauben, überwältigen, vertreiben, vernichten. *Caus. p.p.* अपहारित geraubt. अव herunternehmen, hinabwerfen. अभ्यव herbeischaffen, holen; bringen, werfen in (*Acc.*); zu sich nehmen, geniefsen. व्यव hinundherbewegen, handhaben; Handel treiben, handeln mit (*Loc. o. Instr.*), *wetten um (*Gen.*); verkehren *o.* umgehen mit (*Instr. o. Loc.*), thun, verfahren; sich ergehen *o.* belustigen. *Pass.* genannt, bezeichnet werden. आ herbeischaffen,

(vgl. परिहार्य), jemd. (Gen.) etw. (Acc.) ersparen. प्र darbringen, reichen, hinhalten, vorstrecken, werfen auf (Loc.), stofsen, treffen, losschlagen, kämpfen (auch Med.). संप्र schleudern, angreifen (Acc. o. Loc.), losschlagen; mit einander kämpfen (auch Med.). प्रति zurückwerfen, -halten, -bringen; Med. zu sich nehmen, geniefsen. वि auseinandernehmen, öffnen, trennen, verteilen, sondern; herausziehen, lösen, vergiefsen (Thränen); wegnehmen, rauben, sich vertreiben, zubringen (die Zeit); auch ohne Acc. sich die Zeit vertreiben, sich vergnügen, sich ergehen, lustwandeln. सम् zusammentragen, -werfen, -legen, -ziehen, -ballen; zurückziehen, einziehen, abwenden (auch Med.), wegraffen, rauben, vorwegnehmen (auch Med.), einhalten, hemmen, unterdrücken; beseitigen, vernichten. उपसम् zusammentragen, -ziehen, -fassen, zurückziehen, einziehen, entziehen (auch Med.), einhalten, hemmen u. s. w. = vor. प्रतिसम् zusammenziehen, zurückhalten, einziehen, hemmen u. s. w. = vor.

2. हृ, हृणीते böse sein, zürnen (Dat.).

हर (—°) nehmend; bringend, zuführend; entführend, hinreifsend, entzückend; verscheuchend, entfernend, vernichtend. m. der Zerstörer (Bein. Çiva's).

हरण (—°) führend, entführend, vertreibend, wegnehmend. n. हरण das Bringen, Holen, Darbringen; Entwendung, Entführung, Raub; Vermeidung, Beseitigung, Vernichtung.

हरदत्त m. Mannsname.

हरयाण m. desgl.

हरस् n. Griff, Schlag, Zug, Schluck; das Packen, Gewalt, Kraft, Glut.

Indra's, Vishṇu-Kṛshṇa's, Soma's u. a. Götter, auch Mannsn.

हरिकेश gelbhaarig (Bez. versch. Götter).

हरिचन्दन m. n. eine Art Sandel (zum Färben).

हरिण fahl, gelblich; m. Gazelle. f. ई Gazellenweibchen.

हरिणाक्ष, f. ई gazellenäugig.

हरिणी s. हरिण u. हरित.

हरित् fahl, gelblich, grünlich. f. eine falbe Stute (bes. Indra's o. der Sonne), Weltgegend; m. Sonnenross. हरितामीश्वर m. der Sonnengott.

हरित, f. आ, älter हरिणी fahl, gelblich, gelb; grünlich, grün. m. Mannsn. f. °णी u. n. Gold.

हरितच्छद grünblätterig.

हरिताल n. Auripigment; °मय, f. ई daraus gebildet.

हरिताश्व falbe Rosse habend (Sonne).

हरिदश्व dass.

हरिद्रु m. gelber Sandelbaum; f. आ Gelbwurz, gelber Ingwer.

हरिप्रबोध m. T. eines Werkes.

हरिप्रिय m. Freund der Falben (Indra); auch Pflanzenname.

हरिमन् m. gelbe Farbe, Gelbsucht.

हरिमन्त् = हरिवन्त्.

हरियोजन n. das Anschirren der Falben.

हरिवंश m. Hari's d. i. Vishṇu-Kṛshṇa's Geschlecht, T. eines Gedichts.

हरिवन्त् (Voc. हरिवस्) falbrossig (Indra).

हरिवाहन mit Falben fahrend (Indra).

हरिश्चन्द्र goldglänzend; m. N. eines Königs.

हरिश्मश्रु blondbärtig.

हरिश्री goldglänzend o. -prächtig.

हरिष्ठा mit Falben fahrend (Indra o. die Sonne).

हरिहय falbrossig (Indra).

हरिहर m. Sgl. Vishṇu und Çiva in einer Person; Du. Vishṇu und Çiva für sich.

हरिहेति f. Indra's Waffe, d. i. der Regenbogen; °मन्त् damit geschmückt.
हरीतक m., ई f. N. eines Baumes.
हरेणु m. eine Erbsenart.
हर्तृ m. Träger, Bringer; Entwender, Räuber, Dieb, Verscheucher, Vertilger.
हर्तव्य zu entwenden, zu rauben.
हर्म्य n. Feste, Burg, Schloss, Haus
हर्य्, हर्यति, °ते gern haben, lieben, begehren, herbeiwünschen. Partic. हर्यन्त् u. हर्यन्त्. — अभि u. प्रति dass.
हर्यक्ष gelbäugig; m. Affe.
हर्यत lieb, begehrt, erwünscht.
1. हर्यश्व m. ein falbes Ross.
2. हर्यश्व falbrossig; m. Bein. Indra's, Mannsn.
हर्ष्, हर्षते (°ति), हृष्यति (°ते) erregt werden, sich freuen o. erschrecken; sich sträuben (von den Körperhärchen) o. Haarsträuben am Körper bekommen, zusammenfahren. p.p. हृष्ट entzückt, froh, starrend, sich sträubend; हृषित dass., auch frisch, blühend (von Kränzen u. Blumen). Caus. हर्षयति, °ते aufregen, erfreuen; starren machen; sich freuen. p.p. हर्षित erfreut, starr; n. Freude. अभि Caus. erfreuen. उद् erregt, munter sein; Caus. erregen, erfreuen. परि, p.p. परिहृष्ट hocherfreut. प्र sich freuen, froh sein. p.p. प्रहृष्ट froh, lustig. Caus. ermuntern, erfreuen, entzücken. संप्र = vor., p.p. auch starrend, sich sträubend. सम् in Entzücken geraten, sich freuen; zusammenfahren, schaudern. p.p. संहृष्ट entzückt, froh, munter, lustig; starrend, zu Berge stehend. Caus. entzücken, erfreuen.
हर्ष m. Freude, Entzücken, Erregung, Brunst; das Emporstarren, Sichsträuben; Mannsn.
हर्षक (—°) erfreuend.
हर्षचरित n. T. eines Werkes.
हर्षण erfreuend, erregend, schaudern machend; n. Freude, Erregung.
हर्षदेव m. N. eines Königs u. Dichters.
हर्षदोहल Wollustkitzel, Liebessehnsucht.*
हर्षनाद u. °निःस्वन m. Freudengeschrei.
हर्षमय in Freude bestehend.
हर्षवन्त् voller Freude; f. °वती Frauen- u. Stadtname.
हर्षवर्धन m. N. eines Fürsten, Pl. eines Volks.
हर्षि f. Erregung (nur Instr.).
हर्षिन् erfreut o. erfreuend.
हर्षुमन्त् aufgeregt.
हर्षुल froh, munter.
हर्षोत्फुल्ललोचन mit vor Freude weit geöffneten Augen.*
हल m. n. Pflug; m. Pl. Volksname.
हलधर u. हलभृत् m. Pflughalter, Pflüger (Bein. Baladeva's).
हलहला Interj. des Beifalls.
हला Anruf an eine Freundin.*
हलायुध pflugbewaffnet (Baladeva).
हलाहल m. n. ein best. heftiges Gift.
हलिन् = हलधर.
हलीक्ष्ण ein best. Eingeweide.
हव rufend; m. Ruf.
1. हवन n. Opferung; f. ई Opferlöffel.
2. हवन n. Anrufung, Ruf.
हवनश्रुत् den Ruf erhörend.
हवनस्यद् dem Ruf zueilend.
हवस् n. Anrufung.
हविन् anrufend.
हविरद् u. हविरद das Opfer geniefsend.
हविरद्य n. Opfergenuss.
हविराहुति f. Opferdarbringung.
हविरुच्छिष्ट n. Opferrest.
हविर्दा Opfer darbringend.
हविर्दान n. Opferspende.
हविर्धान n. (eig. Opfergabenbehälter) entw. die Somawagen o. ein Gelass für dies.; auch Opferplatz überh.
हविर्भुज् Opfer verzehrend; m. Feuer o. der Gott des Feuers.
हविर्मथि Opfer störend.
हविर्यज्ञ m. einfaches o. Kleinopfer (r.).
हविर्वह् (°वाह्) das Opfer führend.
हविष्कृ die Opfergabe bereiten.
हविष्करण n. Opfergabenbereitung.
हविष्कृत् die Opfergabe bereitend, Opferbereiter(in); m. der Ruf हविष्कृदेहि.

... gabe, Opferspeise o. -trank, bes. Soma.

हवीमन् *n.* Anrufung.

हवै *Interj.*

1. हव्य *n.* Opfergabe, Spende.

2. हव्य anzurufen.

हव्यजुष्टि *f.* Lust am Opfer.

हव्यदाति Opfer spendend; *f.* Opferspende.

हव्यवह (°वाह) das Opfer (zu den Göttern) führend; *m.* Feuer *o.* Agni.

हव्यवाह *u.* °वाहन *dass.*

हव्यसूद् Opfertränke bereitend (*Kuh*).

हव्यसूदन *dass.*

हव्याद् *u.* हव्याद Opfer verzehrend.

हव्याहुति *f.* (Opfer-) Schmalzspende.

1. हस् *Interj. des Lachens.*

2. हस्, हसति, °ते lachen, verlachen, verspotten. *p.p.* हसित lachend *o.* verlacht, verspottet, *s. auch bes. Caus.* हासयति zum Lachen bringen. अव verlachen, verspotten. उप *dass.*, *p.p.* उपहसित ausgelacht, verhöhnt. *Caus. p.p.* उपहासित *dass.* परि scherzen, lachen, verspotten. (*Caus.* zum Lachen machen.*) प्र auflachen, lachen mit (*Acc.*), lachen, lächeln, belachen, verspotten. *p.p.* lachend. वि auflachen, lachen, lächeln; auslachen. *p.p.* lachend *o.* ausgelacht, verspottet.

हस *o.* हस *m.* Gelächter, Scherz.

हसन lachend; *n.* das Lachen. *f.* आ das Schnalzen mit der Zunge.

हसनीय zu verlachen.

हसामुद् fröhlich lachend.

हस्कर्तृ *m.* Aufmunterer, Erfreuer.

हस्कार *m.* das Lachen (*des Himmels*), *d. i.* Wetterleuchten.

हस्कृति *f.* Gelächter, Fröhlichkeit.

हस्तग्रह *m.* Handergreifung

हस्तग्राभ *m.* Handergreifer

हस्तग्राह *m. dass.*

हस्तघ्न *m.* Handschutz (*Art*

हस्तच *n. dass.*

हस्तधारण *n.* = हस्तग्रह, *auch* Hilfe.

हस्तपाद *n. Sgl.* (*u. m. Pl.* Füſse.

हस्तप्राप्त = हस्तग.

हस्तप्राप्य mit der Hand zu

हस्तभ्रंशिन् aus der Hand g

हस्तवन्त् handbegabt; *m.* Dieb.

हस्तस्थ in der Hand befindl

हस्ताभरण *n.* Handschmuck

हस्तावलम्ब *m.*, °न *n.* Rettu Handstütze).

हस्तावाप *m.* eine Art Hands

हस्ताहस्ति *Adv.* im Handgen

हस्तिन् hand- *o.* russelbegab *mit* मृग) das Rüsseltier *d. Mannsn. f.* हस्तिनी Elefa

हस्तिनापुर *n. N. einer Stadt*

हस्तिप *m.* Elefantenwärter.

हस्तिपक, °पाल *u.* °पालक *m.*

हस्तिराज *m.* Elefantenkönig, Elefantenherde.

हस्तिशाला *f.* Elefantenstall.

हस्तिशिचा *f.* Elefantenkennt

हस्तिस्नान *n.* Elefantenbad.

हस्त्य zur Hand gehörig, mi reitet.

हस्त्यारोह *m.* Elefantenlenk steiger).

हस्र lachend.

1. हा, जिहीते auffahren, eile weichen (*Dat.*), losspringe

*p.p.* हान. अति überspringen. अनु nacheilen, erwischen. *p.p.* अप enteilen, entweichen. उद् sich aufrichten, aufsteigen. नि sich ducken. प्र davoneilen, sich fortmachen. वि sich aufthun, klaffen. सम् sich aufraffen, sich erheben, aufstehen.

2. हा, जहाति (जहति) verlassen, im Stich lassen, jemd. (*Dat.*) etw. (*Acc.*) überlassen, aufgeben, vermeiden, hintansetzen, ablegen, abthun, verlieren. *Pass.* हीयते (हीयते, °ति) verlassen u. s. w. werden, zurückbleiben, zu Schaden kommen, unterliegen, abnehmen, hinschwinden; verlustig gehen, zu kurz kommen um (*Abl.*). *p.p.* (हात, हान); हीन u. जहित (*s. diese bes.*). *Caus.* हापयति fahren lassen, aufgeben, verlieren, versäumen, vernachlässigen. *p.p.* हापित beschädigt, gebracht um (*Instr.*). *Desid.* जिहासति verlassen, aufgeben, verschmähen wollen. अप verlassen, übergehen, hintansetzen. अव verlassen, aufgeben. *Pass.* verlassen werden, verlustig gehen (*Abl.*), nicht mitkommen, zurückbleiben; *p.p.* अवहीन. — परि verlassen, unterlassen, aufgeben. *Pass.* gemieden *o.* unterlassen werden, ausbleiben, verloren gehen, mangeln, schwinden, schwächer werden an (*Instr.*), nachlassen, aufhören; unterliegen, nachstehen (*Instr.*); abstehen von, kommen um, verlustig gehen (*Abl.*). *p.p.* परिहीण unterblieben, geschwunden; verlustig, ermangelnd (*Abl. o.* —°). *Caus.* fallen lassen, unterbrechen; jemd. (*Acc.*) um etw. (*Instr.*) bringen. प्र verlassen, aufgeben, meiden. *Pass.* verlassen u. s. w. werden, weichen, schwinden, unterbleiben, zu kurz kommen, unterliegen. *p.p.* प्रहीण verlassen, geschwunden; ermangelnd, ohne (—°); प्रहित verlassen, aufgegeben. वि zurücklassen, aufgeben, vermeiden; loswerden, verlieren. *Ger.* विहाय mit Übergehung von, lieber als, ungeachtet, trotz (*Acc.*). *Pass.* verloren gehen, zu kurz kommen, zurückbleiben, nachstehen. *p.p.* विहीन mangelnd, fehlend; ermangelnd, verlustig, frei von (*Instr. o.* —°).

3. हा (*Interj. des Staunens u. Schmerzes*) ha, ei; ach, wehe über —! *Mit Voc. o. Acc.*; *oft verdoppelt, auch in Verb. mit* धिक्, *w. s.*

हाटक *m. Pl. Volksn.*; *n.* Gold.

हातव्य zu verlassen, aufzugeben.

हान *n.* das Verlassen, Aufgeben, Aufhören, Schwinden.

हानि *f. dass.*; Abnahme, Verminderung, Verlust, Schaden, Niederlage (*im Prozess*).

हानिकर *o.* °कृत् Schaden bringend.

हायन *m. n.* Jahr; *Adj.* (*f.* ई) jährig, jährlich.

हार nehmend, herbeischaffend, entwendend, hinreifsend, entzückend (—°). *m.* Wegnahme, Raub; Perlenschnur.

हारक, *f.* °रिका = *vor. Adj.*; *m.* Perlenschnur.

हारयष्टि *f.* = *vor. m.*

हारावली *f. dass., T. eines Wörterbuchs.*

हारिण *Adj.* Gazellen-.

हारिद्र mit Gelbwurz gefärbt, gelb.

हारिद्रव *m.* ein best. gelber Vogel.

1. हारिन् (*meist* —°) nehmend, bringend; entwendend, raubend, benehmend; hinreifsend, entzückend, prächtig.

2. हारिन् mit einer Perlenschnur geschmückt.

हारीत *m.* eine Art Taube, *Mannsn.*

हारुक wegnehmend, vertilgend.

हार्द im Herzen befindlich. *n.* Zuneigung, Liebe.

हार्दि *m. n.* Herz, Inneres; Zufriedenheit, Wohlgefallen.

हार्दिक्य *m. patron. Mannsn.*; *n.* Freundschaft.

हार्दिन् Zuneigung empfindend.

हार्दन् herzstärkend.

हार्य zu tragen, wegzunehmen, zu rauben; gewinnbar, bestechbar.

हाल *m. N. eines Königs u. Dichters.*

हालाहल *m.* eine best. Giftpflanze; *n.* das Gift aus ders.

हासिन् lachend, prangend mit (—°).

हास्तिक *n.* eine Menge Elefanten.

हास्तिन *Adj.* Elefanten-; *n.* = *folg.*

हास्तिनपुर *n.* = हस्तिनापुर.

हास्य lächerlich, komish. *n.* Gelächter, Spafs; हास्यार्थम् zum Scherz.

हास्यता *f.*, °त्व *n.*, °भाव *m.* Lächerlichkeit.

हास्यार्णव *m. T. eines Lustspiels.*

हाहाकार *m.* der Ausruf हाहा, Wehegeschrei; °कृत *o.* °भूत weherufend.

1. हि, हिनोति, हिनुते, हिन्वति (जिघ्यति, हयति) in Bewegung setzen (*Med. auch refl.*), antreiben, fördern; schleudern, werfen, schicken, herbeischaffen. *p.p.* हित *s. bes.* आ herbeischaffen, bringen. प्र (प्रहिणोति) erregen, antreiben, schleudern, werfen, herbeischaffen, zustellen, hinreichen; ausschicken, verjagen, senden, entlassen. *p.p.* प्रहित angetrieben, geworfen, gerichtet (*Augen*), hingeschafft, gebracht; abgeschickt, entsandt, fortgejagt. उपप्र hinschicken zu (*Dat.*).

2. हि (*indecl.*) denn, ja, nämlich, allerdings, wohl; so—denn, doch (*auffordernd beim Imperat. o. Opt.*); *oft nur explet.*, *nie am Anfang eines Satzes.*

हिंस्, हिनस्ति, हिंस्ते, हिंसति verletzen, schädigen, töten; *p.p.* हिंसित. *Caus.* हिंसयति *dass. Desid.* जिहिंसिषति verletzen wollen. उप *u.* वि = *Simpl.*

हिंसा *f.* Verletzung, Schädigung.

हिंसक verletzend, schädigend (*meist* —°).

हिंसन *n.* = हिंसा.

हिंस्य zu verletzen, zu töten.

हिंस्र verletzend, boshaft, streng gegen (—°). *m.* Raubtier.

हिंस्रजन्तु *u.* °पशु *m.* = *vor. m.*

हिक्क्, हिक्कति schlucksen; *p.p.* हिक्कित *n.* das Schlucksen.

हिडिम्ब *m.*, आ *f. N. eines Râkshasa u. seiner Schwester.*

हिण्ड् *mit* आ umherschweifen.*

1. हित (*s.* 1. धा) gesetzt, gestellt, gelegt; befindlich in (*Loc.*); eingerichtet, bestimmt; ordentlich, gehörig, erspriefslich, günstig, zuträglich, gut gegen *o.* für (*Dat.*, *Loc.*, *Gen. o.* —°). *f.* आ *s. bes.* — *n.* das Gute, Glück, Wohl, Heil.

2. हित (*s.* 1. हि) getrieben, angeregt.

हितकर wohlthuend, nützend.

हितकाम wohlwollend.

हितकाम्या *f.* das Wohlwollen, *nur Instr.*

हितकारक, °कारिन् *u.* °कृत् = हितकर.

हितप्रयस् der die Opferspeise aufgestellt hat *o.* dem sie aufgestellt ist.

हितबुद्धि *f.* gute Absicht; *Adj.* wohlmeinend.

हितमित्र gute Freunde habend.

हितवचन *n.* guter Rat.

हितवन्त् Gutes *o.* Nutzen bringend.

हिता *f.* best. Adern; Damm.

हिताभङ्ग *m.* Durchbruch eines Dammes.

हितार्थिन् jemd. (*Gen.*) Gutes wünschend.

हिताहित gut und böse; *n.* Nutzen und Schaden, Wohl und Wehe.

हिति *f.* (—°) Sendung, Auftrag.

हितेच्छा *f.* Wohlwollen für (—°).

हितैषिन् Gutes wünschend, wohlwollend. *Abstr.* °षिता *f.*

हितोपदेश *f.* gute Unterweisung, *T. eines Fabelbuchs.*

हित्वा, हित्वाय *u.* हित्वी *s.* 2. हा.

हिन्ताल *m. N. eines Baumes.*

हिन्दु *m.* ein Hindu.

हिन्दुस्थान *n.* Hindustan.

हिन्दोल *m.* Schaukel.

हिन्व *m.* Treiber, Anreger.

**हिम** m. Kälte, Winter, *auch Adj.* kalt, kühl. n. Schnee, *seltener* Eis.
**हिमकर** m. der Mond (Kaltstrahler).
**हिमगर्भ** Kälte im Innern enthaltend, kalt.
**हिमगिरि** m. das Schneegebirge, der Himâlaya.
**हिमत्विष्**, **°दीधिति** u. **°द्युति** m. = **हिमकर**.
**हिमपात** m. Schneefall.
**हिममयूख**, **°रश्मि** u. **°रुचि** m. = **हिमकर**.
**हिमवन्त्** kalt, eisig, schneereich. m. Schneeberg, *bes.* der Himâlaya.
*__हिमवालुका__ f. Kampfer.
**हिमशैल** m. = **हिमगिरि**.
**हिमा** f. die kalte Zeit, der Winter.
**हिमांशु** m. = **हिमकर**.
**हिमागम** m. Winters Anfang.
**हिमाचल** m. = **हिमगिरि**.
**हिमात्यय** m. = **हिमान्त**.
**हिमाद्रि** m. = **हिमगिरि**.
**हिमानी** f. tiefer Schnee.
**हिमान्त** m. Winters Ende.
**हिमाम्भस्** n. kaltes Wasser.
**हिमालय** m. der Himâlaya (Schneestätte).
**हिमाहति** f. Schneefall.
*__हिरण__ n. Gold.
**हिरणिन्** goldreich, goldgeschmückt.
**हिरण्मय**, f. **ई** golden.
**हिरण्य** n. Gold, Goldstück, Geld; Goldschmuck, *Pl.* Goldsachen. *Adj.* golden.
**हिरण्यकर्तृ** m. Goldarbeiter.
1. **हिरण्यकशिपु** m. Goldteppich.
2. **हिरण्यकशिपु** einen Goldteppich habend; m. *N. eines Daitya.*
**हिरण्यकार** m. = **हिरण्यकर्तृ**.
**हिरण्यकेश**, f. **ई** goldhaarig o. -mähnig.
**हिरण्यकेश्य** *dass.*
**हिरण्यगर्भ** m. Goldschoofs, *Bein. Brahman's.*
**हिरण्यजित्** Gold gewinnend.
1. **हिरण्यज्योतिस्** n. Goldglanz.
2. **हिरण्यज्योतिस्** goldglänzend.
**हिरण्यद** o. **°दा** Gold schenkend.
**हिरण्यनिर्णिज्** goldgeschmückt.
**हिरण्यपर्ण** goldgefiedert.
**हिरण्यपाणि** goldhändig (*Savitar*).
**हिरण्यपात्र** n. Goldgefäfs.
**हिरण्यबाहु** goldarmig.

2. **हिरण्यस्रज्**

हु, जुहोति, जुहुते ins Feuer gieſsen *o.* werfen, darbringen, opfern (*mit Acc. der Pers. o. der S.*); jemd. etw. opfern *o.* darbringen (*Acc. o. Dat. der Pers. u. Instr. der S., auch Dat. o. Loc. der Pers. u. Acc. der S.*). *p.p.* हुत geopfert *o.* durch Opfer verehrt, *s. auch bes. Caus.* हावयति jemd. opfern *o.* durch Opfer verehren lassen, etw. als Opfer darbringen lassen. अभि beopfern, begieſsen, beschütten mit (*Instr.*). आ opfern in (*Loc.*) für (*Dat.*); jemd. (*Acc.*) mit Opfer (*Instr.*) begieſsen. *p.p.* आहुत geopfert *o.* beopfert. सम् (zusammen) opfern.

हुंकर् brummen; jemd. (*Acc.*) barsch anreden. *p.p.* हुंकृत *n.* Summen, Gebrüll, das Grollen (*das Donners*), Zornesausruf.

हुंकार *m.* = *vor. p.p.*

हुड *m.* ein best. Kriegsgerät, *auch* = *folg.*

हुडु *m.* Widder.

हुण्ड *m. Pl. Volksname.*

हुत् (—°) opfernd.

हुत (*s.* हु) *n.* das Geopferte, Opfer.

हुतभाग opferbeteiligt *o.* -berechtigt.

हुतभुज् *m.* das Feuer *o.* Agni (*eig.* Opferverzehrer).

हुतभोजन *m. dass.*

हुतवह *m. dass.* (*eig.* das Opfer fahrend).

हुतशेष *m.* Opferrest.

हुताद् vom Geopferten essend.

हुताश *u.* हुताशन *m.* = हुतभुज्.

हुताशनवन्त् mit Feuer versehen.

हुताशिन् sich vom Opfer nährend.

हुम् *Interj.* (*vgl.* हुंकर्).

हुरश्चित् heimlich lauernd.

हुरस् *Adv.* verborgen, heimlich.

हुरुक् = हिरुक्.

हुष्क *m. N. eines Fürsten*; °पुर *n.* H.'s Stadt.

हुहु *u.* हूहू *m. N. eines Gandharva.*

हू *s.* ह्वा.

हूंकर् *u.* हूंकार *s.* हुंकर् *u.* हुंकार.

हून *m.* = हूण.

हूम् = हुम्.

हूर्छ्, हूर्छति schief gehen, schwanken, fallen; abfallen von (*Abl.*). *Caus.* zum Fall bringen, abwenden von (*Abl.*). वि watscheln, schwanken, fallen.

हूहू *m.* = हुहु.

हृणाय्,

यंन्त्.

हृदयहारिन्

हृदयामय *m*

हृदयाविध्

हृदयेश *m.*

Gatte.

हृदयेश्वर *m. dass.*

हृदय्य im *o.* am Herzen liegend.
हृदिस्थ im Herzen befindlich.
हृदिस्पृंश् das Herz rührend, ergreifend.
हृदिस्पृश *dass.*
हृद्घ्न bis ans Herz reichend.
हृद्गत *dass.*, im *o.* am Herzen liegend.
हृद्य Herzens-, innerst, geliebt, angenehm reizend.
हृद्रोग *m.* Herzkrankheit, inneres Leiden *o.* Herzeleid.
हृष् *s.* हर्ष्.
हृषीक *n.* Sinnesorgan, Sinn.
हृषीकेश *u.* °श्वर *m.* Herr der Sinne, *Bein. Vishnu's u. Kṛshṇa's.*
हृषीवन्त् aufgeregt, lustig.
हृष्ट *s.* हर्ष्.
हे *Interj.* (*vor, nach und statt eines Voc.*).
हेड् *s.* हीड्.
हेड (हेळ) *m.* Ärger, Zorn.
हेडस् (हेळस्) *n. dass.*
हेतर् *u.* हेतृ *m.* Treiber.
हेति *f.* (*m.*) Geschoss, Waffe, Schuss; Schlag, Anprall.
हेतिमन्त् mit einem Geschoss werfen.
हेतु *m.* Veranlassung, Ursache, Grund, Beweis; *auch* Veranlasser, *bes.* der Agens beim Causativ (*g.*). *Adj.* —bewirkend *o.* bewirkt durch (—°). *Abl., Gen., Instr.* (*Dat., Loc., Acc.*) wegen, aus, um—willen (*meist* —°).
हेतुक = *vor. adj.*
हेतुता *f.* das Ursachesein.
हेतुत्व *n. dass., auch Abstr. zu* हेतु (*g.*).
हेतुमन्त् einen Veranlasser *o.* eine Veranlassung habend; causativ (*g.*).
हेतुरूपक *n.* eine begründete Metapher (*rh.*).
हेतुवाद *m.* Streit über den Grund *o.* über das Warum.
हेतुवादिन् *u.* °दिक der über den Grund streitet; *m.* Zweifler, Skeptiker.
हेतुविद्या *f.* die Wissenschaft des Grundes, die Logik.
हेतुशास्त्र *n. dass.*
हेतूपमा *f.* ein begründetes Gleichnis (*rh.*).
हेत्वाभास *m.* Scheingrund *o.* -beweis (*ph.*).
हेमक *n.* Gold.

हेमकार *m.* = हेमकर्तृ.

है *Interj.*

हैमन्तिक *dass.*

होा *Interj.*
होतर् *m.* (Haupt-)Priester, Opferer (*oft Bein. Agni's*).
होतव्य zu opfern *o.* durch Opfer zu verehren.
होतृक = होत्रक.
होतृत्व *n.* das Amt des Hotar.
होतृमन्त् mit Opferern versehen.
होतृवूर्य *n.* Hotar-Wahl.
होतृषदन *n.* Hotar-Sitz.
होत्र *n.* Opfer, das Amt des Hotar.
होत्रक *m.* Gehilfe des Hotar; *auch* Hauptpriester *überh.*
होत्रवह Opfer führend.
1. होत्रा *f.* (Haupt-)Priesteramt, Opfer.
2. होत्रा *f.* Anrufung.
होत्राविद् der Anrufung kundig.
होत्रिय *Adj.* Priester- (*auch* होत्रीय); *n.* Priesteramt.
होम *m.* Opferguss, Spende.
होमकर्मन् *n.* Opferhandlung.
होमकाल *m.* Opferzeit.
होमतुरंग *m.* Opferross.
होमधेनु *f.* Opferkuh.
1. होमन् *n.* Opfer, Spende.
2. होमन् *n.* das Rufen.
होमभाण्ड *n.* Opfergerät.
होमय्, °यति zum Opfer gebrauchen.
होमवन्त् *u.* होमिन् Opfer darbringend.
होमीय *u.* होम्य zum Opfer gehörig.
होरा *f.* Stunde; Horoskop.
होराशास्त्र *n.* Horoskopie.
हौत्र zum Hotar gehörig; *n.* dessen Amt.
हौम्य = होमीय.
हु, ह्नुते (ह्नौति, ह्नवते, °ति) beseitigen, vertreiben; *sich verstecken vor (*Dat.*). अप ablehnen, leugnen, verheimlichen, sich bei jemd. (*Dat.*) entschuldigen. नि *dass.*, *auch* jemd. Bufse leisten für etw., jemd. etw. abbitten (*Dat. der Pers.*

ह्रुङ् = ह्रु (*g.*).
ह्यस् *Adv.* gestern.
ह्यस्तन, *f.* ई gestrig.
ह्रद *m.* Teich, See, Weiher.
ह्रदिन् wasserreich; *f.* °नी Fluss.
ह्रद्य im Teiche befindlich.
ह्रस्, ह्रसति, °ते abnehmen; kleiner, weniger, kürzer werden. *Caus.* ह्रासयति vermindern. निस् kurz werden.
ह्रसिष्ठ *u.* ह्रसीयंस् *Superl. u. Compar. z. folg.*
ह्रस्व kurz, klein, gering, schwach.
ह्रस्वक sehr klein.
ह्रस्वता *f.*, °त्व *n.* Kleinheit, Kürze.
ह्रस्वबाहु kurzarmig; *m.* (*fingierter*) *Mannsn.*
ह्राद्, ह्रादते tönen. *Caus.* ह्रादयति *mit* निस् tönen lassen; *mit* सम् zusammenschlagen.
ह्राद *m.* Getön, Geräusch.
ह्रादिन् lärmend, tosend; *f.* °नी Blitz.
ह्रादुनि *u.* °नी *f.* Hagelwetter.
ह्रास *m.*, °न *n.* Verkürzung, Abnahme.
1. ह्री, जिह्रेति sich schämen. *p.p.* ह्रीत (*u.* ह्रीण) beschämt, verlegen. *Caus.* ह्रेपयति beschämen, verlegen machen.
2. ह्री *f.* Scham.
ह्रीक (*adj.* —°) *u.* ह्रीति *f. dass.*
ह्रीमन्त् verschämt, verlegen, bescheiden.
ह्रु, ह्रुणाति *mit* वि abbiegen, schief *o.* fehlgehen machen. *p.p.* विह्रुत gebogen, geknickt.
ह्रुत् *f.* schiefe Stellung, missliche Lage, Unfall.
ह्रेपण *n.* Scham, Verlegenheit.
ह्रेपय् *s.* 1. ह्री.
ह्रेष्, ह्रेषति, °ते wiehern; *p.p.* ह्रेषित *n.* Gewieher.
ह्रेषिन् wiehernd.
ह्रेषुक *m.* Art Schaufel.

*Caus.* ह्लादयति erfrischen, erquicken, erfreuen. आ *u.* प्र *Caus. dass.*

ह्लाद *m.* Erfrischung, Erheiterung.

ह्लादक kühlend, erquickend, erfreuend.

ह्लादन *dass.*; *n.* Erfrischung, Erheiterung.

ह्लादिन् = *vor. Adj.*

ह्लादुक kühl, frisch.

ह्लीक verschämt.

ह्वृ, ह्वरति, °ते krumm gehen, abbiegen, wanken, umfallen. *Caus.* ह्वारयति krumm gehen machen, in die Irre führen. वि straucheln, fallen; *Caus.* umstürzen.

ह्वरस् *n.* Krümmung, Trug, Ränke; *Pl. concr.* die Bügel an der Somaseihe.

ह्वल्, ह्वलति schief gehen, straucheln, fallen, verunglücken. *Caus.* ह्वलयति erschüttern. वि taumeln, schwanken; *p.p.* विह्वलित.

ह्वला *f.* das Irren, Fehlgehen *o.* -schlagen.

ह्वा *o.* ह्वे, ह्वयति, °ते, हवते, हुवते, °ति (हूते, होति, जुहोति) rufen, an-, herbeirufen (अवसे *o.* ऊतये um Hilfe); ein-

# Berichtigungen und Ergänzungen.

अक्षत *auch* unenthülst.

अग्रु *st.* अग्रु. — अङ्क *u.* अङ्कुर *m.*

अङ्क्य zu brandmarken.

अतियश *u* °यशस् hochrühmlich.

अतिशयित *u.* अधर्मभीरु *tilge den Stern.*

अधि *auch* über—hinweg (*Instr.*).

अननक्त *tilge*: (*act.*).

अनारुह्य *auch* ohne sich in (*Acc.*) zu begeben.

अनुमाद्य mit Jauchzen zu begrüſsen.

अनुमान *nur bis* Folgerung.

अनुव्याख्यान *n.* eine Art von Texten.

अन्तरीय *ohne Stern.*

अन्यतःप्लक्षा *f. N. eines Lotusteiches.*

अपभ्रंश *m.* — अभाविन् non futurus.

*अभिमर *m.* Totschlag. — अभक्ति (*accent.*).

अभ्यधिक *l. Abl., Instr. o.* —° (*st.* °—).

अभ्यर्थन *n.*, आ *f. auch* das Betteln.

अमरपक्षपातिन् *u.* अमात्य *m.*

अयातयाम *st.* wobei—ist *l.* ungeschwächt frisch, wirksam, *u. vgl.* यातयाम.

अर्थ *n.* (*älter als*) *m.*

अर्थिन् *auch* arm; *m.* Bettler.

अर्ध् *mit* सम् *auch* sich erfüllen.

अर्बुदोदासर्पिणी *f. N. eines Opferpfades* (*r.*).

2. अर्य *l. bes.* der dritten Kaste.

अलक्ष्य *auch* nicht (so) aussehend.

अलङ्घ्य = अलङ्घनीय.

अविक्षत *u.* अविक्षुब्ध (*mit Accent*).

अविपाल *m.* Schafhirt.

2. अश् *mit* अति vor jemd. (*Acc.*) essen.

आकुलि

आचार्य

2. इ, *zum Simpl. f. hinzu: Mit dem Acc. eines Abstr. wie* गम्. *Intens. Partic.* ईयाने (*st.* ईशाने). *Mit* प्रति *auch* zu teil werden, zufallen (*Dat.*).

इतरेतर (°—) *u.* °रम् *adv.* gegenseitig.

इत्थंभूत *st.* इत्थंभू.

इन्दु *m.*; °बिम्ब *n.* — इयम् *auch* die Erde.

1. इष्ट *m.* der Geliebte.

ईक्षणिक *m.* Wahrsager.

2. ईश् Herr *nach* ईश्, ईष्टे *zu stellen (dies wird* 1. ईश्).

उत्कोचक der Bestechung zugänglich.

उत्थायिन् aufstehend, energisch, thätig.

उत्पात Aufflug *st.* Ausflug.

उत्पादन *n.* das Erzeugen *st. m.* der E.

उदकार्थ *m.* Wasserhandlung, Abwaschung; °र्थम् wegen einer A.

उदर *st.* उदर.

उद्धरण *n. auch* Vertilgung.

उपतापक *u.* °पिन् *l.* (—°) *st.* (°—).

उपनिषद् (*accent.*). — उपयन्तर् *m.* Gatte.

उपल *m.* Stein; *f.* उपला (*accent.*) u. s. w.

उपस्पर्शन *n.* Berührung; Abwaschung, Mundausspülung.

उपस्वेद *m.* Feuchtigkeit.

उप्ति *f.* das Säen; °विद् dess. kundig.

ऊर्णु *mit* अभि verhüllen *st.* erfüllen.

ऊर्म्य, *st. dass. l.* = ऊर्मिन्.

ऊषर *tilge n.*

1. ऊह् *l.* व्यूढ *st.* व्युढ.

ऋचसे (*Dat. Inf.*) zum Preise.

ऋति *u.* ऋति *f.* Angriff, Streit.

ऋतूत्सव *m.* Frühlingsfest.*

ऋते *l.* ausgenommen *st.* angenommen.

एकखुर *m.* Einhufer.

एतवे *u.* एतवै (*Dat. Inf.*) zu gehen.

ऐषमस् *Adv.* heuer. — ओप्य *s.* 2. वप्.

औदरिक *st.* औदारक.

ककुद्मन्त्, कङ्कपत्त्र *u.* °त्त्रिन् *als Subst. m.*

कण्डन *n.* das Enthülsen, Hülse.

कम्प्, प्र, वि *u.* सम् = *Simpl.*

1. कृ, निकृत *auch* niedrig, gemein. विकृत *auch* mannigfach, vielartig.

कररुह *m.* Fingernagel.

कल्प्, परि *Caus. auch* einteilen in (*Adv. auf* धा).

कार्पास *als Subst. m.*

कालक्षम dauerhaft (die Zeit ertragend).

किलात *m. N. eines Asurapriesters.*

कीनाश *m.* Ackerknecht (*st.* -bauer).

कुतप *st.* कुलप.

कुन्दिन *n. N. einer Stadt.*

कुप्, सम् in Zorn geraten, aufbrausen. *Caus. dass., auch* erzürnen.

कुशर, कुशलप्रश्न *u.* कुशीलव *m. st. n.*

कूबरी (*unter* कूबर).

कूश्म *u.* कूष्म *m.*, कृपीट *n.*

केतन *u.* केन्द्र *n.*; °खण्ड (*unter* केदार).

केशान्त *u.* कैवर्त *m.*

कौषीतकिन् *m. Pl. N. einer Schule*; °कि-ब्राह्मण *n.*

क्रथ्, *Caus. auch* *verletzen (*Gen.*).

क्रप् *mit* अनु sich sehnen nach, trauern um (*Acc.*).

क्रम्, अभि *u.* समभि herantreten.

क्रम, क्रमेण *auch* nach Maſsgabe des (—°).

क्षिपा *st.* क्षिपा. — क्षीरक्षय *m.*

क्षुद् *Caus.* = *Simpl.* — 2. क्षुभ् (*accent.*).

क्षेत्रज *m.* nicht vom Ehemann selbst erzeugt, Mutter- *o.* Haussohn (*j.*).

क्षेत्रिय *m.* Ehemann. — क्षणोत्र (*accent.*).

खट्वातल *n.* der Platz unter dem Bett.

*खण्डमोदक *m.* Mannazucker.*

गन्तु *st.* गन्त.

गम्, न्या herabkommen zu (*Acc.*) उपोद् *Desid.* उपोज्जिगांसति sich zu entziehen suchen (*Abl.*).

गार्हपत्यागार *m* das G.-feuerhaus.

गुणोत्कर्ष *m.* — गुप्ति *st.* गप्ति.

गुरुतल्प *m. auch* Entweihung *o.* Entweiher des Lehrerbettes.

2. गुह् *f.* (*accent.*). — गृहमेध *m.*

गोष्पद *n st. m.* — गोहन्तर् *m.* (*st.* गोरन्तर्).

घटक *m.* Ordner. — घुणाक्षर *n. st. m.*

घृतवन्त् *auch* das Wort घृत enthaltend.

चरणव्यूह *m. st. n.* — चषाल *m. n.*

चूडाकरण *u.* °कर्मन् *n.* = चड *m.* (*r.*).

छिद्, *p.p.* छिन्न *auch* gekerbt.

छुबुक (*accent.*).

छेदन *n. auch* Bruchstelle.

जगद्योनि *f.*; जन्मिन् *m.*; जलोदर *n.*

जयन्त, *f.* ई siegreich.

जि, जयति *auch* heilen.
1. ज्ञा (*Z. 9*) *lies*: nichts v. e. wissen wollen.
ज्येष्ठ *u.* ज्येष्ठ = ज्यायिष्ठ (*st. dass.*).
तंचन् *m. st. n.* — तदून *l.* darum geringer.
तर्, तरति *auch* schweben.
तल्पज *st.* ehelich *l.* aber nicht vom Ehemann erzeugt, *u. vgl.* क्षेत्रज.
तीर्थ Badeplatz *st.* Ladeplatz.
त्रिषधस्थ *n.* dreifacher Sitz *o.* Ort; *Adj.* an drei Stellen befindlich.
त्वद् (°—) *st.* (—°).
दधिभक्त *n.* Speise aus saurer Milch.*
दन्त *m. n.* — 2. दानु *f. n.*
दामन्वन्त् (*acc.*). — दिक्चक्रवाल *n.*
दिनार्ध, *tilge m.*
दिश्, विनिस् anzeigen, bestimmen.
दीर्घसत्त्र *n.* — दुन्दुभि *m. f.*
दुस्सह schwer zu ertragen.
2. दुर्मद *u.* दुर्मन्त *m.*
दुष्टशोणित (*st.* °नित) *n.*
देवजात *n.* Göttergeschlecht.
देवविश् *u.* °विशा.
*द्रधोयंस् (*unter* द्रधिष्ठ)
द्रविणस्यु (*nicht* द्रु°).
द्वादशवार्षिक *st.* °वर्षिक.
द्वित्व *u.* द्विवचन *n.* — 2. द्विष् *f.*
धनवृद्धि *m. N. eines Mannes.*
धनागम *m.* Gelderwerb.
धनोष्मन् *m.* Gier (*eig.* Brand) nach Geld.
धर्मकञ्चुक der Panzer der Gerechtigkeit.
1. धा, व्या *Pass.* getrennt werden u. s. w.
*धन्यांश (*mit Stern*). — धाराधिरूढ.
धूति *u.* धूर्षद् *m.* — धाय्य *st.* धूम्य.
धूर्षह (*st.* °षह). — धृति *f.*, धूर्षज् *m.*
नागान्तर *n.* der andere Teil des Himmels.
नंप्रक (*st.* °का).
नंवेदस् (*st.* °वदस्), *m. zu t.*
नाव्यवेद *m. st. n.*
नातिश्लिष्ट nicht ganz fest geschlossen.
1. नानारूप, नामरूप *u.* नाशन *n.*
नार *m.Pl.* Wasser.— नितोदिन् *st.* नितोदिन्.
निदेशकारिन् *m.* Diener.
निरन्तरोत्कण्ठा *st.* °राकण्ठा.
निरभिलाष *st.* निभि°.

निवेश *m.* — निह्नव *auch* Sühne.
नी (*S.* 224 *a*, *Z.* 9) *l.* unterrichtet.
नीड *auch* innerer Wagenraum.
न्यङ्क (*accent.*). — पञ्चदशन् *st.* °शत्.
पतनीय *st.* पतनीत.
पतितसाविचीक *st.* °सविचीक.
पत्त्रोर्ण *st.* पत्तोर्ण.
1. पद्, उप *auch* antworten; *p.p.* उपपन्न *auch* richtig, संपन्न (°—) habend, besitzend.
पद्म Wasserrose *m. u. n.*
परशुराम *m. Bein. eines Râma.*
परिगृहीति. — परिधान *m. u. n.*
*परुत् *Adv.* im vergangenen Jahre.
पर्यग्नि *l. o. st. n.* — 1. पर्शु Hippe.
पवस्त *m.* — पंसस् *st.* पयस् penis.
पाद्य *n.* Fufswasser. — पिङ्गलाक्ष, *f.* ई.
पुत्रिका *f.* Söhnin (*j.*).
2. पुर् *f.*, पुरीतत् *m. u. n.* पुरुषविध (*acc*).
पूर्वसाहस *m.* erste (niedrigste) Geldstrafe.
पौनर्भव *m. auch* zweiter Gatte.
प्रच्यवन *n.*, प्रजनु *m. f.*
प्रजाभागिन् die Nachkommenschaft besitzend.
प्रतिमा *f. auch* Götterbild.
प्रत्यक्ष *n. auch* Aufsicht über (*Gen.*).
प्रत्यवेक्षण *n. auch* (Besuch*).
प्रत्युत्थान *st.* पत्युत्थान.
प्रथमसाहस *m.* = पूर्वसाहस.
प्रभास *n. N. eines Wallfahrtortes.*
प्रमीतपतिका *f.* deren Mann tot ist.
प्रयोजन *n. auch* genug an (*Instr.*).*
प्रशस्ति *f. auch* Wohlgefallen.
प्रशिथिल sehr lose *o.* schlaff.
प्रसन्नरस klarsaftig.
प्रसादसुमुख, *f.* ई zur Gnade geneigt, hold gesinnt.
प्रसित *s.* 2. सा. — प्रस्तर *m. auch* Stein.
प्रीतिपूर्वकम् *Adv.* aus Liebe *o.* Freundlichkeit.
प्लु, समा sich baden, überschwemmen; *p.p.* समाप्लुत überströmend von (*Instr.*).
बद्धपरिकर hochgeschürzt.
बद्धलक्ष den Blick richtend auf (—°).

हस m. die Mittelstrafe (j.).
esonnen, thöricht.
ान n., महीभर्तृ u. °भुज् m.
n.
ाक, f. ई zur Madhuparkaceremonie
ig (r.).
f. ई auch Manu's Weib.
Ienschheit u. मांसर n.
t वि befestigen, bauen; p.p. s. bes.
(accent.).
ान n. gemeinsamer Aufbruch.
ccent.), मूल n.
मन् m. Du. Inhaber und Besitzer (j.).
ेल auf die Jagd versessen.
f. Gazellenweibchen.
., मैथुन्य st. मैथन्य.
n. Mund o. Eingang des Opfers
क in welcher (rel.) Anzahl.
ी f. Yama's Wohnung.
auch vergehend.
h verletzen.
य n. Thronfolger- o. Mitregent-
t.

वस्

वाग

विच्
f
विधूनन u. विनिर्माण
विमित
विष
विस्त

CPSIA information can be obtained
at www.ICGtesting.com
Printed in the USA
BVOW08s1412090418
512850BV00013B/163/P

9 780243 988587